Dietmar Loch

Jugendliche maghrebinischer Herkunft zwischen
Stadtpolitik und Lebenswelt

Dietmar Loch

Jugendliche maghrebinischer Herkunft zwischen Stadtpolitik und Lebenswelt

Eine Fallstudie in der französischen Vorstadt Vaulx-en-Velin

VS VERLAG FÜR SOZIALWISSENSCHAFTEN

VS Verlag für Sozialwissenschaften
Entstanden mit Beginn des Jahres 2004 aus den beiden Häusern
Leske+Budrich und Westdeutscher Verlag.
Die breite Basis für sozialwissenschaftliches Publizieren

Bibliografische Information Der Deutschen Bibliothek
Die Deutsche Bibliothek verzeichnet diese Publikation in der Deutschen Nationalbibliografie;
detaillierte bibliografische Daten sind im Internet über <http://dnb.ddb.de> abrufbar.

1. Auflage Juli 2005

Alle Rechte vorbehalten
© VS Verlag für Sozialwissenschaften/GWV Fachverlage GmbH, Wiesbaden 2005

Der VS Verlag für Sozialwissenschaften ist ein Unternehmen von Springer Science+Business Media.
www.vs-verlag.de

Das Werk einschließlich aller seiner Teile ist urheberrechtlich geschützt. Jede Verwertung außerhalb der engen Grenzen des Urheberrechtsgesetzes ist ohne Zustimmung des Verlags unzulässig und strafbar. Das gilt insbesondere für Vervielfältigungen, Übersetzungen, Mikroverfilmungen und die Einspeicherung und Verarbeitung in elektronischen Systemen.

Die Wiedergabe von Gebrauchsnamen, Handelsnamen, Warenbezeichnungen usw. in diesem Werk berechtigt auch ohne besondere Kennzeichnung nicht zu der Annahme, dass solche Namen im Sinne der Warenzeichen- und Markenschutz-Gesetzgebung als frei zu betrachten wären und daher von jedermann benutzt werden dürften.

Satz: »Bausatz« – Frank Böhm, Siegen
Umschlaggestaltung: KünkelLopka Medienentwicklung, Heidelberg
Druck und buchbinderische Verarbeitung: MercedesDruck, Berlin
Gedruckt auf säurefreiem und chlorfrei gebleichtem Papier
Printed in Germany

ISBN 3-8100-2271-3

„Ich hatte die Fähigkeiten, es zu etwas zu bringen,
aber es gab da keinen Platz für mich."

Khaled Kelkal

Inhalt

	Verzeichnis der Abbildungen und Tabellen	13
	Verzeichnis der Abkürzungen	14
	Vorwort	17
1	**Thematik und Konzeption der Arbeit**	19
1.1	Thematik und Fragestellung	19
1.2	Methodisches Vorgehen und Aufbau der Arbeit	26
2	**Die Kohäsion der modernen Stadtgesellschaft**	35
2.1	Integration und Einwanderung in den „roten Vorstädten"	36
2.2	Integration und Segregation in der *banlieue*	41
2.2.1	Die Transformation der französischen Gesellschaft	42
2.2.1.1	Fragmentierte Gesellschaft und denationalisierte Nation	42
2.2.1.2	Von der sozialen Ausgrenzung zur Integration über Anerkennungskonflikte?	45
2.2.1.3	Jugend als gesellschaftliche Kategorie	52
2.2.2	Die maghrebinische Einwanderung	54
2.2.2.1	Vom *travailleur immigré* zur Einwanderung der Familien	54
2.2.2.2	Die *beurs*	55
2.2.2.3	Kollektive Aktionen: von der *beurs*-Bewegung zur Islamisierung	56
2.2.3	Die Stadt als Ort von Integration und Segregation	60
2.2.3.1	Die französische Stadt: eine dreigeteilte Stadt	60
2.2.3.2	Gemeinschaft in der *banlieue*: unter sich sein und zur Stadt gehören	64
2.2.3.3	Stadtpolitik: die Stadt als Laboratorium	68
2.3	Implizite Hypothesen	76

3	**Fremd unter Fremden:** **auf ethnographischer Suche in einer Großstadt**	79
3.1	Lyon: Ankunft in der Metropole	79
3.1.1	Die Institutionen: ethnisch indifferent für den *exclu*	80
3.1.2	Die Meinungsführer: kulturelle Differenz und soziale Probleme	83
3.1.3	Welche Kommune?	85
3.2	Vaulx-en-Velin: Leben in der *banlieue*	92
3.2.1	Lokaler Staat und Interessenvertretung	92
3.2.1.1	Stadtpolitik: im Rathaus	92
3.2.1.2	Gemeinderäte und Vereine	95
3.2.2	Welches Territorium? – „Straßenbürokratie" und Jugendverein	97
3.2.3	Die Jugendlichen: welcher Zugang?	98
3.2.4	Zwischen Lebenswelt, Markt und Institution	106
3.3	Zurück in die Großstadt: welche Urbanität?	107
4	**Die „Eurocity" Lyon: vom Industriekapitalismus zur Segregation in der postfordistischen Stadt**	111
4.1	Die Industriestadt Lyon	111
4.1.1	Sozio-ökonomische West-Ost-Spaltung und politische Zersplitterung	111
4.1.2	Die „dreißig glorreichen Jahre" im städtischen Großraum	114
4.1.2.1	Sozio-ökonomische Entwicklung	114
4.1.2.2	Stadtentwicklung: der Zugang zu modernem Wohnen	116
4.1.2.3	Die Entstehung des Stadt-Umland-Verbundes *Courly*	117
4.1.3	Einwanderung und Integration der Nordafrikaner: der *travailleur immigré*	119
4.1.4	Von der Arbeitersiedlung zur ZUP: Vaulx-en-Velin als Produkt fordistischer Stadtentwicklung	121
4.2	Integration und Segregation in der „Eurocity" Lyon	124
4.2.1	Zentrum und Peripherie in einer Metropole	124

4.2.1.1	Die Stadtentwicklung im Kontext der postfordistischen Ökonomie	125
4.2.1.2	Familiennachzug: die Verbannung in die *banlieue*	142
4.2.1.3	Der lokale Staat in der Agglomeration: großstädtische Solidarität?	147
4.2.2	Vaulx-en-Velin: Markt, lokaler Staat und Gesellschaft	152
4.2.2.1	Sozio-ökonomische Entwicklung	152
4.2.2.2	Milieus und soziale Bindungen	157
4.2.2.3	Das lokale politische System	159
5	**Die Lebenswelt der Jugendlichen**	**167**
5.1	Jugend in Vaulx-en-Velin	167
5.2	Zugehörigkeit und Sozialisation in Zeit und Raum: Stadtbiographien	173
5.2.1	Die maghrebinische Familie: zwischen Zerfall und Akkulturation	173
5.2.2	Schulerfahrung: *college boys* und *corner boys*	178
5.2.3	Die Gruppe der Gleichaltrigen: Territorium und Urbanität	184
5.2.3.1	Straßensozialisation: Aneignung von Raum und Diskriminierung des Fremden	185
5.2.3.2	„Jugendbanden" und Delinquenz	192
5.2.3.3	Institutioneller Rassismus: Polizei und Justiz	197
5.2.4	Berufliche Sozialisation: verlorene Zeit in der Marginalität	199
5.2.4.1	Integration durch Arbeit?	199
5.2.4.2	Die *Mission Locale*: zur Wahrnehmung der Stadtpolitik	200
5.2.4.3	Ethnische und sozialräumliche Diskriminierung am Markt	207
5.2.4.4	Arbeit zwischen Markt und Territorium	208
5.2.4.5	Individuelle Aufstiegsmöglichkeiten	211
5.3	Politische Sozialisation	214
5.4	Islamisierung: biographische Brüche und Rekonstruktion der Identität	219

6	**Stadtpolitik im Laboratorium: zwischen Institution und Selbstorganisation**	**225**
6.1	Die Stadtpolitik in Vaulx-en-Velin: ein ethnisch indifferentes System von Akteuren	225
6.1.1	Partizipatorische *Policy*-Analyse	225
6.1.2	Ein stadtpolitisches Programm für Vaulx-en-Velin	227
6.1.3	Vernetzte Akteure: von der vertikalen Kontrolle zur horizontalen Zusammenarbeit?	228
6.1.4	Vereine als kollektive Akteure: ein Anerkennungskonflikt entsteht	234
6.2	Das Angebot sozialer Integration: zwischen Kooperation und Selbstorganisation	239
6.2.1	Politikfelder und Korporatismen	241
6.2.1.1	Sozial- und Familienpolitik im *Mas du Taureau*	241
6.2.1.2	Freizeitpolitik: der Anerkennungskonflikt formiert sich	243
6.2.1.3	Berufliche Eingliederung: die *Mission Locale* als begrenzte Intervention in Zeit und Raum	252
6.2.2	Soziale Integration durch Synergieeffekte?	266
6.3.	Das Angebot politischer Integration: Teilhabe als Individuum oder als Gruppe?	271
6.3.1	Integration ins politisch-administrative System: die lokale *beurgeoisie*	273
6.3.1.1	Gemeinderat sein: als Bürger für Fremde	273
6.3.1.2	Antidiskriminierungspolitik in Vaulx-en-Velin?	274
6.3.1.3	Das *Centre régional multiculturel*	280
6.3.2	Die Stadtteilforen: politische Teilhabe im Quartier?	282
6.3.3	Die Vereine: Kampf um politische Legitimität	284
6.3.3.1	Von der *beurs*-Bewegung zur islamischen Identität im Großraum Lyon	284
6.3.3.2	*Agora* und die Stadtregierung: die Politisierung des Anerkennungskonflikts	286
6.3.3.3	Islamisierung von Vaulx-en-Velin?	303

Inhalt

6.3.4 Ausflug in die Nachbarkommunen: Islam, Öffentlichkeit und (verhinderte) Anerkennungskonflikte...........306
6.3.4.1 Rillieux-la-Pape: Klientelismus anstatt Konflikte...........306
6.3.4.2 Vénissieux: neokommunitärer Islam, Kommunalismus und „republikanischer Integrismus"...........308

7 Konklusion...........317

7.1 Ökonomisch-soziale Integration und Solidarität...........317
7.2 Politische Integration und Anerkennungskonflikte...........324
7.3 Ist das französische Integrationsmodell gescheitert?...........331

Anhang 1: Interviewleitfaden und Kurzfragebogen...........335
Anhang 2: Kurzbiographien der Jugendlichen...........336
Anhang 3: Das Interview mit Khaled Kelkal...........354
Anhang 4: Die Quartiere des Stadtvertrages im Stadtverbund von Lyon (2000-2006)...........370
Literaturverzeichnis...........371

Verzeichnis der Abbildungen und Tabellen

Abbildung 1: Stadtpolitik zwischen Staat, Markt und Gesellschaft 24

Abbildung 2: Die Quartiere der Stadtpolitik im Stadtverbund von Lyon (1990 - 1993) 86

Abbildung 3: Die Kommune Vaulx-en-Velin 91

Abbildung 4: Das Stadtviertel *Mas du Taureau* 99

Abbildung 5: Die Position von Lyon und seiner Region im Raum der europäischen Städte 131

Abbildung 6: Die Etappen der räumlichen Entwicklung der Agglomeration von Lyon 134

Abbildung 7: Räumliche Verteilung der Arbeitslosigkeit im Stadtverbund von Lyon (1999) 136

Abbildung 8: Räumliche Verteilung der Sozialwohnungen im Stadtverbund von Lyon (1999) 139

Abbildung 9: Räumliche Verteilung der Ausländer im Stadtverbund von Lyon (1999) 146

Abbildung 10: Organigramm zur Implementation der Stadtpolitik in Vaulx-en-Velin 1992 230

Abbildung 11: Die Akteure der Stadtpolitik in Vaulx-en-Velin 1992 232

Abbildung 12: Die Quartiere des Stadtvertrages im Stadtverbund von Lyon (2000 - 2006) 370

Tabelle 1: Ergebnisse der Kommunalwahlen von Vaulx-en-Velin 1995 (11. und 18. Juni, in % der gültigen Stimmen) 160

Verzeichnis der Abkürzungen

ADERLY	Association pour le Développement Economique de la Région Lyonnaise
ADRI	Agence pour le Développement des Relations Interculturelles
AJAG	Association des Jeunes pour l'Avenir de la Grappinière
AJV	Aide aux Jeunes Vaudais
ANPE	Agence Nationale pour l'Emploi
APACS	Association pour l'animation culturelle et sociale
BEP	Brevet d'études professionnelles
CAF	Caisse d'allocations familiales
CAP	Certificat d'aptitude professionnelle
CCPD	Conseil communal de prévention de la délinquance
CEP	Certificat d'études primaires
CES	Contrat Emploi Solidarité
CEVIPOF	Centre de recherches politiques de Sciences Po
CFCM	Conseil Français du Culte Musulman
CGT	Confédération générale du travail
CIMADE	Comité intermouvement d'aide aux déportés et aux évacués
CIO	Centre d'information et d'orientation
CNL	Conseil national des locataires
CNV	Conseil national des villes
COURLY	Communauté urbaine de Lyon
CREDOC	Centre de Recherche pour l'Etude de l'Observation des Conditions de vie
CS	Centre social
DATAR	Délégation à l'aménagement du territoire et à l'action régionale
DDJS	Direction Départementale de la Jeunesse et des Sports
DESS	Diplôme d'études supérieures spécialisées
DIV	Délégation interministérielle à la ville
DL	Droite libérale
DOM-TOM	Départements d'Outre-Mer - Territoires d'Outre-Mer
DSQ	Développement social des quartiers
DSU	Développement social urbain

EDF	Electricité de France
EHESS	Ecole des hautes études en sciences sociales
ENTPE	Ecole nationale des travaux publics de l'Etat
EPI	Espace Projets Interassociatifs
FAS	Fonds d'Action Sociale pour les travailleurs immigrés et leurs familles
FN	Front national
FNSP	Fondation nationale des sciences politiques
FONDA	Fondation pour le développement des associations
GIP	Groupes Interpartenariaux
GPJE	Groupement pour la jeunesse et l'entraide
GPU	Grand projet urbain
GPV	Grand projet de ville
HLM	Habitations à loyer modéré
HVS	Habitat et vie sociale
IFOP	Institut Français d'Opinion Publique
IHESI	Institut des Hautes Etudes de la Sécurité Intérieure
INED	Institut national d'études démographiques
INSEE	Institut national de la statistique et des études économiques
JALB	Jeunes Arabes de Lyon et Banlieue
LOV	Loi d'orientation pour la ville
MIB	Mouvement de l'immigration et des banlieves
MIRE	Mission Interministérielle Recherche Expérimentation
MJC	Maison des Jeunes et de la Culture
ML	Mission Locale
MNR	Mouvement national républicain
ODC	Organisation pour le Développement des Cultures
OPE	Opérations de prévention d'été
PCF	Parti communiste français
PJJ	Protection Judiciaire de la Jeunesse
POS	Plan d'Occupation des Sols
PS	Parti socialiste
PUCA	Plan Urbanisme Construction Architecture
REP	Réseau d'Education Prioritaire
RGP	Recensement général de la population
RMI	Revenu minimum d'insertion
RPF	Rassemblement pour la France
RPR	Rassemblement pour la République
RUL	Région Urbaine de Lyon

RVI	Renault Véhicules Industriels
SDAU	Schéma directeur d'aménagement et d'urbanisme
SEPAL	Syndicat d' Etudes et de Programmation de l'Agglomération Lyonnaise
SES	Section d'Etudes Spécialisées
SNCF	Société Nationale des Chemins de fer Français
TCL	Transports en Commun Lyonnais
UDF	Union pour la démocratie française
UJM	Union des jeunes musulmans
UMP	Union pour la majorité présidentielle
ZEP	Zone d'éducation prioritaire
ZUP	Zone à urbaniser en priorité
ZUS	Zone urbaine sensible

Vorwort

Arbeitslosigkeit, Kriminalität, Gewalt, Drogen, Islamisierung und Wahlerfolge des rechtsextremen *Front national* prägen das öffentliche Bild der französischen Vorstädte. Eine dieser *banlieues* liegt am Rand der europäischen Metropole Lyon: Sie heißt Vaulx-en-Velin. In dieser Kommune kam es Anfang der 90er Jahre zu gewalttätigen Jugendunruhen. Entgegen dieser durch die Medien vermittelten Bilder gibt es jedoch im gewöhnlichen Alltag der *banlieues* auch gruppenbezogene Solidarität, Selbstorganisation und vorstadtspezifische Lebensformen. Sie prägen die Lebenswelt der Jugendlichen und jungen Erwachsenen maghrebinischer Herkunft und auch derjenigen mit anderem Migrationshintergrund. Dies wird nur selten thematisiert und untersucht.

Die vorliegende Fallstudie ist eng mit der Geschichte dieser Vorstädte verbunden. Zum einen, weil der Autor 1992 ein Jahr lang in Vaulx-en-Velin lebte, wo er diese Jugendlichen sowie die Akteure der französischen Stadtpolitik beobachtete und interviewte. Zum anderen, weil einer seiner Interviewpartner - ein junger Algerier namens Khaled Kelkal - im Sommer 1995 des islamistischen Terrorismus verdächtigt, in ganz Frankreich steckbrieflich gesucht und im Oktober desselben Jahres bei Lyon von einem Sonderkommando der Polizei erschossen wurde. Das drei Jahre zuvor mit ihm geführte Interview, welches posthum in der französischen Tageszeitung *Le Monde* (07.10.1995) erschien, schildert exemplarisch die Lebensumstände der Vorstadtjugend (vgl. Anhang 3).

Diese Arbeit wurde als Dissertation vom Fachbereich Sozial- und Kulturwissenschaften der Justus-Liebig-Universität Gießen im Dezember 1998 angenommen. Sie beruht auf den während meines Aufenthalts 1992 erhobenen Daten. 1996 und 2002 wurden einige weitere Interviews geführt und neuere Daten hinzugezogen. Somit ist das ursprüngliche Manuskript vollständig überarbeitet und aktualisiert worden, was einen Blick auf die Langzeitentwicklung in den *banlieues* ermöglicht. In einem Gespräch mit einem Meinungsführer aus Vaulx-en-Velin im Sommer 2004 konnte ich erfahren, was aus einigen der interviewten Jugendlichen geworden ist (vgl. deren Kurzbiographien in Anhang 2).

Das Material und die zahlreichen Erinnerungen haben mich bei Vollzeitjob, familiären Verpflichtungen und zahlreichen Umzügen jenseits und diesseits des

Rheins durch die Universitätslandschaft von Lyon über Gießen, Bielefeld und Paris bis nach Grenoble und damit fast wieder zurück nach Lyon begleitet. Mein Dank gilt vor allem den Jugendlichen, deren Stimme so selten gehört wird. Sie ermöglichten mir, die Lebenswelt der *classes populaires* – der neuen städtischen Unterschichten – kennen und verstehen zu lernen. Diese Lebenswelt in den marginalisierten Quartieren der modernen europäischen Großtädte ist weit von derjenigen der Mittelschichten entfernt! Mein Dank gilt ferner den anderen Akteuren der Stadtpolitik in Lyon und Vaulx-en-Velin und vor allem denjenigen, die mich bei dieser langen Reise bis zum Schluss unterstützt haben.

Grenoble, im März 2005

1 Thematik und Konzeption der Arbeit

1.1 Thematik und Fragestellung

Die Probleme der französischen Vorstädte sind Legion: Schulversagen, Arbeitslosigkeit, neue Armut, soziale und politische Ausgrenzung, Fremdenfeindlichkeit und Rassismus, Jugendgewalt, hohe Wahlenthaltung, Islamisierung und Islamophobie, Erfolge des rechtsextremen *Front national*. Ein neuerer Bericht zur Lage dieser *banlieues* unterstreicht die wachsende soziale Polarisierung (Fitoussi/Laurent/Maurice 2004). Er stützt sich dabei auf die Entwicklung im Bereich der Schule, der Massenarbeitslosigkeit, der Wohnungssituation und des Zugangs zu öffentlichen Dienstleistungen. Dabei bildet sich die entsprechende soziale Ungleichheit in den Städten sozialräumlich ab: auf der einen Seite reiche Dienstleistungszentren und wohlhabende Wohngegenden, auf der anderen Seite die benachteiligten *zones urbaines sensibles/ZUS* (soziale Brennpunkte). Die französischen Metropolen werden zunehmend zu Orten städtischer Segregation. Inmitten dieser Situation steht ein Großteil der Einwanderer und der Jugendlichen bzw. jungen Erwachsenen mit Migrationshintergrund, besonders die jungen Franzosen maghrebinischer Herkunft. Wer könnte die sozialen Probleme und die politischen Lösungsvorschläge besser beschreiben als diese Jugendlichen?

„Ich glaube, dass die Situation, so wie eben alles geworden ist, nur aus Konflikten bestehen kann. Konflikte heißt aber nicht, dass es sich unbedingt um Kämpfe, um kollektive Gewalt handeln muss. Um gerade das zu verhindern, muss ein politischer Wille da sein, ein echter politischer Wille. Als sie unser Stadtviertel sanierten und einen neuen Plan zur Stadtentwicklung erstellten, der Stadtminister und der Premierminister, haben sie uns und die anderen Vereine zu einem Runden Tisch gerufen. Dafür sind wir sogar mehrere Male nach Paris gefahren und waren darüber etwas erstaunt. Wieso bittet man einen Verein wie den unseren, auf den sonst jeder spuckt, plötzlich um Rat? Unsere Anwesenheit in Paris kam später sogar im Fernsehen. Wir haben dort unsere Meinung gesagt, das heißt, wenn sich nichts Entscheidendes ändert, können wir gerne noch etwas warten. Nehmt Euch Zeit! Kommt nicht einfach und sagt: ‚Hier ist der fertige Plan. Wir bringen jetzt alles in Ordnung.' Minister, wenn wir an eurer Stelle wären, würden wir für ein paar Monate hierher kommen, schauen, wie es den Leuten geht, wie sie leben, denken und wo ihre Probleme sind, auch wie der Staat hier funktioniert, ob die Behörden ihrer Aufgabe nachkommen. Sechs Monate lang, überall in Frankreich. Mit den Leuten in den Stadtvierteln diskutieren, Ideen austauschen. Und dann noch mal sechs Monate lang harte Arbeit, zurückgezogen im Büro eben, um eine

> Bilanz von all dem vorzulegen. Dann erst lässt sich nach einem Jahr sagen, was man mit den vorhandenen Mitteln in den nächsten zehn Jahren bewirken kann. Nur das ist seriös, da dann wirklich alles berücksichtigt wird: die Familie, die Erziehung, die Beschäftigung, die Stadtentwicklung, die Freizeitmöglichkeiten, die politische Teilhabe, alles eben, die Frage der Integration."[1]

Dieses Eingangszitat eines „Meinungsführers" (zur Def. vgl. Anm. 16) der Jugendlichen aus der Lyoneser Vorstadt Vaulx-en-Velin weist auf die beiden zentralen Themen der Arbeit hin: Die Analyse der Vorstadtprobleme muss seiner Ansicht nach umfassend sein, d.h. Folgendes berücksichtigen:

> „die Familie, die Erziehung, die Beschäftigung, die Stadtentwicklung, die Freizeitmöglichkeiten, die politische Teilhabe, alles eben, die Frage der Integration."

Es geht somit *erstens* um die verschiedenen Dimensionen gesellschaftlicher *Integration*, die sich im Weberschen Sinne in Prozessen der Vergemeinschaftung und der Vergesellschaftung konkretisieren (Weber 1964, 29). Hier muss zum einen die gemeinschaftsbezogene *Lebenswelt*[2] der sozial benachteiligten Jugendlichen betrachtet werden, welche mehrere Sozialisationsinstanzen durchlaufen (Familie, Schule, Freizeit, berufliche Eingliederung, politische Sozialisation). Zum anderen steht die Integrationsleistung dieser gesellschaftlichen Institutionen im Mittelpunkt, die seit nunmehr 25 Jahren die Programme der französischen *politique de la ville* umsetzen. Denn das erklärte Ziel dieser Stadtpolitik liegt darin, die soziale und politische Integration der benachteiligten Bevölkerung der *banlieues* in die Stadtgesellschaft zu fördern. Dabei tritt eine weitere soziologische Kategorie hervor, die das *zweite* zentrale Thema der Untersuchung bildet:

> „Ich glaube, dass die Situation, so wie eben alles geworden ist, nur aus Konflikten bestehen kann."

Nach Ansicht des Meinungsführers kann es keine Integration ohne *Konflikte* geben. Mit Blick auf die Vorstädte denkt man an spektakuläre Konflikte wie die gewaltsamen Jugendunruhen. Die meisten Konflikte in der *banlieue* sind jedoch

---

1 Interview mit P., dem Präsidenten des Vereins *Agora* in Vaulx-en-Velin, im Juni 1996. Zur Anonymisierung der Interviewten vgl. Anm. 141.
2 Unter Lebenswelt wird im Folgenden phänomenologisch mit Husserl (1962, 141) „die raumzeitliche Welt der Dinge, so wie wir sie in unserem vor- und außerwissenschaftlichen Leben erfahren" und mit Schütz (Schütz/Luckmann 1979, 25) die für den „Menschen selbstverständliche Wirklichkeit" seines Alltagslebens verstanden. In Anknüpfung an Husserl benutzt auch Habermas (1988) den Begriff der auf Kategorien des Sinns und des verständigungsorientierten Handelns angelegten Lebenswelt, die er den funktionalen Aspekten des Systems (bürokratischer Staat, Markt) gegenüberstellt. Eine ähnliche Gegenüberstellung findet sich im Begriffspaar Sozial- und Systemintegration (Lockwood 1979), das die verschiedenen Dimensionen der gesellschaftlichen Integration (Vergemeinschaftung/Vergesellschaftung) hervorhebt.

im Alltag der Quartiersbewohner ständig wiederkehrende, oft ritualisierte und vor allem öffentlich nicht sichtbare Konflikte. Dazu zählen z.B. die fremdenfeindlich und rassistisch motivierten Diskriminierungen in der Schule, am Arbeitsplatz oder in den nachbarschaftlichen Beziehungen. Hervorzuheben ist auch, dass all diese Konflikte „negativ" konnotiert sind.

Doch können Konflikte im Simmelschen Sinne auch eine „positive" Bedeutung haben, wenn der Konflikt bzw. „Der Streit" (Simmel 1992) nicht nur eine zerstörerische Wirkung nach sich zieht, sondern auch eine sozialisierende, vergesellschaftende, integrierende Funktion ausübt. Für die Klassenkonflikte der Industriegesellschaft hat die Konfliktsoziologie gezeigt, dass die Austragung und die Institutionalisierung von sozialen Konflikten das Gefühl der Zugehörigkeit zur Gesellschaft und zur politischen Gemeinschaft stärken kann.

So soll in dieser Untersuchung der Frage nachgegangen werden, ob es auch in den *banlieues* Forderungen seitens der Bevölkerung gibt, die zu solchen „positiv" konnotierten Konflikten und zu einer Konfliktaustragung führen? Dabei scheint es im Vergleich zu den Klassenkonflikten eher um ethnisch-kulturell oder territorial geprägte Anerkennungskonflikte zu gehen, die Bevölkerungsgruppen mit den Institutionen der Stadtpolitik durchstehen. Lässt dies in der Bevölkerung ein Gefühl der Zugehörigkeit zur städtischen Gesellschaft aufkommen?

Integration[3] und *Konflikt* sind die zentralen Themen der Arbeit. Mit welcher Fragestellung sind sie verbunden? Der Meinungsführer lädt zu folgender Betrachtung ein:

> „(...) schauen, wie es den Leuten geht, wie sie leben, denken und wo ihre Probleme sind, auch wie der Staat hier funktioniert, ob die Behörden ihrer Aufgabe nachkommen."

Der Ausgangspunkt der Untersuchung war die Frage nach der kommunalen Integrationspolitik gegenüber ethnischen Minderheiten im städtischen Großraum von Lyon. Kommunale Minderheitenpolitik ist in Frankreich jedoch „unsichtbarer" Bestandteil der Stadtpolitik, die sich nicht explizit an ethnische Minderheiten, sondern an sozial benachteiligte Individuen in ausgewählten städtischen Territorien richtet. So sollte in einer *Policy*-Analyse die Intervention des lokalen Staates in entsprechenden marginalisierten Quartieren der Agglomeration zugunsten dieser Bevölkerung untersucht werden. Es entwickelte sich eine Spezialisierung auf „Jugendpolitik", denn die Jugendlichen zählen zur wichtigsten Zielgruppe dieser Stadtpolitik. Dabei bleibt die Einwandererjugend auch hier in den Kategorien der Stadt- bzw. Jugendpolitik „unsichtbar", obwohl jeder weiß, dass sich *les jeunes* – die

---

3 Zur genaueren Bestimmung des Integrationsbegriffes und seiner beiden Bedeutungen (Kohäsion der Gesellschaft und Integration von ethnischen Minderheiten) vgl. Kap. 2.

Jugendlichen – in den Vorstädten mehrheitlich aus jungen Heranwachsenden nichtfranzösischer Herkunft zusammensetzen. Unter ihnen stehen besonders die sogenannten *beurs*,[4] die jungen Franzosen maghrebinischer Herkunft, im Mittelpunkt. Um die Wahrnehmung der Stadtpolitik durch diese Jugendlichen zu erkunden, drang ich in deren *Lebenswelt* ein. Doch mit welcher „Minderheit" hatte ich es zu tun? Zum einen bilden die Jugendlichen maghrebinischer Herkunft, die in ihrer überwiegenden Mehrheit infolge des *jus soli* (Bodenrecht) französische Staatsbürger sind, juristisch gesehen und in ihrem Selbstverständnis keine *ethnische* Minderheit. Sie sind und sie verstehen sich als Franzosen. Gleichwohl liegt über die Migration ihrer Eltern, über die Erfahrung von Fremdenfeindlichkeit und Rassismus als auch über die Mobilisierung herkunftsbezogener kultureller Ressourcen ein Bezug zu einer ethnischen Minderheit vor. Zum anderen zählt ein Teil dieser Jugendlichen zu einer *städtischen* Minderheit, welcher marginalisierte Bürger verschiedener ethnischer Herkunft angehören. Es handelt sich um Bürger, die aufgrund sozialer Kriterien (Arbeitslosigkeit, Bezug von Sozialhilfe, etc.) Zielgruppen der Stadtpolitik sind. Daher führen uns die Jugendlichen maghrebinischer Herkunft zu den gesellschaftlichen Segregationsprozessen (zur Def. von Segregation siehe Anm. 28), die eine neue Form sozialer Ungleichheit darstellen.

In diesem Kontext entwickelte ich eine *Fragestellung* entlang der Begriffe „Integration/Segregation" und „Konflikt", die sich sowohl auf die Lebenswelt der Jugendlichen als auch auf die Intervention des (lokalen) Staates bezieht: So ist erstens unter soziologischen Gesichtspunkten zu fragen, welche *Integrations-* bzw. *Segregationsprozesse* es bei den *Jugendlichen maghrebinischer Herkunft* als ethnischer und städtischer Minderheit gibt und welche *sozialen Konflikte* dabei entstehen. Dabei befinden sich diese Jugendlichen und jungen Erwachsenen im Zentrum der Kohäsionsproblematik moderner Stadtgesellschaften. Zweitens geht es mit dem Interesse an der politischen Regulierung darum, zu analysieren, wie über Programme der *Stadtpolitik* gegen die *Segregation* und die diversen Formen der Diskriminierung von Minderheiten vorgegangen wird und wie der französische (lokale) Staat dabei mit *Konflikten* umgeht. Diese doppelte Fragestellung befindet sich auf der Analyseebene von *Gesellschaft und Staat*.

Mit Blick auf die Integrationsthematik nennt der Meinungsführer schließlich die Beschäftigung. So zählen die Arbeitslosigkeit und vor allem die Jugendarbeits-

---

4 Der Begriff *beur/beurette* ist im *verlan (l'envers)* – Sprachspiel der Pariser Vorstädte aus der Verkürzung und Umkehrung von *arabe/reub/beur* entstanden. Er war eine Selbstbezeichnung der heute 40-jährigen „zweiten Generation" der jungen Heranwachsenden, deren Eltern aus Nordafrika nach Frankreich kamen und die in den 80er Jahren über kollektive Aktionen wie den „Marsch für die Gleichheit und gegen den Rassismus" in die Öffentlichkeit traten (vgl. 2.2.2.3). In Lyon ist dieser Begriff schon immer als Beschimpfung zurückgewiesen worden, heute ist er nicht mehr gebräuchlich. In den Medien taucht er gelegentlich noch auf.

losigkeit zu den größten Problemen in den *banlieues*. Letztere ist besonders in Frankreich auch Folge eines Anpassungsproblems zwischen einerseits dem beruflichen Bildungssystem und andererseits den für den regulären Arbeitsmarkt erforderlichen Qualifikationen (Neumann 2000). Arbeitslosigkeit und prekäre Beschäftigung führen bei den marginalisierten Jugendlichen zu sozialer Desintegration und verzögern bzw. verhindern die berufliche Eingliederung. Ein Ziel der Stadtpolitik besteht darin, die Jugendlichen über Beschäftigungsmaßnahmen wieder in den *Arbeitsmarkt* einzugliedern.

Markt, Staat und *Gesellschaft* sind somit die drei zentralen Bezugspunkte in der Untersuchung. Der Meinungsführer selbst spricht für den dazwischenliegenden *intermediären Raum*. Zu diesem gehören sowohl der *Dritte Sektor*[5] zwischen Staat und Markt als auch die *intermediären Instanzen*[6] zwischen Staat und Gesellschaft. Während die Stadtpolitik mithilfe des Dritten Sektors die ökonomisch-soziale Integration der Bürger anstrebt, geht es bei den intermediären Instanzen vor allem um die Förderung der politischen Integration, welche auch die Austragung von politischen Konflikten ermöglicht. Diese Instanzen der Interessenvermittlung wurden in der nationalen Industriegesellschaft[7] vor allem durch die Parteien und die Gewerkschaften verkörpert. In den Vorstädten wird deren Funktion heute z.T. von den sogenannten *associations* (Vereine) übernommen. Der zitierte Meinungsführer stand einem solchen Verein vor.

Die Prozesse gesellschaftlicher Integration und Segregation sowie die Konfliktabläufe sollten somit in der Vorstadt Vaulx-en-Velin im Verhältnis zwischen (Arbeits-)Markt, Staat und Gesellschaft untersucht werden. Dieser Forschungszusammenhang ergab sich zwangsläufig aus der „vor Ort" vorgefundenen Problematik. Dabei sollten in der *Policy*-Analyse die Jugendlichen nicht nur als Zielgruppe der Institutionen betrachtet, nicht nur nach Kriterien der Stadtpolitik „abgefragt" werden. Vielmehr ging es mir darum, das Selbstverständnis und den lebensweltlichen Eigensinn dieser Jugendlichen kennenzulernen. Der ausschließliche, bisweilen technokratische Blick „von oben" durch die Institutionen hätte den Handlungssinn dieser Jugendlichen nicht erfassen können. Denn aus der Perspektive „von

---
5 Der Dritte Sektor beinhaltet allgemein in einem „dritten" gesellschaftlichen Bereich Organisationen, die nicht eindeutig den Sektoren „Staat" und „Markt" zuzuordnen sind. In marginalisierten Stadtvierteln übernehmen solche nicht gewinnorientierte Organisationen zunehmend die Grundversorgung bedürftiger Bevölkerungsgruppen, vgl. dazu Rifkin 1995.
6 Unter intermediären Instanzen versteht man die Organisationen der Interessenvermittlung zwischen Staat und Gesellschaft. Dazu zählen vor allem die Parteien und die Verbände, aber auch soziale Bewegungen oder „vorpolitische" Organisationen wie Vereine.
7 Im Folgenden wird unter nationaler Industriegesellschaft der Gesellschaftstypus verstanden, der sich mit der Entstehung der nationalstaatlich verfassten Industriegesellschaft seit dem 19. Jahrhundert entwickelte und in den 70er Jahren des 20. Jahrhunderts seinen Höhepunkt fand, vgl. Kap.2.

unten" stellte ich bald fest, dass eine Kluft zwischen den Umweltwahrnehmungen der Institutionen und denjenigen der Jugendlichen existiert. Angesichts dieser Kluft, die vor allem für die Segregationsprozesse steht, geht es in der Untersuchung darum, die Funktionalität des Systems (Staat und Markt) und den lebensweltlichen Handlungssinn der Jugendlichen im intermediären Raum zusammenzuführen (Abb. 1).

Abbildung 1: Stadtpolitik zwischen Staat, Markt und Gesellschaft

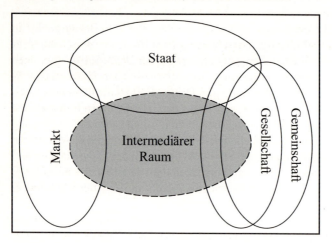

Quelle: Eigene Darstellung in Anlehnung an Selle 1994, 40

Um den Handlungssinn der Akteure zu erschließen, musste ich mich mit den Methoden der verstehenden Soziologie dem Feld annähern. So liegt die Zielsetzung der Arbeit auch nicht darin, *a priori* feststehende Hypothesen zu verifizieren oder zu falsifizieren. Vielmehr geht es darum, die Vorstadtprobleme zu beschreiben, *von innen* heraus zu verstehen und – um mit den Worten der Jugendlichen zu reden – zu erklären, „wie es funktioniert". Gleichzeitig gibt es natürlich kein theorieloses Vorgehen. Die im Laufe des Forschungsprozesses im Feld präzisierte Fragestellung ergibt sich daher auch aus den impliziten Hypothesen, d.h. den theoretischen Vorannahmen. Sie werden aus dem Forschungsstand (Kap. 2) hergeleitet und am Ende dieses Kapitels (2.3) ausführlich formuliert. Es handelt sich – vorweggenommen und komprimiert – um folgende:

Die Integrations- und Segregationsprozesse beziehen sich einschließlich ihrer Konfliktabläufe auf zwei Integrationsbereiche: *erstens* die Kohäsion der modernen Gesellschaft und *zweitens* den Integrationsprozess von ethnischen Minderheiten.

So war die im 19. und 20. Jahrhundert entstandene nationale Industriegesellschaft eine nationalstaatlich integrierte Gesellschaft, deren *Kohäsion* durch eine entsprechende Arbeitsteilung sowie gemeinsame politische und kulturelle Werte verbürgt wurde. Die Arbeiterklasse wurde über den Arbeitsmarkt und durch die Austragung von Klassenkonflikten in die französische Gesellschaft und Nation integriert. Dabei gehörte nach dem französisch-republikanischen *Integrationsmodell* der Einwanderer, der in Frankreich zumeist Industriearbeiter war und einen individuellen sozialen Aufstieg erfuhr, dadurch zur Gemeinschaft aller Franzosen, dass er sich ungeachtet seiner regionalen, sprachlichen, ethnischen und religiösen Zugehörigkeit *politisch* zur republikanisch-laizistisch verfassten Staatsnation bekannte. Zwar ist dieser kulturell indifferente Anspruch, der politisch-kulturell in der Französischen Revolution begründet liegt und partikulare Identitäten in die private Sphäre verweist, mit der faktischen Assimilation des Einwanderers und der Vorherrschaft des Katholizismus nie Realität gewesen. Doch hat dieses „Modell" mit seinem Mythos in der nationalen Industriegesellschaft „funktioniert".

Das Ende dieses Gesellschaftstyps, welches im Kontext von Globalisierung und gesellschaftlicher Fragmentierung steht, spiegelt sich vor allem im Integrationsprozess der Einwandererjugend in die sich sozial polarisierende und kulturell differenzierende französische Gesellschaft wider. So lauten die impliziten Hypothesen:

1) Die Entwicklung des Arbeitsmarktes ermöglicht nicht mehr bzw. nur verzögert und in prekärer Weise die soziale Integration der ethnisch heterogen zusammengesetzten städtischen Unterschichten – und damit eines Teils der akkulturierten Einwandererjugend – in die französische (Stadt-)Gesellschaft. Die damit verbundene soziale Ausgrenzung und der soziale Bindungsverlust (*Zerfallshypothese*) gehen allerdings mit neuen Formen von Selbstorganisation und Gemeinschaftsbildung einher (*Ressourcenhypothese*).

2) Eine Integration dieser städtischen Unterschichten in die Stadtgesellschaft kann sich daher im Wesentlichen nur noch durch

   a) die politische Integration über die (nationale) Identifikation des Bürgers mit den *republikanisch-laizistischen Werten* und

   b) durch die Austragung von ethnisch-kulturell geprägten *Anerkennungskonflikten* vollziehen, die auch kulturell-religiösen Differenzforderungen Rechnung trägt.

Diese Hypothesen sollten im Forschungsprozess mit der Empirie des Terrains konfrontiert werden. Doch welches Verhältnis besteht nun genau zwischen der Empirie und diesen *impliziten* Hypothesen, d.h. zwischen Gegenstand und Theorie? Dies führt zum methodischen Vorgehen und wieder zurück zum lebensweltlichen Zitat des Meinungsführers.

1.2 Methodisches Vorgehen und Aufbau der Arbeit

> „Kommt nicht einfach und sagt: ‚Hier ist der fertige Plan. Wir bringen jetzt alles in Ordnung.' Minister, wenn wir an eurer Stelle wären, würden wir für ein paar Monate hierher kommen, schauen, wie es den Leuten geht, wie sie leben, denken und wo ihre Probleme sind (...)."

Der in Vaulx-en-Velin aufgewachsene Meinungsführer warnt aus *Erfahrung* davor, mit vorgefertigten Plänen und allwissend die Vorstadt *von außen* kommend erklären zu wollen. Wenn er mit dieser Kritik auf die politisch-administrativen Akteure der Stadtpolitik zielt, spielt er gleichzeitig auf das methodische Vorgehen an. So meint er an anderer Stelle des Interviews:

> „Die Soziologen müssen ihre Methoden ändern. Anstatt Modelle zu bilden, bevor sie die Dinge gesehen haben, sollten sie diese zunächst betrachten und versuchen, sie zu verstehen."

So lud der Meinungsführer zum induktiven Vorgehen ein. Die Problematik von Integration und Konflikt sollte aus dem Feld heraus entwickelt werden.

Die Untersuchung orientiert sich daher an einer verstehenden Soziologie im Sinne Max Webers. Das Vorgehen ist explorativ, qualitativ und fallbezogen.[8] In „dichter Beschreibung" (Geertz) sollte das Feld erschlossen und der lebensweltliche Eigensinn der Interviewpartner verstanden werden. Nur qualitatives Vorgehen schien mir für die Analyse von Kultur und Fremdheit in der Vorstadt geeignet zu sein. Ich wurde geradezu darauf hingeführt. Denn in meiner Situation *musste* ich mich mit verschiedenen neuen kulturellen Codes auseinandersetzen: mit dem französisch-republikanischen Code in den Institutionen, mit dem milieuspezifischen bzw. lebensweltlichen Code der *classes populaires* („Unterschichten") und mit der maghrebinischen Herkunftskultur der Jugendlichen. So kam ich als Fremder, um Fremdheit zu untersuchen.

---

8 Zur Methodik qualitativer Forschungsansätze vgl. Lamneck 1988, Flick 1995 und 2002, Mayring 1996, Bertaux 1997, Flick/von Kardoff/Steinke 2004 sowie die instruktiven Anregungen zur Feldforschung in Wax 1971 und Gerdes 1979.

Gleichwohl soll damit nicht einem Methodenpurismus gehuldigt werden. Ganz im Sinne der Chicagoer Schule ist der qualitative Zugang pragmatisch mit quantitativen Elementen kombiniert, wenn es z.b. darum geht, Daten zur Stadtentwicklung von Lyon zu erheben, um die Segregationsprozesse über die statistisch erfasste Verteilung der Arbeitslosigkeit oder der Sozialwohnungen im städtischen Raum kartographisch abzubilden (vgl. 4.2.1.1). Die Biographien der Jugendlichen und die Expertengespräche mit den Akteuren der *politique de la ville* stehen somit im strukturellen Kontext der Stadtentwicklung.

Auch wenn der Forscher wie in dieser Arbeit einen explorativen Zugang hat, stützt er sich auf theoretische Vorannahmen. Er kennt den Forschungskontext und kann ihn theoretisch herleiten. Daher versuchte ich nicht, eine *grounded theory* aufzustellen.[9] Vielmehr entstand während der Untersuchung ein Spannungsverhältnis zwischen induktivem und deduktivem Vorgehen. *Deduktives Vorgehen* mit expliziter Hypothesenbildung muss sich mit der Kritik auseinandersetzen, dass das Wissen nicht auf empirischem Material beruht. Umgekehrt kann es aber kein rein *induktives Vorgehen* geben, da auch in die Feldforschung implizite Annahmen hypothetischen Charakters eingehen. Es kommt daher bei der qualitativen Forschung darauf an, Fragestellung und *Vorannahmen bzw. implizite Hypothesen* offenzulegen. Auf diese Weise können die im Forschungsprozess vorgefundenen Fälle mit den impliziten Hypothesen verglichen werden. So geht es im qualitativen Ansatz darum, die jeweiligen – wenn möglich kontrastierenden Fälle – miteinander zu vergleichen und so zu verbinden, dass ein Gesamtbild entsteht. Daher kam es zu einem ständigen Hin und Her zwischen hypothetischen Vorannahmen und widerspenstiger Empirie, welche sich nicht in vorgefertigte Erklärungsschemata pressen ließ. In dieser Dialektik entwickelte sich eine „hermeneutische Spirale", bei der nach der ursprünglichen Fragestellung ein immer wieder erneuertes Gegenstandsverständnis das jeweilige Vorverständnis korrigierte. Die einzelnen Forschungsschritte der Untersuchung waren dabei folgende:[10]

Erstens galt es, das *Verhältnis zwischen Theorie und Gegenstand* zu klären. So wurden die *impliziten Hypothesen* zu den Themen Integration und Konflikt aus dem Forschungsstand hergeleitet (vgl. Kap. 2) und im Feld mit der nach der Fragestellung explorativ gewonnenen Empirie konfrontiert.

Zweitens wurde in der Explorationsphase (vgl. Kap. 3) – wie bereits eingangs beschrieben – die ursprüngliche *Fragestellung* nach der Integration der Jugendli-

---

9 Glaser/Strauss (1967, 37) schlagen vor, zur Generierung einer *grounded theory* „buchstäblich die Literatur zu Theorien und Sachverhalten, die den untersuchten Bereich betreffen, zu ignorieren."
10 Ich beziehe mich hier auf Uwe Flick: Stationen des qualitativen Forschungsprozesses. In: Flick 1995, 148-173.

chen maghrebinischer Herkunft in die französische Gesellschaft zu einer komplexeren *Forschungsperspektive* weiterentwickelt: Integration und Konflikt sollten mit Blick auf diese Jugendlichen, den lokalen Staat und den intermediären Raum untersucht werden. In diesem Sinne kam es zu einer *Triangulation der Analyseebenen*. Diese Triangulation ermöglichte, die Akteure in ihrer Lebenswelt mit dem System der Institutionen zu verbinden.

In diesem Kontext fand der Zugang zum Fremden im Spannungsfeld zwischen *Authentizität* (Exploration) und *Strukturierung* (Vorannahmen) statt. Der Forscher blickt mit einem Auge *nach außen*, um mehr oder weniger unvoreingenommen Fremdes und Neues wahrnehmen zu können. Das andere Auge bleibt aber geschlossen, blickt *nach innen*, damit die Informationsflut – in der *banlieue* ohne wissenschaftlichen Austausch *en solitude* – mit Blick auf die Fragestellung und die impliziten Hypothesen strukturiert und bereits ansatzweise interpretiert werden kann. Dazu muss der Forscher

> „als soziale Figur genau die Eigenschaften besitzen (...), die Simmel für den Fremden herausgearbeitet hat: Er muss in sich selbst beide Funktionen, die des Engagiertseins und der Distanz, dialektisch verschmelzen können" (Koepping 1987, 28; zit. nach Flick 1995, 149).

Diese Dialektik von Authentizität und Strukturierung, von Engagement und Distanz führte beim „Eindringen" ins Feld zu einem *permanenten Entscheidungsprozess*, in dem es galt, die einzelnen Themen festzulegen und die Forschungsperspektive weiter auszuarbeiten. Meine Entscheidungen hingen dabei von den Möglichkeiten der Realisierung vor Ort ab, d.h. vor allem von der Ausbildung der Feldkontakte.

In diesem Prozess ging es *drittens* darum, im richtigen Moment den *Zugang zum Feld* zu finden. Auf allen drei Ebenen stieß ich auf offene und auf verschlossene Türen. Dabei musste ich auch meine eigene Rolle gegenüber den Institutionen, den Vereinen und den Jugendlichen definieren. Bedeutend war, dass ich als Fremder *von außen* kam. Das Problem von Distanz und Nähe zeigte sich vor allem im Kontakt mit den Jugendlichen (vgl. 3.2.3), zu denen der Zugang am schwierigsten war.

So versuchte ich bei meiner Annäherung ans Feld zunächst, Vermittlungspersonen als Ansprechpartner zu finden. Dazu zählte z.B. Christian Delorme, ein katholischer Priester aus Lyon, der die kollektiven Aktionen der Jugendlichen maghrebinischer Herkunft in der Agglomeration seit Ende der 70er Jahre begleitete. Von ihm erhielt ich wichtige Informationen und Kontakte zur Vereinsszene. Um weitere Informationen zu sammeln, suchte ich ferner relativ früh die Akteure der Stadtpolitik in den Institutionen und in den Vereinen auf. Als wichtige Personen erwiesen sich hier die *chef de projet* (Projektleiterin) der Stadtpolitik in Vaulx-en-

Velin und die Regionaldelegierte des *Fonds d'Action Sociale pour les travailleurs immigrés et leurs familles/FAS*[11] sowie P., der eingangs zitierte Meinungsführer des Vereins *Agora*. Diese Personen hatten Vermittlungsfunktionen zwischen den kommunalen Behörden und den Jugendlichen bzw. auch innerhalb des Institutionengefüges der Stadtpolitik (vgl. Abb.11); sie unterstützten mich im Prozess der Kommunikation. Alle drei Ansprechpartner hatte ich bis zum Verlassen des Feldes mehrere Male aufgesucht und nach gewisser Zeit gezielt als Experten interviewt.

Viertens wurden die *Methoden dem Gegenstand angepasst*. Dies zeigt sich *zum einen* an den verschiedenen Arten der Interviews,[12] die ich auf den drei erwähnten Analyseebenen (Jugendliche, Institutionen, intermediäre Instanzen) führte:

1) Bei den *Interviews mit den Jugendlichen* ging es um eine qualitative, problem- und fallorientierte Befragung. Um die Lebenswelt kennenzulernen,[13] ging ich biographisch vor. Dafür war das *problemzentrierte Interview*[14] geeignet. Der Interviewleitfaden (Anhang 1) sollte zur Narration anregen, ist aber aus Gründen der Vergleichbarkeit der einzelnen Interviews nicht völlig offen, sondern orientiert sich ohne „Leitfadenbürokratie" an Stichworten, die sich auf die verschiedenen Sozialisationsinstanzen der Jugendlichen beziehen. Am Beispiel des Interviews mit Khaled Kelkal (Anhang 3) wird dieses Vorgehen deutlich. Meine Beobachtung der Jugendlichen wurde in der Regieanweisung einer Theatergruppe beschrieben, die das Interview mit Khaled Kelkal authentisch, d.h. im Brecht'schen Dokumentarstil aufgeführt hat:

---

11 Dieser 1958 inmitten des Algerienkrieges gegründete „Soziale Hilfsfonds für die Arbeitsmigranten und ihre Familien" ist die einzige staatliche Institution in Frankreich, die *ausschließlich* für die Förderung der Integration von Einwanderern zuständig ist.

12 Alle im Text zitierten Passagen der Interviews mit den Jugendlichen und den Akteuren der Stadtpolitik wurden vom Autor übersetzt. Die nicht datierten Interviews wurden von Februar bis Oktober 1992 geführt. Die im Juni 1996 und im August 2002 realisierten Interviews sind entsprechend datiert. Die Gesamtheit des ausgewerteten Interviews mit den Jugendlichen ist in Anhang 2 aufgeführt. Die Expertengespräche mit den Akteuren der Stadtpolitik werden jeweils im Text genannt und beziehen sich auf die für die Untersuchung relevanten Politikfelder (vgl. Abb. 11).

13 Die Entscheidung für die lebensweltliche Perspektive hat methodische Folgen, die sich mit Hitzler/Honer (1995, 382-411) folgendermaßen beschreiben lassen: „Der lebensweltliche Ansatz unterscheidet sich (...) von anderen, korrespondierenden Ansätzen (wie etwa Lebensstil-, Milieu-, Mentalitäts-, Subkultur-Ansätzen u.ä.) vor allem dadurch, dass mit ihnen essentiell (und eben nicht nur sozusagen ‚illustrativ') ein radikaler Perspektivenwechsel verbunden ist – vom Relevanzsystem des Normalsoziologen weg und hin zum Relevanzsystem desjenigen, dessen Lebenswelt beschrieben, rekonstruiert und, wenn möglich, verstanden werden soll."

14 Das von Witzel (1982, 8) entworfene problemzentrierte Interview baut auf der Ethnomethodologie und dem symbolischen Interaktionismus auf. Es „strebt als qualitatives Verfahren eine Integration von offenem Interview, Fallanalyse, biographischem Ansatz, Gruppendiskussion und Kurzfragebogen an, die, aufeinander abgestimmt, sich wechselseitig ergänzen und den Kriterien Problemzentrierung, Gegenstands- und Prozessorientierung folgen."

"Sie sitzen sich gegenüber, noch still. Auf der einen Seite derjenige, der die Fragen stellt. Aufmerksam, unermüdlich hört er zu. Sein Beruf. Er versucht zu verstehen. Eine Art Fallstudie. Auf der anderen Seite derjenige, der spricht. Auch er würde gerne verstehen. Der andere hört ihm zu, also spricht er. Er erzählt seine Geschichte. Kurz, zwei sich zunächst sehr verschiedene Personen versuchen sich zu treffen, um irgendwie auf das Wesentliche zu kommen. Natürlich bleibt ein Großteil der Begegnung dem Zufall überlassen. Dennoch findet eine ständige Rückkehr zum Ausgangspunkt statt. Es herrscht ein fester Wille, dem Augenblick das Warum und das Wie zu entreißen, das beiden gestattet, etwas klarer zu sehen. Eine Begegnung, die das Bild der Beziehung zwischen Schauspieler und Regisseur entstehen lässt, und bei welcher der Austausch sich auch zu den anderen hinwendet. Es ist dieses Bild, das den Soziologen, nach mehreren Anläufen, neben Khaled auf die Bühne stellt. Die Stimme von jemandem, der vor allem nahe und aufmerksam sein will, ist keine Stimme, die sich einschaltet und von außen kommt, von irgendwo her. Eine Stimme, oder besser gesagt ein Auge, ein Ohr. So formt die Anwesenheit eines Partners das, was leicht ein Monolog sein könnte, in einen komplizenhaften Austausch mit diesem und mit dem Publikum um, zu dem er schließlich gehört. Denn selbst wenn er nichts sagt, ist er anwesend. Gerade diese Anwesenheit, diese so selten gewährte Aufmerksamkeit ist es auch, die Khaled die notwendige Kraft und Energie zum Reden verleiht."[15]

In diesem Sinne waren die Interviews infolge der Intervention des Soziologen eine angeleitete Inszenierung der Jugendlichen. Die „soziale Realität" wurde für das Publikum bzw. den Leser durch die sich anschließende Interpretation des Interviews rekonstruiert. Die Tatsache, dass ich selbst Fremder war, hat sich auf die Befragungssituation in der interethnischen Beziehung eher positiv ausgewirkt. Denn die Jugendlichen waren dadurch nicht mit dem Code des postkolonialen Herrschaftsverhältnisses zwischen französischem Interviewer und nordafrikanischem Einwanderer konfrontiert. Dies erleichterte ihnen die Narration. Somit entstanden Stadtbiographien. Die Einzelinterviews ergänzte ich durch einige Gruppeninterviews, kartographische Skizzen über das Lebensumfeld der Jugendlichen (vgl. Abb. 4), ständige Feldnotizen und die Beobachtung des Vereins *Agora*. Meine Wohnungssituation lud mich trotz aller Schwierigkeiten zu diesem ethnologischen Zugang ein.

2) Ich interviewte die Jugendlichen mit Blick auf ihre Sozialisation und deren Instanzen. Dies gab mir den jeweiligen Anknüpfungspunkt für die Expertengespräche mit den Vertretern dieser „biographischen Institutionen" (Passeron). Die *Interviews mit den Institutionenvertretern* waren Informations- und Expertengespräche zugleich. Die Methode bestand darin, möglichst viele Behördenvertreter in *einem* oder einigen wenigen Stadtvierteln zu interviewen, um die Netzwerke der „Straßenbürokratie" zu erkunden. Während die Jugendlichen in der Langsamkeit auf ihrem Territorium – wie sie selbst sagten – „rosteten", raste die Zeit im Ablauf neuer Programme der Stadtpolitik. Ich benötigte die Behördenvertreter auch da-

---

15 Regieanweisung des Pariser *Théâtre en Bransle* für das Stück *Moi, Khaled Kelkal*. Es wurde 1996 und 1997 in mehreren französischen und deutschen Städten aufgeführt.

für, mich durch den Dschungel der jeweiligen technokratischen Abkürzungen in den Programmen führen zu lassen.

3) Um die Divergenz und Konvergenz der Wahrnehmungen von Jugendlichen und Behördenvertretern interpretieren zu können, führte ich schließlich *Interviews mit den Meinungsführern*.[16] Es waren vor allem diejenigen des bürgerrechtlichen Vereins *Agora*, eines weiteren Vereins in Vaulx-en-Velin und anfänglich auch des islamischen Vereins *Union des jeunes musulmans/UJM* (Union der jungen Muslime) in Vénissieux, einer anderen Vorstadt von Lyon. Bei diesen Interviews stand weniger die Sozialisation, sondern die soziale und politische Funktion dieser Meinungsführer als Vertreter der intermediären Instanz im Vordergrund.

Neben all diesen Interviews erforderte der Gegenstand dieser Arbeit *zum anderen* die Sammlung von Dokumenten zur Stadtpolitik sowie von Daten zur Stadtentwicklung, zum Arbeitsmarkt, zu Aspekten der Segregation, zu politischen Wahlen etc. So nutzte ich je nach Bedarf die verschiedenen Methoden der Datenerhebung. Mithilfe der Stadtverwaltung von Vaulx-en-Velin und vieler weiterer, im gesamten städtischen Großraum von Lyon liegender Behörden[17] erhielt ich die notwendigen *Dokumente* und das *statistische Material*.

Auf diese Weise stand ich mit einem Bein im Terrain, mit dem anderen in den verschiedenen Ämtern. Dies schärfte mein Bewusstsein für die vorhandene Kluft zwischen den Jugendlichen und den Institutionen. Da ich kein Fahrzeug besaß, war ich gezwungen, mich wie der größte Teil der Jugendlichen mit den öffentlichen Verkehrsmitteln durch die Agglomeration zu bewegen. Während die Interviews in den Institutionen zeitlich exakt festgelegt werden mussten, verlor ich am selben Tag oft Stunden bei meinem Versuch, Jugendliche zu treffen und zu interviewen. So bestand die Kunst der Feldforschung darin, Schnelligkeit und Langsamkeit im städtischen Raum zu koordinieren.

Nach der fast einjährigen Erhebungsphase (Januar bis Oktober 1992) setzte die *Auswertungsphase* ein. Dabei musste *fünftens* bei der Fixierung der Daten, vor allem bei den Interviews, die Regel der Sparsamkeit angewandt werden, denn die

---

16 *Meinungsführer* oder *opinion leaders* können als Personen betrachtet werden, die durch ihr Kommunikationsverhalten in sozialen Gruppen als Experten anerkannt werden, eine Mittlerposition zwischen den Gruppenmitgliedern und den Institutionen sowie den Medien einnehmen und durch ihre Führungsrolle einem Thema eine richtungsweisende Deutung geben.

17 An der Stadtpolitik sind Institutionen des Staates und aller Gebietskörperschaften (Kommune, Stadtverbund von Lyon, Departement, Region) „vor Ort" beteiligt, vgl. Abb. 11. Die wichtigsten Quellen werden im Laufe der Darstellung in den einzelnen Bereichen genannt. Eine der zentralen Anlaufstellen war neben den Dezernaten der Stadtverwaltung von Vaulx-en-Velin die *Agence d'urbanisme pour le développement de l'agglomération lyonnaise* (Stadtentwicklungsamt der Agglomeration von Lyon). Die *einzige* einwandererspezifische Institution in diesem gesamten Gefüge ist wie erwähnt der *FAS*.

Transkriptionen der Interviews waren sehr zeitaufwendig. Die Verschriftung und Auswertung aller Interviews wäre eine lebensfüllende Aufgabe gewesen. Dazu kam, dass es mit zunehmender zeitlicher Distanz zur Erhebungsphase trotz der Feldnotizen immer schwieriger wurde, die gesammelten Erfahrungen festzuhalten.

Sechstens versuchte ich, die *Daten* fallorientiert in das theoretische Vor- bzw. Strukturverständnis einzubeziehen und in der Dialektik von Authentizität und Strukturierung zu *interpretieren*. Dabei waren die hypothesenorientierten Leitfragen z.B. folgende: Wo sind bei den Jugendlichen trotz Zerfallserscheinungen Formen von Selbstorganisation und Vergemeinschaftung zu finden? Kristallisieren sich dabei Kategorien verschiedener Sozialisationsverläufe bis zur beruflichen (Nicht-)Eingliederung heraus? Entsprechen die Auskünfte der Institutionenvertreter den republikanischen Normen in den Programmen der Stadtpolitik oder bilden sie eher eine andere urbane Realität ab? Gibt es verschiedene Stile in der kommunalen Konfliktaustragung? Welche Rolle spielen dabei die Meinungsführer? Wie lässt sich schließlich die Flut an Informationen im Kontext der Großstadt und ihrer Kommunen, innerhalb ihrer Strukturen und politischen Kulturen interpretieren?

Siebtens geht es in der Feldforschung darum, aus der Fallanalyse verallgemeinernde und theoretische Schlussfolgerungen zu ziehen (vgl. Kap. 7). Wo liegen in der Stadtgesellschaft zwischen Zerfall und Reorganisation, zwischen Stadtpolitik und Lebenswelt die Formen sozialer Integration und Solidarität? Welche Rolle spielt die politische Integration im Spannungsverhältnis zwischen politisch-universaler und kulturell-partikularer Identität? Eignet sich die Austragung von Anerkennungskonflikten als Vergesellschaftungsform? Wo liegen dabei Anspruch und Wirklichkeit des französischen Integrationsmodells? Ist es gescheitert oder reformierbar? Kann die „Eurocity" Lyon schließlich als exemplarisch für die Entwicklung der französischen und europäischen Stadtgesellschaft betrachtet werden? Welche Ansätze liefert die *politique de la ville* zur Bekämpfung der städtischen Segregation?

Da Feldforschung ein sozialer und kommunikativer Prozess ist, erfordert sie *achtens* eine *Rückmeldung* bei den Interviewten. Kommunikationsprobleme zeigten sich vor allem im Kontakt mit den Jugendlichen. Denn bei einigen musste ich monatelang Vertrauen aufbauen, um sie endlich als Gesprächspartner zu gewinnen (vgl. 3.2.3). Kaum hatte ich dies erreicht und war im Stadtviertel akzeptiert, kam mit meiner Rückkehr nach Deutschland der plötzliche Bruch in dieser Beziehung. Bei meiner Abreise löste sich die Ambivalenz von Distanz und Engagiertsein zugunsten der Distanz auf. Die Jugendlichen hatten mir ihre Biographien anvertraut. Einige wollten damit eine „Botschaft rüberbringen" und erwarteten, dass ihre Geschichte *nach außen* dringt. Ich trug diese Biographien mehrere Jahre lang mit mir bis diejenige von Khaled Kelkal nach dem Tod dieses Jugendlichen der Öffentlichkeit zugänglich wurde.

Methodisches Vorgehen und Aufbau der Arbeit

Anlässlich dieser „Kelkal-Affäre" von 1995 ergab sich die Gelegenheit, auf Einladung einer neu gegründeten Kooperationsstelle zwischen der Stadtverwaltung und einer in Vaulx-en-Velin ansässigen Hochschule im Juni 1996 wieder in diese Vorstadt zurückzukehren. Ich hatte dabei ein ähnliches Gefühl wie mancher Jugendliche, der trotz der Möglichkeit, außerhalb von Vaulx-en-Velin eine Wohnung zu finden, die Vorstadt nicht gänzlich verlassen will. Wer einmal längere Zeit in ihr lebt, kommt so schnell nicht mehr von ihr los.

So berichtete ich den Behördenvertretern von meinen Ergebnissen. Ich nutzte den kurzen Aufenthalt, um einige wichtige Gesprächspartner wieder aufzusuchen und zu interviewen. Darunter fielen der Bürgermeister und die Meinungsführer der Jugendlichen von Vaulx-en-Velin, der Priester Christian Delorme sowie die neue Regionaldelegierte des *FAS*. Während die Stadtpolitik inzwischen neue Programme entworfen hatte, antwortete P., der Meinungsführer von *Agora*, auf meine Frage, was sich im Stadtviertel seit 1992 verändert habe:

> „Was sich im Wesentlichen verändert hat, ist die Tatsache, dass eigentlich alles beim Alten blieb."

So entstand der Eindruck, dass für die Bewohner des Stadtviertels die Zeit stehen geblieben war. Dennoch war es interessant, zu fragen, was sich seit 1992 ereignet hatte. Schließlich wurden im August 2002 weitere Interviews mit maßgeblichen Personen aus der Stadtverwaltung und wiederum mit Christian Delorme sowie mit P. geführt. In einem letzten Gespräch mit diesem Meinungsführer im Juni 2004 konnte ich dann, wie bereits erwähnt, erfahren, was aus einem Teil der 1992 interviewten Jugendlichen geworden ist (vgl. Anhang 2).

Nach dieser Präsentation der Stationen des Forschungsprozesses soll im folgenden kurz der *Aufbau der vorliegenden Arbeit* vorgestellt werden. In einem ersten Schritt (Kap. 2) geht es darum, anhand des sozialwissenschaftlichen Forschungsstandes den Zusammenhang zwischen gesellschaftlicher Kohäsion, Einwanderung und Stadtentwicklung in Frankreich herauszuarbeiten. Dieser Zusammenhang wird *erstens* für die in den *Trente glorieuses* (dreißig glorreiche Wachstumsjahre) der Nachkriegszeit ihren Höhepunkt erreichenden nationalen Industriegesellschaft des 19. und 20. Jahrhundert dargestellt, in der sich die Arbeitsmigranten und die französischen Arbeiter das soziale Milieu der *banlieues rouges* (rote Vorstädte) teilten (2.1). *Zweitens* wird dieser Zusammenhang mit Blick auf die in den 70er Jahren einsetzende Transformation der französischen Gesellschaft, die „zweite" bzw. „dritte Generation" aus der maghrebinischen Einwanderung und die sich abzeichnenden Segregationsprozesse in den Vorstädten diskutiert (2.2). Aus diesem *theoretischen* Forschungszusammenhang werden schließlich *drittens* die impliziten Hypothesen hergeleitet und präsentiert (2.3).

Es schließt sich als zweiter Schritt die *Fallstudie* an. Sie beginnt mit der Beschreibung der Exploration des dem Autor anfangs noch fremden städtischen Raumes (Kap. 3). Dann wird die Entwicklung der Agglomeration von Lyon mit ihrer Kommune Vaulx-en-Velin dargestellt. Dabei geht es darum, den in Kapitel 2 theoretisch fundierten Zusammenhang zwischen der Kohäsion der französischen (Stadt-) Gesellschaft, der Einwanderung und der Entwicklung der Vorstädte am Beispiel der Transformation der alten Industriestadt Lyon zur heutigen sozialräumlich gespaltenen „Eurocity" empirisch zu untersuchen (Kap. 4). Anschließend folgt – eingebettet in diesen städtischen Kontext – die Analyse des Systems der Akteure zwischen Stadtpolitik und Lebenswelt: Die Beschreibung der *Lebenswelt* der Jugendlichen liegt auf der ersten Analyseebene (Kap. 5). Den Hauptteil der Arbeit bilden die zweite und dritte Analyseebene: Hier wird in einer partizipatorischen *Policy-Analyse* das Zusammenwirken der *Institutionen* der Stadtpolitik und der sich selbst organisierenden Jugendlichen auf *intermediärer* Ebene untersucht (Kap. 6). In der *Konklusion* werden die soziale und politische Integrationsfähigkeit der französischen Gesellschaft und ihres Einwanderungsmodells bewertet und einige Überlegungen zur Situation der Vorstädte angestellt (Kap. 7).

Zur Auswahl der Stadt für die Fallstudie muss schließlich angemerkt werden, dass mit Lyon und seinen *banlieues* eine Agglomeration vorliegt, in der die drei Analyseebenen (Lebenswelt, Institutionen, intermediäre Ebene) gut untersucht werden können. Denn infolge einer starken West-Ost-Segregation sind die *sozialen Probleme und Konflikte* in dieser europäischen Dienstleistungsmetropole relativ stark ausgeprägt, wie nicht nur die Daten zeigen, sondern auch in der lebensweltlichen Perspektive der *classes populaires* deutlich wird. Zudem existiert für die Vorstädte von Lyon seit langem ein Bündel *staatlicher* Maßnahmen zur Bekämpfung dieser Probleme: Vaulx-enVelin gilt bis heute als eines der Vorzeigebeispiele der französischen Stadtpolitik. Schließlich repräsentiert die Entwicklung auf der *intermediären Ebene* die Formen der Selbstorganisation der Jugendlichen und jungen Erwachsenen mit Migrationshintergrund in Frankreich. Denn in Vénissieux – der anderen großen Vorstadtkommune – gab es Anfang der 80er Jahre die ersten *rodéos* – Autoverfolgungsjagden zwischen der Einwandererjugend und der Polizei. In Vaulx-en-Velin kam es 1990 trotz einer Mustersanierung zu gewalttätigen Jugendunruhen, welche die Kluft zwischen der in den Vorstädten lebenden Bevölkerung und der Stadtpolitik hervorhoben. Von den *banlieues lyonnaises* gingen daher auch die sozialen Bewegungen aus, die Chancen und Grenzen der kollektiven Aktionen dieser Jugend zeigen: von der *beurs*-Bewegung über die gewaltförmigen *émeutes* bis hin zur Islamisierung.

2 Die Kohäsion der modernen Stadtgesellschaft

Die im 19. und 20. Jahrhundert sich bildende französische *Industriegesellschaft* kann als nationalstaatlich integrierte Gesellschaft bezeichnet werden. Dabei trugen im klassischen Einwanderungsland Frankreich die *Migranten* wesentlich zu ihrer Entstehung bei. In dieser Gesellschaft war die *fordistische Stadt* nach den Erfordernissen des Produktionssystems organisiert; sie hatte die Funktion einer „robusten Integrationsmaschine" (Häußermann 1995), so auch in Frankreich.

Bereits zuvor stellten die europäischen Städte den Mittelpunkt ihrer Gesellschaften dar. Denn soziale Beziehungen sind in ihnen seit jeher besonders verdichtet, soziale Konflikte und Revolutionen gingen zumeist von Städten aus. Die Stadt ist schließlich der originäre Ort des politischen Gemeinwesens. Im Zuge der fortschreitenden Urbanisierung der europäischen Gesellschaften stehen sie heute mehr denn je im Zentrum des sozialen Wandels. Doch haben die europäischen Städte seit den 70er Jahren diese Funktion der Integrationsmaschine verloren.

Auf der einen Seite sind die modernen Stadtgesellschaften zu globalisierten Orten vernetzter Kommunikation mit einer Pluralität von Lebensstilen und Partizipationsformen geworden. Auf der anderen Seite stehen sie immer mehr für die Kohäsionsproblematik moderner Gesellschaften bzw. der Gesellschaft in Frankreich: mit der wachsenden *fracture sociale* (sozialer Bruch), der Krise des kulturell indifferenten republikanischen Integrationsmodells sowie einer *fracture civique* (Bruch in der staatsbürgerlichen Teilhabe), die sich z.B. durch überproportional hohe Wahlenthaltung in den marginalisierten Quartieren zeigt. Hier ist die postfordistische Stadt zum Ort sozialer Ausgrenzung geworden, in denen die Stadtpolitik mit Programmen zugunsten des sozialen Zusammenhalts interveniert. Dabei stehen die Jugendlichen mit Migrationshintergrund im Mittelpunkt. Daher soll im Folgenden, wie angekündigt, für die französische Industriegesellschaft (2.1) und für die postindustrielle Gesellschaft in Frankreich (2.2) der Zusammenhang zwischen gesellschaftlicher Kohäsion, Integration von Einwanderern und Stadtproblematik aufgezeigt werden.

2.1 Integration und Einwanderung in den „roten Vorstädten"

Frankreich hat sich wie alle westlichen Demokratien im 19. Jahrhundert zu einer *nationalstaatlich integrierten Industriegesellschaft* entwickelt, die sich durch eine relative Einheit von nationaler Ökonomie, moderner Nation und der im Nationalstaat verfassten laizistischen Republik auszeichnete. Die Arbeiterschaft wurde im Laufe der Zeit in diese nationale Industriegesellschaft integriert. Dies geschah *erstens* über die systemische Integrationsleistung des Arbeitsmarktes sowie über die in den Institutionen verkörperten *Normen und Werte*. Beide sicherten sowohl die Sozialisation des Arbeiters bzw. der Arbeiterjugend als auch die Kohäsion der Gesellschaft.

So hatte diese systemische Integration[18] eine ökonomische und eine politische Dimension. Denn sie vollzog sich zum einen über den Arbeitsmarkt der nationalen Ökonomie, zum anderen über die Institutionen des Wohlfahrtsstaats und der französischen Republik, d.h. vor allem über die Armee und die Schule. Dabei orientierte sich die politische Integration am ideologischen Rechts-Links-Gegensatz der Republik.[19] Dieser ging auf die mit der Französischen Revolution staatsgewordenen Ideen der Aufklärung zurück. Sie wirkten sich politisch-sozial auf die sozialistischen Ideen der Arbeiterbewegung (Gleichheit) und politisch-kulturell auf die individualistisch-republikanisch geprägte politische Kultur der französischen Staatsnation aus (Freiheit, Brüderlichkeit).

Am Ende des 19. Jahrhunderts setzte sich die Idee der Staatsnation politisch-praktisch in der Dritten Republik um. Es entstand eine politische Kultur, bei der sich der Bürger als Individuum im „alltäglichen Plebiszit" (Ernest Renan) zu der in der Staatsnation verfassten politischen Gemeinschaft aller Franzosen bekennen sollte – ungeachtet seiner sprachlichen, kulturellen oder ethnischen Herkunft. Mit dieser politischen Kultur, welche die nationale französische Kultur zu einer universellen erhob, ging schließlich auch die Trennung von Kirche und Staat einher. Sie bekam in Frankreich die Form einer radikalen Laizität und wurde 1905 vertraglich zwischen der katholischen Kirche und dem Staat geregelt. Die zentrale Institution dieser republikanischen Idee und der Laizität ist bis heute die französische Schule.

Auf diesem Hintergrund entstand ein ökonomisch und politisch-kulturell bedingter Rechts-Links-Gegensatz, der sich bis in die 70er Jahre des 20. Jahrhun-

---

18 Systemische Integration wird hier, wie in Anm. 2 eingeführt, in Abgrenzung zur sozialen Integration über die Lebenswelt benutzt. In der nationalen Industriegesellschaft bildeten die Institutionen die Klammer zwischen sozialer und systemischer Integration.
19 Hier begegnen sich soziologische und politische Theorie. Während die Grundfrage der Soziologie seit ihrer Entstehung Ende des 19. Jahrhunderts diejenige nach dem Zusammenhalt der Gesellschaft ist, stellt die politische Theorie die Frage nach der bürgerlichen Freiheit des Individuums.

derts im bipolaren französischen Parteiensystem der V. Republik widerspiegelte. Vereinfacht betrachtet standen sich seit Ende des 19. Jahrhunderts die laizistische Linke und die katholische Rechte gegenüber. Die maßgebenden *intermediären Instanzen* der somit entstandenen industriellen und republikanisch-laizistischen Demokratie waren mit Blick auf die Arbeiterbewegung die Gewerkschaften und die Parteien der Linken. Dabei dominierte bis in die 70er Jahre des 20. Jahrhunderts der *Parti communiste français/PCF* (Kommunistische Partei Frankreichs).

Die Integration der Arbeiterschaft vollzog sich aber nicht nur über den Arbeitsmarkt und die in den republikanischen Institutionen verkörperten gemeinsamen Werte. Denn *zweitens* hatte auch die *Austragung von Konflikten* eine sozialisatorische, integrationsstiftende Funktion. Zur Austragung dieser Konflikte hatten sich die Arbeiter von den *classes dangereuses* (gefährliche Klassen, Chevalier 1978) zum kollektiven Akteur der Arbeiterbewegung assoziiert. Der dominierende soziale Konflikt des 19. und 20. Jahrhunderts war somit der Klassen- bzw. industrielle Konflikt. Er wurde wie andere soziale und kulturelle Konflikte im Parteiensystem entlang von *cleavages* (politische Konfliktlinien) ausgetragen und institutionalisierte sich im 20. Jahrhundert in den Arbeitsbeziehungen. Dabei beinhaltete die Austragung des industriellen Konflikts nicht nur nach marxistischer Lesart das Ziel des sozialen Wandels, sondern auch die zum Konsens führende Erfahrung in der Arbeiterschaft, zu dieser Industriegesellschaft zu gehören. Die Arbeiterklasse wurde somit „befriedet" und in gewisser Weise an die Nation gebunden (Dahrendorf 1957).[20] In diesen Arbeitskämpfen waren die Gewerkschaften als intermediäre Instanz die maßgebenden Konfliktgegner und Mediatoren.

Der Höhepunkt dieser Integration in die nationale Industriegesellschaft über den Arbeitsmarkt, die nationalstaatlichen Institutionen und die Austragung des industriellen Konflikts lag in den durch Wachstum und Vollbeschäftigung gekennzeichneten *Trente glorieuses*.

Für die Entwicklung dieser nationalen Industriegesellschaft war die *Einwanderung* konstitutiv gewesen (Noiriel 1988, 1992). So kamen Zuwanderer seit Ende des 19. Jahrhunderts aus demographischen, militärischen und ökonomischen Gründen nach Frankreich. Vor der Jahrhundertwende waren es Migranten aus Belgien und Italien. In den 20er Jahren folgten Einwanderer aus Polen und anderen osteuropäischen Ländern. Nach dem Zweiten Weltkrieg kam die Mehrheit der Einwanderer aus Nord- und Westafrika. Sie setzten die Migration aus den Kolonien fort.

---

20 Die hier verfolgte Integrationsperspektive bezieht sich auf den konfliktorientierten Strang in der Soziologie, der in unterschiedlicher Weise von Karl Marx über Georg Simmel und Louis A. Coser bis zu Ralf Dahrendorf reicht. Zu den vier zentralen *cleavages* der Neuzeit, die der Parteienbildung zugrunde liegen, zählen nach Rokkan (1980) der Gegensatz zwischen Besitz und Arbeit, Stadt und Land, Staat und Kirche sowie die ethnisch-sprachliche Spaltung.

Mit der Anwerbung von Arbeitskräften während der *Trente glorieuses* bildeten vor allem die Maghrebiner den Migrantentypus des *travailleur immigré* (Gastarbeiter): jung, niedrig qualifiziert, männlich und zunächst ohne Familie. In dieser Zeit ging auch die traditionelle südeuropäische Immigration von Italienern und Spaniern weiter, in den 60er Jahren stellten hier die Portugiesen einen bedeutenden Anteil. Somit hat heute im Einwanderungsland Frankreich jeder vierte französische Staatsangehörige einen nichtfranzösischen Eltern- oder Großelternteil. Wie vollzog sich dabei – diachron betrachtet – der Prozess der *Integration* dieser Migranten in die französische Gesellschaft?

Die Eingliederung in den Arbeits- und anschließend den Wohnungsmarkt ermöglichte den individuellen sozialen Aufstieg und die soziale Integration. Im Laufe der Zeit wurden die Einwanderer in den *creuset français*, den französischen „Schmelztiegel" assimiliert, auch wenn sie weiterhin in Eigenorganisationen ihre kulturelle Herkunft pflegten. Einen zentralen Stellenwert im Integrationsprozess der Einwanderer bzw. dem Sozialisationsprozess ihrer in Frankreich geborenen Kinder hatten dabei die Institutionen, allen voran die Schule, aber auch die Armee, die Kirche, die Gewerkschaften und die Parteien. In politischer Hinsicht identifizierten sich somit viele von ihnen und ihre die französische Staatsbürgerschaft besitzenden Kinder als Gewerkschafter und als Wähler bzw. Mitglieder der Arbeiterparteien. Aus Sicht der funktionalistischen und der marxistischen Soziologie „funktionierte" das republikanische Integrationsmodell: auf die soziale Integration folgte die kulturelle Assimilation und schließlich die nationale Identifikation. Der Einwanderer mutierte zum Arbeiter, Franzosen und Staatsbürger (Dubet 1989).[21]

Dabei machte der *travailleur immigré* als Teil der Arbeiterklasse (Tripier 1990) bis in die 70er Jahre auch die sozialisatorische Erfahrung der Klassenkonflikte. Zwar gab es gerade in Frankreich im Prozess der Nationswerdung auch immer ethnische, sprachliche, kulturelle und religiöse Konflikte. Doch waren sie in der politischen Sphäre den Klassenkonflikten untergeordnet; das politische System ermöglichte kaum deren offene Austragung.

Diese Tabuisierung kultureller Konflikte ergibt sich aus dem normativen Anspruch des *französischen Integrationsmodells*, das sich als Gesellschafts- und als Integrationsmodell für Einwanderer durch sein politisch-kulturelles Selbstverständnis definiert. So wurden im politischen Bekenntnis des „alltäglichen Plebiszits" kulturelle und religiöse Differenz in der Öffentlichkeit nicht toleriert. Doch hat dieses „Modell" – selbst wenn es in der nationalen Industriegesellschaft maßge-

---

21 Zur Darstellung des Migrationsprozesses aus der Sicht der Einwanderer siehe für die maghrebinische Immigration die einschlägigen Arbeiten von Sayad (1979, 1991, 1999), der die französische Migrationssoziologie mitgründete und maßgebend prägte.

bend war – so nie existiert (Weil 1991, Lapeyronnie 1993a). Entgegen dem normativen Anspruch auf ethnische Indifferenz ist der französische Republikanismus der Staatsbürgernation immer ein Mythos gewesen. Gerade Frankreich kennt Phasen besonders heftiger Unterdrückung seiner regionalen Kultur und Sprachen sowie Phasen von starkem Antisemitismus und Fremdenfeindlichkeit bzw. Rassismus. Für den Rassismus sind die Erfolge des rechtsextremen *Front national* seit den 80er Jahren das beste Beispiel.

Der Grundwiderspruch zwischen Integrationsideologie und Integrationspraxis liegt darin, dass der republikanische Diskurs einerseits immer radikale ethnische Neutralität durch die Privatisierung solcher Zugehörigkeiten postulierte, das Modell aber andererseits gerade infolge der Assimilation funktionierte:

> „Der französische Begriff des Nationalen gründet somit zwar seit der Französischen Revolution auf politischer Einheit, sein eigentlicher Ausdruck ist aber das Streben nach kultureller Assimilation." (Brubaker 1994, 24)

Diese wurde zwar als Assimilation an die universellen Werte der Aufklärung proklamiert. Gleichzeitig war sie aber auch eine Assimilation an die „gallisch"-französische Kultur.[22] Dieser Grundwiderspruch zeigte und zeigt sich in mehreren Bereichen. So hatte die Entstehung des französischen Nationalstaats als moderner Territorialstaat mit zentralistischer und damit Gleichheit ermöglichender Behandlung der Bürger die Unterdrückung von Sprache und Identität der Regionen zum Preis. Anschließend waren es die französischen Juden, die das Integrationsmodell historisch prägten, denn ihre Gleichberechtigung ging mit kultureller Assimilation einher. Ferner bildete sich seit der Dritten Republik (1879-1940) und dem Beginn der Masseneinwanderung neben dem politischen Verständnis der Staatsnation ein ethnisches Nationsverständnis aus, das heute von der Neuen Rechten und der extremen Rechten eingefordert wird. Was die religiöse Dimension der französischen Kultur betrifft, ist festzuhalten, dass die katholische Kirche als „ältere Schwester" des französischen Staates diese Formen der Dominanz teilte. Denn trotz laizistischer Werte hat es in der französischen Schule immer eine Vorherrschaft symbolischer Zeichen des *Katholizismus* gegeben. Schließlich hatte der Anspruch des Integrationsmodells im Zuge der *Kolonisierung* auch seine außenpolitische Dimension. Der Anspruch der französischen Kultur, mit der Kolonisierung in „zivilisatorischer Mission" die universelle Moderne zu verbreiten, war auch eine Legitimation für die faktische Unterdrückung der Kultur und Religion der Kolonisierten (Wieviorka 1993), was sich bis heute vor allem auf die maghrebinischen Einwanderer auswirkt.

---

22 Assimilation kann als Form von Rassismus, als „Rassismus der Assimilation" (Taguieff 1988, 323/324) bezeichnet werden. Dieser spiegelt sich auch als „institutioneller Rassismus" in den französischen Institutionen wider (Loch 1994b).

Wie die Phasen von Fremdenfeindlichkeit und Rassismus war ebenso die vorübergehende Gemeinschaftsbildung von Einwanderern immer soziale Realität. Der republikanische Diskurs – und die französische Wissenschaft[23] – haben diese Binnenperspektive der Zuwanderer nur verdeckt. So herrschte in Frankreich in der politischen Praxis immer ein pragmatischer Umgang mit ethnisch-kultureller Differenz (Frybès 1992). Dabei ist die Staatsnation der kulturelle Code für die faktische Multikulturalität in diesem klassischen Einwanderungsland gewesen.

Die beiden dargestellten Dimensionen von Integration – die Kohäsion der nationalen Industriegesellschaft und der Integrationsprozess der Einwanderer – prägten nun schließlich die industrielle Stadt als „robuste Integrationsmaschine". So zeichnete sich die *fordistische Stadt* nach den Erfordernissen der Industrialisierung und ihrer tayloristischen Produktionsweise einer programmierten, standardisierten Massenproduktion durch eine funktionale Einheit von Arbeiten (Fabrik) und Wohnen (Wohnort) aus. Der städtische Raum wurde in Frankreich von der zumeist marxistischen Stadtsoziologie als räumliche Projektion der durch die Ökonomie bestimmten sozialen Beziehungen analysiert (Lefebvre 1970, Castells 1972, Castells/Godard 1974).[24] Dabei hat es immer eine Trennung der Arbeitersiedlungen von den bürgerlichen Vierteln gegeben, eine Trennung, die eine notwendige Distanz für die Kohäsion der Stadtgesellschaft schuf. Eine relative Einheit ergab sich aber auch daraus, dass erstens der individuelle soziale Aufstieg des Arbeiters mit räumlicher Mobilität innerhalb der Stadt einherging und zweitens die industrielle Stadt zwar durch den Klassenkonflikt polarisiert war, dessen Austragung aber die gesellschaftlichen Gruppen miteinander verband.

In dieser fordistischen Stadt sind im Zuge der Industrialisierung die sogenannten *banlieues rouges* (rote Vorstädte, vgl. v.a. Hérodote 1986; 43,4) entstanden. In ihnen bildete sich seit der Zwischenkriegszeit das französische Arbeitermilieu. Es stand für eine Gemeinschaft, welche ähnliche Arbeitsbedingungen, einen solidarischen Lebensstil und vor allem ein gemeinsames Klassenbewusstsein teilte. In politischer Hinsicht wurde die *banlieue rouge* von den Arbeiterparteien, vor allem dem *PCF* dominiert. Die kommunistischen Stadtverwaltungen, die den „roten Vorstädten" ihren Namen gaben, stützten ihre kommunale Herrschaft auf ihre Partei- und Gewerkschaftsmitglieder sowie auf ein Netz von Vereinen im Kultur- und Freizeitbereich.

---

23 Das französische Paradoxon liegt darin, dass sich Frankreich als klassisches Einwanderungsland nie als solches verstanden hat, was vor allem in der Form seiner Nationswerdung, seinem politischen Selbstverständnis und seiner kolonialen Vergangenheit liegt. So hat die französische Wissenschaft im Allgemeinen und die Migrationssoziologie im Besonderen erst in jüngster Zeit damit begonnen, sich mit dem Thema auseinanderzusetzen; vgl. dazu Rea/Tripier 2003, 21-32.

24 Zur Entwicklung der französischen Stadt und der wissenschaftlichen Beschäftigung mit ihr vgl. Paquot/Lussault/Body-Gendrot 2000.

In diesen *banlieues rouges* hatten auch die anfangs überwiegend europäischen Einwanderer ihren Platz gefunden: als Arbeiter im Betrieb, der neben ihren Wohnorten, den Arbeitersiedlungen, lag. Das Arbeitermilieu wurde wesentlich durch die Immigranten geprägt. Gerade für die Industriequartiere des Einwanderungslandes Frankreich lässt sich gut zeigen, dass die Assimilation kein einseitiger Prozess zwischen *dem* Einwanderer und *der* Aufnahmegesellschaft war, sondern in der milieuspezifischen Interaktion Elemente der diversen Einwandererkulturen aufgenommen wurden (Noiriel 1988). Schließlich bot die *banlieue rouge* auch die entsprechenden, von den Arbeiterparteien organisierten politischen Beteiligungsformen an. So lässt sich zusammenfassend sagen: Auch wenn die Migranten die soziale Hierarchie im Betrieb unterschichteten, in bestimmten Phasen eine Zielscheibe rassistischer Diskriminierung abgaben als auch ihre Eigenorganisationen pflegten, waren sie – aus französischer und klassenspezifischer Sicht – Arbeiter, akkulturierte Franzosen und als Gewerkschaftsmitglied oder gar Mitglied des *PCF* Mitstreiter in den Arbeitskonflikten.

Mit dem Ende der *Trente glorieuses* in den 70er Jahren setzte jedoch der Zerfall dieser „roten Vorstädte" ein (Dubet/Lapeyronnie 1992). Die fordistisch geprägte Stadt, die nationale Industriegesellschaft und ihr im 19. Jahrhundert entstandenes Integrationsmodell sind tiefgreifenden gesellschaftlichen Transformationsprozessen gewichen.

2.2 Integration und Segregation in der *banlieue*

Seit den 80er Jahren ist die *banlieue* zum Symptom und zum seismographischen Ort dieser Transformationsprozesse geworden, die sich in anderen europäischen Gesellschaften in ähnlicher Weise vollziehen. Sie betreffen das veränderte Verhältnis zwischen Ökonomie, Kultur und Staat. So hatte es in der nationalen Industriegesellschaft eine relative Einheit von nationaler Ökonomie, moderner Nation und nationalstaatlichen Institutionen gegeben. Diese Einheit ist angesichts der ökonomischen, kulturellen und politischen Denationalisierungs- bzw. gleichzeitigen Fragmentierungsprozesse zerfallen. In diesem Kontext hat Frankreich einen Wandel „von den Klassen zur Nation" (Dubet 1999) und zur „Schwäche der [modernen, DL] Institutionen" (Dubet 2003) erfahren. Die Verwerfungen dieser Transformationen, aber auch neue Formen von Solidarität werden vor allem unter den Jugendlichen und den Einwanderern sichtbar. Die Vorstädte sind dabei der soziale und politische Raum.[25]

---
25 Die französische Sozialwissenschaft hat im Laufe der 80er Jahre die Vorstadtproblematik entdeckt und mit ihr auch die Migrationsforschung enttabuisiert. Dabei kann man bis heute von keinem

2.2.1 Die Transformation der französischen Gesellschaft

2.2.1.1 Fragmentierte Gesellschaft und denationalisierte Nation

Die sich zunehmend europäisierende und globalisierende Wirtschaft hat mit ihrer dienstleistungsorientierten Produktionsstruktur die französische Industriegesellschaft, ihre Sozialstruktur und ihre sozialen Milieus grundlegend verändert.[26] So ist auch in der postindustriellen Gesellschaft (Touraine 1969; Bell 1991) Frankreichs eine von Individualisierungsprozessen begleitete *Fragmentierung* der Sozialstruktur festzustellen. Dabei haben sich neben den Mittelschichten einerseits transnationale Leistungseliten, andererseits aber auch niedrig qualifizierte Bevölkerungsgruppen in den *classes populaires* (Unterschichten) herausgebildet. Letztere befinden sich auf dem „zweiten Arbeitsmarkt" zwischen Arbeitslosigkeit und prekären Beschäftigungsverhältnissen. So hat die französische Variante sozialer Ausgrenzung, die *exclusion*, neue Formen sozialer Ungleichheit geschaffen, die mit der *fracture sociale* bis zur Segregation in den Vorstädten reichen. Im Gegensatz zum *Wohlfahrtsstaat* der Industriegesellschaft, der vorübergehende Armut und Arbeitslosigkeit korrigierte, verwalten der Staat und die Gebietskörperschaften über die Stadtpolitik zunehmend eine sich konsolidierende Armut.

Der mit der wirtschaftlichen Entgrenzung entstandene globalisierte Konsum prägt nun ein Kulturverständnis, das sich über den kapitalistischen Markt als „Mc World - Kultur" weltweit standardisiert. Demonstrativer Konsum wird in der hedonistischen, individualisierten Gesellschaft zum Markenzeichen und zur Symbolik des Dazugehörens. Auch in den einstigen „roten Vorstädten", wo das Klassen-

---

spezifischen *banlieue*-Forschungsstand sprechen, da in diesem Bereich mehrere Forschungsstränge zusammenlaufen. Vgl. die Forschungsbilanzen zur Frage gesellschaftlicher Integration und Exklusion (Paugam 1996), zur interdisziplinären Stadtforschung (Paquot/Lussault/Body-Gendrot 2000; Esprit: février 1991, juin 1994, novembre 1999, mars-avril 2004), zur Migrationsforschung (Dewitte 1999; Rea/Tripier 2003), zur Jugendforschung (Galland 2001; Dubar 2002) sowie zur Kriminalitätsforschung (Roché 1998; Mucchielli/Robert 2002). Als zusammenfassende Darstellungen in deutscher Sprache vgl. Kronauer/Neef 1997, Loch 1999 und Ottersbach 2004. In einer inzwischen unüberschaubar gewordenen Literatur haben sich weitere Forschungsgebiete profiliert. Exemplarisch sei auf die einschlägigen Arbeiten zur laizistischen Vereinsbewegung (Wihtol de Wenden/Leveau 2001), zum Islam in den Vorstädten (Kepel 1994; Khosrokhavar 1997; Césari 1998; Tietze 2001), zu Rassismus, kultureller Differenz und Gewalt (Wieviorka 1992, 1999, 2001, 2004) sowie zur Stadtpolitik (Donzelot/Estèbe 1994; Anderson/Vieillard-Baron 2000; Jaillet 2003; Donzelot 2004) verwiesen.

26 Vgl. dazu den Themenschwerpunkt des Frankreich-Jahrbuchs 2002, hrsg. vom Deutsch-Französischen Institut. Opladen 2003.

bewusstsein geschwunden ist, nimmt die Bedeutung dieser omnipräsenten *Konsumkultur* zu. Mangelnder Zugang zum Konsum erzeugt daher Frustrationen, die bei der sozial benachteiligten Bevölkerung das Gefühl des Ausschlusses verstärken und zu relativer Deprivation (zur Def. vgl. Anm. 29) führen können.

Kultur besitzt aber nicht nur diese vereinheitlichende Dimension. Denn angesichts einer *Retraditionalisierung* der Lebenswelt (Habermas 1994, 441) und verstärkt durch die globalisierungsbedingten Entgrenzungsprozesse manifestiert sich auch kulturelle Differenz: z.b. in Form nationaler, regionaler, lokaler, lebensweltbezogener, ethnischer oder auch religiöser Identität. In den europäischen Gesellschaften ist diese Differenz zum Bestandteil einer allgemeinen *sozio-kulturellen Heterogenisierung* von Milieus und Lebensstilen geworden. Dazu zählt auch die migrationsbedingte ethnische Differenz bzw. Hybridität in den Einwanderermilieus. In diesem Kontext kann die Mobilisierung kultureller Differenz zu neuen Formen von Vergemeinschaftung führen. Dabei ist vor allem in Frankreich die Bekundung kultureller und religiöser Identität im öffentlichen Raum zur Herausforderung für die differenzblinde *Nationskonzeption* und – wie zuletzt das 2004 erlassene Gesetz zum Verbot des Tragens religiöser Symbole in staatlichen Schulen zeigte – für die radikale *Laizität* als Prinzip der Trennung von Staat und Kirche geworden.

Schließlich haben die ökonomische Globalisierung und die politische Denationalisierung zu einem *Autonomieverlust des Nationalstaates* geführt. So lassen sich parallel zum sozialen und kulturellen Wandel auch in der politischen Sphäre einschneidende Veränderungen beobachten. Der französische Nationalstaat ist mit neuen Rahmenbedingungen hinsichtlich der politischen Steuerung und der nationalstaatlich verfassten Demokratie konfrontiert. Die *politische Steuerung* findet zunehmend in einem sich ausdifferenzierenden europäischen Mehrebenensystem politischer Räume statt (*multi-level-governance*). Einerseits wird „jenseits des Nationalstaates" (Zürn) regiert, andererseits gewinnen die subnationalen Gebietskörperschaften an Gewicht, was z.B. im neuen Dezentralisierungsgesetz von 2004 deutlich wird, das u.a. den französischen Regionen und Kommunen mehr Autonomie einräumt. Zudem sind die französischen Städte – v.a. Metropolen wie Paris oder Lyon – nicht mehr der verlängerte Arm des Nationalstaates. Sie entwickeln mit ihren Regionen eigene Wirtschaftsbeziehungen im europäischen Raum. Gleichzeitig sind sie innerhalb des Nationalstaates mit der sozialpolitischen Regulierung der sich spaltenden Stadtgesellschaften konfrontiert.

Angesichts dieser Entwicklungen hat die *Integrationsfähigkeit der nationalstaatlichen Institutionen* nachgelassen, die in ihrer modernen Form seit dem 19. Jahrhundert entstanden sind. Darunter fallen die großen gesellschaftlichen Institutionen wie die Familie, die Schule oder die Kirche (Schnapper 1991; Dubet 2003),[27] aber auch die politischen Institutionen. Denn mit dem Ende der Kongruenz von Nation und Demokratie manifestiert sich eine „Krise der politischen Legitimität" für die nationalstaatlich verfasste Demokratie (Habermas 1998; Mény/Surel 2000, 155-175). Sie zeigt sich vor allem in den mit der nationalen Industriegesellschaft entstandenen politischen Mediationssystemen. Die großen, in Frankreich ohnehin immer schwach ausgeprägten *intermediären Instanzen* wie die Parteien, die Gewerkschaften und die Verbände haben an Einfluss verloren bzw. ihre Integrations- und Repräsentationsfähigkeit „nach oben" und „nach unten" hin eingebüßt.

Dieser Integrationsverlust wird in Frankreich unter dem Stichwort der *„Krise der politischen Repräsentation"* (Perrineau 1994, 2003) diskutiert. Am deutlichsten tritt diese „Krise" in der herrschenden Kritik an der politischen Klasse hervor. Zu ihren Indikatoren zählen u.a. der Mitgliederverlust und die abnehmende Parteibindung an die herkömmlichen Parteien, eine wachsende Volatilität (Flüchtigkeit) des Wählerverhaltens und die bisweilen grassierende Wahlenthaltung. Während diese Volatilität einerseits bis zur Wahlenthaltung reicht, manifestiert sie sich andererseits in der Stimmabgabe zugunsten „neuer" Parteien oder in anderen Formen transnationaler wie subnationaler politischer Partizipation (z.B. Globalisierungskritik, Vereinswesen auf kommunaler Ebene). Bei den Mittelschichten dominieren dabei eher direkte, demokratische Formen von politischem Engagement (Schild 1997, 2000). Bei den sozial benachteiligten Bevölkerungsgruppen in den Vorstädten, wo die Wahlenthaltung besonders hoch ist, kommt es eher zu Rückzug und autoritären Formen von Protest: religiöse Gemeinschaftsbildung, Wahl des rechtsextremen *Front national*, städtische Gewalt. Dies schließt jedoch – wie die Fallstudie zeigt – demokratische Formen von Selbstorganisation und Beteiligung in der Kommunalpolitik durch laizistische und islamische Vereine nicht aus.

In diesem neuen Verhältnis zwischen Ökonomie, Kultur und Staat im Kontext von Globalisierung und Fragmentierung steht für die postindustrielle, nationalstaatlich verfasste französische Gesellschaft wiederum erstens die soziologische Frage nach ihrer *Kohäsion* bzw. Integration im Mittelpunkt. Der Gegenbegriff zur gesellschaftlichen Integration ist derjenige der gesellschaftlichen Desintegration (Anomie), die sich aus Zerfall und Fragmentierung der nationalen Industriegesellschaft ergibt. Zweitens geht es um die Frage der *sozialen Ungleichheit*, die sich in neuen Formen von Segregation[28] bzw. sozialer Ausgrenzung vor allem in margina-

---

27 Dubet stellt hier die These auf, das die „Schwäche der Institutionen" mit der Entwicklung der Moderne entstanden und nicht eine Folge der Globalisierung sei. Die Globalisierung verstärke diese Entwicklung nur.
28 Der aus der Stadtsoziologie kommende Begriff der Segregation bedeutet so viel wie Übertragung sozialer Ungleichheit in den Raum (Dangschat 2000, 209). Wenn er über die residentielle und

lisierten Quartieren zeigt. Auch hier lautet der Gegenbegriff Integration. Nun sind beide Begriffspaare (Integration/Desintegration, Integration/Segregation) miteinander verbunden (Schnapper 1996). Die wichtigste Verbindung besteht darin, dass – erzwungene und dauerhafte – Segregation die gesellschaftliche Kohäsion zerstört. Im Folgenden sollen daher zunächst die neuen Formen sozialer Ungleichheit über den Begriff der *exclusion* (soziale Ausgrenzung) dargestellt werden, bevor dann der Frage der Kohäsion nachgegangen wird.

2.2.1.2 Von der sozialen Ausgrenzung zur Integration über Anerkennungskonflikte?

Für die Dimensionen von Segregation und sozialer Ausgrenzung ist in der sozialwissenschaftlichen Debatte in Frankreich der Begriff der *exclusion* gebräuchlich (Paugam 1996, 2000). Er tritt im Begriffspaar *intégration/exclusion* auf. Während der Begriff der *intégration* allerdings häufig normativ und ideologisch an das republikanische Modell gekoppelt ist, wird der Begriff der *exclusion* im Sinne sozialer Ausgrenzung kontrovers diskutiert. Während die einen eine Zweiteilung der französischen Gesellschaft in ein „drinnen" und „draußen" sehen (Dubet/Lapeyronnie 1992), sprechen die anderen von „sozialer Disqualifikation" (Paugam 1991) oder von „Verletzlichkeiten" (Castel 1995) am Arbeitsmarkt, die nicht nur die Unterschichten betreffen, sondern in einem Kontinuum bis weit in die Mittelschichten reichen. Schließlich muss auch die politische Dimension der Diskussion erwähnt werden. So spricht Pierre Rosanvallon (1995) in diesem Zusammenhang von der erwähnten „Krise der Institutionen". Trotz dieser verschiedenen Interpretationen der *exclusion* ist für alle Autoren die *banlieue* der Ort, an dem die Transformation der Gesellschaft mit ihren Verwerfungen am sichtbarsten wird. Zusammenfassend kann in Anlehnung an Paugam (2000) im Folgenden unter *exclusion* bzw. sozialer Ausgrenzung die mangelnde oder blockierte Zugangsmöglichkeit zu Gütern, Positionen und Beteiligungschancen verstanden werden. Dabei bezieht sich der Begriff auf folgende Bereiche:

In *sozio-ökonomischer Hinsicht* zeigt sich die *exclusion* in mangelnden Teilhabechancen am ersten und prekären Beschäftigungssituationen am zweiten Arbeitsmarkt, die bis zur Langzeitarbeitslosigkeit reichen. Eine wichtige Rolle spielt da-

---

schulische Segregation, d.h. die ungleiche Verteilung von Wohn- und Schulstandorten hinaus benutzt wird, verliert er an definitorischer Präzision. Im Folgenden soll er als Verräumlichung sozialer Ausgrenzung im Sinne der französischen Definition von *exclusion* verstanden werden (vgl. 2.2.1.2). Für die französischen Städte ist der komplexe Prozess der Segregation vor allem von Roncayolo (1990) beschrieben worden.

bei in Frankreich im Bereich der Jugendarbeitslosigkeit, wie erwähnt, die mangelnde Angleichung zwischen den vom Beschäftigungssystem nachgefragten Anforderungen und den im beruflichen Bildungssystem erworbenen Qualifikationen. Diese Faktoren führen viele Betroffene mit dem Verlust ihrer bisherigen sozialen Bindungen bzw. der nicht oder erheblich verzögert stattfindenden beruflichen Eingliederung in die gesellschaftliche Isolation. Dabei kann der Zustand relativer Deprivation entstehen, welcher sich nicht aus einer absoluten Armut sondern aus dem Gefühl des mangelnden Zugangs zu den Konsummöglichkeiten erklärt.[29]

In *sozio-kultureller Hinsicht* wirkt die *exclusion* über milieubedingte Zugehörigkeit. Wer zu den *classes populaires* (Unterschichten) gehört, verfügt infolge seines niedrigeren Bildungsgrades über geringere Kommunikationskompetenz in wichtigen sozialen Interaktionen, wird in den Institutionen und am Arbeitsmarkt distanziert behandelt und stößt damit auf schlechtere Chancen. Von den entsprechenden Ausgrenzungen sind *alle* Individuen dieses Milieus betroffen. Individuen mit Migrationshintergrund, die einen Großteil dieser *classes populaires* stellen, sind darüber hinaus mit fremdenfeindlicher und rassistischer Diskriminierung konfrontiert.

In *politischer Hinsicht* besteht trotz formaler Rechte (Wahlrecht, etc.) die Ausgrenzung in dem Gefühl, als Bürger nicht mehr gehört zu werden. So sind die *banlieues* die Orte der höchsten Wahlenthaltung. Die politische Stimme der *classes populaires* bewegt sich zwischen der *voice*-Option des Protestes (Wahl, Assoziation in Vereinen) und der *exit*-Option, die zu einem vorübergehenden oder dauerhaften Ausstieg aus dem politischen System führen kann. Kronauer (1995) weist im Vergleich zwischen der westeuropäischen und der US-amerikanischen Situation darauf hin, dass erst dann eine völlige Segregation besteht, wenn es auch keine politische Teilhabemöglichkeit für die städtischen Unterschichten mehr gibt.

Schließlich territorialisieren sich diese Formen sozialer, kultureller und politischer Ausgrenzung in *sozialräumlicher Diskriminierung*, welche ausgehend von der residentiellen Segregation über den Wohnort und den damit verbundenen Zugang zum Standort der öffentlichen Schule (schulische Segregation) entsteht. Wer aus den Vorstädten kommt und sich als „Fremder" vom Rand der Stadt ins urbane Zentrum begibt, wird nahezu ungeachtet seiner ethnischen Herkunft diskriminiert. Dabei verstärken sich die diversen Faktoren der Ausgrenzung über Raumeffekte gegenseitig und haben inzwischen ein sich verfestigendes System gebildet. Der erwähnte Bericht von Fitoussi/Laurent/Maurice (2004) über die französischen

---

29 Unter relativer Deprivation versteht man prinzipiell eine subjektiv empfundene Benachteiligung von Individuen bzw. Gruppen einer Gesellschaft hinsichtlich lebenswichtiger oder für unbedingt notwendig gehaltener Güter, Dienstleistungen oder Einkommenshöhen.

Vorstädte spricht von einer verschärften, fast pathologischen *hyperesthésie spatiale* (räumliche Überempfindlichkeit).

Dazu zählt *erstens* die *räumliche Distanz* zu den verfügbaren Arbeitsplätzen. Diese liegen im Gegensatz zu den industriellen Arbeitsplätzen nicht mehr wie früher in der Nähe des Wohnorts, sondern fluktuieren am zweiten Arbeitsmarkt ständig und stark im urbanen Raum. Sie sind nur mit hohem zeitlichem und finanziellem Aufwand über öffentliche Verkehrsmittel zu erreichen. Der Aufwand, sich täglich dorthin zu begeben, steht für die marginalisierte Bevölkerung nicht im Verhältnis zum finanziellen Ertrag, was wiederum die herrschende Immobilität in den Quartieren verfestigt. *Zweitens* schwebt ständig die Gefahr der *sozialen Distanz* zum Arbeitsplatz über den Bewohnern der Vorstadt. Wer keinen entsprechenden Arbeitsplatz hat, bekommt nicht die notwendigen Informationen für den Erwerb eines Anschlussjobs, kann die so wichtigen „sozialen Kompetenzen" im Dienstleistungssektor nicht erwerben und muss umso mehr Zeit für die notwendigen Außenkontakte aufbringen. Dies wirkt sich wiederum auf die Ausbildung nachbarschaftlicher Kontakte im Quartier negativ aus und verstärkt die soziale Isolation. Schließlich muss *drittens* als Folge der sozialen und sozialräumlichen Unsicherheit auch die *legale Distanz* zum Rest der Stadt betrachtet werden. Sie ergibt sich aus der in den Vorstädten praktizierten Parallelökonomie, die eine notwendige Ressource für diese Bevölkerung darstellt.

Aufgrund all dieser Faktoren ist in den *banlieues* eine fragmentierte städtische Unterschicht entstanden, die in den USA in den 80er Jahren als *urban underclass* bezeichnet wurde (Wilson 1987). Gleichwohl sind diese europäischen Formen von Ausgrenzung weit von denjenigen in den USA entfernt und besitzen länderspezifische Ausprägungen.[30] Diese variieren je nach Bevölkerungs- und Beschäftigungsstruktur, nach der Organisation der Sicherungssysteme, nach den Regelungen der Beziehungen zwischen Kapital und Arbeit, nach den Bildungs- und Ausbildungssystemen und nach den Traditionen der Wirtschafts-, Sozial- und Stadtpolitik (Kronauer 2000, 24). Dennoch kann als Gemeinsamkeit die subjektive Erfahrung und der objektive Ausschluss marginalisierter Individuen und Gruppen von zentralen gesellschaftlichen Bereichen in den hochentwickelten kapitalistischen Gesellschaften festgehalten werden.

Was bedeutet dies nun für die *gesellschaftliche Kohäsion* und für die *Demokratie*? Gibt es (noch) eine systemische Integration, eine Zugehörigkeit dieser benachteiligten Gruppen zur nationalstaatlich verfassten französischen Gesellschaft bzw. zumindest zur Stadtgesellschaft?

---

30 Siehe dazu den ländervergleichenden Themenschwerpunkt zu „Armut und Unterklasse" in: Leviathan 1/1997, 9-75.

Eine Vergesellschaftung über den Markt im Sinne ökonomisch-systemischer Integration wird zunehmend schwierig, wenn dauerhafte Armut und Ausgliederung aus dem Arbeitsmarkt die ökonomischen Grundlagen der Demokratie zerstören. Eine kulturell homogene Vergemeinschaftung im Sinne einer Assimilation an gemeinsame kulturelle Werte scheint obsolet, zumindest als politische Forderung, weniger in der soziologischen Realität. So steht die politische Vergemeinschaftung bzw. (System)Integration im Sinne der Zugehörigkeit zum politischen Gemeinwesen im Mittelpunkt. Hier geht die genuin soziologische Fragestellung nach der Kohäsion in die sozialphilosophische, demokratietheoretische Frage nach den inhaltlichen Werten dieser politischen Vergemeinschaftung über.

In der Soziologie des 19. und 20. Jahrhunderts gab es zwei prägende theoretische Stränge: zum einen den als konservativ geltenden Strang, der sich für Fragen der Integration, der Ordnung und der Stabilität interessierte. Er wurde in Anlehnung an Durkheim im 20. Jahrhundert vom Funktionalismus Parsonscher Prägung dominiert. Zum anderen existierte der als progressiv geltende Strang, der sich für soziale Konflikte und gesellschaftlichen Wandel interessierte. Er wurde von der marxistischen Soziologie dominiert. Nun existiert angesichts der beschriebenen Transformation der Gesellschaft diese Gegenüberstellung der Soziologie in Integration und Konflikt nicht mehr (Nunner-Winkler 1997). Die Frage nach dem *Zusammenhalt der Gesellschaft* und der damit verbundenen systemischen Integration sozialer Randgruppen betrifft die Solidarität und die soziale Gerechtigkeit in ihr (Heitmeyer 1997). Zudem haben sich auch die *sozialen Konflikte* verändert. Sie sind nicht mehr – zumindest was die städtischen Minderheiten betrifft – auf den sozialen Wandel, sondern auf (kulturelle) Anerkennung angelegt (Honneth 1994). Daraus sollen im folgenden zwei Überlegungen zur Kohäsion der Gesellschaft und zur nationalstaatlich verfassten Demokratie angestellt werden.

Erstens wird in Abgrenzung zur Systemtheorie die These vertreten, dass auch in modernen Gesellschaften ein *gemeinsamer Wertehorizont* den Zusammenhalt der Gesellschaft verbürgt.[31] Dies beinhaltet, dass die Gesellschaft bewusst über ihre gemeinsamen Werte, ihre Konflikte und deren mögliche Lösungsansätze debattiert (Dubet/Martuccelli 1997). Die gemeinsam geteilten Werte stützen sich nicht nur auf die prozeduralistischen sondern auch auf die *substantiellen* Werte des politischen Liberalismus. In diesem Sinne ist die Integration der in den Vorstädten lebenden Randgruppen mit dem normativen Bekenntnis zu den republikanischen Werten verbunden, wenn diese Gruppen das Gefühl haben, dass ihnen soziale Gerechtigkeit widerfährt (Affichard/de Foucauld 1992, 1995), dass sie anerkannt

---

31 Damit wird auch weiterhin der Sinn des handelnden Subjekts (Akteurs) den Anforderungen des Systems gegenübergestellt.

werden und dass sie sich politisch beteiligen können. Der gemeinsame Wertehorizont entspricht daher weiterhin im Sinne eines Verfassungspatriotismus einer politischen Identifikation mit den Werten der nationalstaatlich verfassten französischen Demokratie.

Diese politische Identifikation hat mit Blick auf die Anerkennung kultureller Differenz ihre Wurzeln in der Nationskonzeption. Hier steht das sozialphilosophisch debattierende Verhältnis zwischen den politischen Werten und den kulturellen Zugehörigkeiten, zwischen politischer und kultureller Identität im Mittelpunkt (Roman 1995). Hier setzt auch die Kritik am republikanischen Integrationsmodell ein, so wie es im 19. Jahrhundert entstanden ist.[32] Denn nach diesem Modell sind ethnisch-kulturell geprägte Gruppenlagen in der Öffentlichkeit nie anerkannt worden, sie gehören in die private Sphäre. Der *citoyen* stand immer als Individuum in unmittelbarem Verhältnis zur Staatsnation mit ihrer republikanisch geprägten politischen Kultur. Zwar hat das Paradox dieses Modells im Einwanderungsland Frankreich immer darin bestanden, dass es, wie erwähnt, stets einen pragmatischen Umgang mit ethnisch-kultureller Differenz gab. Doch scheint dieser Pragmatismus heute an seine Grenzen zu stoßen, wenn städtische Minderheiten als sozio-kulturell oder religiös sich unterscheidende Gruppen keine Anerkennung in der politischen Sphäre finden.

Am deutlichsten wird dies in der öffentlichen Manifestation religiöser Differenz, da kulturelle Verschiedenheit in Frankreich nur über die Religion politisch verfasst ist. So lässt das Prinzip der *Laizität* aufgrund der radikalen Trennung von Kirche und Staat religiöse Differenz in der politischen Sphäre nicht zu. Dafür stehen die beiden großen Debatten von 1989 und 2004 zum Tragen des islamischen Kopftuchs in den staatlichen Schulen. Sie haben anstatt zu einer Lockerung eher zu einer verhärteten Konzeption republikanischer Positionen geführt.

Andererseits wurde das 2004 verabschiedete Gesetz zum Kopftuchverbot auch von namhaften Soziologen wie Alain Touraine befürwortet, die in den 90er Jahren zu den ersten Kritikern des erstarrten republikanischen Integrationsmodells gehörten. Hier kommt inzwischen auch die Verteidigung des gemeinsamen republikanischen Wertehorizonts gegenüber Gruppen auf, die in ihrem Kampf um Anerkennung demokratische Werte nicht teilen.[33] So geht es insgesamt betrachtet um einen neu verstandenen Universalismus, der bei demokratischem Wertekonsens ohne historische Rituale des republikanischen „Modells" sozio-kulturell oder religiös

---

32 Vgl. dazu auch den Themenschwerpunkt des Frankreich-Jahrbuchs 1999, hrsg. vom Deutsch-Französischen Institut. Opladen 1999.
33 Eines der zentralen Probleme im französischen „Kopftuchstreit" liegt dennoch darin, dass aus einem religiösen Symbol nicht automatisch auf autoritäre Werte geschlossen werden kann.

sich definierende Gruppen in der öffentlichen Sphäre anerkennt, sich dabei aber auch gegen autoritäre Werte in solchen Gruppen wendet.

Da Forderungen nach Anerkennung zumeist in Gestalt von Konflikten auftreten, ist nun nach den Formen und Funktionen solcher Konflikte zu fragen. Dies erfordert die Rückkehr zur genuin soziologischen Perspektive. Denn *zweitens* soll von der These ausgegangen werden, dass auch in modernen Gesellschaften *Konflikte* eine wichtige Funktion für die Kohäsion der Gesellschaft ausüben. Denn Konflikte hatten neben ihrer progressiven Rolle, die ihnen die marxistische Soziologie für den sozialen Wandel zuschrieb, auch immer die erwähnte sozialisatorische, konsensstiftende Funktion: Die Austragung und Institutionalisierung des industriellen Konfliktes hatte die Arbeiterklasse an die Nation gebunden (vgl. 2.1).

Es muss nun berücksichtigt werden, dass *in den marginalisierten Quartieren* der postindustriellen Gesellschaft der an die Arbeitsbeziehungen gebundene Konflikt nicht mehr den dominierenden Konflikttyp darstellt. Wenn „negative" (z.B. Gewalt) oder mit Forderungen verbundene „positive" Konflikte auftreten, richten sie sich zumeist gegen die Institutionen, welche als symbolische Stadthalter der Ausgrenzung produzierenden Gesellschaft gelten. In diesem Kontext sind diese Konflikte auf das Erlangen von Anerkennung gerichtet. Dabei stützen sie sich auf territoriale, lebensweltliche oder religiöse Identitäten.

So lässt sich analog zur Austragung der industriellen Klassenkonflikte die eingangs (vgl. 1.1) formulierte Hypothese dahingehend verfeinern, dass die „gehegte" Austragung von kulturell geprägten Anerkennungskonflikten die Zugehörigkeit der *classes populaires* zur (Stadt-)Gesellschaft und damit den Zusammenhalt derselben fördern kann (Loch 1998).[34] Die Austragung solcher Konflikte kann zu deren Institutionalisierung führen, z.B. in Form der Regelung um Rechte von Bürgern im Quartier. Allerdings ist für den Verlauf und die Dynamik solcher Konflikte deren Substanz zu bedenken. Auf Anerkennung zielende Identitätskonflikte unterscheiden sich von Interessenkonflikten. So kann zum Beispiel die gehegte Austragung eines um religiöse Symbole geführten Konfliktes zu islamophober Diskriminierung oder zur Radikalisierung der religiösen Gruppe mutieren.

Schließlich ist zu bedenken, dass Konflikte als *soziale* und als *politische* Konflikte auftreten. Soziale Konflikte um Güter oder Zugehörigkeiten sind oft nur im Alltag von Individuen und Gruppen zu finden. Sie politisieren sich erst dann, wenn sie über politische Akteure (Meinungsführer von Vereinen, Parteien, Verbände, Medien) in die Öffentlichkeit und ins Parteiensystem treten. Dabei galten die *clea-*

---

34 Hierbei knüpfe ich an die Überlegungen von Dubiel (1994, 106-118; 1995) und Hirschman (1994) sowie an die handlungssoziologisch orientierten Arbeiten der Konfliktsoziologie von Dubet/Lapeyronnie (1992) und Wieviorka (1996, 2004) an.

vages (politische Konfliktlinien) der Industriegesellschaft als „eingefroren" (Rokkan 1980). Doch hat sich neben der Rechts-Links-Polarisierung seit den 70er Jahren im Kontext der „neuen Politik" eine Konfliktlinie herausgebildet, bei der sich autoritäre und libertäre Positionen gegenüberstehen (Kitschelt 1994). Hier liegen im Spannungsfeld zwischen autoritär-ethnozentrischen und libertär-multikulturellen Positionen die Anerkennungskonflikte, die ihrerseits oft die mit der sozialen Ausgrenzung wiederbelebten Verteilungskonflikte ethnisieren. Darüber hinaus sind rechte und autoritäre Positionen einerseits sowie linke und libertäre Positionen andererseits inzwischen zu einer einzigen Polarisierung verschmolzen. Diese synthetisierte Konfliktlinie scheint wiederum quer zu neuen Konflikten zu stehen, bei der sich im Kontext von Globalisierung und Europäischer Integration ein Gegensatz zwischen „offenen" und „geschlossenen" Positionen abzeichnet. Dies kann in den *banlieues* relevant sein, wenn sich auf lokaler Ebene transnationale Konflikte widerspiegeln.

Zu den entscheidenden Voraussetzungen für die Austragung und Politisierung von ethnisch-kulturell codierten Anerkennungskonflikten zählt nun allerdings, dass einerseits *Meinungsführer* die kulturellen Ressourcen der z.T. depravierten Quartierbewohner mobilisieren, sich in Vereinen oder anderen Foren assoziieren, um ihre Interessen zu repräsentieren und eine Öffentlichkeit herzustellen. Andererseits muss das *politische System* die Artikulation dieser Konflikte ermöglichen. Ist dies nicht der Fall, implodieren oder explodieren sie, d.h. die öffentliche Artikulation (z.B. in gewaltförmigen *riots*) wird durch die Blockierung erst recht provoziert.

Wenn es zu einem Konfliktszenario kommt – z.B. zwischen einem Verein von Quartierbewohnern und den republikanischen Institutionen –, kann der Konfliktverlauf u.a. durch den Grad der Institutionalisierung (Coser 1956) und der Stil des Verlaufs durch die politische Kultur bestimmt werden. Wenn während der Austragung von Konflikten eventuell ein Gefühl der Zugehörigkeit zur Gemeinschaft entsteht, ist es möglich, dass der weitere Verlauf auch konfliktverschärfend wirkt und zum Abbruch führt. Dieser Abbruch kann durch die Institutionen oder die Radikalisierung der Minderheitenposition bewirkt werden. Hier scheinen somit die Grenzen der These vom Zusammenhalt durch Konfliktaustragung zu liegen. Daher spielen im Konfliktverlauf auf intermediärer Ebene Mediatoren (Meinungsführer, Institutionenvertreter, *von außen* kommende Akteure) eine entscheidende Rolle. Ob Anerkennungskonflikte in der Realität so ablaufen, soll die Fallstudie zeigen.

2.2.1.3 Jugend als gesellschaftliche Kategorie

Die Prozesse lebensweltlicher, kultureller *Vergemeinschaftung* und marktbezogener sowie politischer *Vergesellschaftung* lassen sich am besten bei der Sozialisation von Jugendlichen zeigen. Denn hier geht es um das Verhältnis zwischen Individuation und Vergemeinschaftung sowie Vergesellschaftung (Dubar 2002, 83-110). Während Jugendliche über affektive Gemeinschaften wie die Familie und die Peergroup (Gleichaltrigengruppe) vergemeinschaftet werden *(Zugehörigkeit)*, finden Vergesellschaftungen *(Sozialisation)* vor allem über die Institutionen und den Markt statt. Eines der Hauptmerkmale der nationalen Industriegesellschaft war das Ersetzen der familiären bzw. gemeinschaftlichen Sozialisation des Jugendlichen durch seine Sozialisation in der Schule. Die Zugehörigkeit zu einer Gleichaltrigengruppe sollte dabei die Spannungen des Individuums bei dieser Vergesellschaftung auffangen. Abweichendes Verhalten war nach jugendsoziologisch-funktionalistischen Ansätzen ein Abweichen von der industriegesellschaftlichen Norm.

Bereits Simmel (1920) hat mit dem Innen- und Außenbezug des Individuums auf die zwei Bedeutungen von Individualität hingewiesen, die bei der Vergemeinschaftung und der Vergesellschaftung eine Rolle spielen. Mit der Trennung von Lebenswelt und System (Habermas 1994) hat sich nun aber die Zugehörigkeit (Innenbezug) vom Prozess der Sozialisation (Außenbezug) gelöst. Nach Lapeyronnie (1993b, 220/221) ist in der postindustriellen Gesellschaft eine „Entkopplung von Instrumentalität und Expressivität" entstanden, d.h. ein „Anwachsen der Instrumentalisierung der wirtschaftlichen und politischen Sphäre" einerseits und ein „Anwachsen der Expressivität in der kulturellen und persönlichen Sphäre" andererseits. Aufgrund dieser Trennung in instrumentale Verhaltensweisen und in die vom Prozess der Sozialisation losgelöste, vollkommen an die kulturelle und persönliche Sphäre gebundene Soziabilität

> „kann man von einer gewissen, unbegrenzten Verlängerung der Jugend sprechen, aber auch von ihrer Auflösung als spezieller Kategorie, die durch die Sozialisation gekennzeichnet ist." (Lapeyronnie, ebd.)

Zugehörigkeit und Sozialisation sollen daher im Folgenden nicht als jugendsoziologisch-altersspezifisches Phänomen verstanden werden, sondern als heuristischer Begriff dienen für das Verhältnis zwischen lebensweltlicher Vergemeinschaftung und ökonomischer wie politischer Vergesellschaftung.

In diesem Kontext ist nun die Sozialisation der Jugendlichen aus den *zerfallenen Arbeiterfamilien* in den Vorstädten und mit ihr die soziale Ungleichheit in ihren Formen der *exclusion* zu betrachten. So wird ein Teil dieser Jugendlichen mit zumeist hohem „Schulversagen"[35] in seiner beruflichen Sozialisation vom Arbeitsmarkt ausgegrenzt und zeitlich verzögert ins Erwerbsleben eingegliedert. Gleichzeitig spielt bei der Ausbildung von Zugehörigkeiten das Wohnviertel im städtischen Raum eine wichtige Rolle. Es entsteht eine territoriale Identität, die gegenüber der Außenwelt nach Anerkennung und Würde strebt.

Doch kann sich im Vergleich zur Industriegesellschaft und infolge von Individualisierungsprozessen keine Subkultur mehr unter den Jugendlichen bilden. So dominiert bei den Jugendlichen der interethnisch zusammengesetzten Vorstädte nach Dubet (1987) die *galère* (Galeere). Danach haben sich mit dem Zerfall der Industriegesellschaft infolge sozialer Desintegration (Anomie) und Desorganisation, infolge sozialer Ausgrenzungen und infolge von „Wut" diffuse Handlungsformen unter den Jugendlichen entwickelt, die ziellos sind, da es keinen historischen Klassengegner mehr gibt. Die marginalisierte Jugend handelt dabei „nach innen", indem sie sich z.B. über den Drogenkonsum selbst zerstört. „Nach außen" variieren in der *galère* die devianten Handlungsformen zwischen (politischer) Gewalt, professioneller Delinquenz und Abhängigkeit von den Institutionen.

Infolge des Milieuzerfalls sind anomietheoretische Erklärungen aufschlussreich.[36] Doch sperren sie die Jugendlichen zu sehr in Kategorien der Desorganisation und der Deprivation ein. Dass in solchen Situationen auch Formen von gruppenbezogener Solidarität, von Selbstorganisation und von kultureller Ressourcenmobilisierung entstehen, hat bereits ein Teil der Arbeiten der Chicagoer Schule gezeigt (vgl. 2.2.3.2). Dieser Ansatz der Reorganisation soll daher auch über die Ressourcenhypothese in der Fallstudie verfolgt werden. Denn am Beispiel der Jugendlichen und jungen Erwachsenen mit Migrationshintergrund wird dies besonders deutlich.

---

35 Das sogenannte Schulversagen, das beim Schüler zum Wiederholen von Schulklassen führt, hat ein komplexes Ursachenbündel schulexterner und schulinterner Faktoren. Auch bei Einwandererkindern erklärt es sich vor allem aus dem *sozialen* Status der Eltern, kann aber durch *ethnische* Faktoren verstärkt werden. Vgl. dazu: Boulot/Boyzon-Fradet 1988 und Vallet/Caille 1996.

36 In der französischen Jugendsoziologie gibt es mehrere Ansätze zur Untersuchung der Unterschichtsjugend: Beim „negativen" Zugang über Theorien abweichenden Verhaltens orientiert sich Galland (2001) mit Merton (1968) und Cloward/Ohlin (1961) an Frustrationstheorien, nach denen die Frustration der Jugendlichen aus der Differenz zwischen dem Wunsch der Zielerreichung (Konsum der Mittelschichten) und der fehlenden Mittelausstattung dafür (sozialer Status der Unterschichten) resultiert. Davon unterscheidet sich Dubet (1987) vor allem dadurch, dass er seine Analyse in den Zerfall der Klassenkultur der *banlieue rouge* stellt und mit Kategorien der Bewegungsforschung arbeitet. Dubet (1995) weist aber auch auf den allgemeinen Perspektivenwechsel zur Erforschung der Selbstorganisation von Bevölkerungsgruppen in den Vorstädten hin. Dazu zählen nicht nur die kulturellen Ansätze zur Hip-Hop-Bewegung, vgl. Bazin 1995. Es müssen inzwischen auch die Arbeiten zur Selbstorganisation um den Islam genannt werden, vgl. v.a. Césari 1998. In diesem Kontext stellt die Verfestigung der sozialen Ausgrenzung Theorien abweichenden Verhaltens zunehmend infrage.

2.2.2 Die maghrebinische Einwanderung

Die maghrebinische Einwanderung nach Frankreich ist ein wesentlicher Bestandteil der beschriebenen Migrationsgeschichte (vgl. 2.1 und Dewitte 1999). Sie setzte bereits während der Kolonialzeit ein und erreichte ihren Höhepunkt in den *Trente glorieuses*. Mit dieser Immigration hat sich eine postkoloniale Minderheit in Frankreich niedergelassen. Das in der französischen Gesellschaft herrschende Bild des aus Nordafrika kommenden Migranten und seiner Kinder hat auf diesem Hintergrund des *colonisé* (Kolonisierter) über die Generationen hinweg verschiedene Konturen angenommen: vom *travailleur immigré* (Gastarbeiter) über den *beur* („zweite Generation") bis zum *musulman* (Muslim).

2.2.2.1 Vom *travailleur immigré* zur Einwanderung der Familien

In der Zeit nach dem Zweiten Weltkrieg kam es in Frankreich mit der Modernisierung der Wirtschaft zu einer Einwanderung von Arbeitskräften. Als sich am Ende der *Trente glorieuses* in den 70er Jahren die Wirtschaftskrise abzeichnete, erließ auch die französische Regierung 1974 einen Anwerbestop. Der Arbeitskräftebedarf ging zurück und es kam wie in den anderen westeuropäischen Staaten zur Familienzusammenführung. So zogen allmählich auch die Familien aus dem Maghreb nach. Der „Rückkehrmythos" des nordafrikanischen Arbeiters begann zu verblassen; es kam zur Niederlassung. Im Zuge seiner sozialen Integration verbesserte sich allmählich auch seine Wohnungslage. So zog er von den Ankunftsorten der französischen Innenstädte über die provisorischen *bidonvilles* (Schachtelstädte) in die modernen Sozialwohnungen der Vorstädte (vgl. für Lyon 4.1.3 und 4.2.1.2). Was die Gemeinschaftsbildung betrifft, ist sie im Gegensatz zu derjenigen der portugiesischen oder türkischen Einwanderer in Frankreich bei den zurückgezogen lebenden Maghrebinern relativ schwach ausgeprägt (Body-Gendrot/Leveau/Strudel 1993; Tribalat 1995). Gleichwohl existieren informelle Beziehungen. Die Migrantengruppen aus Nordafrika sind im Familienverband organisiert, nach dörflicher und regionaler Herkunft sowie lokal und transnational über eigene Läden und Händlernetze.

Seit dem 1981 unter François Mitterrand erlassenen Recht auf Vereinsgründung für Ausländer gründeten auch die Nordafrikaner ihre *associations* (Vereine). Unter diesen haben die Moscheevereine in den Kellergebetsräumen der vorstädtischen Wohnsilos an Bedeutung gewonnen. In ihnen praktizierte und praktiziert vor allem die „erste Generation" einen volkstümlichen, aus dem Herkunfts- ins Aufnahmeland „verpflanzten Islam" (Bastenier/Dassetto 1984). Mit der Errichtung von Moscheen wie z.B. in Lyon 1994 und der Schaffung des *Conseil Français du Culte Musulman/CFCM* (Französischer Rat der muslimischen Glaubensausübung) 2003 unter dem ehemaligen Innenminister Nicolas Sarkozy haben die Muslime Frankreichs, die zu einem Großteil aus Nordafrikanern bestehen, inzwischen eine gewisse institutionelle Anerkennung erfahren. Doch seit der in den 70er Jahren einsetzenden Familienzusammenführung wurden die Migranten aus Nordafrika zunächst nicht mehr so sehr als *travailleurs immigrés* im Betrieb, sondern in der städtischen Öffentlichkeit als „Fremde", ehemals Kolonisierte und Anhänger einer anderen Religion wahrgenommen. Die verdrängte postkoloniale Dimension trat dann vor allem mit dem Erscheinen ihrer Kinder – der „zweiten Generation" – in Form der Jugendunruhen Anfang der 80er Jahre ins Bewusstsein der französischen Bevölkerung.

2.2.2.2 Die *beurs*

Bei dieser „zweiten Generation" handelt es sich um diejenigen jungen Erwachsenen, die in den 90er Jahren zwischen 15 und 30 Jahre alt waren. Diese und die inzwischen „dritte Generation" besitzt heute infolge des *jus soli* mehrheitlich die französische Staatsangehörigkeit. Im Gegensatz zur Einwandererjugend in den „roten Vorstädten", die akkulturiert und über den Arbeitsmarkt sozial integriert worden ist, haben die Jugendlichen maghrebinischer Herkunft, deren Vater Arbeiter war, eine „Integration in die Krise" erfahren: Ungefähr die Hälfte von ihnen ist in den Arbeitsmarkt eingegliedert; die andere Hälfte zählt dagegen zur städtischen Unterschicht. Das Neue im Integrationsprozess liegt somit bei diesen marginalisierten Jugendlichen darin, dass sie zwar akkulturiert, sozial aber ausgegrenzt sind (Dubet 1989, 44; Dubet/Lapeyronnie 1992, 146).

In politischer Hinsicht haben diese jungen Franzosen schließlich eine relativ starke nationale Identifikation ausgebildet, was wesentlich aus ihrer schulischen Sozialisation und aus dem *politischen* Identifikationsangebot der französischen Nationskonzeption resultiert. Dabei scheinen sie nicht mehr wie noch in den 80er und 90er Jahren in ihrer Mehrheit eher linksorientiert zu sein (Muxel 1988), sondern sich zunehmend in ihrer politischen Orientierung zu diversifizieren und seit einiger Zeit auch stärker nach rechts zu tendieren (Tiberj 2003). Mehrheitlich schreiben sie sich in die Wahllisten ein, aber etwas weniger als gleichaltrige Wähler ohne Migrationshintergrund (Tribalat 1995, 213/214). Insgesamt geht das Desinteresse an herkömmlicher Parteipolitik aber auch bei ihnen mit Wahlenthaltung einher, am stärksten beim marginalisierten Teil dieser jungen Erwachsenen.

Hinsichtlich der verschiedenen Formen sozialer Ausgrenzung machen die Jugendlichen maghrebinischer Herkunft in der interethnisch geprägten *banlieue* ähnliche Erfahrungen wie ihre Altersgenossen französischer, südeuropäischer, schwarzafrikanischer oder asiatischer Herkunft.[37] Der wichtigste Unterschied liegt darin, dass besonders die Jugendlichen maghrebinischer Herkunft und vor allem diejenigen algerischer Herkunft Zielscheibe von Fremdenfeindlichkeit und Rassismus sind (Tribalat 1995, 179-182). Seit einiger Zeit manifestiert sich auch Islamophobie als Diskriminierung ihrer religiösen Zugehörigkeit (Geisser 2003). Diese Faktoren erschweren die Eingliederung in den Arbeitsmarkt.

Die Religionsausübung ist allerdings kein signifikantes Unterscheidungsmerkmal dieser Population, wenn man die Jugendlichen algerischer Herkunft nimmt. Denn die Mehrzahl von ihnen verhält sich ähnlich wie ihre in Frankreich lebenden Altersgenossen eher gleichgültig gegenüber ihrer Religion, dem Islam (Tribalat 1995, 96/97). Bei der überwiegenden Mehrheit der Franzosen maghrebinischer Herkunft konzentriert sich die Verbundenheit mit der Religion auf die Praktizierung von Riten wie die Einhaltung von Essverboten oder des Ramadan. Dennoch sind inzwischen einige unter ihnen praktizierende Muslime geworden. Eine Umfrage[38] nach den Attentaten des 11. September 2001 zeigt, dass es eine stärkere Bekräftigung der religiösen Identität unter allen französischen Muslimen gibt, auch wenn sie insgesamt schwach und in ihren Formen sehr vielfältig bleibt. Welche Rolle spielen nun all diese Faktoren für die kollektiven Aktionen der Jugendlichen und jungen Erwachsenen nordafrikanischer Herkunft?

2.2.2.3 Kollektive Aktionen: von der *beurs*-Bewegung zur Islamisierung

Einwanderer verfügen über Ressourcen zur Selbstorganisation und zur Mobilisierung für kollektive Aktionen. Diese liegen bei den jungen Franzosen maghrebinischer Herkunft nicht nur in ihrer sozialen Lage und milieuspezifischen Vorstadtkultur, die sie mit allen ihren Altersgenossen teilen, sondern auch in ihrem postkolonialen Gedächtnis, ihrer Erfahrung von Diskriminierung, ihrer ethnischen Herkunft und ihrer Religion. Dabei bezieht sich die Mobilisierung dieser Einwande-

---

37 Diese Interethnizität ist sehr anschaulich in dem 1995 von Mathieu Kassovitz produzierten Film *La haine* (Der Haß) gezeigt worden, in dem ein Jugendlicher jüdischer Religionszugehörigkeit, ein „franko-französischer" Jugendlicher und ein Jugendlicher maghrebinischer Herkunft die gemeinsame Lebenswelt der Vorstadt teilen.
38 Umfrage des Meinungsforschungsinstituts IFOP für Le Monde/Le Point/Europe 1 vom 05.10.2001 mit dem Titel „Der Islam in Frankreich und die Reaktionen auf die Attentate vom 11. September 2001".

Kollektive Aktionen: von der *beurs*-Bewegung zur Islamisierung 57

rerjugend auf den nationalen, den lokalen und den transnationalen politischen Raum. Mit Blick auf die Stadtperspektive soll es hier vor allem um den lokalen Raum gehen.[39]

Im Herbst 1983 ist mit dem „Marsch für die Gleichheit und gegen den Rassismus" die sogenannte *beurs*-Bewegung entstanden (Jazouli 1992). Es handelte sich um eine Antirassismus- und Bürgerrechtsbewegung, deren wichtigste Mobilisierungsressource die rassistischen Attentate auf Jugendliche maghrebinischer Herkunft Anfang der 80er Jahre waren. Zwar hatte diese nach den *rodéos* von Vénissieux in den Lyoneser Vorstädten entstandene Bewegung interethnischen Charakter, doch wurde sie von Jugendlichen maghrebinischer Herkunft majorisiert. Dass die Dynamik der Bewegung bald wieder versiegte, lässt sich nach Lapeyronnie (1987) analog zur schwarzen Bürgerrechtsbewegung in den USA als Folge der Assimilation erklären, die eine Fortdauer der auf ethnische Identität gestützten Aktion nicht ermöglichte. Zu Beginn der Bewegung wurde mit Blick auf die ethnische Differenz ein „Recht auf Verschiedenheit" gefordert, das sich auch die Neue Rechte in ethnopluralistisch-rassistischer Weise zueigen macht. Doch wich diese Forderung bald derjenigen nach dem „Recht auf Gleich-Gültigkeit" im Sinne republikanischer, individueller Gleichheit und damit auch nach einer entschiedeneren Sozialpolitik in den Vorstädten.

Die politischen Forderungen dieser Antirassismusbewegung wurden von Organisationen wie *SOS-Racisme* und *France Plus* aufgestellt. Sie hatten die im lokalen Kontext entstandene Bewegung institutionalisiert und in die nationale politische Arena geführt. Mit ihr ist aus den ehemaligen medienwirksamen Meinungsführern eine in die Mittelschicht aufgestiegene und anfänglich vor allem über den *Parti socialiste/PS* (Sozialistische Partei) ins nationale politische System integrierte *beurgeoisie* entstanden (Wihtol de Wenden/Leveau 2001). Zu dieser zählt inzwischen auch eine kleine, arrivierte Elite von Film- und Musikstars, Unternehmern und bekannten Fußballspielern wie Zinedine Zidane. Sie ist in weniger arrivierten Positionen auch auf kommunaler Ebene zu finden, wo sie ins politisch-administrative System integriert worden ist und eher den Kontakt zur „Basis" gehalten hat (vgl. 6.3.1).[40] Dieser politischen Bewegung ging es um den „Zugang zur Politik",

---

39 Wihtol de Wenden/Leveau (2001) unterscheiden hinsichtlich der maghrebinischen Einwanderung drei generationsbezogene Etappen der laizistischen Vereinsbewegung: den noch auf ihr Herkunftsland bezogenen Ouvrierismus der *travailleurs immigrés* in den 70er Jahren, die Aktivitäten der aus der „zweiten Generation" entstandenen *beur*-Bewegung zwischen 1983 und 1993 und die mit der Realität des Terrain konfrontierte Vereinsarbeit der „dritten Generation" in den 90er Jahren (1993-2000). Zu den transnationalen Aspekten der Migration vgl.: Tarrius 1992, 1997; Portes 1999; Césari 2002.
40 Über die Listen der französischen Parteien haben inzwischen mehrere Kandidaten maghrebinischer Herkunft politische Mandate vor allem auf kommunaler und regionaler Ebene erworben,

d.h. zu den politischen Entscheidungen auf *nationaler* und auch lokaler Ebene. Doch haben sich die neuen Eliten insgesamt von der Lebenswelt der Vorstadtjugend entfernt. Ein Teil der lokalen Meinungsführer war mit dem „Aufstieg nach Paris" selbst für den Kontakt mit den lokalen Institutionen diskreditiert. Ähnlich wie in den USA ist es somit zu einer sozialen Spaltung dieser Bürgerrechtsbewegung gekommen: Einerseits bleiben die von den Mittelschichten getragenen Antirassismusorganisationen wie *SOS-Racisme*, andererseits radikalisierten sich die Jugendlichen in den Vorstädten. So resultierten die Jugendunruhen Anfang der 90er Jahre auch aus der Enttäuschung über die geringen Erfolge dieser Ende der 80er Jahre abgeebbten *beurs*-Bewegung.

Seitdem haben sich mit der finanziellen Unterstützung des Staates wieder stärker Vereine auf *lokaler* Ebene gebildet. Während es in den 80er Jahren noch um den „Zugang zur Politik" etablierten Stils ging, stehen bei den Jugendlichen in den Stadtvierteln seit den 90er Jahren Schulprobleme und Arbeitslosigkeit, Bürgerbeteiligung in der Kommunalpolitik und die bisweilen konfliktbehaftete Kooperation mit den institutionellen Akteuren der Stadtpolitik im Mittelpunkt. Die konkreten sozialen Probleme im marginalisierten Quartier werden zur maßgebenden kollektiven Mobilisierungsressource – und dies nicht nur bei den Jugendlichen maghrebinischer Herkunft. Die Sozialarbeit wird in die eigenen Hände genommen. Die Vereine organisieren selbst schulischen Stützunterricht, Drogenbekämpfung, Rechtsberatung und Jobvermittlung. Jenseits des politischen Rechts-Links-Gegensatzes wird das „Geschäft" der *classe politique* abgelehnt.

Diese soziale Komponente zeigte sich in den 90er Jahren auch auf individueller Ebene in einer intensivierten Delinquenz und dem Aufblühen der legalen wie illegalen Parallelökonomie. So ist das delinquente Verhalten nicht nur ein purer Effekt der grassierenden Arbeitslosigkeit, sondern entspricht auch der individuellen Suche nach einer nachträglichen Anerkennung aufgrund des Scheiterns der *beurs*-Bewegung (Lagrange 2001). Dieses Bedürfnis ist in den Vereinen zu kollektiven Forderungen geronnen. Sie beziehen sich auf die interethnische und quartierspezifische Lebenswelt. So ist das in den 80er Jahren geforderte „Recht auf Verschiedenheit" in den 90er Jahren in kultureller, lebensweltlicher Form eines Rechtes auf Anerkennung in die Vorstädte zurückgekehrt.

Die aus der Einwanderung kommenden laizistisch-bürgerrechtlichen Vereine haben sich inzwischen diversifiziert. Wie sie sich in die Kommunalpolitik einmischen, wird in der Fallstudie am Beispiel des Vereins *Agora* deutlich werden (vgl. Kap. 6). In dieser laizistisch-bürgerrechtlichen Tradition kommt es gelegentlich

---

vgl. Geisser 1997. Allerdings sind sie in diesen Parteien noch lange nicht gleichgestellt, vgl. Le Monde, 20/21.02.2005, 6.

Kollektive Aktionen: von der *beurs*-Bewegung zur Islamisierung　　　　　59

auch auf nationaler Ebene zu kurzfristigen kollektiven Aktionen wie der Bewegung *Ni putes, ni soumises* (Weder prostituiert, noch unterworfen). Diese Bewegung verteidigt die Rechte der weiblichen Jugendlichen und jungen Frauen in den marginalisierten Quartieren (Amara 2003). Mit Organisationen wie dem *Mouvement de l'immigration et des banlieues/MIB* in Paris oder *DiverCité* in Lyon sind bürgerrechtliche Vereinigungen entstanden, die sich „vor Ort" im Kampf gegen rassistische Diskriminierung einsetzen und an Foren der Anti-Globalisierungsbewegung teilnehmen (z.b. 2003 beim Europäischen Sozialforum in Paris). Insgesamt betrachtet haben die laizistisch-bürgerrechtlichen Vereine dennoch an Einfluss verloren. Seit Mitte der 90er Jahre werden sie von den islamischen Vereinen verdrängt und z.T. ersetzt. Über die Religion lässt sich – vor allem in Frankreich – das Recht auf Anerkennung am besten fordern.

So geht das Scheitern der *beurs*-Bewegung mit der „*Islamisierung*" eines Teils der Einwandererjugend einher. Seit den 90er Jahren „entdeckt" sie den Islam, den sie im Zuge ihrer Akkulturation bis dahin nicht praktiziert hatte. Dieser Islam unterscheidet sich grundlegend vom volkstümlichen „verpflanzten Islam" der Eltern; es handelt sich um einen modernen, säkularisierten Islam.[41] Unter den Meinungsführern der *beurs*, von denen viele ihre marxistischen und *tiers-mondistischen*, d.h. auf die Dritte Welt bezogenen Befreiungsideen der 70er und 80er Jahre aufgegeben hatten, sind einige zum Islam konvertiert. Sie bilden heute die Meinungsführer der *associations islamiques* (islamische Vereine) in den Vorstädten. Diese Vereine üben seit Ende der 80er Jahre eine zunehmende Anziehungskraft auf die Jugend in den Vorstädten der großen französischen Ballungsräume aus (Kepel 1987, 1994; Khosrokhavar 1997; Césari 1998; Lamchichi 1999; Roy 1999; Tietze 2001).

Die Motive der Hinwendung zum Islam sind vielfältig. Sie reichen vom schichtunabhängigen Bedürfnis nach Spiritualität bis hin zur identitätsbezogenen Reaktion auf die diversen Ausgrenzungen: Der delinquente Jugendliche wird *born again Muslim* – gereinigt als Muslim wiedergeboren.[42] Khosrokhavar (1997, vgl. Tietze 2001, 30/31) unterscheidet mit Blick auf die Jugendlichen und jungen Erwachsenen drei Formen der Religiosität: den *individuellen Islam*, den *neokommunitären*

---

41 Hier ist die extreme Diversität „des Islam" in Frankreich hervorzuheben. Wichtige Unterscheidungskriterien sind u.a.: die jeweilige Herkunftskultur der Muslime; die theologische Strömung, auf welche sie sich beziehen; die biographischen Verläufe von Meinungsführern, die muslimische Vereine prägen können; sowie die eingenommene Position gegenüber der säkularen Gesellschaft. Diese Diversität spiegelt sich z.B. in der Zusammensetzung des *CFCM* wider.
42 Der vom Autor interviewte junge Algerier Khaled Kelkal (vgl. Anhang 3) hat sich nicht nur am Leitbild algerischer Islamisten orientiert. Er steht auch in der Tradition des radikalen, terroristischen Protestes, welcher in den 60er und 70er Jahren von der extremen Linken in Europa ausging, sowie der westlich-amerikanisch geprägten Ghetto-Kultur eines *Malcolm X*, dem während eines Gefängnisaufenthalts zum Islam konvertierten radikalen Sprecher der *Nation of Islam* in den USA.

Islam und den islamistischen „Affekt" von jungen Gläubigen, die einem *radikalen Islamismus* anhängen. Mit Blick auf den Bezug zur französischen Gesellschaft begrenze sich die erste Form auf eine individuelle, in der Privatsphäre ausgeübte Religiosität. Bei der zweiten Form, dem neokommunitären Islam, handle es sich um einen in die moderne französische Gesellschaft eingebetteten Islam, der allerdings über eine Strategie der Abgrenzung im öffentlichen Raum sichtbar werden wolle. Dagegen hat nach Khosrokhavar die dritte Form, der radikale Islamismus, ein „antagonistisches Verhältnis" zur französischen Gesellschaft. Zu ihm zählen diverse, transnationale islamistische Gruppen, die in den Vorstädten Jugendliche zur Konversion überzeugen wollen, aber marginal bleiben.

Für den Kontext der kollektiven Mobilisierung und der Konfliktaustragung mit den kommunalen Institutionen soll der neokommunitäre Islam in der Fallstudie aufgegriffen werden. Er ist in Vereinen wie der *Union des jeunes musulmans/UJM* in der Lyoneser Vorstadt Vénissieux vorzufinden (vgl. 6.3.4.2). Diese Vereine organisieren den Alltag in den Quartieren so, dass die Jugendlichen ihrer muslimischen Spiritualität nachgehen können. Über symbolisch wichtige Themen wie das Tragen des islamischen Kopftuchs in öffentlichen Schulen hatte die *UJM* in den 90er Jahren die Religion als Mobilisierungsressource benutzt, um eine öffentliche Anerkennung des Islam zu fordern. Dabei enthüllt sich die Religion als Kern einer kulturellen Differenz, die nicht mehr in die private Sphäre abgedrängt werden soll. Wie die bürgerrechtlichen Vereine üben auch die islamischen Vereine soziale Aktivitäten im Stadtviertel aus. Mit ihren informellen Netzen unterstützen sie die verarmten Familien im Quartier, kontrollieren dabei aber zunehmend das Territorium. So sind sie wie die laizistischen Vereine in den Vorstädten verwurzelt, wo sie sich mit der Stadtgesellschaft auseinandersetzen.

2.2.3 *Die Stadt als Ort von Integration und Segregation*

2.2.3.1 Die französische Stadt: eine dreigeteilte Stadt

Mit dem Ende der fordistischen Ära und dem Einzug der postfordistischen Produktionsweise[43] haben sich auch die europäischen Städte verändert. In einem komplexen Prozess, in dem die Entwicklung der städtischen Ökonomie, des Arbeits-

---

43 Unter *Postfordismus* soll das den *Fordismus* mit seiner programmierten, standardisierten Massenproduktion ablösende Produktionssystem verstanden werden, das sich im Wesentlichen durch folgende Merkmale auszeichnet: *just in time* Produktion, Einsatz neuer Informationstechnologien,

marktes, der Demographie, der individuellen Mobilität und der Stadt zusammenwirken, ist es auch in den französischen Metropolen zu einer urbanen Polarisierung gekommen (vgl. Kap. 4). Diese hat sich auf die bisherige relative Einheit der Stadtgesellschaft ausgewirkt. Die Chance für sozial schwache Gruppen, sich wie in der Industriegesellschaft mit dem individuellen sozialen Aufstieg in der Wohnsituation innerhalb der Stadt zu verändern, ist geringer geworden.

Nun ist die Veränderung des urbanen Raumes aber nicht mit einer simplen Zweiteilung in Stadtviertel mit marginalisierten Gruppen einerseits und besser gestellte Wohnsiedlungen für den restlichen Teil der Bevölkerung andererseits gleichzusetzen. Sie betrifft auch die Mittelschichten, deren Wohnraum sich zwischen dem städtischen Umland und dem Stadtzentrum aufspaltet.

In der fordistischen Stadt war die Trennung nach Wohnquartieren eine Voraussetzung für die gemeinsame Stadt und die positive Dynamik zwischen ihren einzelnen Teilen. Heute dagegen wird die räumliche Distanz zwischen *banlieue*, urbanem Zentrum und gehobener Wohnsiedlung am Stadtrand als Zurückweisung eines Gebietes durch das andere erfahren. Das Gefühl dominiert, nicht mehr der gleichen Stadt, der gleichen Gesellschaft anzugehören. So wird analog zur „dreigeteilten Stadt" (Häußermann/Siebel 1987) auch in der stadtwissenschaftlichen Literatur in Frankreich von der „Stadt mit drei Geschwindigkeiten" gesprochen (Donzelot 2004): von der Stadt der (1) *relégation* (Verbannung), der (2) *périurbanisation* (Suburbanisierung) und der (3) *gentrification* (Veredelung der Innenstädte). Auf diese drei Wohnungs- und Haushaltstypen soll kurz eingegangen werden.

1) Die *Verbannung* in die *banlieue* hat ihren Ursprung in den 60er Jahren. In dieser Zeit hatte die ökonomische Modernisierung und die Dekolonisierung in den französischen Städten zu großem Wohnungsbedarf geführt. In den sogenannten *zones à urbaniser en priorité/ZUP*, d.h. bevorzugt zu bebauenden städtischen Zonen, sind in kurzer Zeit und mit billiger Bauweise in den Vorstädten die *grands ensembles* entstanden. Trotz ihrer Schlichtheit entsprangen diese riesigen Wohntürme ehrgeizigen Stadtentwicklungsprojekten, die allen Beschäftigten der französischen Gesellschaft, vom Facharbeiter bis zum Ingenieur, Zugang zu modernem Wohnen ermöglichten. So wurden sie zunächst von den sich bildenden Mittelschichten aber auch – noch in der Zeit der Vollbeschäftigung – von Arbeiterfamilien bezogen. Bis heute lebt z.B. im Großraum Paris der größte Teil der Bevölkerung in den nach Haushalts- und Wohnungstypen sehr verschieden zusammengesetzten Vorstädten. Die *banlieue* besteht daher nicht nur aus marginalisierten Quartieren.

Flexibilisierung des Arbeitsprozesses, *out sourcing* von Produktionsfunktionen und Ausbildung transnationaler Produktionsnetze.

Dennoch hat in den 80er Jahren in denjenigen Gebieten, die infolge sozialstrukturellen und demographischen Wandels von den Mittelschichten wieder verlassen wurden, eine Entwertung dieses städtischen Raumes begonnen. Die freigewordenen Wohnungen, darunter viele *habitations à loyer modéré/HLM* (Sozialwohnungen), wurden vor allem von Einwandererfamilien bezogen. So sind im Laufe der Zeit sowohl die zurückgebliebenen „weißen" Franzosen als auch die Neubürger nichtfranzösischer Herkunft aus den innerstädtischen Vierteln in diese Stadtviertel „verbannt" worden. Denn der Wegzug ist inzwischen schwierig geworden. So liegt die den Wohntypus überschreitende residentielle Mobilität der Unterschichten wesentlich niedriger als diejenige der Mittelschichten. Diese Situation wiegt umso schwerer, als die Wirtschaftsentwicklung der postfordistischen Stadt im städtischen Umland stattfindet. Dadurch ziehen sich die Unternehmen aus den städtischen Territorien der sozial benachteiligten Bevölkerung zurück, was die dortige Arbeitslosigkeit erhöht.

So ist die „robuste Integrationsmaschine" Stadt in die Krise geraten. Die sozialen Verwerfungen der postindustriellen Stadt konzentrieren sich in der *banlieue*, genauer gesagt in ihren sozial benachteiligten Quartieren: Arbeitslosigkeit, stark eingeschränkte Mobilität, relativer Zwang, infolge des Wohnorts eine schlecht angesehene Schule vor Ort besuchen zu müssen, Kriminalität und Unsicherheit. Trotz bisweilen vorhandener Isolation, herrscht eine Zugehörigkeit zu dieser *banlieue*, die oft negativ definiert wird, aber auch Solidaritätsformen aufweist. Es ist dieser Teil der Stadt, der sich seit Beginn der 80er Jahre verstärkt zum Objekt der Stadtpolitik entwickelt hat. Dabei liegen die marginalisierten Quartiere nicht immer klar abgegrenzt vom Stadtrand und vom städtischen Umland. Die räumliche Mischung von Sozialwohnungsbauten und kleinen Eigentumshäusern ist in den Randgebieten der französischen Städte keine Seltenheit.

2) Im Gegensatz zu dieser Peripherie bestand der Stadtrand der industriellen Stadt aus Dörfern und kleinen Siedlungen. Er stellte eine Art Fortsetzung der Arbeitersiedlungen dar, ein Symbol für gelungenen Aufstieg, einen Ort, zu dem es Verbindungen über die Familie oder den Freundeskreis gab. Heute dagegen sind mit der *Suburbanisierung* Siedlungen entstanden, in denen sich die Bürger entschieden von den neuen marginalisierten Quartieren abgrenzen, aus denen sie oft selbst kommen und kamen. Dem Bild der *banlieue* – geprägt von Scheitern, Eingeschlossensein, Kriminalität und Schulversagen – wird hier das Bild einer „gesicherten" Stadt entgegengehalten. In ihr kann man in Ruhe und geschützt unter sich bleiben. Man muss aber gleichzeitig hypermobil sein, um den Arbeitsplatz im Zentrum zu erreichen. Die Kriminalitätsangst fördert in solchen Kommunen eine Sicherheitspolitik, die bis zur Privatisierung des kommunalen Raumes führt, wenn

Die französische Stadt: eine dreigeteilte Stadt 63

private Wohnungsgesellschaften „gesicherten Wohnraum" anbieten. Wenn in solchen Kommunen ein Gemeinschaftsgefühl unter den Bürgern entsteht, liegt dies vor allem an der Möglichkeit, die eigenen Kinder in einer guten Schule vor Ort einschreiben zu können.[44]

So sind im städtischen Umland der französischen Metropolen in den letzten zwei Jahrzehnten neue „mobile Städte" bzw. „Wahlstädte" entstanden, in denen vor allem die Mittelschichten ihren Wohnsitz haben. Einerseits lebt dieser Teil der Stadtgesellschaft dort in sicherer Distanz zur *banlieue*. Andererseits sind die „mobilen Städte" aber auch von den reichen Zentren getrennt. Die in diesen Zentren mit der *gentrification* gestiegenen Wohnungspreise haben den *arrivierteren* Teil der bisher dort lebenden Mittelschichten dazu veranlasst, sie zu verlassen. Zumeist geschah dies aus finanziellen Gründen, seltener freiwillig aus Gründen der Lebensqualität auf dem Land.

3) Eine im Zuge dieser *gentrification* neu zu beobachtende „Rückkehr in die Stadt" betrifft somit den *obersten* Teil der Mittelschichten, die „Globalisierungsgewinner", d.h. vor allem leitende Führungskräfte und gehobene intellektuelle Berufe. Sie bilden die nationalen und transnationalen Eliten in den Stadtzentren und konstituieren dabei eine dritte Form der Stadtgemeinschaft. Diese definiert sich über das selektive Dabeisein, über Ubiquität, darüber, Mitglied der Weltgesellschaft zu sein. Die Mobilität dieser Bevölkerungsschicht begrenzt sich nicht mehr auf die Stadt, sondern überschreitet sie transnational. Dabei herrscht in den Innenstädten auch keine Angst vor Unsicherheit – außer in den öffentlichen Verkehrsmitteln. Die Unsicherheit ist für diesen Teil der Stadtgesellschaft eher global. Schließlich haben die Kinder dieses Bevölkerungsteils alle schulischen Möglichkeiten. Zumeist setzen sie die globalisierte Biographie der Eltern fort.

Der Preis dieser *gentrification* ist die Vertreibung derjenigen aus den Innenstadtvierteln, die sich den Wohnraum erst recht nicht mehr leisten können. Es handelt sich um den *unteren* Teil der Mittelschichten: Arbeiter, Angestellte und Personen mit intermediären Berufen, die in den Zentren arbeiten und ihren Wohnort daher nicht beliebig verlegen können. Dazu zählen auch die Bewohner alter Arbeiter- und Migrantenviertel, der *Goutte d'Or* in Paris, des *Quartier Belsunce* in Marseille sowie der *Place du Pont* in Lyon. Der gentrifizierte Wohnraum wird von den

---

44 Wie das Beispiel einer relativ wohlhabenden Kommune im ansonsten problembeladenen Departement Seine Saint-Denis bei Paris zeigt, können kommunale Öffnungs- und Schließungsprozesse inzwischen so weit gehen, dass der Zugang zur weiterführenden Schule entgegen der staatlich vorgesehenen Schulzuweisung über teuren kommunalen Schultransport an eine andere Schule gewährleistet wird, während – umgekehrt – der Zuzug von Neubürgern, die den entsprechenden sozialen Status und das entsprechende Schulniveau nicht vorweisen können, verhindert wird. Vgl. Charmes 2003.

sogenannten *Yupps* (*Young Urban Profesional Parents*) eingenommen. Er ermöglicht es diesen Eltern, zu zweit Karriere zu machen, ohne dass die Kinder dabei einen Verlust erleiden. Mit den *exclus* gibt es keinen Kontakt, außer vielleicht über beanspruchte Arbeit im Dienstleistungsgewerbe oder auch im öffentlichen Nahverkehr, wenn letztere aus der *banlieue* kommend in die Stadt schweifen, um mit *tags* den Raum zu markieren.

Diese Dreiteilung der Stadt ist nun zwar idealtypisch. Es gibt Mischformen im städtischen Raum. Dennoch macht sie den Kohäsionsverlust der Stadtgesellschaft deutlich. Denn *erstens* ist im Gegensatz zur fordistischen Stadt das Verlassen des *quartier populaire* schwieriger geworden. *Zweitens* geht damit die kohäsionsstiftende Konflikthaftigkeit verloren. Denn wenn sich in der industriellen Stadt noch zwei Gruppen gegenübertraten und die Austragung des Klassenkonflikts ein Gefühl der Zusammengehörigkeit vermittelte, haben in der dreigeteilten Stadt die *exclus* und die in den Innenstädten Lebenden nur noch wenig Berührungspunkte. Zwischen der territorial konzentrierten Bevölkerung in den Vorstadtquartieren, welche die Globalisierung „von unten" organisiert, und den transnationalen Leistungseliten, welche sie „von oben" durchführt, stehen sozialstrukturell und räumlich die Mittelschichten. Sie stellen den größten Teil der Stadtgesellschaft. Dabei tragen sie einerseits zur Verbannung der *classes populaires* bei und müssen andererseits die *gentrification* ertragen. Kann man angesichts dieser „dreigeteilten Stadt" überhaupt noch von einer solidarischen Stadtgesellschaft sprechen?

2.2.3.2 Gemeinschaft in der *banlieue*: unter sich sein und zur Stadt gehören

Zwar lässt sich nun einwenden, dass die drei beschriebenen Stadtgemeinschaften mit ihren jeweiligen Interessen, Solidaritätsformen und Lebensstilen relativ unabhängig voneinander sind. Was hat die Sicherheitsgemeinschaft der Mittelschichten und die globale Ubiquität der Leistungseliten noch mit den Lebensformen der *classes populaires* zu tun? Wie können zwischen diesen Gruppen noch Konflikte entstehen?

Solange jedoch eine *politique de la ville* existiert und in den Agglomerationen Stadtverträge zur gesamtstädtischen Solidarität abgeschlossen werden, steht die soziale Kohäsion im Mittelpunkt. Dabei sind es allerdings wie erwähnt die „die Gesellschaft" repräsentierenden Institutionen, welche zum Konfliktgegner der *classes populaires* werden und nicht mehr eine andere Schicht oder Klasse wie zur Zeit der industriellen Konflikte.[45] Prinzipiell erfordern soziale Konflikte Grup-

---

45 Darauf weisen auch Dubet/Lapeyronnie (1992) hin, die die These vertreten, dass sich die soziale Frage von der Fabrik in die Stadt verlagert hat. Wie die Fallstudie zeigt, richtet sich in den margi-

pen oder Gemeinschaften, die sie austragen können. Daher soll nun auf die Formen der Gemeinschaftsbildung und die Chancen der Integration in die Stadtgesellschaft eingegangen werden, bevor die Stadtpolitik vorgestellt wird.

Häußermann (1995) beschreibt in Anlehnung an die Arbeiten der Chicagoer Schule und an Simmel zwei Konzepte städtischer Vergesellschaftung. So ist vor allem von Park (1967) die Theorie der Integration durch *community*-Bildung entwickelt worden. Nach Park besteht ein funktionaler Zusammenhang zwischen Segregation und Gemeinschaftsbildung, da Segregation auch neue Möglichkeiten für die Entstehung sozialer Bindungen schafft. Nähe, Zugehörigkeitsgefühl und Homogenität zählen zu den Elementen städtischer *Vergemeinschaftung*. Dagegen hat vor allem Simmel (1984) im Kontext gesellschaftlicher Individualisierungsprozesse den Freiheitszuwachs in der Großstadt beschrieben. Indifferenz, Distanz, Funktionalität und Heterogenität sind hier die wichtigen Elemente, die auch die städtische *Vergesellschaftung* über den Markt ausmachen. Voraussetzung dafür ist allerdings die systemische Integration in diesen Markt. Auch wenn diese, wie Häußermann unterstreicht, heute so nicht mehr gegeben ist, behalten die beiden Konzepte zunächst ihren heuristischen Wert.

So kann man auch in den französischen Vorstädten *Vergemeinschaftungen* über spezifische kulturelle Zugehörigkeiten finden. Es handelt sich um interethnisch geprägte Nachbarschaften, Milieus und Altersgruppen, die nach Wohndauer und bei den Jugendlichen mit der gemeinsamen Sozialisation in Schule und Häuserblock über die Jahre hinweg gewachsen sind. Selbst die nach religiösen Kriterien homogenen muslimischen Gruppen und Vereine sind aus der Realität der interethnisch geprägten Vorstadt entstanden, auch wenn die Franzosen maghrebinischer Herkunft in diesen Gruppen dominieren. So gibt es in den *banlieues* zwar gesellschaftliche Isolation, aber auch eine lockere Solidarität. Im Vergleich zu den isoliert lebenden Franko-Franzosen kann man bei den Einwanderern sogar von einer intensiven Gemeinschaftsbildung sprechen. Allerdings ist es unmöglich, zwischen autochthonen „Franzosen" und „ethnischen Minderheiten" zu trennen. Denn die *banlieue* hat keinen binären Code. Vielmehr ist es neben der Wohndauer die gemeinsame Alltagserfahrung von Ausgrenzung und Selbstorganisation, die ein Gefühl der Zusammengehörigkeit entstehen lässt.

Daher ist ausschließlich auf Desintegrationsperspektiven orientierten Ansätzen (Heitmeyer/Anhut 2000) entgegenzuhalten, dass es im „Ghetto" durchaus intensive soziale Beziehungen gibt. Wacquant (1997) übt eine grundlegende Kritik an der an Mittelschichtskriterien orientierten Ghettoforschung in den USA, die das

---

nalisierten Quartieren von Vaulx-en-Velin die städtische Gewalt oft gegen die Institutionen, mit denen gleichzeitig die Anerkennungskonflikte ausgetragen werden.

Ghetto nur als einen Ort der Unordnung, des Mangels, der Regellosigkeit, der Abweichung, der Anomie und der Pathologie sieht. Nach Wacquant ist das Ghetto keineswegs „desorganisiert", sondern in Reaktion auf die strukturellen Zwänge der Außenwelt nur nach anderen Prinzipien organisiert. In ähnlicher Hinsicht ist auch die nicht der Desorganisationstradition der Chicagoer Schule entsprechende Untersuchung von Whyte (1943) aufschlussreich, der in seiner *Street Corner Society* die italienischen Armenviertel von Boston beschreibt. Das, was für außenstehende Beobachter nach sozialer Desorganisation aussieht, ist für Whyte (1943, 273)

> „oft nur eine andere Form von sozialer Organisation, wenn man sich die Mühe macht, näher hinzuschauen".

Zwar unterscheidet sich die Situation der französischen Vorstädte wesentlich von derjenigen amerikanischer Ghettos (Wacquant 1993), doch lassen sich mit Blick auf die US-amerikanische Situation anregende Kritikpunkte an der ausschließlichen Desintegrations-/Desorganisationsforschung finden. Eine Untersuchung in *Les Tarterets*, einem Vorstadtviertel von Paris, zeigt zumindest, dass es in der *banlieue* zwar einen Zwang zum Zusammenleben, gleichzeitig aber intensive nachbarschaftliche Beziehungen gibt. Die Bewohner leiden bisweilen unter dem bevorstehenden Verlust dieser Solidarität, wenn sich ihnen die Möglichkeit zum Wegzug bietet (Allen 2003). Prägnant ist in diesem Zusammenhang auch die ethnologische Studie von Lepoutre (1997) über Jugendliche im Alter von zehn bis sechzehn Jahren in der *Cité des Quatre Mille* der Pariser Vorstadt *La Courneuve*. Hier tritt an die Stelle von Desozialisations- und Anomiediagnosen eines dominierten und zerrissenen Vorstadtlebens die Beobachtung einer strukturierten und integrierten Straßenkultur dieser Jugendlichen. Schließlich kann die Bildung islamischer Vereine in den *banlieues* inzwischen als die intensivste Form der Gemeinschaftsbildung bezeichnet werden. Solche Arbeiten und Ansätze liegen aber für Frankreich kaum vor (Ottersbach 2004, 37-52), da dies nicht der französischen Forschungstradition entspricht.[46] Zudem ist es methodisch betrachtet sehr schwierig, diese Formen der Selbstorganisation nachzuzeichnen, da das Eindringen in informelle Netze sehr viel Zeit und Vertrauen bei den „Beforschten" benötigt. Whyte lebte drei Jahre lang in den Armenvierteln von Boston.

Was die *Vergesellschaftung über den Markt* betrifft, dominiert bei den Vorstadtjugendlichen die Orientierung an diesem, wenn sie sich bei der Arbeitssuche und in ihrem Freizeitverhalten von der Peripherie ins Zentrum begeben. Der Zugang zum Markt und zu den Konsumtempeln der Innenstädte wird Bestandteil

---

[46] Weitere Untersuchungen, die in diese Richtung weisen, sind z.B. diejenigen von Tarrius (1992, 1997) und Bordreuil/Lovell/Péraldi 1996.

dieser Urbanität. So sind die Jugendunruhen in den französischen Vorstädten vor allem eine Reaktion auf die Ausgrenzung von den Konsummöglichkeiten. Denn sie richten sich vorwiegend gegen Einkaufszentren. Dies zeigt, wie instabil die städtische Vergesellschaftung unter den neuen strukturellen Bedingungen des Arbeitsmarktes und der erwähnten räumlichen, sozialen und legalen Distanz zum regulären Arbeitsmarkt geworden ist. So weist z.B. eine Untersuchung der *ZUP* von Montbéliard (Stadt in Ostfrankreich), die neben den dortigen Peugeot-Werken liegt, auf eine Reproletarisierung in den untersten Schichten der *classes populaires* hin (Beaud/Pialoux 2003).

Ist diesem Kontext ist – wieder an Häußermann (1995) anknüpfend – hervorzuheben, dass die Prämissen der Vergesellschaftung über den Markt im Sinne einer systemischen Integration so nicht mehr gegeben sind. Die soziale Ausgrenzung scheint in den *banlieues* nicht mehr vorübergehend zu sein wie noch zur Zeit der konjunkturabhängigen, zyklischen Armutsphänomene des fordistischen Zeitalters. Der von der Chicagoer Schule hervorgehobene provisorische Charakter der segregierten *community*-Bildung auf dem Weg des Migranten in den individuellen sozialen Aufstieg und die nach oben gerichtete residentielle Mobilität sind einer sich verfestigenden *exclusion* gewichen, welche die Möglichkeit dieses Aufstieges reduziert.

Schließlich bleibt die Frage nach der *politischen Vergemeinschaftung bzw. Vergesellschaftung*, der die Chicagoer Schule nicht nachging. Hier zeigen sich die Analysegrenzen der Stadtsoziologie und wiederum der soziologischen Fragestellung. Dagegen definiert sich nach Weber (1964, 741-757) die Stadtgesellschaft im „Okzident" nicht nur durch ihre ökonomischen Beziehungen. Sie zeichnet sich auch durch den politischen Zusammenschluss ihrer Bewohner aus. Ab einem gewissen Grad an politischer Autonomie verfügt die Stadt über eigene Institutionen und ermöglicht den Bürgern eine Teilhabe an den Entscheidungen. Hier bleibt im französischen Fall, vor allem für die lokale Demokratie, die Kommune von zentraler Bedeutung. Insgesamt steht somit die heutige europäische Stadt angesichts des Autonomieverlustes des Nationalstaats vor wichtigen politischen Herausforderungen. Im subnationalen politischen Raum hat der lokale Staat eine wichtige Rolle bei der Standortpolitik, dem *urban government* und der Demokratie bekommen.

2.2.3.3 Stadtpolitik: die Stadt als Laboratorium

Von ihrer historischen Entwicklung her ist die französische Stadt nicht für ein *urban government* geschaffen. Denn in Frankreich besitzen die lokalen Gebietskörperschaften eine geringe politische Autonomie, da sie seit der Französischen Revolution stark vom zentralistischen Staat abhängen. So stand der Bürgermeister großer Kommunen immer mit einem Bein in seiner Kommune und mit dem anderen in der Nationalversammlung. Die Gemeinde befindet sich somit in einem „vertikalen" Verhältnis zum unitarischen Staat, der Gleichheit und Solidarität gewährleisten soll (Neef 1991). In diesem Kontext ist die französische Stadt als „horizontale" politisch-administrative Einheit erst mit der Stadtentwicklung der Nachkriegszeit entstanden (Mabileau 1993, 1994). Großstädte wie Paris und Marseille haben insofern denselben Status wie kleine Kommunen. Ein weiteres Hemmnis ergab sich lange Zeit daraus, dass sich in Stadt-Umland-Verbänden wie denjenigen von Lyon oder Lille eine Vielzahl von politisch verschieden regierten Kommunen zusammenschloss. Dies erschwerte die Entscheidungsfindung von armen und reichen Kommunen zugunsten eines gemeinsamen Vorgehens gegen die städtische Segregation.

Mit der unter Staatspräsident François Mitterrand von Innenminister Gaston Defferre 1983 eingeleiteten und unter der Regierung von Jean-Pierre Raffarin 2003 fortgesetzten Politik der Dezentralisierung kam es zu einschneidenden Veränderungen, die den territorialen Gebietskörperschaften mehr Hoheitsrechte verleihen. Gleichzeitig stehen heute bei der Implementation politischer Programme (*policies*) die *contractualisation*, d.h. der Abschluss von Verträgen zwischen dem Staat und den territorialen Gebietskörperschaften (Gaudin 1999), sowie die Vernetzung der an den Programmen beteiligten Akteure im Mittelpunkt (Balme/Faure/Mabileau 1999). Dabei soll der lokale politische Raum geöffnet und die kommunale Demokratie gefördert werden.

Dennoch sind im Gegensatz zu den angelsächsischen Demokratien oder der kommunalen Selbstverwaltung in Deutschland die französische Kommune und die französische Stadt noch immer nicht ausreichend für gouvernementale Selbstständigkeit und lokale Demokratie geschaffen. Dies zeigt sich bei den politischen Programmen der Stadtpolitik darin, dass sie – z.B. im Gegensatz zur föderalen Stadterneuerungspolitik in Deutschland – unitarisch von nationaler Ebene ausgehen.

Die Ursprünge dieser französischen Stadtpolitik reichen zurück bis in die 70er Jahre. In dieser Zeit reagierte der französische Staat auf die in die Kritik geratene Bauweise der *grands ensembles* (Vorstadtsiedlungen) mit dem Programm *Habitat et vie sociale/HVS* (Wohnen und soziales Leben), das sich am US-amerikanischen Projekt der *Model Cities* aus den frühen 60er Jahren orientierte. Im französischen Fall ging es zunächst nur um stadtplanerische Aspekte und die Wohnungsfrage. Die sich abzeichnenden Prozesse der *exclusion* wurden noch nicht wahrgenommen bzw. als durch die ökonomische Rezession entstandene, vorübergehende

Probleme sozial benachteiligter Milieus interpretiert. Spektakuläre Ereignisse und politischer Handlungsdruck gaben der Stadtpolitik dann die entscheidenden Anstöße. So kam es Anfang der 80er Jahre in den Vorstädten von Lyon zu den erwähnten *rodéos*; zu Beginn der 90er Jahre ereigneten sich die Jugendunruhen in Vaulx-en-Velin und in den Pariser Vorstädten Mantes-la-Jolie sowie Sartrouville. Diese *émeutes* waren ein unübersehbares Zeichen für die auftauchende soziale Malaise und das Fehlen intermediärer Strukturen zwischen den Jugendlichen und den lokalstaatlichen Institutionen (Lapeyronnie 1993a, 261-281). Sie wirkten als Katalysatoren der Stadtpolitik, die sich seit nunmehr 25 Jahren kontinuierlich weiterentwickelt.

Das Ziel dieser Stadtpolitik liegt darin, erstens die *soziale Integration* bestimmter Bevölkerungsschichten in ausgewiesenen Quartieren zu fördern und zweitens deren *politische Integration* bzw. *Partizipation* über eine aktivere *citoyenneté* (Bürgerschaft) anzuregen. Dabei spielen die *associations* (Vereine) als Instanzen der Beteiligung und der Vermittlung zwischen Bürger und Institutionen eine wichtige Rolle. So wird die Stadtpolitik im intermediären Raum zwischen lokalem Staat, Markt und Gesellschaft implementiert (vgl. Abb. 1). Einer der wichtigsten Ansprüche besteht darin, bei der Förderung sozialer und politischer Integration *politikfeldübergreifend* und *stadtviertelnah* vorzugehen. Die terrainerfahrenen Akteure in den Institutionen der einzelnen Gebietskörperschaften und Politikfelder sollen „vor Ort" horizontal im *partenariat* (partnerschaftliche Zusammenarbeit) und nicht wie bisher vertikal hierarchisch zusammenarbeiten, um in den zu errichtenden Netzwerken die beabsichtigte Integrationswirkung über Synergieeffekte zu verstärken (vgl. Kap. 6.1).

In dieser Stadtpolitik spiegeln sich zwei miteinander verbundene Paradoxa wider, die im Spannungsfeld zwischen staatlichem Unitarismus einerseits und lokalem bzw. kulturellem Partikularismus andererseits liegen. Das erste Paradox besteht darin, dass die französische Stadtpolitik, obwohl sie ausdrücklich den *kommunalen Besonderheiten* gerecht werden will, in republikanischer Tradition vom Staat ausgeht. Der „Staat als Animateur" (Donzelot/Estèbe 1994) will die Umsetzung zentralstaatlich entworfener Programme auf kommunaler Ebene fördern, was, wie erwähnt, im Zuge der Dezentralisierung über die Öffnung des lokalen politischen Systems geschehen soll. Da angesichts der sozialen Ausgrenzung in den Ballungsräumen diese Politik nicht auf einzelne Kommunen beschränkt bleiben kann, sind in den meisten städtischen Großräumen sogenannte *contrats de ville* (Agglomerations- bzw. Stadtverträge) entstanden. Sie verpflichten die Gesamtheit der Kommunen zu Kooperation und zu interkommunaler Solidarität.

Das zweite Paradox zeigt sich darin, dass das Konzept der Stadtpolitik dem republikanischen Gleichheitsgebot widerspricht. Denn es handelt sich um eine Politik *positiver Diskriminierung sozialer Räume*. Die Stadtpolitik zielt auf *Territorien* und ihre *Einwohner*, d.h. auf *Individuen*, welche in nach *sozialen* Kriterien ausgewählten *Stadtvierteln* leben. Bei dieser Auswahl wird mit der republikanischen Tradition der Gleichbehandlung aller Bürger durch den zentralistischen Staat gebrochen. Die Bürger der ausgewiesenen Territorien werden bevorzugt behandelt, indem die jeweiligen Kommunen über die Stadtpolitik finanzielle Sondermittel erhalten. Faktisch handelt es sich somit um eine Konzession an das Prinzip der Gruppenrechte. Es sind Gruppen *städtischer Minderheiten*, die nicht nur ihre soziale Lage, sondern auch ihre an die Vorstadt gebundene kulturelle Lebensweise gemeinsam haben.

Das Dilemma von republikanisch-individueller Gleich- und gruppenbezogener Sonderbehandlung tritt im Kern in der Politik gegenüber *ethnischen Minderheiten* hervor. Es zeigt sich in der Frage, ob im Rahmen stadtpolitischer Intervention eine ethnisch differenzblinde Sozialpolitik der individuellen Förderung von benachteiligten Bürgern, darunter der Einwanderer, betrieben werden soll oder ob die Gemeinschaftsbildung dieser Einwanderer und deren gruppenbezogene Gleichstellung über Maßnahmen positiver Diskriminierung zu bevorzugen ist. Diese Frage wird in der republikanischen Tradition so aber nicht gestellt.

Festhalten lässt sich, dass die französische Stadtpolitik eine Politik positiver Diskriminierung von Sozialräumen ist, nicht aber eine Politik, die ethnische Minderheiten oder gar die akkulturierte, eingebürgerte Einwandererjugend mit französischer Staatsangehörigkeit besonders berücksichtigen würde – zumindest nicht explizit. Unter Ausblendung ethnischer Kriterien fallen *alle* Bürger unter dasselbe Recht: Der *droit commun* verbürgt die *individuelle* Gleichstellung, die Anerkennung gleicher Rechte. Doch durch die Tatsache, dass die Einwandererjugend in den meisten Wohnvierteln der Stadtpolitik den Großteil der Bevölkerung stellt, fällt diesen faktisch eine besondere Aufmerksamkeit und Förderung durch die Institutionen zu. So liegt das ethnische Paradox der Stadtpolitik darin, dass es zwar keine explizite Politik gegenüber ethnischen Minderheiten gibt. Der republikanische Diskurs ist ethnisch indifferent. Gleichzeitig ist aber allen Akteuren der Stadtpolitik bewusst, dass sich diese Politik positiver Diskriminierung von Sozialräumen vor allem an die Einwanderer und ihre Kinder richtet. Die einzige staatliche Institution, die in der Stadtpolitik explizit und ausschließlich Migranten zur Zielgruppe hat, ist der erwähnte *Fonds d'Action Sociale/FAS*. Ansonsten sind *alle* französischen Institutionen über den *droit commun* für diesen Teil der Bevölkerung zuständig.

Schließlich muss festgehalten werden, dass das Dilemma von Individual- und Gruppenrechten – ethnischer oder auch städtischer Minderheiten – nicht gelöst werden kann, da in beiden Fällen nicht intendierte Wirkungen eintreten. So zeigt Lapeyronnie (1993a) im britisch-französischen Vergleich, dass sich die kommunale Praxis trotz unterschiedlicher Integrationsmodelle in ähnlicher Weise innerhalb des Dilemmas von Tabuisierung und Enttabuisierung kultureller Differenz bewegt. Welche Entwicklung haben nun die Programme der Stadtpolitik genommen? Anderson/Vieillard-Baron (2000) unterscheiden vier Entwicklungsphasen der *politique de la ville*, die im Folgenden kurz skizziert werden sollen (vgl. auch Jaillet 2003; Ottersbach 2004, 88-100). In jeder dieser vier Phasen treten deutlich die differenzblinde Sozialpolitik und die Tabuisierung ethnischer Minderheiten hervor.

Die *erste Phase* (Oktober 1981-Mai 1984) der *politique de la ville*, die auf die *rodéos* in den Vorstädten von Lyon reagierte, beruht auf drei vom damaligen sozialistischen Premierminister Pierre Mauroy in Auftrag gegebenen Berichten. Sie handeln von der Situation in den marginalisierten Stadtvierteln (Dubedout 1983), der beruflichen Integration der dort lebenden benachteiligten Jugendlichen (Schwarz 1981) und der Prävention der Delinquenz (Bonnemaison 1982). Diese Berichte führten zu den ersten Maßnahmen, welche die ökonomische, soziale und kulturelle Situation der Bevölkerung verbessern sollten: Es entstanden die stadtviertelbezogenen Entwicklungsprogramme des *Développement social des quartiers/DSQ*. Sie richteten sich vor allem an die Jugendlichen. Zudem war es bereits im Juli 1981 zur Gründung der *Zones d'éducation prioritaire/ZEP* (Zonen mit besonderem Erziehungsbedarf) gekommen, in denen die Lernbedingungen in ausgewählten Vorstadtschulen verbessert werden sollen. Dabei hatte sich der französische Staat von den bereits Ende der 60er Jahre in Großbritannien eingeführten *Educational Priority Areas* leiten lassen.

In der *zweiten Phase* (1984-1987) kam es nach Anderson/Vieillard-Baron im Zuge der neuen Dezentralisierungsgesetze von 1983 und 1984 zu einer *Festigung der Verträge* zwischen dem Staat und den lokalen Gebietskörperschaften, d.h. den Regionen und den Kommunen, in denen die Stadtpolitik implementiert wird. Zudem geht es seither darum, über die erwähnten Stadtverträge die Solidarität und den Zusammenhalt innerhalb der Großstädte zu fördern. Zwar wurden somit föderale Prinzipien eingeführt, doch verwaltet Paris weiterhin zentral das Budget der Stadtpolitik. Erwähnenswert ist schließlich auch die Aktion *Banlieue 89*. Sie zielte auf eine bessere Beteiligung der Bewohner solcher Quartiere an der Mitgestaltung der Architektur ihrer Viertel.

Die *dritte Phase* (Juni 1988 - Mai 1995) beginnt mit der Gründung des *Conseil national des villes/CNV* und der *Délégation interministérielle à la ville/DIV*, zweier koordinierender Instanzen auf ministerieller Ebene. Sie besitzen transversale, interministerielle Strukturen, versehen die Stadtpolitik mit neuen sozialpolitischen

Programmen und sollen zur landesweiten Reflexion anregen. Dabei hat sich die quartiersbezogene Förderung noch mehr zu einer Politik gewandelt, die auf die gesamtstädtische Solidarität setzt. In dieser dritten Phase kam es somit zu einer *flächendeckenden Ausbreitung der Stadtverträge.*

Mit den Unruhen Anfang der 90er Jahre in den Vorstädten von Lyon und Paris wurde den staatlichen Akteuren in dieser dritten Phase auch endgültig klar, dass es sich nicht um vorübergehende, sondern gesellschaftspolitisch tiefgreifende Probleme handelt. So waren es die Unruhen von Vaulx-en-Velin, die 1990 den Anstoß zur Gründung des Stadtministeriums gaben. Wiederum wurden neue sozial- und arbeitsmarktpolitische Maßnahmen erlassen, zusätzliche finanzielle Mittel freigegeben und für die Regierung Berichte verfasst, in denen die Bevölkerung zu Wort kommen sollte (Delarue 1991). Die Förderung des Vereinslebens stand dabei im Zentrum.

Zusätzlich verdeutlichten zwei Gesetze den egalitär-ausgleichenden Ansatz der Stadtpolitik bei gleichzeitiger republikanischer Anerkennung der Politik positiver Diskriminierung. So beinhaltet das Gesetz zur Finanzsolidarität von 1991, dass die reichen Kommunen eines städtischen Großraums für die armen Kommunen, auf deren Hoheitsgebiet die *DSQ*-Viertel liegen, eine finanzielle Ausgleichszahlung leisten müssen. Die zweite, im selben Jahr erlassene *Loi d'orientation sur la ville/ LOV* (Orientierungsgesetz zur Stadt) – in der Umgangssprache „Anti-Ghetto-Gesetz" genannt – will eine Politik „sozialer Mischung" herbeiführen. Die Sozialwohnungen sollen gleichmäßig über den städtischen Großraum verteilt werden, um eine weitere Konzentration von Armut in den bereits benachteiligten Kommunen zu verhindern.[47] Medienwirksam wurde dann schließlich 1992 Bernard Tapie, ein populärer französischer Unternehmer, für kurze Zeit Stadtminister und 1993 kam es noch einmal zu einer Erhöhung der finanziellen Mittel für die *politique de la ville*. Im selben Jahr wurde dann unter dem neuen Premierminister Jacques Chirac das Stadtministerium in das neue Ministerium für soziale Angelegenheiten, Gesundheit und Stadt unter der Leitung von Simone Veil inkorporiert.

Die *vierte Phase* (1996-2000) ist durch einen Wandel gekennzeichnet, bei dem die Vervielfältigung der Zonen in den Kommunen einer *Rezentrierung der Verantwortung für die Stadtpolitik durch den Staat* wich. So vollzog sich ein gewisser Bruch mit dem Prinzip der freien *contractualisation* (Vertragsabschluss) zwischen den Gebietskörperschaften. Der Staat nahm die Gestaltung der Stadtpolitik wieder fest, geradezu autoritär in die Hand. Verantwortlich dafür war die Wahl von Jacques Chirac zum französischen Staatspräsidenten 1995, der seinen Wahlkampf gegen

---

47 Ein grundlegender stadtsoziologischer Aufsatz von Chamboredon/Lemaire (1970) zeigt allerdings, dass räumliche Nähe von Gruppen nicht unbedingt soziale Nähe mit sich bringt.

die *fracture sociale*, den sozialen Bruch in der Gesellschaft führte. In den Sommer 1995 fielen dann die Anschläge eines postkolonialen Terrorismus, der mit Khaled Kelkal in Verbindung gebracht wird. Die Regierung entwirft einen „Marshallplan für die Banlieues", die ersten vier Prioritäten lauten: Erstens soll der öffentliche Dienst in den Stadtvierteln erhalten, die Sicherheit der Bewohner gewährleistet und das Polizeiaufgebot verstärkt werden. Zweitens wird angestrebt, die Situation am Arbeitsmarkt durch die Öffnung kleiner Läden zu verbessern. Dabei werden unter Premierminister Alain Juppé 1996 auch 36 sogenannte *zones franches* (Freie Zonen) errichtet, in denen im Kontext von Lohnkostensenkung und Deregulierung alle neuangesiedelten und ansässigen Betriebe fünf Jahre lang von den Steuer- und Sozialabgaben befreit werden. Drittens soll die Sozialstruktur in den Quartieren heterogener gestaltet werden. Viertens geht es darum, mit Hilfe der *associations* die Kontakte zwischen den Institutionen und den Einwohnern sowie zwischen den Einwohnern selbst zu verbessern. Diese Schwerpunkte mündeten 1996 in einen mit siebzig Maßnahmen gespickten *pacte de relance pour la ville* (Pakt zur Erneuerung der Stadtpolitik). Er zeigte unter anderem, dass die *banlieue* nicht mehr so sehr als Ort von Armut und Ausgrenzung, sondern mit dem Aufkommen des *sentiment d'insécurité* (Kriminalitätsfurcht) vielmehr als Ort der sozialen Risiken und der Bedrohung für die Stadtgesellschaft wahrgenommen und behandelt wird. Doch erwiesen sich alle Maßnahmen der Erneuerung ziemlich schnell als sehr enttäuschend: Die Stadtpolitik schien ausgetrocknet zu sein (Jaillet 2000, 39).

Die neuen Maßnahmen konnten ohnehin nicht lange währen, da bereits 1997 mit der Wahl Lionel Jospins zum Premierminister das Stadtministerium wieder abgeschafft wurde. *Alle* Ministerien sollten nun für die Stadtpolitik verantwortlich sein. Zudem kam in dieser Phase die maßgebende Kritik auf, dass die *politique de la ville* infolge ihrer Politik positiver Diskriminierung bestimmter Territorien zu stigmatisierenden Folgen führe. So zieht auch Jean-Pierre Sueur (1998), sozialistischer Bürgermeister von Orléans, in seinem Regierungsbericht zur Stadtpolitik eine kritische und ernüchternde Bilanz der seit 1981 getroffenen Maßnahmen. Trotz der seit Jahren zugewiesenen Mittel würden sich die Stadtviertel weiter marginalisieren. In seinem neuen Katalog mit fünfzig Maßnahmen „für eine nationale Mobilisierung" setzt auch er den Akzent weiterhin darauf, mithilfe einer Politik gesamtstädtischer Solidarität die Bevölkerung in den Quartieren sozial heterogener zu gestalten, damit die „Konzentration ausländischer Bevölkerung oder von Bevölkerung ausländischer Herkunft" verhindert wird. Um das Prinzip der *mixité sociale* (soziale Mischung) im Sinne der *LOV* neu zu akzentuieren, wurde im Jahr 2000 ein neuer Gesetzentwurf debattiert, nach dem jede Kommune in den Ballungsgebieten mindestens 20% Sozialwohnungen ausweisen muss. Die Linke, Begründerin der Stadtpolitik, wollte wieder zurück zu den ursprünglichen Prinzipien, zu denen unter anderem die Vertragspolitik, die Stärkung gesamtstädtischen Handelns durch Interkommunalität und die globale Verantwortung für diesen Politikbereich zählt. Der zündende Funke blieb jedoch auch hier aus.

Inzwischen kann man von einer *fünften Phase* sprechen. Mit der Wiederwahl von Jacques Chirac zum französischen Staatspräsidenten im Jahr 2002 ist Jean-Louis Borloo Minister des neu gegründeten *Ministère de l'emploi, du travail et de la cohésion sociale* (Ministerium für Beschäftigung, Arbeit und sozialen Zusammenhalt) geworden. Die Stadtpolitik ist seitdem diesem Ministerium unterstellt. Borloo legte im Juni 2004 seinen *plan de cohésion sociale* vor, der im Februar 2005 in Kraft trat, auf fünf Jahre angelegt ist und drei vorrangige Bereiche aufweist: Beschäftigung, Wohnraum und Chancengleichheit. So sind neue Maßnahmen zur Bekämpfung der Jugendarbeitslosigkeit, zum Bau von Sozialwohnungen und Notunterkünften sowie zur bevorzugten Förderung von Schulen in den benachteiligten Quartieren erlassen worden.

Da nun bei all diesen Phasen der Stadtpolitik die junge Bevölkerung und dabei besonders die Einwandererjugend im Mittelpunkt steht, ist schließlich nach der *Jugendpolitik* zu fragen. Doch spezielle jugendpolitische Konzepte oder gar Maßnahmen zugunsten von Einwandererjugendlichen gab und gibt es im republikanischen Frankreich nur wenige (Loncle 2003). Denn auch hier gilt das republikanische Prinzip, welches die Schaffung spezifischer Kategorien vermeidet. Die Institutionen sind ihrem Anspruch nach für *alle* Bürger gleich gültig, ob jung oder alt, ob französischer oder nichtfranzösischer Herkunft. Daher stehen die existierenden Maßnahmen zugunsten von Jugendlichen im Kontext der Stadtpolitik. So wurden für die Sozialisation der *sozial* benachteiligten Jugendlichen bereits Anfang der 80er Jahre im Kontext der neuen Programme mehrere Institutionen geschaffen (Dubet/Jazouli/Lapeyronnie 1985). Dazu zählen die im Bericht von Bertrand Schwarz konzipierten *Missions Locales*, Vermittlungsstellen für Arbeit und qualifizierende Weiterbildung von benachteiligten Jugendlichen, die jährlich im Sommer wiederkehrenden Freizeitprogramme *Opérations de prévention d'été/OPE* sowie die im Bericht von Gilbert Bonnemaison angedachten kommunalen Kriminalpräventionsräte *Conseils communaux de prévention de la délinquance/CCPD*. Diese sollen gegen die öffentliche Unsicherheit und den Drogenkonsum vorgehen. Als wesentlicher Bestandteil dieser nicht expliziten Jugendpolitik muss auch die Schulpolitik genannt werden. Vorstadtschulen mit hohem „Schulversagen" werden seit 1981 als *Zones d'éducation prioritaire/ZEP* ausgewiesen. Im Sinne der Stadtpolitik positiver Diskriminierung erhalten diese Zonen finanzielle Sondermittel und verstärkte pädagogische Aufmerksamkeit. Es werden zusätzliche Lehrer eingestellt, Stützunterricht erteilt und die Quartiersbewohner in den Schulalltag einbezogen. Doch kann die „Schulflucht" von Kindern einkommensstarker Familien in besser angesehene Privatschulen und die Entstehung ethnisch fast homogener Klassen von Migrantenkindern dadurch zumeist nicht aufgehalten werden (Van Zanten 2001; Ottersbach 2004, 96-98).

Für die „Jugendpolitik" ist schließlich charakteristisch, dass die (Einwanderer-) Jugend in den Kategorien der Stadtpolitik nicht nur als Zielgruppe einer Sozialpolitik, sondern auch als Gefahrenpotential betrachtet wird. So unterscheidet Estèbe (2001, 32ff) drei verschiedene Konzeptionen von Jugend in der Entwicklung der Stadtpolitik. Jugendliche werden zunächst als Alarmsignal, als Aufrührer angesehen. Die inzwischen routinisierten *émeutes* sind das deutlichste Zeichen dafür. Dementsprechend müssten die politischen Programme diese Personen in den Mittelpunkt stellen. Dazu gehöre vor allem ihre Eingliederung in den Arbeitsmarkt. Jugendliche werden zweitens als Gradmesser der *exclusion* benutzt. So zählen bei der Auswahl der Stadtviertel, die unter die *politique de la ville* fallen, die Jugendlichen als „Risikofaktor" zu den wichtigsten Selektionskriterien. Eine dritte Konzeption sieht Estèbe darin, dass die Jugendlichen in ihrer Gestalt der Unruhestifter als Nachteil für das jeweilige Stadtviertel interpretiert werden. Diese Vorstellung sei vor allem mit dem *pacte de relance pour la ville* von 1996 entstanden. Insgesamt betrachtet wird die Vorstadtjugend somit von der Stadtpolitik als Träger von Defiziten und Problemen definiert – eine Lesart, die durch die unter Innenminister Nicolas Sarkozy 2003 verabschiedeten neuen Gesetze zur inneren Sicherheit bekräftigt worden ist.

Zusammenfassend lässt sich schon hier mit nüchternem Blick auf die vorliegende Literatur festhalten, dass trotz all dieser Maßnahmen nach 25 Jahren Stadtpolitik die großen Erfolge ausgeblieben sind. Angesichts der zunehmenden Segregation (Fitoussi/Laurent/Maurice 2004) ist dies nicht erstaunlich, da der Erfolg der politischen Programme auf ökonomische und sozialstrukturelle Grenzen stößt. Ein weiteres offensichtliches Problem liegt darin, dass jeder Regierungswechsel zu neu aufgelegten, im Wesentlichen aber unveränderten Programmen führt. Langfristige Evaluation und systemimmanente Kritik an der *politique de la ville* sind dadurch eher verhindert worden.

Gleichwohl müssen die Resultate der Maßnahmen im Einzelnen gesehen werden. Wie zahlreiche Beispiele aus der unüberschaubar gewordenen Literatur zur *politique de la ville* zeigen, reichen sie von kleinen Erfolgen bei der sozialen Eingliederung bis zu gelegentlich auftretender aktiver Bürgerschaft in den Quartieren. Dabei spielen die Eigeninitiative der Bürger- bzw. Jugendvereine mit ihrer Vermittlungsfunktion sowie die seit einigen Jahren von den Institutionen eingesetzten Mediatoren eine wichtige Rolle. Trotz alledem werden jedoch die formellen und informellen Ressourcen der Jugendlichen in den Programmen der Stadtpolitik kaum erwähnt, obwohl gerade diese Ressourcen zu einer Verbesserung ihrer Lebenssituation beitragen können. Was die Stadtpolitik konkret bewirkt und verhindert hat, soll die Fallstudie zeigen. Im Kontext des skizzierten Forschungszusammenhangs zu den sozialen Problemen und zur lokalstaatlichen Intervention in der Stadtgesellschaft gehe ich dabei von folgenden impliziten Hypothesen aus.

2.3 Implizite Hypothesen

Da in der Fallstudie überwiegend qualitative Methoden angewandt wurden, ging es nicht darum, explizite Hypothesen zu verifizieren oder zu falsifizieren, sondern implizite Hypothesen als theoriegeleitete Vorannahmen in den explorativen Forschungsprozess mitzunehmen (vgl. 1.2). Im Feld sollten sie im ständigen Hin und Her von Vor- und Gegenstandsverständnis, d.h. in einer hermeneutischen Spirale korrigiert und eventuell neu formuliert werden. Diese impliziten Hypothesen knüpfen mit der Einwandererjugend an der Krise des französischen Integrationsmodells an.

Die Krise dieses politischen und bei faktischer Assimilation kulturell indifferenten Modells, welches vom individuellen sozialen Aufstieg des Einwanderers begleitet wurde, steht für die nachlassende *Kohäsion* bzw. den Niedergang der nationalen Industriegesellschaft. Dabei werden der Arbeiter sowie der *travailleur immigré* vom *exclu* abgelöst und die *ethnischen* werden Bestandteil *städtischer Minderheiten*, zu welchen der sozial marginalisierte Teil der akkulturierten Einwandererjugend maghrebinischer Herkunft zählt. Aus diesen bereits dargestellten Grundfragen der gesellschaftlichen Kohäsion, der sozialen Ungleichheit und der Integration von Einwanderern sowie der damit liierten Konfliktproblematik leiten sich zwei Hypothesen ab:

1) Die *erste Hypothese* ist politisch-sozial und betrifft im Verhältnis zwischen Staat und Ökonomie die systemische Integration des Bürgers in den Arbeitsmarkt. Die im französischen Wohlfahrtsstaat sozial verfasste nationale Industriegesellschaft bzw. die fordistische Stadt wurde durch die Form ihrer Arbeitsteilung und die Austragung von Klassenkonflikten zusammengehalten. Dies wirkte sich auch auf den Integrationsprozess der vorwiegend südeuropäischen Einwanderer und ihrer Kinder aus, da er ihnen den individuellen sozialen Aufstieg ermöglichte. Den Höhepunkt dieser Entwicklung bildeten die "dreißig glorreichen Jahre" mit ihrer Sozialpolitik und der Institutionalisierung der industriellen Konflikte.

In diesem Kontext geht die erste Hypothese davon aus, dass die Folgen der postfordistischen, globalisierten Wirtschaftsentwicklung die Kohäsion der französsischen Gesellschaft sowie die systemische Integration der städtischen Minderheiten und damit auch eines Teils der Einwandererjugend maghrebinischer Herkunft schwächen. Diese Bevölkerung entfernt sich vom regulären Arbeitsmarkt und besitzt keinen Konfliktgegner mehr. Die Funktion des Konfliktgegners wird in diesen Quartieren von den lokalstaatlichen Institutionen übernommen. Aus dieser Situation lassen sich die Handlungsformen der sozial ausgegrenzten, aber – in Vorwegnahme der zweiten impliziten Hypothese – akkulturierten Jugendlichen erklären.

Diese sich an Anomie- und Deprivationstheorien orientierende *Zerfallshypothese* stellt die Prozesse sozialer *Desintegration* in zentralen gesellschaftlichen Bereichen wie Arbeit und Familie sowie die Prozesse der *Desorganisation* infolge der Auflösung der „roten Vorstädte" in den Mittelpunkt. Sie hat aber im Laufe der Forschung zu einer *Ressourcenhypothese* geführt. Diese verfolgt im Feld die diversen Formen *lebensweltlicher Sozialintegration* und *Reorganisation* und korrigiert die Zerfallshypothese aufgrund der Vergemeinschaftungen in der Lebenswelt der Quartiere, den Vereinen oder den religiösen Gruppen. Die Ressourcenhypothese versucht der soziologischen Grundkonstante Rechnung zu tragen, dass die Verarbeitungsformen gesellschaftlicher Transformationsprozesse milieuspezifisch immer unterschiedlich sind und dabei neue Formen sozialer Integration entstehen können.

In diesem Zusammenhang spielt angesichts der Retraditionalisierung der Lebenswelt die Schaffung eigener ökonomischer Netze über die Mobilisierung kultureller Ressourcen eine wichtige Rolle. Dabei soll im Forschungsprozess das Spannungsfeld zwischen individueller und auf Gemeinschaftsbildung beruhender Eingliederung beobachtet werden. Es soll analysiert werden, wie angesichts der kulturellen Indifferenz der französischen Institutionen sowohl der Staat in Form der Stadtpolitik als auch die Jugendlichen im Kontakt mit dem Arbeitsmarkt und dem Dritten Sektor mit Formen ökonomischer Selbstorganisation umgehen. Diese politisch-soziale Dimension lässt sich im städtischen Großraum von Lyon gut dokumentieren. Denn die Agglomeration ist seit der Industrialisierung im 19. Jahrhundert durch eine Trennung des sozialen Raumes geprägt, die heute eine im französischen Vergleichsmaßstab starke ökonomisch-soziale Segregation aufweist.

Kultur liefert aber nicht nur Ressourcen, sondern hat auch identitätsbildenden Wert. Wenn sie nach politischer Verfasstheit strebt, wird sie Bestandteil der Nationskonzeption. Es ist zu fragen, ob kulturelle Differenz angesichts der Retraditionalisierung der Lebenswelt vom französischen „Modell" noch ausgehalten wird? Diese Frage führt zur zweiten Hypothese, die ihrerseits aus zwei Teilen besteht:

2) Die *zweite Hypothese* ist politisch-kulturell und betrifft im Verhältnis zwischen Staat und Kultur bzw. Religion die systemische Integration des Bürgers in die Nation. Die in der französischen Staatsnation seit der Französischen Revoluti-

on verfasste Nation, die in der Dritten Republik ihre republikanische politische Kultur ausbildete und im Verhältnis zur Kirche 1905 das Prinzip der Laizität festschrieb, hatte bisher einen politisch-republikanischen Wertekonsens bei faktischer kultureller Assimilation.

Die zweite implizite Hypothese besagt nun, dass es trotz politischer *exit*-Option in Teilen der städtischen Minderheiten, z.b. über wiederholte Wahlenthaltung, weiterhin (noch) einen politischen Zusammenhalt gibt. Er gründet

a) bei Trennung von kultureller und politischer Identität auf der *Identifikation* der städtischen Minderheiten *mit den republikanisch-laizistischen Werten* im Sinne substantieller, politischer Werte (Freiheit, soziale Gerechtigkeit, Solidarität). Dabei beinhaltet er allerdings, wie wiederum der Forschungsprozess zeigen sollte, einen Wandel der *politischen Kultur* und eine Neuformulierung der *Laizität* bzw. eine institutionelle Anerkennung des Islam. Der Zusammenhalt ergibt sich aber auch

b) über die *Austragung von ethnisch-kulturell geprägten Anerkennungskonflikten* in der Öffentlichkeit. Ob diese Konflikte wirklich ausgetragen werden, konnte auch hier nur im Feld auf den drei Ebenen von lokalem Staat, der Bevölkerung und den Vereinen als intermediären Instanzen beobachtet werden. Der Umgang mit „partikularistischer" Gemeinschaftsbildung ließ sich sehr gut auf dem Hoheitsgebiet der „universalistisch" regierten Kommune Vaulx-en-Velin zeigen.

Die zweite implizite Hypothese bezieht sich direkt auf das französische Integrationsmodell. Zwar hat dieses „Modell" einen ideologischen Anspruch auf ethnischkulturelle „Gleich-Gültigkeit", doch gab es auch immer die erwähnte Integrationspraxis. Im Prozess der Assimilation existierte stets eine gewisse *Elastizität* gegenüber ethnischer und religiöser Differenz. So lässt sich auf dem Hintergrund der republikanischen Tradition eine Verschiebung dieses pragmatischen Umgangs von den ethnischen zu den städtischen Minderheiten annehmen. Diese Annahme beruht allerdings auf der bisherigen Fähigkeit der französischen Institutionen, sich selbst reformieren zu können (de Toqueville 1978). Ob diese Elastizität angesichts der ökonomisch bedingten Segregation und gegenüber den „partikularen" Forderungen der Vereine bestehen bleibt, sollte im Feld am Verhältnis zwischen einerseits den Stadtregierungen von Vaulx-en-Velin bzw. Vénissieux und andererseits dem laizistischen Verein *Agora* bzw. dem islamischen Verein *UJM* untersucht werden.

3 Fremd unter Fremden: auf ethnographischer Suche in einer Großtadt

3.1 Lyon: Ankunft in der Metropole

Nach meiner Ankunft im Januar 1992 in der Metropole Lyon hatte ich zunächst eine Wohnung in Villeurbanne bezogen. Denn diese Kommune lag verkehrsgünstig zwischen Lyon als Zentrum des städtischen Großraums und den zahlreichen, mir noch unbekannten Vorstädten. Die Auswahl dieses Standortes war mit der Absicht verbunden, mir zuerst einen Überblick *von außen* über die diversen *banlieues* zu verschaffen. Am Anfang erschien mir dieses Vorgehen sinnvoller, als mich sofort in die „Enklavenethnologie" (Hannerz 1983) eines Territoriums zu stürzen. Ganz wie es Simmel (1984) zu Beginn des 20. Jahrhunderts beschrieb, begann von Villeurbanne aus in der individuellen Freiheit des Großstadtlebens und aus der Distanz der Zugang zum Fremden.

Über Zeitungslektüre stieß ich auf die ersten mich interessierenden Themen. Bei meiner Ankunft standen in der Lyoneser Öffentlichkeit zwei im Vordergrund, welche die städtischen und die ethnischen Minderheiten betrafen: Die „Krise der Vorstädte", die nicht nur von den Lyoneser sondern von der Gesamtheit der französischen Medien auf Vaulx-en-Velin fokussiert worden war, und der Konflikt um den Bau der Moschee von Lyon. Diesen Konflikt hatte ich im Weiteren nicht näher verfolgt, da er sich weder unmittelbar auf die *banlieue* noch auf die Jugendlichen bezog.[48]

So konzentrierte ich mich auf die „Krise der Vorstädte". Wer waren die zentralen Akteure? Welche Konflikte gab es, wie wurden sie ausgetragen? Wer konnte mein Ansprechpartner sein? Ich wollte die Problematik von Integration und Konflikt sowohl aus der Perspektive „von oben" als auch „von unten" kennenlernen. So musste ich zum einen Kontakt mit den lokalstaatlichen *Institutionen* aufnehmen. Gab es bei ihnen eine Politik gegenüber ethnischen Minderheiten? Die öf-

---

48 Die Moschee von Lyon wurde nach langjährigen Verhandlungen 1994 errichtet. Sie bildet inzwischen den zentralen, offiziell anerkannten Gebetsort der in der Region Rhône-Alpes lebenden Muslime. Zu den Moscheen in Frankreich vgl. Tenisien 2002.

fentlichen und politischen Diskurse zu den Jugendunruhen ließen es annehmen. Zum anderen galt es, Integration und Konflikt aus der Sicht der *Minderheiten* zu verstehen. Daher sollten diese nicht nur als Zielgruppe einer angenommenen Integrationspolitik betrachtet werden. Denn vielleicht entsprachen ihre Vorstellungen nicht den Zielen der Stadtpolitik? Wie waren die Minderheiten schließlich organisiert? Gab es *vermittelnde Akteure*, die zwischen ihnen und den Institutionen standen?

3.1.1 Die Institutionen: ethnisch indifferent für den exclu

Alle Institutionen waren an der französischen Stadtpolitik beteiligt, die auf städtische Minderheiten und Territorien zielt. Ich stellte bald fest, dass Fragen ethnischer Minderheiten über die Programme dieser Politik angegangen werden, die – zumindest explizit – nicht nach ethnischen, sondern nach *sozialen* Kriterien vorgeht und damit nicht nur die Einwanderer und die Jugendlichen mit Migrationshintergrund betrifft.

Dabei stieß ich zunächst auf die *vertikale* Dimension der Stadtpolitik. So beinhaltet sie alle Gebietskörperschaften, allerdings in unterschiedlichem Maß. Neben der Region Rhône-Alpes und dem Departement Rhône sind im städtischen Großraum von Lyon vor allem die *Communauté urbaine de Lyon/Courly*[49] – ein Stadt-Umland-Verbund, der 55 Kommunen, darunter die Stadt Lyon, umfasst – sowie die Kommunen maßgeblich an dieser staatlich initiierten Stadtpolitik beteiligt. Die Institutionen dieser Gebietskörperschaften sowie diejenigen des Staates sind in den Wohnvierteln, d.h. auf kommunalem Hoheitsgebiet, in die *politique de la ville* involviert.

Ich stieß aber auch auf die *horizontale* Dimension der Stadtpolitik, d.h. auf ihren transversalen Stadtviertelansatz. Da ihr Anspruch darin liegt, in Konzeption und Implementation „global", vernetzt und projektbezogen zu sein, ergab sich für mich, in *einem* Stadtviertel Kontakte mit einem Verantwortlichen der Stadtpolitik aufzunehmen. So traf ich mich auf Empfehlung eines ortskundigen Soziologen mit dem *chef de projet* des Stadtviertels *La Duchère*, welches zur Kommune von Lyon zählt. Die Projektleiter der einzelnen Quartiere, die mit der Verwaltung des Stadtverbundes in Verbindung standen, waren die administrative Eingangstür. War es

---

49 Diese *communauté urbaine* (Stadt-Umland-Verbund), seit 1993 offiziell auch *Grand Lyon* genannt, wird im folgenden als Stadtverbund (von Lyon) oder als *Courly* bezeichnet. Die Begriffe städtischer Großraum, Agglomeration und Metropole werden forthin synonym benutzt und umfassen den verstädterten Raum um die Kommune Lyon, der weit über die *Courly* hinaus bis ins städtische Umland reicht.

nun sinnvoll, im Sinne der klassischen Politikfeldanalyse nur ein spezifisches Politikfeld zu suchen? Erforderte der proklamierte transversale Ansatz der Stadtpolitik, der die Akteure der verschiedenen Politikfelder „vor Ort" vernetzen soll, nicht auch einen politikfeldübergreifenden Ansatz in der Analyse? Für die Beantwortung dieser Frage musste ich eines oder mehrere Stadtviertel auswählen. Sollte es *La Duchère* bleiben? Der städtische Großraum war mir noch zu unbekannt, um diese Auswahl treffen zu können.

So wandte ich mich zunächst der Frage zu, ob es gemessen an dem *DSQ*-Viertel[50] *La Duchère* Institutionen gab, die für die Einwanderer und die Jugendlichen maghrebinischer Herkunft zuständig waren? Auf den ersten Blick existierten keine einwandererspezifischen Institutionen. Anscheinend befassten sich *alle* Behörden mit den Problemen von ethnischen Minderheiten. Mir wurde klar, dass der *FAS* die einzige spezifische Institution für die Integration von Einwanderern ist. Welche Rolle spielte er bei der Stadtpolitik im Großraum Lyon? Die regionale Niederlassung des *FAS* in der Region Rhône-Alpes sollte zu einer ersten wichtigen Anlaufstelle werden.

Doch gab es vielleicht in einer anderen Kommune der *Courly* minderheitenspezifische Institutionen wie z.B. Antidiskriminierungsstellen oder Ämter, die für Fragen der Integration bzw. des multikulturellen Zusammenlebens zuständig waren? In der Kommune Lyon stieß ich bald auf den „Rat für Menschenrechte". Doch wurden Einwandererfragen hier nur neben anderen Themen diskutiert. Handelte es sich vielleicht um eine versteckte Antidiskriminierungsstelle? Gab es schließlich außerhalb der Verwaltung Institutionen wie z.B. Ausländerbeiräte, die die Vertretung von Minderheiteninteressen ermöglichten?

Bei der Suche nach solchen minderheitenspezifischen Institutionen stellte sich jedoch die Frage, was sie mit den Jugendlichen und jungen Erwachsenen maghrebinischer Herkunft zu tun haben könnten? Lassen sich französische Staatsbürger, welche diese in ihrer überwiegenden Mehrheit sind, zur Zielgruppe einer Minderheitenpolitik machen? Ihre juristische Gleichstellung schafft sicherlich ein Identifikationsangebot mit der politisch definierten Nation. Schützt sie jedoch auch vor ethnischer Diskriminierung? Wie manifestierte sich schließlich seitens der Jugendlichen ethnische Differenz? Diese Überlegungen waren sowohl für die „Integrationspolitik" gegenüber diesen Jugendlichen als auch für deren Selbstorganisation wichtig. Wie wurden somit in der Stadtpolitik die Jugendlichen maghrebinischer Herkunft berücksichtigt?

---

50 In den ersten Jahren der Stadtpolitik wurden die marginalisierten Quartiere in Frankreich nach der Stadtviertellogik des *Développement social des quartiers/DSQ*, seit den 90er Jahren dann nach der gesamtstädtischen Logik des *Développement social urbain/DSU* ausgewählt.

Die *politique de la ville* richtet sich an sozial benachteiligte Individuen. Darunter zählen die arbeitslosen Jugendlichen, die zu einem Großteil einen Migrationshintergrund haben. Gab es eine Institution für sozial benachteiligte Jugendliche? Da ich mich nach dem Ansatz der Stadtpolitik mit Sozialpolitik beschäftigen musste, lernte ich als erste Anlaufstelle *Lyon Insertion* kennen. Es handelte sich um eine Institution der Kommune Lyon für arbeitslose Jugendliche verschiedenster ethnischer Herkunft. Der Leiter dieser Behörde, selbst ein Franzose maghrebinischer Abstammung, versicherte mir:

„Wir verfolgen eine Politik der individuellen Gleichstellung".

So fand ich bei der Suche nach der Einwandererproblematik in den Broschüren der republikanischen Institutionen und im Diskurs ihrer Vertreter nur sozial benachteiligte Individuen. Handelte es sich wirklich nur um soziale Probleme? Ich war in zweifacher Hinsicht befremdet: Erstens lehnte der Leiter maghrebinischer Herkunft eine Sonderbehandlung ab. Er wollte mir auf meiner Suche nach Fremdheit verdeutlichen, dass diese angeblich nicht relevant sei. In den französischen Institutionen gebe es keine ethnischen Minderheiten, sondern nur den *citoyen*. Zweitens führte mich diese Situation während der gesamten Feldforschung in eine gewisse Schizophrenie. Ich wollte über ethnische Minderheiten bzw. die Einwandererjugend forschen. Doch in den ethnisch indifferenten Diskursen der Behördenvertreter existieren diese nicht bzw. werden radikal tabuisiert.

Dieser Diskurs in den Institutionen war umso erstaunlicher, als die Fragen der Einwanderung, des Islams und der Jugendunruhen die politischen Debatten in der städtischen Öffentlichkeit prägten und bis heute prägen. Der *Front national* liegt seit Jahren in vielen Vorstädten von Lyon bei einem Drittel der Wählerstimmen. Zudem standen zu Beginn der 90er Jahre mit dem Konflikt um den Bau der Moschee von Lyon und mit lokalen Affären um das Tragen des muslimischen Kopftuchs in öffentlichen Schulen migrationsbezogene und religiöse Themen im Vordergrund. Auch fehlte es im Großraum Lyon nicht an Meldungen über fremdenfeindliche und rassistische Übergriffe gegen die *beurs* durch Vorstadtbewohner oder die Polizei. Schließlich lösten die *émeutes* von Vaulx-en-Velin, die durch den Tod eines Einwandererjugendlichen infolge eines Zusammenstoßes mit der Polizei ausgelöst wurden, die Debatte um die „Krise der Vorstädte" aus. Wie gingen die Institutionen mit kulturellen Themen und Anerkennungskonflikten um, wenn sie diese völlig tabuisieren?

3.1.2 Die Meinungsführer: kulturelle Differenz und soziale Probleme

Um die Wahrnehmung der Stadtpolitik durch die Jugendlichen maghrebinischer Herkunft untersuchen zu können, musste ich zunächst Kontakte zu ihren Vertretern aufnehmen. Wie waren diese Jugendlichen und jungen Erwachsenen, wie waren die Einwanderer im Großraum Lyon organisiert?

Da mich die migrationsspezifische Dimension interessierte, wandte ich mich an den *FAS*. Eine dort ausliegende, den städtischen Großraum betreffende Liste verdeutlichte mir die unüberschaubare Anzahl von Einwanderervereinen und solchen, die ihre Interessen vertreten. Hier gibt es zum einen Solidaritätsgruppen für Einwanderer. Sie sind in Lyon oft christlich orientiert.[51] Zum anderen existieren viele Eigenorganisationen der Einwanderer, die sich selbst nach ethnischer Herkunft, offiziellen Beziehungen zum Herkunftsland, Generation oder religiösen Kriterien unterscheiden und insgesamt sehr zersplittert sind. Es handelt sich zumeist um offizielle Dachorganisationen und Vereinigungen. Wie sich später zeigen sollte, sind die Einwanderer, vor allem die Nordafrikaner, in ihren Wohnvierteln kaum über Vereine organisiert. Sie besitzen daher auch kein Forum in der Öffentlichkeit. Es überwiegen die informelle Netze (Begag 1984, 1991). Sie zu erkunden, wäre sehr schwierig und zeitaufwendig gewesen.

Zudem interessierte ich mich für die Jugendlichen maghrebinischer Herkunft. Die von ihnen majorisierten Vereine waren nicht beim *FAS* registriert bzw. wenn, dann nicht als Einwanderervereine. Wie waren diese zumeist quartiersbezogenen Jugendvereine in Lyon organisiert? Dies zu erfahren, war besonders interessant, da von Lyon Anfang der 80er Jahre die *beurs*-Bewegung ausging. Der Zufall wollte es, dass just nach meiner Ankunft die *Assises des jeunes de banlieue* stattfanden, ein nationales Treffen von bürgerrechtlichen Vereinen der Einwandererjugend. Es wurde von den in Lyon ansässigen *Jeunes Arabes de Lyon et Banlieue/JALB* organisiert. Auf diesem Treffen zeigte sich deren Repräsentativität für die Vorstadtjugend in der Agglomeration. Die *JALB* hatten zwar in den 80er Jahren anlässlich des „Marsches für die Gleichheit und gegen den Rassismus" und mit Hungerstreikaktionen gegen die Ausweisung von Einwanderern eine hohe Popularität in Frankreich erreicht. Ihr lokaler Wirkungsgrad begrenzte sich aber auf einen kleinen Stadtteil in der Kommune Lyon. Allerdings gab es dabei, wie ich später feststellen konnte, personelle Verflechtungen mit Mitgliedern anderer Vereine in den *banlieues lyonnaises*, so z.B. mit *Agora* in Vaulx-enVelin. Im Laufe der Feldforschung wurde

---

51 So setzt sich z.B. der 1939 für ganz Frankreich gegründete ökumenische Verein *CIMADE (Comité intermouvement d'aide aux déportés et aux évacués)* in der Region Rhône-Alpes bis heute maßgeblich für die Belange von Migranten und Flüchtlingen ein.

auch hier die große Zersplitterung unter den maghrebinisch majorisierten Jugendvereinen deutlich. Sie lagen zu Beginn der 90er Jahre mit ihren örtlichen Bezügen ohne feste organisatorische Verflechtung über den gesamten städtischen Großraum verstreut.

Bei der Kontaktaufnahme mit diesen Vereinen war mein erster Gedanke das Mitte der 80er Jahre geforderte „Recht auf Verschiedenheit". Doch verstanden sich die Meinungsführer der laizistischen Vereine als ethnische Minderheit? Im Gespräch mit Djida Tazdait, der Präsidentin der *JALB*, begegnete mir ein entgegengesetztes Selbstverständnis. Ich machte eine ähnliche Erfahrung wie bei dem Leiter von *Lyon Insertion*. Denn die Quintessenz des Gespräches war:

„Wir wollen keine kulturelle Verschiedenheit, sondern als Franzosen anerkannt werden. Daher befürworten auch wir eine Politik der individuellen Gleichstellung."

So verdeutlichte mir das von den *JALB* organisierte Treffen, dass bei den *beurs* die sozialen Probleme wie das „Schulversagen" und die Arbeitslosigkeit im Mittelpunkt standen. Diese Jugendlichen waren akkulturiert, sozial aber ausgegrenzt. Ging es vielmehr um die soziale Ausgrenzung einer städtischen Minderheit, die ihre Anerkennung als „Franzose" und „Vorstädter" suchte? Wie sollte ich weiter mit dieser Fremdheit umgehen?

Bei den *Assises des jeunes de banlieue* lernte ich Christian Delorme, den katholischen Priester aus Lyon kennen. Er wurde ein weiterer Informant. Über ihn stieß ich auf die *Union des jeunes musulmans/UJM*, die muslimische Vereinigung aus der Vorstadt Vénissieux. Sie hielt dort wenige Monate später einen Kongress ab, der bedeutend mehr Jugendliche als die *Assises* der *JALB* anzog und den ich besuchte. Auch die Mitglieder dieses Vereins verstanden sich als akkulturierte Franzosen *und* junge Muslime. Über die Religion trat hier wieder das „Recht auf Verschiedenheit" auf.

Kam es nun über solche Vereine, in denen sich die jungen Erwachsenen mit maghrebinischem *und* anderem Migrationshintergrund zusammenschlossen, zu einer Artikulation ihrer Interessen? Wurden konkrete Forderungen gestellt? Entstanden dabei Konflikte? Die *JALB* protestierten 1992 über Hungerstreiks gegen die unter dem damaligen Innenminister Charles Pasqua entstandene *double peine* (Doppelstrafe), d.h. gegen die Ausweisung von kriminell gewordenen Ausländern. Die *UJM* erregte dagegen über lokale „Kopftuchaffären" Aufmerksamkeit. Solche öffentlichen, symbolischen Konflikte schienen allerdings sehr selten zu sein. Wie sah der Alltag in den Vorstädten aus? Um ihn kennenzulernen, musste ich mich für ein soziologisches Terrain entscheiden.

3.1.3 Welche Kommune?

Die bisherigen Informationen ergaben sich aus ersten Kontakten und Gesprächen mit Meinungsführern. Doch welchen Standpunkt bezogen die Jugendlichen? Wie wurde die Stadtpolitik von ihnen wahrgenommen? Um dies zu erfahren, war die örtliche Eingrenzung nötig. Sie ergab sich aus dem weiteren Zugang zu den Institutionen und dem sozialräumlichen Ansatz der quartiersbezogenen Stadtpolitik. Im Feld benötigt der Forscher einen überschaubaren sozialen Raum, um die Interaktionen in den Gruppen und das Verhältnis zu den Institutionen untersuchen zu können. Das Entscheidungsproblem lag darin, sich einerseits erst dann für eine Kommune aussprechen zu können, wenn hinreichende Kriterien über sie vorlagen. Andererseits drängte jedoch das knappe Zeitbudget nach einer raschen Entscheidung, vor allem im Hinblick auf die Kontaktaufnahme und die Vertrauensbildung gegenüber den Jugendlichen. Beide Aspekte ließen sich nur bedingt planen, sie hingen auch von Zufällen ab.

Die Ortswahl war schließlich ein forschungspraktisches Problem, was selten thematisiert wird. Denn die Vorstädte der Agglomeration, in denen die meisten Jugendlichen maghrebinischer Herkunft leben, liegen z.T. weit vom Zentrum der Stadt Lyon entfernt. Dadurch wurde die Verkehrsverbindung sehr wichtig. Einerseits beabsichtigte ich, für die Beobachtungen im Quartier eine Wohnung in einer Vorstadt zu nehmen. Gleichzeitig wollte ich aber auch schnell ins Zentrum gelangen, um die Termine mit den Institutionenvertretern wichtiger Verwaltungen einhalten und auch die Bibliotheken erreichen zu können. Es kostete sehr viel Zeit, mit dem Bus stundenlang durch die Großstadt zu fahren. Dies gab mir jedoch bei meinen explorativen Erkundungen zwischen Zentrum und Peripherie die Möglichkeit, als Fremder die Alltagserfahrungen der Einwanderer zu teilen. Nur die öffentlichen Verkehrsmittel ermöglichten dies. Dabei erkundete ich in einem *tours d' horizon* die Agglomeration, was in die Ortsentscheidung mündete.

Der erste Kontakt mit Lyon fand im Zentrum statt. Ankunft am Bahnhof *Part Dieu*: Konsumtempel, Einkaufs- und Dienstleistungszentrum. Von dort aus ist es nicht weit zur *Place Bellecour*, auf dem eine Reiterstatue Ludwigs XIV. thront. Daneben beginnt die *Rue de la République*, die Lyoneser Einkaufsstraße: städtische Öffentlichkeit, Jugendliche, Kinos und *Mac Do*. In nächster Nähe liegt das Altstadtviertel *Croix-Rousse*, das einstige Seidenweberviertel der Stadt Lyon. Ein Teil von ihm war 1992 ein *DSQ*-Viertel (vgl. Abb. 2); in ihm lebten viele Immigranten. Das *quartier arabe* (Araberviertel) der Rhônestadt liegt allerdings südlich davon: in der Sprache der Einwanderer an der *Place du Pont* (Guillotière). Hier traf ich auf einen blühenden *ethnic business*, obwohl – wie in den 60er Jahren an der *Part Dieu* – die *gentrification* voranschritt. An der *Place du Pont* leben bis heute noch viele *travailleurs immigrés*, aber auch Jugendliche. Hier hatten die *JALB* ihr Büro.

Abbildung 2: Die Quartiere der Stadtpolitik im Stadtverbund von Lyon (1990-1993)

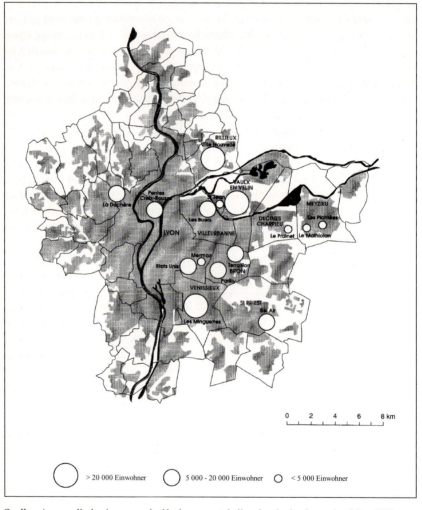

Quelle: Agence d'urbanisme pour le développement de l'agglomération lyonnaise, März 1992

Die nächstgelegenen *DSQ*-Viertel befanden sich noch in der Kommune Lyon (*Mermoz, Etats-Unis*) oder in Villeurbanne (*Les Buers, St-Jean*), meinem ersten Wohnort. Es handelt sich zwar um kleinere Stadtviertel. Sie besitzen aber dasselbe soziale Profil, das ich in der städtischen Peripherie antreffen sollte. Zu dieser Peripherie gehören die im östlichen Teil des städtischen Großraums gelegenen Kommunen. Sie bilden den sogenannten *Est Lyonnais*. In diesen Kommunen gibt es kleinere Stadtviertel, die zu den Problemzonen zählen. Darunter fallen Quartiere von Kommunen wie Bron, St. Priest oder Meyzieu. Im *Est Lyonnais* liegen aber auch die in die Schlagzeilen geratenen Kommunen, in denen in den 60er und 70er Jahren die sogenannten *Zones à urbaniser en priorité/ZUP* errichtet wurden: Vénissieux, Rillieux-la-Pape und Vaulx-en-Velin.[52] In Vaulx-en-Velin war nicht nur ein kleines Stadtviertel, sondern mit dieser *ZUP* ein Großteil der Kommune zur Interventionszone der Stadtpolitik erklärt worden.

Die meisten Kommunen des *Est Lyonnais* sind vom Zentrum aus mit öffentlichen Verkehrsmitteln nur unter erheblichem Zeitaufwand zu erreichen. Diese Benachteiligung in der Verkehrsanbindung ist eine erste erfahrbare sozialräumliche Ungleichheit für den Fremden, der die Vorstädte erreichen will. Eine Ausnahme bilden Vaulx-en-Velin und seit Mitte der 90er Jahre Vénissieux. Der Metroanschluss von Vénissieux bildete jahrelang einen Konflikt zwischen der konservativen Mehrheit des Stadtverbundes und der kommunistisch regierten Kommune. Dieser Konflikt ist bezeichnend für die West-Ost-Segregation in der Agglomeration.

So erkundete ich in meinem *tours d'horizon* die drei großen *ZUP*. Rillieux-la-Pape liegt auf einem Hügel vor Lyon und war nur mit dem Bus zu erreichen. Venissieux besaß 1992 noch keinen Metroanschluss. So lud das öffentliche Verkehrsnetz zur Besichtigung von Vaulx-en-Velin ein. Doch führte die Metroverbindung in den 90er Jahren nur bis zum Rand der Kommune. Die Fahrt startete im Zentrum Lyons am *Place Bellecour*. Mit jeder Station veränderte sich die Zusammensetzung der Bevölkerung: Sie wurde jünger und „fremder". Endstation der Metrolinie: *Laurent Bonnevay*. Von hier aus ist die *ZUP* von Vaulx-en-Velin bis heute nur mit dem Bus zu erreichen. Er fährt über einen Wasserkanal, der die Vorstadt vom Rumpf des städtischen Großraums trennt (vgl. Abb.3). Die überwiegende Mehrheit der Bevölkerung im Bus waren Jugendliche.

Bald hatte ich mir einen ersten Überblick über die Agglomeration von Lyon verschafft: über Eigenerkundung, erste Kontakte mit Informanten und die Lektüre

---

52 Diese „bevorzugt zu bebauenden städtischen Zonen" der Stadtentwicklung gaben nach einem ministeriellen Erlass von 1958 den Rahmen vor, in dem der Bau der Vorstädte vollzogen wurde. Die erste *ZUP* der Agglomeration von Lyon war die im Westteil gelegene und zur Kommune Lyon gehörende des Stadtviertels La Duchère, darauf folgten die *ZUP* von Vénissieux, Rillieux-la-Pape und Vaulx-en-Velin.

von Dokumenten, die ich u.a. über den Projektleiter aus *La Duchère* erhielt. Insgesamt gab es 16 *DSQ*-Viertel in der *Courly*, zu denen auch diejenigen der Kommunen Lyon und Villeurbanne zählten. Da ich die sozialräumliche West-Ost-Segregation untersuchen wollte, entschied ich mich in einem ersten Schritt gegen *La Duchère* und für den *Est Lyonnais*. Doch welche der Kommunen sollte es sein? Der zweite Schritt der Ortsentscheidung hing von folgenden drei Begründungen ab:

1) Im Vordergrund stand *erstens* die *inhaltliche Begründung*. Von welcher Kommune konnte ich am ehesten erwarten, dass sie die Probleme der Ausgrenzung anging? Wo waren die Vereine am besten organisiert? Wo gab es Konflikte? Existierten Besonderheiten mit Blick auf die Jugendlichen? So besitzt jede Kommune des *Est Lyonnais* ihre Spezifika. Für die spätere Verallgemeinerung der Ergebnisse war allerdings eine gewisse „Repräsentativität" der Vorstadtprobleme nötig. Daher fiel meine Entscheidung auf eine Kommune mit einer *ZUP*. Sollte es Venissieux, Rillieux-la-Pape oder Vaulx-en-Velin sein?

Als Vorstadtkommunen mit einer *ZUP* haben alle drei ähnliche sozialstrukturelle Probleme, auf Grund derer sie zu *DSQ*-Zonen ernannt worden waren. Darunter zählen u.a. die hohe Arbeitslosigkeit, der große Ausländeranteil, der hohe Prozentsatz an Ein-Eltern-Familien und der hohe Sozialwohnungsanteil. Dabei lag die Kommune Vaulx-en-Velin 1990 mit ihrer Arbeitslosenquote und mit ihrem Ausländeranteil an der Spitze. Zwar ist auch in Rillieux-la-Pape und in Vénissieux ein erheblicher Teil der Kommune als *DSQ*-Zone ausgewiesen, doch zählt in Vaulx-en-Velin mit der *ZUP* die Mehrheit der kommunalen Bevölkerung zum Territorium der Stadtpolitik. Bemerkenswert ist auch, dass es in Vénissieux zwei und in Vaulx-en-Velin sogar vier Projektleiter gab, welche die unterschiedlichen Interessen der Kommune und des Stadtverbundes sowie in Vaulx-en-Velin noch des Departements und des Staates vertraten. Die graduellen sozialstrukturellen Unterschiede wirkten sich, so die Annahme, eher auf die Probleme der sozialen Integration aus. Der Stil in der Umsetzung der Stadtpolitik, die Konflikthaftigkeit und die politische Integration ergaben sich aber aus der politischen Kultur der jeweiligen Kommune.

So ist Rillieux-la-Pape eine konservative Landgemeinde mit einer aus dem Boden gestampften *ZUP* (Belbahri 1988, 111-148). In dieser Kommune dominierte 1992 eine konservative Honoratiorendemokratie, die mit dem *Front national* sympathisierte. 1995 bekam Rillieux-la-Pape einen sozialistischen Bürgermeister. Dagegen ist Venissieux eine alte, mit der Schwerindustrie der Agglomeration verbundene Arbeiterkommune. Sie wird bis heute von einem orthodoxen kommunistischen Bürgermeister regiert. Nach Auskunft von Christian Delorme wäre der Zugang zu dieser Stadtverwaltung sehr schwierig gewesen. Für die Kontaktaufnahme hatte mir der katholische Priester Vaulx-en-Velin empfohlen. In der Stadtverwaltung dieser Kommune gebe es viele kooperationsbereite Angestellte. Vaulx-en-Velin wird im Gegensatz zu Vénissieux bis heute von einem reformkommunistischen Bürgermeister regiert. Es handelt sich ebenso um eine alte Landgemeinde, in der sich aber mit der Industrialisierung zu Beginn des Jahrhunderts eine Seidenfabrik niederließ. Erst in den 70er Jahren wurde die *ZUP* als letzte des städtischen Großraums dieser Gemeinde aufgepfropft. Vaulx-en-Velin galt und gilt als das französische Paradebeispiel der Stadtpolitik.

Ein weiteres für die Auswahl wichtiges Kriterium lag im Vereinsleben. Unter diesem Aspekt ist Vénissieux am interessantesten, da es hier viele islamische Vereine und seit den *rodéos* Anfang der 80er Jahre eine langjährige Erfahrung im Umgang mit den Selbstorganisationen der Jugendlichen gibt. Auch Rillieux-la-Pape hatte 1992 ein reges Vereinsleben, das sich – vielleicht infolge einer fehlenden kommunalen Förderungspolitik – selbst zu entwickeln begann. In Vaulx-en-Velin sollte es nach ersten Informationen ebenso ein interessantes Vereinsleben geben, was später zu korrigieren war. Diese kommunalen Differenzen in der Selbstorganisation der Bevölkerung wirkten sich sicherlich auf die Austragung von Konflikten aus.

Im Fall von Vénissieux und Vaulx-en-Velin war schließlich zu berücksichtigen, dass es sich bei diesen Kommunen infolge der *rodéos* bzw. der Jugendunruhen um stigmatisierte Vorstädte handelt. Einige Sozialarbeiter wiesen mich darauf hin, dass dies die Diskurse der Jugendlichen „verfälschen" würde und daher nicht für die anderen sozial benachteiligten Stadtviertel im städtischen Großraum „repräsentativ" sei. Doch war über diese *banlieues* gerade die sozialräumliche Dimension der Diskriminierung besonders gut zu erfahren. Sie ergab sich aus der öffentlichen Skandalisierung infolge der medienwirksamen Ereignisse. Bei den Jugendlichen hielt diese Stigmatisierung auch das kollektive Gedächtnis an die Stadt- und Migrationsgeschichte wach.

Es gab nun zwei Möglichkeiten des weiteren Vorgehens. Zum einen wäre ein *Vergleich* von mindestens zwei Kommunen möglich gewesen. Vergleiche bieten sich bei qualitativem Vorgehen zur Kontrastbildung an. Zum anderen drängte sich aber die *fallorientierte Vertiefung* einer Kommune auf. Denn sie entsprach dem Kern qualitativen Vorgehens, das *per se* einzelfallbezogen ist. Zudem hätte ich bei einem stringenten Vergleichsdesign zweier Kommunen mehrere Untersuchungsvariablen berücksichtigen müssen, die nur ein Forschungsteam hätte einlösen können. Ein Vergleich zweier *politisch* verschiedener Kommunen wäre auch aus folgendem Grund, den ich im ersten Interview mit der Delegierten des *FAS* erfuhr, nicht besonders erfolgversprechend gewesen:

„Die Rolle des Staates in der Stadtpolitik führt die Kommunen unabhängig von ihrer politischen Orientierung dazu, relativ ähnliche Lösungsansätze für die Probleme zu entwikkeln. Dies neutralisiert teilweise den politischen Einfluss und die entsprechende Orientierung der Bürgermeister."

So entschloss ich mich für die Einzelfallstudie. Die sozialen Indikatoren, der industrielle Charakter eines Teils von Vaulx-en-Velin, das angebliche Engagement der Stadtverwaltung, das Vereinsleben und die sozialräumliche Diskriminierung machten diese Vorstadt zu einem interessanten und „repräsentativen" Laboratorium.

2) Die Entscheidung für die Kommune hing aber *zweitens* von der *Realisierbarkeit* des Zugangs, d.h. von den Feldkontakten ab. Welche Beziehungen bestanden bereits, welche konnte ich intensivieren? Erste Kontakte hatte ich Anfang 1992 geknüpft, als in Vaulx-en-Velin ein Filmfestival über die *banlieues* stattfand. Dabei lernte ich S., den Leiter des sogenannten *Centre régional multiculturel* (Regionales Multikulturelles Zentrum)[53] kennen. Somit hatte ich eine erste Verbindung zur intermediären Ebene und zum Vereinsnetz geknüpft.

Der angeblich problemlose Kontakt zur Stadtverwaltung wurde mir mit der positiven Antwort des Bürgermeisters auf mein Schreiben bestätigt, mit dem ich für den Fall der Entscheidung zugunsten von Vaulx-en-Velin rechtzeitig die Zugangsmöglichkeit zu den Akteuren im Rathaus klären wollte. Es wurde mir offiziell Einlass gewährt. Bald sollten aber die ersten Probleme auftreten. Denn infolge der Jugendunruhen war Vaulx-en-Velin von Journalisten und Soziologen so überlaufen, dass einige Mitarbeiter der Stadtverwaltung zunächst sehr vorsichtig, ja infolge der überzogenen Medienberichte sogar mit Angst reagierten. Dies war anfangs vor allem bei der kommunalen Projektleitung der Stadtpolitik so. Gerade sie war aber sehr wichtig für mich.

Schließlich ergaben sich erste Kontakte mit Jugendlichen. Sie waren wie der gesamte Zugang zu Vaulx-en-Velin nur infolge der geographischen Nähe zu Villeurbanne realisierbar, wo ich noch wohnte. Nur diese Nähe ermöglichte mir eine effektive Zeitplanung. Dabei platzten jedoch viele der ersten Treffen mit den Jugendlichen und die stattfindenden waren nicht sehr ergiebig. Ich verlor Zeit, erste Frustrationen setzten ein. Dennoch besaß ich mittlerweile einige Feldkontakte zur Vereinsebene, zur Verwaltung und zu den Jugendlichen. Diese Kontakte entschieden über weitere eventuelle Brüche und bestimmten meine Rolle in der Interaktion. Noch immer war Vorsicht geboten, damit mir nicht „vor Ort" die Türen verschlossen wurden. Mit bleibendem Risiko und Überraschungen ging die Feldforschung weiter. Vor allem der erste enttäuschende Kontakt zu den Jugendlichen

---

53 Dieses Zentrum nennt sich inzwischen *Espace Projets Interassociatifs/EPI* (Zentrum für vereinsverbindende Projekte) und besitzt noch denselben Leiter, vgl. Kap. 6.3.1.3.

Welche Kommune?

machte mir klar, dass erfolgreiche Interviews mit ihnen nur möglich waren, wenn ich ihr unmittelbares Lebensumfeld kennenlernte, indem ich die Wohnsituation mit ihnen teilte.

Abbildung 3: Die Kommune Vaulx-en-Velin

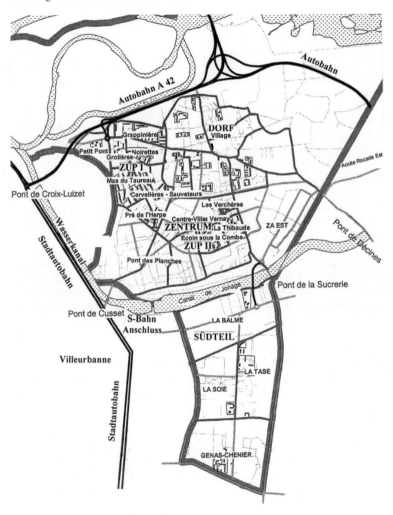

Quelle: Stadtverwaltung Vaulx-en-Velin, 2005

3) Die Entscheidung für Vaulx-en-Velin hing daher *drittens* noch von der Möglichkeit ab, in einem Stadtviertel der *DSQ*-Zone *wohnen* zu können. Der Alltag der Jugendlichen sollte aus der Nähe beobachtet werden. Es ergab sich die Möglichkeit, in einem Hochhaus des Stadtviertels *Mas du Taureau*, wo es 1990 zu den Jugendunruhen kam, eine kleine Sozialwohnung belegen zu können. So zog ich nach zweimonatiger Orientierungsphase von Villeurbanne zur benachbarten Kommune Vaulx-en-Velin.

3.2 Vaulx-en Velin: Leben in *der banlieue*

In Vaulx-en-Velin (Abb. 3) ging die Exploration weiter. Über einen Gemeinderat lernte ich in einer Stadtführung die Binnenstruktur der Kommune kennen. Sie besteht aus drei Teilen: dem alten Dorfkern (Dorf), einer Südstadt (Südteil) mit einem ehemaligen Arbeiterviertel und der riesigen, aus zwei Bauabschnitten bestehenden *ZUP* (ZUP I, ZUP II). Da die städtische Wohnstruktur sehr heterogen ist, liegen dazwischen noch andere Wohnungstypen, vor allem die kleinen Einfamilienhäuser am Rande der *ZUP*. Zwischen diesen drei Teilen befand sich etwas isoliert das künstlich errichtete Zentrum mit einer Einkaufshalle, einer Sporthalle, einer staatlichen Hochschule für Bauwesen, dem Arbeitsamt, dem Polizeipräsidium und dem Rathaus. Die sozial benachteiligte Zone deckt sich weitgehend mit der *ZUP*, die ihrerseits aus mehreren räumlich abgegrenzten Stadtvierteln mit z.T. ländlich-idyllischen Namen wie *Mas du Taureau* (Stierhaus) oder *Pré de l'Herpe* (Graswiese) besteht. Die *Gesamtheit* der *ZUP* war 1990 zum *DSQ*-Gebiet ernannt worden.

3.2.1 Lokaler Staat und Interessenvertretung

3.2.1.1 Stadtpolitik: im Rathaus

Ich beabsichtigte, die Stadtpolitik in *einem* konkreten Quartier zu verfolgen. Um die Implementation der Programme analysieren zu können, musste ich Ansprechpartner aus der Verwaltung der verschiedenen Gebietskörperschaften finden. Für das Verständnis der Stadtpolitik waren aber nicht nur diese Institutionen der Exekutive, sondern auch die Legislative, d.h. die Regierungen der Gebietskörperschaften wichtig. Hier stand die Kommune mit dem Bürgermeister und den Gemeinderäten im Mittelpunkt. Zum *Policy*-Dreieck zählen neben Regierung und Verwaltung schließlich die organisierten Interessen, die sich aus der Zielgruppe der Vorstadtbevölkerung mit den Vereinen als dritter Gruppe von Akteuren bilden sollten. Der Markt war im Wesentlichen über die Einrichtungen des Dritten Sektors an der Stadtpolitik beteiligt. Die zentrale Institution für die Jugendlichen war dabei die *Mission Locale* von Vaulx-en-Velin. Sie hatte dieselbe Funktion wie *Lyon Insertion* (vgl. Abb.11).

Wo sollte ich nun die Kontakte vertiefen? Für die Analyse der Implementation und den Kontakt mit den Jugendlichen musste ich die Institutionenvertreter auf unterster Ebene, die sogenannte „Straßenbürokratie" aufsuchen. Für die Koordination verantwortlich waren nach meiner Erfahrung aus *La Duchère* aber die sogenannten Projektleiter. Sie saßen im oberen Segment der Verwaltungshierarchie (vgl. Abb. 10). Von ihnen gab es in Vaulx-en-Velin allerdings vier. Sie vertraten die Interessen der Kommune, des Stadtverbundes, des Departements und des Staates. Dabei bildeten sie die jeweilige Schnittmenge zwischen Regierung und Verwaltung. Am wichtigsten waren für mich die Projektleiter der Kommune und der *Courly*. Der *chef de projet* des Stadtverbundes verweigerte jedoch die Zusammenarbeit.

So vertiefte ich den bereits von Villeurbanne aus hergestellten Kontakt zur Projektleiterin der Kommune, der sich als sehr fruchtbar erwies. Doch gestaltete er sich anfangs sehr schwer. Infolge der Jugendunruhen war diese kommunale Koordinatorin der Stadtpolitik von Anfragen gesättigt. Sie hatte Angst, dass Informationen gegen sie verwendet würden. Daher sperrte sie sich gegen Expertengespräche. Es dauerte lange, bis ein Vertrauensverhältnis entstand. Auf positive Resonanz stieß bei ihr allerdings mein Vorgehen, die Jugendlichen mit qualitativen Methoden selbst zu Wort kommen zu lassen. Schließlich kam ich zum Zug und wurde mit Organigrammen überhäuft, über Kompetenzen aufgeklärt und auf andere Ansprechpartner verwiesen. Dabei bestand die Gefahr, sich innerhalb des Labyrinths der Institutionen von Pontius zu Pilatus schicken zu lassen. Aus der transversalen Globalität des *DSQ*-Ansatzes ergab es sich zwar, möglichst viele Akteure anzusprechen, um Anspruch und Wirklichkeit der politikfeldübergreifenden Vernetzung kennenzulernen. Doch musste ich mich auf ein Politikfeld konzentrieren, an dem dieser Anspruch überprüft werden konnte.

Ein wesentliches Interesse bestand zudem darin, die minderheitenspezifischen Akteure herauszufinden. Doch schienen auch in Vaulx-en-Velin die Einwanderer „nur" über Sozialpolitik behandelt zu werden, was in dieser Kommune fast *alle* Institutionen der Stadt- und Kommunalpolitik auf den Plan rief. Für die weitere Untersuchung war daher zu verfolgen, ob dieser ethnisch indifferente Ansatz, der eine explizite Politik positiver Diskriminierung ausschloss, vielleicht eine implizite Minderheitenpolitik beinhaltete? Die einzige spezifische Institution für Einwanderer, auf die ich in der Kommune verwiesen wurde, war wiederum der FAS, dessen Delegierte ich bereits in Villeurbanne interviewt hatte. Als staatliche und für Migrationsfragen kompetente Institution schien er *von außen* ins Hoheitsgebiet der Kommune zu dringen.

Über den kommunalen *Service jeunesse* (Amt für die Angelegenheiten der Jugend), der 1992 das Kinofestival in Vaulx-en-Velin mitveranstaltete und für die Freizeitgestaltung der Jugend zuständig ist, stieß ich auf eine Französin maghrebinischer Herkunft. Sie war für mich eine erste „minderheitenspezifische" Anlaufstelle. Ich traf sie an mehreren Orten der kommunalen Legislative und Exekutive. Bei den Kommunalwahlen von 1989 wurde sie über eine gemeinsame Liste von Kommunisten und Sozialisten in den Gemeinderat gewählt und gehörte damit der Regierungsmehrheit an. Gleichzeitig arbeitete sie im *Service jeunesse* und in der Abteilung für Passangelegenheiten für die Bevölkerung von Vaulx-enVelin. Schließlich zählte sie zur Führungsriege des *Centre régional multiculturel*, ein Verein ehemaliger *beurs*. Die Zusammensetzung seines Verwaltungsrates sowie seine Finanzierung durch die Stadtregierung verdeutlichten allerdings, dass es sich bei diesem Verein um eine halbkommunale Einrichtung handelte (vgl. 6.3.1.3). Wurde auf diese Weise „Minderheitenpolitik" gemacht?

Vaulx-en-Velin zeichnet sich bis heute durch eine Vielzahl solcher von der Kommune abhängiger Freizeit- und Sozialeinrichtungen aus. Sie bieten viele Aktivitäten für Jugendliche an. Dabei herrschte überall eine entschiedene Politik der *individuellen* Gleichstellung. Es wurden nicht die Jugendlichen maghrebinischer Herkunft, sondern *les jeunes*, also *alle* Jugendlichen angesprochen. Stadtviertelnah griffen die *Centres sociaux* (Gemeindezentren)[54] die Probleme der Jugendlichen auf. Im Gemeindezentrum des Stadtviertels *La Grappinière* war ein Jugendlicher maghrebinischer Herkunft als Sozialarbeiter bzw. Animateur eingestellt. Auch ihn hatte ich im *Centre régional multiculturel* kennengelernt. Er leitete gleichzeitig in seinem Quartier einen Verein. Die Stadtregierung war anscheinend bestrebt, die Engagiertesten unter den Jugendlichen maghrebinischer Herkunft an das kommunale Institutionen- und Vereinsnetz zu binden. Lief dies einer selbständigen Interessenorganisation der Einwandererjugend entgegen? Gab es auf dem Hintergrund klientelistischer Praktiken, die für das lokale politische System in Frankreich prägend sind (Mabileau 1994), eine starke kommunale Kontrolle der Bevölkerung?

---

54 Die *Centres sociaux* wurden ursprünglich für die sozialen Belange und die Freizeitgestaltung der vorstädtischen Bevölkerung eingerichtet, als diese sich noch vorwiegend aus den Mittelschichten zusammensetzte. Sie unterstehen dem Departement.

3.2.1.2 Gemeinderäte und Vereine

Der Dezernent für Wohnungsfragen zeigte mir die verschiedenen Stadtteile von Vaulx-en-Velin. Im Gespräch wurde sofort klar, dass die Stadtregierung in Zusammenarbeit mit den Wohnungsgesellschaften eine weitere Konzentration von sozial schwachen Familien – und damit vor allem von Einwanderern – in Vaulx-en-Velin verhindern will. Die Sozialwohnungen sollen innerhalb der gesamten Agglomeration verteilt werden. Hinter dieser sozialpolitisch begründeten Politik einer Dekonzentration von Armut steht allerdings auch das republikanische Prinzip, Gemeinschaftsbildung nicht zu fördern. Die Angst des Gemeinderats vor *community*-Bildung wurde in einer Bemerkung über H., die in den Gemeinderat gewählte Französin maghrebinischer Herkunft, deutlich. Für ihn verkörperte sie eine Gefahr: „Sie bringt uns das Ghetto!" War dies wirklich so?

Ihrem Selbstverständnis nach verhielt es sich eher umgekehrt. Denn H. vertrat ebenfalls eine Politik der individuellen Gleichstellung. Sie argumentierte sehr „französisch" und war ein gutes Beispiel für die Strategie von *France Plus*. Das Ziel dieser mit der *beurs*-Bewegung entstandenen nationalen Organisation bestand – wie der Name schon sagt – darin, junge Erwachsene verschiedenster ethnischer Herkunft als Staatsbürger über die französischen Parteien in Stadtparlamente und andere politische Vertretungen wählen zu lassen. In diesem Sinne sollten auch die Interessen der Einwandererjugend von Vaulx-en-Velin über H. vertreten werden. Doch fühlten sich die Jugendlichen in ihren Wohnvierteln durch diese ins lokale politische System integrierte Gemeinderätin repräsentiert? Wie standen sie zu den Parteien? Gab es nicht eine direktere Form der Interessenvertretung, die ausschließlich die Jugendlichen maghrebinischer Herkunft betraf?

In den Wohnvierteln schienen sich die Jugendlichen selbst zu organisieren, wie ich in einem ersten Gespräch mit P., dem Meinungsführer von *Agora* anlässlich einer vom *FAS* veranstalteten Tagung in Lyon erfuhr. Mehrere Vereine, die sich nach den Jugendunruhen in Vaulx-en-Velin gegründet hatten, versuchten bei dieser Tagung auch außerhalb der Kommune Kontakte zu knüpfen. Das kurze Gespräch mit P. ergab, dass die Gemeinderätin in der Stadtverwaltung angeblich nur wenig Kontakt zu den Jugendlichen in den Wohnvierteln hatte. Er sprach ihr den Anspruch auf die Vertretung von Quartierinteressen ab. Mit diesem Meinungsführer traf ich eine Verabredung in Vaulx-en-Velin, die allerdings erst nach mehreren Anläufen zustande kam. War dies ein Indikator für die Deprivation oder die Vorsicht der Jugendlichen? Zunächst war ich folglich gezwungen, meine Informationen zu den Vereinen über die Stadtverwaltung zu erhalten. Somit tastete ich mich über beide Zugänge an die Problematik heran. Im Rathaus gab es eine Person, die für die Förderung der *associations d'habitants* (Einwohnervereine) beauftragt war.

Die Gründung von Vereinen schien daher nicht nur ein Anliegen der Stadtpolitik und des *FAS*, sondern auch der Kommune zu sein. Denn die Bevölkerung in den Stadtvierteln beteiligte sich kaum am öffentlichen Leben. Dies zeigte auch eine im Auftrag des *FAS* angefertigte vergleichende Studie zu den „Einwohnervereinen" in den *DSQ*-Vierteln des städtischen Großraums (FONDA 1992). Im Vergleich zum Vereinswesen in den anderen Kommunen war dasjenige von Vaulx-en-Velin entgegen der ursprünglichen Erwartungen relativ schwach ausgeprägt. Doch wofür standen diese *associations d'habitants*? Nach Aussagen der Vereinsbeauftragten und dem Namensregister entsprechend schienen auch diese *associations* nicht nach ethnischen Kriterien klassifiziert zu sein. Sie waren nach Merkmalen wie Mieterverein, Sportverein etc. kategorisiert. Vor allem bei den Jugendlichen gab es – mit Ausnahme der Jugendlichen portugiesischer Herkunft – keine ethnische Spaltung. Alle sprachen von den „Jugendvereinen". Als Einwandererorganisationen waren lediglich die *associations* der „ersten Generation" aufgeführt. Gab es somit auch im Vereinswesen nur den „gleich-gültigen" Zusammenschluss von jungen oder älteren Bürgern aus Vaulx-en-Velin? Dies konnte ich nur in Interviews mit den Vereinsmitgliedern erfragen.

Diese Interviews waren ein Schlüssel zum Verständnis kultureller Konflikthaftigkeit. Zwar gab es manifeste Konflikte wie die Jugendunruhen bzw. die Konflikte zwischen der Einwandererjugend und der Polizei. Zu den manifesten Konflikten zählten auch die rassistischen Angriffe zumeist älterer franko-französischer Vorstadtbewohner auf Jugendliche maghrebinischer Herkunft in den Vorstädten von Lyon. Doch der Rückzug der Bevölkerung und der republikanische Diskurs in den Institutionen erschwerten es, ethnisch-kulturelle Alltagskonflikte und fremdenfeindliche sowie rassistische Diskriminierungen wahrzunehmen. Auch im Terrain lag das Paradox darin, dass einerseits – wie bereits bei *Lyon Insertion* beobachtet – ethnische Differenz in den Institutionen und im republikanischen bzw. sozialpolitisch orientierten Diskurs des Bürgermeisters von Vaulx-enVelin tabuisiert wurde. Andererseits kam es aber in der Öffentlichkeit zur Enttabuisierung entsprechender Themen, wenn der *Front national* die Jugendunruhen auf die „jungen Nordafrikaner" reduzierte oder die Meinungsführer der Vereine die rassistischen Übergriffe der Polizei anklagten. Um diese Konflikthaftigkeit und das Selbstverständnis der Meinungsführer kennenzulernen, musste ich noch stärker ins *terrain* eindringen. Welches Stadtviertel war dafür geeignet?

3.2.2 Welches Territorium? – „Straßenbürokratie" und Jugendverein

Die Auswahl des Stadtviertels war die letzte Stufe der sozialräumlichen Vertiefung. Sie war Voraussetzung für eine intensivere Kontaktaufnahme mit den Jugendlichen. Die Entscheidung hing davon ab, in welcher Weise 1) die „Straßenbürokratie" und 2) ein interessanter Verein im entsprechenden Stadtviertel präsent war.

1) Die ersten Gespräche mit den Vertretern der Institutionen bezogen sich auf die gesamte *ZUP* von Vaulx-en-Velin. Bei der Suche nach einem geeigneten Stadtviertel stellte ich fest, dass es in den Quartieren *La Grappinière, Mas du Taureau* und *La Thibaude/Le Vernay* (vgl. Abb. 3 und 10) Runde Tische gab, an denen sich die Institutionenvertreter aus den diversen Politikfeldern beteiligten. In diesen drei Stadtvierteln wurden auch *conseils de quartier* (Stadtteilforen) ins Leben gerufen. In Anwesenheit des Bürgermeisters, der Gemeinderäte und der Behördenvertreter sollte vor allem nach den Jugendunruhen der Kontakt zur Bevölkerung und den Jugendlichen intensiviert werden. Ich nahm an einigen dieser Runden Tische und Stadtteilforen beobachtend teil. Während die bisherigen Kontakte zu den Institutionen auf unterster Ebene über die Projektleiterin hergestellt worden waren, ergab sich über diese Treffen die Möglichkeit, die „Straßenbürokratie" direkt anzusprechen. Ich traf mich mit Schulleitern, dem Leiter der *Mission Locale*, dem sogenannten Kommunikationsbeauftragten der Stadtpolitik, dem Leiter eines Gemeindezentrums und anderen Akteuren aus den Institutionen. Die Distanz mir gegenüber war etwas geringer als im Rathaus, da es – mit Ausnahme der Polizei – keine so große Notwendigkeit der Eingangskontrolle gab.

2) An den Runden Tischen und Stadtteilforen sollten sich auch die Vereine beteiligen. Ich interessierte mich für einen Verein, der von der Kommune unabhängig war und bei dem sich Konflikte mit den Institutionen und der Stadtregierung abzeichneten. Gab es einen solchen Verein in einem der drei genannten Quartiere? Ich erinnerte mich an P., den Meinungsführer von *Agora*, dessen Bekanntschaft ich bei der Tagung des *FAS* gemacht hatte. Ich insistierte auf das versprochene Treffen. Endlich fand es statt. Eine der ersten Bemerkungen von P. war: „Die wollen die Probleme ethnisieren." Dies warf er den Institutionen vor, die offiziell eine Politik der individuellen Eingliederung betreiben. Auch hier dasselbe Paradox? Hatte das französische Integrationsmodell erstaunlicherweise Erfolg bei den diskriminierten Jugendlichen? Führte es zu einer „republikanischen" Rationalisierung von realen Ethnisierungsprozessen? Ethnische Differenz schien bei *Agora* keine Rolle zu spielen, zumindest nicht im Diskurs von P. Er betonte die sozialen Probleme, vor allem das „Schulversagen" und die Arbeitslosigkeit. Doch dachten die

Jugendlichen ebenso? Entsprachen die Deutungen dieses Meinungsführers der Soziokultur der Jugendlichen? Erklärte sich dieser Diskurs aus der Vermittlungsfunktion zwischen den Institutionen und den Jugendlichen? Nach diesem ersten Gespräch war mir zumindest klar, dass ich über *Agora* Kontakte zu den Jugendlichen bekommen konnte. Dieser bis heute existierende Verein befindet sich im Stadtviertel *Mas du Taureau*.

So fiel meine Entscheidung auf dieses Quartier, von dem die Jugendunruhen ausgingen. Dafür sprach zudem die Tatsache, dass im *Mas du Taureau* die Runden Tische und Stadtteilforen bereits seit einiger Zeit existierten. Schließlich gelang es mir, eine Sozialwohnung inmitten des Viertels zu beziehen. Hier musste nun der Kontakt zu den Jugendlichen gelingen. Mir blieben sechs Monate.

3.2.3 Die Jugendlichen: welcher Zugang?

Meine leitende Fragestellung war: Welche Probleme und welche Konflikte erleben die 15- bis 25-jährigen Jugendlichen bzw. jungen Erwachsenen maghrebinischer Herkunft im Prozess ihrer Sozialisation und wie nehmen sie dabei die Stadtpolitik wahr, zu deren Zielgruppen sie gehören? Um dem nachzugehen, musste ich mich diesen Jugendlichen nähern. Doch wie? Welche Methode war angebracht? Wen sollte ich auswählen? Fragestellung, Kontaktaufnahme und Methode mussten aufeinander abgestimmt werden.

Die Jugendlichen, die ich als Gesprächspartner aufsuchen wollte, besetzten in unterschiedlicher Intensität den öffentlichen Raum. Meine Blicke begegneten ihnen an einigen Plätzen von Lyon, in den öffentlichen Verkehrsmitteln als auch in Vaulx-en-Velin. Die Endstation der U-Bahn sowie der bei den Jugendunruhen zerstörte und nach 1990 wieder aufgebaute *Place Guy Moquet* waren als Bushaltestelle wichtige Orte der flüchtigen Begegnung. Sonntags tummelten sich die Jugendlichen auf dem Flohmarkt am Rand von Vaulx-en-Velin. Mit meinem Einzug ins Stadtviertel sah ich die männlichen Jugendlichen vor allem abends vor den Treppenaufgängen stehen. Sie prägten das Bild des Stadtviertels *Mas du Taureau* (Abb. 4).

Die Jugendlichen: welcher Zugang? 99

Abbildung 4: Das Stadtviertel *Mas du Taureau*

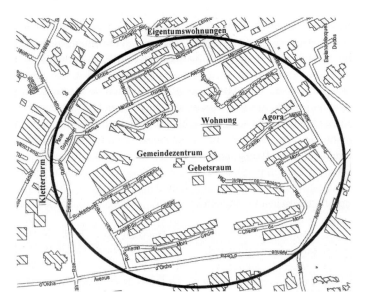

Quelle: Stadtverwaltung Vaulx-en-Velin 2005

Dieses Quartier grenzt an den *Place Guy Moquet* mit seinem während der Jugendunruhen zerstörten und danach wieder aufgebauten Einkaufszentrum sowie einem Kletterturm. Nördlich des Viertels liegt eine lange Häuserzeile mit Eigentumswohnungen. Der *Mas du Taureau* besteht dagegen ausschließlich aus Sozialwohnungen. Es gab nur wenige Institutionen in diesem Quartier. Sie begrenzten sich auf das inmitten des Viertels liegende Gemeindezentrum und ein *Centre médico-social* (sozialmedizinisches Zentrum). Das Stadtviertel bestand aus zwei Teilen. Die renovierten Häuser des westlichen Teils waren in der Sprache der Jugendlichen die „blauen Gebäude". Der östliche Teil war 1992 noch nicht renoviert. In ihm befand und befindet sich noch immer der Treffpunkt von *Agora*. Inmitten des Viertels lag zudem die *Bilel*-Moschee, ein Gebetsraum im Kellergeschoss eines kleinen Gebäudes, das der Wohnungsgesellschaft gehörte. In diesem Gebäude traf sich z.B. auch die *Amicale des Algériens*, eine landesweit existierende Eigenorganisation von in Frankreich lebenden Algeriern. Ich wohnte im nördlichen Bereich des Quartiers, so dass ich aus der siebten Etage meines Wohnturms auf die beiden Teile des Viertels und auf den Gebetsraum blicken konnte. Der Aufteilung des

Viertels entsprechend zirkulierten die Jugendlichen in einem der beiden Teile. Im Mikrobereich ihrer Häuserzeilen trafen sich die Straßensteher. Anfangs vermied ich es, direkten Kontakt zu den Jugendlichen zu knüpfen. Ich wahrte Distanz, um mir den Feldzugang nicht zu verbauen. Vermittlungspersonen sollten mir bei der Kontaktaufnahme helfen. Meine ersten Informationen über die Probleme der Jugendlichen hatte ich über die Gemeinderätin und P. von *Agora* erhalten. Der stärker in der Lebenswelt der Jugendlichen verankerte Meinungsführer lud mich dazu ein, im Vereinsraum vorbeizuschauen. Gleichzeitig versuchte ich, auch über einen Sozialarbeiter Kontakt zu knüpfen. So kam es bald zu ersten Treffen mit Jugendlichen, bei denen ich in kurzen Gesprächen meinen Leitfaden (Anhang 1) testete. Die ersten Begegnungen fanden in der Bar des Einkaufszentrums statt. Bei einigen Treffen im Stadtviertel kamen andere Jugendliche hinzu. Ich wurde zum ersten Mal im Quartier wahrgenommen. Den einen oder anderen der teilnehmenden Jugendlichen konnte ich später für ein längeres Interview gewinnen.

Wie aber sollte ich nun methodisch vorgehen? Das Ziel lag nicht darin, über eine quantitative Erhebung ein „repräsentatives" Bild zu ermitteln. Dies wäre forschungstechnisch im Großstadtdschungel ohnehin nicht möglich und für das Verstehen von Fremdheit methodisch nicht adäquat gewesen. Natürlich hatte ich von Anfang an über das Rathaus Daten zur Situation der Jugend von Vaulx-en Velin erhoben (vgl. 5.1).[55] Insofern bestand der methodische Zugang aus einer Kombination von quantitativen und qualitativen Methoden. Dabei sollte aber die quantitative Hinführung über Daten zur Sozialstruktur der qualitativen Vertiefung und der dichten Beschreibung vorausgehen – und nicht umgekehrt. Allerdings führte die Realität im Feld dazu, dass sich beides gelegentlich überschnitt. Das größte Problem bestand nun darin, die Auswahlkriterien zu finden.

Die in die Stadtpolitik eingeflochtene Jugendpolitik konzentriert sich auf die 15- bis 25-jährigen Jugendlichen. Diese biographische Phase beinhaltet die Schulzeit und die berufliche Sozialisation. Ich orientierte mich zunächst an den von der Stadtverwaltung ausgewerteten Daten der Volkszählung von 1990. Sie waren allerdings nur nach den Kriterien „Schüler/in Ausbildung/arbeitslos/beschäftigt" klassifiziert. Nähere Informationen enthielten sie nicht. So versuchte ich, im Gespräch mit dem Meinungsführer und mit einer Sozialarbeiterin zu einer ersten Problembeschreibung und einer eventuellen Kategorisierung zu kommen. Ich selbst stieß bei den Jugendlichen von Vaulx-en-Velin, die zu einem großen Teil maghrebinischer Herkunft waren, auf Schüler, die das *collège*, die Berufsfachschule oder das allge-

---

55 Genauere Informationen bekam ich allerdings erst zum Schluss, was mir die Auswahl der Interviewpartner am Anfang erschwerte.

meinbildende Gymnasium besuchten, sowie auf einige wenige Studenten. Ich traf aber auch die Situationen des Schulabbrechers, der Jugendlichen in Warteschleifen, der Gelegenheitsjobber und der Arbeitslosen. Zudem gab es Jugendliche, die nach diesen Kriterien überhaupt nicht mehr zu fassen waren. Sie befanden sich auf der Straße, waren abwesend, d.h. im Gefängnis, in muslimischer „Schulung", auf Trebe oder vorübergehend in einer anderen Stadt. So versuchte ich in einem *ersten Schritt*, die Auswahl so weit wie möglich über die Varianz äußerer Merkmale, d.h. nach Kontrastgruppen zu treffen, um die Spannweite der Probleme und die möglichen biographischen Verlaufsmuster im Prozess der Sozialisation zu verstehen. Dies fließt in die Darstellung der Sozialisationsinstanzen ein (vgl. Kap. 5). Die Kontrastgruppen waren allerdings noch nicht eindeutig gebildet.

Klar war mit fortlaufender Kontaktaufnahme nur, dass die Problemfälle unter den Jugendlichen maghrebinischer Herkunft, welche keine reguläre Schullaufbahn hatten und welche die Stadtpolitik legitimierten, im Mittelpunkt stehen sollten. Ich konzentrierte mich also in einem *zweiten Schritt* auf die *berufliche Sozialisation* der marginalisierten Jugendlichen (Dubar 2002). Denn die Arbeitslosigkeit ist in Vorstädten wie Vaulx-en-Velin das größte Problem. Hier ging ich in einer Art *theoretischem sampling* (Fuchs 1988; Fuchs-Heinritz 1993; Grunert 2002), d.h. nach einer mit Blick auf die Fragestellung der beruflichen Sozialisation orientierten Auswahl vor. Ich versuchte nicht mehr, vorab Kontrastgruppen zu bilden, sondern in der Exploration Einzelfälle zu suchen, die ich in ständiger Korrektur und Präzisierung der Fragestellung aus der Innenperspektive heraus verstehen wollte, um sie anschließend kontrastierend auszuwerten. So versuchten viele der Jugendlichen, die sich in der prekären Situation des *Gelegenheitsjobbers* in der Warteschleife befanden, auf dem Schwarzmarkt zu jobben, über das *business* durchzukommen oder sich selbständig zu machen. Bei den Mädchen konnte berufliche (Nicht-)Eingliederung zudem bedeuten, im *Haushalt* tätig zu sein. Berufliche Eingliederung hieß aber auch, als Sozialarbeiter bzw. *Animateur* im Stadtviertel, als *Arbeiter* oder gar als selbständiger *Kleinunternehmer* zu arbeiten. Bei diesem zweiten Schritt ergab sich eine Konzentration auf die 18- bis 25-Jährigen bzw. noch Älteren, die dem Blick der Stadtpolitik in mehreren Fällen entgingen. Insgesamt waren die Lebensläufe der Jugendlichen zwischen den unterschiedlichen Schulabgängen und dem Einstieg ins Berufsleben nicht scharf zu trennen und sehr schwer nachzuzeichnen. Dies legten bereits die ersten Interviews mit den Meinungsführern nahe. Es zeigte sich bald, dass es „nach unten" und „nach oben" schwierig wurde, Interviewpartner zu finden. Sowohl delinquente Jugendliche als auch solche, denen nach den Eingliederungsproblemen die Integration ins Arbeitsleben gelang, waren sehr schwer aufzufinden bzw. als Interviewpartner zu gewinnen.

Nun war es wichtig, aus der Distanz heraus den Kontakt aufzunehmen, von der Strukturierung zur Authentizität überzugehen. In den beiden Schritten – der allgemeinen und der beruflichen Sozialisation – entschied ich mich, für die Kontaktaufnahme mit den Jugendlichen drei Zugänge zu wählen, bei denen ich auf verschiedene Weise und in unterschiedlichem Maß ins Milieu gelangte.

1) Ein *erster Zugang* erfolgte über die Vertreter der *Institutionen*, mit denen es die Jugendlichen des *Mas du Taureau* zu tun hatten. Neben der Schule waren dies vor allem die Gemeindezentren und der kommunale *Service jeunesse*. Dazu zählten aber auch die Jugendgerichtshilfe und die Polizei. Über den institutionellen Weg stieß ich auch auf spezifische Institutionen der Stadtpolitik wie die sogenannte Koordinationsstelle für Kommunikation. Die zentrale Institution für die 15- bis 25-jährigen Jugendlichen mit Problemen beruflicher Sozialisation war aber die *Mission Locale* (künftig auch *ML*). Hier hatte ich Farouk, Mohamed, Lyamine, Raja, Bachira, Leila und Noura interviewt (vgl. Kurzbiographien Anhang 2). Dieser Zugang über die Institutionenvertreter blieb oft dem Zufall überlassen. Zwar ergaben sich vor allem die Kontakte in der *ML* nach vorheriger Absprache mit deren Mitarbeitern. Sie kamen dann aber spontan zustande, denn es hing davon ab, wie das jeweilige zuvor stattfindende Gespräch zwischen dem Jugendlichen und einem dieser Mitarbeiter abgelaufen war. Wichtig war allerdings meine Präsentation. Ich traf die Jugendlichen zumeist nach diesen Gesprächen und erklärte ihnen, dass ich kein Mitarbeiter dieser Institution sei. Dadurch waren sie weniger misstrauisch. Die meisten begannen, schnell zu erzählen. Nur einige wenige lehnten die Aufnahme des Gesprächs ab. Die Jugendlichen, die ich in der *ML* traf, sah ich nie wieder. So waren die Interviews zeitlich verdichtete, selbstanalytische Erzählungen der Jugendlichen auf ihrem verspäteten Weg in die berufliche Sozialisation.

Ein Vorteil dieses institutionellen Zugangs lag darin, dass die „Straßenbürokratie" mich politikfeldspezifisch und effektiv mit denjenigen Jugendlichen in Verbindung setzte, die in die Delinquenz abgeglitten waren und somit „ganz unten" standen. Mit diesen Jugendlichen hätte ich sonst nur sehr schwer in Verbindung treten bzw. sie überhaupt ausfindig machen können. So bekam ich z.B. über die Jugendgerichtshilfe den Kontakt zu Khaled Kelkal. Mit einem anderen Publikum setzte mich die Koordinationsstelle für Kommunikation in Verbindung. Es waren diejenigen Jugendlichen und jungen Erwachsenen, die sich in ihrem Quartier individuell und in Zusammenarbeit mit den Institutionen engagierten. So stieß ich auf Farida. Sie hatte sich an mehreren Schulprojekten, darunter einem Filmprojekt über die „Polizei in der Stadt" beteiligt. Beim Kontakt mit den Mädchen war ich ohnehin auf die Institutionen angewiesen, da sie aus mehreren Gründen schwer in der Öffentlichkeit des Quartiers zu erreichen sind (vgl. Kap. 5). Schließlich stieß ich mithilfe der Koordinationsstelle für Kommunikation auch auf A., einen erfolgreichen Jungunternehmer. Doch sollte der Zugang nicht nur über die Institutionen stattfinden. Denn über sie erfolgte eine bürokratische Selektion. Zudem wäre mit Blick auf die *Mission Locale* der institutionelle Zugang allein eine Sackgasse gewesen. Denn es gab viele Jugendliche, die – auch wenn sie kurz die *ML* aufgesucht hatten – auf andere Weise Arbeit fanden.

2) So erfolgte ein *zweiter Zugang* über die Suche und weitere Pflege des Kontaktes zu Meinungsführern. Dabei gab es einen interessanten Unterschied. Über das *Centre régional multiculturel* lernte ich K. kennen, der im Gemeindezentrum des Stadtviertels *La Grappinière* angestellt und gleichzeitig Präsident eines dortigen Vereins war. Dieser Verein nannte sich *Association des Jeunes pour l'Avenir de la Grappinière/AJAG* (Jugendverein für die Zukunft der Grappinière). Somit vertrat K. zugleich die Interessen der Institution *und* der Jugendlichen. Der Blick auf *La Grappinière* ermöglichte mir einen Vergleich zum *Mas du Taureau*, wo ich wohnviertelorientiert über den Meinungsführer von *Agora* Kontakt zu den Jugendlichen aufnahm, die diesen Verein frequentierten. Hier interviewte ich Nasser und Djamel.

Über *Agora* war es anfangs besonders schwierig, Kontakt zu bekommen und akzeptiert zu werden, da ich ein Eindringling war. Ich schaute öfters im Vereinsraum vorbei. Einige Jugendliche reagierten vorsichtig bis abweisend, andere waren weniger distanziert. Es sprach sich herum, dass ich im Stadtviertel wohnte. Glaubwürdigkeit entstand. Denn die Erfahrung der Jugendlichen nach den Unruhen war, nur kurz von Journalisten und Soziologen „ausgequetscht" zu werden. Bei *Agora* lief die Kommunikation zudem über einen zweiten Meinungsführer, der mit P. rivalisierte. Ihr Interesse an mir lag darin, etwas über die Situation türkischer Jugendlicher in Deutschland zu erfahren. Zudem sahen sie mich als Informanten, da ich Verantwortliche im Rathaus traf. So lernte ich durch die Besuche bei *Agora* den Verein und seine Aktivitäten kennen. Ich sah, wer ein- und ausging. Im Laufe der Zeit bekam ich direkten Kontakt zu den Jugendlichen. Denn trotz vieler Frustrationen bei der Kontaktaufnahme ließ ich nicht nach, bis P., der mich inzwischen duzte, meinte:

> „Sie respektieren dich, da du auf den Kontakt insistierst und ihnen damit das Gefühl vermittelst, ernstgenommen zu werden."

Dies schien eine neue Erfahrung für die Jugendlichen zu sein. Dass sie mich akzeptiert hatten, merkte ich in den Interviews beim Thema Familie, zu dem sie bisher geschwiegen hatten.

Der Zugang über die beiden Vereine ermöglichte mir auch, einige Gruppeninterviews zu führen. Damit bekam ich einen Einblick in die Interaktionen zwischen den Jugendlichen und die soziale Kontrolle unter ihnen. Dies war über die Einzelinterviews nicht zu erfahren. Zudem konnte ich über *Agora* mit Djamel einen Jugendlichen finden, der eine feste Beschäftigung bekommen hatte. Über die Institutionen wäre dies nicht möglich gewesen. Dass ich später mit A. über die Koordinationsstelle für Kommunikation auf einen erfolgreichen Jungunternehmer stieß, lag auch an dessen Bekanntheitsgrad im Quartier.

Die Jugendlichen, die *Agora* frequentierten, hatten mich anfangs mit dem Spitznamen *iceberg* (Eisberg) versehen. Die Schwierigkeit meiner Arbeit bezogen sie damit auf sich selbst: Das Eis musste geschmolzen sein, bevor sie mir vertrauen konnten. Auch die Rolle, die ich bei ihnen einnahm, bekam ihren Namen: Ich wurde *Deutschmark* genannt, wie ich allerdings erst drei Jahre später während der Kelkal-Affäre in einem *Le Monde*-Artikel (8./9.10.1995, 9) erfuhr. Die Tatsache, dass ich mich nicht im franko-maghrebinisch geprägten kulturellen Code befand, wirkte sich in Lernprozessen sowohl auf die Jugendlichen als auch auf mich aus. So fühlten sich die Jugendlichen nicht von der französischen Gesellschaft „verhört". Sie konnten in den Interviews freier reden. Dass sie dennoch Fremdheit wahrnahmen, schlug sich in folgenden Fragen nieder: „Wie ist die Situation der türkischen Jugendlichen in Deutschland?" oder „Hast Du von den rassistischen Ausschreitungen in Deutschland gehört?"

Was mich betraf, lernte ich in meiner feldforschungsbedingten „zweiten Sozialisation" (Wax 1971) den ethnisch indifferenten Diskurs in den Institutionen kennen, aber auch denjenigen bei *Agora*: Mit meinem Ziel, ausschließlich die Jugendlichen maghrebinischer Herkunft interviewen zu wollen, fühlte ich mich bald als stigmatisierender Akteur. Denn der Verein ist wie die gesamte *banlieue* interethnisch geprägt. P., selbst schwarzafrikanischer Herkunft, machte mir – zumindest am Anfang – dieses Ziel zum Vorwurf. Ich griff die Kritik auf und suchte einen Jugendlichen „franko-französischer" Herkunft. In meinem Wohnturm lernte ich zufälligerweise Etienne kennen. Das Interview mit ihm bestätigte mir die Existenz dieser interethnischen Beziehungen. Dieser Lernprozess führte mich weg vom binären Denken „französisch - maghrebinisch". So ging es doch weniger um einen „französischen" Code, sondern um den kulturellen Vorstadtcode des *milieu populaire*. Alle Interviewpartner verstanden sich als *Vaudais* - Jugendliche aus Vaulx-en-Velin. Allerdings beklagten vor allem die Jugendlichen maghrebinischer Herkunft ihre Alltagserfahrung von Fremdenfeindlichkeit und Rassismus.

3) In einigen Fällen war es sehr vorteilhaft, bei *Agora* akzeptiert zu sein. Denn zwischen dem Straßenzug dieses Vereins und den anderen Straßenzügen gab es

Die Jugendlichen: welcher Zugang? 105

Kontakte. Ich wurde weiterempfohlen. So bot sich *drittens* meine Wohnsituation inmitten des Stadtviertels dazu an, im Laufe der Zeit, wie im Fall von Etienne, *ohne Vermittler* Jugendliche kennenzulernen. Bei diesem direkten Zugang kam es der Glaubwürdigkeit wegen darauf an, im Viertel gesehen zu werden. Denn die Jugendlichen waren seit den Unruhen von 1990 sehr misstrauisch geworden. Ich musste meinerseits die Erfahrung machen, dass sie erst nach mehreren Abmachungen und verspätet zum Interview kamen – selbst P. So war Planung nicht möglich gewesen. Viel hing vom Zufall ab. Sofort oder nie! Im Vereinslokal von *Agora* ließ sich immer ein Nebenraum für ein spontanes Interview finden.

Dagegen konnten sich die Jugendlichen, die ich direkt kennenlernte, nicht so spontan zum Interview entschließen. Denn sie mussten sich dafür in meine Wohnung begeben. Wenn ich sie traf, verschoben sie es auf „das nächste Mal". Die Frustrationen über geplatzte Interviews wurden Forschungsalltag und trieben den Autor gelegentlich an den Rand der Verzweiflung. Ein Treffen bei sich zu Hause lehnten die Jugendlichen kategorisch ab. Dies ließ auf ihre Familiensituation schließen. Nur einmal kam es soweit. Die Gesprächshemmung seitens des Jugendlichen führte aber dazu, dass das Interview in meiner Wohnung fortgesetzt wurde. Einige Jugendliche lehnten es gänzlich ab, interviewt zu werden, obwohl sie mich kannten. Sie diskutierten mit mir darüber, was ihnen ein Interview bringen würde. Einer fragte mich, ob ich einen Job für ihn in Deutschland hätte. Da ich das nicht bieten konnte, war das Argument der Ablehnung dann: „Ein Interview, das bringt mir doch nichts". Wollte ich die Jugendlichen verstehen, musste ich mich – zumindest während der Feldforschungsphase – von meinem mittelschichtsgeprägten Lebensstil der „Zuverlässigkeit" verabschieden.

Trotz dieser Vorsicht herrschte im Stadtviertel große Neugier gegenüber dem Fremden. Allmählich hatten die Jugendlichen die Kontaktschwelle überwunden. Die meisten Interviews, die ich führen wollte, fanden schließlich statt. So lernte ich in der Öffentlichkeit des Quartiers Farid, Nabil, Etienne, Mehdi, Akim, Hacène, Samir und – über ihren Vater – Aïcha kennen. Es handelte sich um die aufgeschlossensten unter den Jugendlichen und jungen Erwachsenen. Im Laufe der Zeit entstand geradezu das Verlangen, sich gegenüber jemandem, der ihnen zuhört, mitzuteilen. Am Ende des Interviews fragte ich die Jugendlichen, was sie von dem Gespräch hielten. So hatte z.B. Djamel, der seit kurzem einen festen Job besaß, das Gefühl, „eine Botschaft über die Situation der Jugendlichen rübergebracht" zu haben. Selbst für die Studentin Aïcha, die über viele Kontakte außerhalb des Wohnviertels verfügte, schien das Interview von Interesse gewesen zu sein:

> „Für mich war es einfach eine Möglichkeit, meinem Ärger Luft zu machen, mich zu entladen. Ich sag das nämlich nicht oft. Mit unseren Freundinnen lachen wir oft darüber. Man

lacht. Aber alles sagt man da nicht, aus Stolz, man kann es ja gar nicht sagen. Man kann zum Beispiel nicht zugeben, dass die Eltern noch ein wenig Autorität über uns haben, aus Stolz."

Da sich meine Anwesenheit im Viertel dann rasch herumgesprochen hatte, bestand plötzlich ein reges Interesse daran, interviewt zu werden. Es war wichtig, bei der Auswahl gerecht zu sein. Die Kontakte, die sich auf diese Weise ergaben, zählten zu den vertrauensvollsten.

Der dritte Zugang ermöglichte mir zudem, Informationen über die Mehrheit der Jugendlichen zu bekommen, die nicht einen Verein oder speziell *Agora* aufsuchten. Während die Klientel von *Agora* bei Informationen über die anderen Vereinsmitglieder sehr zurückhaltend war, hatten die anderen Jugendlichen nichts zu verbergen. Zudem meinte Akim, dass er das Vereinsalter hinter sich habe, und Hacène war nicht an *Agora* interessiert. Denn er wollte wie Samir selbst einen Verein gründen. Dies zeigte mir, welche Konkurrenz und welcher Wettlauf um finanzielle Unterstützung unter den Jugendlichen herrschte.

Insgesamt waren die Interviews mit dieser Zielgruppe der Stadtpolitik unabdingbar. Denn sie verdeutlichten bald, dass die Jugendlichen gegenüber „den anderen" außerhalb ihrer Lebenswelt und gegenüber den Institutionen ein großes Misstrauen hegten. Dies verdeutlichte mir die Kluft zwischen den Normen der Stadtpolitik und deren Wahrnehmung durch die Jugendlichen. Sie hätte ohne die Interviews nicht analysiert werden können. Diese Kluft führte in vielen Fällen seitens der Jugendlichen zum Abbruch der Kommunikation mit den Behörden. Konnte sie überbrückt werden?

3.2.4 Zwischen Lebenswelt, Markt und Institution

Bald waren die Meinungsführer nicht mehr nur Kontaktpersonen und Informanten, sondern wurden für mich in ihrer Funktion der „von unten" kommenden Vermittler zwischen Lebenswelt und System interessant. Ich versuchte, P. und K., den Meinungsführer von *AJAG*, öfters aufzusuchen. Am Ende meines Aufenthalts hatte ich sie mehrere Male interviewt. Doch erst allmählich flossen die relevanten Informationen.

In entsprechender Weise sah ich auch die Vertreter der Institutionen zunehmend als die „von oben" kommenden Vermittler zwischen System und Lebenswelt. Da ich die Jugendlichen zu allen Sozialisationsinstanzen befragte, um ihre Lebenswelt zu verstehen, war ich auch bestrebt, den Umgang der „Straßenbürokratie" mit den Problemen der Jugendlichen in den entsprechenden Sozialisationsinstanzen bzw. Politikfeldern zu analysieren. So lag das Ziel darin, im *Mas du Taureau* ein Maximum an Institutionenvertretern zu treffen, um die Netzwerke und die vermuteten Synergieeffekte aufzuspüren. Dieses Vorgehen entsprach der Quintessenz der Stadtpolitik.

Zu den wichtigsten Politikfeldern zählten die Familien-, die Schul-, die Freizeit- bzw. Kultur- und die Sicherheitspolitik sowie die Politik zur beruflichen Eingliederung. Diese Politikfelder deckten sich z.T. mit den stadtpolitischen Maßnahmen für Jugendliche, die zu Beginn der 80er Jahre in ganz Frankreich entstanden waren (vgl. 2.2.3.3). So ist die gesamte ZUP von Vaulx-en-Velin zur Zone mit besonderem Erziehungsbedarf (*ZEP*) erklärt worden. Die kommunale Freizeit- und Sicherheitspolitik wurde auch in dieser Kommune durch die präventiven staatlichen Sommerfreizeitprogramme für Jugendliche (*OPE*) sowie einen kommunalen Kriminalpräventionsrat (*CCPD*)[56] flankiert. Zur beruflichen Eingliederung war bereits 1983 die *Mission Locale* gegründet worden.

Doch war es nicht möglich, alle Politikfelder zu untersuchen. So konzentrierte ich mich *erstens* auf den Bereich von Freizeit/Kultur, von dem ich annahm, dass es hier seitens der Jugendlichen zur Gemeinschaftsbildung kommen konnte. Da die Arbeitslosigkeit das größte Problem in den Vorstädten darstellt, legte ich *zweitens* den Schwerpunkt auf die Politik beruflicher Eingliederung. Die *Mission Locale* war die zentrale Institution zur Begleitung der Jugendlichen im Übergang von der Schule ins Erwerbsleben. Sie schloss als Institution des Dritten Sektors die Beziehungen zum Arbeitsmarkt mit ein. *Drittens* sollte mit Blick auf die politische Integration bzw. Sozialisation der Jugendlichen vor allem der Umgang der Stadtregierung mit den Vereinen analysiert werden, da ich annahm, hier auf organisierte Forderungen und Anerkennungskonflikte zu stoßen. Diese drei Bereiche von Kultur, Arbeitsmarkt und Politik bildeten auch die zentralen Bezugsgrößen für die eingangs formulierten Hypothesen.

3.3 Zurück in die Großstadt: welche Urbanität?

Im Laufe des Forschungsprozesses wurde deutlich, dass sich innerhalb von Vaulx-en-Velin ein Verhältnis zwischen lebensweltlicher *Gemeinschaft* in den Quartieren und kommunaler *Gesellschaft* herauskristallisierte, das in der Tat zu *Anerkennungskonflikten* führte. Ein ähnliches Verhältnis existiert aber auch in Bezug auf den

---

56 In einem 1992 mit dem Bürgermeister geführten Gespräch erfuhr ich, dass dieser Rat zu jener Zeit nichts weiter als eine mit der Stadtpolitik entstandene „institutionelle Hülle" gewesen sei, in der sich nichts abspielte.

städtischen Großraum, in dem die benachteiligten Vorstädte des *Est Lyonnais* im *Zentrum-Peripherie-Konflikt* eine kommunale Identität ausbilden, die den Bürgermeistern dazu dient, sich zum Anwalt der Armen, d.h. „ihrer" städtischen Minderheit zu erklären.

Die Exploration zeigte, dass nur die Mikroanalyse einen Zugang zur Lebenswelt in den marginalisierten Quartieren zulässt. Doch läuft der Forscher tatsächlich Gefahr, in der „Enklavenethnologie" den urbanen Kontext zu vergessen und – wie die Vorstadtbewohner – nicht mehr in der Lage zu sein, Distanz zur vorstädtischen Gemeinschaft zu finden. So war es sinnvoll, wieder einen Schritt zurückzutreten, um die gesamte Rhônemetropole zu sehen. Zwar versucht die französische Stadtpolitik, eine gesamtstädtische Solidarität „vor Ort" herzustellen, doch befinden sich die entsprechenden Strukturen und Akteure auch *außerhalb* der *banlieue*. Diese gesamtstädtische Perspektive betraf wiederum die drei Ebenen: die Jugendlichen, die Vereine und die Großstadt mit ihrem Markt sowie ihren stadtstaatlichen Institutionen.

Die *vorstädtische Jugend* stützt sich zwar auf ihr Quartier, doch erstreckt sich ihre Mobilität und ihr Territorium zwischen Zentrum und Peripherie. Dies zeigte sich im Konsum- und Freizeitverhalten der Jugendlichen und bei ihrer Suche nach einem Job in der Agglomeration. Beides war mit Erfahrungen von Diskriminierung verbunden. Doch wenn sich die Jugendlichen im Zentrum trafen, entstanden auch solidarische Netze zwischen den einzelnen Vorstädten. Ein Beispiel dafür sind die jungen Muslime, die Vaulx-en-Velin verlassen, um sich zu den islamischen Vereinen außerhalb ihres Quartiers zu begeben.

Auch die *Vereine* stützen sich auf ihr Stadtviertel und sind gleichzeitig bemüht, dessen Grenzen zu überschreiten. Agora hat in den 90er Jahren Kontakte mit anderen Vereinen in den *banlieues lyonnaises* und seit seiner Gründung auch auf nationaler Ebene hergestellt. Noch deutlicher manifestiert sich diese Vernetzung bei der *Union des jeunes musulmans*, die zu Beginn der 90er Jahre ihre Kongresse abhielt und bis heute Muslime nicht nur aus Stadt und Region als Redner zu ihren religiösen Veranstaltungen einlädt. Erst die großstädtische Perspektive ermöglichte mir, die Islamisierung der Vorstädte wahrzunehmen. Dafür nahm ich die Kontakte mit wichtigen Informanten wie Christian Delorme wieder auf. Ich warf einen Blick auf die muslimischen Vereine in Rillieux-la-Pape und Vénissieux. In diesen Kommunen konnte ich die erst allmählich nach Vaulx-en-Velin vordringende Islamisierung beobachten. Dieser „Ausflug" war für das Verständnis von Vaulx-en-Velin sehr wichtig. Denn in der Vergleichsperspektive gelang es mir zu erfahren, in welchem Verhältnis die jeweiligen Stadtregierungen zu den Vereinen stehen und wie sie mit ihren Minderheiten umgehen.

Schließlich sollte der *Arbeitsmarkt* und der *lokale Staat* im Maßstab der Agglomeration betrachtet werden. Welche Rolle hat die städtische bzw. regionale Ökonomie auf die Entwicklung des Arbeitsmarktes und die berufliche Eingliederung der Jugendlichen? Welche politische Stadtperspektive existiert? Was die politische Dimension betrifft, ist die *politique de la ville* eine staatliche Sozialpolitik, an der sich neben den Kommunen vor allem der Stadtverbund als *urban government* beteiligt. Diese großstädtische Solidarpolitik schlug sich in der Errichtung einer Abteilung für Stadtpolitik in der *Courly* nieder, die ich kontaktierte. Dem Abschluss der *contrats de ville* (Stadtverträge) gingen jedoch Interessenkonflikte zwischen den reichen und armen Kommunen voraus. Sie betrafen vor allem die Verkehrs- und Wohnungspolitik. Diese Konflikte wurden zwar in der städtischen Öffentlichkeit ausgetragen. Doch existiert nur ein eingeschränkter politischer Raum großstädtischer Demokratie, da es bis heute keine Direktwahl des Stadtparlamentes der *Courly* gibt. Schließlich setzte ich mich mit Blick auf die Einwanderer wieder mit dem *FAS* in Verbindung. Ich traf mich noch einmal mit der Delegierten dieser einwandererspezifischen Institution.

„Die Stadt erkunden" (Hannerz 1983) bedeutet somit, den gesamten städtischen Raum zu erfassen. Der Forscher muss vom „Ghetto" zur Urbanität, von der „Enklavenethnologie" zur Soziologie der Stadtkulturen und vom Territorium des Fremden in den öffentlichen und politischen Raum der „Eurocity" Lyon vorstoßen.

4 Die „Eurocity" Lyon: vom Industriekapitalismus zur Segregation in der postfordistischen Stadt

„Jede Stadt ist wahrscheinlich
ein kompliziertes Wesen,
Lyon aber mehr als jede andere..."

Fernand Braudel [57]

4.1 Die Industriestadt Lyon

4.1.1 Sozio-ökonomische West-Ost-Spaltung und politische Zersplitterung

Seit Gründung der Stadt durch die Römer ist Lyon ein wichtiger Verkehrsknotenpunkt, ein Wirtschaftszentrum und ein Ort des Handels, der den mediterranen Süden mit dem Norden Europas verbindet. Während der Renaissance zählte die Stadt an der Rhône mit ihrer Seidenproduktion zu einem der größten europäischen Finanz- und Handelsplätze. Zwar ließ die Bedeutung als Handelszentrum in den darauffolgenden Jahrhunderten nach. Doch mit der Industrialisierung Frankreichs wurde Lyon zusammen mit der Schwerindustrie von St. Etienne zu einem der wichtigsten Industriestandorte des Landes auf einer Achse, die sich von Nordfrankreich über den Pariser Raum und den Südosten Frankreichs bis nach Marseille zog. Dabei zeichnete sich Lyon durch eine aus der Seidenproduktion hervorgegangene Textilindustrie, eine Metall- und eine petrochemische Industrie aus. Die Rhônestadt, in der es 1831 und 1834 im Seidenweberviertel *Croix Rousse* zu den ersten Arbeiteraufständen Frankreichs kam, entwickelte sich seit Ende des 19. Jahrhunderts zu einer Agglomeration, die konzentrische Halbkreise von Arbeiterstädten in östlicher Ausdehnung um sich zog. Darunter zählten zunächst Villeurbanne und dann Vénissieux. So war eine geographisch durch die Rhône getrennte „zweigeteilte Stadt" (Castells) bzw. ein west-östlich segregierter städtischer Großraum

---
57 Braudel 1986, 260.

entstanden, der sich bis heute aus einer Vielzahl politisch selbständiger Kommunen, einschließlich der Kernstadt Lyon zusammensetzt.[58]
In den westlich der Rhône gelegenen Wohnvierteln des Handels- bzw. Finanz- und später des industriellen Großbürgertums der Stadt Lyon waren die Bürger politisch mehrheitlich Edouard Herriot (1905-1957) zugewandt, dem Vertreter des antiklerikal-laizistischen, zentristischen Radikalismus der Dritten Republik. Dieser Laizismus ist allerdings nie ein Widerspruch zum Katholizismus der Bevölkerung in der von der gallisch-katholischen Kirche und einem Erzbistum geprägten Stadt gewesen. So ist Lyon sicherlich eine der wenigen Städte Frankreichs, in der die religiösen Institutionen ein gewisses moralisches, wenn nicht gar politisches Gewicht behalten haben. Bei alledem hat es in Lyon infolge des Handels immer eine internationale Öffnung nach außen gegeben, die sich auf den Kontakt mit Fremden in der Metropole positiv auswirkte. Gleichzeitig verstand es die politische Führungsschicht jedoch, sich gegen Einflüsse von außen abzuschirmen. So kam es nie zu einer völligen Integration des Fremden. Dies ging einher mit einer nur schwer durchschaubaren Form des kommunalen politischen Lebens der Stadt Lyon, das sich durch das Zusammenspiel der Notabeln auszeichnete. Diese gesellschaftliche Abkapselung gegenüber Außenstehenden und das Bedürfnis nach städtischer Unabhängigkeit machten es für Paris immer schwierig, die gewünschte Kontrolle über die Rhônestadt auszuüben. So ist Lyon als Archetypus der französischen Provinzmetropole bis heute eine nach Unabhängigkeit strebende, stolze und selbstbezogene Stadt mit bürgerlichem Charakter geblieben. In der Sprache der Vorstadtjugend heißt dies allerdings:

„Lyon ist bürgerlich und kalt. Die Stadt hat nichts Vergleichbares mit dem mediterranen Charakter von Marseille." (Nasser)

Seit Jahrzehnten von der gemäßigten Rechten regiert, hat Lyon infolge der Kommunalwahlen vom März 2001 mit Gérard Collomb zum ersten Mal einen sozialistischen Bürgermeister.
Im Gegensatz zum bürgerlichen Lyon entwickelten sich die östlich und südöstlich der Rhône gelegenen Kommunen, in denen sich die Industrie ansiedelte, im 20. Jahrhundert zu Arbeitervorstädten mit einem Industrieproletariat. Dazu zählten bereits vor 1914 Villeurbanne, Saint-Fons und Oullins, in der Zwischenkriegszeit kamen Vénissieux, Décines, Bron und Vaulx-en-Velin hinzu. In dieser Zeit entstanden die „roten Vorstädte". Sie waren auch in diesen *banlieues* von Lyon durch das

---

58 Zur Wirtschafts- und Sozialgeschichte der Industriestadt Lyon im 19. und 20. Jahrhundert vgl. Laferrère 1960, Loijkine 1973, Labasse/Brachet/Bacot 1986, Biarez 1989, Bayard/Cayez 1990 und Bonneville 1997. Daraus sind die Daten für dieses Kapitel entnommen.

Arbeitermilieu, sein Klassenbewusstsein und den von der Linken dominierten lokalen politischen Systemen geprägt, in welchen sich ortsspezifisch verschiedene politische Kulturen entwickelten. In den Betrieben dieser Vorstädte kam es zu Arbeitskonflikten, deren Austragung zur sozialen Kohäsion beitrug (Lequin 1977).

Die einstige Arbeiterstadt Villeurbanne hatte sich dann nach dem Zweiten Weltkrieg zunehmend der Wirtschafts- und Dienstleistungsstruktur von Lyon angeglichen (Bonneville 1978). Dagegen blieben Vorstädte wie Vénissieux mit der Automobilindustrie, Kommunen wie St. Fons und Oullins mit der Petrochemie sowie Vaulx-en-Velin mit seiner Seidenfabrik auch während der „dreißig glorreichen Jahre" *banlieues rouges*. Bis heute dominieren in diesen in der südlichen und östlichen Peripherie gelegenen Kommunen mit hohem Arbeiteranteil die linken Parteien. Vaulx-en-Velin und vor allem Vénissieux stützen sich auf kommunistische Stadtverwaltungen, die bereits in der ersten Hälfte des 20. Jahrhunderts entstanden.

Diese nach dem industriellen Konflikt geprägte politische Polarisierung zwischen Lyon und seinen Vorstädten, die im Großraum Paris dem „roten Gürtel" um die bürgerlich dominierte Hauptstadt entsprach, nahm in der Agglomeration der Rhônestadt die Gestalt einer West-Ost-Teilung an. Doch trotz dieser ökonomisch und sozial polarisierten Gesamtstruktur, welche die Agglomeration bis zum Ende der fordistischen Wachstumsphase charakterisierte, zeichnet sich der Großraum Lyon insgesamt durch eine starke und bis heute andauernde politisch-administrative Zersplitterung in viele Kommunen aus.

Die Industrialisierung Lyons hätte es nicht ohne Zuwanderung gegeben. Diese vollzog sich seit Ende des 19. Jahrhunderts in drei Phasen (George 1988, 97-109; Amar/Milza 1990, 317-319). Zunächst kam es um die Jahrhundertwende zu einer Zuwanderung aus dem direkten Umland und anderen französischen Provinzen. Dann erfolgte die erste massive Einwanderung in den 20er Jahren, als nach dem Ersten Weltkrieg europäische Immigranten den Arbeitskräfteverlust in der Lyoner Wirtschaft ausglichen. Es waren vor allem italienische und spanische Zuwanderer. Aus politischen Gründen immigrierten auch Russen und Armenier nach Lyon. Als Soldaten und Kolonialarbeiter kamen bereits zu Beginn des Jahrhunderts die ersten Nordafrikaner. Bis zum Zweiten Weltkrieg arbeiteten Italiener und Polen in der Schwerindustrie von Lyon und in den Minen von St. Etienne. Die nach Frankreich gekommenen Algerier waren dagegen in der petrochemischen Industrie der Rhônestadt tätig. So lag der Ausländeranteil in Venissieux 1931 bei 44%, in Vaulx-en-Velin erreichte er 48%. Dennoch wanderten die Maghrebiner in ihrer Mehrheit erst in der Nachkriegszeit ein, als sich von den 50er bis in die 70er Jahre die dritte Phase der inner- und außereuropäischen Einwanderung abzeichnete.

Da der städtische Großraum aus vielen politisch selbständigen Kommunen mit verschiedenen lokalen politischen Kulturen besteht, hat sich als Charakteristikum der Agglomeration auch eine entsprechende Vielzahl von Integrationsstilen im Umgang mit den Einwanderern entwickelt (Brachet 1984; Amar/Milza 1990, 319). Während die bürgerliche Kernstadt Lyon ihre Immigranten in das Viertel *Croix Rousse* abschob, wurde der Integrationsstil in Vénissieux, Villeurbanne oder Vaulxen-Velin durch die jeweilige, dort herrschende französische Arbeiterkultur geprägt. Die *Trente glorieuses* bildeten den industriegesellschaftlichen Rahmen dafür.

4.1.2 Die „dreißig glorreichen Jahre" im städtischen Großraum

4.1.2.1 Sozio-ökonomische Entwicklung

Die „dreißig glorreichen Jahre" der Nachkriegszeit prägten auch die städtische Ökonomie des Großraums Lyon. Doch lässt sich hier keine exakte Zäsur für die Zeit nach 1945 setzen. Vielmehr gab es in der industriellen Entwicklung eine Phase der Konsolidierung, die von 1914 bis 1965 reichte. Innerhalb dieser Phase folgte auf die Prosperität der 20er die Wirtschaftskrise der 30er Jahre. Sie war jedoch ein vergleichsweise schwacher Einbruch innerhalb der gesamten fordistischen Phase und traf vor allem die lokal verwurzelten Unternehmen. Wichtiger war die Nationalisierung der Lyoneser Wirtschaft in diesem Zeitraum gewesen. Bestand bis zum Ersten Weltkrieg ein städtisch-regionales Wirtschaftssystem, das sich im 19. Jahrhundert herausgebildet hatte, wurde nach 1918 und vor allem seit der Wirtschaftskrise der 30er Jahre der zentralisierende Einfluss von Paris auch im Bereich der Wirtschaft immer deutlicher. Er zeigte sich darin, dass die französischen Industriegruppen, die sich in Lyon im Bereich von Textil und Chemie sowie im Fahrzeugbau konsolidierten, ihre wirtschaftlichen Entscheidungszentren in die Hauptstadt verlegten. Die bedeutende Industriegruppe Rhône-Poulenc ist ein Beispiel dafür. Damit war die Lyoneser Wirtschaft seit dem Zweiten Weltkrieg stärker vom nationalen und internationalen Markt abhängig geworden. Im Jahr 1975 hingen 40% der industriellen Arbeitsplätze der städtisch-regionalen Ökonomie von nationalen und internationalen Unternehmen ab. Die fordistische Wirtschaftsentwicklung, die sich auf das Wachstum des industriellen Sektors und die Bedeutung Lyons als zweitwichtigste Finanzmetropole Frankreichs stützte, erreichte im Zeitraum zwischen 1960 und 1975 ihren Höhepunkt. Damit einher ging ein entsprechendes Beschäftigungs- und Bevölkerungswachstum.

Doch weitete sich bereits in den 60er Jahren der Dienstleistungssektor aus. Unter Louis Pradel, dem neuen Bürgermeister von Lyon, der 1957 Eduard Herriot ablöste, setzte eine innerstädtische Bauphase zur Schaffung eines Dienstleistungszentrums ein. So entstand als eines von mehreren Großprojekten das Einkaufs- und Verwaltungszentrum *Part Dieu*. Wie bei den bisherigen Modernisierungsschüben gab es auch diesmal innerhalb der Agglomeration eine faktische Arbeitsteilung zwischen dem Stadtzentrum und den Kommunen der Peripherie. Während sich die auf die fordistische Krise zusteuernde Wirtschaftsentwicklung allmählich in die östliche und südliche Peripherie verlagerte und sich die Vorstädte, die ihre Gewerbezonen für die Betriebe anboten, weiter industrialisierten, baute die Stadt Lyon ihren Dienstleistungssektor aus.

Diese Entwicklung spiegelte sich in der Arbeitsmarktsituation und der Sozialstruktur wider. Zwar herrschte mit der Expansion des Industriesektors noch Vollbeschäftigung. Bei Berliet, dem größten französischen LKW-Produzenten in Vénissieux, wuchs von 1962 bis 1974 die Anzahl der Arbeitsplätze von 14 000 auf 21 000. Doch war der Höhepunkt der Industriestadt Lyon bereits überschritten. Mit der beginnenden Tertiarisierung schrumpfte die Industriearbeiterschaft, die den Kern der „roten Vorstädte" bildete. In Vénissieux war ein Rückgang von 70% im Jahr 1954 auf 55% im Jahr 1975 zu verzeichnen. Während die Arbeiterschaft in allen Kommunen der Agglomeration abnahm, wuchs der Anteil der Mittelschichten: vor allem die Angestellten und die mittleren Führungskräfte. Deren Wohnorte lagen in Lyon und in Villeurbanne, was der Zunahme des Dienstleistungssektors in diesen beiden Kommunen entsprach. Doch bewirkte die Zunahme dieser Bevölkerungskategorien in *allen* Kommunen der Agglomeration, dass sich auch die Sozialstruktur in den sich entproletarisierenden Vorstädten diversifizierte.

Gleichzeitig kam es innerhalb des städtischen Großraums zu einer demographischen West-Ost-Wanderung, wie dies bereits während der Industrialisierung im 19. Jahrhundert in den Stadtvierteln von Lyon der Fall war. Doch vollzog sie sich dieses Mal rasanter. Während die Bevölkerung der Stadt Lyon abnahm und älter wurde, wuchs sie und verjüngte sich im zeitlichen Ablauf und in halbkonzentrischen Kreisen nach Osten zu den Vorstädten hin. Die im ersten Kreis gelegene Kommune Villeurbanne kannte schon nicht mehr dieses Wachstum, da in dieser ehemaligen Vorstadt mit der Deindustrialisierung und dem Wegzug dort ansässiger Unternehmen die Bevölkerungszahl bereits seit 1968 abnahm. Eine Zunahme verzeichneten dagegen im zweiten Kreis Kommunen wie Vénissieux oder Bron. Vénissieux konnte zwischen 1962 und 1968 einen Wachstumsrekord verbuchen. Wenn sich dann in dieser Vorstadt seit 1968 ein geringeres Bevölkerungswachstum abzeichnete, setzte dieser Rückgang in einem dritten Kreis von Vorstädten wie

Vaulx-en-Velin und Saint-Priest erst 1975 ein. In Vaulx-en-Velin wuchs die Bevölkerung zwischen 1968 und 1975 um 80%. Es war die Zeit, in der die *ZUP* entstand. Denn die räumliche Entwicklung der städtischen Wirtschaft, die Veränderung der Sozialstruktur und des Arbeitsmarktes sowie die städtische Demographie waren eng mit der weiteren Stadt- und Wohnungsentwicklung verflochten.

4.1.2.2 Stadtentwicklung: der Zugang zu modernem Wohnen

In den 60er Jahren kam es wie in allen französischen Großstädten auch im Großraum Lyon zu einem starken demographischen Wachstum. Es ergab sich aus vier Bevölkerungsbewegungen: Erstens mussten die Einwohner aus den altindustrialisierten und sich tertiarisierenden Stadtvierteln von Lyon und Villeurbanne, die unter die Immobilienspekulation fielen, ihre Wohnung verlassen. Zweitens gab es angesichts der ökonomischen Modernisierung einen Zustrom ländlicher Bevölkerung in die Rhônemetropole. Drittens fiel in diese Phase des fordistischen Wachstums die Anwerbung von Einwanderern. Viertens kamen nach dem Ende des Algerienkrieges einige *pieds noirs* (Algerienfranzosen), die sich vor allem in Südfrankreich niederließen, auch nach Lyon. So war ein großer Bedarf an Wohnungen entstanden.

Er hatte in ganz Frankreich zu einer rasanten Stadtentwicklung geführt. In der Peripherie der französischen Ballungsräume wurden die *grands ensembles* errichtet. Die Agglomeration von Lyon wurde 1965 in die Politik der staatlichen Raumplanungsbehörde *DATAR* einbezogen. Dieser zentralistische Planungseifer entsprach der *planification*, dem System der staatlichen Wirtschaftsplanung unter de Gaulle. Der Stadtentwicklungsplan des städtischen Ballungsraums von Lyon, der sogenannte *Schéma directeur d'aménagement et d'urbanisme/SDAU*, sah vor, das Wachstum an der städtischen Peripherie auf vier *grands ensembles* zu konzentrieren. So entstanden in den 60er und 70er Jahren die großen *ZUP* von *La Duchère*, *Les Minguettes* (Vénissieux), Rillieux-la-Pape und als letzte diejenige von Vaulx-en-Velin (Rey 1991/1992). Diese Trabantenstädte wurden somit unter staatlicher Planung und in großer Eile mit billigem Baumaterial hochgezogen. Da es sich um staatliche Erlasse handelte, war die Möglichkeit der lokalen Gebietskörperschaften gering, auf eine örtlich abgestimmte Konzeption hinzuwirken.

Diese Schlichtbauten waren in ihrer Architektur vom Fordismus geprägt. Denn es entstand eine effektive Serienproduktion von billigen Hochhäusern, bei der das Städtische ein zufälliges Resultat technisch-bürokratischer Logik war. Durch diese ökonomistische Wohnkonzeption erhielt eine neu und heterogen zusammengesetzte Bevölkerung Zugang zu modernem Wohnen. Sie bestand aus sozial aufsteigenden

Facharbeitern und Angehörigen der Mittelschichten, die zuvor oft in unsanierten Arbeiter- und Altstadtvierteln lebten. Zum modernen Wohnen zählten neben Konsummöglichkeiten wie Fernsehen und Auto die entsprechenden sanitären Einrichtungen. In diesem Zusammenhang wurden auch viele Sozialwohnungen errichtet. Die Trabantenstädte entsprachen nicht nur den Vorstellungen des Fordismus, sondern z.T. sogar noch denjenigen der „roten Vorstadt", in welcher der Betrieb das städtische Wohnen prägte. Denn die Neustädter wurden vor allem von den kommunistischen Stadtverwaltungen als Arbeiter gesehen, die schnell, funktional und kostengünstig untergebracht werden sollten. Diese Konzeption hielt allerdings nur bis ungefähr Mitte der 70er Jahre an, da das zukünftige Problem bereits mit dem Bau der Vorstädte angelegt war. Denn die *grands ensembles* wurden nach fordistischen Muster errichtet, obwohl sich die Wirtschaftsentwicklung bereits von diesem Produktionssystem verabschiedete. Dies zeigte sich faktisch darin, dass die *ZUP* von Vénissieux in Entfernung vom Arbeitsplatz ihrer Bewohner lag. In Vaulx-en-Velin war diese Trennung von Arbeit und Wohnen noch ausgeprägter: Viele Neustädter pendeln seitdem täglich zu ihrem außerhalb der Kommune gelegenen Arbeitsplatz.

Diese Stadtentwicklung war aber nicht nur eine Folge struktureller, d.h. ökonomischer und demographischer Faktoren. Sie hing auch von politischen Entscheidungen ab. Selbst wenn sie sich über eine staatliche Raumordnungspolitik vollzog, konnten die lokalen Gebietskörperschaften einen gewissen Einfluss ausüben. Er hing vor allem von der Überlegung ab, wie die arbeitende Bevölkerung und mit ihr auch die Sozialwohnungen in der Agglomeration verteilt werden sollten. Zu diesem Zeitpunkt waren die kommunistischen Stadtverwaltungen von Vénissieux und Vaulx-en-Velin nicht davon abgeneigt, eine *ZUP* in ihren Kommunen errichten zu lassen. Sie sahen darin einen potentiellen Zuwachs an Wählerschaft.

4.1.2.3 Die Entstehung des Stadt-Umland-Verbundes *Courly*

Das demographische Wachstum und die Stadtentwicklung verlangten eine funktionale Verwaltung und Regierung der Agglomeration. Diese konnte durch die einzelnen Kommunen nicht mehr geleistet werden, deren mit der Französischen Revolution entstandene Kommunalverfassung nicht auf interkommunale Kooperation angelegt war. Die lokalen Verwaltungsstrukturen sollten dementsprechend angepasst werden. So entstand nach einer zentralstaatlichen Entscheidung von 1966 neben den Stadt-Umland-Verbänden von Bordeaux, Straßburg und Lille 1969 auch die *Communauté urbaine de Lyon/Courly*, bestehend aus ihren 55 Kommunen und seit 1993 aufgrund des maßgeblichen Einflusses der Kommune Lyon aus politischen Gründen offiziell *le Grand Lyon* genannt. Ihr wurden Hoheitsrechte im Bereich der Stadtentwicklung verliehen. Darunter fallen die Erstellung von Flächennutzungsplänen, die Ausweisung von Industrie- und Wohnungsbauzonen und die Verkehrsplanung. Der Stadtverbund ist zudem einer der wichtigsten Arbeitgeber im öffentlichen Sektor der Agglomeration. Er verfügt über eigene Einnahmen aus Gebühren, kommunalen Steuerzuschlägen und staatlichen Subventionen.

Dieser Stadtverbund bildet somit eine auf Initiative des Staates geschaffene Gebietskörperschaft mit begrenzten Hoheitsrechten. Direkte politische Teilhabemöglichkeiten für die Bürger der 55 Kommunen sind damit allerdings wie erwähnt nicht verbunden. Denn die politische Versammlung der *Courly* wird nicht unmittelbar gewählt, sondern setzt sich aus den von den Kommunen nach einem festen Schlüssel entsandten Abgeordneten zusammen. In der Zusammensetzung dieser Versammlung schlägt sich die Rechts-Links-Polarisierung innerhalb des Stadtverbundes nieder. Da die Mehrheit der 55 Kommunen von rechten Parteien regiert wird, sind die linken Vorstadtkommunen in der Versammlung immer minoritär gewesen. Zudem ist der Bürgermeister der Stadt Lyon gleichzeitig Präsident des Stadtverbundes. Er übt somit den größten politischen Einfluss aus. Bis zum Wechsel bei den Kommunalwahlen von 2001 wurde er von der gemäßigten Rechten gestellt. Wenn der Stadtverbund somit eine begrenzte *urban governance* ermöglich, gibt es keine von der großstädtischen Bevölkerung direkt gewählte Demokratie. Allerdings ist insofern eine gesamtstädtische Öffentlichkeit oder zumindest ein gesamtstädtisches Bewusstsein in den Institutionen des Ballungsraumes entstanden, als angesichts der zunehmenden Segregation die Entwicklung einer Politik gesamtstädtischer Solidarität zugunsten der armen Kommunen des *Est Lyonnais* immer dringender wurde.

Die politischen Mehrheitsverhältnisse in der *Courly* bestimmten von Anfang an die Entscheidungen in dieser erst allmählich entstandenen gesamtstädtischen Politik. Zentrale Streitpunkte sind bis heute die Flächennutzungspläne und die Wohnungspolitik, über welche die Verteilung der Sozialwohnungen zwischen den Kommunen festgelegt wird. In der ersten Hälfte der 90er Jahre ging es mit dem U-Bahn-Anschluss von Vénissieux um den Ausbau des öffentlichen Verkehrssystems zugunsten dieser schlecht ans Zentrum angebundenen *banlieue*. Die Frage nach der gesamtstädtischen Solidarität mündete schließlich 1994 in den Abschluss des ersten Stadtvertrages (vgl. 4.2.1.3).

4.1.3 Einwanderung und Integration der Nordafrikaner: der travailleur immigré

Nach dem Zweiten Weltkrieg begann die dritte Phase der Einwanderung in den städtischen Ballungsraum. Während der *Trente glorieuses* kam die Mehrzahl der Migranten aus Südeuropa und dem Maghreb.[59] Bis 1962 überwogen noch die Italiener und Spanier. Die portugiesische Immigration war im Großraum Lyon von Beginn an geringer gewesen als im französischen Durchschnitt. Nordafrikaner wurden zwar bereits für die beiden Weltkriege als Soldaten mobilisiert, doch war ihre Anwesenheit im „Mutterland" zumeist nur vorübergehend. Erst in den 50er Jahren erhielt die maghrebinische Einwanderung eine quantitative Bedeutung, vor allem während des Algerienkriegs. In den 60er Jahren fand dann die zahlenmäßig bedeutendste Immigration aus Algerien statt. In diesem Zeitraum kam auch das Gros der Einwanderer aus Marokko und Tunesien. Lyon zählt bis heute neben Paris, Marseille und Lille zu den städtischen Ballungsräumen mit dem höchsten Anteil an Nordafrikanern. Wie vollzog sich der Integrationsprozess dieser Einwanderer?

Bis zum Anwerbestop von 1974 handelte es sich in Lyon wie in ganz Frankreich vor allem um eine Einwanderung von männlichen Arbeitsmigranten.[60] Sie kamen aus verschiedenen Regionen des Maghreb über spezifische Migrationskanäle nach Frankreich, wo eine Verteilung auf die verschiedenen industriellen Ballungsgebiete stattfand. Der Prozess der Anwerbung und die Pendelbewegungen zwischen diesen Regionen und Frankreich sind ausführlich beschrieben worden (Sayad 1997). Die Mehrzahl dieser Einwanderer war zwar verheiratet, doch lebte der weitaus größte Teil von ihnen allein in der Emigration. So war der *travailleur immigré* auch ein *travailleur isolé*.

Für die Gemeinschaftsbildung waren die Ankunfts- und Wohnorte wichtig (CIMADE 1978; Rouge/Saglio 1989). Die Einwanderer lebten im Zentrum Lyons, in den verfallenden und an Immobilienwert verlierenden Industriezonen des 19. Jahrhunderts. Dazu zählten vor allem das Quartier *St. Jean* im alten Teil von Lyon, der untere Teil des Seidenweberviertels *Croix Rousse* und das erwähnte Stadtviertel *La Guillotière*, auch *Place du Pont* genannt. Es kann mit dem Einwandererviertel

---

59 Vgl. dazu: La population étrangère dans la Communauté Urbaine de Lyon, Agence d'urbanisme, 1985.
60 Allerdings kamen bereits während des Algerienkrieges ganze Familien nach Lyon. Sie verließen die Gebiete, deren Wirtschaft durch die Kolonisierung zerstört worden waren. Manche Dorfgemeinschaften hatten sich in der Emigration in Lyon wiedergefunden. Zur maghrebinischen Einwanderung nach Lyon nach 1945 vgl.: INED (1977): Les Immigrés du Maghreb. Etudes sur l'adaptation en milieu urbain, Cahier no. 79, Paris und Belbahri 1988.

La Goutte d'Or in Paris oder dem *Quartier Belsunce* in Marseille verglichen werden. Diese Stadtviertel des *ethnic business* wurden zu Ankunfts- und ersten Wohnorten. Der *travailleur immigré* fand von seinen Landsleuten errichtete Infrastrukturen. „Schlafhändler" vermieteten möblierte Zimmer – sogenannte *taudis* (Wohnlöcher) – unter miserablen hygienischen Zuständen. Den französischen Unternehmen dienten diese Stadtviertel dazu, neue Arbeiter zu rekrutierten.

So entstanden die ersten Kontakte zur „Aufnahmegesellschaft". Sie begrenzten sich zunächst auf Behördengänge, beinhalteten aber auch öffentliche Identitätskontrollen, die nach dem Ende des Algerienkrieges in Frankreich einsetzten. Schließlich weitete sich der Kontakt über den Betrieb weiter aus. Dabei arbeiteten die Maghrebiner des Großraums Lyon in spezifischen Branchen: die Algerier vor allem auf dem Bau, die Marokkaner in der Automobilindustrie und die Tunesier in der Chemie- und der Konsumgüterindustrie. Der größte Teil der entsprechenden Betriebe befand sich im Südosten der Agglomeration. Betrieb und Wohnort lagen eng beieinander. Die Immigranten lebten in Ausländerwohnheimen oder in Siedlungen, die von den Unternehmen für die ersten nachziehenden Familien errichtet wurden. Allmählich fand eine soziale Integration über den Betrieb, das Arbeitermilieu und die Teilhabe an den industriellen Konflikten statt. Somit wurde der *travailleur immigré* in der Stadtgesellschaft nicht als Einwanderer, sondern als Arbeiter wahrgenommen. Doch lebte er auch in seinem eigenethnischen Milieu. Dies zeigte sich im Großraum Lyon u.a. an einer Reihe interethnischer Konflikte in den Ausländerwohnheimen.

Für die meisten Nordafrikaner lagen die Wohnorte weiterhin in den innerstädtischen Vierteln Lyons, in denen sie mit ihren Händlernetzen die Gemeinschaften der europäischen Einwanderer ersetzten. Diese hatten sich im Zuge ihres individuellen sozialen Aufstiegs allmählich auf die gesamte Agglomeration verteilt, was ein Zeichen für die gelungene Integration in den Arbeits- und Wohnungsmarkt war. Dagegen mussten die Nordafrikaner in den heruntergekommenen Wohnungen des Stadtzentrums bleiben. Mit dem weiteren Familiennachzug spitzte sich die Lage zu.

So kam es in den 60er Jahren infolge der Grundstücksspekulationen und der beginnenden Ausdehnung des Dienstleistungssektors zu Stadtrenovierungen in Villeurbanne und im Zentrum Lyons. Viele der alten Stadtviertel, in denen die maghrebinischen Arbeiter und z.T. bereits ihre Familien lebten, wurden zerstört und für andere Haushalttypen neu aufgebaut. Die Migranten erhielten neue provisorische Unterkünfte, vor allem Ausländerwohnheime. Da die Familien bis Mitte der 70er Jahre nur einen begrenzten Zugang zu Sozialwohnungen hatten, wurde ein Großteil von ihnen in Notunterkünften kaserniert. Denn der zunehmende Nachzug der Familien führte in den Stadtverwaltungen zur Angst vor unkontrollierbarer Wohnungsnutzung. So entstanden in mehreren Vorstädten die sogenannten *bidonvilles* (Schachtelstädte). Sie lagen an unwirtlichen Orten, z.b. entlang der Stadtautobahn. In der *Cité Simon* in Villeurbanne lebten fast ausschließlich Nordafrikaner. Viele Familien, deren Kinder ich 1992 in Vaulx-en-Velin interviewte, hatten mehrere Jahre in dieser *bidonville* verbracht. Sie war neben anderen „Schachtelstädten" für viele Arbeitsmigranten und deren Familien eine provisorische Zwischenstation auf ihrem Weg von prekären Wohnverhältnissen im Zentrum Lyons zu einem gewissen Komfort in den vorstädtischen Sozialwohnungen, in die ein Teil der Einwanderer nach festen Quotierungen einziehen konnte. Diese Entwicklung vollzog sich vor allem im südöstlichen Teil der Agglomeration. Der massive Zugang zu den *habitations à loyer modéré/HLM* (Sozialwohnungen) fand aber erst Mitte der 70er Jahre statt, als viele Franzosen die neu errichteten Siedlungen wieder verließen. Da die ZUP von Vaulx-en-Velin die zuletzt errichtete im städtischen Großraum war, wohnte ein Teil der Immigranten bereits von Anfang an in ihr. In den 70er Jahren war die innerstädtische West-Ost-Migration der Einwanderer in diese *ZUP* noch relativ offen. In welche Vorstadt gelangten sie?

4.1.4 Von der Arbeitersiedlung zur ZUP: *Vaulx-en-Velin als Produkt fordistischer Stadtentwicklung*

Vaulx-en-Velin war bis Mitte des 19. Jahrhunderts ein landwirtschaftlich geprägtes, am Rand von Lyon gelegenes Dorf mit ungefähr 1200 Einwohnern.[61] Im Jahr 1857 wurden die Kommunen Villeurbanne, Bron, Vénissieux und Vaulx-en-Velin dem Departement Rhône angegliedert. Mit dem Kapital der Bank *Crédit Lyonnais* setzte in den östlich der Stadt Lyon gelegenen Kommunen die Industrialisierung ein. Der Bau des Wasserkanals *Canal de Jonage*, der Vaulx-en-Velin seit seiner Errichtung (1892-1898) von der Agglomeration trennt (vgl. Abb. 3), rettete das Dorf vor Überschwemmungen und unterstützte gleichzeitig die Stromversorgung der Lyoneser Ökonomie. Mit dem Niedergang der traditionellen Seidenindustrie von Lyon gründete das Unternehmen Rhône-Poulenc im Umkreis der Stadt mehrere Fabriken zur Herstellung von Kunstseide. Eine der bedeutendsten entstand im Südteil von Vaulx-en-Velin.

So kamen im Zuge der Industrialisierung viele Einwanderer nach Vaulx-en-Velin. Schlesische Polen halfen beim Bau des Kanals. Bis zum Zweiten Weltkrieg

---
61 Zur Darstellung der Stadtgeschichte von Vaulx-en-Velin wurden Dokumente des kommunalen Archivs und der Stadtverwaltung benutzt.

waren es vor allem Armenier, Ungarn, Russen, Italiener und Spanier, die in der Kunstseidenindustrie arbeiteten. Die ersten nordafrikanischen Migranten der Nachkriegszeit kamen aus ökonomischen und politischen Gründen aus der Kabylei. Zur Zeit des Salazar-Regimes emigrierten auch Portugiesen nach Vaulx-en-Velin. Als Rhône-Poulenc in den 70er Jahren noch einmal im Maghreb Arbeitskräfte anwarb, gelangte die letzte Welle von Arbeitsmigranten vor dem Anwerbestop in diese Kommune. Es handelte sich um Einwanderer aus dem Maghreb, aber auch aus Schwarzafrika und Südostasien.

Die Einwohnerzahl von Vaulx-en-Velin wuchs auf 8000 im Jahr 1931. Mit der Bevölkerungszunahme entwickelte sich die Kommune. Im Dorfkern entstanden ein Rathaus und eine Schule, zur Verbindung von Dorf und Südteil errichtete die Kommune eine Infrastruktur. Mit der Fabrikansiedlung bildeten sich die Gewerkschaften und die Arbeiterparteien. So wird Vaulx-en-Velin seit 1929 von einem kommunistischen Bürgermeister regiert. Vereine im Bereich von Arbeit und Wohnen flankierten diese Interessenrepräsentation. Es entstand eine kleine *banlieue rouge* mit industriegesellschaftlicher Integration. Zwar kam es auch zur Austragung von Klassenkonflikten.[62] Doch griff ein Patronagesystem möglichen Arbeitskonflikten vor. Denn um die Fabriken in den südöstlich gelegenen Kommunen der Agglomeration hatten die Unternehmen Arbeitersiedlungen errichtet, mit Hilfe derer sie in enger Einheit von Fabrikarbeit und Wohnen die Arbeiter paternalistisch an sich banden, so auch in der Siedlung *Cité Tase* im Südteil von Vaulx-en-Velin.

Diese industriegesellschaftliche und paternalistische Integration betraf sowohl die französischen als auch die eingewanderten Arbeiter. Eine kommunale Minderheitenpolitik gab es nicht.[63] Nur die Unternehmen agierten diesbezüglich als private Akteure im Wohnungsbereich. Mit der sozialen Integration ins Arbeitermilieu akkulturierten sich auch die vorwiegend europäischen Einwanderer in der *Cité Tase*. Eine politische Integration fand über die Mitgliedschaft in der Kommunistischen Partei oder den Gewerkschaften[64] statt, schließlich auch während des Zweiten Weltkriegs über die Beteiligung an der *Résistance*. So waren die Einwanderer von Vaulx-en-Velin ein zentraler Bestandteil der Geschichte einer Kommune, die bis Anfang der 60er Jahre noch eine Einheit bildete und von 1931 bis 1962 nur um

---

62 Dazu zählten bereits die Arbeitskonflikte während der Wirtschaftskrise in den 30er Jahren, in der es in den Vorstädten von Lyon auch zu fremdenfeindlichen und rassistischen Ausschreitungen kam. Vgl. dazu: Philippe Videlier: Des voies de la migration. Italiens et Algériens dans l'espace lyonnais. In: Le Monde Alpin et Rhodanien, 3-4/1989, 9-22.
63 Der französische Staat entwickelte erst nach 1945, die Kommune von Vaulx-en-Velin erst seit den 80er Jahren Ansätze einer Minderheitenpolitik gegenüber Einwanderern.
64 Grillo (1985) arbeitet dagegen für die 80er Jahre in seiner anthropologischen Studie zum Großraum Lyon am Beispiel der Gewerkschaften im Südteil von Vaulx-en-Velin die kulturelle Unterdrückung der Nordafrikaner durch den republikanisch-assimilatorischen Diskurs heraus.

4000 Einwohner zugenommen hatte. Dies änderte sich radikal mit dem Bau der ZUP von Vaulx-en-Velin (vgl. dazu Chérasse 1982; Rey 1991/1992).

Diese ZUP erhielt den Namen „Die große Insel von Vaulx-en-Velin". Da sie die zuletzt errichtete in der Agglomeration war, sollte bei ihr die Wohnungsbelegung mit Einwanderern von Anfang an kontrolliert werden. Die kommunistische Stadtverwaltung von Vaulx-en-Velin begrüßte das Projekt, da auch sie auf neue Wähler hoffte. So wurde seit 1971/72 „die große Insel" mit zentralistischem Planungseifer auf baulandbilligem Sumpfgebiet aus dem Boden gestampft. Da die ZUP von Vaulx-en-Velin am Ende der „dreißig glorreichen Jahre" entstand, gab es einen Unterschied zu derjenigen von Vénissieux. Diese war zwar auch abseits der Arbeiterviertel errichtet worden war, doch herrschte in ihr noch eine gewisse Arbeiterkultur. Dagegen war die ZUP von Vaulx-en-Velin von Anfang an ausschließlich als Wohnstadt konzipiert.

Ihr Bau ließ die Einwohnerzahl exorbitant nach oben schnellen. Die größte Steigerung wurde bereits in der ersten Hälfte der 70er Jahre erreicht. Zwischen 1970 und 1975 verdoppelte sich die Bevölkerungszahl von Vaulx-en-Velin nahezu von 22 500 auf 38 000 Einwohner. Wer zog nun in die neuen Wohnungen ein? Das veränderte Verhältnis zwischen Arbeit und Wohnen, die städtebauliche Konzeption und die Bevölkerungsentwicklung brachten es mit sich, dass anfangs noch Angehörige der Mittelschichten in der ZUP lebten, denn sie ermöglichte wie die anderen *grands ensembles* den Zugang zu modernem Wohnen. Doch im Gegensatz zu den anderen ZUP der Agglomeration wohnten in derjenigen von Vaulx-en-Velin von Beginn an auch viele Einwanderer. Sie kamen hauptsächlich aus den Sanierungsgebieten von Lyon und Villeurbanne. Für sie war der Einzug in den *grand ensemble* im Vergleich zu ihrer bisherigen Wohnungssituation ein besonderer Fortschritt gewesen. So zeichnete sich die Bevölkerung insgesamt durch einen hohen Anteil an unteren Berufsgruppen mit niedrigem Lebensstandard, an Einwanderern und an sehr junger Bevölkerung aus. Dies wurde mit der sich abzeichnenden Wirtschaftskrise von 1974 als Problem wahrgenommen. Seitdem versucht die Stadtverwaltung, die Anzahl der einkommensschwachen Migrantenfamilien zugunsten von einkommensstarken Familien aus den Mittelschichten zu reduzieren. Denn es entstand allmählich die sozialräumliche Segregation in der postfordistisch geprägten Agglomeration.

4.2 Integration und Segregation in der „Eurocity" Lyon

4.2.1 Zentrum und Peripherie in einer Metropole

Heute bildet die *Communauté urbaine de Lyon* mit über 1,1 Millionen Einwohnern (1999) nach dem Großraum Paris die zweitgrößte Agglomeration Frankreichs.[65] Sie ist gleichzeitig Metropole der Region *Rhône-Alpes*, dem zweitgrößten wirtschaftlichen Ballungsraum nach der Pariser Region *Ile-de-France*. Als eine der dynamischsten Wirtschaftsregionen Europas entwickelt sich *Rhône-Alpes* zunehmend zu einem wichtigen Wirtschaftsstandort im Kontext von Europäisierung und Globalisierung (Kukawka 1999). Der Weltwirtschaftsgipfel der G7 tagte 1996 nicht zufälligerweise in Lyon. Während nun aber die Stadt Lyon ein modernes Dienstleistungszentrum darstellt, ist der städtische Großraum mit Wohnvierteln wie *Les Minguettes* in Vénissieux, *La Duchère* in Lyon oder Kommunen wie St. Priest und Vaulx-en-Velin zum Symbol für Armut, soziale Ausgrenzung und gewaltförmige Unruhen geworden. Zwar hat es zwischen Lyon und seinen Vorstädten schon immer ein Zentrum-Peripherie-Gefälle gegeben. Doch ist dies seit den 70er Jahren zum gesellschaftlichen Strukturprinzip, d.h. zur Segregation geworden (Wieviorka 1999, 219). Die soziale Kohäsion der Stadtgesellschaft steht auf dem Prüfstand. Wie kam es dazu?[66]

Im städtischen Großraum gab es beginnend mit der Wirtschaftskrise von 1974 drei zentrale Veränderungen: *Erstens* setzte der *ökonomische Wandel* zum Postfordismus ein, der inzwischen mit abnehmender staatlicher Steuerungsfähigkeit im Kontext wirtschaftlicher Globalisierung steht (Benko 1995). Die Metropolen sind gezwungen, über ihre Standortpolitik dem europäischen und globalen Wettbewerb standzuhalten. Mit der gleichzeitigen Stadt-, Arbeitsmarkt-, Wohnungs- und demographischen Entwicklung ist dabei aber auch innerhalb des Stadtverbundes eine sich verfestigende *soziale Trennung des städtischen Raumes* entstanden, die vor allem in der residentiellen Segregation deutlich wird. Von ihr sind viele Einwandererfamilien betroffen (4.2.1.1).

Denn *zweitens* hatte mit dem Einwanderungsstop von 1974 die *Immigration der Familien* begonnen. Die Arbeitsmigranten gelangten mit ihren Kindern in die

---

65 Zur Begrifflichkeit (Agglomeration, *Courly*, etc.) vgl. Anm. 49.
66 Zur neueren Stadt- und Migrationsproblematik der Agglomeration von Lyon lag bisher keine Monographie vor. Die vorhandenen Untersuchungen beziehen sich auf Teilaspekte: Begag 1984 und 1991, Belbahri 1988, Roulleau-Berger 1991, Chabanet 1997, Chignier-Riboulon 1997, Rebughini 1998. Dagegen ist in der Untersuchung von Wieviorka u.a. (1999, 209-242) zur städtischen Gewalt in Frankreich ein Kapitel der *Courly* gewidmet.

Die Stadtentwicklung im Kontext der postfordistischen Ökonomie

banlieue (4.2.1.2), wo die Milieus der „roten Vorstädte" zerfallen sind, sich gleichzeitig aber neue Gruppensolidaritäten bilden. Auch hier stehen die Einwanderer und die Jugendlichen mit Migrationshintergrund im Mittelpunkt. Die Niederlassung der Einwanderer wurde der Stadtgesellschaft allerdings erst mit der Präsenz dieser Jugend im öffentlichen Raum bewusst, vor allem seit den *rodéos* Anfang der 80er Jahre in *Les Minguettes* (Venissieux), welche wesentlich zur Genese der französischen Stadtpolitik beitrugen.

Dabei hat *drittens* angesichts des Autonomieverlustes des Nationalstaats die Stadt auf subnationaler Ebene eine neue politische Dimension bekommen. Sie ist nicht mehr nur dessen verlängerter Arm. Dies zeigt sich an der Standortpolitik in der Agglomeration bzw. den einzelnen Kommunen. Es wird aber auch darin deutlich, dass die *Courly* als territoriale Gebietskörperschaft zunehmend mit Funktionen *politischer Regulierung* konfrontiert wird. Angesichts der Segregation geht es um die großstädtische Solidarität (4.2.1.3).

4.2.1.1 Die Stadtentwicklung im Kontext der postfordistischen Ökonomie

Die städtische Wirtschaft seit 1974

Während der 70er und 80er Jahre litt der städtische Großraum von Lyon ähnlich wie andere Industriestädte Frankreichs an den Folgen der Deindustrialisierung.[67] Auch wenn unter dem Lyoneser Bürgermeister Louis Pradel die ersten innerstädtischen Modernisierungen im Dienstleistungssektor eingesetzt hatten, war die Agglomeration seit Ende der 70er Jahre relativ unattraktiv geworden. Diese Unattraktivität zeigte sich in der *Bevölkerungsentwicklung*. Für den Zeitraum von 1968 bis 1982 ist ein relativer Rückgang der Bevölkerung zu verzeichnen. Das Bevölkerungswachstum reduzierte sich auf 200 000 Einwohner, so dass 1982 im Stadtverbund 1 106 000 Menschen lebten. Von 1982 bis 1990 kam es im Vergleich zur vorherigen Entwicklung fast zu einer Stagnation. Der Stadtverbund zählte 1990 1 135 000 Einwohner. Während der Migrationssaldo, d.h. die Differenz zwischen Zu- und Abwanderung der Bevölkerung, von 1968 bis 1975 noch positiv war, wurde er im Zeitraum von 1975 bis 1982 negativ und sank 1990 auf -38 075 Einwohner. Zwar ist zwischen den beiden letzten Volkszählungen von 1992 bis

---

67 Zur Wirtschafts- und Sozialentwicklung des städtischen Großraums von Lyon nach 1974 vgl. Bonnet 1987, Biarez 1989, Davezies/Prud'homme 1990, Bonneville 1997 und Les cahiers millénaires 3, no. 3, Agence d'urbanisme, Lyon 1998. Die folgenden Daten entstammen vor allem den drei zuletzt genannten Publikationen.

1999 die Einwohnerschaft infolge der natürlichen Bevölkerungszunahme weiterhin geringfügig auf 1 168 000 Einwohner angewachsen, doch blieb der Migrationssaldo negativ (-44 000 Einwohner). Insgesamt betrachtet kannte der städtische Großraum von Lyon somit – nicht anders als vergleichbare europäische Industriestädte wie Barcelona, Birmingham oder Düsseldorf – bis Mitte der 90er Jahre eine demographische Stagnation. Seit Mitte der 90er Jahre verfügt die Agglomeration an der Rhône wieder über eine gewisse Bevölkerungsdynamik, die allerdings schwächer ist als diejenige anderer Städte in Südfrankreich.[68]

Mit der Deindustrialisierung hatte sich auch die *Beschäftigungssituation* verändert. Die Vollbeschäftigung, die bis 1975 angewachsen war, stagnierte zwischen 1975 und 1982 und nahm danach ab. Wenn von 1975 bis 1982 der Verlust an Arbeitsplätzen im industriellen Sektor noch durch das Wachstum im Dienstleistungssektor kompensiert werden konnte, war dies von 1982 bis 1990 nicht mehr der Fall. In diesem Zeitraum ließ die Beschäftigung im industriellen Sektor weiter nach und im Dienstleistungsbereich stagnierte sie. Die größten Arbeitsplatzverluste gab es in der Chemie-, Maschinen-, Automobil- und Textilindustrie, den für Lyon bis zu diesem Zeitpunkt wichtigsten Industriebranchen. Dagegen war seit 1993 wieder eine Zunahme an Arbeitsplätzen im privaten Sektor zu verzeichnen, zwischen 1995 und 1999 zum Beispiel um 7,5%. Dabei konzentriert sich diese Zunahme auf das städtische Umland, d.h. auf die außerhalb der *Courly* gelegenen Kommunen. Im Bereich von Informatik, Dienstleistungen und Logistik ist sie am dynamischsten.

Interessant ist in diesem Zusammenhang, dass die dort entstehenden Arbeitsplätze nicht immer eine hohe Qualifikation erfordern, was einem Teil der niedrig qualifizierten, in den Vorstädten lebenden Bevölkerung in den letzten Jahren einen Zugang zur Erwerbsarbeit ermöglicht hat – allerdings nur über *befristete* Arbeitsverträge.[69] Dagegen bleibt die Situation im industriellen Sektor widersprüchlicher. In der Automobil- und Konsumgüterindustrie ging in den 90er Jahren der massive Abbau von Arbeitsplätzen im städtischen Großraum weiter, in anderen Bereichen wie der Nahrungsmittelindustrie oder auf dem Bau hat sich die Beschäftigungssituation in dieser Zeit verbessert.

Insgesamt betrachtet hat in der Berufs- und Sozialstruktur zwischen 1990 und 1999 vor allem der Anteil an Handwerkern und Arbeitern abgenommen, während

---

68 Daten des nationalen Amtes für Statistik INSEE, Agence d'urbanisme, Lyon 1990 und 1999.
69 Niedrig qualifizierte Arbeitskräfte werden in der Agglomeration von Lyon zum einen im untersten Segment des wachsenden Dienstleistungsbereiches gebraucht. Für die entsprechend niedrig ausgebildeten Jugendlichen aus den *banlieues* handelt es sich um Tätigkeiten in Privathaushalten oder in Unternehmen im Bereich der Reprographie, des Handels, der Gebäudereinigung, des Gaststättengewerbes und des Sicherheitsdienstes. Zum anderen werden aber auch weiterhin niedrig qualifizierte Arbeitskräfte im industriellen Sektor benötigt (Baugewerbe, Industrie).

derjenige der Angestellten und Führungskräfte zunahm. Die Arbeitslosigkeit ging in der zweiten Hälfte der 90er Jahre zwar mit dem Wirtschaftsaufschwung leicht zurück, in Kommunen des *Est Lyonnais* wie Vaulx-en-Velin oder Rillieux-la-Pape aber weniger stark. Sie lag bei der letzten Volkszählung von 1999 auf den städtischen Großraum bezogen noch immer bei 12,6%, bei den unter 25-Jährigen bei 23%.

Diese Situation lässt sich zum einen aus den Folgen des allgemeinen *postindustriellen Strukturwandels* (Deindustrialisierung und Ausweitung des Dienstleistungssektors) erklären, aber auch mit der mangelnden Fähigkeit der Lyoneser Wirtschaft, auf diesen Strukturwandel angemessen zu reagieren. Denn interessanterweise schnitt das durch diese städtische Wirtschaft geprägte Departement *Rhône* bei diesem Beschäftigungswandel schlechter ab als die Gesamtheit der Region *Rhône-Alpes*. Während die Entwicklung der Rhônestadt derjenigen des ehemals industriellen Nordostens von Frankreich gleicht, entspricht die Beschäftigungssituation in der Region *Rhône-Alpes* eher der positiveren Entwicklung der wirtschaftlichen Zukunftsregionen im weniger industrialisierten Süden Frankreichs. So wurde die schnelle Deindustrialisierung der Agglomeration Lyon nicht durch eine ähnlich rapide Entwicklung im Dienstleistungssektor ersetzt. Die Beschäftigung in diesem Sektor wuchs nicht so schnell wie in der Region *Rhône-Alpes* bzw. in anderen Regionen Frankreichs. Dies betraf sogar das Bank- und Finanzwesen, das in Lyon immer relativ stark ausgeprägt war.

Diese nachlassende Dynamik der städtischen Wirtschaft zeigte sich darin, dass das Departement *Rhône* Ende der 80er Jahre im Wettbewerb mit dem Rest seiner Region, mit der Region *Ile-de-France* und dem übrigen Frankreich mehr an *Firmensitzen von Großunternehmen* verloren hatte als hinzugewann.[70] Dies ist umso erstaunlicher, als dieser Verlust in den Zeitraum politischer und bedingter wirtschaftlicher Dezentralisierung fiel, die eine Neuansiedlung von Unternehmen hätte begünstigen können. Zudem verfügte und verfügt die großstädtische Ökonomie über eine insgesamt günstige Wirtschaftsstruktur und hat seit jeher eine vorteilhafte geographische Lage. Außerdem liegt die Gewerbesteuer im Vergleich zu anderen französischen Industriestädten nur geringfügig höher und schließlich haben die Gewerkschaften einen vergleichsweise schwachen Organisationsgrad in dieser Agglomeration. Welche Besonderheiten können dann die relative Schwäche der großstädtischen Ökonomie erklären?

---

70 Zu den 25 Großunternehmen mit über 1000 Angestellten im Departement *Rhône* zählten 1987 die Großbank *Société Lyonnaise de Banque*, 15 Niederlassungen von nationalen oder internationalen Industrie- und Handelsunternehmen. Die Eisenbahngesellschaft *SNCF* und das Stromversorgungsunternehmen *EDF* waren lokale Niederlassungen staatlicher Monopole. Bei den restlichen Großunternehmen handelte es sich um gemeinnützige wie die Krankenhäuser, den städtischen Verkehrsverbund *TCL*, die *Courly* und die Stadtverwaltung von Lyon.

Davezies/Prud'homme (1990, 19/20) nennen drei Gründe: *Erstens* hätte sich das schon immer relativ schwach nach außen geöffnete Unternehmertum von Lyon bei den Wirtschaftsinnovationen defensiv verhalten. Es lebte mehr von den Erträgen seines Vermögens als dass es Einkünfte aus Unternehmen bezog. Die regionale Ökonomie werde daher eher von Unternehmen kontrolliert, die nicht diesem lokalen Bürgertum angehören. *Zweitens* fehle die entsprechende akademische Tradition, die innovationsfördernd hätte wirken können. Die Hochschule für Medizin, an der bereits im 16. Jahrhundert François Rabelais studierte, könne nur als Ausnahme betrachtet werden und vielleicht den Erfolg der pharmazeutischen und biochemischen Industrie von Lyon erklären. Vor einigen Jahren ist allerdings ein Bewusstsein für eine engere Zusammenarbeit zwischen Stadt, Universität und Unternehmen entstanden, von der inzwischen die Technologiepolitik und die Wirtschaftsentwicklung profitieren (Bonneville 1997, 81-96). *Drittens* hätte die Agglomeration Lyon im Gegensatz zu den krisengeschüttelten Gebieten des Nordostens und den Zukunftsregionen des Südens und Westens von Paris weniger innovationsfördernde Subventionen erhalten, was u.a. aus dem alten Gegensatz zwischen Paris und Lyon zu erklären sei.

Hemmend für eine dynamische und vor allem koordinierte Wirtschaftsentwicklung auf großstädtischer Ebene ist aber auch das System der Gewerbesteuer, die von den Unternehmen an diejenigen Kommunen entrichtet werden muss, in denen sie sich ansiedeln. Dies hat zur Folge, dass die Kommunen des Stadtverbundes – allen voran die Stadt Lyon als Promotor – untereinander um die Ansiedlung von Unternehmen konkurrieren und zum Akteur ihrer eigenen Standort- und Imagepolitik werden. Dies zeigt sich auch in den Kommunen. So haben z.B. Villeurbanne, Bron, Vénissieux, Vaulx-en-Velin und Saint-Priest eigene Behörden gegründet, mit denen sie komplementär aber auch in Konkurrenz zum Stadtverbund über die Wirtschafts- sowie die Stadtentwicklung entscheiden wollen (Bonneville 1997, 177).

Eine koordinierte Wirtschaftsentwicklung wird im Großraum Lyon zudem dadurch erschwert, dass sie sich weitgehend politischer Steuerung entzieht. Dennoch ist 1974 angesichts des Wachstums im Dienstleistungssektor mit der Gründung der Wirtschaftsförderungsgesellschaft *ADERLY (Association pour le Développement Economique de la Région Lyonnaise)* der Versuch einer Planung durch öffentliche und private Akteure unternommen worden. Zu den Gesellschaftern zählen die Industrie- und Handelskammer von Lyon, der Stadtverbund, das Departement *Rhône* und der Lyoneser Unternehmerverband. Die Aufgabe von *ADERLY* liegt vor allem darin, für den Wirtschaftsstandort Lyon zu werben, um inländische und ausländische Investoren anzulocken.

Die Stadtentwicklung im Kontext der postfordistischen Ökonomie 129

Schließlich versuchen die lokalen politischen Eliten zunehmend, die *Stadtentwicklung* und das Institutionengefüge mit der *Wirtschaftsentwicklung* zu verbinden. Hier zeigt sich jedoch, dass der 1969 entstandene Stadtverbund, der während der *Trente glorieuses* die Stadt- und Wohnungsentwicklung planen sollte, für eine heutige Koordinierung der Wirtschaftsentwicklung ungeeignet ist. Denn die Kommunen, in denen sich die zukunftsträchtigsten Unternehmen ansiedeln, liegen inzwischen, wie angedeutet, außerhalb dieses Verbundes. Eine Ausweitung der Grenzen der *Courly* scheint aber politisch nicht realisierbar zu sein. So ist der Verbund zum politisch-administrativen Hemmschuh für eine dynamische Wirtschaftsförderung geworden.

Daher hat für die Zukunftsentwicklung der Stadt seit den 70er Jahren der *Schéma directeur d'aménagement et d'urbanisme von Lyon/SDAU* (Leitplan zur Stadt-Umland-Entwicklung) an Bedeutung gewonnen. Er weist eine Planungszone aus, die den Stadtverbund mit seinen 55 Kommunen sowie 17 weitere Kommunen umfasst. In ihm wird die erhoffte Entwicklung des großstädtischen Raumes, seiner Infrastruktur und immer mehr seiner sozialen, kulturellen sowie vor allem ökonomischen Funktionen dokumentiert. Doch wird der *SDAU* immer wieder erneuert, da die Planungsziele nicht eingehalten werden können. *Lyon 2010*, der Entwicklungsplan von 1988, versteht sich als „ein Projekt der Agglomeration für eine europäische Metropole". Im Vergleich zu den vorhergehenden Plänen dominiert in *Lyon 2010* das Streben nach Internationalität. Ein weiteres Ziel dieses Zukunftsplans liegt darin, die Akteure im städtischen Raum für neue Konzeptionen zu sensibilisieren, über welche die Stadtentwicklung mit wirtschaftlichen Aspekten verknüpft werden soll.

Als weitere Antwort auf die wachsende Kluft zwischen stadtregionaler Wirtschaftsdynamik und herkömmlichen Verwaltungsgrenzen ist schließlich im Jahr 1989 die *Région Urbaine de Lyon/RUL* (Stadtregion von Lyon) entstanden. In dieser Stadtregion steht wie beim *SDAU* die Stadt Lyon als Dienstleistungszentrum im Mittelpunkt. So stellt auch der Bürgermeister der Rhônestadt den Präsidenten. In der *RUL* wird eine Zusammenarbeit zwischen den sie konstituierenden Gebietskörperschaften angestrebt. Zwar besitzt sie keine Hoheitsrechte, soll aber eine kohärente Vision entwerfen, welche die Entwicklung der Stadtregion um die zusammenwachsende Metropole zwischen Lyon und Saint-Etienne durch eine entsprechenden Raumordnungspolitik im Bereich von Wirtschaftsansiedlung, Transportwesen und nachhaltiger Entwicklung vorantreibt. Diese Stadtregion deckt sich zudem am ehesten mit dem Gebiet des Arbeitsmarktes, der weit über die *Courly* hinausreicht.

Die Schaffung der *RUL* kann somit als politisch-ökonomische Reaktion auf das Wachstum der europäischen Städte in ihr Umland gedeutet werden (Häußermann/ Oßwald 1997, 9-29). Dies zeigt sich u.a. in der Bevölkerungsentwicklung. Während das demographische Wachstum der *Courly* seit den 70er Jahren stagniert, hat dasjenige der Stadtregion seit ihrer Gründung kontinuierlich zugenommen. Mit annähernd 2,6 Millionen Einwohnern (1999) ist die *Région Urbaine de Lyon* nach Paris zum wichtigsten metropolitanen Raum Frankreichs geworden. Welchen regionalen und internationalen Stellenwert hat der Standort Lyon nun tatsächlich erreicht?

Die Metropole Lyon ist als Verwaltungshauptstadt der Region *Rhône-Alpes* eine ihrer wichtigsten wirtschaftlichen Knotenpunkte. Denn im Städtedreieck Lyon / St. Etienne/Grenoble entstehen infolge einer intensiven Technologiepolitik und der Ansiedlung moderner Unternehmen die neuen Dienstleistungszentren und Wachstumspole dieser Region. Zu den dynamischsten Wirtschaftszonen gehören neben dem Großraum Lyon vor allem die östlich davon gelegenen Alpenrandgebiete mit den Städten Grenoble, Chambéry und Annecy. Dabei zählt die Region *Rhône-Alpes* zu den sogenannten „vier Motoren für Europa", d.h. zu den vier wirtschaftlich dynamischsten Regionen der Europäischen Union. Mit Baden-Württemberg, der Lombardei und Katalonien wurde 1989 ein Kooperationsvertrag unterzeichnet, in dem eine wirtschaftlich enge Zusammenarbeit angestrebt wird. Alle vier Regionen zeichnen sich durch eine wirtschaftliche Vorreiterstellung innerhalb ihres Landes, ihren technologischen Entwicklungsstand und ihr hohes Bildungsniveau aus (Kukawka 1999, 2001). Diese Dynamik wird auch durch die geographisch-strategische Lage begünstigt, die Lyon mit seiner Region innerhalb Europas schon immer hatte (Abb. 5).

Die Rhônestadt besitzt samt ihrer Region innerhalb des europäischen Städteraums eine intermediäre Funktion im Bereich von Transport und Kommunikation. Erstens liegt Lyon in der Nähe der sogenannten „Blauen Banane", d.h. dem europäischen Wachstumsgürtel der prosperierenden Städte, der sich in einem langen Bogen von England über die Rhein-Schiene bis nach Italien erstreckt. Zweitens bildete Lyon schon immer eine Drehscheibe in der Verbindung zwischen Nord- und Südeuropa, d.h. zwischen Großbritannien, den Benelux-Staaten, Deutschland und der Schweiz einerseits und dem nach Italien und Griechenland sowie Spanien und Portugal hin orientierten Mittelmeerraum andererseits. Schließlich liegt Lyon drittens als kommunikativer Knotenpunkt auf der Rhône-Achse, die nicht nur eine strategische Nord-Süd-Verbindung innerhalb Frankreichs, sondern auch innerhalb Europas eine Alternative zur Verbindung Frankfurt-Mailand darstellt. Doch kann Lyon trotz dieser geographisch günstigen Lage wirklich als „Eurocity", d.h. als Stadt, die im europäischen Ranking weit oben steht, bezeichnet werden?

Die Stadtentwicklung im Kontext der postfordistischen Ökonomie   131

Abbildung 5: Die Position von Lyon und seiner Region im Raum der europäischen Städte

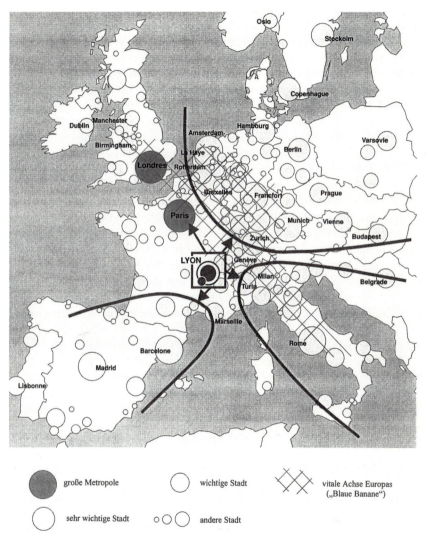

| ● große Metropole | ○ wichtige Stadt | ✕✕✕ vitale Achse Europas („Blaue Banane") |
| ○ sehr wichtige Stadt | ○○○ andere Stadt | |

Quelle: Délégation à l'aménagement du territoire et à l'action régionale/DATAR 1989

Die lokalen politischen Eliten vergleichen die Agglomeration von Lyon gerne mit derjenigen ihrer Partnerstadt Frankfurt am Main. Beide sind Dienstleistungsmetropolen. Allerdings hat Lyon bei weitem nicht den Stellenwert einer internationalen Finanzmetropole und liegt auch weit hinter der internationalen Bedeutung von Städten wie London oder Paris. So hat sich die Rhônestadt z.B. in den 90er Jahren vergeblich um den Sitz der Europäischen Zentralbank bemüht. Eine vergleichende Studie (Bideau 1991) zeigt, dass die internationale Bedeutung der Agglomeration von Lyon darin besteht, dass sie wie Stuttgart, Mailand, Barcelona oder Birmingham als Wirtschaftsmetropole einer großen Region die internationale Wettbewerbsfähigkeit der regionalen Unternehmen stärkt. Dabei stützt sich die Wirtschaftsstruktur in diesen Städten z.T. auf spezialisierte Produktionsbereiche. Dazu zählt in Lyon die Modernisierung der traditionellen Industriesektoren: der Textil-, der Chemie- und der Automobilindustrie (Les cahiers millénaires 3, 1998). Die Lyoneser Wirtschaft besitzt aber eher ein generelles, d.h. sehr diversifiziertes Profil, was u.a. daraus resultiert, dass sie Spezialisierungen in den 60er und 70er Jahren, z.B. in der Mikroelektronik, verpasste. Inzwischen kann sie jedoch Folgendes vorweisen: europäisch und global agierende Firmen, wichtige Funktionen im produktiven Bereich, im Dienstleistungssektor und als Finanzplatz sowie entsprechende technologische Innovationen, Forschungsaktivitäten und Universitäten. Daher stellt sie insgesamt betrachtet für Frankreich einen wichtigen Standort im globalisierten Kapitaltransfer und im Austausch von Waren und Dienstleistungen dar. So kann die Regionalmetropole an der Rhône entgegen dem Diskurs der städtischen Eliten und den ehrgeizigen Wirtschafts- und Stadtentwicklungsplänen vielleicht noch nicht als „Eurocity" bezeichnet werden. Doch besitzt sie das notwendige Potential dafür, bald als solche anerkannt zu werden (Bonneville 1997, 41-43).

Nach einer neueren, von der französischen Raumordnungsbehörde *DATAR* in Auftrag gegebenen Studie (Cicille/Rozenblat 2003) rangiert Lyon nach Städten wie Paris und London (Platz 1), Amsterdam, Madrid und Mailand (Platz 2), Berlin, München, Wien oder Barcelona (Platz 3) mit Frankfurt, Düsseldorf oder Dublin auf dem *vierten Platz* vor Städten wie Stuttgart, Birmingham oder Turin (Platz 5). Lyon wird auf diesem Rang als „große Stadt von intermediärer europäischer Bedeutung" bezeichnet. Diese Studie positioniert 180 westeuropäische Städte nach ihrer Attraktivität über Kriterien wie internationale Funktion (Sitz großer Unternehmensgruppen, Forschung, Flughäfen, etc.), Ausstrahlungskraft der wirtschaftlichen Aktivitäten und Ausmaß wirtschaftlicher Spezialisierung oder Diversifizierung.[71] Wenn sich nun aber die europäischen Städte in diesem multipolaren Konzert

---

71 Mit Blick auf Abb. 5 ist anzumerken, dass im Vergleich zu einer ebenfalls von der *DATAR* 1989 in Auftrag gegebenen Studie (Brunet 1989) das Europa der Städte zwar z.T. das Kerngebiet der „Blauen Banane" und auch die von Paris und London dominierte Hierarchie behält, insgesamt aber multipolarer geworden ist.

einerseits europäisieren und globalisieren, wird ihr städtischer Raum andererseits fragmentierter und auch segregierter – so zumindest derjenige der Großstadt Lyon.

Die sozialräumliche Dimension der Stadtentwicklung: Segregation

Historisch betrachtet wuchs der städtische Großraum von Lyon in konzentrischen Kreisen von seinem Gründungszentrum (*Fourvière*) nach Osten (vgl. Abb.6). Er entwickelte sich von der römischen und mittelalterlichen Siedlung über die neuzeitliche Stadtausdehnung zwischen den Flüssen Rhône und Saône bis zur industrialisierungsbedingten Urbanisierung. Diese setzte Ende des 19. Jahrhunderts ein. In der ersten Hälfte des 20. Jahrhunderts hatte die Stadtentwicklung vor allem das Seidenweberviertel *Croix Rousse* und die Arbeitervorstadt Villeurbanne ausgebildet. Mit dem Wohnungsbedarf der Nachkriegszeit folgte in den 70er Jahren die Errichtung der *grands ensembles*. Zu ihnen zählen die Siedlungen in Vénissieux (*Les Minguettes*), Saint-Priest, Bron (*Parilly, Terraillon*), Vaulx-en-Velin, Rillieux-la-Pape und Lyon (*La Duchère*). Sie bilden heute den ersten Wachstumsring der Agglomeration. So gab es bis in die 70er Jahre des 20. Jahrhunderts eine klare Polarisierung zwischen dem westlich gelegenen Zentrum und der östlich sich ausweitenden Peripherie.

Seitdem hat sich aber der städtische Raum ähnlich wie in US-amerikanischen Großtädten zunehmend fragmentiert (Bonneville 1997, 19-23). Das traditionelle Zentrum-Peripherie-Gefüge ist einer Aufteilung des städtischen Raumes in das gentrifizierte Zentrum, die entwerteten Stadtviertel in der *banlieue* und den zweitem Wachstumsring der sich anschließenden suburbanisierten Zone gewichen. Somit hat sich auch Lyon zur dreigeteilten Stadt entwickelt, die „Globalisierungsgewinner", sozial benachteiligte Bevölkerung und Mittelschichten sozialräumlich separiert (vgl. 2.2.3.1). Dabei ist ein komplexes Gefüge aus einerseits immer verstreuter liegenden, zukunftsträchtigen Wachstumszonen und andererseits wirtschaftlich abgekoppeltem Brachland mit Zonen sozial benachteiligter Stadtviertel entstanden. Die Stadtentwicklung bewegt sich weiter nach außen und die Wirtschaftsentwicklung vor allem auf zwei strategischen Achsen in Richtung Südosten (*Plaine de l'Est*) und Nordosten (Genf), wo auch die problembeladenen Vorstädte liegen.

Abbildung 6: Die Etappen der räumlichen Entwicklung der Agglomeration von Lyon

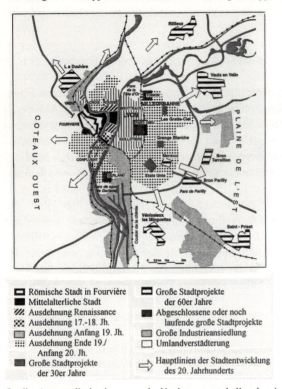

Quelle: Agence d'urbanisme pour le développement de l'agglomération lyonnaise 1997

Diese postindustriellen Wachstumszonen durchziehen die Vorstädte derart, dass die neuen Unternehmen z.T. direkt neben marginalisierten Quartieren liegen. Dabei ist auf dem Hintergrund der beschriebenen Wirtschaftsentwicklung seit ungefähr Mitte der 70er Jahre im städtischen Großraum in verschiedenen gesellschaftlichen Bereichen eine Segregation, d.h. eine Verräumlichung sozialer Ungleichheit entstanden.[72] Diese Segregation resultiert aus einem äußerst komplexen Pro-

---

72 Alle folgenden Daten zur Stadtentwicklung und den verschiedenen Bereichen der Segregation sind den Berichten des Stadtentwicklungsamtes (*Agence d'urbanisme pour le développement de l'agglomération lyonnaise*) entnommen. Dazu zählen vor allem: Le Développement social urbain. Un enjeu majeur de l'agglomération lyonnaise, Mars 1992; La politique de la ville et l'intégration urbaine dans le département du Rhône. L'action de l'Etat. Bilan et perspectives, Septembre 1995; die Berichte des *Observatoire des territoires sensibles* (rapport annuel 2000, 2002, 2004) sowie

zess, bei dem vor allem die räumliche Dimension der demographischen und der Beschäftigungsentwicklung, die Standortentwicklung der Unternehmen sowie die Wohnungs-, die Verkehrs- und die Schulentwicklung zusammenwirken und die bestehende soziale Ungleichheit verstärken. Dabei bildet die *residentielle Segregation,* d.h. die ungleiche Verteilung der Wohnstandorte von sozialen Gruppen im städtischen Raum, den Kern dieser Ungleichheit. Sie geht mit einer ungleichen Verteilung des Zugangs zu weiteren Gütern und Dienstleistungen im urbanen Raum einher. Dazu zählen vor allem die Nutzungsmöglichkeit *öffentlicher Verkehrsmittel* mit ihrer Funktion der Nähe zum Zentrum sowie – als Folge der residentiellen Segregation – die Zugangsmöglichkeit zu guten, angesehenen und zumeist auch im Stadtzentrum liegenden *Schulen.* Schließlich spielt die symbolische Dimension dieser Prozesse für die Selbstdefinition der Bewohner in den benachteiligten Vierteln eine wichtige Rolle. Wie kam es zu diesen Formen der Segregation?

In der *demographischen Entwicklung* verteilte sich das seit Ende der 60er Jahre abnehmende Bevölkerungswachstum ungleichmäßig vom Westen zum Osten der Agglomeration. Während im Zentrum die Bevölkerung am stärksten abgenommen hatte, kam es im ersten Ring der Peripherie von 1968 bis 1975 zu einem raschen Wachstum, das einen Großteil der neuen Mittelschichten in die damals modernen Vorstädte führte. Dieses Wachstum ließ aber von 1975 bis 1982 wieder nach und in beiden erwähnten Perioden hatte bereits im zweiten Ring der Peripherie die Bevölkerung zugenommen. Inzwischen hat die Entwicklung von 1982 bis 1990 gezeigt, dass die damit einhergehende Entvölkerung des Stadtzentrums gestoppt worden ist, ja sogar ein Umkehrprozess zurück ins Zentrum einsetzte, auch wenn in derselben Periode die größte Zunahme im zweiten Ring der Peripherie zu verzeichnen war. Von 1990 bis 1999 hat schließlich die Bevölkerung im Zentrum (Lyon und Villeurbanne) weiterhin und stärker zugenommen. Die restlichen Kommunen in der *Courly* verzeichnen eine Entwicklung, deren Migrationssalden sich innerhalb dieses städtischen Raumes kompensieren. Dagegen ist ein eindeutiger Rückgang der Bevölkerung in denjenigen Kommunen festzustellen, in denen – wie in Vaulx-en-Velin – sich die am meisten benachteiligten Quartiere befinden. Die Struktur der Agglomeration Lyon ist weit komplizierter als diejenige einer simplen dreigeteilten Stadt, doch herrscht *innerhalb des Stadtverbundes* in der Tat eine steigende Attraktivität des teuren Zentrums, eine abnehmende Attraktivität der Kommunen mit Zonen der Armut und Segregation und eine Dynamik im intermediären Raum, die mit der Suburbanisierung vor allem in den zweiten Ring der Peripherie und damit in den östlichen Teil der Stadtregion *RUL* reicht.

---

die aufgearbeiteten INSEE-Daten der Volkszählungen von 1982, 1990 und 1999. Zur demographischen Entwicklung vor 1982 vgl. Davezies/Prud'homme (1990, 21) und Bayard/Cayez (1990, 419ff).

Abbildung 7: Räumliche Verteilung der Arbeitslosigkeit im Stadtverbund von Lyon (1999)

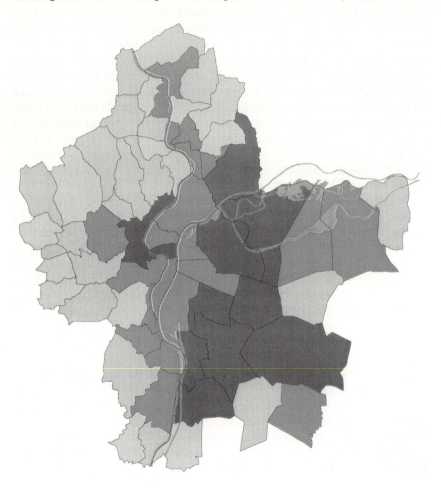

Zahl der Arbeitslosen von 100 Erwerbstätigen pro Kommune

- zwischen 13 und 24
- zwischen 9 und 13
- zwischen 7 und 9
- zwischen 5 und 7

Quelle: Agence d'urbanisme pour le développement de l'agglomération lyonnaise, INSEE-RGP 1999

Diese demographischen Prozesse hängen mit der räumlichen Entwicklung der *Beschäftigung* zusammen, da sich der Ort des Arbeitsplatzes auf die Wahl des Wohnortes auswirkt. Dabei nimmt im städtischen Großraum von Lyon das Wachstum an Arbeitsplätzen mit größer werdender Distanz zum Zentrum zu. Diese Zunahme ist mäßig im ersten Ring, höher im zweiten Ring und noch höher im Rest der Agglomeration (Davezies/Prud'homme 1990, 21; Bonneville 1997). Von 1995 bis 2000 war davon wiederum vor allem der nach Osten hin ausgreifende Teil der *Région Urbaine de Lyon* betroffen. So sind es die außerhalb der *Courly* gelegenen Kommunen, die z.B. von 1995 bis 1999 den höchsten Zuwachs an Arbeitsplätzen aufweisen konnten, was sich entsprechend auf das demographische Wachstum in der Stadtregion auswirkt. Als Folge davon muss auch die Bevölkerung in den sozial benachteiligten Stadtvierteln mobil sein, wenn sie von dieser Entwicklung auf dem Arbeitsmarkt profitieren will.

Zwar kam es nun mit dem 1993 einsetzenden Wirtschaftsaufschwung in der zweiten Hälfte der 90er Jahre zu einem Rückgang der Arbeitslosigkeit. Er war aber in den sozialen Brennpunkten geringer als im Rest der *Courly*. Zudem bleibt trotz dieses Rückgangs die *Arbeitslosigkeit* im West-Ost-Gefälle des städtischen Großraums ungleich verteilt (vgl. Abb.7). Während sie im Jahr 1999 bei einem Durchschnitt von 12,6% (*Courly*) in den westlich gelegenen Kommunen relativ niedrig war, überschritt sie in mehreren Kommunen des *Est Lyonnais* (erster Ring) diesen Durchschnitt und erreichte in Vénissieux, Vaulx-en-Velin oder Rillieux-la-Pape über 15%. Dabei lag der offizielle Durchschnitt der Jugendarbeitslosigkeit bei den unter 25-Jährigen in den Quartieren der Stadtpolitik, die sich mehrheitlich im *Est Lyonnais* befinden, bei durchschnittlich 24,3%. In diesen Vierteln des Stadtverbundes besaß ein Drittel der Stellensucher keinen Schulabschluss.[73]

Nun resultiert die räumliche Dimension der Bevölkerungs- und Beschäftigungsentwicklung wiederum teilweise aus der *Standortentwicklung der Unternehmen*. So hat die Anzahl von Unternehmen mit über 500 Beschäftigten in der Stadt Lyon und den alten Arbeitervorstädten Villeurbanne und Venissieux in den 70er und frühen 80er Jahren deutlich abgenommen. In den anderen Kommunen der *Courly* nahm sie dagegen deutlich zu. Dies entspricht der Entwicklung in anderen französischen Industriestädten, wo es in dieser Zeit ebenso zu einem relativen Niedergang des Zentrums kam. Das Zentrum verlor Bevölkerung, Unternehmen und auch Wohnungen an die Peripherie. Dieser Prozess wurde *rurbanisation* genannt, eine diffuse Verstädterung des ländlichen Raums.

---

73 Diese Personen haben das *collège* (französische Gesamtschule der Sekundarstufe I) vor der Abschlussklasse verlassen, besitzen zumeist nur einen *Certificat d'Etudes Primaires/CEP* (Grundschulabschluss) oder kommen aus einer *Section d'Etudes Spécialisées/SES* (Sonderschule).

Zu Beginn der 80er Jahre setzte aber eine Umkehrentwicklung ein. Der Markt hat Büroräume im Zentrum wieder aufgewertet. Denn die Unternehmen sind immer weniger auf Warentransport und immer mehr auf schnelle Dienstleistungsangebote, schnellen Austausch von Informationen und schnelle Erreichbarkeit per Bahn oder Flug zum *meeting* vor Ort angewiesen. In diesem Kontext ist auch wieder die Wohnattraktivität des Zentrums gestiegen, die in der neueren Bevölkerungsentwicklung deutlich wird. Diese Attraktivität wirkt vor allem auf Ein-Personen-Haushalte von „Globalisierungsgewinnern", die sich die entsprechende zentrumsnahe Lebensqualität und den entsprechenden Lebensstil leisten können.

Doch schließlich ergab sich die räumliche Ausdünnung der Industriestadt Lyon nicht nur aus der Wirtschafts- und Bevölkerungsentwicklung. Die *Wohnungsentwicklung* war eine weitere Voraussetzung dafür. Dabei zeigt sich die heute bestehende residentielle Segregation in der Verteilung der Sozialwohnungen innerhalb des Stadtverbundes.

Nach der Volkszählung von 1990 konzentrierten sich in nur acht Kommunen zwei Drittel des gesamten Sozialwohnungsbestandes der *Courly*. Diese Kommunen lagen in ihrem östlichen Teil. Den höchsten Anteil hatten dabei die drei Kommunen mit den großen ZUP (Vénissieux, Vaulx-en-Velin, Rillieux-la-Pape) und St. Fons. In Vaulx-en-Velin waren 10% des gesamten Sozialwohnungsbestandes des Stadtverbundes konzentriert. Knapp zehn Jahre später (Volkszählung von 1999) hat sich diese ungleiche Verteilung zwischen West und Ost nicht wesentlich verändert (vgl. Abb. 8). Drei von fünf Sozialwohnungen liegen noch immer in den sozial benachteiligten Stadtvierteln, die in der Priorität der Stadtpolitik seit 2000 in Kategorie 1 gruppiert sind (vgl. Abb.12) und dabei mehrheitlich zu den *grands ensembles* des östlichen Teils der *Courly* gehören. Interessant ist hier auch, dass sich gleichzeitig (1999) fast die Hälfte der leerstehenden Sozialwohnungen des Stadtverbundes in Vaulx-en-Velin und Vénissieux befand. So zeichnet sich der dortige Typus des Sozialwohnungsbaus, zumeist in den 70er Jahren errichtet, generell durch hohe Vakanz und Mobilität aus. Dies fällt mit der Politik „sozialer Mischung" zusammen, die versucht, den weiteren Zugang sozial schwacher Gruppen in die *grands ensembles* zu stoppen und sie über die Zuweisung in z.T. neue Sozialwohnungen auf den gesamten städtischen Raum zu verteilen. Wie kam es zu dieser residentiellen Segregation?

Während der *Trente glorieuses* wurden zunächst die staatlich initiierten *grands ensembles* mit ihren heutigen Sozialwohnungen nach dem fordistischen Produktionsmodell und dem Muster des Massenkonsums hochgezogen. Dies geschah zu einer Zeit, als die Krise des Fordismus absehbar war und sich bereits die Trennung von Arbeit und Wohnen vollzog. In diesem Kontext nahmen die neuen Wohnsiedlungen eine heterogen zusammengesetzte Bevölkerung auf (vgl. 4.1.2.2).

Die Stadtentwicklung im Kontext der postfordistischen Ökonomie

Abbildung 8: Räumliche Verteilung der Sozialwohnungen im Stadtverbund von Lyon (1999)

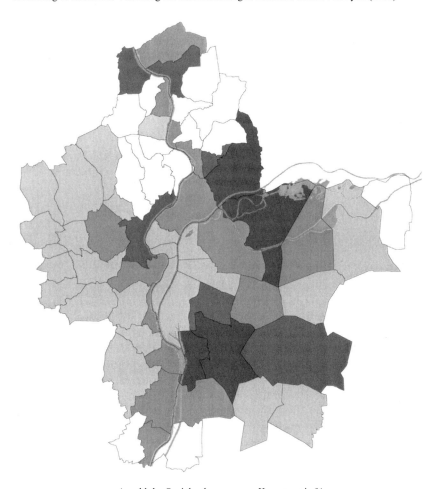

Anzahl der Sozialwohnungen pro Kommune in %

■ zwischen 40 und 55%
■ zwischen 30 und 40%
▓ zwischen 15 und 30%
▒ zwischen 6 und 15%
☐ weniger als 6%
☐ keine Sozialwohnungen

Quelle: Agence d'urbanisme pour le développement de l'agglomération lyonnaise, INSEE-RGP 1999

Mit dem ökonomischen Wandel seit 1974 hatte sich dann die Sozialstruktur allmählich verändert. So spaltete sich, vereinfacht betrachtet, die Arbeiterklasse in die „neuen Mittelschichten" einerseits und die alte Industriearbeiterschaft andererseits auf. Über diese „neuen Mittelschichten" kamen auch neue Haushaltstypen und Konsummuster auf. Die fordistisch konzipierte Verbindung zum Wohnort war nicht mehr funktional. Im Bereich des Wohnens zählten nunmehr Prestige und Lebensstil. Gefragt war der Zugang zum Eigenheim.

So verließen die *Angestellten und Facharbeiter* die Vorstädte von Lyon. Sie zogen in Eigentumswohnungen und Einfamilienhäuser am Rande der *ZUPs* bzw. direkt in den zweiten Ring der Agglomeration. Viele von ihnen gelangten dabei in die außerhalb des städtischen Großraums gelegene Neustadt *Isle d'Abeau*. Während z.B. den Angestellten und Facharbeitern der *ZUP* von Vaulx-en-Velin mit dem Erwerb eines Eigenheims der Wegzug aus den Wohntürmen oder gar der Kommune gelang, blieben die *weniger qualifizierten* französischen Arbeiter und der größte Teil der von Anfang an dort lebenden Einwandererfamilien zurück. In die freiwerdenden Sozialwohnungen der *ZUP* zogen schließlich mit der Familienzusammenführung seit 1974 *neue Einwandererfamilien*, die aus Lyon und Villeurbanne oder direkt aus dem Maghreb kamen. Allmählich verfiel somit der Wert des Wohnraumes in allen *banlieues lyonnaises* – sie bekamen ein schlechtes Image. Die residentielle Segregation hatte zugenommen und den beschriebenen Sozialwohnungsbestand der 90er Jahre erreicht.

Bis in die 80er Jahre hatte auch der Stadtverbund kaum auf diese Entwicklung reagiert, obwohl er die *Plans d'Occupation des Sols/POS* (Flächennutzungs- und Bebauungspläne) entwirft und genehmigt, über welche die räumliche Verteilung des Wohnungsbestandes festgelegt wird. Diese Pläne standen zunächst noch im Kontext des ehrgeizigen *SDAU* (Leitplan zur Stadt-Umland-Entwicklung) von Lyon.

Mit der Bebauung der neuen Wohngebiete der *ZUPs* war zudem eine Infrastruktur im städtischen Großraum entstanden. Als Ergebnis zählt dazu vor allem das *öffentliche Verkehrssystem,* dessen Funktionalität in der Nähe zum Zentrum liegt. Neben der residentiellen Segregation manifestierte sich seit den 90er Jahren auch in diesem Bereich sehr deutlich die Verräumlichung sozialer Ungleichheit. Denn es sind vor allem die Kommunen des *Est Lyonnais*, welche die schlechtesten Verkehrsanbindungen zur Innenstadt von Lyon haben. So wurde zwar in Richtung Vaulx-en-Velin 1970 mit dem Bau der *ZUP* eine U-Bahn-Trasse gelegt, doch endete sie – entgegen der ursprünglichen Pläne – nicht in Vaulx-en-Velin, sondern am äußersten Rand dieser *banlieue*. Die zeitaufwendige Weiterfahrt mit dem Bus zählt zur Verbindung zwischen Zentrum und Peripherie.[74] Zwar wird seit 2004

---

74 Zur Mobilität der maghrebinischen Einwanderer in Vaulx-en-Velin und Lyon vgl. Begag 1991.

Die Stadtentwicklung im Kontext der postfordistischen Ökonomie 141

diese U-Bahn als S-Bahn bis zum außerhalb liegenden Flughafen von Lyon weitergeführt, doch verbindet sie nur den Südteil von Vaulx-en-Velin, nicht die ZUP, die weiterhin nur mit dem Bus zu erreichen ist.

Noch schlechter war lange Zeit die öffentliche Verkehrsanbindung nach Vénissieux. Nach langjährigen öffentlichen Kontroversen innerhalb der Courly wurde Mitte der 90er Jahre eine U-Bahn gebaut, die aber wie in Vaulx-en-Velin auch nicht direkt bis zur ZUP führt. Eine direkte Schnellanbindung ins Zentrum von Lyon und damit auch in die wohlhabenden Kommunen des Westens soll demnach verhindert werden, dies meint zumindest der Vorsitzende eines *syndicat des commercants* (Gewerbeverband):

> „Es gibt sicherlich, auch wenn es keiner offen ausspricht, ein Phänomen, nach dem man es vorzieht, dass die Vorstädte in den Vorstädten bleiben, damit die Banden nicht so leicht ins Stadtzentrum gelangen, ob in die *Part Dieu* [Einkaufszentrum in der Innenstadt, DL] oder auf die Halbinsel von Lyon. Wenn die U-Bahnen bis ins Zentrum von Vaulx-en-Velin oder Vénissieux führen würden, wäre das erheblich leichter. Selbst in Vénissieux verbindet die U-Bahn nicht direkt diese Vorstadt" (zit. nach Wieviorka 1999, 225)

Schließlich muss als Folge der residentiellen Segregation die *schulische Segregation* erwähnt werden. Sie zeigt sich in den unterschiedlichen Schulresultaten im städtischen Raum.[75] So hatte zum Beispiel im Schuljahr 2000/2001 in den die Vorstadtschulen des *Est Lyonnais* zum großen Teil überdeckenden *Réseaux d'Education Prioritaire/REP* (Netzwerke mit besonderem Erziehungsbedarf) durchschnittlich einer von zehn Schülern zwei oder mehr Jahre Rückstand beim Wechsel von der Grundschule ins *collège*. Dieser Wert lag doppelt so hoch wie der Durchschnittswert in allen anderen Schulen des Stadtverbundes, die nicht zu diesen Gebieten schulischer Sondermaßnahmen gehören. Diese Differenz wird in einem weiteren Beispiel deutlich: Während in den *REP*-Schulen nach der letzten Klasse des *collège* im Sommer 2000 nur 55% der Schüler aufs Gymnasium wechselten und 38% eine Berufsausbildung anstrebten, waren es in den anderen Schulen des Stadtverbundes durchschnittlich 65% Gymnasiasten und nur 26% Berufsfachschüler.

Diese schulische Segregation zeigt sich somit auch in der Verteilung der verschiedenen Schultypen im städtischen Raum. Denn während die *collèges* relativ homogen im Stadtverbund verteilt sind, liegen die staatlichen Gymnasien sowie die angesehenen Privatschulen vor allem im Zentrum von Lyon. So hat Vaulx-en-Velin erst 1995 nach längeren Auseinandersetzungen ein Gymnasium bekommen. Da der Bildungsabschluss vor allem in Frankreich aufgrund des ohnehin frühzeitig selektierenden Schulsystems und aufgrund der relativ hohen Jugendarbeitslosigkeit für die weitere berufliche Eingliederung sehr wichtig ist, tritt der Stellenwert dieser Form der Segregation besonders hervor.

---
75 Die folgenden Daten stammen von der Schulbehörde *Rectorat de Lyon*.

Die hier skizzierten Formen städtischer Segregation sind sozialstruktureller Art. Kulturelle und politische Formen treten hinzu. Wie aber bereits der Arbeitsmarkt, die berufliche Qualifikation, der soziale Status und der Wohnort der Bevölkerung sowie das Verkehrssystem zusammenwirken und sich zur sozialräumlichen Diskriminierung verdichten, verdeutlicht der Präsident der Wirtschaftsförderungsgesellschaft *ADERLY*:

> „Es gibt keinen einheitlichen Arbeitsmarkt. Es gibt zwar einen für den städtischen Ballungsraum von Lyon [*Courly*, DL] bzw. auch für die Region von Lyon [*RUL*, DL], auf einer gewissen Qualifikationsebene. Doch je mehr man im Qualifikationsniveau absteigt, desto mehr wird der Arbeitsmarkt zu einem Markt, der an ein Territorium gebunden ist, oder an miteinander eng verbundene Territorien. Das heißt, der Arbeitsmarkt ist ortsgebunden bzw. wenn es eine gute U-Bahn oder Busverbindung gibt, dann verläuft er längs dieser Verbindungen. Und auch das nur innerhalb beschränkter Entfernungen. Aber jenseits dieser Entfernungen, z.B. Leute aus Givors [Kommune im Südteil der *Courly*, DL], gut, die Leute, die eine gewisse Qualifikation haben und in Givors wohnen, die kommen nach Lyon zur Arbeit. Aber die Leute ohne Qualifikation, die in Givors wohnen, die kommen nicht nach Lyon zur Arbeit. Sie haben nicht das Bewusstsein dafür, dass der Arbeitsmarkt auf dieser Ebene liegt. Oder aber sie können es sich nicht leisten. Dann kann man eine soziologischere Analyse anstellen, die wäre zu sagen: Sie können sich nicht das Moped leisten, das ihnen gestattet nach Lyon zu fahren, den Wagen, der ihnen gestattet nach Lyon zu fahren, ein öffentliches Verkehrsmittel, das ihnen gestattet nach Lyon zu fahren oder an den Ort, zu dem sie wollen. Das ist wahrscheinlich auch das Problem von Vaulx-en-Velin."

Von all diesen Formen der Segregation sind vor allem die Einwanderer und die Jugendlichen bzw. jungen Erwachsenen mit Migrationshintergrund betroffen. Denn sie stellen einen wesentlichen Teil dieser sozial benachteiligten städtischen Minderheit. Wie gelangten sie in diese Situation?

4.2.1.2 Familiennachzug: die Verbannung in die *banlieue*

Mit dem Einwanderungsstop von 1974 nahm auch in der Agglomeration von Lyon die Bedeutung des *travailleur immigré* als Migrantentypus ab. Der *Familiennachzug* wurde zum prägenden Typ der Immigration. Für die Familien erwiesen sich die Wohnungen in den zu renovierenden innerstädtischen Vierteln an der *Place du Pont* und die vorübergehenden Notunterkünfte in den *bidonvilles* als zu klein. So gelangten sie seit den 70er Jahren in die freiwerdenden Sozialwohnungen der Vorstädte, darunter in die *ZUP* von Vaulx-en-Velin (vgl. 4.1.3).

Diese innerstädtische West-Ost-Migration war in den 70er Jahren noch relativ offen. Noch herrschte das Bild des sozialen Aufstiegs und des Zugangs zu modernem Wohnen. Doch dies änderte sich bald. Denn mit dem Wegzug der Mittelschichten und infolge wachsender Armut sank der soziale Status der Einwohnerschaft. In den 80er Jahren bildeten sich die ersten Quartiere mit einer hohen Konzentration an sozial benachteiligter Bevölkerung. Angesichts der Verarmungsprozesse bekamen die Wohnungsgesellschaften bald ihre Mieten nicht mehr und die kommunistischen Bürgermeister im *Est Lyonnais*, die anfangs in diesen sozialen Gruppen willkommene Wähler sahen, waren nicht mehr bereit, diese allein zu logieren. Zudem erließ der französische Staat nach der abgeschlossenen Bauphase der *grands ensembles* 1983 ein Gesetz, mit dem die territorialen Gebietskörperschaften die Sozialwohnungspolitik in größerer Unabhängigkeit vom Staat regeln sollten. Doch gerade hier zeigt sich die politische Dimension der residentiellen Segregation im Stadtverbund von Lyon. Sie wird in der West-Ost-Spaltung der Positionen hinsichtlich der Wohnungspolitik deutlich.

So fordern die Bürgermeister der armen Kommunen, darunter vor allem derjenige von Vaulx-en-Velin, eine ausgeglichenere Verteilung der Sozialwohnungen im städtischen Großraum. Denn der Sozialwohnungsanteil von Vaulx-en-Velin lag 1999 bei 51%, während die westlich gelegenen Kommunen bedeutend weniger Sozialwohnungen haben. Erst in den 80er Jahren hatte sich eine im Westen der *Courly* gelegene Kommune bereit erklärt, eine Politik der *mixité sociale* (soziale Mischung) zu fördern. So wurden in dieser Kommune einige Sozialwohnungen errichtet. Seit den 90er Jahren ist diese Politik der Dekonzentration von Sozialwohnungen im städtischen Raum auch in die entstandenen Stadtverträge (vgl. 4.2.1.3) aufgenommen worden. So werden einerseits im Zuge von Stadterneuerungsprogrammen Wohntürme in den *banlieues* zerstört, so z.B. 1994 in Vénissieux und 2005 in Vaulx-en-Velin. Andererseits sind 67% der zwischen 1995 und 2003 innerhalb der *Courly* finanzierten *neuen* Sozialwohnungen in Lyon und in Villeurbanne errichtet worden. Dennoch liegt der kommunale Sozialwohnungsanteil in den drei großen *ZUPs* von Vaulx-en-Velin, Vénissieux und Rillieux-la-Pape weiterhin über 50% (2003) bei einem Durchschnitt von 22% in der *Courly*.[76]

Mit dieser Politik der Dekonzentration ist allerdings das Problem entstanden, dass die dort ansässigen Familien in ihrem unmittelbaren Wohnumfeld vergleichsweise isoliert leben. So bleibt das klassische Dilemma der Wohnungspolitik erhalten: Eine Politik der Konzentration von Sozialwohnungen verschärft die residentielle Segregation, die allerdings – wenn sie als Unterstützung *vorübergehender* Gemeinschaftsbildung konzipiert ist – die Ausbildung von Nachbarschaftskontakten fördern kann. Dagegen bekämpft eine Politik der Dekonzentration diese sozialräumliche Ungleichheit. Doch entsteht dabei eher soziale Isolation, denn geographische Nähe von Gruppen unterschiedlicher Milieus führt nicht zu intensiveren

---

76 Agence d'urbanisme pour le développement de l'agglomération lyonnaise, Observatoire territorial du contrat de ville, Rapport 2004, 30.

Sozialkontakten, im Gegenteil, sie bewirkt eher eine Abgrenzung und erschwert das Zusammenleben (Chamboredon/Lemaire 1970). Allerdings stand dieses Dilemma im Stadtverbund von Lyon lange Zeit politisch nicht offen zur Debatte, da die tatsächliche Umsetzung einer Politik der Dekonzentration vor allem von den Kommunen mit wohlhabender Bevölkerung abgelehnt wurde.

In diesem Zusammenhang gibt es auch Konflikte in der Belegungspolitik der Sozialwohnungen. So war bis in die 70er Jahre der Zugang zu solchen Wohnungen noch relativ offen. Mit dem Aufkommen der residentiellen Segregation wurde aber im Stadtverbund die Belegung der Sozialwohnungen mit Einwanderern allmählich quotiert (Ailloud/Labrosse 1986, 140/141). Dies geschah im Einvernehmen zwischen den Wohnungsgesellschaften und den Bürgermeistern der Vorstadtkommunen. Allerdings sind auch hier die Belegungsrechte ungleich verteilt. Denn es sind wiederum der Stadtverbund und mit ihm die reicheren Kommunen des Zentrums, vor allem Lyon und Villeurbanne, die über ihre Wohnungsgesellschaften die Belegung der Sozialwohnungen in den Vorstädten bestimmen. Vaulx-en-Velin ist ein extremes Beispiel dafür. Denn in dieser Kommune wurden in den 90er Jahren die Sozialwohnungen von elf Wohnungsgesellschaften verwaltet, von denen nicht eine Vaulx-en-Velin gehörte. Die Kommune war lediglich mit jeweils einem Gemeinderat in nur zwei dieser Gesellschaften vertreten. So konnte die unerwünschte Bevölkerung weiterhin in Vorstädte wie Vaulx-en-Velin abgeschoben werden.

Doch ist hier ebenfalls seit den 90er Jahren ein gewisses Interesse an einer gemeinsam regulierten Belegungspolitik entstanden. Denn die Wohnungsgesellschaften müssen inzwischen neben den zunehmenden Mietverlusten auch die Verfalls- wie Vandalismusschäden berücksichtigen. Dabei fordert der Bürgermeister von Vaulx-en-Velin nicht nur eine stärkere Mitbestimmung bei der Verteilung der Sozialwohnungen innerhalb der *Courly*. Dies beinhaltet für ihn auch, in der eigenen Kommune für eine Politik der Dekonzentration einzutreten, d.h. „gleichzeitig Familien mit schwachen Einkommen und andere soziale Kategorien aufzunehmen".[77] Faktisch bedeutet dies – was ihm Kritiker immer vorhalten – keine oder zumindest bedeutend weniger Migrantenfamilien nach Vaulx-en-Velin zu lassen und dafür umso mehr die Rückkehr der Mittelschichten zu fördern. Doch einerseits scheint dieses Ziel eher illusorisch zu sein,[78] andererseits versuchen die Einwanderer, sich selbst zu organisieren. Da sie sich die Wohnungen im Stadtzentrum nicht leisten können, kaufen sie auf dem privaten Wohnungsmarkt die an Wert verfallenden, billigen Wohnungen in den Vorstädten. Diese werden an Landsleute

---

77 Interview mit Maurice Charrier, dem Bürgermeister von Vaulx-en-Velin. In: www.millénaire3.com, 03.06.2003.
78 Zu den Folgen einer solchen „Quotenpolitik" in Frankreich vgl. Lapeyronnie/Frybès 1991, 154.

untervermietet und sind oft überbelegt. Vor allem in Kommunen des *Est Lyonnais* wie Saint-Priest und Bron, aber auch in manchen Straßenzügen von Vaulx-en-Velin schritt dieser Prozess in den 90er Jahren voran. So ist es den zuzugswilligen „neuen" Migranten letztendlich doch gelungen, in der *banlieue* eine Wohnung zu finden.

Insgesamt betrachtet unterscheidet sich somit die Wohnungssituation der heutigen Migranten im städtischen Großraum von Lyon fundamental von derjenigen der Einwanderer aus der Nachkriegszeit. Denn während sich die meisten südeuropäischen Zuwanderer – nach einer vorübergehenden *community*-Bildung in spezifischen Wohnvierteln – infolge sozialen Aufstiegs und residentieller Mobilität relativ homogen auf den städtischen Raum verteilten, lebt die Mehrheit der Nordafrikaner und anderer ethnischer Minderheiten noch immer und teilweise immer mehr sozialräumlich konzentriert in den Vorstädten. Diese residentielle Segregation zeigt sich darin, dass 1999 im östlichen Teil der Agglomeration der weitaus größte Teil der Ausländer und darunter auch der nordafrikanischen Ausländer wohnte (vgl. Abb. 9).[79] Letztere konzentrieren sich nach wie vor auch in den innerstädtischen Vierteln Lyons. Während der Durchschnittswert der ausländischen Bevölkerung in der *Courly* 1999 10% betrug, lag er in vier Kommunen über 15%. Dazu zählte neben Saint-Fons, Pierre-Bénite und Vénissieux Vaulx-en-Velin, wo 21% der Bevölkerung 1999 keine französische Staatsangehörigkeit hatte.

Der Migrationsprozess der Einwanderer vom Zentrum der *Courly* in die östliche Peripherie ist somit zum Stillstand gekommen. Die *banlieue* ist einerseits zu einer Barriere für neue, zuzugswillige Immigranten geworden. Einen Zugang gibt es nur noch über die relativ günstigen Eigentumswohnungen auf dem privaten Wohnungsmarkt. In Vorstädten wie Vaulx-en-Velin haben sie seit den Unruhen von 1990 noch mehr an Wert verloren. Andererseits hat sich die *banlieue* aber auch zur Endstation für einen Großteil der dort altansässigen Bevölkerung entwickelt. Denn diese hat große Schwierigkeiten, außerhalb ihrer Kommune eine Wohnung zu finden, sei es aus finanziellen Gründen, sei es aufgrund der Tatsache, dass sie aus einer stigmatisierten Vorstadt kommt. Für die Jugendlichen wird dies zum Problem, wenn sie den elterlichen Haushalt verlassen und einen eigenen gründen wollen. Was hat nun der lokale Staat gegen die verschiedenen Formen der Segregation unternommen?

---

79 Zu dieser juristischen Kategorie des *étranger* (Ausländer), d.h. zur Bevölkerung mit nichtfranzösischer Staatsangehörigkeit, zählen nur wenige der Jugendlichen mit Migrationshintergrund, da die überwiegende Mehrheit von ihnen Franzosen sind. Dennoch verdeutlicht diese räumliche Verteilung die Konzentration dieser Jugendlichen und jungen Erwachsenen in den entsprechenden Vorstädten, da sie lange Zeit im elterlichen Haushalt wohnen und ein Großteil von ihnen auch danach in den Vorstädten bleibt.

Abbildung 9: Räumliche Verteilung der Ausländer im Stadtverbund von Lyon (1999)

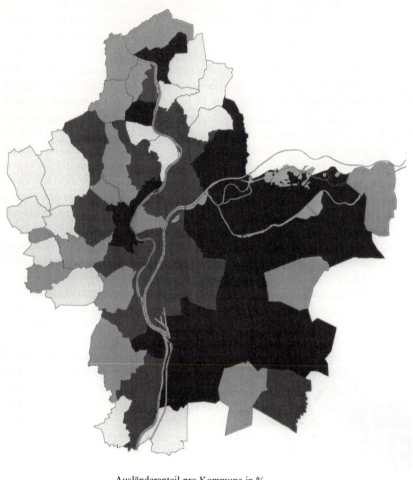

Ausländeranteil pro Kommune in %
- ■ zwischen 8 und 21%
- ■ zwischen 4,5 und 8%
- ▨ zwischen 3,5 und 4,5%
- ☐ zwischen 1 und 3,5%

Quelle: Agence d'urbanisme pour le développement de l'agglomération lyonnaise, INSEE-RGP 1999

4.2.1.3 Der lokale Staat in der Agglomeration: großstädtische Solidarität?

Der lokale Staat in der Agglomeration besteht aus dem Stadtverbund *und* jeder einzelnen der 55 ihn bildenden, mit Hoheitsrechten versehenen Kommunen. Die *Courly* besitzt ihrerseits nur die erwähnten Hoheitsrechte, die sich im Wesentlichen auf die Stadt-, die Wohnungs- und die Verkehrsentwicklung begrenzen. Damit beteiligt sie sich seit Beginn der 80er Jahre an der staatlich initiierten Stadtpolitik. Angesichts der Segregationsprozesse geht es darum, eine großstädtische Solidarität herzustellen, um eine weitere Spaltung des Territoriums in wohlhabende Kommunen und benachteiligte Vorstädte bzw. Quartiere zu verhindern. Diese begrenzte *urban governance* wird durch die Entscheidungen des Rates der *Courly* legitimiert. Da dieser Rat nicht von den Bürgern der 55 Kommunen gewählt, sondern, wie erwähnt, indirekt über deren Gemeinderäte entsprechend der Größe jeder Kommune zusammengesetzt wird, fehlt die *direkte* demokratische Legitimation. Aus ihr ergibt sich ein Mangel an politischer Identifikation, *citoyen* der Metropole Lyon zu sein.

Doch was bedeutet es, als *citoyen* zur Stadtgesellschaft zu gehören? Ist man ein „normaler" Großtadtbürger oder kommt man eben aus der *banlieue*? In der städtischen und nationalen Öffentlichkeit kann ein Problembewusstsein darüber entstehen, das zur Identität der Vorstadtbewohner, ihrer Anerkennung und ihrer über die Stadtpolitik betriebenen positiven Diskriminierung beiträgt. So soll im folgenden *erstens* am Beispiel des öffentlichen Auftretens des Bürgermeisters von Vaulx-en-Velin das Dilemma zwischen Normalität und Differenz der Vorstädte aufgezeigt werden; denn – so die Annahme – nur die Anerkennung der sozial benachteiligten Quartiere kann zur Solidarität mit ihnen führen. *Zweitens* müssen anschließend für die *Policy*-Analyse (vgl. Kap. 6) die konkreten Programme zugunsten dieser großstädtischen Solidarität genauer betrachtet werden; denn erst über die Wirkung konkreter Maßnahmen kann dem Bürger in der *banlieue* das Gefühl vermittelt werden, tatsächlich zur Stadtgesellschaft zu gehören.

Die Integration der Vorstadt Vaulx-en-Velin: als Stadt oder als *banlieue*?

Beim öffentlichen Umgang mit der sozialräumlich definierten Differenz geht es um das bereits erwähnte Dilemma: Soll die Besonderheit der *banlieue* hervorgehoben werden (*Enttabuisierung*), was mit ihrer positiven Diskriminierung aber auch ihrer Stigmatisierung durch die Medien einhergeht? Oder ist es besser, die Normalität der *banlieue* als Kommune zu betonen (*Tabuisierung*). Dies schützt sie vor den Folgen dieser Diskriminierung, verwehrt ihr andererseits aber die Anerkennung. Wie geht der Bürgermeister von Vaulx-enVelin als Interessenvertreter der Vorstadt in der städtischen und nationalen Öffentlichkeit mit diesem Dilemma um? Gerade das von den Medien vermittelte Bild ist für die *symbolische* Anerkennung wichtig. Denn es schafft eventuell ein Identifikationsangebot für die *classes dangereuses* (gefährlichen Klassen) und zeigt, ob Maurice Charrier die Prinzipien der Stadtpolitik als Politik positiver Diskriminierung befürwortet oder ablehnt.

So setzte nach den Jugendunruhen im Jahr 1990 der Prozess einer bis heute andauernden Stigmatisierung von Vaulx-en-Velin ein. Dem hielt der Bürgermeister in der ersten Hälfte der 90er Jahre einen republikanischen Diskurs entgegen, der sich dezidiert *gegen* eine Politik sozialräumlich positiver Diskriminierung wandte.[80] Dieser *tabuisierende* Diskurs verschwieg die Besonderheit von Vaulx-en-Velin und vor allem seiner Einwanderer. Vielmehr hob der Bürgermeister die Prestigeobjekte der 90er Jahre hervor: den Bau eines Planetariums, eines Gymnasiums und die Errichtung eines neuen Stadtzentrums. Dazu gehörte die ständige Wiederholung, dass die Sozialstruktur diversifiziert werden müsse. Hier unterschied sich Maurice Charrier nicht von anderen Bürgermeistern und Gemeinderäten solcher Vorstädte.[81] Dieser Diskurs wird jedoch der Besonderheit der *quartiers populaires* nicht gerecht. Wie in Kapitel 6.3.3 gezeigt werden soll, wollten die Bürger von Vaulx-en-Velin keine Prestigeobjekte wie z.B. das Planetarium.

Die zweite Welle der Stigmatisierung rollte 1995 nach der „Kelkal-Affäre" über Vaulx-en-Velin: die *banlieue* als Ort eines mutmaßlichen Terroristen. Der Medienrummel zwang den Bürgermeister erneut, an die Öffentlichkeit zu treten. In seinem Plädoyer für die Vorstädte trat wieder das universalistische, republikanische Argumentationsmuster hervor. Es dominierte der „soziale Diskurs", von ethnischer und kultureller Differenz war kaum die Rede. Zwar war diese Position im Vergleich zu den vorhergehenden Jahren abgeschwächt, doch wurde das Wort *banlieue* ganz vermieden. Ist Vaulx-en-Velin aber wirklich nur eine „kleine Stadt in Frankreich", wie es Maurice Charrier suggerierte (Le Monde, 10.10.1995)? Nach den Ereignissen von 1995 kann sie noch weniger als eine Stadt „wie jede andere" bezeichnet werden. Eine solche, die Differenz tabuisierende Imagepolitik schützt vielleicht *nach außen* vor nichtintendierten Folgen der Diskriminierung. *Nach innen* vergrößert sie aber durch die negierte Differenz die von der faktisch diskriminierten Bevölkerung bereits empfundene Kluft zwischen *nous* (uns) und *eux* (de-

---

80 Vgl. exemplarisch für diese Position: Maurice Charrier (1991/1992): Vaulx-en-Velin. In: Les Temps Modernes, no. 545-546, 92-99. Champagne (1991) geht so weit, zu behaupten, dass durch die Skandalisierung der Vorstädte eine Wirklichkeit konstruiert werde, die nicht der sozialen Realität entspreche.
81 Battegay, Alain/Boubeker, Ahmed (1993): Les médias? In: Wihtol de Wenden/Daoud (Hg.), 126-129.

nen) – das sind in der Wahrnehmung der Jugendlichen die politische Klasse Frankreichs und die *bourgeois lyonnais* (wohlhabende Bürger aus Lyon). Seit Mitte der 90er Jahre tendiert der Bürgermeister nun aber dazu, die Anerkennung der Vorstadt *nach außen* zu fordern. Denn die Berichterstattung der Medien würde dies nicht ermöglichen. Sie würde nur die Sicht der *inclus* (Integrierte) über die *exclus* (Ausgegrenzte) widerspiegeln. So erhebt sich Maurice Charrier zum Fürsprecher der in seiner Kommune lebenden städtischen Minderheit:

> „Heutzutage wird der Status des ‚Ausgegrenzten' nicht nur all denjenigen verliehen, die zu bestimmten Bereichen des gesellschaftlichen Lebens (Arbeit, Wohnung, Konsum, Kultur) keinen Zugang haben, sondern ganz generell all denjenigen, die nicht in das herrschende Modell passen, dessen Konturen von denjenigen gezeichnet werden, die man wohl – um es zu Ende zu denken – die ‚Integrierten' nennen muss. Was ist das für ein Modell? ‚Integriert' zu sein bedeutet heute, ein Leben zu führen, dessen sozio-kultureller Maßstab einem gewissen Ideal entspricht: demjenigen der Mittelschichten und Wohlhabenden, welche die wirtschaftlichen, politischen und kulturellen Grundlagen der modernen französischen Gesellschaft bilden. ‚Integriert' zu sein heißt, in seiner ökonomischen Funktion, seinem kulturellen und sozialen Verhalten, seiner Wohnsituation, usw. diesem Modell zu entsprechen. Damit schließt man von der so genannten ‚normalen' Gesellschaft diejenigen aus, die mit den größten sozialen Schwierigkeiten zu kämpfen haben: die unteren Schichten unseres Landes, die sich zumeist in den Stadtvierteln des sozialen Wohnungsbaus wiederfinden, in diesen verbannten Orten, in dieser *banlieue*. Soll man darin die Folge einer ‚soziozentrischen' Sichtweise erkennen so wie man von einer ‚ethnozentrischen' Sichtweise spricht?"[82]

Maurice Charrier kritisiert, dass der politisch-mediale Diskurs die „Ausgegrenzten" zu nicht „normalen", sozial abweichenden Bürgern abstempelt. Dabei nimmt er zwar die „Normalität" der *banlieue* in Schutz, betont wiederum den sozialen *vor* dem kulturellen Aspekt und spricht immer noch nicht von den Einwanderern. Doch erkennt er dabei die *realen* Probleme an, die eben *nicht* der gesellschaftlichen Norm entsprechen, indem er sie *enttabuisiert*. Darin ist die Tendenz zur Forderung nach Anerkennung der *quartiers populaires* im Dilemma der positiven Diskriminierung zu sehen. Als französisches Paradox wird eine republikanische Anerkennung des Besonderen gefordert.[83] Diese veränderte Position hat inzwischen dazu geführt, dass Maurice Charrier die Stadtpolitik, die er jahrelang ablehnte, öffentlich befürwortet. Seit Januar 2004 ist er stellvertretender Präsident der *Courly* und deren Dezernent für Stadtentwicklung. Im Gegensatz zu den 90er Jahren würden, so Charrier, die *banlieues* als Bestandteil einer gesamten und inzwischen kohärent konzipierten Stadtentwicklung berücksichtigt werden.[84] Welche Maßnahmen beinhaltet die damit verbundene Politik?

---

82 Maurice Charrier: La lutte contre l'exclusion: la responsabilité des politiques. Beitrag zum Kolloquium „Face au défi des exclusions: quelles stratégies d'insertion?", Montreuil (Paris), März 1996.
83 Allerdings scheint es *innerhalb* von Vaulx-en-Velin keine Anerkennung der lebensweltlichen Differenz zu geben (vgl. Kap.6). Was der Bürgermeister „nach außen" fordert, lehnt er „nach innen" ab.
84 www.carrefourlocal.org, 17.02.2005.

Die Maßnahmen der Stadtverträge

Die Programme und Maßnahmen der Stadtpolitik sind in den sogenannten *contrats de ville* (Stadtverträge) zu finden. Es handelt sich um politische Vorhaben großstädtischer Solidarität. Während in anderen städtischen Großräumen wie z.B. Marseille oder Toulouse bereits in den 80er Jahren Stadtverträge entstanden waren (Donzelot/Estèbe 1994, 206ff), kam es in der Agglomeration von Lyon erst 1994 zum Abschluss eines solchen fünf Jahre lang gültigen Vertrages (1994-1999). Doch wurden bereits nach den ersten *rodéos* Anfang der 80er Jahre zwischen dem Staat und den drei Kommunen Villeurbanne, Vaulx-en-Velin und Vénissieux Stadtentwicklungsverträge geschlossen. Vaulx-en-Velin und Vénissieux gehörten anschließend mit drei weiteren Kommunen zur „ersten Generation" von *DSQ*-Stadtviertelverträgen, die von 1986 bis 1990 implementiert und bis 1993 verlängert wurden. Zu dieser „zweiten Generation" (1990-1993) wurden neun weitere Stadtgebiete hinzugenommen, die mehrheitlich in den Vorstädten lagen (vgl. Abb. 2).[85]

Bei diesen Verträgen hatte die *Courly* von Anfang an Koordinationsaufgaben. In den 1994 von *allen* Gebietskörperschaften (Region, Departement, Stadtverbund, Kommunen) und dem Staat unterzeichneten Stadtvertrag wurde dann ausdrücklich das Ziel der „ausgewogenen" Großstadt aufgenommen. Die sozialen Probleme sollten nicht auf die Vorstädte begrenzt, sondern zur großstädtischen Angelegenheit werden. Erst dieser Vertrag bezog auch *alle* Kommunen der *Courly* in die Stadtpolitik mit ein.[86] Dabei wurde der Stadtvertrag bereits 1994 durch die sogenannten *Grands projets urbains/GPU* (Große Stadtprojekte) von Vénissieux und Vaulx-en-Velin erweitert und zwei Jahre später fielen ein Teil von Vaulx-en-Velin und andere Quartiere aus den Kommunen des Stadtverbundes unter die erwähnten *zones franches* (Freihandelszonen). Schließlich wurde dieser erste Stadtvertrag (1994-1999) für den Zeitraum 2000-2006 erneuert. So ist die Stadtpolitik sehr komplex geworden und konzentriert sich mittlerweile in den *grands ensembles* der Agglomeration auf die sogenannten *Grands projets de ville/GPV* (vgl. Abb.12). Vaulx-en-Velin und Vénissieux stehen am längsten in der Kontinuität dieser Politik.

---

85 Der Abschluss solcher Verträge setzt die Einwilligung der jeweiligen Kommune voraus. So gab es Anfang der 90er Jahre Vorstadtkommunen von Lyon, die sich nicht an der Stadtpolitik beteiligten. Denn die Kommunen tendieren dazu, die von außen kommenden politischen Maßnahmen zu kontrollieren und dadurch die Stadt- und Minderheitenpolitik gelegentlich zu blockieren (Lapeyronnie 1993a, 307ff).

86 Zur Stadtpolitik in der Agglomeration von Lyon vgl. www.crdsu.org und die vom Stadtentwicklungsamt herausgegebenen Dokumente (vgl. Anm. 72) inklusive der zwischen 1998 und 2004 erschienenen Berichte des *Observatoire des territoires sensibles*, welcher die Stadtpolitik evaluiert und die neuesten Statistiken zur Agglomeration dokumentiert.

Wie es z.B. im Stadtvertrag von 2000-2006 heißt, liegt das Ziel dieser *contrats* nun darin,

> „eine großtädtische Solidarität zugunsten des Kampfes gegen die städtischen und sozialen Ausgrenzungen zu entwickeln, um den sozialen Zusammenhalt in der Agglomeration zu stärken."[87]

Dieses Ziel schlägt sich dem Vorhaben nach in allen Politikfeldern nieder, zu denen auch die besonders in den 80er und 90er Jahren konfliktbehaftete Wohnungs- und Verkehrspolitik zählt, über deren Hoheitsrechte die *Courly* verfügt.

So soll nach diesen Verträgen über die *Grands projets de ville* der Wohnraum der Vorstädte durch komplette Umstrukturierung wiederaufgewertet werden. Daher wurden in Vénissieux und Vaulx-en-Velin Wohntürme gesprengt und gleichzeitig sollen in solchen Kommunen neue städtische Zentren mit Dienstleistungsangeboten geschaffen werden. In der Wohnungspolitik geht es darum, die ungleiche Verteilung von Sozialwohnungen in der Agglomeration durch die Politik der Dekonzentration noch weiter abzubauen. Die Verkehrspolitik soll die Vorstädte mit öffentlichen Verkehrsmitteln leichter erreichbar machen. In ökonomischer Hinsicht erheben die Stadtverträge den Anspruch, die Wirtschaftsansiedlung in den Vorstädten u.a. über die *zones franches* zu fördern. Das Ziel liegt darin, auf großstädtischer Ebene und zugunsten der beruflichen Eingliederung besser die Nachfrage der niedrig qualifizierten Bevölkerung mit den Angeboten der großstädtischen Wirtschaft zu koordinieren. Ferner beinhalten die Verträge sozialpolitische Maßnahmen, eine Politik gegen das Schulversagen, eine Kulturpolitik und eine Politik gegen Kriminalität und Drogenkonsum. Die Stadtverträge sollen zudem die Teilhabe der Bevölkerung anregen. Schließlich verfolgen sie das Ziel, stärker die Situation der ethnischen Minderheiten zu berücksichtigen (vgl. auch Frybès 1992). Dies zeigt sich im laufenden Stadtvertrag von 2000-2006 z.B. im erklärten Vorhaben, gegen die ethnischen Diskriminierungen vorzugehen. Bei alledem beinhalten diese *contrats de ville* wie alle stadtpolitischen Verträge finanzielle Sondermittel für die Behörden, die in den Stadtvierteln ohnehin über ihren regulären Finanzhaushalt verfügen.

Wie die skizzierte sozialräumliche Entwicklung des städtischen Großraums jedoch bereits zeigt, haben viele Jahre der Stadtpolitik trotz all dieser Maßnahmen die Situation nicht verbessern können. Im *Policy*-Zyklus werden die neuen Maßnahmen immer wieder mit den ernüchternden Resultaten konfrontiert.

Die Implementation dieser Programme soll mit Vaulx-en-Velin für *eine* Kommune untersucht werden. Im Mittelpunkt stehen dabei die für die Zielgruppe der

---

87 *Contrat de ville de l'agglomération lyonnaise*, Juni 2000, 10.

Jugendlichen relevanten Politikbereiche. Dabei bleibt vor allem für den Arbeitsmarkt und die Mobilität der Jugendlichen der Kontext der Agglomeration von zentraler Bedeutung. Dagegen ist die Kommune der zentrale Ort für die Erfahrung der Jugendlichen mit der Demokratie. Um den Kontext der Lebenswelt dieser Jugendlichen und die Implementation der Stadtpolitik in Vaulx-en-Velin verstehen zu können, muss noch die neuere Entwicklung dieser Kommune seit den 70er Jahren betrachtet werden.

4.2.2 Vaulx-en-Velin: Markt, lokaler Staat und Gesellschaft

Dies beinhaltet die sozio-ökonomische Entwicklung, die in die postfordistische Wirtschaftsdynamik der städtischen Ökonomie eingebettet ist. Auf dem Arbeitsmarkt klafft hier eine Kluft zwischen einerseits der Ansiedlung moderner Dienstleistungsbetriebe in Vaulx-en-Velin und andererseits der niedrigen Qualifikation der dort lebenden Bevölkerung (4.2.2.1). Zur kommunalen Entwicklung gehören ferner die sozialen Milieus bzw. Lebenswelten. In ihnen werden die ortsbezogenen Transformationen spezifisch verarbeitet, in ihnen entstehen eventuell neue soziokulturelle Bindungen (4.2.2.2). Schließlich sind die Veränderungen im lokalen politischen System zu betrachten, denn sie schaffen die (nicht) vorhandene Legitimation und Akzeptanz für Stadtpolitik und Demokratie (4.2.2.3).

4.2.2.1 Sozio-ökonomische Entwicklung

Die Wirtschaftsstruktur von Vaulx-en-Velin war bis in die 70er Jahre durch die Seidenindustrie im Südteil der Stadt geprägt. Sie beschäftigte einen Großteil der in der Kommune lebenden Bevölkerung. Doch ging die *Deindustrialisierung* auch nicht an Vaulx-en-Velin vorbei. Die 70er Jahre wurden zum Wendepunkt. In der Seidenfabrik von *Rhône-Poulenc* wurde die Produktion eingestellt; gleichzeitig setzte mit dem Bau der ZUP das rasante demographische Wachstum ein. Vaulx-en-Velin bekam im großstädtischen Kontext immer mehr eine Wohnfunktion. Unter den Neubürgern befand sich bereits ein hoher Anteil sozial schwacher Bevölkerungsgruppen.

Er verstärkte sich mit der weiteren *demographischen Entwicklung* in der Agglomeration. Während die Bevölkerungszahl von Vaulx-en-Velin mit dem Bau der ZUP anfangs in die Höhe schnellte, kam es 1982 zu einer Stagnation. In der Kommune lebten 1982 wie 1990 knapp über 44 000 Einwohner.[88] Trotz dieser Stagnation blieb die Mobilität relativ hoch. Dies erklärt sich daraus, dass einerseits ein Teil der Mittelschichten die *ZUP* verlassen hat und ein Eigenheim in deren Umkreis oder im zweiten Ring der Peripherie bezog. Andererseits kamen neue sozial schwache Familien nach Vaulx-en-Velin, die zusammen mit den bereits dort ansässigen Bevölkerungsgruppen inzwischen in ihrer Mobilität sehr eingeschränkt sind. So hatte die Bevölkerung von Vaulx-en-Velin 1990 folgenden Merkmale: 34% der Einwohner waren jünger als 20 Jahre, es lebten über 40 verschiedene Nationalitäten in der Kommune und der offizielle Ausländeranteil lag bei 22,7%. In der *ZUP* war die Bevölkerung noch jünger; im Mas du Taureau lag der Anteil der unter 20-Jährigen bei 40%, der Ausländeranteil bei 32%.[89]

Insgesamt führten die Deindustrialisierung und die demographische Entwicklung zur Auflösung des davor existierenden kommunalen Gleichgewichts zwischen Wirtschafts- und Arbeitsmarktentwicklung: die *Arbeitslosigkeit* wuchs. Nach einer Untersuchung des Forschungsinstituts *CREDOC* besaßen 1995 20% der erwerbstätigen Bevölkerung einen festen Arbeitsplatz, 30% hatten einen prekären Arbeitsvertrag und weitere 30% – darunter 35% junger Menschen unter 30 Jahre – machten ein Praktikum oder hatten einen zeitlich befristeten Solidaritätsvertrag (zit. nach Wieviorka 1999, 222/223).

Gleichzeitig ging mit der neuen Wohnfunktion dieser Vorstadt für die Bevölkerung eine *Trennung von Wohnen und Arbeit* einher. Über zwei Drittel der erwerbstätigen Bevölkerung (68,6%) verließ 1990 die Kommune täglich zur Arbeit. Nur knapp ein Drittel (31,4%) arbeitete in Vaulx-en-Velin. Darunter fielen mit 40% als stärkste Altersgruppe die unter 25-Jährigen.[90] Die Stadtverwaltung ist dabei bis heute auf kommunalem Gebiet der wichtigste Arbeitgeber und beschäftigt viele Einwanderer. Dagegen arbeiten die Jugendlichen eher in den kleinen und mittelständischen Betrieben von Vaulx-en-Velin. Das Angebot an Arbeitsplätzen in und außerhalb der Kommune reicht aber bei weitem nicht aus bzw. entspricht nicht dem Qualifikationsprofil der Bevölkerung. Was hat die Kommune dagegen unternommen?

Auf den Wandel in der heimischen Wirtschaft reagierte sie mit einer neuen *Standortpolitik*. In den 80er Jahren wurden neue Industriegebiete ausgewiesen und

---

88 Die folgenden Informationen und Daten stützen sich auf zahlreiche Dokumente der Stadtverwaltung von Vaulx-en-Velin, die hier nicht im Einzelnen aufgeführt werden können. Darunter zählen auch die bis in den Mikrobereich der Quartiere entsprechend aufgearbeiteten INSEE-Daten der Volkszählungen von 1982, 1990 und 1999.
89 Zwischen 1990 und 1999 ist die Bevölkerung von 44 000 auf 39 000 Einwohner zurückgegangen. Dieses negative Migrationssaldo steht für die abnehmende Attraktivität der Kommune. Es erklärt sich aus einer Verlangsamung des Zuzugs und nicht aus einer Steigerung des Wegzugs von Bürgern.
90 Repères. Informations économiques. Ville de Vaulx-en-Velin, No.4/1991, 27-29.

Anfang der 90er Jahre ein kommunaler Wirtschaftsdienst gegründet. Seine Aufgabe besteht wie erwähnt darin, die Gründung von mittelständischen Unternehmen in Vaulx-en-Velin zu fördern sowie Unternehmen anzuwerben, um eine lokale Wirtschaftsdynamik in Gang zu setzen, Gewerbesteuern einzunehmen und adäquate Arbeitsplätze für die niedrig qualifizierte Bevölkerung zu schaffen.

Nun hat zwar bereits seit 1985 die Zahl neu gegründeter Unternehmen in Vaulx-en-Velin zugenommen. In der Metall- und papierverarbeitenden Industrie sowie im Baugewerbe wurden der Struktur der heimischen Wirtschaft entsprechend neue mittelständische Betriebe gegründet. Denn im Gegensatz zur Wirtschaftsstruktur auf dem Gebiet des Stadtverbundes, wo 1990 71% der Unternehmen dem Dienstleistungssektor und nur noch 29% dem industriellen Sektor angehörten, zählten die in Vaulx-en-Velin ansässigen Unternehmen nur zu 58% zum Dienstleistungssektor, 42% waren noch industriell geprägt. Zwar hat das Übergewicht der kleinen und mittelständischen Betriebe in Vaulx-en-Velin dafür gesorgt, dass keine Arbeitsplatzabhängigkeit von Großbetrieben entstand, welche die Kommune jederzeit wieder hätten verlassen können. Doch sind dadurch Synergieeffekte zwischen Großindustrie und modernem Dienstleistungsgewerbe ausgeblieben. Daher ist der Dienstleistungssektor in Vaulx-en-Velin relativ schwach ausgeprägt. Im Bereich des Handels, vor allem bei der Lebensmittelversorgung, gab es sogar eine Tendenz zur Abwanderung der Unternehmen und damit zur Unterversorgung der ansässigen Bevölkerung. Dies zeigte sich 1992, als der Großmarkt *Auchan*, der im Zuge des städtischen Wachstums der Agglomeration in den 80er Jahren auf der grünen Wiese von Vaulx-en-Velin entstanden war, aus Gründen mangelnder Rentabilität aus der *banlieue* abzog.

In dieser neuen Wirtschaftsdynamik ist die heimische Wirtschaft ein Teil der *großstädtischen Ökonomie*. Der Bürgermeister von Vaulx-en-Velin legt Wert darauf, dass auch seine Kommune mit ihren Standortvorteilen in die Wirtschaftsentwicklung der Agglomeration eingebettet wird und von ihr profitiert. Vaulx-en-Velin spielt in der Tat eine wichtige Rolle, denn die Kommune liegt im nordöstlichen Teil der Agglomeration auf einer der beiden Achsen der zukünftigen Stadt- und Wirtschaftsentwicklung. Da die Straßenanbindung günstig und die Bodenpreise verhältnismäßig niedrig sind, haben sich Unternehmen aus Lyon und Villeurbanne in Vaulx-en-Velin niedergelassen. Sie nehmen am Regionalisierungs- und Europäisierungsprozess der Lyoneser Wirtschaft teil. Dies ist einer der Gründe dafür, dass die Anzahl der Unternehmen in Vaulx-en-Velin gestiegen ist und die Wirtschaft floriert.

Doch hat sich dies nicht auf den lokalen Arbeitsmarkt ausgewirkt. Denn die Unternehmen, die das Zentrum verlassen und sich in der Peripherie tertiarisieren, haben die hochqualifizierten Mitarbeiter aus ihren alten Niederlassungen mitgenommen. So besitzt Vaulx-en-Velin einerseits eine der höchsten *Zuwachsraten an Arbeitsplätzen* mit hohem Qualifikationsniveau innerhalb des Stadtverbundes. Während zwischen 1982 und 1990 die Zahl der Arbeitsplätze im Durchschnitt der *Courly* um nur noch 5% zunahm, hatte Vaulx-en-Velin in diesem Zeitraum einen Zuwachs von 31% erreicht.

Andererseits stand die Kommune aber mit einer *Arbeitslosenquote von 16%* (1990) an der Spitze im Stadtverbund. Die neuen hochqualifizierten Arbeitsplätze entsprechen somit nicht dem Ausbildungs- und Qualifikationsprofil der in der *ZUP* wohnenden Bevölkerung, die ihrerseits auf dem zweiten Arbeitsmarkt in Vaulx-en-Velin oder dem städtischen Großraum eine Beschäftigung sucht. So schlägt sich das Auseinanderklaffen von Wirtschafts- und Arbeitsmarktentwicklung u.a. in dieser mangelnden Angleichung von Arbeitsplatzangebot und -nachfrage nieder. Die Deindustrialisierung und die demographische Entwicklung bestimmen dabei den Ort. Daher sind vor allem die Bürgermeister der Kommunen des *Est Lyonnais* bestrebt, wieder ein kommunales Gleichgewicht herzustellen, was sie u.a. auch über die soziale Diversifizierung der Bevölkerung erreichen wollen. Die Wiederherstellung dieses Gleichgewichts hält der Vorsitzende der *ADERLY* 1992 allerdings für eine Illusion:

> „Die französische Vorstellung von einer Gemeinde, einer Kirchengemeinde, die ist nicht mehr haltbar. Man muss sich vor Augen halten, dass die Gemeinden in Frankreich die kirchlichen Gemeinden aus dem Jahre 1750 sind. Wenn ich also höre, wie mir ein französischer Bürgermeister sagt: ‚Meine Gemeinde ist in zwei Teile gespalten', dann hat das heute nichts mehr zu bedeuten. Und wenn man sagt: ‚Der Arbeitsmarkt in meiner Kommune muss ausgeglichen sein', so kann das nur Gelächter hervorrufen. Denn die Aufteilung in Verwaltungseinheiten, die politische Aufteilung, die 1750 zur Zeit der Revolution sinnvoll war, als es Gemeinden und Kirchtürme gab, die hat heutzutage völlig ihre Bedeutung verloren. 55 Gemeinden im Bereich des städtischen Großraums von Lyon, ich meine, eine so starke Aufteilung des städtischen Großraums von Lyon, das ist absurd."

Dieses Auseinanderdriften von Wirtschafts- und Arbeitsmarktentwicklung ist aber umso brisanter, als die Zahl der Erwerbstätigen entsprechend der Bevölkerungspyramide von Vaulx-en-Velin seit 1982 zunimmt. Die Notwendigkeit, sich an einem außerhalb der Kommune gelegenen Arbeitsmarkt zu orientieren, bereitet vor allem den verunsicherten Langzeitarbeitslosen und den an ihr Quartier gebundenen Jugendlichen Schwierigkeiten, vor allem dann, wenn sie über kein persönliches Transportmittel verfügen.

So hatten die Wirtschafts-, Arbeitsmarkt- und demographische Entwicklung der Bevölkerung von Vaulx-en-Velin 1990 *sozialstrukturelle Merkmale* verliehen, die für die zunehmende großstädtische Segregation bezeichnend sind und innerhalb von Vaulx-en-Velin je nach Stadtteil variieren. So lag z.B. der hohe Anteil an ungelernten Arbeitern, deren Kinder ich interviewte, im kommunalen Durchschnitt bei 19% und im Stadtviertel *Mas du Taureau* bei 26%. Eine ähnliche Differenz gab es hinsichtlich der offiziellen Arbeitslosigkeit. In Vaulx-en-Velin betrug sie 16%, im *Mas du Taureau* 25% (vgl. auch 5.1). Diese Arbeitslosigkeit wirkte sich wiederum auf den Lebensstandard aus. So zählten die Stadtviertel der *ZUP* von Vaulx-en-Velin gemessen an der Anzahl der Empfänger des *Revenu minimum d'insertion/ RMI* (staatliches Mindesteinkommen zur Wiedereingliederung) und nach den Armutsindikatoren der *Caisse d'allocations familiales/CAF* (Kasse zur Familienbeihilfe) zu den ärmsten in der Agglomeration. Im Jahr 1990 hatten 35% der Haushalte mit mehr als zwei Kindern in diesen Armutsvierteln ein unter 2500 *Francs* (380 €) liegendes Monatseinkommen (Le Progrès, 18.06.1992). Entsprechend war auch die Wohnungssituation dieser verarmenden Unterschichten.

Die Errichtung der *ZUP* hatte dazu geführt, dass 1990 63% der *Wohnungen* in Vaulx-en-Velin Sozialwohnungen waren, womit diese Kommune an der Spitze innerhalb des Stadtverbundes lag und immer noch liegt (vgl. Abb. 8). In den überbelegten Wohnungen lebten bereits 1982 viele sozial schwache Einwandererfamilien, in denen die heranwachsenden Jugendlichen und jungen Erwachsenen keine Möglichkeit zum Auszug fanden. Gleichzeitig standen aber 1990 knapp 10% der Wohnungen leer. Während sich der größte Teil des außerhalb der *ZUP* gelegenen Wohnungsparks durch eine hohe Anzahl an Eigentümern, eine ältere Bevölkerung, niedrige Mobilität und eine vergleichsweise niedrige Zahl nichtfranzösischer Haushalte auszeichnete, war die *ZUP* durch Sozialwohnungen, eine junge Bevölkerung, hohe Mobilität sowie eine hohe Anzahl von Einwanderern, Arbeitern und Arbeitslosen geprägt.

Auch die *schulischen Probleme* konzentrieren sich wie erwähnt in den Kommunen des *Est Lyonnais*. Dabei gibt es im innerkommunalen Vergleich von Vaulx-en-Velin nach dem Indikator des „Schulversagens" eine Dreiteilung der Stadt in das Dorf, den Südteil und die *ZUP* (vgl. Abb. 3). Während im Dorf die Quote Anfang der 90er Jahre niedrig lag und im Südteil etwas anstieg, war sie in der *ZUP* am höchsten. Ihre Stadtviertelschulen werden von vielen Kindern aus Familien mit niedrigem sozialem Status besucht. In diesem Kontext ist das Ansehen der Vorstadtschulen von Vaulx-en-Velin gesunken. Die zu erzielenden Bildungsabschlüsse sind auf dem Schulmarkt der Diplome relativ niedrig und schlecht angesehen. Dies hat im Laufe der Zeit die sogenannte *évasion scolaire* (Schulflucht) erhöht: Die Eltern schreiben ihre Kinder in außerhalb ihres Stadtviertels gelegene Privatschulen ein. Wenn die Quote dieser „Schulflucht" im französischen Durchschnitt bei 10% lag, erreichte sie 1990 in Vaulx-en-Velin 19%.

4.2.2.2 Milieus und soziale Bindungen

Die Sozialstruktur hat auch die Milieus und die sozialen Bindungen in Vaulx-en-Velin mitgeprägt. Diese sind wiederum in den drei erwähnten Teilen der Stadt sehr verschieden. So leben im *Dorfkern* der ursprünglich agrarisch geprägten Gemeinde noch einige alteingesessene Bevölkerungsgruppen. Als zumeist französischstämmige Bevölkerung sind diese Dorfbewohner fest etabliert und haben untereinander relativ stabile soziale Beziehungen. Der Anteil der Einwanderer ist im Dorfkern gering. Dagegen kann man den *Südteil* von Vaulx-en-Velin am ehesten mit der beschriebenen „roten Vorstadt" vergleichen. Das soziale Milieu war in dieser interethnisch geprägten Arbeitswelt der *Cité Tase* über die paternalistische Protektion der Seidenfabrik entstanden und z.T. auch geprägt durch die Infrastruktur der kommunistisch regierten Stadtverwaltung mit ihrer Partei und der ihr nahestehenden Gewerkschaft *Conféderation générale du travail/CGT* (Allgemeiner Arbeiterverband). Obwohl sich mit der Deindustrialisierung diese arbeitsweltlichen Bindungen zunehmend aufgelöst haben, gab es im Südteil von Vaulx-en-Velin bis Anfang der 90er Jahre noch immer ein reges Vereinsleben, was auf eine relativ intakte Nachbarschaft schließen ließ. Seitdem haben sich allerdings auch diese Überbleibsel des Arbeitermilieus aufgelöst (Le Monde, 14.04.01).

Dagegen ist die *ZUP* von Beginn an eine Wohnstadt gewesen, die nie eine direkte Verbindung zur Arbeitswelt hatte. Soziale Bindungen konnten hier, abgesehen von migrationsspezifischen Kontakten, nur im Wohnumfeld entstehen. Dieses besaß allerdings immer eine schwache Infrastruktur, die von der Stadtverwaltung errichtet und kontrolliert wurde. Dabei spielten die Vereine eine wichtige Rolle. Sie wurden von den anfänglich in der *ZUP* lebenden Angehörigen der Mittelschichten animiert, die z.T. Gemeinderäte und Parteimitglieder waren. Mit dem Wegzug der Mittelschichten zerfiel jedoch diese Vereinsstruktur, von der auch die sozial benachteiligten Bevölkerungsgruppen profitiert hatten (Chérasse 1982, 14).

Das Stadtviertel *Mas du Taureau* besaß dabei eine Besonderheit. Dort hatte sich ein politisch linksstehender und antikommunaler Verein mit dem Namen *Association pour l'animation culturelle et sociale/APACS* (Verein zur kulturellen und sozialen Freizeitgestaltung) gegründet. Er leitete das Gemeindezentrum in diesem Stadtviertel und war bis Ende der 80er Jahre eine wichtige Anlaufstelle für die Jugendlichen. Dieser Verein geriet aber in eine interne Krise und in Konflikt mit der Stadtverwaltung, da er sich nicht von ihr kontrollieren ließ. Dies trug zur weiteren Schwächung der Infrastruktur in diesem Stadtviertel bei.

So ist einerseits anzunehmen, dass in der *ZUP* von Vaulx-en-Velin die sozialen Probleme und der Verlust bzw. der von Anfang an bestehende Mangel an sozialen

Bindungen wie in anderen französischen Vorstädten zu *sozialer Desintegration* und Desorganisation geführt haben (Dubet/Lapeyronnies 1992). Wie in amerikanischen Untersuchungen beschrieben (Shaw/Mc Kay 1942), dürfte auch in Vaulx-en-Velin ein Zusammenhang zwischen einerseits der Desorganisation von Nachbarschaften infolge von niedrigem ökonomischem Status, ethnischer Heterogenität sowie residentieller Mobilität und andererseits wachsender Kriminalität existieren.[91]

Andererseits ging ich aber davon aus, dass in den Quartieren von Vaulx-en-Velin nicht nur Anomie und soziale Desorganisation herrschten. Es sollte auch *soziale Bindungen* geben, die aus Nachbarschaft und Wohndauer, Statusgleichheit, Gemeinsamkeiten im Lebensstil, gleicher Herkunft, gleichem Geschlecht oder Alter resultierten. Für die alteingesessenen Bürger schien vor allem das *soziologische Alter* (Elias/Scotson 1993), d.h. die gemeinsam im Quartier verbrachte Wohndauer ausschlaggebend zu sein. Da die einzelnen Baueinheiten der *ZUP* nicht zum gleichen Zeitpunkt errichtet wurden und die residentielle Mobilität zu den neueren Bauabschnitten hin stieg, musste das soziologische Alter in den neueren Stadtvierteln wie *La Thibaude* (*ZUP II*) niedriger als in den älteren Stadtvierteln *La Grappinière* und *Mas du Taureau* (*ZUP I*) sein (vgl. Abb. 3). In der *ZUP I* lebte ein Teil der Bevölkerung seit über zwanzig Jahren und pflegte – wie ich dann aus den Gesprächen erfuhr – intensive soziale Beziehungen. Entsprechend war auch die soziale Kontrolle in diesen Quartieren höher.

Es handelte sich vor allem um die Familien der Einwanderer. Bereits vor meiner Exploration legte die existierende Literatur zu Vaulx-en-Velin nahe, dass in deren alltäglicher Lebenswelt rege soziale Beziehungen und informelle Kontakte infolge migrationsspezifischer Bindungen bestehen. Die gemeinsame dörfliche Herkunft im Auswanderungsland, alte Wohnkontakte aus den Quartieren von Lyon und besonders Familienstrukturen spielten dabei ein wichtige Rolle. Manche nordafrikanischen Großfamilien haben Netze in ihrem Wohnviertel und über den gesamten städtischen Großraum gespannt, so dass man Vaulx-en-Velin in der Tat als „orientalische Vorstadt" bezeichnen kann (Begag 1984; 1991). Die sozialen Netze und Organisationen sollten für die Lebenswelt der Jugendlichen erkundet werden. Doch wie verhielt es sich mit der politischen Bindung und Identifikation? Welche Möglichkeiten waren dafür innerhalb des lokalen politischen Systems gegeben?

---

91 Der Nachweis hätte eine eigene Untersuchung erfordert. Sie wäre allerdings nicht möglich gewesen, da keine ausreichenden und verlässlichen Daten zur Kriminalität vorliegen. Wie aus vertraulicher Quelle im Rathaus mitgeteilt, wurden und werden sie systematisch überwacht und zurückgehalten.

4.2.2.3 Das lokale politische System

Von 1929 bis in die 90er Jahre stellte der *Parti communiste français* in Vaulx-en-Velin den Bürgermeister. Der *PCF* übte lange Zeit eine politische Hegemonie über die sozial relativ homogene und in einem festgezurrten Milieu arbeitende und lebende Bevölkerung aus. In der im Südteil von Vaulx-en-Velin gelegenen *banlieue rouge* bildeten der Bürgermeister und die Gemeinderäte die zentrale intermediäre Instanz. Mit der Entstehung der Arbeiterkultur übernahmen auch die Gewerkschaften in diesem Teil der Stadt eine wichtige Funktion der Interessenvermittlung.

Der Bau der *ZUP* hatte Vaulx-en-Velin zu einer Wohnstadt gemacht. Es veränderte sich das Verhältnis zwischen der Stadtregierung und der Bevölkerung, die zumeist außerhalb der Vorstadt arbeitete oder in der Stadtverwaltung eine Anstellung fand. Die Beziehung zwischen Bürger und lokalem Staat war nicht mehr wie im Südteil der Stadt industriegesellschaftlich geprägt. Die neuen Klientelbeziehungen bestanden darin, dass die Gemeinderäte für politische Unterstützung Wohnungen und Arbeitsplätze als Gratifikation an die Neubürger vergaben. Zudem wurde eine Infrastruktur von Freizeit- und anderen kommunalen Einrichtungen aufgebaut. Dazu zählten die Vereine, deren Aktivitäten von den zu den Mittelschichten gehörenden Neubürgern gestaltet wurden. Diese Vereine stellten nun neben dem Bürgermeister und den Gemeinderäten die zentralen Vermittlungsinstanzen. Sie unterstanden dabei einer engen Kontrolle durch die Stadtverwaltung. Auch wenn sich dieses kommunalpolitische Hegemoniesystem im Laufe der Zeit verändert und der Bürgermeister Distanz zum *PCF* genommen hat, ist die jahrzehntelange kommunistische Tradition von Vaulx-en-Velin erhalten geblieben. Sie zeigt sich bis heute symbolisch in vielen Straßennamen, die von der *rue Ho Chi Minh* bis zur *promenade Lénine* reichen.

Was die Einwanderer betrifft, engagierten sich diejenigen, die seit der Industrialisierung nach Vaulx-en-Velin kamen, in der Arbeiterbewegung. Dagegen wurden die mit dem Bau der *ZUP* in diese Vorstadt gelangenden neuen Migranten wie die französischen Neustädter an das kommunale Klientelsystem gebunden. In den Interviews mit den Jugendlichen hieß es nicht selten: *„Der Bürgermeister hat uns eine Wohnung gegeben."*[92] Vaulx-en-Velin besaß in dieser Zeit sogar vorübergehend einen Beauftragten für Wohnungsfragen der Einwanderer.

Diese Dominanz des *PCF* im kommunalen Parteiensystem begann allerdings seit Ende der 70er Jahre nachzulassen. Die Stimmenanteile nahmen kontinuierlich ab, so dass die Partei ihre Position im Rathaus heute nur noch der kommunalen

---
92 Zur kommunalen Klientelbeziehung zwischen Einwanderern und französischen Stadtverwaltungen vgl. Boumaza 1992.

Honoratiorenwahl verdankt. In diesem Kontext entstand 1981 eine Linksunion zwischen dem *PCF* und dem *Parti socialiste/PS*. Diese vereinigte Linke bildet bis heute die politische Mehrheit im Stadtrat und unter Maurice Charrier die Stadtregierung. Seit 1985 Bürgermeister, stützte er sich lange Zeit auf den *PCF*, nahm in den 90er Jahren Distanz zu ihm und ist inzwischen aus der Partei ausgetreten.

Gegenüber dieser insgesamt dominanten Linken war die bürgerliche Rechte in Vaulx-en-Velin schon immer schwach vertreten. Der Einfluss der Neogaullisten des *Rassemblement pour la République/RPR* ist dabei stets etwas stärker gewesen als derjenige des konservativ-liberalen Parteienbündnisses *Union pour la démocratie française/UDF*. Schließlich kam es seit 1984 auch in Vaulx-en-Velin zu einem kontinuierlichen Aufstieg des rechtsextremen *Front national/FN*. Gemessen am Wähleranteil hatte sich der *FN* bereits in den 80er Jahren zur stärksten Partei auf der Rechten entwickelt.

Wie sah nun die politische Situation in den 90er Jahren aus? Am aussagekräftigsten für die kommunalen politischen Mehrheitsverhältnisse in Vaulx-en-Velin ist die Kommunalwahl von 1995. Sie zeigt, dass auch in dieser Kommune die ehemalige Rechts-Links-Polarisierung des französischen Parteiensystems in ein „bipolares Viergestirn" (Duverger) bestehend aus *PCF* und *PS* auf der einen sowie *RPR* und *UDF* auf der anderen Seite einer gewissen *Fragmentierung* gewichen ist. Denn neben den etablierten Parteien traten auf der Linken zwei neue unabhängige Listen auf. Auf der Rechten kandidierte weiterhin der *Front national*. Wer zählte bei dieser Wahl zu den Verlierern und zu den Gewinnern (Tab.1)?

Tabelle 1: Ergebnisse der Kommunalwahlen von Vaulx-en-Velin 1995
(11. und 18. Juni, in % der gültigen Stimmen)

	1. Wahlgang	2. Wahlgang	Sitzverteilung		
			(1989)	1995	(2001)
Vaulx, Solidarités, Progrès (Liste des Bürgermeisters)	40,8	52,7	(35)	33	(31)
Vaulx-en-Velin unie (alternative Linksliste)	5				
Le Choix Vaudais (unabhängige Bürgerliste)	7,4				
Vaulx fait Front (Front national)	31	33,5	(3)	7	
Réussir ensemble Vaulx-en-Velin (bürgerliche Parteien)	15,8	13,8	(5)	3	(8)

Quelle: Stadtverwaltung von Vaulx-en-Velin 1995

Relativer Verlierer war die kommunale politische Klasse, auf der Linken wie auf der Rechten. Die etablierte Linke wurde im ersten Wahlgang von der Liste des Bürgermeisters mit dem Namen *Vaulx, Solidarités, Progrès* (Vaulx, Solidarität,

Forschritt) angeführt. Sie setzte sich aus drei Strömungen zusammen: den Kandidaten des *PCF*, des *PS* und der *Initiatives Citoyennes pour Vaulx* (Bürgerbewegung für Vaulx). In der dritten Strömung sammelten sich um Maurice Charrier die reformkommunistischen Erneuerer, andere nicht parteikonforme Linke und Ökologen. Der Bürgermeister legte großen Wert darauf, dass auf seiner Liste im Vergleich zu den vorangegangenen Kommunalwahlen neue Kandidaten ohne Parteietikett standen. So warb er mit einer „Politik der Öffnung", welche die kommunale Solidarität und die realisierten sowie geplanten Projekte seiner Politik in den Vordergrund stellte (Bau eines Gymnasiums, neues Stadtzentrum, etc.). *Vaulx, Solidarités, Progrès* hatte zwar 40,8% der Stimmen erreicht, doch war dieses Resultat für Maurice Charrier ein Verlust gegenüber seinem in der Kommunalwahl von 1989 erzielten Ergebnis.

Auch die bürgerliche Rechte hatte im Vergleich zu diesen vorangegangenen Wahlen an Einfluss verloren. Erst kurz vor der Wahl gelang es dem neogaullistischen *RPR* und dem bürgerlichen Parteienbündnis *UDF* eine gemeinsame konservativ-liberale Oppositionsliste aufzustellen. Diese Uneinigkeit auf der Rechten war einer der Gründe dafür, dass *Réussir Ensemble Vaulx-en-Velin* (Gemeinsamer Erfolg für Vaulx-en-Velin) nur 15,8% der Stimmen erhielt. Die Themen der Liste gruppierten sich um die innere Sicherheit, die kommunale Verschuldung, die Fehler der Stadtentwicklung, den „zu hohen Ausländeranteil" sowie den Steuer- und Abgabendruck.

So gingen die etablierten Parteien geschwächt aus dieser Wahl hervor. Selbst wenn die Linke die Mehrheit behielt, ist das kommunale politische Hegemoniesystem mit seinem Klientelismus in die Krise geraten. Wenn es bis heute die prägende Kraft in der Kommune bleibt, hängt dies vor allem an der starken Stellung, welche die französische Kommunalverfassung dem Bürgermeister zuschreibt. Zwar hat sein Parteiaustritt aus dem *PCF* seine interne Stellung im Rathaus geschwächt und ihm bei Wahlen die Unterstützung des Parteiapparates entzogen. Doch wahrt Maurice Charrier sein linkes Image und profitiert vor allem bei der Bevölkerung von seiner parteiübergreifenden Popularität. Sie resultiert aus seinem *Charisma* und der von ihm betriebenen „Politik der Öffnung", die ihn zu einer parteiübergreifenden kommunalen Integrationsfigur macht.

Zu den Gewinnern der Kommunalwahl von 1995 zählte erstens die *Wahlenthaltung*. Sie lag im ersten Wahlgang bei 41%. Zwar war es mit dem Bevölkerungswachstum seit 1973 zunächst zu einer starken Mobilisierung der Wählerschaft in dieser Vorstadt gekommen. Doch setzte schon 1983 bei konstanter Bevölkerungszahl eine Zunahme der Wahlenthaltung ein. Im Zeitraum von 1973 bis 1989 befand sie sich in Vaulx-en-Velin bereits 15% über dem französischen Durchschnittswert. Beim ersten Wahlgang der Kommunalwahlen von 2001 stieg sie auf 53,8%, in den sieben Wahlbüros der *ZUP* schwankte sie sogar zwischen 53% und 67%. Wahlsoziologisch betrachtet war sie 1995 in denjenigen Wahlbüros bzw. Stadtvierteln am höchsten, in denen die Bevölkerung den niedrigsten Anteil an Wohneigentum hatte, am jüngsten war, den höchsten Arbeiteranteil stellte und es die größte Arbeitslosigkeit gab. Diese Wahlenthaltung geht in Vaulx-en-Velin wie in ganz Frankreich seit Jahren zulasten der etablierten Parteien der V. Republik. Sie verdeutlicht trotz der vom Bürgermeister proklamierten Öffnungstendenzen und trotz des Auftauchens neuer Listen die wachsende Kluft zwischen den Bürgern und der politischen Klasse in dieser Vorstadt.

Der zweite Gewinner war die *autoritäre* Stimme: der *Front national*. Er trat unter dem Namen *Vaulx fait Front* (Vaulx formiert sich) an. Von allen Listen attackierte er am stärksten die kommunalpolitische Bilanz des Bürgermeisters. Im Wahlkampf des *FN* stand noch stärker als bei der bürgerlichen Rechten die innere Sicherheit im Vordergrund. Sie wurde mit der Anwesenheit der Einwanderer verbunden. Die „Umkehrung des Einwandererstroms" in Frankreich wäre ein Gewinn für das „soziale Gleichgewicht" von Vaulx-en-Velin. Die „nationale Identität" wurde dem „multikulturellen Magma" in dieser Stadt entgegengehalten. Dabei forderte der *FN* die Bevorzugung der Franzosen beim Zugang zu Wohnungen und Sozialleistungen. Zudem drängte er auf Transparenz in den kommunalen Finanzen und auf mehr Steuergerechtigkeit. Schließlich sollte die lokale Demokratie mithilfe vom „Volk" ausgehender kommunaler Referenden bei wichtigen Stadtprojekten gefördert werden (Le Progrès, 02.06.1995). Der *FN* kam auf 31% der Stimmen.

Die Erfolge des *Front national* entsprechen der politischen Situation im östlichen Teil der Agglomeration. In mehreren Kommunen des *Est Lyonnais* hatte die rechtsextreme Partei beim ersten Wahlgang über 25% und in einer Kommune sogar 34% der Stimmen erhalten. Eine Mikroanalyse für Vaulx-en-Velin ist aufschlussreich. So waren die Erfolge des *FN* bei der Kommunalwahl im Dorf am größten. Auch im Umkreis der *ZUP* schnitt die rechtsextreme Partei relativ gut ab. Dies waren die Orte, wo sich eine lokale Infrastruktur der Partei ausgebildet hat.[93] Dagegen konnte der *FN* in den sozial am stärksten benachteiligten Stadtvierteln der *ZUP* wie dem *Mas du Taureau* keine hohen Erfolge erzielen. Dieses Resultat hing u.a. vom hohen Migrantenanteil und von den vergleichsweise intensiven sozialen Beziehungen im Stadtviertel ab, die es verhinderten, den *FN* mit seinen nationalis-

---

93 Insgesamt ist die lokale Infrastruktur der Partei (Parteiorganisation, Vereinsnetz etc.) im Vergleich zu anderen Vorstädten in Paris oder Marseille relativ schwach ausgeprägt. Der FN hat in Vaulx-en-Velin weniger einen sozialen Bewegungscharakter. Vielmehr ist er „anonyme" Protestwähler-Partei. Allerdings haben sich in den Berufsverbänden der Vorstädte Organisationsstrukturen der Partei gebildet, vor allem bei der Polizei und den Lyoneser Verkehrsbetrieben.

tischen Gemeinschaftsparolen zum Profiteur eines anomischen Zustands zu machen. Eine Untersuchung zur Entwicklung des *Front national* in Vaulx-en-Velin von 1974-1994 zeigt, dass die Erfolgszonen dieser rechtsextremen Partei nicht so sehr in den interethnisch zusammengesetzten „Armutsvierteln", sondern vielmehr in den „Zuschauervierteln" am Rand der *ZUP* oder in Entfernung zu ihr liegen (Samama 1995). Hier existieren Ängste vor Status- und Identitätsverlust. Die Krise der Stadt wird über die in der *ZUP* lebenden Fremden wahrgenommen.

Unabhängig von den etablierten Parteien zählte drittens die *demokratische, libertäre* Stimme zu den Gewinnern, selbst wenn sie bedeutend schwächer als ihr in Gestalt des *FN* auftretender autoritärer Gegenpol war (vgl. *cleavages* in 2.2.1.2). Auch sie übte scharfe Kritik am Bürgermeister und am kommunalpolitischen Klientelismus. Die erste Liste namens *Vaulx-en-Velin unie* (Vereintes Vaulx-en-Velin) wurde von einem Parteidissidenten des *PS* angeführt, der in den 80er Jahren im Stadtrat saß. Sie griff nicht nur die Bilanz des Bürgermeisters an, sondern hatte auch ein konstruktives Programm vorgelegt. Dazu gehörten Projekte zur Schulpolitik und zur Arbeitsbeschaffung sowie der Vorschlag, die Stadtteilforen (vgl. 6.3.2) von den Einwohnern wählen zu lassen. Ferner kritisierte der sozialistische Dissident die fehlenden Maßnahmen gegen den *Front national*. Er setzte sich schließlich nicht nur für eine stärkere Interessenvertretung der jungen Bevölkerung und der Frauen in Vaulx-en-Velin, sondern auch der Einwanderer ein. Diese wollten sich seiner Ansicht nach nicht nur durch von der Stadtverwaltung ernannte, aus dem Milieu der Einwandererjugend stammende Alibipersonen vertreten lassen. *Vaulx-en-Velin unie* konnte 5% der Stimmen erreichen.

Im Gegensatz zur ersten bildete sich die zweite Liste namens *Le Choix Vaudais* (Für Vaulx-en-Velin) aus den Stadtvierteln heraus. Mitglieder der Jugendvereine und einzelne politisch engagierte Bürger hatten sich zu dieser Liste assoziiert. Mehrere ihrer Kandidaten besaßen einen Migrationshintergrund. „Für Vaulx-en-Velin" kritisierte ebenfalls die bisherige Kommunalpolitik. Die Themen reichten von der kommunalen Finanzpolitik über die Bürgerbeteiligung bis hin zu den Problemen der inneren Sicherheit (vgl. 6.3.3.2). Bei der Entstehung der Liste spielte der Verein *Agora* eine zentrale Rolle. *Le Choix Vaudais* konnte 7,4% der Stimmen erreichen.

Angesichts dieser Resultate standen im zweiten Wahlgang nur noch die Liste des Bürgermeisters, des *Front national* und der bürgerlichen Rechten zur Wahl. Die Fragmentierung des Votums im ersten Wahlgang wich einer *Repolarisierung*, bei der die demokratische Linke gegen die extreme Rechte stand. Die Liste des Bürgermeisters erhielt 52,7%, der *Front national* 33,5% und die gemäßigte Rechte 13,8% der Stimmen. Die Wahlbeteiligung war auf 58% gestiegen. Dies lag zu zwei Dritteln an der Mobilisierung gegen, zu einem Drittel an der Mobilisierung zugunsten des *Front national* (Le Progrès, 20.06.1995). Infolge des Mehrheitswahlrechts fielen von den 43 Sitzen im Stadtrat 33 auf die Liste des Bürgermeisters. Dies sicherte ihm weiterhin die absolute Mehrheit. Obwohl der *FN* 33,5% der Stimmen erreichte, bekam er nur sieben Sitze im Stadtrat. Damit war er auch in dieser politischen Institution zur stärksten Oppositionspartei geworden. Denn die gemeinsame Liste von *UDF* und *RPR* hatte gegenüber 1989 zwei Sitze verloren und kam nur noch auf drei.

Bei der Kommunalwahl vom März 2001 hielt der Trend zur hohen Wahlenthaltung (53,8% im ersten Wahlgang) und zur Fragmentierung der Listen an. Sie waren nur anders zusammengestellt. Die vom *PCF* und der *PS* unterstützte Liste des Bürgermeisters kam auf 48,3%, die trotzkistische Liste *Lutte ouvrière* (Arbeiterkampf) auf 6,0% und die linksökologische Bürgerliste *Gauche écologiste citoyenne* auf 8,0% der Stimmen. Die bürgerliche Rechte kandidierte mit zwei Listen. Die erste Liste, konservativ-liberal (*RPR-UDF-DL*), erreichte 8,9%, die zweite, konservativ-autoritär (*Rassemblement pour la France/RPF*), 28,7% der Stimmen. Die zweite Liste profitierte davon, dass der *Front national* bei diesen Wahlen nicht antrat. Seine lokale Führungsfigur kandidierte im Wahlkreis Lyon für den rechtsextremen *Mouvement national républicain/MNR*. Im zweiten Wahlgang kam die Linke auf 62,4% und die Rechte auf 37,6% der Stimmen. Somit wurde Maurice Charrier wiedergewählt. Die Wahlkampfdebatte kreiste erneut um die kommunale Verschuldung und vor allem die Politik der inneren Sicherheit (Le Progrès, 08.03.2001). Die Kommune hatte 1997 unter Federführung des Bürgermeisters zur Überwachung der Stadt Videokameras installiert, was die libertär-ökologische Linke im Wahlkampf zur Kritik veranlasste und der autoritären Rechten etwas das Wasser abtrug.

Insgesamt lässt sich für die politische Entwicklung in Vaulx-en-Velin festhalten, dass die Gewinner seit Mitte der 90er Jahre – ähnlich wie in ganz Frankreich – die extremen Parteien und die Wahlenthaltung sind. Dies wurde bei den Präsidentschaftswahlen von 2002 erneut bestätigt: Jean-Marie Le Pen, der Kandidat des *FN*, landete im ersten Wahlgang mit 21,7% der Stimmen auf Platz eins, die Wahlenthaltung ließ zwar angesichts der Bedeutung der Präsidentschaftswahl nach, lag aber noch immer bei 35,7%.[94]

---

94 Die erfolgreichsten der insgesamt 16 Kandidaten schnitten in folgender Reihenfolge ab: Auf den rechtsextremen Jean-Marie Le Pen (21,7%) folgten der sozialistische Herausforderer Lionel Jospin (18,5%), der amtierende Staatspräsident Jacques Chirac (12%), die Trotzkistin Arlette Laguiller (7,3%), der Linkssouveränist Jean-Pierre Chevènement (7,1%), der Grüne Noël Mamère (6,6%), der Kommunist Robert Hue (6,1%) und der Trotzkist Olivier Besancenot (4,5%). Der Erfolg von Jean-Marie Le Pen wirkte im zweiten Wahlgang, bei dem die Wahlbeteiligung gegen-

Diese *exit*-Option eines Großteils der Wählerschaft verweist auf die Grenzen der Wahlsoziologie und der Parteienforschung für die Erklärung des politischen Verhaltens in der *banlieue*. Hier kann die politische Stimme des Bürgers nur noch im qualitativen Zugang gehört werden. So fasst ein junger Erwachsener von *Agora* die Stimmung nach den Kommunalwahlen von 2001 folgendermaßen zusammen:

> „Die Leute hier sind angewidert. Man erzählt ihnen etwas von Wachstum, sie sind aber immer noch arbeitslos. Man erzählt ihnen etwas von Stadterneuerung, aber wir leben hier immer noch in einer Schlafstadt, ohne Lebensmittelpunkt, Kino, Restaurant, Geschäfte, öffentliche Dienstleistungen und Transportmittel. (...) Die Wahlenthaltung ist eine Warnung an alle, an die Politiker aber auch an uns. 1995 haben wir einen Wahlspruch an die Jugendlichen gerichtet: ‚Gehe wählen, auch wenn du nicht einverstanden bist'. Dieses Mal sind wir weniger präsent gewesen. Das war vielleicht ein Fehler." (zit. nach Le Monde, 14.04.2001)

über dem ersten Wahlgang von 64,3% auf 71,9% anstieg, wiederum mobilisierend und polarisierend: Jacques Chirac erreichte 77,6% gegenüber 22,4% der Stimmen für Jean-Marie Le Pen.

5 Die Lebenswelt der Jugendlichen

Vergemeinschaftung und Vergesellschaftung beziehen sich als Integrationsprozesse sowohl auf die Sozialisation der Jugendlichen als auch auf die Sozialisationsinstanzen, die gleichzeitig Institutionen der Stadtpolitik sind. Das Ziel der Stadtpolitik liegt darin, die soziale und politische Integration der Jugendlichen zu fördern. Dabei gibt es in diesem Prozess der Sozialisation gleichzeitig eine „soziale Nachfrage" der Jugendlichen und ein „staatliches Angebot" der Institutionen. Beide reagieren aufeinander, allerdings sind Aktion und Reaktion nicht eindeutig zuzuordnen. In diesem Kapitel wird daher zunächst die Sozialisation der Jugendlichen in Vaulx-en-Velin aus deren Eigenperspektive beschrieben. Dies beinhaltet ihre Wahrnehmung der Stadtpolitik. In Kapitel 6 wird dann die (lokal)staatliche Intervention aus der Sicht der Programme und Akteure der Stadt- bzw. Jugendpolitik untersucht. Da seitens der Institutionen die sozialen Probleme der Jugendlichen anders interpretiert werden, soll es in Kapitel 6 darum gehen, die Implementation dieser Politik den Wahrnehmungen der Jugendlichen gegenüberzustellen. Dabei wird zu fragen sein, wo die Räume zwischen Kooperation und Selbstorganisation der Jugendlichen liegen?

5.1 Jugend in Vaulx-en-Velin

Die Selbstdarstellung von Vaulx-en-Velin in Hochglanzbroschüren lautet: „Eine junge Stadt". Von den insgesamt 44 535 Einwohnern der Kommune (1990) waren 51% jünger als 28 Jahre. Der Anteil der 15-24-Jährigen betrug mit fast 9000 Einwohnern 20,2%.[95] Aus welchen Familien kam diese junge Bevölkerung? Nach dem Beruf des Familienvorstandes zählte ein Großteil der Familien zu den unteren Sozialschichten. Unter den Beschäftigten waren 18,8 % Hilfsarbeiter und Arbeiter, 19,3% Facharbeiter und 21% Angestellte. Nur 16% waren leitende Angestellte, Ingenieure, Lehrer, Beamte und nur 6,4% freiberuflich tätig. 18,5% hatten ihren Beruf nicht angegeben. Im Stadtviertel *Mas du Taureau* lag der Arbeiteranteil so-

---
95 Die folgenden Daten beziehen sich auf die Volkszählung von 1990: Exploitation du recensement INSEE, Etudes et Programmation Vaulx-en-Velin 1992.

gar bei 26,1%. In diesem Quartier hatten nur 2,9% der Bewohner leitende Positionen inne und nur 3,7 % arbeiteten freiberuflich. Welche Angaben lassen sich zur Tätigkeit der Jugendlichen aus diesen Familien machen? Von den 15-24-Jährigen war knapp die Hälfte zwischen 15 und 19 Jahre alt. Von diesen Jugendlichen besuchten 85% die Schule bzw. befanden sich in Ausbildung. Darunter zählten aber auch die Jugendlichen, die angaben, sich in der *Mission Locale* für ein Praktikum oder eine berufsbildende Maßnahme eingeschrieben zu haben. Sie waren faktisch arbeitslos. Aussagekräftiger ist daher der Beschäftigungstyp der 15-24-Jährigen. Danach hatten 41,8% der männlichen und 46,5% der weiblichen nicht mehr die Schule besuchenden Bevölkerung zwischen 15 und 24 Jahren nur ein befristetes Arbeitsverhältnis. Dazu zählten Ausbildungslehrgänge, Qualifizierungsverträge, Zeitarbeitsverträge und Praktika in Unternehmen sowie Ausbildungszentren.[96] Diese Angaben beziehen sich auf die Gesamtheit der Jugendlichen von Vaulx-en-Velin. Sie variieren jedoch nach Wohnviertel. So war der *Mas du Taureau* das Stadtviertel mit der höchsten Arbeitslosenquote. Während diese bei der Gesamtbevölkerung von Vaulx-en-Velin offiziell bei 16% lag und zu 28% die 15-24-Jährigen betraf, gaben im *Mas du Taureau* 25% der gesamten erwerbstätigen Bevölkerung an, arbeitslos zu sein. Davon fielen 33,2% auf die unter 25-Jährigen. Berücksichtigt man alle erwerbsbezogenen Faktoren (frühzeitige Schulabbrecher, Auszubildende, Praktikanten, Haushaltshilfen, kurzfristig Erwerbstätige, gemeldete und nicht gemeldete Arbeitslose), dürfte die effektive Jugendarbeitslosigkeit der 15-24-Jährigen im *Mas du Taureau* nach Angabe eines Verwaltungsbeamten von Vaulx-en-Velin 1990 bei weit über 50% gelegen haben. In der zweiten Hälfte der 90er Jahre hat sich diese Situation in Vaulx-en-Velin und in den anderen *banlieue lyonnaises* zwar verbessert, was u.a. daran liegt, dass viele der jungen Erwachsenen *befristete* Arbeitsverträge im unteren Segment des industriellen und des Dienstleistungssektors bekommen haben. Seit 2001 ist aber wieder ein Anstieg der Arbeitslosigkeit in der *Courly* und im *Est Lyonnais* zu verzeichnen (Observatoire, rapport 2004, 8; Anm. 72).

Diese Daten dürfen allerdings nicht den Eindruck erwecken, dass die Jugendlichen in Vorstädten wie Vaulx-en-Velin nur schulischen Misserfolg und ausschließlich Probleme bei der beruflichen Eingliederung haben. Ein Angestellter der örtlichen Schulverwaltung, der auf die Erfolge hinweisen wollte und in gewisser Konkurrenz zur *Mission Locale* stand, formulierte es folgendermaßen:

> „Die Tatsache, dass die Stadt die *Mission Locale* zu 50% mitfinanziert, verstärkt bei den Entscheidungsträgern oder den kommunalen Behörden den Eindruck, dass die Ausbildungsprobleme der Jugendlichen in Vaulx-en-Velin Ausbildungsprobleme der gefährdeten Ju-

---

96 Repères 4/1991, 25, Ville de Vaulx-en-Velin.

gend sind. Wenn man das einmal zugegeben hat, bleibt aber doch noch eine ziemlich bedenkliche Unterschätzung des großen Anteils an Jugendlichen, die ihre Schullaufbahn normal fortsetzen, die ganz normale Bildungswege gehen, und das sind, selbst in der schwierigen Lage, in der sich Vaulx-en-Velin befindet, schätzungsweise die Hälfte. Das macht immerhin die Hälfte der Jugendlichen aus, von denen man sagen kann, dass sie nicht gefährdet sind. Schließlich sind wir hier nicht in den Vororten von Kairo."

Der individuelle Erfolg und soziale Aufstieg der Jugendlichen, der die *banlieue* ebenso charakterisiert wie ihre Probleme, ist allerdings weniger sichtbar. Die Masse der erfolgreichen Jugendlichen, die nicht von sich reden macht, hält sich weniger in den Straßen der Vorstadt auf. Sie kommen oft nur zum Schlafen ins Wohnviertel bzw. verlassen es irgendwann ganz (Jazouli 1995, 352).[97] So trifft auch auf Vaulx-en-Velin die für ganz Frankreich geltende Situation zu, dass ungefähr die Hälfte der Einwandererjugend, deren Vater Arbeiter war, in den Arbeitsmarkt integriert ist, die andere Hälfte sich dagegen in prekären Beschäftigungsverhältnissen befindet oder arbeitslos ist (vgl. 2.2.2.2). In einem sozial besonders hoch belasteten Stadtviertel wie dem *Mas du Taureau* verschiebt sich allerdings diese Gewichtung. Etwas flapsig und aus der eigenen Situation heraus vielleicht übertrieben drückt es ein Jugendlicher maghrebinischer Herkunft aus diesem Stadtviertel folgendermaßen aus:

„Unter den Jugendlichen zwischen 17 und 25 Jahren gibt es 10%, die eine feste Stelle haben, 30%, die hier und dort mal Arbeit finden, 20%, die Praktika absolvieren und der Rest arbeitet überhaupt nicht." (Akim)

So hatte ich es im *Mas du Taureau* neben den Schülern vor allem mit arbeitslosen Jugendlichen zu tun. Nun wusste ich, dass sie von den Institutionen *les jeunes* (die Jugendlichen) genannt wurden; als *les jeunes* bezeichneten sie sich sogar selbst. Doch waren es nicht mehrheitlich Einwandererjugendliche? Die Jugendlichen maghrebinischer Herkunft wurden zur unauffindbaren Wirklichkeit. In den französischen Statistiken tauchen sie infolge des *jus soli* ohnehin nur als französische Staatsbürger auf. Um den Anteil der Jugendlichen maghrebinischer Herkunft im *Mas du Taureau* genau zu ermitteln, wäre eine Zählung nötig gewesen. Ihr Anteil an der Gesamtbevölkerung der Jugendlichen von Vaulx-en-Velin wurde auf mindestens 50% geschätzt. Im *Mas du Taureau*, wo der Anteil der Bürger mit nichtfranzösischem Pass 1990 bei 33% lag und die Migrantenfamilien kinderreich waren, dürften nach Angabe desselben Verwaltungsbeamten drei Viertel der Jugendlichen maghrebinischer Herkunft gewesen sein. Doch war die ethnische Herkunft

---

97 Derjenige Teil der jungen Bevölkerung, der eine feste Beschäftigung findet und Vaulx-en-Velin mit seinem Wohnsitz verlässt, fließt nicht in die Erfolgsquote ein, da die Erwerbstätigkeit nach Wohnorten erfasst wird.

für das Selbstverständnis der Jugendlichen und für ihre Lebenswelt wichtig? Wenn die Beschäftigungs- und Sozial*struktur* die statistische Recherche erforderte, mussten die *sozio-kulturellen* Bindungen dieser Jugendlichen über die Interviews erforscht werden.

Zur weiteren Exploration führte ich daher zunächst die eingangs erwähnten Interviews mit P., dem Meinungsführer von *Agora*, und einer Sozialarbeiterin. Beide analysierten die verschiedenen Sozialisationsverläufe. Ihre Analysen waren identisch. Am besten fasste es P. zusammen:

> „Unter den 15-25-Jährigen kann man zwei Bevölkerungstypen unterscheiden. *Den ersten, der es geschafft hat oder auf dem Weg zum Erfolg ist, d.h. der bereits fest in eine schulische oder berufliche Ausbildung integriert ist.* Es handelt sich hierbei um einen ziemlich schwer zu umreißenden Bevölkerungsteil, der nicht die gewalttätigeren Ausdrucksformen derer benutzt, die sich auf dem Weg in die Ausgrenzung befinden. Und dann gibt es den zweiten Teil: Die Jugendlichen, die sich auf dem Weg in die Marginalisierung befinden oder bereits marginalisiert sind. Diese verursachen natürlich die meisten Probleme. Unter ihnen gibt es welche, die eine *Berufsausbildung* haben, die *jedoch sehr prekär* ist. Und mit dem, was sie in der Hand haben, sind sie nicht imstande, einen Arbeitsplatz zu finden oder aber es sind temporäre Arbeitsplätze. Sie arbeiten von Zeit zu Zeit. Oft sind es Leute, die eine Laufbahn eingeschlagen haben, die sie eigentlich nicht wollten. Und dann gibt es, ebenfalls unter diesen gefährdeten Jugendlichen, solche, die ganz einfach auf der Straße stehen, die mit 15 oder 16 die Schule verlassen haben, *keine Ausbildung haben* und den Nährboden für die Delinquenz bieten. Und diese Gruppe ist im Wachsen begriffen, sie wirft immer mehr Probleme auf. Das ist so etwa ein grobes Bild der Jugendlichen von Vaulx-en-Velin." (Hervorh. DL)

Als P. diese verschiedenen Verläufe beschrieb, kritisierte er die zu starke Kategorisierung und betonte die Komplexität des sozialen Aufstiegs. Er wies aber dennoch auf die Trennung in zwei Gruppen hin, da Zwischenstufen zwischen den Jugendlichen in der *galère* einerseits und andererseits denjenigen, die Erfolg hatten, fehlen würden (vgl. auch Dubet/Lapeyronnie 1992, 146):

> „Ich glaube, das ist eine gute Darstellung. Gleichzeitig ist sie aber etwas vereinfachend und verzerrend. Die Dinge sind natürlich viel komplexer, denn selbst bei den Personen, die auf dem Weg zum Erfolg sind oder die es bereits geschafft haben, *bilden sich Gruppen und Untergruppen usw. mit unterschiedlichem Verhalten* heraus. Und das hat etwas mit der Ambivalenz zu tun, mit dem Widerspruch, mit dem noch ungelösten Problem der *Einwandererjugend* in Frankreich im Rahmen des gesamten politischen, wirtschaftlichen und sozialen Kontexts. Was eine Analyse ihrer verschiedenen Verhaltensweisen erschwert und kompliziert macht ist die *mangelnde Klarheit ihres Status als Franzosen*. Für diejenigen, die es geschafft haben oder die im Begriff sind, es zu schaffen, ist die Lage sehr komplex. Aber dennoch kann bei denen, die im Begriff sind, es zu schaffen oder die es bereits geschafft haben, eine gewisse Tendenz festgestellt werden, ihre Herkunft etwas zu vergessen, sich etwas zu entsolidarisieren. Denn wenn man es geschafft hat, versucht man sich zu integrieren, in einen anderen Rahmen zu kommen. Und um in diesen Rahmen zu gelangen, muss man sich von einer Reihe von Dingen frei machen. Das bedeutet, *dass es kaum einen Austausch gibt zwischen dem Personenkreis, der im Begriff ist, den Aufstieg zu schaffen,*

oder der ihn bereits geschafft hat, und denen, die es überhaupt nicht geschafft haben. Es gibt kaum eine Leiter, eine Verbindungslinie, die zur Folge hätte, dass der Motor, der auf der einen Seite läuft, dann die anderen mitzieht. Es gibt kaum eine Verbindung zu jemandem, der es geschafft hat. Da es hier kaum einen Platz für Leute gibt, die es geschafft haben, sind sie weggezogen. Sie leben ich weiß nicht wo, weit weg. Es gibt kaum Verbindungen." (Hervorh. DL)

Vereinfacht betrachtet bedeutet dies: Es existiert einerseits relativer Schulerfolg und ein Zugang zu einer nichtprekären beruflichen Situation, die allerdings mit dem Wandel des französischen Bildungssystems (Zettelmeier 1999) so auch nicht mehr garantiert ist. Andererseits herrschen „Schulversagen", das Verbleiben in der *galère* und ein Abgleiten in die Delinquenz. Die dominierende Spaltung unter den Jugendlichen maghrebinischer Herkunft in Vaulx-en-Velin ist somit schulischer und sozio-ökonomischer Art. Diese Zweiteilung wurde auch in den ersten Interviews mit den Jugendlichen deutlich. In ihrer Sprache hieß es knapp: „Die einen starten gut, die anderen schlecht." So hatte ich einen ersten Orientierungspunkt für die Auswahl der Interviewpartner. Nun waren zwar die in Kap. 3.2.3 erwähnten drei *Zugänge* über die Institutionen, den Verein *Agora* und das Stadtviertel festgelegt. Doch wie kam ich nach *inhaltlichen* Kriterien in der Kontrastgruppenbildung weiter?

In einem *ersten Schritt* der Kontrastgruppenbildung ging es darum, mit der erhaltenen Information die „Problemfälle" aus den „Erfolgreichen" herauszuarbeiten. Doch wo lagen die Grenzen? Denn auch die „Erfolgreichen" kamen oft aus problembehafteten Einwandererfamilien und hatten Schulschwierigkeiten. Zudem war es nicht leicht, die „Erfolgreichen" anzutreffen. Entweder lebten sie nicht mehr im Stadtviertel oder ich konnte sie dort nicht auffinden. Denn die Jugendlichen in der *galère* hatten oft keine entsprechenden Kontakte mehr zu ihnen, da sie andere Wege gingen. Auch Verweise auf junge Erwachsene, die zu den „Erfolgreichen" hätten zählen können, halfen nicht weiter. Denn diese waren mit Beruf, Familie und Freizeit ausgefüllt, mit sich selbst beschäftigt und an einem Interview nicht interessiert. Die Art der Beschäftigung, die diese jungen Erwachsenen gefunden hatten, erfuhr ich über den Kurzfragebogen beim Interview mit ihren jüngeren Geschwistern.[98] Diese Schwierigkeiten führten bei der Auswahl der Interviewpartner zu einer Konzentration der Problemfälle. So war zwar mit Blick auf die Gesamtheit der Jugendlichen der *Bias* nicht völlig hergestellt, doch stieß ich damit auf die Zielgruppe der Stadtpolitik. Den Integrationsprozess der „Erfolgreichen" konnte ich schließlich nur in seinen Anfängen nachzeichnen. Ich erfuhr ihn von den im

---

98 Die Brüder waren zumeist als Arbeiter oder Handwerker angestellt. Die Schwestern übten in der Mehrzahl der Fälle Tätigkeiten im Einzelhandel, in der öffentlichen Verwaltung und im Bereich der Sozialpflege aus.

Stadtviertel lebenden Jugendlichen, die „mit Erfolg" zur Schule gingen oder zu den wenigen Studenten zählten, die noch bei ihren Eltern wohnten, da sie finanziell abhängig waren.

Daraus ergab sich das Problem der Auswahl nach *Altersgruppen*. Die „erfolgreichen" Schüler waren naturgemäß jünger als 20 Jahre. Unter den Studenten traf ich auf einen 19-Jährigen (Etienne) und eine 25-Jährige (Aïcha). Die „Problemfälle" konzentrierten sich in der Altersgruppe der 18-21-Jährigen oder bei den 24-25-Jährigen. Ich erreichte diese Jugendlichen erst nach ihrer Devianzphase. Was den Zugang über die *Mission Locale* betraf, stieß ich in dem Moment auf sie, als sie zum ersten oder eventuell zweiten Mal diese Institution aufsuchten. Die Devianzprozesse, von denen ich erfuhr, würden nach Auskunft dieser Jugendlichen in der „dritten Generation" viel früher einsetzen, seien aber bereits in den 80er Jahren ähnlich gewesen. Auf diese Weise konnte ich Informationen über die „Rosinen der Galeere" (Jazouli 1995, 271-341) erhalten. Die 15-17-jährigen „Problemfälle" waren in ihrer Devianz nicht zu erreichen. Die 12-15-Jährigen, die ich im Stadtviertel in kleinen Gruppen sah, waren als Interviewpartner für biographische Interviews zu jung. Ein Zugang zu ihnen wäre zudem extrem schwierig gewesen. Er hätte u.a. intensivere Kontakte zu den Familien vorausgesetzt, die ich als Außenstehender nicht hatte.

Bei der Auswahl ergab sich schließlich die Frage nach dem *Geschlecht*. Während sich die männlichen Jugendlichen in Gruppen auf der Straße aufhielten, war es bedeutend schwieriger, weibliche Jugendliche als Interviewpartner zu erreichen. Die „Erfolgreichen" traf ich als Schülerin und Studentin, die „Problemfälle" als 19- bis 22-Jährige in der *Mission Locale*. Die Trennung in „Erfolgreiche" und „Problemfälle" fließt mit Bezug auf alle interviewten Jugendlichen in die Darstellung über die Schulerfahrung, d.h. bei der Trennung in *college boys* and *corner boys* (bzw. *girls*) ein (siehe 5.2.2).

In einem *zweiten Schritt* ging es um die berufliche Sozialisation. Hier standen die „Problemfälle", d.h. die Mehrheit der interviewten Jugendlichen im Mittelpunkt. Von diesen sondert sich – nach der Vorinformation von P. – als dritte Kontrastgruppe eine Minderheit derjenigen ab, bei denen die Devianz bis zum Gefängnisaufenthalt reicht.[99] So hatte ich mit den „Erfolgreichen", den Jugendlichen in der *galère* und denjenigen, die delinquente Karrieren einschlagen, *drei Kontrastgruppen*. Im Zentrum standen somit diejenigen Jugendlichen, die im Stadtviertel hängenbleiben. Die Problematik dieser männlichen und weiblichen Jugendlichen

---

99 Diese Jugendlichen orientieren sich nach Information von Etienne in ihren delinquenten Karrieren an den sogenannten *maquereaux* (Mackern), kriminellen Erwachsenen, die den Mythos des schnellen Geldes verkörpern und diesen Jugendlichen als Vorbild dienen.

der *galère* fließt vor allem bei der Gruppe der Gleichaltrigen (5.2.3) und bei der beruflichen Sozialisation (5.2.4), die Problematik der Delinquenz besonders in den Unterkapiteln 5.2.3.2 (Delinquenz) und 5.2.3.3 (Kontrollbehörden) in die Darstellung ein.[100]

5.2 Zugehörigkeit und Sozialisation in Zeit und Raum: Stadtbiographien

5.2.1 Die maghrebinische Familie: zwischen Zerfall und Akkulturation

Alle interviewten Jugendlichen kamen aus kinderreichen Familien. Die Eltern waren aus dem Maghreb nach Lyon eingewandert und von den Altstadtwohnungen in Lyon sowie den Notunterkünften in Villeurbanne in die ZUP oder benachbarte Wohnviertel von Vaulx-en-Velin gelangt. Die Väter immigrierten zumeist allein in den 60er Jahren, die Mütter und die noch im Maghreb geborenen Geschwister zogen nach. Die Väter hatten zu dieser Zeit einen festen Arbeitsplatz in der Industriestadt Lyon. Die meisten Jugendlichen waren in Frankreich geboren und im familiären und schulischen Kontext des *Mas du Taureau* aufgewachsen.

Zwar stieß ich auf intakte Familien. Doch dominierten in den maghrebinischen Arbeiterfamilien die sozialen Probleme. Allerdings kamen sie nur in wenigen Interviews zur Sprache, da die Jugendlichen über diese Intimsphäre nicht gerne redeten, sich geradezu schämten und daher die Situation beschönigten. Wenn die Probleme angesprochen wurden, standen zumeist die *Armut* und die *relative Deprivation* im Vordergrund:

> „Die Familie, ich glaube, dass das ganz viel von den Problemen erklärt, die sich zur Zeit abspielen. Der familiäre Kontext ist ziemlich schwierig. Wir sind elf in unserer Familie. Ich habe zwei Brüder, die arbeitslos sind, die beiden ältesten. Sie sind dadurch etwas deprimiert. Dann haben sie auch noch die Eltern, die dauernd hinter ihnen her sind: ‚Such dir einen Job!'. Finanziell können die Eltern für diejenigen, die arbeitslos sind, nicht aufkom-

---

100 Die Themen der Interviews mit den Jugendlichen (vgl. den Leitfaden in Anhang 1) beziehen sich im biographischen Verlauf auf die einzelnen Sozialisationsinstanzen bzw. Politikfelder, über die der Staat in diesen Verlauf eingreift. Daher werden nicht einzelne Biographien in ihrer Gesamtheit vorgestellt, sondern es wird der themenorientierten Darstellung der Vorrang gegeben. Nur so können die verschiedenen Wahrnehmungen der Jugendlichen und der Institutionenvertreter kontrastiert werden. Um allerdings die Persönlichkeiten in ihrer Einheit zu wahren, wurden Kurzbiographien erstellt (vgl. Anhang 2). In der gleichzeitigen Betrachtung von Biographie und Stadtpolitik werden somit über die „biographischen Institutionen" (Passeron) die individuelle Handlung und die Struktur im Sozialisationsprozess deutlich. Dabei haben Sozialisation und Stadtpolitik eine zeitliche (Biographie/Ablauf des politischen Programms) und eine räumliche Dimension (Territorium).

> men, die sind für sie – in Anführungsstrichen – ‚ein Klotz am Bein'. Resultat: Die Eltern sind genervt. Und das kriegen die anderen Brüder auch zu spüren. Das ist schon ganz schön schwierig. Und das erklärt auch die Geldprobleme. Ich weiß, dass ich nicht zu meinem Vater gehen kann, um ihm zu sagen: ‚Gib mir etwas Geld', weil ich weiß, dass ich zwei Brüder habe, die es nötiger brauchen. Man steckt da in der Klemme. Man kann den Eltern nicht sagen, dass man unbedingt Geld braucht, weil zu Beginn des Schuljahres eine Reihe von Schulsachen zu kaufen sind. Man sitzt in der Klemme, man weiß nicht mehr was man tun soll. Den großen Brüdern kann man auch nichts abverlangen, die haben selbst kein Geld. Der familiäre Kontext ist wirklich sehr schwierig." (Nasser)

Diese Armut war zumeist durch die Langzeitarbeitslosigkeit der Väter entstanden, die von der Deindustrialisierung in Lyon betroffen waren. In den Familien mit geschiedenen Eltern oder verstorbenem Vater spitzte sich diese Situation für den allein erziehenden mütterlichen Elternteil noch mehr zu:

> „Ich habe viele Probleme in der Familie, und es war wichtig, dass ich arbeite, wegen des Geldes. Denn meine Mutter, die arbeitet, bzw. es ist noch nicht lange her, dass sie Arbeit gefunden hat. Wir haben nur von der Sozialhilfe gelebt. Wir hatten nicht viel Geld zuhause und konnten nicht machen was wir wollten. Wir konnten deshalb auch nicht in die Ferien fahren. So ist das." (Noura)

Die Familie stellte für die Jugendlichen aber nicht nur den Oikos dar, dessen Finanzkraft soziale Sicherheit bzw. Konsum ermöglichte oder verhinderte. In der Sozialisation ist die Familie der zentrale Ort für die Entstehung von *Solidarität* und die Ausbildung von *Werten*. Davon hing es ab, ob die Jugendlichen „Bezugspunkte" hatten oder nicht:

> „Mein Vater, der überwacht uns vielleicht! Da heißt es: aufpassen! Ich weiß, dass er da ist. Es gibt Väter, die lassen einen machen, was man will. Bei manchen ist der Vater sogar tot. Die Mutter, die kann dann nicht alles machen, überwachen. Wenn kein Vater da ist, dann ist es manchmal schlecht. Dann geraten sie in die Delinquenz. Es gibt auch Fälle, da ist der Bruder der Vater." (Farouk)

Diese „Abwesenheit der Eltern" (Jazouli 1995, 345ff) hatte in den Familien der interviewten Jugendlichen mehrere Gründe. Der Vater war durch lange Fahrzeiten zum Arbeitsplatz, durch Krankheit oder Scheidung nicht da. Eine Orientierung an ihm war oft infolge der psychisch zersetzenden Folgen der Arbeitslosigkeit ohnehin nicht möglich. So hatte in einigen Fällen, z.B. bei Samir, die Mutter die Rolle des Familienvorstandes übernommen. Wenn auch sie, wie bei Noura, zur Arbeit gezwungen war, gab es überhaupt keinen elterlichen Ansprechpartner mehr. Dieser Zerfall der Familie lässt sich *zum einen* aus der Akkulturation der patriarchalisch strukturierten maghrebinischen Familie an das westliche Familienmodell erklären.[101] Damit hat auch in den maghrebinischen Familien die sozialisatorische

---

[101] Angesichts der Akkulturation der maghrebinischen Einwanderer an das westliche Familienmodell sind Verschiedenheiten in der Familiensituation inzwischen mindestens so wichtig gewor-

Wirkung nachgelassen, die sich im *milieu populaire* besonders negativ auswirken kann (Déchaux 1996, de Singly 2004). Die familiären Probleme entstanden *zum anderen* aber auch aus der migrationsspezifischen Kluft zwischen dem Familienmodell der Eltern (Todd 1994, 284-292; Césari 1998, 21-25) bzw. der Herkunftskultur und der starken Akkulturation der Jugendlichen. Während die Eltern im Maghreb zumeist im ländlichen Kontext sozialisiert worden waren, kaum eine Schulbildung hatten und mit ihren eigenen Werten zurückgezogen im Stadtviertel lebten, verstanden sich die nach außen orientierten Jugendlichen, welche die französische Schule besuchten und am städtischen Leben teilhaben wollten, als Franzosen. Die unterschiedlichen Wertvorstellungen, der bisweilen geringe Kontakt zwischen Eltern und Kindern und manchmal sogar sprachliche Verständigungsschwierigkeiten führten zu Kommunikationsbrüchen in den Familien. Die unterschiedlichen Erwartungen ließen Frustrationen und Konflikte entstehen. Der „Rückkehrmythos" der Eltern stieß auf die konträren Lebensentwürfe der akkulturierten „illegitimen Kinder" (Sayad 1979), die in Frankreich geboren sind und dort bleiben. Selbst wenn viele Eltern diesen „Mythos" z.T. begraben hatten, blieb die migrationsbedingte Frustration, wenn die Kinder nicht den erhofften Schulerfolg hatten:

„Es gibt einen Kommunikationsbruch, weil die Eltern nach Frankreich gekommen sind und jetzt sehr viel von uns erwarten. Für sie war Frankreich das Eldorado. Sie meinten, wir würden wirklich den Durchbruch schaffen. Und wenn wir es nicht schaffen, so erwarten sie nichts mehr von uns. Das ist ein Bruch. Sie sagen uns: ‚Geh arbeiten, such dir einen Job und so.' Aber es gibt keine Arbeit. Und so kommt es zum Bruch und manchmal zum Konflikt." (Nasser)

Umgekehrt war ein Teil der akkulturierten Jugendlichen von ihren Eltern enttäuscht. Die männlichen Jugendlichen litten unter dem öffentlich entwerteten Bild ihres Vaters, der sich jahrzehntelang demütig als *travailleur immigré* unterwarf. Als Identifikationsfigur konnte er nicht akzeptiert werden. Damit ging ein Mangel an Autorität einher, der sich im *milieu populaire* entsprechend auswirken kann. Die weiblichen Jugendlichen trugen dagegen die migrationsspezifischen Konflikte mit ihren Müttern aus. Sie distanzierten sich von ihnen und rebellierten z.T. gegen die ihnen zugeschriebene Rolle in der Familie und im Haushalt.

Das größte Schweigen herrschte zwischen Eltern und Kindern beim Thema der Migration. Die Geschichte der Einwanderung war ein Tabu. Während Aïcha und A. die Migrationsgeschichte ihrer Eltern teilweise kannten und sich historisch ein-

---

den als die gemeinsame kulturelle Herkunft. Darunter fallen somit auch Probleme wie Scheidungen, familiärer Bindungsverlust und der allgemeine Generationenkonflikt, vgl. Camilleri 1992.

ordnen konnten, reduzierte sich bei den meisten Jugendlichen die Kenntnis über die Herkunft der Eltern auf Fragmente:

> „Es gab keine Arbeit. Die Kolonialherren hatten das Land verlassen. Ersparnisse gab es nicht. Meine Mutter sah keine Zukunft in Algerien. Sie kehrte häufig in ihre Heimat zurück. Sie geht praktisch jedes Jahr nach Algerien. Aber es gibt niemanden unter ihren Söhnen, mit dem sie über die Immigration spricht. Das ist sehr verdeckt. Das heißt nicht, dass es zwischen der Mutter und den Kindern und ihren Töchtern keine Offenheit gibt. Aber man stellt sich keine Fragen." (Samir)

Diese Distanz ging bei den marginalisierten Jugendlichen soweit, dass sie sich nicht einmal für die Migrationsgeschichte ihrer Eltern interessierten und sich damit auch zeitlich nicht situierten:

> „Meine Eltern, die sind hierher gekommen, weil es Krieg gab. Ich weiß nicht, warum sie hergekommen sind. Das interessiert mich auch kaum. Das ist Vergangenheit." (Farouk)

Trotz dieser Tabuisierung spielte die koloniale Vergangenheit eine große Rolle, vor allem bei den männlichen Jugendlichen. Denn der Vater wurde von ihnen nicht nur als *travailleur immigré*, sondern eben auch als Kolonisierter gesehen und abgelehnt. Im Kontakt mit der französischen Gesellschaft spürten sie über die rassistische Diskriminierung diese verdeckte koloniale Wunde. Bei Khaled Kelkal wurde sie zu einer Mobilisierungsressource.

Infolge all dieser familiären Probleme übernahmen die ältesten Brüder und Schwestern eine Erziehungsrolle:

> „Das Gleichgewicht, ich will damit sagen, dass jeder seinen Weg findet, denn bei mir zuhause ist kein einziger verheiratet, kein einziger hat seinen Weg gefunden. Verstehst du? Und das, nach meinem Vater, ist das meine Rolle geworden. Ich, ich muss jetzt etwas verantwortlich werden. Wenn also jeder seinen Beruf, seine Arbeit, seine Frau, seinen Ehegatten findet, das ist letztendlich das Gleichgewicht." (Hacène)

Die älteren Geschwister hatten bereits die Erfahrungen der *galère* gemacht. Es lag ihnen viel daran, ihre jüngeren Brüder und Schwestern von diesem Weg abzuhalten. Ihre Erziehungsvorstellungen waren zwar liberaler als diejenigen ihrer Eltern, was sich besonders bei den nach individueller Emanzipation strebenden Mädchen zeigte und zeigt (Guénif Souilamas 2000). Doch blieb vor allem bei den männlichen Jugendlichen ein gewisser Wertekonservatismus erhalten. Er betraf den geforderten Respekt vor den Eltern, die führende Rolle des Vaters in der Familie, die „beschützende" Mädchenerziehung, strengere Sexualvorstellungen und einen entsprechenden moralischen Kodex. Die autoritären Elemente dieses virilen Konservatismus verbanden sich im Wohnviertel mit einer geschlechtsspezifischen Ausübung sozialer Kontrolle:

> „Es gibt Kontakte mit Mädchen im Viertel. Aber der Bruder, der überwacht das. Du hast das Recht zu diskutieren. Aber weiter geht das nicht. Jetzt hat sich etwas geändert. Die Mädchen gehen aus. Schau, in diesem Viertel gibt es viel Delinquenz. Die Brüder sind im Gefängnis. Die Tochter geht danach aus. Die Eltern, die können nicht immer da sein. Es gibt Mädchen, die zur Droge greifen. Viele. Früher waren sie seriöser. Es gibt mehr Freiheiten für die Leute, das ist nicht gut." (Farouk)

Die dennoch zu beobachtende Akkulturation zeigte sich am stärksten in der Ausübung der Religion. Im *Mas du Taureau* hatte ich während meines Aufenthalts nur zwei Jugendliche kennengelernt, die regelmäßig praktizierende Muslime waren. Den anderen Jugendlichen war die Religion gleichgültig oder sie maßen ihr zwar eine große Bedeutung zu, betonten jedoch, dass sie den Islam erst dann praktizieren würden, wenn sie es richtig und regelmäßig tun könnten:

> „Die Religion? Das ist die wichtigste Sache, die Religion. Ich bin kein Fundamentalist. Das gibt schon mal die Möglichkeit, etwas milder zu sein, ruhiger, nachzudenken. Das ist immer wichtig. Wir versuchen nicht, die Bräuche zu zerstören, den Ramadan. Ich persönlich praktiziere ihn nicht. Dafür würde ich zu viele Dummheiten machen. Eine Wohnung, ein Auto, eine Frau, einen normalen Job, wenn ich das alles erst einmal habe. Wenn man schon im Geiste woanders ist, kann man sich nicht in die Religion integrieren. Ich will doch nicht scheinheilig sein. Später kommt es von allein. Später kann ich mich völlig auf die Religion einlassen. Vorläufig nicht." (Samir)

Diese Beobachtungen entsprechen z. T. den Resultaten der erwähnten Untersuchungen (vgl. 2.2.2.2). Wenn insgesamt das Desinteresse an der Religion dominierte, betraf es jedoch nicht Alltagspraktiken wie die Einhaltung des Ramadan oder der Ernährungsverbote. Dies kann in der Tat stärker als Verbundenheit mit der elterlichen Herkunftskultur interpretiert werden, deren zentraler Träger die Religion bleibt. Die Aufrechterhaltung der religiösen Riten war in vielen Familien des *Mas du Taureau* die letzte Möglichkeit, den Zusammenhalt der Familie und die verbliebene Autorität der Eltern zu sichern. Das Beispiel der Religion zeigt, dass sich die Jugendlichen mit ihrer Akkulturation an die säkularisierte Gesellschaft einerseits von ihrer Familie emanzipiert hatten, es andererseits aber starke affektive Bindungen zu ihr gab. Dies ist einer der Gründe dafür, dass bei den Jugendlichen maghrebinischer Herkunft die Ablösung vom Elternhaus relativ spät stattfindet:

> „Man muss realistisch denken. Aus der Familie ausbrechen und weit weg gehen, was nützt das schon, ohne Geld, das ist doch sinnlos. Da denke ich, man muss realistischer sein, ehrlicher und den Dingen in die Augen schauen, das heißt: einen anständigen Job haben, dann ein Heim, und dann nicht die Familienbande zerreißen. Die Familie ist wichtig." (Aïcha)

Die skizzierten Probleme in der Familie differierten hinsichtlich der einzelnen Jugendlichen. In den intakten Familien von Aïcha und A., die im Stadtviertel ein gewisses Ansehen genossen, hatten die Jugendlichen andere Voraussetzungen für ihren biographischen Werdegang als in Problemfamilien wie derjenigen von Noura. Die (Nicht-)Unterstützung der Jugendlichen in der Familie oder durch Geschwister war ein wichtiger Grund für den Erfolg in der Schule.

5.2.2 Schulerfahrung: college boys *und* corner boys

Die eingangs geführten Interviews wiesen darauf hin, dass in der Schule eine gewisse Trennung einsetzt. Sie lässt sich am besten aus den rückblickenden Schulerfahrungen der älteren Interviewpartner beschreiben. Dabei öffnete sich vereinfacht betrachtet eine Schere zwischen denjenigen, die ihren relativen Schulerfolg mit positiven Erinnerungen an die Schulzeit verbanden und denjenigen, deren Erinnerung mit ihrem „Schulversagen" negativ besetzt war. Diese Erfahrungen hingen dabei mit dem Schultypus bzw. -niveau und der zunehmenden Distanz zur *banlieue* zusammen. Sie bezogen sich auf die Veränderung der *Klassengemeinschaft* als Milieu- und *Raum*erfahrung und den Schul*erfolg* bzw. das Schul*versagen* als *Zeit*erfahrung.[102]

An die Zeit der *école primaire* (Grundschule) und z.T. des *collège* (Gesamtschule der Sekundarstufe I) dachten die Jugendlichen gerne zurück. Sie wurde über die Klassengemeinschaft mit der Erfahrung der Gleichaltrigengruppe verbunden:

> „Ich war in der Grundschule Jean Vilar. Da lief alles problemlos, weil wir Kinder waren. Es gab nicht die ganzen Probleme, die es jetzt gibt. Wir waren klein. Man dachte nicht allzu viel an Geld oder Zerstreuung. Man war unter Freunden. Es war gut. Es gab eine gute Atmosphäre. Wir arbeiteten gern." (Nasser)

Die „gute Atmosphäre", oft auch als „dieselbe Mentalität" bezeichnet, bezog sich auf die interethnisch zusammengesetzte Gleichaltrigengruppe aus Schule und Stadtviertel. Es dominierte die positive Erinnerung, selbst wenn in Grundschule und *collège alle* interviewten Jugendlichen mindestens einmal sitzen blieben. Die Schulbiographien unterschieden sich dann vor allem ab dem *collège*, in dem die Weichen für den weiteren schulischen Werdegang gestellt wurden. Die Erinnerungen variierten mit Blick auf die sich anschließende Schulzeit immer mehr. So hatte Aïcha sehr positive Erfahrungen in der Schule gemacht. Sie erinnert sich zurück bis zum Anfang:

> „Die Schule hat gut angefangen. Ich war derzeit ziemlich begabt. Ich fand das einfach. Mein Vater stand immer hinter uns. Er half uns mit vollem Einsatz. Jeden Abend ließ er uns

---

[102] Diese Beobachtungen entsprechen auch der Untersuchung von Giraud (1990), bei der 200 Jugendliche maghrebinischer Herkunft im Alter zwischen 16 und 25 Jahren in den Lyoneser Vorstädten Bron (*Parilly*) und Vénissieux (*Les Minguettes*) u.a. nach ihren Zeit- und Raumerfahrungen interviewt wurden.

die Aufgaben wiederholen. Ich erinnere mich wirklich daran. Das war nicht stressig, da ich ja gerne las."

Aïcha zählte zu den wenigen *Studentinnen bzw. Studenten* im Stadtviertel. Obwohl auch sie einmal sitzen geblieben war, hatte sie im zeitlichen Rahmen die Schule mit Erfolg absolviert. Sie stand vor dem Abschluss ihres Anglistikstudiums:

„Ich konnte es mir nicht erlauben, auszugehen, denn ich sagte mir: ‚Ich werde Zeit verlieren, ich muss arbeiten.'"

Mit diesem Schulerfolg veränderten sich ihre sozialen Beziehungen:

„Je mehr man in der Ausbildung vorankommt, desto weniger Araber gibt es. In der Grundschule Jean Vilar gab es viele. An der Uni sind es nur einige wenige."

So hatten sich die verschiedenen Klassengemeinschaften für Aïcha sukzessive von den *classes populaires* und damit auch von den Jugendlichen maghrebinischer Herkunft entfernt. Die Studentin berichtete von ihren Anfangsproblemen an der Universität und von der dort herrschenden „anderen Mentalität". Mit ihrem Aufstieg hatte sich der Kreis ihrer Freundinnen bald verändert, so dass das Stadtviertel für sie nicht mehr wichtig war. Aïcha blieb nur noch wegen des Wohnens bei ihren Eltern.

Ähnlich ging es Etienne. Er hatte ein Jurastudium begonnen. Zwar pflegte auch er viele Kontakte außerhalb des *Mas du Taureau*, doch frequentierte er noch die Jugendlichen im Stadtviertel. Wie er betonte, galten die wenigen Studentinnen bzw. Studenten wie Aïcha oder er im Quartier als Intellektuelle:

„Man hält mich für eine Größe."

Diese intellektuelle Vorbildfunktion war bei denjenigen Studenten, die sich im Stadtviertel engagierten, noch ausgeprägter. Dazu zählte P. Ich hatte ihn immer in seiner Funktion als Meinungsführer von *Agora* interviewt. Doch blickte auch er auf seine Biographie. Sie zeigt: Wenn das Studium der Jugendlichen aus den *banlieues* bereits ein prekäres Unterfangen ist, nur von wenigen abgeschlossen wird und insgesamt länger dauert, hatte es sich bei den Studenten von *Agora* infolge ihres bürgerrechtlichen Engagements noch mehr verzögert. Dies war auch ein Grund dafür, dass P. relativ fest im Stadtviertel verwurzelt blieb. Doch nahm seine Anwesenheit im Quartier zum Studienabschluss hin ab. Es stellte sich auch für ihn die Frage, ob er das Viertel für einen Job nicht verlassen sollte.

Der Sprung ins Studium war mit dem Übergang ins bürgerliche und „französische" Milieu verbunden. Die Probleme dieses Übergangs traten bereits bei den *Gymnasiasten* hervor. Wenn sie auf angesehene Gymnasien gehen wollten, mussten sie ihr vorstädtisches Herkunftsmilieu verlassen und sich ins Zentrum von Lyon begeben. Während damit die individuelle Freiheit zunahm und wie bei Aïcha der Weg in den Erfolg geöffnet wurde, konnte der Milieubruch auch eine zeitliche Verzögerung beinhalten: durch ein weiteres Sitzenbleiben oder die Gefahr des völligen Scheiterns. Ein gutes Beispiel dafür ist Khaled Kelkal. Obwohl er ein guter Schüler war, fand sein schulischer Werdegang im angesehenen Lyoneser Gymnasium *La Mulatière* ein Ende:

> „Am Gymnasium, in meiner Klasse, da waren nur die Reichen. (...) Ich hatte die Fähigkeiten, es zu etwas zu bringen, aber es gab da keinen Platz für mich, weil, ich hab' mir gesagt: ‚Die totale Integration, das ist unmöglich; meine Kultur vergessen, Schweinefleisch essen, das kann ich nicht.' "

Hier werden zwei Dimensionen deutlich. Zum einen ergab sich ein sozial(räumlicher) Bruch durch den Wechsel vom Unterschichtsmilieu des *collège* in der Vorstadt ins bürgerliche, städtische Gymnasium von Lyon. In Frankreich ist der schulische Übergang vom Arbeiter- bzw. Unterschichts- ins bürgerliche Milieu schon immer schwierig gewesen. Zum anderen fühlte sich Khaled Kelkal als Jugendlicher maghrebinischer Herkunft zurückgewiesen.

Die meisten Jugendlichen aus Vaulx-en-Velin, die auf ein *lycée* (allgemeinbildendes Gymnasium) gingen, kamen jedoch nach Villeurbanne. An der Grenze zu Vaulx-en-Velin gelegen, hatten die dortigen *lycées* insgesamt einen hohen Anteil an Vorstadtjugendlichen. Dies wurde für den schulischen Werdegang negativ und positiv bewertet. So bedauerte es Nasser, im Gegensatz zu Kahled Kelkal nicht in ein Gymnasium nach Lyon sondern „nur" nach Villeurbanne gegangen zu sein. In den Gymnasien von Lyon seien die Mitschüler „seriöser"; sie würden härter arbeiten, was den schulischen Erfolg in kürzerer Zeit garantiere. Doch betonte Nasser zugleich, dass er dafür in Villeurbanne nicht auf die gewohnte „Mentalität" verzichten müsse.

Nasser zählte zu den Schülern, die sich der Bedeutung des Schulerfolges für ihre Zukunft sehr bewusst waren. Er konnte sich zeitlich projizieren und grenzte sich von den anderen ab, die nicht auf Schulerfolg setzten, auch wenn er mit ihnen einen Teil seiner Freizeit verbrachte:

> „Ich werde mir doch nicht die Schule versauen, nur um samstags in die Disco zu gehen. Nein. Ich weiß genau, dass mein Abschluss in zehn Jahren zählen wird. Aber die Entscheidung fällt trotzdem schwer. Als Jugendlicher hat man viele Bedürfnisse, sich gut kleiden, den Führerschein machen, usw. Und die Eltern können das finanziell nicht mehr tragen. Also müssen wir das Geld besorgen. Und wenn man die Woche über in der Schule ist, ist man am Wochenende müde. Man kann da nicht noch arbeiten. Also muss man auf etwas verzichten. Es gibt welche, die auf die Schule verzichten. Es gibt welche, die den Weg der Delinquenz gehen. Nein, für mich kam das nie in Frage. Niemals. Es gibt eine Grenze, die

man nicht überschreiten darf. Okay, das ist leicht verdientes Geld. Warum sollte ich es nicht wie er machen? Aber es ist idiotisch so zu denken, das ist zu einfach."

Das Zitat von Nasser deutet auf eine Trennung in *college boys* und *corner boys* hin, wie sie Whyte (1943) in seiner *„Street Corner Society"* beschrieb. So wirkt sich die prinzipiell frühzeitige Auslese im französischen Schulsystem in den Vorstädten besonders polarisierend aus. Hier kommt es für den Schüler nach der bereits zuvor einsetzenden Selektion am Ende des *collège* zu einer folgenreichen Weichenstellung: in das *lycée* (allgemeinbildendes Gymnasium) einerseits und das *lycée professionnel* (Berufsfachschule) andererseits (vgl. Zettelmeier 1999, Duru-Bellat/Dubet 2000, Van Zanten 2001).

Von dieser Trennung waren genauso die Mädchen betroffen. Dabei war es interessant zu erfahren, was aus denjenigen „college girls" wurde, die nach erfolgreichem Schulabschluss nicht studierten. Für die Mädchen berichtete Aïcha von ehemaligen Freundinnen im Stadtviertel, die nach einer relativ kurzen Ausbildung einen Job gefunden und die *banlieue* verlassen hätten. Wenn sie nicht ausschließlich im Haushalt tätig seien, würden sie vor allem als *Pharmazeutin, Sekretärin, Verkäuferin oder Verwaltungsangestellte* arbeiten.

Diese Beobachtungen entsprechen einem Typologieversuch von Jazouli (1992, 191-200). Neben der ersten Kategorie der sich politisch engagierenden Mädchen bzw. jungen Frauen maghrebinischer Herkunft wie z.B. Djida Tazdait, die Meinungsführerin der *JALB* in Lyon (vgl. 6.3.3.1), führt Jazouli als zweite Kategorie diejenigen Mädchen auf, die nach kurzer, nicht kostspieliger Ausbildungszeit mit relativem Schulerfolg eine Beschäftigung als Angestellte im sozialen Bereich und im Gesundheitswesen finden oder gar weiterstudieren. Die Studienfächer sind dabei zumeist moderne Fremdsprachen, Jura, Sozial- und Wirtschaftswissenschaften. Als dritte Kategorie nennt er schließlich die Mädchen in der *galère*.

Während ich bei Aïcha auf eine Studentin stieß, konnte ich die anderen „Erfolgreichen" der zweiten Kategorie nicht antreffen, da sie anscheinend die Vorstadt verlassen hatten. Mit Farida lernte ich aber einen Fall kennen, der diesen Weg zumindest anstrebte. Sie ging auf eine Berufsfachschule in Villeurbanne und wollte zielstrebig ihren dortigen Abschluss im Gesundheitswesen machen. Denn sie war sich der zeitlichen Dimension ihres schulischen und beruflichen Werdegangs bewusst:

> „Für mich, wenn jemand es nicht mit 15 bis 25 geschafft hat, dann ist es aus. Ich muss es also in der Schule schaffen und einen Beruf haben, um unabhängiger zu sein, um die familiäre Umgebung zu verlassen."

Diese Zone des Erfolgs, die mir bei der Auswahl der Interviewpartner verborgen blieb, gab es auch unter den männlichen Jugendlichen. Hier war die Situation der

Berufsfachschulen noch ausschlaggebender. Mehdi hatte sich selbst für diesen Schultyp entschieden. Wichtig war für ihn neben der Vorstellung, schnell einen Abschluss zu erhalten, auch der Wunsch, nicht auf die schlecht angesehene, als Endstation geltende Berufsfachschule in Vaulx-en-Velin zu gelangen. Er wollte etwas Neues kennen lernen. Der Raum spielte für ihn eine wichtige Rolle:

> „Ich darf nicht dableiben. Ich muss andere Sachen entdecken, andere Leute, andere Strukturen. Nicht immer da bleiben, mit der Zeit wird das lästig."

Wenn Farida und Mehdi über ihren schulischen Werdegang noch eine berufliche Perspektive hatten, war die Chance auf Erfolg bei den älteren Jugendlichen, die ich in der *Mission Locale* und im Stadtviertel traf, vertan. Sie stellten als *Schulabbrecher* die *corner boys* bzw. die entsprechenden Mädchen und jungen Frauen mit niedrigem Schulabschluss und litten am stärksten unter der beruflichen Eingliederung. Sie brachen die Schule wie Raja und Hacène im allgemeinbildenden Gymnasium oder zumeist wie Farouk in der Berufsfachschule ab. Wie ich nur in Erzählungen anderer Jugendlicher erfahren konnte, verließen einige die Schule bereits während des *collège* mit 14 oder 15 Jahren.

Die Erinnerungen dieser Jugendlichen an ihre Schulzeit waren sehr bruchstückhaft. Die Schulzeit wurde als Ausgrenzung und *Zeitverlust* erfahren, der sich bei der anschließenden Arbeitssuche fortsetzte. Wenn Nasser die Bedeutung des Schulerfolges und der richtigen Orientierung bei den Schulfächern rechtzeitig bewusst geworden war, wurde dies den Jugendlichen in der *galère* erst im Rückblick klar. Dabei übten sie harte Kritik am Schul- und Ausbildungssystem. Die Berufsfachschulen hätten sie aufs Abstellgleis gestellt. Sie hatten das Gefühl, bei der Orientierung am Ende des *collège* auf diesen Schultyp abgeschoben worden zu sein und daher keine Zukunftschance mehr zu haben. Samir sprach hier für die anderen:

> „Jetzt sind wir alle in der Informatik. Man bildet einen Jugendlichen zum Mechaniker aus. In diesem Job gibt es aber keine Stellen mehr. Man bildet uns für Arbeitsbereiche aus, die keine Zukunft haben. Dreher, damit ist es aus. (...) In der Schule muss man ihnen seriöse Sachen beibringen. Man vertraut uns nicht. In den Berufsfachschulen gibt es mehr Ausländer. Man muss jedem seine Chance geben. Sie sagen uns doch, wir seien Franzosen. (...) In Frankreich, da hat man nicht den gleichen Job wie ein Franzose, selbst wenn man Franzose ist. Das fängt schon in der Schule an. Da ist die Diskriminierung bereits da. Was nützt der französische Pass, wenn man ihn nicht benutzen kann."

So herrscht bei der Weichenstellung am Ende des *collège*, bei der die Schüler entweder auf das allgemeinbildende Gymnasium oder die niedrig angesehene Berufsfachschule gelangen, in der Tat eine besondere Benachteiligung für die Einwandererjugend. Sie resultiert neben anderen Gründen aus der ethnischen Diskriminierung (Van Zanten 2001). Dazu kommen aber auch die Krise des französischen Systems beruflicher Bildung und das damit verbundene Problem der mangelnden Angleichung zwischen den dort erzielten Abschlüssen und den Anforderungen des Arbeitsmarktes (Werquin 1996).

Wenn dies eine strukturelle Benachteiligung für diese Jugendlichen darstellt, übten sie aber auch Selbstkritik. In ihrer Enttäuschung und Frustration bedauerten sie das Versäumnis, ihre Schulchance verpasst zu haben. So meinte Leila mit Blick auf ihre jüngeren Schwestern:

> „Sie müssen weitermachen mit ihrem Studium, nicht so wie ich. Ich will nicht, dass sie es so wie ich machen. Denn mit 18 auf der Straße zu stehen, das bringt nichts. Ich sage ihnen: Ihr geht richtig in die Schule, macht das Abitur und dann ein Studium! Wenn ihr einen Abschluss habt, in welchem Bereich auch immer, dann findet ihr auch Arbeit. Ohne diesen Abschluss findet ihr nichts! Schaut mich an! Ich bedaure es ein wenig. Jetzt bedaure ich es. Wenn ich das gewusst hätte, hätte ich weitergemacht. Es war dumm von mir, so früh in das aktive Leben einzusteigen."

In der Schulerfahrung gab es aber nicht nur persönliches Bedauern, sondern auch völlige Gleichgültigkeit. In diesen Fällen blieb nur noch wie bei Farouk das Gefühl des Zeitverlusts. Er hatte die Berufsfachschule abgebrochen:

> „Ich mochte die Schule nicht besonders. Von Anfang an habe ich die Schule nicht gemocht. Ich weiß nicht warum, ich fühlte mich da nicht wohl. (...) Deswegen bin ich rausgegangen, allein deswegen schon. Wenn ich weitergemacht hätte, wenn ich gut gearbeitet hätte, hätte ich den Facharbeiterabschluss geschafft. Es hat wenig gefehlt. (...) Aber die Schule interessiert mich nicht. Ich weiß nicht, ich verliere da meine Zeit. (...) Meine Eltern schauten sich meine Zeugnisse nicht oft an, nicht allzu oft, nein. Als ich auf die Berufsfachschule kam, da habe ich begonnen, wirklich zu fehlen, zu spät zu kommen. Am Anfang aber nicht."

Hacène hatte seine Schulzeit sogar völlig verdrängt:

> „Die Schule? Das kann ich dir nicht sagen, weil ich sie völlig vergessen habe."

Dazu gab er gleich eine rationalisierende Erklärung für sein späteres Verhalten ab:

> „Ich habe festgestellt, dass die Schule okay ist, aber dass sie nicht alles ist. (...) Man studiert, weil man das Fach liebt, aber sein ganzes Leben dafür hergeben? (...) Man geht also in die Schule, um einen guten Abschluss zu kriegen, um Geld zu verdienen. Und ich sag dir: Wenn du Geld verdienen willst, dann ist das auch ohne Schule und Studium möglich. Und du kannst dabei sogar mehr verdienen, viel mehr."

Hacène war zunächst in die Delinquenz abgeglitten, bevor er sich dann dem Islam zuwandte (vgl. 5.4).

So gab es im *Mas du Taureau* eine gewisse Hierarchie, in der sich die Biographien nach der Schulkarriere sozialstrukturell und sozialräumlich ausdifferenzierten. Je höher der Bildungsabschluss war, desto größer wurde die soziale Distanz zur einstigen Gruppe der Gleichaltrigen und mit der beruflichen Eingliederung die räumliche Distanz zur *banlieue*. Die Erfahrung von *Schulversagen* und *schulischer Diskriminierung* prägte die Erinnerungen der *corner boys* bzw. der Mädchen, die mit abgebrochener Schulausbildung oder wertlosem Abschluss im Stadtviertel blieben und sich in der *galère* aufhielten.

Doch war im Wettlauf der Ausbildungs*zeit* angesichts der hohen Jugendarbeitslosigkeit, die in Frankreich nicht nur Jugendliche mit niedrigem Bildungsabschluss betrifft, keiner der Interviewten vor dem Abgleiten in die *galère* gefeit: weder diejenigen mit relativ erfolgreicher Kurzausbildung, noch die wenigen, welche weiterführende Schulen im bürgerlichen Lyon besuchten, und schließlich auch nicht die Studenten.

So existiert keine strikte Trennung in *college boys* und *corner boys*. Sie ist auch hinsichtlich der Gemeinschaftbildung und des *Raum*bezugs eingeschränkt. Denn mit dem individuellen Aufstieg löste sich zwar die *banlieue*-Gemeinschaft tendenziell auf. Doch gaben die jungen Erwachsenen sie nicht völlig auf. Gewisse Mentalitäten des Quartiers blieben, auf die sich alle Schüler bezogen und die bis zu den Studenten reichten. Daher herrschte eine Ambivalenz von Distanz und Nähe zur *banlieue*. Nasser meinte im selben Atemzug:

> „Selbst diejenigen, die in der Schule sind, bleiben trotzdem mit denjenigen, die sie verlassen haben, zusammen, weil sie ja immerhin gemeinsam eingeschult wurden, wir haben noch immer dieselben Beziehungen (...). Aber es gibt jetzt trotzdem eine Tendenz zur Gruppenbildung. Das heißt, diejenigen, die stehlen, die bleiben unter sich und diejenigen, die sich hinter die Schule klemmen, bleiben auch unter sich. Man muss die Dinge richtig sehen. Die Klauer, die bringen dich nicht weiter. Sie kommen nicht voran."

So befanden sich vor allem die *corner boys* bzw. die Mädchen mit niedrigem Schulabschluss in einem Dilemma: Sie standen zwischen den Problemen in der Familie, denen sie sich z.T. durch Abwesenheit im Elternhaus entzogen, und den diversen Ausgrenzungen durch die Gesellschaft, die sie zuerst in der Schule erfuhren. In dieser Spannung und der damit verbundenen Orientierungslosigkeit blieb den Jugendlichen in ihrer Sozialisation nur noch die Straße als Erfahrungsraum, den sie gelegentlich mit den *college boys* teilten.

5.2.3 Die Gruppe der Gleichaltrigen: Territorium und Urbanität

Die Gemeinschaft der Gleichaltrigen prägte das Wohnviertel. Die Solidarität unter den Jugendlichen war allerdings eingeschränkt. Darauf wies Farouk hin:

> „Du lebst dein Leben, ich lebe mein Leben. Hier heißt es: jeder für sich."

So gibt es in den französischen Vorstädten nur eine lockere Solidarität, welche die gesellschaftliche Isolation verdeckt. Angesichts von Individualisierungsprozessen und einer massenmedial verbreiteten Konsumkultur ist es dabei problematisch geworden, bei der Ausbildung von Gruppensolidaritäten noch von Subkulturen zu sprechen (Baacke/Ferchhoff 1989). Gleichzeitig hat aber die Bedeutung der Gleichaltrigengruppe als Sozialisationsinstanz zugenommen (Gaiser 1993). So fand im *Mas du Taureau* eine Straßensozialisation statt, eine Sozialisation im Raum, in welchem die Privatheit der Unterschichten zur Öffentlichkeit wurde. Dabei setzten sich die Straßengruppen der Jugendlichen wie zu deren Schulzeit interethnisch zusammen. Bedeutend für die Stabilisierung der Gruppen war daher weniger die ethnische Herkunft als die gemeinsam im Quartier verbrachte *Wohndauer* (Elias/ Scotson 1993). Von hier aus lässt sich das sozialökologisch abgestufte Freizeitverhalten der Jugendlichen beschreiben. Es wird klar, wie sie vom Stadtviertel aus ihre Umwelt wahrnehmen.

5.2.3.1 Straßensozialisation: Aneignung von Raum und Diskriminierung des Fremden

Wie verhielten sich die Jugendlichen des *Mas du Taureau* in ihrer Freizeit? Pflegten sie ihr eigenes Freizeitverhalten oder nahmen sie auch die kommunalen Aktivitäten wahr, welche der im Zentrum von Vaulx-en-Velin liegende *Service jeunesse* und die sich im Dorf befindende *Maison des Jeunes et de la Culture/MJC* (Jugendhaus) anboten? Auf die Frage nach deren Nutzung bekam ich verschiedene Antworten.

Einige interessierten sich überhaupt nicht dafür. Es waren vor allem die in der Schule Erfolgreichen. Nur relativ wenige Jugendliche nahmen an den organisierten Angeboten teil. Dabei rangierten Kampfsportarten wie Boxen weit oben. Bei den sozial benachteiligten Jugendlichen, die ich im Wohnviertel interviewte, herrschte jedoch eine antikommunale Grundstimmung. Sie erwähnten immer wieder den symbolischen Ort der Ausgrenzung: den Kletterturm. Es handelt sich um einen hohen Turm am Rande des *Mas du Taureau*, in dem das Klettern erlernt werden kann. Dieser Turm wurde als Prestigeobjekt einer Freizeitpolitik errichtet. Die Jugendlichen des Stadtviertels haben aber nichts von ihm, da seine Benutzung für sie zu teuer ist. So war die offizielle Einweihung dieses Kletterturms 1990 einer der Gründe für die gewalttätigen Jugendunruhen. Schließlich wurde das kommunale Freizeitangebot von den randständigsten Jugendlichen überhaupt nicht mehr wahrgenommen. Als Institution kannten sie nur noch Polizei und Justiz.

Wichtiger als diese Angebote, für deren Nutzung die Jugendlichen ihr Quartier verlassen mussten, waren die Freizeitmöglichkeiten im Stadtviertel selbst. Hier gab es allerdings so gut wie keine. Ein funktionierendes *Centre social* (Gemeindezentrum) existierte im Viertel *La Grappinière*, im *Mas du Taureau* befand es sich in einer Krise. Zudem herrschte in diesem kein Angebot für Heranwachsende. Einstimmig meinten die Jugendlichen: „Das Gemeindezentrum ist etwas für Kinder". So pflegten sie ihr eigenes Freizeitverhalten. Es kreiste um ihren Lebensmittelpunkt: das Quartier. Dort blieben sie entweder abends deprimiert hängen oder sie starteten ihre eigenen Aktivitäten. So meinte Nasser:

> „Das Viertel, das ist mein Leben. Ich habe immer hier gelebt. Alle meine Freunde sind da. Hier vermischen sich alle unsere Probleme. Es ist ein Mittelpunkt. Hier versammelt man sich. Hier lebt man. Man lebt hier wirklich im wahrsten Sinne des Wortes. Man lebt hier. Selbst während der Ferien bleiben wir da. Mit anderen Worten: Wir sind hier eingeschlossen. Eingeschlossen. Manchmal ist man derart deprimiert, dass man zu nichts mehr Lust hat. Und das Viertel bedeutet uns alles."

Genauer betrachtet waren die territoriale Zugehörigkeit und das Freizeitverhalten der Jugendlichen sozialökologisch abgestuft (vgl. Abb. 4). Die Jugendlichen ruhten im Mikrokosmos des Treppenhauses und der Allee. Sie zählten sich zu einer mit Straßennamen versehenen Häuserzeile. So hieß es: „Ich komme aus dem Malval-Weg." Ihr kleinster sozialökologischer Kreis war aber größer, er umfasste z.B. „die blauen Gebäude". Es handelte sich um die renovierten Gebäude innerhalb des *Mas du Taureau*, die sich vom nichtrenovierten Teil unterschieden. Dort befand sich *Agora*. So gab es einen Unterschied in der Zugehörigkeit zu den zwei Unterteilen und dem in der Mitte des Viertels gelegenen *chemin du Grand Bois*, in dem ich selbst wohnte.

Der nächstgrößere Kreis beinhaltete die verschiedenen Stadtviertel in der *ZUP I*, die sich um den *Place Guy Moquet* gruppierten (vgl. Abb.3). Dieser im Kontext der Stadtpolitik renovierte Platz mit seinen Geschäften entsprach aber nicht der Raumaneignung der Jugendlichen. Sie hielten sich nur kurz dort auf, um z.B. in den Bus einzusteigen. Nur die Bar auf diesem Platz war ein Treffpunkt und Ort des Informationsaustauschs. Die Kontakte zu den verschiedenen um den Platz gelegenen Stadtvierteln wie *Les Noirettes* oder *Les Grolières* gingen direkt vom *Mas du Taureau* aus. Dabei war das Stadtviertel *La Grappinière* schon etwas weiter entfernt. Doch schien jeder jeden zu kennen. Eine stärkere Abgrenzung gab es dagegen zur Siedlung mit den Eigentumswohnungen.

Im nächsten Kreis wurde die *ZUP II* wahrgenommen. Zwar lag sie mit ihrem Quartier *La Thibaude* auf der entgegengesetzten Seite des *Mas du Taureau*. Doch bildete das zwischen beiden Teilen der *ZUP* gelegene Einkaufszentrum *Auchan* einen wichtigen gemeinsamen Treffpunkt. Allerdings wurde das Einkaufszentrum 1992 geschlossen. Der nächste Kreis beinhaltete dann die drei großen Wohnsegmente von Vaulx-en-Velin: die *ZUP*, das Dorf und den Südteil der Kommune. Wenn die Jugendlichen im Süden relativ weit von der *ZUP* entfernt waren, teilten sie doch die soziale Situation der in ihr wohnenden Altersgenossen. Dagegen wurde der Dorfkern weitgehend gemieden: er galt als *bourgeois*. Kontakte gab es hier nur mit am Dorfrand gelegenen kleinen Sozialwohnungsvierteln. Aus einem dieser Viertel kam Khaled Kelkal. Da sich die meisten Jugendlichen untereinander kannten, verstanden sie sich als Einwohner von Vaulx-en-Velin.

Diese Identität des *Vaudais* bildete sich in Abgrenzung zum Stadtzentrum von Lyon. Sie war negativ besetzt, wenn sie sich im Gefühl der Benachteiligung beim Angebot an Lebensmitteln äußerte:

> „Früher gab es hier den Supermarkt *Auchan*. Das war super, noch besser als in der Stadt. Aber jetzt, geschlossen, der Supermarkt, ein trauriger Anblick. Und außerdem haben wir kein Geschäft mehr zum Einkaufen. Es gab nur *Auchan*, und jetzt haben wir nichts mehr. Im *Mas du Taureau* gibt es ein Geschäft, aber das ist wie ein Geschäft für die Armen. Ein echtes Geschäft für die Vorstadt, ein Ding der Unmöglichkeit!" (Raja)

Über die Umkehrung des Stigmas „Ghetto" fand die Abgrenzung zum Zentrum Lyon jedoch auch ihre verteidigende, identitätsstiftende Definition:

> „Wir fühlen uns hier wohl. Es sind die Reichen, die in Ghettos wohnen, nicht wir." (Hacène)

In sprachlicher Hinsicht wurden die Grenzen mit Begriffen wie *nous* (wir) und *eux* (die anderen) gezogen. Dabei empfanden die Jugendlichen ihr eigenes Stadtviertel gewiss nicht als „Ghetto":

> „Ghetto? Nein, das ist eine Erfindung der Journalisten, also nein, Ghetto, das geht zu weit. Wir sind hier nicht in einem Ghetto. Das lehnen wir entschieden ab. Ghettos, das ist Harlem usw. Da leben die Menschen in Slums, haben kein Geld fürs Essen. (...) Das sind Ghettos. Hier sind wir nicht im Ghetto. Wir haben ein Haus, warmes Wasser, wir haben auch ein wenig Geld. Wir haben nicht die neueste CD, aber wir kommen auch so klar. Für mich ist Ghetto etwas Negatives. Wir sind nicht unglücklich hier, aber wir sind auch nicht superglücklich." (Etienne).

Zwar sind die französischen Vorstädte nach soziologischen Kriterien im Vergleich zur US-amerikanischen Situation weit von Ghettos entfernt (Wacquant 1993). Doch gibt es die beiden Elemente, die mit Ghettobildung einhergehen, auch im *Mas du Taureau*: das die Jugendlichen stärkende *Gemeinschaftsgefühl* territorialer Zugehörigkeit und die gleichzeitige *hohe soziale Kontrolle*. Sie wurde als Kontrolle des Raumes empfunden. Die Jugendlichen hatten das Gefühl, in einem „Käfig", in einem „riesigen Loch" zu wohnen. Das Bedürfnis war groß, dieser Enge zu entrinnen und in die Stadt oder noch weiter weg zu fliehen. Zu diesem Bedürfnis nach sozialem Raum meinte Etienne:

„Raum ist für mich unheimlich wichtig. Hier fühle ich mich eingeschlossen. Ich fühle mich hier wirklich eingeschlossen. Ich fühle mich da wohl, wo ich auch atmen kann. Vielleicht bin ich ein Sonderfall, aber ich fühle mich hier nicht wohl. In den Bergen fühle ich mich wohl, auf dem Land, hier nicht. Raum ist unheimlich wichtig. Darüber bin ich mir total im Klaren. Hier fühle ich mich eingeschlossen. Ich fühle mich wie in einem Käfig. Man muss sich mal den Horizont hier ansehen. Hochhäuser, und, dahinter, weitere Türme. Sie bilden eine kontinuierliche Linie. Als ob alles versperrt wäre. Der Käfig existiert nicht, aber man stellt ihn sich vor. Ich fühle mich nicht wohl, wie soll ich es sagen, ich bin down. Ich höre Musik und ich starre ins Leere. Das hat sich auch wieder gelegt, weil mir alles egal ist, wenn ich abends ausgehe. Aber wenn ich manchmal zuhause bleiben muss, dann schaue ich zum Fenster hinaus und ich sag mir: ‚Verdammt noch mal, was suche ich eigentlich hier. Ich werde bald abhauen. Ja, ich werde abhauen, so schnell wie möglich.' Aber wo soll ich leben? Wenn ich es mir aussuchen kann, dann nicht in der Stadt. Auf dem Land, in den Bergen. Vor allem in den Bergen, das würde mir gefallen. Aber das ist teuer."

Dieses Bedürfnis nach Raum ließ bei vielen Jugendlichen den Wunsch entstehen, in fremde Regionen und Länder zu reisen oder gar zu emigrieren. Ich stieß auch auf Jugendliche bzw. junge Erwachsene, die zwar noch ihre elterliche Wohnung im *Mas du Taureau* hatten, aber kaum „zuhause" anzutreffen waren, sondern sich in ganz Frankreich aufhielten. Konkret realisierbar war der Wunsch nach sozialer Bewegungsfreiheit aber zumeist nur innerhalb der Agglomeration. Dort gab es reale Erfahrungen. So begannen die „Fremden" aus Vaulx-en-Velin mit dem Betreten der U-Bahn am äußersten Rand der Kommune damit, die Stadt zu erkunden:

„Die Stadt? Das ist Lyon, das sind die Vororte. Da gibt's ne Verbindung mit der U-Bahn."
(Raja)

Es war interessant festzustellen, wie die Jugendlichen über die Sozialräumlichkeit und die Benutzung der Verkehrsmittel die umgekehrte Erfahrung wie ich gemacht hatten. Erfuhren sie dabei anstatt der sozialen Kontrolle städtische Freiheit? Oder wurden sie eher als Fremde zurückgewiesen und kehrten in „ihre" Vorstadt zurück?

Sie unterschieden sich zunächst geschlechtsspezifisch in ihrem Freizeit- und Bewegungsverhalten. Während die männliche Jugend sich in Kleingruppen bewegte, waren die Mädchen und jungen Frauen meistens zu zweit unterwegs. Was trieb sie hinaus? Beim Streifzug durch die Stadt ging es um das Gefühl der Urbanität: *dem Fremden begegnen* und *am Konsum partizipieren*.[103] So spiegelte sich in

---

103 Unter Urbanität wird hier der individuelle Freiraum der Differenz in der Grosstadt verstanden, der allerdings auf einer systemischen Integration beruht, welche auch die individuelle Teilhabe am städtischen Markt und vor allem am Konsum ermöglicht, vgl. dazu Häußermann 1995.

diesem Freizeitverhalten das Bedürfnis des Vorstädters nach Zugehörigkeit zur Großstadt wider, die Frage der städtischen Vergesellschaftung.

In diesem Kontext erfuhren die Jugendlichen ihre Begegnung mit Lyon *einerseits* als *positiv*: als Sozialisation bzw. *Integration* in den städtischen Raum. Angetrieben von dem Bedürfnis, der räumlichen Enge des Quartiers zu entfliehen, verließen sie es, um in der Stadt etwas zu erleben. In der Sprache der Jugendlichen hieß es: „nicht rosten", „sich bewegen". Danach sehnten sich besonders die arbeitslosen Jugendlichen, die sich im Stadtviertel langweilten:

> „Seitdem ich auf der Straße bin, stehe ich um 11 Uhr früh auf. Ich mache den Hausputz, wirklich, das Letzte, wozu ich Lust habe. Und dann bleib' ich draußen, ich roste, wie es bei uns gewöhnlich heißt. Wir gehen spazieren, ohne einen Pfennig in der Tasche, und wir fahren schwarz mit dem Bus. Das ist wirklich so, aber früher, als ich noch in der Schule war, da ging ich ins Kino, ich machte die Schulaufgaben mit meinen Freundinnen, ich ging abends aus. Ja, wenn du Geld hast, denn als ich in der Schule war, da gab mir meine Mutter Geld. Jetzt sagt sie: ‚Wenn du Geld willst, dann musst du arbeiten'." (Raja).

Im Zentrum waren die wichtigsten Treffpunkte der Einkaufsort *Part Dieu* oder die *Rue de la Ré(publique)*, die Einkaufsmeile und Fußgängerzone von Lyon. Dieser anonyme Raum war dafür geeignet, fremde Menschen zu sehen, aber auch mit Leuten aus dem eigenen Milieu, d.h. aus den anderen Vorstädten zu kommunizieren.

> „Wenn wir nach Lyon gehen, da sind wenigstens viele Araber aus anderen Vororten, Saint-Priest, da gibt es viele Araber. Aber das stimmt, wenn wir nach Lyon gehen, dann sind wir die Leute, die man kennt. Wir beide, zum Beispiel [zeigt auf ihre Freundin, DL], wir gehen in die Stadt, um Jungs anzumachen. Wir machen nicht die jungen Franzosen an, wir gehen auf diejenigen zu, die uns ähneln. Das ist nicht eine Frage von Rassismus, das ergibt sich einfach so, ganz natürlich. Wir wollen Leute treffen, die aus dem gleichen Milieu wie wir kommen, aber aus einem anderen Stadtviertel. Wir gehen zur *Place Bellecour*, zur *Place des Cordeliers*. Da begegnet man den meisten Arabern, das muss man wohl sagen. Da trifft man die meisten Menschen." (Raja)

Diese Orte haben verschiedene Funktionen für die Jugendlichen. Dazu zählt die Begegnung mit dem Fremden beim Flanieren, aber auch das Kaufen und Konsumieren. Treffpunkte waren das Kino und der *Mac Do* (McDonald). Hier ging es um die Teilhabe am Konsum. Nasser brachte dies – negativ formuliert – prägnant auf den Punkt:

> „Die Kinder der Einwanderer haben sich absolut dem Lebensstil der französischen Gesellschaft angepasst, absolut. Was sie wollen, ist möglichst mit Gabeln aus Gold essen und sich nicht auf den Fußboden setzen und alle aus einem Teller essen. Was sie wollen ist ein schöner Tisch, ein schönes Haus, wirklich der reinste Materialismus!"

Dennoch sind diese Treffpunkte im historischen Kern von Lyon auch symbolische Orte mit einem kollektiven Gedächtnis der Stadt, das Brücken zur Vorstadt schlagen kann. Auch an solchen Orten entstehen sozio-kulturelle Bindungen. Doch im Gegensatz zur Nähe im vorstädtischen Quartier sind sie in der großstädtischen Distanz anonym, flüchtig und oberflächlich, wie dies von Simmel (1992) beschrieben wurde. Diese Flüchtigkeit tritt, wenn sie sich mit der kurzfristigen Aneignung von Räumen verbindet, z.b. in der Hip-Hop-Bewegung hervor.[104] Zwar hatte ich in Vaulx-en-Velin nur drei *taggeurs* angetroffen, was ein Indiz für die Exotik dieser Bewegung ist. Doch zeigte sich die kulturelle wie räumliche Heterogenität, die dieser Bewegung eigen ist, auch im Freizeitverhalten der von mir interviewten Jugendlichen. Sie verwischt den dichotomen Gegensatz von Zentrum und Peripherie. Der deterritorialisierte Ausflug ins Zentrum mit seiner gleichzeitig stattfindenden Grenzziehung beim kurzen Treffen im städtischen Raum verdeutlicht, dass das Territorium der Jugendlichen nicht nur in der Vorstadt liegt, sondern die *banlieue* sich auch im Zentrum befindet (Roulleau-Berger 1991). So meinte Nasser:

> „Es gibt einen Unterschied zwischen unserem Viertel und der Stadt. Aber er hat keine echte Bedeutung. Im Viertel sind wir begrenzt. Wenn wir in die Stadt gehen, so vor allem, um zu atmen. Okay, die *Part Dieu* [Einkaufszentrum, DL], es ist interessant, wenn du sie entdeckst. Aber wenn du jeden Monat dahin gehst, dann machst du keinen Unterschied mehr zwischen der Stadt und dem Quartier. Deshalb wird die *Part Dieu* jetzt besetzt. Du siehst da Jugendliche, die Gruppen bilden, herumsitzen. Sie verhalten sich genauso als ob sie in ihrem Viertel wären. Es gibt dann keinen Unterschied mehr."

Die Jugendlichen erlebten ihre Begegnung mit der Großstadt *andererseits* aber auch als *ökonomische, kulturelle und sozialräumliche Ausgrenzung*: Die Teilhabe am Konsum des städtischen Lebens war begrenzt und die Herkunft aus der *banlieue* bot Anlass zur Diskriminierung. Begegnung mit dem Fremden hieß daher nicht nur Flanieren in Einkaufszentren und kulturelle Gleichgültigkeit urbanen Lebens. So begannen die fragmentierten Erfahrungen von Diskriminierung bereits in Vaulx-en-Velin, wie Khaled Kelkal erwähnte:

---

104 Die Konsumzentren von Lyon sind Treffpunkte der aus den Vorstädten kommenden *rappeurs*, *zoulous* und *taggeurs* verschiedenster ethnischer Herkunft. Im Dickicht der Stadt entstehen momentane, schnell wieder zerfallende Zusammenschlüsse der individualisierten Jugendlichen. Spezifische kulturelle Codes, die aus der vorstädtischen Lebenswelt schöpfen, setzen die Probleme der *classes populaires* kreativ in Schrift, Tanz und Sprache um. Anstatt einer Subkultur entstehen kurzfristige Assoziationen. Durch die „Besetzung" des öffentlichen Raums wird mitunter sogar vor den Verwaltungs- und Regierungsgebäuden des Zentrums die Legitimität des *exclu* eingefordert, was in Parolen wie „Jetzt sind wir dran, wir rappen vor den Stadträten" eine politische Dimension bekommt. Vgl. dazu: Milliot 1994. So setzen sich die Jugendlichen in der Hip-Hop-Bewegung in ein Konfliktverhältnis zur Stadtgesellschaft. Vgl. Bazin 1995.

> „Es gibt Rassismus in Vaulx-en-Velin. Diese Leute wohnen nicht in der ZUP. Die wohnen in schicken Vierteln. Das sind Leute, die arbeiten, Angepasste, wie sie sagen. Diesen Leuten geht es gut, ihren Söhnen geht es gut. Der Sohn hat eben sein Diplom gemacht, der Vater kauft ihm ein Auto, einen Führerschein. Der hat alles, was er braucht. Aber der Junge, wenn der das sieht, dann geht er in die Stadt. Da sieht er junge Französinnen mit schönen Autos. Also ich, ich bin 21 und habe noch nicht einmal einen Führerschein. Ich habe gar nichts. Das trifft einen."

Khaled Kelkal verband die rassistische Diskriminierung mit der Erfahrung der Ausgrenzung vom Konsum. Für den gesamtstädtischen Kontext wurde diese Erfahrung drastisch von Samir beschrieben:

> „Wenn wir in der Stadt sind, dann sind wir die Armen und sie sind die Reichen. Wenn wir uns einen Mantel anschauen, so wird es schon zu einem Identitätsproblem. Mit einer Kreditkarte ins Restaurant gehen? Nein, denn man verdient nicht genug. Ein Student, der hat die Kreditkarte. In der Stadt will man uns nicht. Die Polizei ist da, um uns das klarzumachen: ‚Ihr wohnt in Vaulx-en-Velin, dann bleibt auch in Vaulx-en-Velin.' Bleibt in euren Vierteln. Das führt uns dann dazu, Dummheiten zu machen. Da ist alles. Ich habe gestohlen. Überall, wo es Geld gab, weil wir es brauchten. Schließlich hat man seinen Stolz, wir sind doch keine Hunde. Das einzige Recht, das wir haben, ist erwischt zu werden."

Im Diskurs der Jugendlichen dominierten Begriffe wie „Verachtung", „Ansehen" und „Stolz". Dieses Bedürfnis nach Würde resultierte u.a. aus der sozialräumlichen Diskriminierung, die eine Folge des öffentlichen Bildes von der Vorstadt war. Die Berichterstattung der Medien spielte hier eine wichtige Rolle. Denn seit den Jugendunruhen von 1990 wird Vaulx-en-Velin besonders stigmatisiert. So meinte Mehdi:

> „Nach den Unruhen in Vaulx-en-Velin hat sich etwas ereignet, das für die französische Gesellschaft wirklich schockierend ist. Es gab einen großen Wandel. Im Allgemeinen haben wir alle die gleichen Probleme mit der Arbeit und all dem, in sämtlichen Vororten von Lyon. Aber in den Medien war nicht von Rilleux-la-Pape, Bron oder Saint-Priest die Rede. Nein, sie haben von Vaulx-en-Velin gesprochen. Es ist etwas vorgefallen: Vaulx-en-Velin. Anders gesagt: Chicago."

Die Bedrohung durch den Fremden vom Stadtrand wird auf „den delinquenten" Jugendlichen maghrebinischer Herkunft fokussiert. In ihm bündeln sich ethnische, kulturell-sozialräumliche und religiöse Diskriminierung. Die interviewten Jugendlichen machten ihre Erfahrungen als *arabe,* als *Vaudais* und als *musulman*. Sie führten zu einer Art Diskriminierungsspirale. Den Gipfel bildete – auf die Großstadt bezogen – in der Freizeit der Jugendlichen der Ausschluss aus Bars und Diskotheken und, wie später gezeigt werden soll, in ökonomischer Hinsicht die Diskriminierung am Arbeitsmarkt.

Territorium und Urbanität, Vergemeinschaftung und Vergesellschaftung verräumlichten sich im Spannungsfeld zwischen Vorstadt und Stadt: Die soziale Kontrolle im Quartier trieb die Jugendlichen in die Stadt. Dort genossen sie die für sie eingeschränkte Urbanität und demonstrierten ihre Präsenz über die symbolische Aneignung von Räumen. Gleichzeitig waren diese Ausflüge mit dem Gefühl der Nichtteilhabe am Markt, der Auffälligkeit und der sozialräumlichen Zurückweisung verbunden. So meinte Khaled Kelkal:

> „(...) es gibt zuviel Abstand, eine große Mauer, eine enorme Mauer. Wer aus der Vorstadt in die Stadt fährt, der versucht, sich unauffällig zu bewegen, sich ganz klein zu machen. Wenn wir in der Stadt zu mehreren auftauchen, dann fallen wir ganz bestimmt auf. (...) Was mich betrifft, sobald ich hier rausgehe, fühle ich mich nicht mehr zu Hause."

Daher kehrten die Jugendlichen trotz der hohen sozialen Kontrolle wieder in ihr Viertel zurück. Dort waren sie zwar marginalisiert, fühlten sich aber „integriert". Doch herrschte mit der Spannung zwischen territorialer Kontrolle und großstädtischer Diskriminierung bei einem Teil der marginalisierten Jugendlichen eine ständige Unruhe und Aggressivität, die sie in deviantes Verhalten trieb. Im Übergang vom Freizeitverhalten zur Devianz und Delinquenz spielten wiederum das Territorium und der Markt eine wichtige Rolle.

5.2.3.2 „Jugendbanden" und Delinquenz

Bandenbildung bei Jugendlichen und Delinquenz hängen eng zusammen, die Verbindung ist allerdings komplex (Dubet 1991). Bandenzugehörigkeit muss nicht unbedingt zu Kriminalität und delinquentem Verhalten führen. Umgekehrt ist nicht jeder delinquente Jugendliche Mitglied einer Jugendbande. Daher sollen die Phänomene getrennt dargestellt werden.

So war das Territorium für die Jugendlichen sehr wichtig. Sie trafen sich in kleinen Gruppen vor den Treppenhäusern. Doch gab es deswegen *Jugendbanden* im *Mas du Taureau*? Nasser meinte dazu:

> „In unserem Viertel gibt es keine Bande, es gibt keinen Chef. Es gibt nur eins: die Achtung. (…) Es gibt keinen Chef, der Befehle erteilt, wann man sich treffen soll. Kein Parlament. Jeder hat seine eigene Mentalität. Es gibt nur gegenseitige Abhängigkeit. Das ist alles. Jeder hängt letztlich von sich selbst ab. Niemand schuldet niemandem irgendeine Erklärung. (…) Im Grunde geben wir uns alle die Hand. Aber jeder ist frei, das zu tun, was er will. Ab und zu halten die, die es geschafft haben, denen, die es nicht schaffen, eine Moralpredigt. Wie ein großer Bruder. (…) Die Beziehungen unter den Jugendlichen im Viertel sind Beziehungen von Person zu Person. Sie führen zur Klanbildung, wenn die Familienbande mit hineinspielt."

Dass es keine Banden im *Mas du Taureau* gab, zeigt auch deren Definition (Trasher 1963, Cohen 1964): Denn Jugendbanden zeichnen sich dadurch aus, dass sie in einer sozial desorganisierten Umgebung feste Formen interner Organisation aufweisen. Auf ethnischer oder territorialer Basis sind sie nach festen Regeln organisiert, haben kollektive Patronyme und die Einzelmitglieder tragen Pseudonyme. Banden können untereinander rivalisieren und zeichnen sich oft durch delinquentes Verhalten aus.

Nun gab es im *Mas du Taureau* keine festen Formen der Organisation unter den Jugendlichen. Zwar kannte jeder jeden („Das Wort und das Auge, wir täuschen uns nicht"), doch herrschte keine hierarchisierte Form sozialer Kontrolle und keine mit Pseudonymen verbundene Gruppenbildung. Eine große Bedeutung hatte allerdings der gegenseitige Respekt. So kann von „Bandenkriegen" zwischen *beurs*, *blacks* und *blancs*, wie die Medien sie hochspielen, zumindest in Vaulx-en-Velin keine Rede sein. Die spontane, territorial begrenzte Zusammenrottung interethnischer Jugendgruppen mit plötzlichen Gewaltausbrüchen kennzeichnet die Vorstädte von Lyon. In diesen Gruppenkonflikten handelt es sich um das „Schauspiel einer potentiellen Gewalt" (Dubet 1997, 228). Gewalt ist hier „kulturell" motiviert, es geht sich um expressive Gewalt. Denn die Jugendlichen müssen, um die Zugehörigkeit zu ihrem Territorium zu zeigen, über die Gewaltfähigkeit ihre Stärke und ihren Mut demonstrieren. So gab es zwischen den Jugendlichen im *Mas du Taureau*, die mehrheitlich maghrebinischer Herkunft sind, und einer Gruppe von Jugendlichen aus den französischen Überseegebieten (*DOM-TOM*), die im angrenzenden Stadtviertel *Pré de l'Herpe* wohnten, gelegentlich gewalttätige Auseinandersetzungen. Dies wurde von Samir als Bedrohungsszenario dargestellt:

„Banden gibt es noch nicht, aber es tut sich da was in diese Richtung. Es gibt hier eine wahnsinnige Konzentration an Schwarzen. Diese Leute reden nicht miteinander. Sie tun sich zu Klans zusammen. Wir lassen sie gewähren, bis zu dem Tag, an dem die Sache solche Ausmaße annimmt, dass wir sagen werden: ‚Ihr seht nie einen Araber mit einem Schwarzen sprechen.' Wohlgemerkt: Hier heißt es Rasse mit Rasse. Die Franzosen bleiben unter sich. Die Italiener bleiben unter sich. Die Juden haben ihre Synagoge in der *Grappinière*. Sie haben Angst. Es gibt keinen Dialog zwischen ihnen. Es gibt nichts in Vaulx-en-Velin. Niemand will sich um die Angelegenheiten des anderen kümmern. Jeder ist egoistisch."

Trotz dieser Angst von Samir waren die Jugendgruppen im *Mas du Taureau* zum Zeitpunkt meines Aufenthalts in Vaulx-en-Velin interethnisch zusammengesetzt. Die Gruppenbildung blieb ohne festgefügte Rituale und Stabilität. Selbst wenn die marginalisierten Jugendgruppen in den Pariser Vorstädten ausgeprägtere Formen annehmen, kann man in Frankreich nicht von Jugendbanden, sondern am ehesten von sogenannten *posses*, d.h. locker assoziierten Gruppen New Yorker Stils reden (Jazouli 1990). Gelegentlich fanden Auseinandersetzungen allerdings auch zwischen den Dealergruppen aus den verschiedenen Wohnvierteln statt.

Die Klein*kriminalität* ist in Vaulx-en-Velin wie in allen französischen Vorstädten weit verbreitet, aber nicht organisiert. In Vaulx-en-Velin gab es verschiedene Stufen der Kriminalität, die bis zu den großen Delikten reichten. Während die *corner boys* die Kleinkriminalität als „normal" betrachteten, waren sie sich der Gefahr des Abdriftens in die organisierte Kriminalität bewusst, wie eine Gruppendiskussion mit Jugendlichen im *Mas du Taureau* verdeutlichte, in der es hieß:

> „Wir stehen auf der Kippe. Wenn wir nicht bald einen festen Job kriegen, driften wir ab, ohne Problem."

Ein geflügeltes Wort in der *galère* war: „Sag mir, mit wem du läufst, und ich sage dir, wer du bist." Delinquente Karrieren gab es nur bei einem geringen Teil der *corner boys*. Sie bildeten die erwähnte *dritte Kontrastgruppe* der Jugendlichen: diejenigen, die überhaupt keinen Bezugspunkt mehr hatten. Nach Aussage von P. wuchs diese Kategorie an.

Der Weg in die Delinquenz wurde am besten von denjenigen beschrieben, die diese Phase schon seit längerem hinter sich hatten. Ein gutes Beispiel dafür ist K.:

> „Es gab damals schon diese Probleme im Viertel. Man war auf materielle Werte fixiert. Man musste sich ganz jugendlich kleiden. Die Eltern haben getan, was sie konnten. Aber man musste selbst zurecht kommen. Das hat mit kleinen Ladendiebstählen begonnen. Und dann kam diese Eskalation, dieser Bezug auf die Größeren, die in die Delinquenz abgedriftet waren. Das hatte viel mit dem Viertel zu tun. Es spielte sich immer unter den Typen aus dem Viertel ab. Jedes Viertel musste den anderen Vierteln etwas beweisen. Man wollte zum Beispiel bei den Autodiebstählen besser sein. Es ging darum zu sehen, wer den besten Schlitten besorgen konnte. So war's. Ich hab' das in den 80er Jahren erlebt. Das war die ganze Zeit ohne festen Rahmen. Ich war 15 oder 16 Jahre alt. Man folgte einfach gedankenlos den anderen."

K. betonte die Rolle, die bei diesem Prozess die sogenannten *maqueraux* (Makker) spielten:

> „Irgendwie waren unsere Bezugspersonen nicht die richtigen. Das waren Typen, die sich sozusagen in der Delinquenz und im Viertel hochgearbeitet hatten. Und irgendwie wollte ich auch so weit kommen."

Der Unterschied zu den 80er Jahren läge darin, dass die delinquenten Jugendlichen inzwischen jünger geworden seien. In der Tat hat die Delinquenz in den 90er Jahren auch die „Rosinen der Galeere" erreicht (Jazouli 1995, 271-340). Welche Gründe gab es nun dafür, in die Delinquenz abzugleiten? Dies lässt sich gut am Beispiel von Khaled Kelkal zeigen. Bei ihm werden drei Gründe deutlich. Zunächst trat ein ökonomischer Aspekt hervor:

„Hier klauen 70% der Jugendlichen. Denn das können sich die Eltern gar nicht leisten, wenn sie sechs Kinder haben – da will einer auch so schöne Jeans kaufen, wie der andere hat, aber er hat das Geld nicht. Er ist gezwungen, sich allein durchzuschlagen."

In der Gemeinschaft der kriminellen Gang fand Khaled Kelkal aber auch eine kulturelle Zugehörigkeit:

„So fing ich an, mit ihnen rumzuziehen. Du siehst den Unterschied zwischen der Stimmung im Gymnasium und der Stimmung da draußen, bei den Dieben. Du hast dich wohler gefühlt, das ist die gleiche Mentalität wie im *collège*, aber mit Erwachsenen."

Schließlich kam noch ein Gefühl der Freiheit und des Spiels dazu:

„Und wenn du stiehlst, fühlst du dich frei, weil es ein Spiel ist. Solange sie dich nicht erwischen, bist du der Gewinner. Es ist ein Spiel: Entweder du verlierst, oder du gewinnst. Aber es stimmt schon, das ist ein Weg, der dich nirgendwohin führt."

Das delinquente Verhalten der Jugendlichen hatte mehrere Erscheinungsformen. Darunter zählten auch gewalttätige Handlungen. Gewalt trat im Alltag des Stadtviertels äußerst fragmentiert auf (Rebughini 1998). Während sie im „Schauspiel einer potentiellen Gewalt" zwischen manchen Jugendgruppen kulturell motiviert und expressiv war, hatte sie ökonomischen Charakter, wenn es darum ging, das Territorium mit seinem illegalen Drogenhandel nach außen gegen die Intervention der Polizei abzuschirmen. Die Gewalt wurde in diesem Fall zur Quelle der Kriminalität, man kann sie mit Dubet (1997, 228) als instrumentell bezeichnen.

Schließlich neigt sie zum sozialen Protest, wenn sie als *explosive* Handlungsform aus der Frustration und der Wut entsteht und sich in *rodéos*, brennenden Autos oder gar Jugendunruhen gegen die Polizei entlädt. Die Ursachen, die zu dieser Motivation der Gewalthandlung führen, wurden von Nasser eindrücklich beschrieben:

„Frust, das ist das richtige Wort, weil man feststellt, dass sich nichts ändert. Man hat die Nase voll. Das Leitmotiv ist: Man hat die Nase gestrichen voll und man will alles kaputtschlagen. Man ist wahnsinnig wütend auf die Polizei. Man ist deprimiert. Und dann kommen sie noch und nerven dich. Wenn du dann die Möglichkeit kriegst, deine Wut auf sie auszulassen, dann kennst du nichts mehr. Du hast die Schnauze voll. Das hängt alles miteinander zusammen. Es gibt keine Bezugspunkte mehr. Es gibt welche, die sind auf der Straße und den Eltern macht das nicht einmal was aus. Manchmal wissen sie es nicht einmal. Sie wissen nicht einmal, ob er in der Schule ist, ob er arbeitet. Selbst die Eltern haben es irgendwie aufgegeben. Es gibt Eltern, die sind gar nicht mehr da. Es gibt keine Geborgenheit mehr. Man spürt keine Autorität mehr. Man macht was man will und man bricht die Schule ab. Und die Jugendlichen machen was sie wollen, man kommt leicht zu Geld. Und so kommt es, dass man nichts mehr tut."

Die aus der Frustration entstehende *rage* (Wut) kann nach Dubet (1987, 112) in Kombination mit der sozialen *Desorganisation* und der Erfahrung der *Ausgren-*

zung diese Gewalt in der *galère* erklären. Allerdings kann sie nicht als offen politisch bezeichnet werden. Denn sie ist mit keinem politischen Projekt verbunden. Sie hat sich sogar bei den Jugendunruhen in Vaulx-en-Velin selbstdestruktiv gegen das Einkaufszentrum im eigenen Viertel gewandt. Diese Gewalt kann auch als nicht regulierte Form der Konfliktaustragung mit dem Staat verstanden werden. Darauf wies Khaled Kelkal hin:

> „Doch das war vor allem so eine Rachegeschichte. Ihr wollt Gewalt? Dann kriegt ihr auch Gewalt. Von uns spricht man nur, wenn es Gewalt gibt, dann werden wir eben gewalttätig. Bei uns lief das auf einer individuellen Ebene."

Wenn bei diesem jungen Erwachsenen die Gewalt 1992 noch nicht „politisch" war und sich auf individueller Ebene abspielte, änderte sich dies mit seiner Radikalisierung hin zum islamistischen Terrorismus.

Während die Gewalt als *explosive* Handlungsform noch den Konflikt mit der Gesellschaft beinhaltet, gibt es für die marginalisierten Jugendlichen auch die völlige Rückzugsoption, die in Form der individuellen *Implosion* bis zur Selbstzerstörung durch Drogen (Duprez/Kokoreff 2000) führt. Der leichte Drogenkonsum war im *Mas du Taureau* zur Gewohnheit geworden, um die innere Leere, das „schwarze Loch" ertragen zu können. Während Haschisch überall verbreitet war, herrschte jedoch unter den Jugendlichen eine große Verachtung vor dem Konsum harter Drogen:

> „Ja, ich rauche manchmal, das ist alles. Das gestattet mir, ein wenig aus der Scheiße rauszukommen. Aber Drogen, nein, kommt nicht in Frage. Weiche Drogen, okay. (...) Ich bin auch arbeitslos, aber ich möchte nicht auf dem Müllhaufen landen. Es gibt in Vaulx-en-Velin Frauen, die sich prostituieren, auch hier im Viertel. Aber das wird strengstens geheim gehalten. Man meidet die Drogenabhängigen wie die Pest. Nicht dass man vor ihnen Angst hätte. Nein, aber für uns ist das eine Schwäche. Wenn du das anrührst, bist du nur noch Dreck. Drogen sind ein Irrweg, ekelhaft. Und das trifft sowohl auf Mädchen als auch auf Jungen zu." (Samir)

So wurden die Drogenabhängigen von den *corner boys* und den *„corner girls"* noch mehr als die professionellen Delinquenten gemieden. Es herrschte eine völlige Distanz zu ihnen. In den 80er Jahren sei der Drogenkonsum nach Aussagen der Jugendlichen noch kein großes Problem gewesen. Doch hätte er in den 90er Jahren zugenommen. Die Verbreitung wurde als Bedrohung empfunden, die sich wie eine Krake *von außen* über das Stadtviertel stülpt. Dabei situierten die einzelnen Gleichaltrigengruppen in ihren Straßenzügen die Drogenabhängigen immer im anderen Viertel: „Es gibt viel Drogenabhängige in meinem Viertel. Die kommen aber nicht von hier. Die kommen von außen, um in mein Viertel einzudringen."[105] So durften

---

105 Der Drogenhandel wurde tatsächlich *von außen*, d.h. vom Stadtzentrum ausgehend durch nicht konsumierende Drogenhändler organisiert. Doch verbreitete er sich Anfang der 90er Jahre mit-

die Drogen nicht das Quartier besetzen. Wie gingen die Jugendlichen mit den Drogenabhängigen um, wenn sie sie nicht völlig verstießen? Khaled Kelkal meinte dazu:

> „Der Typ, der Drogen nimmt, der hört Ihnen zu. Du sprichst mit ihm, sagst, er müsse sich mal klar werden, was da abgeht. Je mehr Drogen er nimmt, desto mehr kommt er auf die schiefe Bahn und desto weniger Kontakt hat er mit den Leuten. Schon kriegt er sich mit seinem besten Kumpel in die Wolle, macht er Betrügereien. Damit verliert er Punkte, und er wird ausgestoßen. Das ist wie ein Apfel. Wenn Sie einen faulen Apfel in eine Schale legen, wo es gute Äpfel hat. (...) Wenn ich einen Typen aus meinem Viertel Drogen nehmen seh', dann heile ich den mit Gewalt, dann sperre ich den in einen Keller. Ich bringe ihm zu essen, zu trinken. Die Lust auf den Stoff muss ihm ausgetrieben werden, auch wenn er dabei leidet."

Die Jugendlichen im *Mas du Taureau* versuchten auch in gemeinsamen Aktionen gegen die Verbreitung der Drogen vorzugehen. So gab es Säuberungsaktionen in den Stadtvierteln (Lyon Libération, 28.10.1992). Denn der Polizei trauten die Jugendlichen die Bekämpfung nicht zu. Im Gegenteil. Die Verbreitung der Drogen wurde als gezielte, *von außen* kommende Politik interpretiert, die von der Polizei umgesetzt werde. Viele Polizisten seien selbst vom Drogenkonsum betroffen. Davon war zumindest Samir überzeugt:

> „Die Polizisten sind süchtig. Das ist das ganze Problem. Sie sagen, dass sie die Drogen kontrollieren, aber sie sind süchtig, denn um in das Drogenmilieu reinzukommen, muss man schon selbst Drogen nehmen. Das ist wie bei einem Schauspieler, wenn er eine Rolle übernehmen will: Wenn er drinnen ist, kommt er nicht mehr raus."

Dies verdeutlicht das gebrochene Verhältnis zu den Kontrollbehörden.

5.2.3.3 Institutioneller Rassismus: Polizei und Justiz

Im Kontakt mit der *Polizei* machten die Jugendlichen nach ihren eigenen Schilderungen die für sie prägendsten Erfahrungen rassistischer Diskriminierung. Dies betraf vor allem die *contrôles d'identité* (Identitätskontrollen). Dazu kursierten viele Anekdoten:

> „Vor kurzem war ich in einem Wagen, mit Freunden. Wir waren zwei Mädchen und zwei Jungen, ein Leihwagen. Alles total legal. Wir wurden von der Polizei kontrolliert. Wir wurden kontrolliert, durchsucht, Ausweis. ‚Wo warst du mit diesem Wagen, warum?' Meine Güte! Sie halten wirklich jeden an. Und du hast nicht das Recht, die Stimme zu erheben. Sobald du ein wenig die Stimme erhebst, wenn du sagst: ‚Wieso, ich hab das Recht, zu

---

hilfe von 18-25-jährigen konsumierenden Dealern, die in ihren Stadtvierteln als Zwischenhändler fungierten, allmählich in den Vorstädten von Lyon, so auch in Vaulx-en-Velin.

machen was ich will.' – Los, jetzt red' mal wie es sich gehört, sonst sperren sie dich ein. Dann halten sie's Maul, die Jugendlichen. Sie sagen nichts, sonst werden sie abgeschleppt. Sie gehen, und das nächste Mal, wenn sie die Polizei vorbeifahren sehen, dann bewerfen sie sie mit Steinen, dann beschimpfen sie sie. Und dann beklagt sich die Polizei darüber, warum man sie mit Steinen bewirft." (Raja)

Solche Identitätskontrollen sind in den französischen Vorstädten zur Routine geworden. In Vaulx-en-Velin war damit allerdings noch das kollektive Gedächtnis an den Vorfall mit Thomas Claudio verbunden. Eine Identitätskontrolle war der Auslöser für den Tod dieses Jugendlichen italienischer Herkunft aus dem *Mas du Taureau*. Dieser Tod führte zu den Unruhen von 1990. Seit der massiven Polizeiüberwachung durch Spezialeinheiten der Verbrechensbekämpfung anlässlich der Fahndung nach Khaled Kelkal hatte sich dann in den 90er Jahren das Verhältnis zwischen den Jugendlichen und der Polizei noch mehr zugespitzt. Bei solchen Polizeikontrollen erfuhren die Jugendlichen wiederum eine doppelte Diskriminierung. Sie war sozialräumlich und rassistisch:

„Die Polizei hat mich mehrmals schikaniert. Kontrollen. Einmal bin ich in die Schweiz gefahren. An der Grenze wollten sie mich nicht haben: ‚Sie sind aus Vaulx-en-Velin. Wir wollen Sie hier nicht, weil Sie Ärger machen.' Man klebt dir ein Etikett auf die Stirn: ‚Gefährlich! Gefahr für die öffentliche Sicherheit!' Wenn du blauäugig und blond bist, geht's noch. Aber wenn du krauses Haar hast, dunkelhäutig bist und wie ein Araber aussiehst, dann drücken sie dir einen Stempel auf: ‚Große Gefahr für die innere Sicherheit.!'" (Nasser)

Die unmittelbarsten Diskriminierungen und Konflikte mit der Polizei ereigneten sich jedoch am Rand des Territoriums der Jugendlichen. Hier gab es ein äußerst angespanntes Verhältnis zu den *îlotiers* (Streifenpolizisten):

„Zwischen Jugendlichen und Polizei im Viertel gibt es nicht einmal einen Dialog. Sobald sie einen Bullen sehen, haben sie einen Stein in der Hand. Die Streifenpolizisten, auf ihren Motorrollern, die profitieren von den Dienstgraden, die sie auf ihren Schultern tragen. (...) Ein Streifenpolizist, was hat er uns schon auf einem Treffen mit den Leuten aus dem Viertel zu sagen. Die Bullen, wenn sie das Recht hätten zu schießen, würden sie uns wie Hasen abknallen." (Nasser)

Auch wenn solche Diskurse gelegentlich der Selbstviktimisierung und eigenem rassistischem Handeln dienen können, entsprechen diese Beobachtungen rassistischer Diskriminierung der Situation in vielen anderen Städten Frankreichs (Wieviorka 1992, 219-276). In der Polizei spitzt sich der institutionelle Rassismus der französischen Institutionen zu. Denn die ethnisch indifferenten Normen der republikanischen Institutionen widersprechen vor allem in diesem Bereich immer mehr der alltäglichen Erfahrung der Behördenvertreter im Umgang mit ethnischer Differenz. Mit dem Gefühl, als letzter Schutzwall staatlicher Autorität in den Quartieren letztendlich von der Gesellschaft alleine gelassen zu werden, wenden die Polizisten ihre eigenen Frustrationen gegen ihr „Kontrollobjekt" (Loch 1994b, 101-104). Als Reaktion auf die ständigen Identitätskontrollen entstehen dann die Konfliktspiralen mit der Polizei.

Für die delinquenten Jugendlichen, die sich bereits mit der Polizei gemessen hatten, war die *Justiz* der allerletzte Bezugspunkt vor der völligen Abkehr von der Gesellschaft. Für Khaled Kelkal gab es nach all den Erfahrungen der Ausgrenzung und der Diskriminierung auch hier keine Gerechtigkeit mehr:

> „Offen gesagt, als Araber – die Justiz kann uns nicht leiden. Es gibt da eine Justiz mit zwei Maßstäben. (...) Also wer so was hört, der sagt sich doch: ‚Wie bitte?' Ein Junge aus Vaulx-en-Velin, der geschnappt wird, kriegt also ganz bestimmt eineinhalb Jahre mehr als die anderen, ganz bestimmt. (...) Für mich gibt es keine Gerechtigkeit. Was die Gerechtigkeit nennen, ist Ungerechtigkeit."

Die französische Justiz wurde von Khaled Kelkal als ungerecht und rassistisch empfunden. Wie bereits eine Untersuchung zu Beginn der 80er Jahre zeigt (Lahalle 1981), kommt es im französischen Justizapparat in der Tat zu entsprechenden Diskriminierungen der Einwandererjugend.

Wie wurden die Jugendlichen dann nach einem oft mehrjährigen Gefängnisaufenthalt in ihrem Wohnviertel aufgenommen? Waren sie noch Teil der Gruppengemeinschaft? Wollten sie es noch sein? Dazu meinte K.:

> „Das hängt von der Altersklasse ab. Es gibt viele 16-18-Jährige, und wenn der Kumpel aus dem Gefängnis entlassen wird, so gibt es noch immer den Begriff des Kumpels. Aber ab dem Alter von 22-24 Jahren, wenn du da aus dem Gefängnis kommst, da beginnst du mehr über das Leben nachzudenken. Die Kumpels, die Freunde, das verliert sich alles. Das zerstreut sich in alle Winde. Du beginnst, dir um deine eigene Zukunft Sorgen zu machen. Es findet eine Trennung statt, aber mehr oder weniger auf lange Sicht."

Die Zukunftsunruhe lag im Problem der beruflichen Eingliederung.

5.2.4 Berufliche Sozialisation: verlorene Zeit in der Marginalität

5.2.4.1 Integration durch Arbeit?

Nach dem Schulabbruch bzw. dem niedrigen Schulabschluss befanden sich die *corner boys* und *„corner girls"* in der „Galeere". Die Arbeitslosigkeit wurde zur dominierenden Alltagserfahrung. Die Jugendlichen und jungen Erwachsenen bewegten sich zwischen den Angeboten der *Institutionen* des Dritten Sektors, der eigenen Suche nach Jobs am *Markt* und der *Parallelökonomie*. Somit standen sie in befristeten Arbeitsverhältnissen und beteiligten sich gleichzeitig an den *combines* (Geschäfte) dieser Parallelökonomie. Hier glitt ein Teil der Jugendlichen in delinquente Karrieren ab. Welche Bedeutung hatte für die Jugendlichen die Arbeit?

> „Es gilt das Gesetz des Stärkeren. Das ist alles. Man muss allein klarkommen. Wenn man nicht arbeitet, ist man nicht in der Gesellschaft. Man ist außerhalb der Gesellschaft. Man ist eine Gefahr. Wenn man in der Gesellschaft ist, wird man respektiert. Aber sobald man nicht mehr arbeitet, ist man nichts, ein Dreck. Man ist eine ausrangierte Maschine." (Samir)

Keine Arbeit zu haben bedeutete, von der Gesellschaft bzw. vom Konsum ausgegrenzt zu sein und nicht mehr anerkannt zu werden. Während die Arbeiter- und Einwandererjugend in den „roten Vorstädten" über den Arbeitsmarkt in die Gesellschaft integriert war, zerfielen bei der Vorstadtjugend mit der Arbeitslosigkeit auch die sozialen Bindungen. Der Zustand sozialer Desintegration und sozialer Ausgrenzung führte hier zunächst zu den beschriebenen Frustrationen.

Zudem wirkte der eventuelle Zugang zu Arbeit auf die niedrig qualifizierten Unterschichtsjugendlichen nicht motivierend. Denn die Qualifikation reichte gerade für eine Tätigkeit als Arbeiter aus. Industrielle Arbeit und mit ihr das Bild des Arbeiters erfahren aber in der postindustriellen Gesellschaft keine entsprechende Wertschätzung mehr (Dubar 1996). So reduzierte sich für diese Jugendlichen Arbeit auf die Notwendigkeit, den Lebensunterhalt für sich und oft für die Familie sichern zu müssen.

Eine besondere Abneigung gegen Fabrikarbeit hatten die Jugendlichen maghrebinischer Herkunft. Diese Abneigung kann nicht nur aus den frustrierenden Zugangsschwierigkeiten zum Arbeitsmarkt und der Geringschätzung dieser Arbeit erklärt werden. Die Fabrikarbeit hing auch mit der Situation der Väter zusammen, die den Jugendlichen kein identitätsbildendes Vorbild sein konnten. Der Vater arbeitete als *travailleur immigré* am Fließband der Industrieunternehmen und auf den Baustellen des Frankreichs der *Trente glorieuses*. An diesen Arbeitsorten übte er als Kolonisierter die erwähnte Demutshaltung, an diesen Orten wurde er diskriminiert. Konnten die Jugendlichen über diese Arbeitswelt noch eine Identität ausbilden?

5.2.4.2 Die *Mission Locale*: zur Wahrnehmung der Stadtpolitik

Als institutionelle Anlaufstelle gab es in Vaulx-en-Velin eine *Mission Locale (ML)*. Ihre Aufgabe bestand darin, die Jugendlichen in qualifizierende Weiterbildungen zu vermitteln und über Praktika, Beschäftigungsmaßnahmen und Teilzeitarbeit in den „zweiten Arbeitsmarkt" einzugliedern. Wie nahmen die Jugendlichen diese Institution der Stadtpolitik wahr?

Nicht alle sozial benachteiligten Jugendlichen von suchten sie auf. Die meisten probierten es aber zumindest einmal. Es handelte sich um Jugendliche, welche die Schule abgebrochen hatten bzw. vor allem aus den Berufsfachschulen kamen und daher nur einen niedrigen Facharbeiterabschluss (*BEP, CAP*) vorweisen konnten. Doch selbst solche, die trotz höherem Schulabschluss keinen Arbeitsplatz fanden, kamen zur *ML*. Im Durchschnitt lagen die Schulabschlüsse der Zielgruppe dieser Institution jedoch wie bei allen *Missions Locales* in Frankreich unter dem Abitur (Werquin 1996).

Zumeist suchten die Jugendlichen die *ML* erst nach mehreren vergeblichen Versuchen auf dem Arbeitsmarkt auf. So hatten sie eine oder mehrere Schulklassen wiederholt, bereits enttäuschende Erfahrungen auf dem „zweiten Arbeitsmarkt" gemacht und Phasen der Arbeitslosigkeit durchlaufen. Aufgrund dieser Erfahrungen waren viele der Jugendlichen bereits an die 20 Jahre alt, als sie ihren ersten Kontakt zur *Mission Locale* aufnahmen, obwohl diese Einrichtung für 15- bis 25-Jährige konzipiert worden ist. Eine zweite Kategorie war knapp unter 25 Jahre alt. Diese Jugendlichen hatten bereits eine Delinquenzphase hinter sich und versuchten es danach noch einmal mit der *ML*. Sie konnten Vergleiche im Zeitverlauf ziehen.

Mit Blick auf diesen Zeitfaktor in den biographischen Verläufen soll im folgenden mit den *Einsteigern* begonnen werden.[106] Dann wird es um diejenigen Jugendlichen gehen, die gegenüber der Mission Locale *positiv eingestellt* waren und vielleicht einen Arbeitsplatz über sie fanden. Da die Jugendlichen nicht im Längsschnitt untersucht worden sind, konnte ihr weiterer Weg nicht verfolgt werden. Zudem wären diejenigen Jugendlichen, die über die *Mission Locale* einen Job gefunden hatten, als Interviewpartner nur schwer aufzufinden gewesen. Anschließend stehen diejenigen im Mittelpunkt, die sich *auf der Kippe* befanden. Sie erkannten zwar die Funktion der *ML* an, konnten jedoch noch jederzeit mit ihr brechen. Zuletzt lässt sich bei denjenigen noch *im Quartier verbliebenen* Jugendlichen, die ich außerhalb der *ML* interviewte, nur eine *negative Bilanz* ihrer Erfahrung mit dieser Institution ziehen.

Die *Einsteiger* stießen vor allem über das Hörensagen im Stadtviertel, über Geschwister und andere Gruppenbezüge auf die *Mission Locale*. Mit welchen Erwartungen gingen sie zu ihr? Raja berichtet:

---

106 Die folgenden Aussagen über die *Mission Locale* stammen von Jugendlichen, die 1992 diese Institution aufgesucht hatten, in der ich sie auch interviewte (vgl. 6.2.1.3). Dazu zählen Farouk, Mohamed, Lyamine, Raja, Bachira und Noura. Sie kommen aber auch von denjenigen, die ihre Erfahrung mit der *ML* bereits vor 1992 gemacht hatten und entweder beruflich noch immer nicht eingegliedert waren (Samir) oder sich für einen anderen Weg entschieden hatten (Nasser).

> „Dieses Jahr brauchte ich die *Mission Locale*, weil ich auf der Straße war. Von meinen Freundinnen hatte ich vernommen: ‚Man hat mir gesagt, die *Mission Locale*, sie kann dir helfen.' Es gibt welche, die sagen das, andere sagen: ‚Nein, die *Mission Locale*, die wird nichts für dich tun. Die sind nicht gut.' Und dann bin ich schließlich hierher gekommen, um es selbst auszuprobieren. Ich habe einen Termin ausgemacht, vor einer Woche. Das ging schnell. Ich bin gekommen. Jetzt habe ich mein erstes Vorstellungsgespräch gehabt. Und vorläufig bin ich zufrieden. Es geht. Sie kümmern sich gut um einen. Danach werden wir ja sehen."

Während bei Raja, die kurz vor dem Abitur die Schule abgebrochen hatte, ein erster Kontakt mit der Berufswelt stattfand und eine relative Offenheit und Unbefangenheit gegenüber der *ML* existierte, waren die anderen Jugendlichen, die diese Institution aufsuchten, zumeist niedriger qualifiziert und hatten bereits Joberfahrungen. Sie verbanden ihren Gang zur *Mission Locale* wie Farouk mit spezifischeren Erwartungen:

> „Die ist bekannt, die *Mission Locale*. Wer auf der Straße ist, der geht zu ihr. Man hat mir gesagt, dass man über sie Ausbildungsverträge bekommen kann. Ich bin gekommen. Ich hoffe, dass sie etwas für mich finden werden. Es gibt welche, die sind zufrieden, andere nicht. Aber sie machen ihre Arbeit. Ich komme zum ersten Mal. Wenn sie mir einen Ausbildungsvertrag finden, dann ist die *Mission Locale* gut, wenn nicht, dann ist es Bluff. Wenn sie mir etwas finden, dann bleib' ich eine Weile im Betrieb, damit der Chef mich behält. Und im Viertel beginne ich dann, mir etwas aufzubauen, etwas Geld zu bekommen, um bekannt zu werden."

Die Motive dafür, die *ML* aufzusuchen, waren demnach verschieden: Sie reichten bei den Interviewten von der ersten Neugier wie bei Raja und dem Bedürfnis nach Qualifizierung bzw. Jobsuche über den Wunsch, schnell Geld zu verdienen, um konsumieren oder wie bei Farouk andere Ziele einlösen zu können, bis hin zur Notwendigkeit, für den Bezug von Arbeitslosengeld und das Erreichen von Glaubwürdigkeit vor Institutionen wie der Justiz die *Mission Locale* aufsuchen zu müssen. Letzteres war neben anderen Gründen bei Khaled Kelkal der Fall.

Die Motive differierten zudem zwischen männlichen und weiblichen Jugendlichen. Während die männlichen Jugendlichen aus eigener Erfahrung oder über die Gleichaltrigengruppe die Arbeitswelt bereits kannten, die *ML* eher als Sprungbrett in einen höheren sozialen Status nutzen wollten und den Gang zu ihr daher mit präziseren Vorstellungen verbanden, verhielt es sich bei den weiblichen Jugendlichen anders. Diese hatten zumeist noch nicht dieselben Informationen über die Arbeitswelt, befanden sich weniger im Bruch mit ihr und waren eher bereit, sich über die *Mission Locale* in sie integrieren zu lassen.

Dafür kann Bachira als Beispiel genommen werden, auch wenn sich die Bereitschaft der Integration über die *ML* nicht auf die Mädchen begrenzen lässt. Bachira hatte bereits einen *BEP*-Facharbeiterinnenabschluss als Sekretärin und versuchte sogar, das Abitur nachzumachen, was allerdings scheiterte. „Jetzt bin ich auf der Strasse gelandet und habe keinen Job". Sie war bereits mehrmals zur *ML* gegangen und empfand deren Vermittlungsdienste als sehr hilfreich. Bei Bachira kann am ehesten von einer *positiven Entwicklung* gesprochen werden, denn es zeichneten sich relativ gute Voraussetzungen für einen stabilen Kontakt mit der *Mission Locale* ab.

Wenn es bei den bisher genannten Fällen noch einen Kontakt gab und eine positive Sichtweise vorherrschte, stand dies bei Noura und Lyamine *auf der Kippe*. Sie hatten beide bereits Erfahrungen mit der Arbeitswelt und mit der *ML* gemacht. Infolge ihrer Frustrationen betonten sie die negativen Aspekte dieser Institution, sahen aber noch immer deren positive Funktion. So beurteilte Noura die *Mission Locale* folgendermaßen:

> „Ja, manchmal klappt es gut in der *Mission Locale*, aber manchmal sind sie schwerfällig. Sie verstehen die Jugend nicht. Sie verstehen das alles nicht. Also, am Anfang wollte ich als Büroangestellte arbeiten. Und sie, sie haben mir gesagt, meine Gesprächspartnerin hat mir gesagt, dass ich zuviel Erfahrung als Verkäuferin hätte. Ich solle in diesem Bereich weitermachen. Und mich interessierte der Verkauf überhaupt nicht, aber überhaupt nicht. Mein Wunsch war, Büroangestellte zu sein. Die Gesprächspartnerin sagte zu mir: ,Nein, nein, Sie haben ein zu schwaches Niveau, um Büroangestellte zu sein'. Dann hab' ich nachgegeben. Ich habe gesagt: ,Gut, einverstanden, dann stecken Sie mich in einen Lehrgang für Verkäuferinnen'. Und jetzt bin ich gelernte Verkäuferin. Vielleicht hätte ich es als Büroangestellte geschafft, ich hätte etwas gefunden. Und jetzt bin ich gelernte Verkäuferin. Ich habe meinen Lehrgang abgeschlossen, und ich bin wieder arbeitslos. Da bedauere ich, auf sie gehört zu haben. Ich stehe wieder genau da, wo ich am Anfang stand. Ich habe zwei Jahre meines Lebens sozusagen verloren."

Dennoch kam Noura immer wieder zur *Mission Locale*. Sie wollte eine Ausbildung machen bzw. infolge ihrer Situation sofort einen Job haben, um Geld zu verdienen. Konnte sie mit ihren Erfahrungen die *ML* auch den anderen Jugendlichen empfehlen?

> „Ja, ich kann sie empfehlen, ich kann sie anderen empfehlen, aber sie müssen an das denken, was sie sich vorgenommen haben, wenn sie etwas erreichen wollen; sie dürfen nicht auf den Gesprächspartner hören. Sie müssen ihre Sachen im Kopf behalten. Das ist alles. Wenn sie Verkäuferin werden wollen, so sollen sie es tun. Man sollte sie nicht in einen anderen Bereich hineinstecken, so wie mich. Denn mich hat man in den Verkauf gesteckt."

So wurde die *ML* von Jugendlichen wie Noura als Institution wahrgenommen, die nicht auf deren persönliche Bedürfnisse eingeht, sondern nur die Angebote des Marktes verkauft. Zwar war dies insofern richtig, als die *Missions Locales* in den Vorstädten tatsächlich Angebot und Nachfrage vermitteln müssen. Doch ließ Noura nicht hinreichend das Problem ihrer mangelnden Qualifikation für die erhoffte Tätigkeit einer Büroangestellten gelten. Zudem war nicht sicher, ob ihre Einstellungschancen in dieser Branche größer gewesen wären. So hatten die Jugendlichen, die sich in einer ähnlichen Situation wie Noura befanden, zwar die strukturellen Defizite der *ML* erkannt. Doch projizierten sie gleichzeitig ihre persönlichen Probleme auf diese Institution. Dies war auch bei Lyamine der Fall.

Mehr noch als Noura war Lyamine verunsichert, nervös und ungeduldig. Er stand kurz vor dem Umkippen („Ich bin doch nicht verrückt") und hatte bereits zweimal die *ML* aufgesucht. Ich interviewte ihn direkt nach dem Gespräch mit seiner Betreuerin. Wie nahm er die *Mission Locale* wahr? Zunächst kamen spontan die Enttäuschungen und Frustrationen:

> „Es ist jedes Mal das Gleiche. Die bietet irgendetwas an, irgendetwas. Und es kommt nie 'was dabei raus, wenn man genauer hinsieht. Nur leere Worte, Gespräche. Vielleicht um die Leute zu beruhigen. Ich weiß nicht, was die da tun."

Dann beruhigte sich Lyamine mit zunehmender Vertiefung des Gesprächs. Er dachte über sich und die Funktion der *ML* nach. So skizzierte er das Interesse dieser Institution, wehrte sich aber strikt dagegen, sich von ihr beeinflussen zu lassen. Damit rationalisierte er sein bisheriges Nichtstun.

> „Sie machen sich ein Bild von uns: wo wir stehen, was wir tun, was wir werden wollen. Sie versuchen auch, uns zu verstehen. Das ist Psychologie, was die da tun, nicht wahr? Sie schauen andauernd wo wir stehen. Ich weiß es jedenfalls. Es gibt Leute, die sind naiv, okay, die nehmen sie sich vor, sie sprechen zwei Sekunden mit ihnen, sie haben schnell Feuer gefangen. Aber ich, da ich nicht naiv bin, da können die stundenlang mit mir reden. Ich weiß, dass es Psychologie ist. Sie reden diplomatisch über alles, um uns zu verstehen, sich in unsere Lage zu versetzen, auf uns einzugehen."

Während des Gesprächs schwankten bei Lyamine Vertrauen und Skepsis gegenüber der *Mission Locale* hin und her. Im Laufe der Zeit wurde er sachlicher und erklärte den Ablauf seiner zukünftigen beruflichen Eingliederung:

> „Also, das geht so, sie machen einem Vorschläge zu dem, was man tun will. Und sie versuchen etwas zu finden, das zu einem passt. Sie sehen sich dein Ausbildungsniveau an. Sie testen dich. Sie sehen welches Niveau man hat, ob es ein Facharbeiterabschluss, die Grundschule oder ich weiß nicht was ist. Und damit wird man schon einmal eingestuft. Dann schicken sie einen in so'n Ding, zunächst mal in einen Auffrischungskurs. Der Berater will sich in unsere Lage versetzen. Wenn das gut gelaufen ist, dann sehen sie, dass es okay ist, und dann versuchen sie eine Ausbildungsstätte zu finden. So läuft das etwa. Man macht eine Ausbildung mit, man macht einen Lehrgang, alles hängt davon ab, worin. Sie helfen uns, etwas anderes zu finden. Ich, zum Beispiel, ich weiß nicht wo ich stehe. Sie sind da und finden dir eine Ausbildung, irgendetwas, was ich tun will. Nein, sie drängen nicht drauf, sie drängen nicht drauf. Sie sind da, um zu sehen, welche Ausbildung du brauchst. Sie helfen dir auch, wenn du diese Ausbildung machen willst. Sie sind nicht da, um dich zu zwingen. Und wenn du es nicht willst, dann willst du es nicht, und das ist alles."

Nach dieser sachlicheren Analyse driftete Lyamine am Ende des Gesprächs wieder von der positiven Wertung der *Mission Locale* hin zur „Wut". Die Institutionen sind seiner Meinung nach nur dazu da, die Jugendlichen ruhig zustellen. Lyamine deutet seine soziale Misere und sein bisheriges Scheitern schließlich verkürzt als Folge der Stigmatisierung, die vor allem die Einwandererjugend erfährt. Dies verdichtet sich im Vorwurf der rassistischen Diskriminierung:

> „Und in der *Mission Locale*, da sagen sie, dass sie sich in deine Lage versetzen. Das ist Psychologie. Das ist wie bei den Leuten in Vaulx-en-Velin, der Bürgermeister und all das. Sie sprechen mit der Jugend, und warum kommen sie überhaupt? Sie wollen die Leute nicht einmal beruhigen. Sie wollen einfach nur beeinflussen. Also, wenn ich schon höre, wie sie reden. Echt! ‚Beruhigt euch, beruhigt euch, beruhigt euch!' Wollt ihr uns verärgern? Was ist eigentlich los? Liegt es an unserer Hautfarbe oder woran? Sind wir nicht fähig? Ihr seid das, richtig! Sie wollten nicht, dass die Leute sich integrieren. Ja, jetzt ist es so. Uns es wird auch so bleiben. Und dann haben sie den Aufkleber drangemacht. Der Aufkleber ist für alle geblieben. Ein Araber kriegt jetzt den Aufkleber, damit ist die Sache geritzt. Seitdem es diesen Aufkleber gibt, beschmutzen sie uns. Dann dürfen sie sich aber nicht fragen, warum es heutzutage Böses gibt oder was auch immer. Sie haben das nicht gewollt, sagen sie, in Wirklichkeit aber haben sie die Leute sich nicht integrieren lassen."

Die Frage, ob Noura und Lyamine einen Erfolg durch ihren Kontakt mit der *Mission Locale* hatten oder den Kontakt zu ihr abbrachen, kann nicht beantworten werden. Die allgemeinen Erfolgsaussichten hingen nach Einschätzung von Raja vom persönlichen Willen des Einzelnen und von dessen Schulabschluss ab:

> „Ich glaube, dass diejenigen, die die *Mission Locale* nicht positiv sehen, es nicht wirklich versuchen. Sie warten einfach. Sie haben keine Schulabschlüsse. Sie haben nichts und sie glauben, dass man ihnen einfach so Geld geben wird: ‚Da! Macht damit was ihr wollt!'. Es kommt hinzu, dass die Jugendlichen in dieser Stadt auch wirklich arbeitsscheu sind. Sie beklagen sich, weil sie keine Arbeit haben. Aber wenn die *Mission Locale* ihnen eine Arbeitsstelle vermittelt, machen sie dort alles kaputt. Sie spielen verrückt. Sie schlagen sich und all das. Und dann will das Unternehmen niemanden mehr aus Vaulx-en-Velin haben. Und wer sind die Verlierer? Ja, das sind die anderen Jugendlichen, die danach kommen. Daran denken sie nicht."

Zwar spielte die persönliche Bereitschaft und Motivation der Jugendlichen eine wichtige Rolle, doch hing der Erfolg vor allem von dem im Zitat erwähnten Schulabschluss ab: Je höher die Qualifikation beim Eintritt in die *Mission Locale*, desto höher die Wahrscheinlichkeit des Erfolges (Dubet/Lapeyronnie 1992, 218). Wie die Fallbeispiele nahelegen und eine andere Untersuchung der *Mission Locale* von Vaulx-en-Velin zeigt (Essassi/Perdoux 1990, 91ff), hatten der schulische Werdegang der Jugendlichen sowie auch ihre bisherigen Erfahrungen mit der Arbeitswelt einen wichtigen Einfluss auf den Erfolg. Negative Erfahrungen in der Schule bauten die Bereitschaft ab, als Erwachsener noch einmal in den Lehrgängen die Schulbank zu drücken. All diese Faktoren wirkten sich auf die Motivation und die Vermittlungschancen aus. Insgesamt gab es aber nur wenige Jugendliche, die über die berufsbildenden Maßnahmen der *Mission Locale* einen festen Job fanden. Die Mehrheit nutzte diese Institution daher als Arbeitsbörse. Sie stellte für sie ein zweites Arbeitsamt dar. Die Jugendlichen hatten öfters, aber nur für kurze Zeit Kontakt mit ihr. Übergangsweise machten sie auch kurze und oft abgebrochene Ausbildungen. Doch gab es auch diejenigen, die sofort nach dem ersten Besuch den Kontakt abbrachen. Angesichts der schlechten Arbeitsmarktlage Anfang der 90er Jahre hatte die *Mission Locale* ohnehin nicht mehr den Stellenwert wie noch in den 80er Jahren (Jazouli 1995, 353). Darauf wies auch aus eigener Erfahrung K. hin, der seinen Job im *Centre social* der *Grappinière* über einen anderen Weg gefunden hatte. So kann der Kontaktabbruch mit der *Mission Locale* nicht nur als Folge der Demotivation, sondern auch der rationalen Einsicht der Jugendlichen in ihre Chancenlosigkeit betrachtet werden. Damit ging der Vorwurf einher, dass die Institutionen prinzipiell nicht in der Lage seien, ihre Probleme zu lösen.

So stehen zum Schluss diejenigen Jugendlichen im Mittelpunkt, die – im Quartier verblieben – den Kontakt mit der *ML* aufgegeben hatten und eine *negative Bilanz zogen*. Für sie waren die Praktika nur „*verlorene Zeit*" in ihrer beruflichen Sozialisation. Dies konnte ich z.B. von Samir erfahren, der die *ML* bereits vor längerer Zeit aufgesucht hatte:

> „Die *Mission Locale*, nur für eine Schulung und dann nie wieder. Ich habe die *Mission Locale* über meine Kumpels kennen gelernt. Da finden wir Arbeit. Aber das war total falsch. Anfangs haben sie sich ziemlich eingesetzt, aber danach, pff. Nein, sie geben einem keine Orientierung zu dem was man denkt. Seht mal zu wie ihr klarkommt! Entweder ihr habt den Willen dazu oder nicht. Es stand keiner dahinter. Immer nur diskutieren, diskutieren, diskutieren. Ich habe eine sechsmonatige Schulung bei der *Courly* gemacht. Wir hätten ein Ergebnis bekommen sollen. Aber nichts kam. Es gab da keine richtige Ausbildung. Nur eben mal kurz so. Immer dasselbe. Seht mal zu, wie ihr klar kommt. In den Schulungslehrgängen hat man uns den Auffrischungskurs verweigert. Also, wenn man diese Schulungslehrgänge sieht! Wir sind doch keine Idioten! Der reinste Kindergarten! Wir waren da, um die Löcher zu stopfen. Drei Wochen bei der *Courly* und zwei Wochen im Schulungslehrgang. Das ist doch kein Ausbildungsplan. Das Wort ist übertrieben. Die *Mission Locale*, das ist verlorene Zeit. Früher war die *Mission Locale* immer voll. Heute ist da nichts mehr los."

Die Jugendlichen gaben ihre Erfahrungen, die sie nachträglich besonders negativ darstellten, und das Gefühl, nur als billige Arbeitskraft benutzt worden zu sein, in ihrer Gleichaltrigengruppe, ihrer Familie und ihrem Wohnviertel weiter. Das schlechte Image der *Mission Locale* führte dazu, dass nicht mehr nur der Kletterturm und das Planetarium von Vaulx-en-Velin, sondern auch diese Institution zum symbolischen Ort der Ausgrenzung und damit zur Zielscheibe von Jugendgewalt wurde. In manchen Vorstädten Frankreichs ging diese Ablehnung so weit, dass die Jugendlichen überhaupt nicht mehr die *Mission Locale* aufsuchten, um zu vermeiden, dass sie bei den Gleichaltrigen in Verruf geraten (Jazouli 1995, 354). Dass die Jugendlichen bei der Arbeitssuche rational handelten, wird in den Äußerungen von Nasser klar. Er konzentrierte sich auf ein Weiterkommen in der Schule und deutet damit auch an, wie sich der Bruch mit der *ML* auf das weitere Handeln der Jugendlichen auswirkte:

> „In der *Mission Locale*, da treiben sie einen Handel mit der Hoffnung. Sie schlagen einem einen teuren Schulungslehrgang vor. Nach drei Monaten ist es vorbei. Dann schlagen sie dir was anderes vor. Das macht nur eine kleine Minderheit mit. Die anderen haben auch ihre Enttäuschungen erlebt. Das dreht sich alles im Kreis. Alle Jugendlichen waren wenigstens einmal dort, sie sind enttäuscht. Was blöd ist, ist diese Politik der Schulungslehrgänge, die sie in Frankreich gemacht haben. Das war nur ein politisches Spiel. Man wollte die Zahl der Arbeitslosen herunterschrauben. Wegen der Statistik. Jetzt boykottieren die Jugendlichen die Lehrgänge. Du kannst keine Zukunft darauf aufbauen. Bei den nächsten Wahlen werden sie etwas anderes erfinden. Sie werden uns eine kleine Verlängerung der Schulungsdauer vorbereiten, um die Arbeitslosenzahlen herunterzudrücken. Das ist so wie wenn sie die Steuern oder die Zinsen senken. Und dann, sobald sie gewählt worden sind, heben sie die Zinsen wieder an. Ich kann die *Mission Locale* niemandem empfehlen. Wenn ich es schaffe, dann sicher nicht durch sie, sondern durch meine eigenen Bemühungen. Wenn man bei dieser Informationssuche, bei der man in Vaulx völlig alleingelassen wird, nicht draufgeht, dann ist es wegen der Entschlossenheit, die man mit sich bringt, wegen der eigenen Bemühungen."

Um welche Anstrengungen handelte es sich? Die Jugendlichen nahmen zwar die Hilfe der *Mission Locale* in unterschiedlichem Maß in Anspruch. Gleichzeitig versuchten sie aber, über Eigeninitiative in den Arbeitsmarkt zu gelangen. Dies vollzog sich jenseits der Stadtpolitik und war ihr nur teilweise bekannt. Dabei nutzten die Jugendlichen nicht nur ihre persönliche Kraft, mit der sie gegen das „Rosten" in der „Galeere" kämpften, sondern griffen auch auf gemeinsame kulturelle Ressourcen zurück. Diese Ressourcenmobilisierung wurde durch die ethnischen und sozialräumlichen Diskriminierungen am Arbeitsmarkt verstärkt.

5.2.4.3 Ethnische und sozialräumliche Diskriminierung am Markt

Die ethnischen und sozialräumlichen Diskriminierungen, die in der Schule sehr subtil sind, sich im städtischen Raum gegenüber dem Fremden manifestieren und im Kontakt mit der Polizei kulminieren, waren und sind auch am Arbeitsmarkt offenkundig, wenn auch im Einzelfall schwer nachweisbar (Bataille 1997). K. berichtet aus eigener und aus der Erfahrung der anderen Jugendlichen, die er im Gemeindezentrum der *Grappinière* betreute und bis heute betreut:

> „Ich bin dauernd damit konfrontiert. Es gibt Jugendliche, die gehen zu einem Vorstellungsgespräch. Da kommst du an, und die Art, wie der Chef dich betrachtet, das kühlt die Atmosphäre schon mal ab. Wenn du ihn wegen einer Stelle anrufst, dann fragt man zuerst nach deinem Namen, nach deiner Staatsangehörigkeit. Du sagst, du bist Franzose. Aber sobald man dich nach deinem Namen fragt und er ein wenig nach Mittelmeerraum klingt, da hast du verloren."

Die Diskriminierungen richteten sich nicht nur gegen die ethnische Herkunft der Jugendlichen maghrebinischer Abstammung. Sie wandten sich wiederum gegen alle Jugendlichen aus Vaulx-en-Velin:

> „Wenn du auf Jobsuche bist und sagst, dass du in Vaulx-en-Velin wohnst. (...) Da brauchst du gar nicht zu sagen, wie du heißt. Das ist gleich erledigt, alles klar." (Khaled Kelkal)

In Vorstädten mit Jugendunruhen wie in Vaulx-en-Velin war dies besonders der Fall. Darauf wies Raja hin:

> „Es ist sehr schwierig, Arbeit zu finden, wenn du in Vaulx-en-Velin wohnst, besonders wenn du Araber bist. Also da ist es noch schlimmer, besonders mit all dem was es da gab, die Unruhen und so weiter. Ja von diesem Tag an."

So waren die Jugendlichen in Institutionen wie dem Arbeitsamt von Vaulx-en-Velin mit der Antizipation von Vorurteilen potentieller Arbeitgeber konfrontiert. Dann erfuhren sie bei Bewerbungen und Einstellungsgesprächen erneut Diskriminierung. Der Verweis privater Arbeitgeber auf eine angeblich zu niedrige Qualifikation war oft nur ein Vorwand bei der fremdenfeindlich-rassistisch oder sozialräumlich motivierten Nichteinstellung. Doch nicht nur bei privaten Arbeitgebern, sondern auch in kommunalen Institutionen findet Diskriminierung statt (Wieviorka 1992). Kommunen wie Vaulx-en-Velin oder auch Großstädte wie Marseille sind die größten lokalen Arbeitgeber. Vor allem im kommunalen Dienstleistungssektor, so auch bei der dem Stadtverbund von Lyon unterstehenden Müllabfuhr, übernahmen die Einwanderer und die Jugendlichen bei gleicher Eignung innerhalb der sozialen Hierarchie eine untergeordnete Funktion. Diese Diskriminierungen verstärkten die ohnehin hohe Arbeitslosigkeit der Jugendlichen. So sind in Frankreich bei gleichem Schulabschluss und bei gleicher Qualifikation die Jugendlichen maghrebinischer Herkunft im Vergleich zu ihren Altersgenossen nichtmaghrebinischer Herkunft am stärksten von Erwerbslosigkeit betroffen (Tribalat 1995, 179-182).

5.2.4.4 Arbeit zwischen Markt und Territorium

Wie war nun das Verhältnis zwischen den Jugendlichen, die der *Mission Locale* den Rücken zukehrten, dem *Markt* und dem *Territorium*, über welches – verstärkt durch die Diskriminierung – kulturelle Ressourcen mobilisiert werden konnten? Als Beschäftigungsverhältnisse zwischen Markt und Territorium lassen sich neben den *Gelegenheitsjobs* am Markt der *Schwarzmarkt*, die *Parallelökonomie* und die *Familie* nennen.

Die Vermittlung von *Gelegenheitsjobs* gehörte zu den Aufgaben der *Mission Locale*. Zwar machten die Jugendlichen davon Gebrauch, doch kamen sie leichter über Leiharbeitsfirmen zu solchen Jobs. Sie waren dazu gezwungen, da in ihren Familien finanzieller Notstand herrschte. Zudem sicherten ihnen diese Jobs ein Minimum an Konsum. Die Jugendlichen fanden als Leiharbeiter schwere, schmutzige und unterbezahlte Arbeit im industriellen Sektor und im unteren Dienstleistungsbereich. Dazu zählten vor allem Reinigungsbetriebe und das Gaststättengewerbe. Es ließe sich eine lange Liste dieser *petits boulots* (kleine Jobs) aufstellen, welche die interviewten Jugendlichen über die Jahre hinweg ausübten. Samir berichtet aus eigener Erfahrung:

> „Ich hab' bei einer Möbelspedition gearbeitet. Das ist eine sehr harte Arbeit. Aber das war die einzige Möglichkeit. Ich hatte keinen Schulabschluss. So hab' ich fast alles gemacht: Straßenbau, Elektriker, Koch, alles. Ich musste immer sehr früh aufstehen und auf die Suche gehen. Das ist alles. Man muss sein eigenes Lob singen. Für die ist man eine Nummer. Zeitungsannoncen, Kollegen, über Beziehungen, über Kontakte. Das ist alles."

Unterbezahlte Jobs waren auch auf dem *Schwarzmarkt* zu bekommen. Die Jugendlichen suchten nach ihnen und die Unternehmen sowie privaten Haushalte profitierten davon. So berichtet Noura, dass sie während ihrer von der *ML* vermittelten Ausbildung arbeiten musste und daher Angebote des Schwarzmarktes annahm:

> „Ab und zu arbeitete ich schwarz, als Putzfrau, schwarz. Bei einer Frau. Ich war dazu gezwungen, denn mit dem, was man für eine Ausbildung bekommt, kann man in dieser Welt nichts anfangen. Das ist doch so, oder?"

Zwar wies der Schwarzmarkt dieselbe Funktionsweise auf wie der Markt, doch war er ähnlich wie die *Parallelökonomie* organisiert. Denn in ihr spielten die kulturellen Ressourcen, d.h. die sozialen Beziehungen der an ihr beteiligten, interethnisch zusammengesetzten Vorstadtbevölkerung eine wichtige Rolle. Bandenbildung und Parallelökonomie konnten sich zwar gegenseitig verstärken. Da es aber keine wirklichen Banden gab, über welche sich gleichzeitig Gruppensolidarität und Parallelökonomie hätten bilden können, existierten andere Verflechtungen des Verkaufs und des Handels. Nach Auskunft der Jugendlichen gab es im *Mas du Taureau* und auch in den anderen Stadtvierteln ausgedehnte informelle Netze, die vom Handel gestohlener Kleider über den Autodiebstahl bis zum Drogenhandel reichten. P. meinte, dass ich mindestens zwei bis drei Jahre in Vaulx-en-Velin hätte leben müssen, um diese nach außen abgeschirmten Strukturen der informellen Parallelökonomie kennenzulernen.

Dabei existierten verschiedene Stufen der Kriminalität. Während es beim Drogenhandel im Stadtviertel die kleinen Dealer gab, die selbst konsumierten und den Lebensunterhalt ihrer Familien finanzierten, kamen die Händler *von außen*. Auch die sogenannten *gangs* waren wie der Drogenhandel hierarchisch vom Zentrum zur Peripherie hin organisiert, kriminell-ökonomisch professionalisiert und z.T. in den Drogenhandel involviert. Die Delinquenz wurde hier von der organisierten Kriminalität aufgefangen.

Die Jugendlichen wandten sich in unterschiedlichem Ausmaß diesem *business* zu. So waren die meisten an kleinen *combines* (Geschäften) beteiligt. Einige Jugendliche des *Mas du Taureau* nahmen auch am Verkauf und am Handel der Waren teil. Nur in den allerwenigsten Fällen ließ sich ein Jugendlicher wie Khaled Kelkal als Mitglied einer *gang* anwerben. Über diese verschiedenen Stufen des *business* ließ sich leichter als über die würdelose Arbeit des Vaters Geld verdienen. Einer der Orte des Vertriebs war der wöchentlich stattfindende Flohmarkt von Vaulx-en-Velin, der gleichzeitig vielen Kleinhändlern aus den Lyoneser Vorstädten einen legalen Umschlagplatz für ihre Waren bot. So war es schwierig, exakt zwischen illegaler und legaler Parallelökonomie zu trennen.[107]

Bei der Parallelökonomie spielten auch die *Familien* und Clans mit ihren ökonomischen Netzen eine wichtige Rolle. So wurden Jugendliche für die Gründung von kleinen Betrieben von Familienmitgliedern unterstützt. Hinsichtlich der beruflichen Eingliederung der Mädchen maghrebinischer Herkunft erwies sich die Familie jedoch angesichts ihrer patriarchalischen Struktur und angesichts der Situation am Arbeitsmarkt für viele als Sackgasse:

> „Die Leute sind auf der Straße, vor allem die Jungs. Ich rede von den Jungen, denn die Mädchen, wenn die auf der Straße sind, da sagen die Eltern: ‚Bleib mal schön da, Mädchen, du kannst den Hausputz machen'. Das macht keinen Spaß, aber das ist so." (Raja)

Zwischen Gelegenheitsjobs, Schwarzarbeit und Parallelökonomie versuchten die Jugendlichen, aus der Grauzone von Illegalität und Legalität in festere Arbeitsverhältnisse zu kommen.

---

107 Wie die Literatur zur Migrationssoziologie zeigt, überlappen sich illegale und legale Selbstorganisation auch bei den diversen Figuren des *ethnic business*, vgl. Rea/Tripier 2003, 44-48. Ein instruktives Beispiel dafür ist die Untersuchung von Tarrius (1997) zur französischen Stadt Perpignan.

5.2.4.5 Individuelle Aufstiegsmöglichkeiten

Bei diesem Versuch kristallisieren sich drei Typen heraus: 1) der Kleinunternehmer oder Händler, 2) der Animateur und 3) der Arbeiter (vgl. auch Bordreuil/ Lovell/Péraldi 1996; Rey 1996, 47-52).

1) Viele träumten davon, einen eigenen kleinen Betrieb zu gründen und *Kleinunternehmer* oder *Händler* zu werden. Denn die industrielle Arbeit des Vaters wurde abgelehnt. So hatte Farouk für seinen Gang zur *Mission Locale* die Motivation erwähnt, mit dem Joberwerb Geld verdienen zu wollen, um eine eigene Werkstatt zu gründen:

> „Ich hab' einen Monat da gearbeitet. Ehrlich gesagt, das interessiert mich nicht. Ich sehe den Chef, gut gekleidet, und so weiter. Aber ich bin nicht dazu geschaffen, in der Fabrik zu arbeiten. Als Autoschlosser, das geht noch an, da sehe ich, wie der Chef seinen Betrieb verwaltet. Ich will mit den Kunden sprechen! Was ich will, ist die Leute arbeiten lassen. Ich will nicht, dass man mich arbeiten lässt. Das ist der Grund, warum ich selbst etwas aufbauen will. Ich will mich selbstständig machen. Das geht nicht von heute auf morgen. Ich muss ja sehen, wie so was läuft. Das braucht Zeit. Fünf oder zehn Jahre. Ich will nach oben. Was ich gern' möchte, wäre etwas aufzubauen, einen Betrieb. Aus eigener Kraft. Ich will etwas, was mir gehört. Zuerst beginne ich mit der Autoschlosserei. Ich versuche, mir eine Autowerkstatt aufzubauen. Und dann beginne ich mich zu erweitern. Ich kaufe andere Sachen auf."

Die Absicht, ein eigenes Unternehmen zu gründen, entsprang nicht nur dem Wunsch nach einem entsprechenden sozialen Status und einer beruflichen Identität. Sie beinhaltete auch den Gedanken der Gemeinschaftshilfe im Stadtviertel:

> „Es gibt da einen Typ, der hat sein eigenes Unternehmen gegründet. Das läuft ausgezeichnet. Er wohnt noch hier. Er lungert auch noch oft mit den Jugendlichen hier herum. Er hat auch schon einige der Jugendlichen, die mit ihm sind, eingestellt. Mehr kann er nicht tun. Im Gegenteil, was er ihnen anbietet, ist ihren eigenen Betrieb aufzumachen. Man muss es probieren." (Akim)

Selbst bei einem Jugendlichen, der eine feste Beschäftigung fand, war dieses Selbstständigwerden ein Zukunftsplan:

> „Die Zukunft ist für mich mein Unternehmen. In acht Jahren hab' ich mein Unternehmen. Das ist schon ziemlich nah, aber das ist gleichzeitig auch ein langfristiges Projekt." (Djamel)

Das Ziel war, über die Netze des *business* und familiäre Ressourcen Geld für die Gründung des eigenen Unternehmens zusammenzubringen. Der Wunsch, Händler zu werden, stand auch in Verbindung mit den Erfahrungen in der *galère*.[108] Zwar

---

108 So erklärten Jugendliche in einem Stadtviertel von Roubaix in Nordfrankreich, dass sie mit dem *business* bereits eine gewisse Erfahrung für die Tätigkeit des Handels hätten. Die Professionalisierung wäre nur eine Legalisierung bereits ausgeübter Praktiken, vgl. Duprez/Hedli 1992, 132.

äußerten nun viele diesen Wunsch, doch gelang es nur den wenigsten, ihn in die Realität umzusetzen. Dazu zählte Akim. Er hatte zusammen mit einem anderen Jugendlichen einen Pizzadienst aufgebaut. Jetzt wollte er noch ein kleines Restaurant gründen:

„Sobald wir das Restaurant eröffnen, siehst du, ich wohne schon lang in diesem Viertel. Ich kenne hier jeden. Eines Tages werde ich zwei, drei ernsthafte Jugendliche anhauen, und ich werde ihnen sagen: ‚Ihr steht schon seit Jahren mit dem Rücken zur Wand, wollt ihr mit mir arbeiten?' Ich werde ihnen ein gutes Gehalt anbieten, weil sie es verdienen. Als Arbeitgeber zeige ich mich erkenntlich. Wenn meine Arbeiter gut sind, erkenne ich das an. Umso mehr, wenn es Freunde sind. Wenn die nicht wollen, biete ich es anderen an. Hier, in der *ZUP*, gibt es viele redliche Menschen, die man ihrer Chance beraubt hat. Man muss ihnen eine Gelegenheit geben. Ich habe meine Chance gehabt. Jetzt möchte ich sie jemand anderem geben."

Insgesamt war es jedoch sehr schwierig, einen individuellen Erfolg über die Gründung eines (Klein-)Unternehmens zu erzielen. Zumeist geschah dies wie in anderen Vorstädten Frankreichs mit der Unterstützung professioneller Hilfsstrukturen des Dritten Sektors (Jazouli 1995, 268f).[109] Wenn einem Jugendlichen bzw. jungen Erwachsenen dieser Weg mithilfe der kommunalen Institutionen gelang, wurde er zum Vorzeigebeispiel im Stadtviertel. So hatte es A. im *Mas du Taureau* zu einer wahrhaftigen *succes story* gebracht.

A. wurde „Erfinder des Plastikhemdes" genannt, da er T-Shirts aus Kunststoff für Fußballmannschaften und deren Fans erfand, welche die Farben der jeweiligen Mannschaft trugen. Er konnte diesen Artikel in mehrere europäischer Länder verkaufen: Als „Karrierebeur" wurde er weit über Vaulx-en-Velin hinaus bekannt. Die anderen Jugendlichen erwähnten ihn oft als leuchtendes Beispiel des individuellen Erfolgs. A. hatte bereits zuvor eine wichtige Stellung unter den Jugendlichen, da er erfolgreicher Boxer war. Seinen Erfolg führte er auf seine Schulkarriere zurück. Doch zeigt das Beispiel dieses *„beur entrepreneur"* nicht nur den Aufstieg, sondern auch den Niedergang seiner *succes story*. Wie ich bei meiner Rückkehr nach Vaulx-en-Velin 1996 erfuhr, hatte sein Unternehmen Konkurs gemacht, da es Probleme mit dem Kreditgeber gab.

Allerdings wurde A. 1995 als Sozialarbeiter im *Mas du Taureau* eingestellt. Da er sich für die kommunalen Institutionen verdient gemacht hat, ist er inzwischen „Dezernent für das Vereinswesen und die lokalen Inititativen" von Vaulx-en-Velin. In beruflicher Hinsicht arbeitet er weiterhin als Unternehmer im Bereich der sportlichen Freizeitgestaltung in der *banlieue*. So verkörpert er eine Mischform von selbstständigem Unternehmertum und Anbindung an die kommunalen Institutio-

---

109 Tarrius (1997) zeigt am Beispiel von Perpignan aber auch, dass es oft die Institutionen der Stadtpolitik sind, die solche Initiativen, sich selbstständig zu machen, blockieren.

nen. Was diese Anbindung betrifft, ist er wie K. auch zum Beispiel für den zweiten Typ beruflicher Eingliederung geworden.

2) K. gelang es bereits Ende der 80er Jahre, *Animateur* im Gemeindezentrum des Stadtviertels *La Grappinière* zu werden.

> „Mit all diesen Lehrgängen zur Arbeitsbeschaffung verlierst du am Ende das Vertrauen in dich selbst. Eines Tages hatte ich auf dem Weg zur Arbeit einen Unfall. Ich wurde von einem Auto angefahren. Ich konnte mit meinem Arm nicht mehr arbeiten. Da habe ich begonnen nachzudenken. Nach drei Monaten habe ich die Arbeit wieder aufgenommen. Eine Woche lang, es hat überhaupt nicht geklappt. Da habe ich mir gesagt: ‚Ich muss etwas tun, einen Job finden, der eher intellektueller als manueller Art ist'. Es gab damals einen Animateur, der im Gemeindezentrum arbeitete. Dort hat man mir gesagt – das Gemeindezentrum existierte seit zwei Jahren – ‚warum lässt du dich nicht zum Animateur ausbilden?' (…) Die Leute sagten zu mir: ‚Du bist gerade dabei, das zu tun, was du zum Beruf machen kannst.' Und das ist der Weg nach oben, den ich bis heute gegangen bin. Das war immer instinktiv. Ich hab' immer so gelebt."

Durch diese Tätigkeit hatte und hat K. bis heute intensiven Kontakt mit den Institutionen *und* mit den Jugendlichen. Er ist zum wichtigsten Vermittler in seinem Stadtviertel geworden. Von solchen Animateuren, die in den *banlieues* bis heute als Mediatoren eingestellt werden, gingen weitere Aktivitäten aus. Sie konnten zu Formen kollektiver, legaler Selbstorganisation führen. So gründete K. zusammen mit einem anderen Jugendlichen in der *Grappinière* den Verein *AJAG* (vgl. 6.1.4). Für ihn war die Tätigkeit des Animateurs eine Kombination aus Beruf und Selbstentfaltung. Letztere fand jedoch in der Abhängigkeit vom Gemeindezentrum ihre Grenzen. So vereinten sich in der Person von K. der ehemals marginalisierte Jugendliche, der Beruf des Animateurs und der engagierte Vereinsgründer. Zwischen K. und dem *Centre social* herrschten Kooperation und Konfrontation (vgl. 6.2.1.3 und 6.3.3.3).

3) Schließlich war es sehr schwierig, Ansprechpartner „nach oben" zu finden und zu erfahren, wie die berufliche Sozialisation doch gelang. Ein Beispiel dafür war Djamel. Er hatte eine feste Anstellung als *Arbeiter* gefunden. Der Zugang zur Arbeit ergab sich auch bei ihm aus guten Kontakten zum Rathaus. In Vaulx-en-Velin schien ein gewisser kommunalpolitischer Klientelismus zu herrschen:

> „Mein Bruder hatte Kontakte mit einem Typ vom Rathaus, ein Nachbar meines Bruders. Ein Typ, der wusste, was er wollte. Er tat was für die Jugendlichen. Ich hab' ihm gesagt: ‚Ich breche zusammen.' Mein bester Freund hat mich vier Monate lang unterstützt. Ich musste wählen. Entweder einen Job finden, oder ich haue alles kaputt. Die einzige Möglichkeit, an Geld zu kommen. Es ist vielleicht ein Ghetto, aber kein Eldorado. Er hat mir gesagt: ‚Welche Schulabschlüsse hast du?'. Er hat mir gesagt: ‚Ich kenne einige Betriebsleiter'. Er hat auch beim Arbeitsamt Druck gemacht, damit sie Arbeit finden. Das Rathaus hat immer Beziehungen. Man hat mich dann in einem Betrieb in Vaulx-en-Velin vorge-

stellt. Vor mir hatten sie da einen kleinen Franzosen aus der Stadt, der nichts taugte. Ich bin mit meinen Schulabschlüssen angekommen. Ich leistete doppelt so viel wie der andere. Der Typ vom Rathaus hat Druck auf das Arbeitsamt gemacht, damit die Jugendlichen aus dem Viertel einen Job finden. Im Betrieb, in dem ich arbeite, da ist der Chef eigentlich kein Chef mehr. Er ist jetzt ein echter Freund, weil er ein seriöser Typ ist, der etwas erreichen will, der weiß was er will. (...) Ich weiß nicht, ob die anderen sich noch bemühen, etwas zu finden. Ich sehe sie tagsüber nicht mehr. Ich kenne welche, die sich keine Mühe geben. Das Arbeitsamt gibt sich auch keine Mühe. Es gibt Brüder, denen alles egal ist. Hinter mir standen die Brüder: ‚Du musst aufhören, bis mittags im Bett zu liegen'. Arbeit war die einzige Möglichkeit, aus dieser Situation herauszukommen."

Dieses Beispiel zeigt die Eingliederung in den Arbeitsmarkt, die Djamel wieder eine Identität verlieh, selbst wenn das Ansehen des Arbeiters eine gesellschaftliche Devalorisierung erfahren hat. Dabei spielte auch die Beziehung zur Lebenswelt eine wichtige Rolle:

„Es ist einfach eine andere Welt. Ich hab' vorher in einem anderen Betrieb gearbeitet: *RVI* [*Renault Véhicules Industriels*, DL]. Fließbandarbeit. Die Vorgesetzten waren wie Polizeihunde. Anderthalb Monate. Tut mir Leid, tschüss! Jetzt ist meine Beziehung zum Chef super. Das ist ein Typ aus der Vorstadt. Das ist sehr wichtig. Der kommt nicht aus der Stadt. Er ist kein Bourgeois. Das merkt man sofort. Der weiß den Wert eines Menschen zu schätzen. Er ist Armenier. Er hat in Vaulx-en-Velin gelebt. Er ist 28 Jahre alt. Er hat diesen Betrieb gegründet."

Über eine erhebliche zeitliche Verzögerung im Vergleich zur „Normalbiographie" war es somit bei diesen Jugendlichen und jungen Erwachsenen in verschiedenen Formen zu einer beruflichen Eingliederung im (vor-)städtischen Raum gekommen. Sozialisationsprozesse führen jedoch nicht nur zu sozialer, d.h. vor allem beruflicher Integration. Sie beinhalten auch die politische Integration.

5.3 Politische Sozialisation

Im Mittelpunkt der politischen Sozialisation steht der Erwerb von politischen Werten und *Einstellungen*, die vor allem über die Familie, die Schule und die Medien vermittelt werden. Zudem geht es – wenn ein Interesse an Politik besteht – um die Vorstellungen politischer *Partizipation*. Auf die Frage, was sie der Politik halten würden, kamen klare Antworten von den Jugendlichen:

„Politik? Nein, nein, damit rechne ich nicht. Ich interessiere mich nicht für Politik. Diese Leute versprechen alles Mögliche, aber da steckt nie was dahinter." (Farouk)

So herrschte ein großes Desinteresse gegenüber der etablierten Politik. Sie hatte anscheinend nichts mit der Lebenswelt der Jugendlichen zu tun. Die Jugendlichen

Politische Sozialisation   215

fühlten sich von den für inkompetent gehaltenen Politikern und vom Staat „verkauft":

> „Politik interessiert mich nicht im Geringsten. Gut, die verwalten uns. Aber für sie sind wir Schafe. Der Staat gibt eine Unmenge Geld für diese Kommune aus, ohne wirklich zu wissen, wo die Probleme sind." (Nasser)

Unter den Jugendlichen im Stadtviertel hatte ich keinen getroffen, der Mitglied einer Partei war. Nur Samir war früher Mitglied des *PCF*. Er hatte die kommunistische Partei aber enttäuscht verlassen. Unter den Jugendlichen gab es keine prägende Beziehung mehr zur Arbeitswelt der nationalen Industriegesellschaft und ihren politischen Repräsentanten. Zwischen den Gewerkschaften und den arbeitslosen Jugendlichen in der Wohnstadt Vaulx-en-Velin existierte ohnehin kein Kontakt. Wenn die Jugendlichen harte Kritik an der politischen Klasse übten, unterschieden sie auch nicht zwischen rechten und linken Parteien. So lässt sich die „Krise der politischen Repräsentation" bei diesen Vorstadtjugendlichen besonders gut zeigen. Worin lag für sie dann das Politische?

In den Diskursen der Jugendlichen dominierten mit Begriffen wie „Scham", „Respekt" oder „Würde" moralische und ethische Themen. In ihrem Bedürfnis nach Anerkennung bezogen sie sich auf die *republikanischen Werte* und auf die Menschenwürde. Diese Werte wurden zum politischen Maßstab erhoben. Auf ganz Frankreich bezogene Untersuchungen zeigen, dass es diesbezüglich eine – wenn auch nicht uneingeschränkte – nationale Identifikation der Einwandererjugend gibt (vgl. 2.2.2.2). Diese Einstellungen und Wertmaßstäbe schienen aber nicht politisch vertreten zu werden. Zumindest war es für die Jugendlichen nicht wichtig, *wählen* zu gehen.

> „Die Hälfte der Leute hier, wenn man die fragt, was sind Kantonalwahlen, dann wissen die das nicht. Regionalwahlen? Kennen die nicht. Parlamentswahlen? Kennen die nicht." (Khaled Kelkal)

Die sozial benachteiligten Jugendlichen zählten zu der hohen Zahl derjenigen Bürger in Vaulx-en-Velin, die sich der Wahl enthielten. Infolge ihrer französischen Nationalität besaßen sie zwar das aktive und passive Wahlrecht. Doch schrieben sie sich nicht in die Wahllisten ein. Dem negativen Bild der *politicards* (skrupelloser politischer Karrierist) wurden populistische Figuren wie der Unternehmer Bernard Tapie oder gar – was den politischen *Stil* betrifft – der Präsident des *Front national*, Jean-Marie Le Pen, entgegengehalten (vgl. dazu auch CEVIPOF 2001). *Inhaltlich* schien es dagegen nur *eine* wichtige Motivation zu geben, welche die

Jugendlichen über die Notwendigkeit des Wählens in ihrem Stadtviertel nachdenken ließ: ein weiteres Anwachsen der extremen Rechten zu verhindern:

> „Die Politik interessiert die Jugendlichen überhaupt nicht. Aber alle Jugendlichen des Viertels, über 70%, sind Franzosen. Sie haben einen französischen Pass. Die sagen zu mir: ‚Anstatt auf der Straße zu sitzen, würden sie besser dran tun, wählen zu gehen, sich in die Wahllisten einzutragen, und sie werden dann sehen, ob der *Front national* hier Stimmen kriegt.' Ich will es jedenfalls tun. Beim nächsten Mal werd' ich mich vorher eintragen, ich werde mich im Rathaus eintragen." (Raja)

Die Kritik an der politischen Klasse spitzte sich beim Thema der Diskriminierung zu. Es herrschte der Widerspruch, rechtlich gleichgestellt zu sein, aber nicht den gleichen Zugang zu Gütern und Dienstleistungen zu haben. Dieser Widerspruch wurde aus der lebensweltlichen Erfahrung heraus formuliert:

> „Was bringt einem der französische Pass schon, wenn man ihn nicht nutzen kann." (Samir)

Auf diesem Hintergrund der Diskriminierung wurde *Politik als Recht* wahrgenommen:

> „Ich kann der französischen Politik nicht folgen. Alles, was ich weiß, ist, dass in all dem, was Gerichtsverfahren betrifft, die Franzosen immer gut rauskommen. Das entspricht doch nicht dem Gesetz. Das sind alles Intrigen. Ich glaube nicht an die Politik. Die sind immer die Helden. Und sie bringen uns nur die Drogen. Man hört aber nichts über sie. Man hört nur von den Arabern, die verkaufen. Aber wer bringt ihn, den Shit? Das sind die Politiker, die Zollbeamten. Über die sollte man reden." (Farouk).

Politik wurde somit vor allem auf das eigene Lebensumfeld und die konkreten Alltagsprobleme bezogen. Darunter zählte z.B. ein Thema, das Khaled Kelkal ansprach: als junger Erwachsener maghrebinischer Herkunft eine Wohnung in Vaulx-en-Velin zu bekommen. Nun ist die Wohnungspolitik ein Kernbereich der Stadtpolitik. Doch kannten die Jugendlichen überhaupt die *politique de la ville*? Wurde sie von ihnen wahrgenommen? Sie wurde lediglich mit der Renovierung der Häuserfassaden oder den Stadtteilforen assoziiert. Diejenigen Jugendlichen, die von der Stadtpolitik gehört hatten, beurteilten sie negativ:

> „Ich glaube, dass wir in bezug auf die Stadtpolitik wirklich etwas abseits liegen, weil wir die Auswirkungen nicht spüren. Seitdem ich hier wohne, hat sich nichts verändert. Im Gegenteil, es wird immer schlimmer." (Nasser)

Zumeist waren die Ziele der Stadtpolitik nicht bekannt, noch weniger ihre Abkürzungen wie z.B. *DSQ*:

> „Nie was von diesem Kürzel gehört. Es gibt hier nichts, das uns weiterhelfen könnte. Im Gegenteil, es ist alles da, um uns tiefer hineinzureiten. Vaulx-en-Velin, das ist ein riesiges

> Loch. Wir sitzen halbtief drinnen. Eines Tages werden sie uns in diesem Loch begraben. Die Zukunft dieses Viertels? Solange es keinen Dialog zwischen den Leuten gibt, wird es auch kein Leben in Vaulx-en-Velin geben. (...) Nicht, dass ich mich diesem Viertel nicht verbunden fühlen würde, aber ich habe mich total für dieses Viertel eingesetzt, und es ist nichts dabei rausgekommen. Nicht dass ich es nun aufgeben würde. Aber Charrier hat Vaulx-en-Velin verkommen lassen. Ich kann ihm das nicht verzeihen. Er hat die ganze Jugend von Vaulx-en-Velin in die Scheiße gezogen. Er hat nichts getan, um das zu ändern. Doch, er hat gesagt: ,Vaulx-en-Velin ist die sauberste Stadt von Lyon.' Werbekampagnen. Das ist alles." (Samir).

Politik wurde als *Kommunalpolitik* und damit vor allem über die Person des Bürgermeisters wahrgenommen. So wurde Maurice Charrier für die Situation in Vaulx-en-Velin allein verantwortlich gemacht. Mit symbolischen Kampagnen, die Vaulx-en-Velin ein „sauberes" Image verschaffen sollten, dabei aber nicht von der sozialen Misere sprachen, fühlten sich die Jugendlichen verraten. Darauf hatte auch Khaled Kelkal hingewiesen:

> „Wenn die sagen: Wir bringen das Stadtviertel *Mas du Taureau* wieder auf Vordermann, das tut dem Image gut. Worum geht es da? Um materielle Fragen."

Politik wurde von ihm als „Heuchelei", ja sogar als Verschwörung der Geschäftsleute und der Polizei gegen die Jugendlichen wahrgenommen. Die „Wut" wuchs. Zum größten Konflikt infolge dieser Imagepolitik kam es 1990, als der Kletterturm als symbolisches Paradeprojekt gelungener Stadterneuerung eingeweiht wurde, was nach dem sich anschließenden Tod des Jugendlichen Thomas Claudio zu den Jugendunruhen führte.

Die Jugendunruhen in den französischen Vorstädten sind zwar mit keinem politischen Projekt verbunden. Doch unter dem Aspekt politischen Handelns kann man insofern von *politischer* Gewalt reden, als diese Gewalt einen spontanen sozialen Protest gegen Herrschaft und Ausgrenzung beinhaltet (vgl. Lapeyronnie 1993a, 261-281). Die Symbolik dieses öffentlichen Handelns zeigte sich auch nach 1990 bei gewaltförmigen Ereignissen in Vaulx-en-Velin. Dazu zählen das Inbrandsetzen öffentlicher Einrichtungen wie der städtischen Sporthalle oder des Gemeindezentrums im *Mas du Taureau*. Solche Ereignisse, mit denen sich die Jugendlichen gegen den vorgetäuschten sozialen Frieden wenden, können als spontaner Ausdruck von politischer *Nichtrepräsentation* verstanden werden. Die Jugendlichen suchen mit dieser Gewalt eine Integration über die *Konfliktaustragung* (Body-Gendrot/Leveau/Strudel 1993, 437-442).

Zwar existierten nun keine klaren politischen Projekte bei den Jugendlichen, doch hatten sie persönliche Vorstellungen zur Zukunft des Wohnviertels. Sie waren jedoch vorwiegend negativ. Alle Jugendlichen berichteten, dass das Stadtviertel zunehmend „herunterkomme" und dass sie zugunsten ihrer eigenen Kinder Vaulx-en-Velin verlassen wollten. Dies führte bis hin zu Khaled Kelkals Vorstellungen einer „Ghettoisierung":

> „Ich denke an die Vereinigten Staaten. Das ist erst der Anfang hier. Das wird hier noch dermaßen heiß werden, und dann wird es zu spät sein."

Die „Etablierten" unter den Jugendlichen fühlten sich ihrem Wohnviertel gegenüber ebenso stark verbunden. Was bedeutete dies für sie? Nasser meinte:

> „Was mich mit Vaulx-en-Velin verbindet? Die Tatsache, dass wir hier geboren sind, hier gelebt haben. Wir haben gesehen, wie die Stadt immer mehr heruntergekommen ist, denn sie sagen ja, dass die Stadt heruntergekommen ist. Das trifft ja wirklich zu, wenn du genau hinsiehst. Das sieht man doch. Du brauchst nur vor die Tür zu treten. Früher gab es saubere Straßen, der Aufzug funktionierte, es wurde immer gekehrt. Und jetzt ist alles dreckig. Das widert mich an. Ich ziehe weg, wenn das Viertel so bleibt, ziehe ich weg, meinen Kindern zuliebe. Aber wenn die Lage sich bessert, was mich allerdings wundern würde, werde ich nicht wegziehen. Dann werde ich für Vaulx-en-Velin kämpfen."

So gab es jenseits von Deprivation und Gleichgültigkeit auch die Bereitschaft, sich im Stadtviertel zu engagieren. Dies lässt sich bei Nasser gut zeigen. Er zählte zu denjenigen, die den Verein *Agora* frequentierten. Doch ging er anscheinend nur dort hin, um andere Jugendliche zu treffen:

> „*Agora* ist ein Treffpunkt, zu dem die Jugendlichen kommen, und wir sprechen miteinander. Das ist alles. Das hat nichts mit dem zu tun, was sie als Verein machen (…). Wir haben soviel von politischen Absichtserklärungen gehört, dass es uns zum Hals raushängt. Wir glauben nicht mehr daran. Nein, ich werde nicht wählen gehen. Die Wahlen sind mir völlig egal."

Im gleichen Atemzug fügt er allerdings hinzu:

> „Mit der Gründung von *Agora* ist hier immerhin ein Licht aufgegangen. Sie haben etwas Hoffnung gegeben und versuchen ein wenig, sich ins politische Leben einzumischen. Sie glauben daran. Sie sagen sich, es könnte etwas gemacht werden. Ein Minimum. Und sie versuchen, sich ein wenig einzubringen. Das heißt nicht einmal, Politik zu machen. Das ist Sozialarbeit, Unterstützung in der Schule, kein Job, aber im Stil dessen, was für mich gemacht wurde, ein Lehrgang in einem Betrieb."

Sollte über kulturelle Ressourcenmobilisierung durch Meinungsführer eine kollektive Aktion in Vaulx-en-Velin entstehen, an der sich die Jugendlichen beteiligten? Dies führt zur intermediären Ebene, d.h. zur Verbindung zwischen Lebenswelt und System. Bevor sie untersucht werden kann, muss auf die Rolle des Islam eingegangen werden. Denn er bildete für die Sinnkonstruktion auf individueller Ebene eine Neuheit im Stadtviertelleben. Zudem war er in einigen anderen *banlieues lyonnaises* zu einer wichtigen Mobilisierungsressource avanciert.

5.4 Islamisierung: biographische Brüche und Rekonstruktion der Identität

Während meiner Anwesenheit in Vaulx-en-Velin lernte ich neben Khaled Kelkal (vgl. Anhang 3)[110] im *Mas du Taureau* nur zwei Jugendliche kennen, die regelmäßig den Gebetsraum aufsuchten. Es handelt sich um Nasser und Hacène. Sie waren praktizierende Muslime geworden. Hacène fühlte sich als *avantgarde* einer Entwicklung zur Islamisierung, die sich in den französischen Vorstädten, darunter auch in denjenigen von Lyon, seit Anfang der 90er Jahre abzeichnet (vgl. 2.2.2.3). Nach Aussagen von K. und P. ist es selbst in Vaulx-en-Velin, wo die Islamisierung in den 90er Jahren insgesamt schwach geblieben ist (Chabanet 1997, 350-352), zu einem Wendepunkt gekommen. Von den nichtpraktizierenden Jugendlichen wie Samir wurde sie folgendermaßen gesehen:

> „Das beginnt jetzt sich ganz schnell zu entwickeln, besonders in Vaulx-en-Velin, weil die Leute die Nase voll haben. Sie haben nichts zu tun, Alkohol, Dummheiten. Es ist nicht mehr die gleiche Einstellung zum Leben. Sie sind ruhiger, sehr dynamisch geworden. Sie verstehen die Dinge. Sie haben nachgedacht. Eine Veränderung? Bei einigen ja, es ist eine Notwendigkeit für sie. Ich kann es Ihnen nicht erklären. Wenn ein Jugendlicher religiös wird, ist das der Stolz der Eltern und sein eigener Stolz. Es ist ein Pluspunkt für ihn: ‚Ich tue vielleicht etwas für mich im Leben.' Es hat sich total verändert. Sie sind ruhiger geworden. Sie können sich plötzlich besser ausdrücken. Es gibt ihnen Kraft. Es ist eine Wiedergeburt für sie."

Wie sahen es die praktizierenden Jugendlichen? Hacène fiel in seinem regelmäßigen Gang zum Gebetsraum bereits durch das Tragen seines Khamis[111] auf. Er berichtet über seine persönliche Situation vor der Hinwendung zum Islam:

> „Vorher lebte ich nicht, war wie ein Tier. Stehe auf, gehe essen, gehe mich amüsieren, lache mal kräftig und schlafe wieder. Und am nächsten Morgen dasselbe von vorn. Keine Kontinuität, kein Fortschritt, kein Ziel, kein Sinn, keine Beziehung zu den Leuten. (…) Vorher habe ich wirklich sehr schlecht gelebt, sehr schlecht. Weil ich mir sehr stark vorkam und meinte, wir bestimmen, was richtig ist usw. Aber in Wirklichkeit war ich der Schwächere. Ich das größte Opfer. Verstehst du? Das Opfer, im Dunkeln, in der Finsternis."

Hacène beschreibt seine Situation, die er als sinnlos empfindet. Das Wort *rigoler* (lachen) deutet darauf hin, dass er sich delinquent verhielt. Zudem lag die Einsicht vor, dass sich die Gewalt gegen den Staat, die er ausgeübt hatte, gegen ihn wandte. Er hatte die Grenzen und die Sinnlosigkeit dieses Handelns erfahren. Orientierungslos befand er sich im *trou noir* (schwarzes Loch). Er beschreibt weiter, wie er sich aus dieser Sinnlosigkeit über eine innere Flucht in den Drogenkonsum treiben ließ, der für ihn bald in angsterregende Selbstzerstörung mündete:

---

110 Dieses Interview ist für die Hinwendung zum Islam aufschlussreich, da sie bei Khaled Kelkal im Gefängnis stattfand. Vgl. dazu auch Khosrokhavar 2004.
111 Der *Khamis* ist ein langes weißes Kleid, das muslimische Männer tragen.

> „Weil ich die Nase davon voll hatte, unwissend zu sein, die Nase voll von all dem, was in diesem Leben, in dieser Gesellschaft falsch ist, alles, was eben falsch ist. Selbst bei den Augenblicken in der Familie, du weißt, dass es falsch ist. Jeder versucht, sich selbst sein Nächster zu sein. Jeder versucht, zu wissen. Jeder versucht, sich die Taschen voll zustopfen. Und jeder versucht, ich weiß nicht was (…). Und dann, dann hatte ich verstanden, aber unbewusst. Und unbewusst bin ich in den Alkohol geflüchtet, in die Drogen und in all das, du weißt, was ich meine. Und dann bei den Frauen Trost suchen. Doch im Gegenteil, die Mädchen, die bringen dir Ohrfeigen ein, ich meine nicht Ohrfeigen im physischen Sinne, aber Ohrfeigen, du weißt was ich meine. Deswegen, Krankheiten. Das Ganze ergibt einen fürchterlichen Salat, einen Horror, das ging einfach nicht mehr."

Beim Reden kommt Hacène plötzlich auf den Islam. Er hat ihn gewissermaßen „entdeckt". Er schildert seinen Konversionsprozess folgendermaßen:

> „Und eines Tages hatte ich die Nase voll. Ich habe gebetet, einmal, zweimal. Ich habe angefangen zu lesen. Und ich habe mit Leuten gesprochen, mit ernsthaften Leuten. Und die anderen hier im Quartier, die glauben alle, man könnte mir was vormachen, man könnte mir den Kopf verdrehen. Man verdreht ihm den Kopf und dann sieht er alles anders, und so weiter. Das stimmt aber nicht. Man hat mir nicht den Kopf verdreht. Ich habe die Augen geöffnet. Ich habe das Verhalten dieser Leute gesehen, ich habe ihre Ehrlichkeit gesehen, ich habe all das gesehen. Das was ich in zehn Jahren nicht bei meinen Freunden gesehen habe, nicht bei meinen Lehrern, nicht bei wem auch immer. Bei diesen Leuten habe ich es innerhalb eines Monats gesehen, in kürzerer Zeit sogar. Denn wenn sie mit dir reden, so ist das ehrlich gemeint. Und es gibt nie welche, die sich besser vorkommen. Es gibt nie großen Streit. Jeder bleibt an seinem Platz. Wir sind Menschen, wir sind alle gleich. Wie es heißt, wurden wir alle aus einer Flüssigkeit erschaffen. Eine Flüssigkeit, die darf man nicht anrühren. Wir sind alle zu gut. Das Verhalten der Leute, die Freundschaft, die Ehrlichkeit und all das. Es sind Leute die arbeiten, Ärzte, Leute, die dir eine Bedeutung geben. Es herrscht Solidarität. Und das werde ich nie und nimmermehr woanders finden. Nirgendwo. Und dann gibt es etwas, etwas das man nicht mit dem Mund erklären kann. Das nennt sich Glauben."

Diesen biographischen Bruch, bei dem ihm die anderen vorwarfen, man habe ihm den Kopf verdreht, empfindet Hacène als ein Auffinden von Aufrichtigkeit, die er im Kontakt mit Muslimen erfährt. Die Entdeckung des Islam hat ihn aus dem Dschungel sozialer Beziehungen in der *galère* herausgeführt. Im Glauben findet Hacène Gleichheit, ein neues Selbstwertgefühl und Solidarität. *Born again Muslim* – als „Muslim wiedergeboren" – will er den missionarischen Geist, den er selbst aufgenommen hat, sofort weitertragen:

> „Ich möchte, dass alle Jugendlichen beten gehen. Denn dann würde es keine Probleme des Diebstahls mehr geben. Das sind Diebe, das sind Mörder, das sind Drogenhändler. All das wäre vorbei. Selbst der Alkohol, du wirst keinen mehr auf der Straße Alkohol trinken sehen oder was auch immer. Und die Leute werden höflich sein und all das. Jetzt gehören Respekt, Reinheit und Schamgefühl auf die Tagesordnung. So. Reinheit und Schamgefühl sind auf der Tagesordnung, alle guten Sachen."

Zur Missionierung wird Hacène dadurch motiviert, dass er die reinigende Wirkung seiner Konversion und damit die soziale Funktion für sich selbst erkannt hat. Sauberkeit, Selbstkontrolle und Ordnung führten ihn aus dem Gefühl von Schmutz, Scham und angsterregender Konfusion, die für das Leben der *galère* so bezeichnend sind. Dies verleiht ihm eine innere Struktur und eine wohltuende Sicherheit: rituelle Sauberkeit in einem Bad der Harmonie. Nach Aussagen der anderen Jugendlichen sei Hacène von einem Extrem ins andere gefallen, als er sich radikal mit der gesamten Persönlichkeit der Religion zuwandte. Wie haben sich dabei die sozialen Beziehungen zu den Gleichaltrigen im Stadtviertel verändert? Nach Auffassung von Hacène sind sie besser geworden:

> „Die sind jetzt besser, die Beziehungen. Mit denselben Leuten und sogar auch mit anderen. Denn davor, was waren da die Beziehungen? Es waren schlechte Beziehungen. Es waren Geldbeziehungen, Beziehungen, in denen böse Worte, schlechte Gedanken und Ideen, Gewalt vorherrschten. Wenn ich jetzt mit jemandem rede, so ist es zum Guten und um das Böse zu vermeiden. Man darf nicht über Gewalt Kontakte pflegen, womöglich noch dazu gezwungen werden."

Die Beschreibung seiner sozialen Beziehungen geht bei Hacène mit einer moralischen Wertung und einer Selektion der Beziehungspartner einher. Diese Auswahl verbindet er mit sozialem Zwang. Der Zwang, der ihn wahrscheinlich bei seiner eigenen Missionierung begleitet hat, wird rationalisiert und umgekehrt. Immer wieder taucht die Formulierung auf: „Man zwingt dich nicht." In Wirklichkeit hatte Hacène jedoch, wie er mit den „schlechten Beziehungen" andeutet, viele Kontakte zur Gruppe der Gleichaltrigen im *Mas du Taureau* aufgegeben. Allerdings lösten sie sich nicht völlig auf. Dies konnte ich selbst im Stadtviertel beobachten. Solange Hacène im Quartier war, pflegte er mit den anderen noch lockere Beziehungen. Am bezeichnendsten war, dass neue Muslime wie Hacène von ihren Gleichaltrigen plötzlich sehr respektiert wurden. Dies wurde auch von Nasser, dem anderen Muslim, so empfunden:

> „Sie respektieren uns mehr. Für sie sind wir, tja, wie soll ich sagen, sie haben ein wenig den Eindruck, dass sie vielleicht nicht verdorben sind, aber sie haben doch ein schlechtes Bild von sich selbst. Für sie sind diejenigen, die in den Gebetsraum gehen, tja, es ist wirklich Licht in ihnen! Und sie respektieren uns sehr."

Haben der biographische Bruch und das Leben in der muslimischen Gemeinschaft zu neuen Sozialisationserfahrungen geführt? Prägend bei der Sozialisation der Jugendlichen im *Mas du Taureau* waren vor allem die Erfahrung „verlorener Zeit" sowie das Bedürfnis nach Raum. Hatte sich mit der Hinwendung zum Islam das Zeit- und Raumverständnis von Hacène verändert? Der neue Muslim sprach direkt den Interviewer an:

> „Für dich ist deine Freizeit das, was sich außerhalb der Arbeit befindet. Für mich ist meine Freizeit das, was außerhalb der Religion liegt. Indem ich in der Religion bin, bin ich in der Zeit"

Die gebrochene Identität und der Zeitverlust bei der beruflichen Eingliederung wurden durch die Rekonstruktion von Identität und „Arbeitszeit" in der Religion wiedergewonnen. Was die räumliche Erfahrung betraf, veränderte sich für Hacène mit der Universalität des Islam auch der enge Raumbezug des „Ghettobewohners". So fand der rastlose, sich im Schwindelzustand befindende Nomade aus der *banlieue* in der Religion ein neues inneres Gleichgewicht und mit der religiösen Universalität vielleicht auch einen – selbst wenn nur vorgestellten – Zugang zum Weltbürgertum:

> „Ich fühlte mich unwohl in meiner Haut. Ich war in Marokko, und ich hab' mich unwohl gefühlt. Ich war hier, und ich hab' mich unwohl gefühlt. Ich war auf Ferien in Marokko, und ich hab' mich unwohl gefühlt. Jetzt war ich in Lyon, und ich hab' mich unwohl gefühlt. Ich bin viel gereist. Dann war ich mit dem Verein in Paris, ich hab' mich sehr schlecht gefühlt. Ich hatte, ich hatte so was wie Schwindelanfälle, innere Schwindelanfälle. Es geht nicht. Ich verstehe es nicht. Und jetzt, wo ich in mir klar sehe, ob ich nun nach Paris gehe, ob ich nach Toulon gehe, ob ich nach Marokko gehe, ob ich nach Syrien gehe, wohin ich auch immer gehe, ich würde mich da wohl fühlen."

In Wirklichkeit aber hatte sich Hacène zurückgezogen, sich eine eigene Welt ohne Rassen- und Klassenschranken geschaffen. Dieser Rückzug, mit dem er auf die Diskriminierung von außen reagierte, war für ihn eine Befreiung. Die Umweltwahrnehmung reduzierte sich auf das Quartier und den imaginierten, z.T. auch reellen islamisierten Raum. Oft wird bei solchen Muslimen als politisches Umfeld nur noch der *Front national* wahrgenommen. Das Universum der Religion bildet sogar einen Schutz vor den diversen Formen der Diskriminierung:[112]

> „Ich achte nicht auf den Rassismus. Ich weiß, dass die Araber in Frankreich nicht sehr gut akzeptiert werden. Und die Muslime, darüber brauchen wir erst gar nicht reden. Und trotzdem gehe ich so in die Stadt, du wirst mich dort manchmal sehen. So [zeigt auf seinen Khamis, DL] war ich in der Stadt, dort in Lyon, in dieser Kleidung und all das. Ja, ich schäme mich nicht! Ich tu' es, um meine Freiheit zu zeigen. Freiheit ist auch, sich so anziehen zu können, wie man will. Freiheit heißt auch, tun können, was man will. Wenn man mich schief anschaut, oder wenn man mich kritisiert? Ehrlich gesagt, solange man mich nicht anrührt, tu' ich so als hätte ich nichts gesehen. Aber ich habe die Pflicht, mich zu verteidigen. Doch wenn einer sogar Gott beschimpft, muss er selbst damit klarkommen, das ist nicht mein Problem."

Nach dem Interview hatte ich Hacène mehrere Wochen lang nicht mehr gesehen. Wie ich von den anderen erfuhr, sei er auf muslimischer Schulung gewesen. Er

---

112 Zur Islamophobie und den mit ihr verbundenen Formen religiöser Diskriminierung vgl. Geisser 2003.

wurde wahrscheinlich von der Missionsbewegung *Jama'at al-Tabligh* (Glaube und Handeln) zum Islam konvertiert.

Die Hinwendung zum Islam bedeutete bei den Jugendlichen aber nicht nur identitären Rückzug und Abschottung. Sie betraf genauso nicht desorientierte Jugendliche und junge Erwachsene wie Nasser. Da Hacène und Nasser im gleichen Stadtviertel lebten und denselben Migrationshintergrund hatten, lässt sich die Hinwendung zum Islam hier als Reaktion auf ähnliche Erfahrungen mit der Diskriminierung deuten. Dies drückte der erfolgreiche, zielstrebige Gymnasiast Nasser deutlich aus:

> „In der Religion findet man eine Stütze, denn von der französischen Gesellschaft ist man ja ein wenig ausgegrenzt. Im Islam, da sind wir alle gleich. Es gibt keinen Rassismus und man findet eine Stütze in Gott."

Nasser unterstreicht, dass bei Hacène und bei ihm zunächst nicht die unterschiedliche Schulkarriere für die Glaubensausübung ausschlaggebend gewesen sei. Sie hätten beide dieselbe Abiturklasse besucht, nur hätte Hacène eben vor dem Abitur die Schule abgebrochen und sei dann in die Delinquenz abgeglitten. Ausschlaggebend sei für beide diese Erfahrung der Ausgrenzung gewesen:

> „Für uns ist es die Tatsache, ausgeschlossen zu sein. Man muss sich ja irgendwo einen Platz schaffen, einen Platz, wo man seine Identität behaupten kann. Ein Platz, wo man ein wenig gleichgestellt ist mit allen. Und das kann uns nur die Religion bieten."

Dennoch deutet Nasser an anderer Stelle an, dass für seinen ehemaligen Klassenkameraden die Konversion zum Islam den einzigen Weg aus der Delinquenz darstellte. Wenn somit bei Hacène die Religion die soziale Funktion der biographischen Restrukturierung hatte, ging es bei den weniger oder nicht marginalisierten Jugendlichen und jungen Erwachsenen vielmehr um eine Suche nach Werten und Spiritualität. Religion ist nicht auf soziale Funktionen oder gar eine autoritär-rituelle Dimension reduzierbar. Sie zeigt gerade in den französischen Vorstädten, dass es bei der Hinwendung zum Islam auch um eine wertebezogene Individuation ohne Assimilation gehen kann. Dazu gab es Stimmen von jungen Muslimen aus Vaulx-en-Velin, welche die Arbeit der *Streetworker*, der Sozialarbeiterinnen oder gar religiöser Schwestern in ihrem Stadtviertel ablehnten, da sich diese von ihnen unterscheiden würden (Hadjab 1996).[113]

---

113 Die auf die Religion bezogene Individuation ohne Assimilation lässt sich gut bei jungen Muslima zeigen. Bei ihnen symbolisiert das Tragen des Kopftuchs neben anderen Faktoren nicht nur ein Bedürfnis nach Emanzipation gegenüber der elterlich-familialen Tradition, sondern auch die Forderung, in einer kulturell differenzierten Gesellschaft die religiös-kulturelle Freiheit erleben zu dürfen. Zur Pluralität der Motive bei der Hinwendung zum Islam vgl. Gaspard/Khosrokhavar 1995; Khosrokhavar 1997; Tietze 2001; Lamchichi 2003.

Anfang der 90er Jahre hatten nur wenige Jugendliche in Vaulx-en-Velin den Islam praktiziert. Diese Situation hat sich inzwischen verändert, wie in Kapitel 6.3.3.3 ausgeführt wird. Dass die regelmäßige Glaubensausübung eine intensive persönliche Anstrengung erfordert, wird von Nasser hervorgehoben:

> „Es gibt welche, die psychisch stark genug sind und über ihr Schicksal nachzudenken beginnen. Sie sagen sich: ‚Ich schaff's letztendlich nicht. Ich hab' getrickst und so, aber ich bin noch immer in der gleichen Lage. Ich muss also einen anderen Ausweg finden.' Und sie sagen sich: ‚In der Arbeit und so, da werd' ich's nicht schaffen. Nur die Religion, die kann, gut, mal sehen, was die Religion mir bringen kann.' Und es gibt eben auch welche, die sagen: ‚Nein, die Religion, ich werde beten, aber es wird mir kein Geld einbringen. Es wird mir nichts Konkretes, Materielles einbringen, doch vielleicht einen Weg zu Gott'."

So existierte ein heterogenes Mobilisierungspotential für die laizistischen und islamischen Vereine in Vaulx-en-Velin und den anderen *banlieues lyonnaises*. Daher sollen nun die Formen der Kooperation und des Konflikts zwischen den Vereinen als Interessenvertreter der Jugendlichen und den Institutionen der Stadtpolitik untersucht werden.

6 Stadtpolitik im Laboratorium: zwischen Institution und Selbstorganisation

6.1 Die Stadtpolitik in Vaulx-en-Velin: ein ethnisch indifferentes System von Akteuren

6.1.1 Partizipatorische Policy-*Analyse*

Lokalstaatliche Regulierung und politische Repräsentation fanden früher in Vaulx-en-Velin „vertikal" im Verhältnis zwischen Staat und Kommune statt (Mabileau 1994). Die in die politische Debatte eingebrachten lokalen Themen und Interessen der Bürger wurden über den *PCF*, den Bürgermeister und die Stadträte, im Südteil von Vaulx-en-Velin über die Gewerkschaften und in der *ZUP* über die von den Mittelschichten getragenen Vereine „universal" thematisiert, gebündelt und repräsentiert. Im *Policy-Zyklus*[114] der industriellen Demokratie wurden innerhalb der Arbeitsbeziehungen die Konflikte öffentlich ausgetragen, in halböffentlichen Verhandlungen politische Entscheidungen getroffen und entsprechende Sozialpolitiken implementiert. Kulturelle Themen waren als Teil der Arbeitsbeziehungen bzw. Wohnfunktionen definiert. Das lokale politische System von Vaulx-en-Velin war dabei aber nicht autonom, sondern stark von staatlichen Gesetzen abhängig.

Welche sozialstaatliche Regulierung und politische Repräsentation gibt es heute außerhalb der Arbeitsbeziehungen in Vaulx-en-Velin? Die „Krise der politischen Repräsentation" zeigt sich u.a. in politischem Rückzug und hoher Wahlenthaltung. Rückzug und Deprivation verhindern z.T. die Interessenartikulation. Die Interes-

---

114 Die *Policy*-Forschung analysiert Politik als einen dynamischen endlosen Prozess der Problemverarbeitung, der sich modellhaft im *Policy*-Zyklus in Phasen zerlegen lässt. Nach Jones (1977) können mit der Thematisierung, der Politik(neu)formulierung, der Entscheidung, der Implementation und der Evaluierung fünf Phasen unterschieden werden. Zu den ersten drei Phasen der Entstehung, der Reformulierungen und der jeweiligen Programmscheidungen der Stadtpolitik vgl. 2.2.3.3. In der Fallstudie wird die Implementation untersucht, d.h. der Politik- und Verwaltungsvollzug dieser stadtpolitischen Programme „vor Ort". Auf die Evaluierung der Stadtpolitik wird in der Konklusion eingegangen (Kap. 7). Zur *Policy*-Analyse auf lokaler Ebene in Frankreich vgl. vor allem Balme/Faure/Mabileau 1999.

sen der Bevölkerung waren bereits vor den Jugendunruhen von 1990 nur schwach repräsentiert. So existierten in Vaulx-en-Velin seit Jahren keine geregelten Auseinandersetzungen mehr zwischen den verschiedenen gesellschaftlichen bzw. politischen Gruppen und dem lokalen Staat. Die Interessen artikulierten sich explosiv in Form der *rodéos* und der Jugendunruhen. Sie hatten bereits in den 80er Jahren vom städtischen Großraum Lyon ausgehend zur Entstehung der Stadtpolitik und in den 90er Jahren zu ihrer Neuformulierung geführt. Erst seit den *émeutes* von 1990 werden in Vaulx-en-Velin Interessen verhandelt und es sind in Abstimmung mit der staatlich initiierten Stadtpolitik neue Politiken entstanden. Dabei interveniert der (lokale) Staat gleichzeitig reaktiv und antizipierend. In diesem Kontext steht nicht mehr die redistributive, sondern die regulative Funktion des Sozialstaats im Mittelpunkt.

Eine *Policy*-Analyse untersucht die Regulierung sozialer Probleme über die staatlichen Institutionen. Der Staat hat auf die Probleme und ihre eventuelle politische Repräsentation reagiert, indem Gesetze erlassen bzw. Programme verabschiedet wurden. Die Institutionen sind in den Vorstädten besonders wichtig, da sich als Folge der Kluft zwischen Staat und gesellschaftlichen Gruppen die Austauschorte zwischen *politics* und *policy* von der öffentlichen Auseinandersetzung in die Implementation der stadtpolitischen Programme verschoben haben (Rouban 1994). Kommunikation findet in den sozial benachteiligten Stadtvierteln eher mit Vertretern der Institutionen als mit Politikern statt. Daher liegt das Ziel der Stadtpolitik in der Förderung *sozialer Integration* und *politischer Partizipation*, welche Voraussetzung für eine öffentliche Interessenartikulation sind. In diesem Kontext geht es im Folgenden um eine *partizipatorische Policy*-Analyse, um einen „demokratisierten" Politikzyklus, der auch die Tendenzen zur Selbstregulierung (Lowi) freilegt (Fischer 1993; de Leon 1993; Balme/Faure/Mabileau 1999).

Die Frage nach der staatlichen Regulierung beinhaltet die Vorstellung, dass die Probleme in der Gesellschaft entstehen und anschließend gelöst, geregelt bzw. nicht geregelt werden. Die Möglichkeit der Nichtregulierung infolge politischer Nichtentscheidung (*non-decision*) verweist darauf, dass es auch eine umgekehrte Betrachtungsweise gibt. Das politische System und die Politik beinhalten die Probleme. So muss die Analyse – vor allem mit Blick auf die kulturelle Dimension – bereits hier ansetzen. Liegt ein Problem der Stadtpolitik darin, dass sich die *partikularen* Interessen nicht artikulieren können, da es das ethnisch indifferente politische System nicht zulässt? Welche Folgen hat eine solche Nichtregulierung?

Eine politik- und verwaltungsorientierte *Policy*-Analyse bezieht sich in der Regel nicht direkt auf den Arbeitsmarkt, da Sozialpolitik nicht imstande ist, diesen zu regulieren. Er ist aber insofern Bestandteil der Stadtpolitik, als es bei der Förderung der sozialen Integration um die Eingliederung der Bevölkerung in die Arbeitsbeziehungen geht. Da der Arbeitsmarkt in Vaulx-en-Velin für die niedrig qualifizierte Bevölkerung einfache Dienstleistungstätigkeiten anbietet, hat sich neben den Institutionen auch in dieser Vorstadt ein *Dritter Sektor* entwickelt. Es handelt sich dabei um nicht gewinnorientierte Organisationen, die gegen die Arbeitslosigkeit vorgehen (vgl. Anm. 5). Denn aus dem privaten Sektor, vor allem des Arbeits- und Wohnungsmarktes, sind nur noch wenige Akteure in den Vorstädten übriggeblieben.

6.1.2 Ein stadtpolitisches Programm für Vaulx-en-Velin

Die *politique de la ville* geht vom französischen Staat aus. Er machte bereits in den 80er Jahren stadtpolitische Angebote an Vaulx-en-Velin. Infolge des Problemdrucks und der zusätzlichen Finanzzuweisung willigte die Kommune in den Abschluss der verschiedenen Verträge ein (vgl. 4.2.1.3). Diese Verträge zwischen Vaulx-en-Velin, dem Staat und den anderen Gebietskörperschaften begannen mit der *projet de convention* (1986), der *convention de plan* (1987) sowie der unmittelbar nach den Jugendunruhen von 1990 unterzeichneten *Charte d'objectifs pour le DSU*, die noch im selben Jahr infolge der Jugendunruhen mit Begleitmaßnahmen versehen wurde. Die sich anschließenden Programme der 90er Jahre knüpfen an die *contrats de ville* (Stadtverträge) von 1994-1999 und 2000-2006 sowie an die damit verbundenen *grands projets urbains/GPU* und *grands projets de ville/GPV* an (vgl. Abb.12).

Für die Untersuchung wurden (1) die Ziele der *Charte d'objectifs pour le DSU* von 1990, d.h. des zweiten Stadtviertelvertrages (1990-1993), sowie (2) die sogenannten Begleitmaßnahmen von 1991 zum Maßstab genommen, die unmittelbar nach den Jugendunruhen den Stadtviertelvertrag verstärken sollten. Diese Verträge wurden zwischen der Kommune Vaulx-en-Velin, dem Stadtverbund *Courly*, dem Departement Rhône, der Region Rhône-Alpes und dem Staat geschlossen. Die Besonderheit von Vaulx-en-Velin lag im Vergleich zu den *DSQ*-Vierteln der anderen Kommunen darin, dass die *gesamte ZUP* und damit zwei Drittel der Bevölkerung dieser Vorstadt als *DSQ*-Zone klassifiziert worden ist. Welche Ziele wurden formuliert?

Die Gesamtheit der Ziele des Programms ist so umfassend, dass hier nur ein Ausschnitt vorgestellt werden kann. Er zeigt den bürokratischen Zugang der Stadtpolitik. Die *Charte d'objectifs* von 1990 (1) ist in Stadtentwicklung und soziale Maßnahmen unterteilt. Während es beim ersten Punkt der *Stadtentwicklung* vor allem um die Konstruktion des Stadtzentrums von Vaulx-en-Velin ging, zielte der zweite Punkt darauf ab, die Bewohner für ihr Stadtviertel zu „animieren". Es sollten die Ausbildung einer Stadtviertelidentität, das Familienleben und der Austausch zwischen verschiedenen kulturellen Gemeinschaften gefördert sowie Maßnahmen zugunsten der Jugendlichen umgesetzt werden. Ein Schwerpunkt wurde auf die Schule gelegt. Die *sozialen Maßnahmen* beinhalteten u.a. die Errichtung von Stadtteilforen und die Förderung der Vereine.

Die sogennanten *Begleitmaßnahmen* (2) waren ebenso in Stadtentwicklung und soziale Maßnahmen unterteilt. So ging es bei der *Stadtentwicklung* um die Wiedererrichtung des abgebrannten Einkaufszentrums am *Mas du Taureau*. Bei den *sozialen Maßnahmen* wurden vor allem die *Aktionen zugunsten der Jugendlichen* näher bestimmt. Darunter fielen das „Globale Projekt" zum Schulerfolg, die Förderung des kulturellen Ausdrucks der Jugendlichen – über die Unterstützung von Jugendvereinen aus der Einwanderung und die Gründung des *Centre régional multiculturel* – sowie die Maßnahmen zur beruflichen Eingliederung. Dabei wurde eine notwendige *Zusammenarbeit* derjenigen *Institutionen* auf kommunaler und auf Stadtviertelebene betont, deren Zielgruppe die *Jugendlichen* sind. Dies betraf vor allem das Schulprojekt, die *Mission Locale* und die Präventionspolitik. Das Ziel lag darin, die Beziehungen zwischen den Jugendlichen und den Institutionen zu verbessern.

Somit nahm die Jugendproblematik in beiden Verträgen einen wichtigen Platz ein. Zudem entsprachen diese Maßnahmen mit den *Zones d'éducation prioritaire/ ZEP*, der *Mission Locale* und dem Kriminalpräventionsrat (*CCPD*) den Anfang der 80er Jahre entwickelten Strukturen der staatlich initiierten und in ganz Frankreich verbreiteten „Jugendpolitik". Im Folgenden soll die Implemenation dieser *Charte d'objectifs* mit ihren *Begleitmaßnahmen* untersucht werden. Wer waren die Akteure?

6.1.3 Vernetzte Akteure: von der vertikalen Kontrolle zur horizontalen Zusammenarbeit?

Bei einer *Policy*-Analyse wird in der Regel die Implementation des Programms über die Institutionen (Exekutive) und dessen Aufnahme durch die Zielgruppe untersucht. Die Beteiligung der Regierung (Legislative) als drittes Element im *Policy*-Dreieck von Verwaltung, Regierung und organisierten Interessen gehört nur als nicht zu erklärende Variable hinzu. Doch ist diese Trennung von *policy* und *politics* angesichts der fehlenden politischen Öffentlichkeit problematisch geworden, da sich das Politische der Interessenvermittlung in die Verwaltung, d.h. die stadtviertelnahen Institutionen verschiebt. Daher soll die Implementation der Stadtpolitik als *Netzwerkanalyse* (Liebert 1994) innerhalb eines Systems von Akteuren untersucht werden, in dem *alle* Akteure des *Policy*-Dreiecks, d.h. die Verwaltung, die Regierung und die organisierten Interessen mit ihren formellen und informellen Strukturen vertreten sind (vgl. Abb. 11). Die Beteiligung aller Akteure entspricht der Quintessenz der komplexen Stadtpolitik: Sie erhebt den Anspruch, *global, partnerschaftlich* und *partizipativ* zu sein (Donzelot/Estèbe, 1994, 57-76). Insofern zählen auch die den Arbeitsmarkt bzw. den Dritten Sektors betreffenden Akteure dazu. Das System der Akteure in Vaulx-en-Velin umfasst somit Akteure aus dem Bereich (1) des Staates, (2) des Arbeitsmarktes und (3) der Bevölkerung.

1) Zu den *staatlichen Akteuren* zählen sowohl die Regierungen der verschiedenen Gebietskörperschaften als auch die entsprechenden Verwaltungen. Dabei ist es schwierig, Regierung und Verwaltung voneinander zu trennen. Die *Regierungen* entwerfen, finanzieren und legitimieren die Stadtpolitik. Die wichtigste Rolle spielen sie bei der Konzeption des Vertrages vor seiner Implementation. Eine Sonderrolle hat dabei die Kommune und mit ihr der Bürgermeister. Die *Verwaltungen* des Staates und der Gebietskörperschaften setzen je nach Hoheitsrechten und damit verbundenen Berufskompetenzen der Behördenvertreter die Inhalte des Programms in den einzelnen Politikfeldern um. Sie intervenierten dabei – wie bereits *vor* Abschluss des *DSQ*-Vertrages – mit ihren jeweiligen *regulären* Institutionen auf dem kommunalen Territorium. So unterstehen die Polizei- und Justizbehörden dem Staat. Die Region ist für den Bau von Gymnasien zuständig. Die Hoheitsrechte von Institutionen aus dem sozialen Bereich (v.a. der Gemeindezentren) liegen beim Departement. Der Stadtverbund *Courly* hat dagegen die Hoheitsrechte bei der Stadtentwicklung, im Wohnungssektor (Wohnungsgesellschaften) sowie dem öffentlichen Nahverkehr (Verkehrsbetriebe). Die Kommune besitzt u.a. kommunale Dienste, ein Sozialhilfe-, ein Jugend- und ein Wohnungsamt.

Insgesamt betrachtet spielen der Staat, das Departement, der Stadtverbund und die Kommune bei der Stadtpolitik die wichtigste Rolle. Somit existierte über die Beteiligung des Stadtverbundes der Anspruch auf eine Politik des Gleichgewichts innerhalb der *Courly* bereits *vor* Abschluss des Stadtvertrages von 1994. Schließlich besteht in diesem System der Akteure die wichtigste Differenz zwischen *Regierung und Verwaltung* darin, dass die im Stadtvertrag oft *langfristig* angelegten Ziele und Projekte aus wahlpolitischen oder auch prinzipiellen Gründen durch die Stadtregierung während der Implementation unterlaufen werden konnten.

Ein Organigramm (vgl. Abb. 10) verdeutlicht die verschiedenen Implementationsstufen der Stadtpolitik in Vaulx-en-Velin: vertikal sind die Interventionsebenen, horizontal die verschiedenen Politikbereiche abgebildet. Die oberste Ebene zeigt die verschiedenen Gebietskörperschaften. Sie stellen auf der Ebene der Implementationsgruppe jeweils einen *chef de projet* (Projektleiter). Es folgen die politikfeldbezogenen Sonderinstitutionen der Stadtpolitik. Sie gelten im Gegensatz zu den regulären Institutionen nur für das zur *DSQ*-Zone ernannte Gebiet von Vaulx-en-Velin. Dazu zählen die *Beobachtungsstelle für den Schulerfolg*, die *Mission Locale*, der *Kriminalpräventionsrat* (CCPD), die *Beobachtungsstelle für Wohnungsfragen* und die *Koordinationsstelle für Kommunikation*, die vor allem für die Stadtteilforen zuständig war. Im Gegensatz zu diesen Sonderinstitutionen, die für die *gesamte DSQ*-Zone errichtet wurden, waren die *Runden Tische* auf die einzelnen Stadtviertel begrenzt. In ihnen sollten sich regelmäßig die Institutionenvertreter der verschiedenen Politikfelder treffen. Schließlich kommen die *Conseils de quartier* (Stadtteilforen). Über sie sollte die Begegnung zwischen den Behördenvertretern, dem Bürgermeister und der Bevölkerung in den einzelnen Stadtvierteln gefördert werden.

Abbildung 10: Organigramm zur Implementation der Stadtpolitik in Vaulx-en-Velin 1992

Institutionen			
Kommune	Stadtverbund	Generalrat	Staat
Implementationsgruppe			
jeweils ein Projektleiter mit spezifischer Kompetenz			
Spezielle DSQ-Institutionen				
Schule	Mission Locale	CCPD	Wohnen	Kommunikation
Runde Tische auf Stadtviertelebene		
La Grappinière	Mas du Taureau	Le Vernay
Stadtteilforen		
La Grappinière	Mas du Taureau	Le Vernay

Quelle: Stadtverwaltung Vaulx-en-Velin 1992

Methode und Anspruch der Stadtpolitik liegen nun darin, die *vertikal*-hierarchische, politikfeldspezifische Intervention in eine *horizontale* Kooperation überzuführen. Es soll *politikfeldübergreifend*, *vernetzt* und *projektorientiert* zusammengearbeitet werden. Die Zauberformel heißt *partenariat*. Diese partnerschaftliche Zusammenarbeit zwischen den Akteuren der einzelnen Bereiche soll in der projektorientierten Vernetzung *Synergieeffekte* entstehen lassen. Dieses Ziel lässt sich mit Hilfe der Abbildung 11 in den *Schnittmengen* zwischen den Akteuren der einzelnen Bereiche (Regierung, Verwaltung, organisierte Interessen, Zielgruppen) darstellen.

Nun hängt die Logik der Kooperation und Vernetzung vom jeweiligen Interesse der Gebietskörperschaft und ihrer Distanz bzw. Nähe zum kommunalen Territorium ab. So ist z.B. die *Courly* daran interessiert, ihre Intervention in Vaulx-en-Velin mit gesamtstädtischen Anliegen zu verknüpfen. Der von der Stadtpolitik erhobene Anspruch der Ortsbezogenheit ist bei der Kommune wiederum am größten. Nur bei ihr deckt er sich mit dem *eigenen Hoheitsgebiet*. Damit steht die Kommune jedoch vor einem Dilemma: Einerseits will sie angesichts der sozialen Probleme die horizontale Zusammenarbeit der *ortsfremden* Gebietskörperschaften auf ihrem Territorium fördern. Andererseits ist sie aber bestrebt, nicht Macht und Einfluss gegenüber dem Stadtverbund und dem Staat zu verlieren.[115] Bei dieser schwierigen Kooperation zwischen den Gebietskörperschaften haben die Projektleiter eine zentrale, die Interessen abstimmende Funktion. Zudem bilden sie in jeder Gebietskörperschaft, vor allem aber bei der Kommune, die wichtigste Schnittmenge zwischen Regierung und Verwaltung.

An dieser Stelle lässt sich auch die Frage verfolgen, inwiefern die Stadtpolitik eine *kommunale Politik* gegenüber *ethnischen* Minderheiten enthält. Denn bei der Annahme, dass das französische politische System für die Repräsentation kultureller Differenz sowie die Ausbildung einer Antidiskriminierungspolitik nicht geschaffen ist, muss einer solchen Politik erst eine öffentliche Debatte und die entsprechende politische Entscheidung vorausgehen. Nun werden die Einwanderer bzw. die Einwandererjugend aber in *allen* Institutionen berücksichtigt. Der *FAS* ist auch hier die *einzige* Institution, die explizit – wiederum aber im Rahmen einer Politik der individuellen Gleichstellung – auf die Einwanderer und die Einwandererjugend zielt.[116]

---

115 So wird ein Großteil der Institutionen in Vaulx-en-Velin vom Rathaus kontrolliert. Der Bürgermeister und seine Dezernenten sitzen in diversen Kommissionen, vor allem in den Sonderinstitutionen der Stadtpolitik. Sie spielen in der *Mission Locale*, dem Kriminalpräventionsrat oder auch in den Stadtteilforen eine wichtige Rolle. Zudem sind sie in den Verwaltungsräten mehrerer kommunaler und nichtkommunaler Institutionen wie dem *MJC* (Jugendhaus) oder den Gemeindezentren vertreten.

116 Der Schwerpunkt des *FAS* lag in Vaulx-en-Velin nach den Jugendunruhen in der finanziellen Förderung der Gemeindezentren und der Vereine.

232　Stadtpolitik im Laboratorium: zwischen Institution und Selbstorganisation

Abbildung 11: Die Akteure der Stadtpolitik in Vaulx-en-Velin 1992

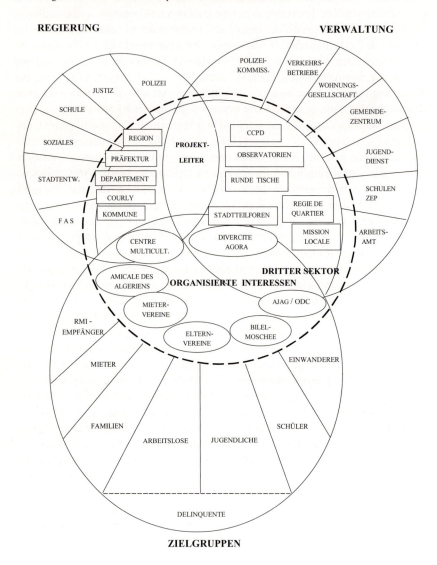

Quelle: Eigene Darstellung in Anlehnung an Bion 1991

Für welche *Analyseebene* und welche *Politikfelder* entschied ich mich nun? Ich entschloss mich, die *Kooperation* vor allem auf unterster institutioneller Ebene im Stadtviertel *Mas du Taureau* zu untersuchen. Hier hatte ich den Zugang zur Lebenswelt der Jugendlichen. Ich ging davon aus, dass eine Kooperation zwischen den Institutionen am ehesten in der *„Straßenbürokratie"* stattfand. Auf dieser Ebene ging es um die herkömmlichen Politikfelder sowie die spezifischen Institutionen, die für die Jugendlichen geschaffen wurden. Von der Annahme ausgehend, dass *Jugendpolitik* als solche nicht existiert, analysierte ich die Implementation in denjenigen *Sozialisationsinstanzen*, die auch bei den Interviews mit den Jugendlichen berücksichtigt wurden.

Da ich mich aber auf wenige Politikfelder beschränken musste, konzentrierte ich mich auf die Politik im Bereich der *Freizeit* der Jugendlichen, die Politik *beruflicher Eingliederung* und die Maßnahmen zur Förderung der *politischen Integration*. Um den französischen Integrationsstil aufzuzeigen, genügte es schließlich, ein einziges Politikfeld zu untersuchen. Es waren – dem Schwerpunkt der Lebensweltanalyse entsprechend – die Fördermaßnahmen zugunsten des Übergangs der Jugendlichen von der Schule zur Arbeit. Die Kerninstitution dafür ist die *Mission Locale*. Da die ethnische Diskriminierung allgegenwärtig ist, war schließlich zu fragen, inwiefern es eine Antidiskriminierungspolitik gegenüber den jungen Franzosen nichtfranzösischer Herkunft gibt.

2) Zu den Akteuren im Bereich des *Arbeitsmarktes* zählen *erstens* die *Unternehmen* mit ihrem Arbeitsplatzangebot. Das Problem von Vaulx-en-Velin besteht aber wie ausgeführt darin, dass die Nachfrage der niedrig qualifizierten Jugendlichen nicht dem Arbeitsplatzangebot der sich in der Kommune niederlassenden modernen Dienstleistungsbetriebe entspricht. Um adäquate Unternehmen in die *banlieue* zu locken, wurde auch Vaulx-en-Velin 1996 zu einer *zone franche* (freie Zone) erklärt, in der alle sich neu ansiedelnden Betriebe mit niedrig qualifiziertem Beschäftigungsangebot fünf Jahre lang von den Steuer- und Sozialabgaben befreit sind. Das eigentliche Problem liegt aber darin, dass sich der Arbeitsmarkt und mit ihm die Politik beruflicher Eingliederung nicht auf die Kommune beschränken lassen, sondern die gesamte Agglomeration betreffen und die entsprechende Mobilität der Bevölkerung erfordern. Daher sind *zweitens* vor allem die Akteure des *Dritten Sektors* zu untersuchen. Hier ist die *Mission Locale* die zentrale Institution. Denn ihre Aufgabe besteht genau in dieser Vermittlung zwischen der Jobsuche der Jugendlichen und dem Arbeitsmarkt in der Agglomeration. Zum Dritten Sektor zählen schließlich auch quartiersspezifische Wohnviertelunternehmen wie die *Régie de quartier*.

3) Die Stadtpolitik richtet sich schließlich auf *Zielgruppen* in der Bevölkerung. Sie werden nach sozialen bzw. territorialen Kriterien bestimmt und sind damit ethnisch heterogen. Doch wo sind in diesem Gefüge die Jugendlichen maghrebinischer Herkunft? Welche Verbindungen gibt es zwischen den *Institutionen*, dem *Markt* und diesen *Jugendlichen*? Ist die Kluft zwischen den staatlichen sowie kommunalen Institutionen einerseits und den Jugendlichen andererseits über die Stadtpolitik abgebaut worden? Um diesen Fragen im Feld nachzugehen, war es sinnvoll, bei den Jugendlichen zwischen *individuellen* und *kollektiven* Akteuren zu unterscheiden.

Als *individuelle Akteure* befinden sich die Jugendlichen in direktem Kontakt mit den Institutionen: als Schüler, Nutzer von Freizeitangeboten, Arbeitslose, Delinquente etc. sowie als politisch handelnde Bürger. Wie wurde angesichts der Distanz der Jugendlichen gegenüber den Institutionen ihr Verhalten von den Vertretern dieser „Straßenbürokratie" interpretiert? Wie gingen die Mitarbeiter der *Mission Locale* mit den Jugendlichen um? Änderten die Stadtteilforen etwas an der ablehnenden Haltung gegenüber dem Bürgermeister und den Parteien? Wo gab es in dieser Kluft zwischen Jugend und Institution noch eine Kommunikation? Hier hatten die Vereine als *kollektive Akteure* ihre Funktion.

6.1.4   Vereine als kollektive Akteure: ein Anerkennungskonflikt entsteht

Die Vereine bilden das Verbindungsglied zwischen den Jugendlichen und den Institutionen. Sie sind die maßgebliche *intermediäre Instanz*, welche die *Interessen* der Stadtteilbewohner bzw. der Jugendlichen *organisiert*. So wurden sie vor allem nach den Jugendunruhen gefördert und als wesentlicher Bestandteil der neuen Kommunikationspolitik von Vaulx-en-Velin proklamiert. Diese *associations* werden von den Kommunen und vom Staat, d.h. der Präfektur und vor allem dem *FAS* finanziert. Durch die Interessenartikulation haben sie die Funktion übernommen, die in den *banlieues rouges* die Gewerkschaften ausübten. Welche Vereine gab es in Vaulx-en-Velin?

Die seit langem bestehenden, national organisierten Vereine mit lokaler Niederlassung wie der *Conseil national des locataires/CNL* (Nationaler Mieterbund) oder auch die *Amicale des Algériens* – die landesweite Eigenorganisation der Algerier – haben an Bedeutung verloren. Um die Gründung neuer Vereine zu fördern, wurden öffentliche Gelder bereitgestellt. Doch oft hatten diese Vereine keine reale Grundlage und sie lösten sich nach den Jugendunruhen bald wieder auf. Dennoch sprach sich H., die Gemeinderätin algerischer Herkunft, für eine solche Förderung aus:

> „Vor allem im Vereinswesen gibt es noch einiges zu tun. Es muss eng mit den afrikanischen, jüdischen, spanischen, portugiesischen, maghrebinischen Vereinen zusammengearbeitet werden. Es muss diese Partnerschaft geben. Wir, die Politiker, wir müssen eine echte Anerkennung für die Arbeit der Vereine entwickeln, wir müssen mit ihnen arbeiten, um sie zu verstehen, um miteinander reden zu können. Es ist besser, wenn sich die Jugendlichen organisieren, lassen wir sie sich organisieren. Hören wir auf, sie zu belehren. Lassen wir sie, sie sind erwachsen."

So sollten die Vereine die Interessen der Bevölkerung bündeln und sich an der Stadtpolitik beteiligen. Dabei ging es den Institutionen vor allem darum, Vermittler aus den Milieus zu finden. Die Vereine bilden somit die *zentrale Schnittmenge* zwischen der Stadtregierung, den Institutionen und den verschiedenen Gruppen der Bevölkerung. Doch entsprach dieses heuristische Schema der Wirklichkeit?

Die Bevölkerung von Vaulx-en-Velin lebte zurückgezogen. Sie hatte sich bisher kaum an den Projekten der Stadtpolitik beteiligt. Es existierte zwar ein vielfältiges Vereinsleben, doch war es im Vergleich zu den anderen Kommunen des Stadtverbundes immer schwach organisiert. Nach der in Kapitel 3.2.1.2 beschriebenen Liste der Stadtverwaltung waren die Vereine in *Bürger-*, in *Einwanderer-* und in *Jugendvereine* klassifiziert.

Die *Bürgervereine* waren interethnisch und zumeist in Abhängigkeit von der Wohndauer ihrer Mitglieder im Viertel zusammengesetzt. Darunter fielen z.B. die Mietervereine. Die nordafrikanischen *Einwanderer*, deren Vereinsbildung schwach ausgeprägt war, nahmen noch weniger am öffentlichen Leben teil und stellten daher kaum Forderungen. Das Paradoxon bestand nun darin, dass sich die Einwanderervereine an den vorhandenen, in die Krise geratenen nationalen, französischen Organisationen wie z.B. den Mietervereinen orientierten, wie die kommunale Projektleiterin meinte und kommentierte:

> „Die herkömmlichen Vereine, die verschwinden sollten, verschwinden nicht, und sie werden außerdem von den Einwanderern übernommen, von denen man behauptet, dass sie unfähig seien, sich auf Vereinsebene zu organisieren. Das ist der Gipfel des schlechten Geschmacks."

Daher waren am ehesten die Gebetsräume *eigene* Treffpunkte der Einwanderer. Dies ließ sich in der *Bilel-Moschee* des *Mas du Taureau* beobachten.

Am interessantesten waren schließlich die interethnischen *Jugendvereine*. Allerdings hatten die meisten Jugendlichen keinen oder nur gelegentlichen Kontakt zu ihnen, wie die Stadtbiographien zeigten. Viele Jugendliche, die ich im *Mas du Taureau* interviewte, kannten nicht einmal die in ihrem Stadtviertel bestehenden

Vereine. Die meisten Jugendlichen blieben in ihren informellen Gruppen und dachten an ihre persönliche Zukunft. Akim meinte dazu:

> „Die Vereine, aus dem Alter bin ich 'raus. Ich habe einiges getan. Nun muss ich mich neu orientieren. Ich darf nicht mehr in Lehrgänge zurückkehren, oder Ähnliches. Das wäre ein Rückschritt."

Diese Jugendvereine waren in der Regel auf ihr Wohnviertel begrenzt. Sie gründeten sich zumeist, um eine finanzielle Unterstützung für Freizeitaktivitäten zu erhalten. Dabei existierten in der Agglomeration zwei Typen von Jugendvereinen (FONDA 1992). Während sich die Vereine der Jüngeren nur um ihre Freizeit kümmerten, übernahmen diejenigen der Älteren soziale Funktionen. Darunter fiel z.B. die Organisation von schulischem Stützunterricht, wie ihn im *Mas du Taureau* z.B. der Verein *Aide aux Jeunes Vaudais/AJV* leistete. In dieser zweiten Kategorie gab es nur sehr wenige, die sich auch kritisch in die Kommunalpolitik einmischten. Die meisten Vereine hingen stark von der Stadtregierung ab. Unabhängiger waren *AJAG* und vor allem *Agora*.

Die *Association des Jeunes pour l'Avenir de la Grappinière/AJAG* (Jugendverein für die Zukunft des Stadtviertels *La Grappinière*) wurde 1989 im Umkreis von K. und einem anderen Jugendlichen gegründet. Das ursprüngliche Ziel dieses Vereins bestand darin, die Sozialarbeit des Gemeindezentrums zu unterstützen. Es ging darum, für die Jugendlichen eine Ausbildung oder einen Job auf den Renovierungsbaustellen des Quartiers zu finden. Zum Selbstverständnis des Vereins meinte K.:

> „Vereinsleben heißt, sich auszudrücken zu können, es ist das einzige Werkzeug, das uns zur Verfügung steht, und es ist die ideale Form. Nicht die ideale, aber die angemessenste, um die Leute zu versammeln, na ja, um Probleme zu diskutieren und zu analysieren, die Probleme eben, mit denen wir täglich leben."

Während *AJAG* dennoch relativ stark vom Gemeindezentrum in der *Grappinière* abhing, kann *Agora* als einziger autonomer und in seinen Forderungen politischer Verein bezeichnet werden. *Agora* entstand infolge der Unruhen von 1990, die durch den tödlich endenden Zusammenstoß zwischen einer Polizeistreife und einem Jugendlichen ausgelöst worden waren. Das kurz zuvor als Musterbeispiel der Stadtpolitik errichtete Einkaufszentrum im Wohnviertel *Mas du Taureau* wurde daraufhin zerstört. In Form spontaner Gewalt waren diese Jugendunruhen Ausdruck eines *nicht regulierten Konflikts* zwischen der Stadtverwaltung und den Jugendlichen. Sie können als *öffentlicher Ausgangspunkt eines Anerkennungskonfliktes* betrachtet werden. Denn infolge des dabei tödlich verunglückten Jugendlichen Thomas Claudio bildete sich das gleichnamige Unterstützungskomitee, aus dem nach internen Querelen *Agora* hervorging. Diese *association* ist mit der vorübergehenden Welle von Vereinsgründungen nach den Jugendunruhen als eine der wenigen bis heute erhalten geblieben und wurde zur einflussreichsten Selbstorganisation der Jugendlichen im *Mas du Taureau*. Die Mitglieder des Gründungskomitees waren junge Arbeitslose, Gelegenheitsjobber sowie Studenten und kamen im Wesentlichen aus zwei Straßenzügen.

Sie griffen spontan das Thema der *Diskriminierung* durch die Polizei auf. *Agora* unterstützte in der antirassistisch-bürgerrechtlichen Tradition der *JALB* (vgl. 6.3.3.1) die Gerichtsverhandlung zum Tod von Thomas Claudio. Der Verein engagierte sich aber bald auch in diversen Politikbereichen: Es ging ihm darum, das schlechte Bild des Quartiers aufzuwerten, die Freizeit zu gestalten, Beratung und Hilfestellung in juristischen Streitfällen zu geben, schulischen Stützunterricht zu erteilen und ökonomische Aktivitäten (Jobvermittlung etc.) zu entfalten. Er wollte dabei gegen eine zu große Abhängigkeit von den Institutionen vorgehen und die Selbstverantwortung der Bürger sowie die Stadtviertelsolidarität stärken. In diesem Kontext arbeitete *Agora* mit den Institutionen im Quartier und mit der Stadtverwaltung zusammen.

Dabei gestaltete sich das *Verhältnis zwischen dem Bürgermeister und diesem Verein* unmittelbar nach den Jugendunruhen konstruktiv. Da die Vereinsgründung gefördert werden sollte, wies der Bürgermeister öffentlich auf die positive Rolle hin, die *Agora* im Wohnviertel spiele. Umgekehrt gab es im *Mas du Taureau* auch Sympathien für Maurice Charrier, obwohl die Jugendlichen nach den Unruhen gegenüber allen Politikern und Institutionen misstrauisch, ja hasserfüllt waren.[117] Doch pflegte der reformkommunistische Bürgermeister einen anderen Stil als sein bis 1985 amtierender Vorgänger, der eine besonders starke soziale Kontrolle über die Kommune ausgeübt hatte. Zudem nahm er nach den Unruhen die Bürger von Vaulx-en-Velin gegen die Angriffe der Medien *von außen* in Schutz. Er präsentierte sich mediengeschickt als Interessenvertreter der Jugend seiner Kommune. Das Charisma des Bürgermeisters und sein kommunikativer Stil übten eine gewisse Anziehungskraft auf die Jugendlichen aus.

Doch dies sollte sich bald ändern. Denn die Jugendlichen hatten besonders nach dem Tod von Thomas Claudio das Gefühl, nicht nur ausgegrenzt, sondern völlig wertlos und überflüssig zu sein. Diese Erfahrung schöpften sie aus ihrer quartiersbezogenen Lebenswelt. Daher machten sie die Institutionen der Stadtpolitik und das Rathaus zu den Hauptverantwortlichen ihrer Situation. So richteten sich auch die zukünftigen Schritte von *Agora* vom Quartier aus an die Stadtverwal-

---

117 Vgl. das Zeugnis von Farid: Voilà pourquoi la haine. In: Les Temps Modernes No. 545-546/ Décembre 1991-Janvier 1992, 100-105.

tung. Die nationale Politik wurde zunehmend ausgeblendet, der Verein konzentrierte sich auf den lokalen politischen Raum. Kommunalpolitische Themen und der Stil der Entscheidungsfindung standen im Mittelpunkt. Allmählich bildete sich eine lokale politische Öffentlichkeit, in der die Konflikthaftigkeit zwischen der Stadtregierung und *Agora* konkrete Formen annahm. Ein Mitglied von *Agora* berichtet:

> „Am Anfang waren wir vielleicht 10, 20 oder 30 Leute in den Versammlungen. Dies wurde oft als Angriff erlebt. Doch haben wir niemals etwas erreicht, ohne Druck auszuüben. (...) Aus der Distanz betrachtet, sind wir uns darüber klar geworden, dass man uns dann in diesem Kräfteverhältnis hielt. Um etwas zu bekommen, mussten wir die Dinge erzwingen. Wenn wir es nicht taten, sprang auch nichts für uns heraus. So dachten sie über uns: *Agora* funktioniert nur über diesen Druck. Uns blieben keine anderen Mittel. Irgendwie hat sich schließlich jeder mit unserer Funktionsweise arrangiert." (zit. nach Jazouli 1995, 72)

Welche Mittel konnte *Agora* einsetzen, um Druck auszuüben? In der Stadtverwaltung herrschte die Angst vor neuen Unruhen, mit denen die Meinungsführer – potentielle „Feuerwehrmänner als Brandstifter" – drohen konnten. So mussten nach den Jugendunruhen sowohl die Behördenvertreter als auch der Bürgermeister auf Forderungen von *Agora* Rücksicht nehmen. Daher kam die Stadtregierung trotz ihrer bisherigen tatsächlichen Politik, die Vereine zu kontrollieren, *Agora* entgegen. Der Verein versuchte einerseits, die kulturellen Ressourcen des Wohnviertels zu mobilisieren. Mit der Drohung neuer Gewalt konnte ein Verhandlungsrückhalt aufgebaut werden. Das Problem des Vereins als intermediäre Instanz und kultureller Vermittler lag allerdings darin, zwischen den Institutionen und den Jugendlichen zu stehen. Er musste einerseits den Kontakt zu den Institutionen pflegen. Denn diese entschieden darüber, ob er finanziell unterstützt werden sollte. Darauf wies ein Mitglied von *Agora* hin:

> „Wir sind gezwungen, im Kontakt mit den Institutionen zu bleiben. Denn sie stellen finanzielle Mittel zur Verfügung. Was diese Geldgeber betrifft, haben wir Kontakte mit der Präfektur, vor allem seit den Unruhen. Es geht um das Stadtviertel, die Gewalt, die Probleme. Wir haben diese Leute oft getroffen. Und jetzt immer noch hinsichtlich der Finanzierung, der Arbeit vor Ort."

Andererseits durfte sich diese *association* aber nicht in eine zu große Abhängigkeit von den Institutionen begeben. Denn dies hätten die Jugendlichen, die von der *beurs*-Bewegung enttäuscht worden waren und sich gegenüber den Institutionen sehr distanziert verhielten, als Verrat angesehen. Der Vorwurf lautete:

> „Ihr wollt uns verkaufen."

Mit diesem Druck und mit Vermittlungsgeschick konnten Forderungen aufgestellt werden. So wollte der Verein einen eigenen Raum. Denn anfänglich mussten sich seine Mitglieder im Gemeindezentrum des *Mas du Taureau* treffen. Erst nach längerem Drängen und einigen Verhandlungen stellte die Kommune ihn zur Verfügung. Von dort aus starteten die Aktivitäten, die in den verschiedenen Politikfeldern zu Konflikten mit den Institutionen, d.h. vor allem mit dem *Centre social* und auch mit der *Mission Locale* führen sollten (vgl. 6.2.1.2).

Mit dem Ziel, eine Mündigkeit der Bürger zu erreichen, ging es *Agora* aber auch darum, das Lebensumfeld politisch zu gestalten. Wie der Name des Vereins schon sagt, sollte die lokale Demokratie gestärkt werden. Hier stand weniger das Verhältnis zu den Institutionen der „Straßenbürokratie" als vielmehr die Beziehung zur Stadtregierung als politischer Institution im Mittelpunkt. So lässt sich beobachten, wie bei *Agora* allmählich im Kampf um politische Legitimität das Politische aus dem Sozialen hervortrat (vgl. 6.3.3.2). Dabei professionalisierte sich der Verein im Laufe der Zeit. In der Teilöffentlichkeit des Wohnviertels entwickelte er sich von einem Konfliktgegner der Institutionen zur tragenden Stütze der Wahlliste *Le Choix Vaudais*, die sich anlässlich der Kommunalwahlen von 1995 bildete. Mit der Aufstellung dieser Wahlliste stand *Agora* somit in der kommunalen politischen Öffentlichkeit.

Mit Blick auf die erwähnten Programme und auf das System der Akteure (vgl. Abb.11) soll im Folgenden für die ausgewählten Sozialisationsinstanzen bzw. Politikfelder (Freizeit, berufliche Eingliederung, politische Integration) gezeigt werden, welche Formen der Kooperation es sowohl zwischen den verschiedenen Institutionen als auch zwischen den Institutionen und den in den Vereinen *AJAG* und *Agora* organisierten Jugendlichen gab. Welchen Stellenwert hatte dabei die Selbstorganisation dieser Vereine? In diesem Verhältnis zwischen Institution und Selbstorganisation können auch die Verläufe des bisweilen latenten Anerkennungskonfliktes analysiert werden, der sich vor allem im Bereich der Freizeitgestaltung und der politischen Partizipation manifestierte.

6.2 Das Angebot sozialer Integration: zwischen Kooperation und Selbstorganisation

Die Politikfelder unterstehen mit ihren Akteuren dem Hoheitsrecht der jeweiligen Gebietskörperschaft. Für die *Freizeitpolitik*, bei denen die Prozesse der Vergemeinschaftung unter den Jugendlichen dominieren, sind die Kommune und das Departement zuständig. Auf die Integration in den *Arbeitsmarkt* (Vergesellschaftung) haben die Institutionen dagegen nur einen geringen Einfluss. Mit Blick auf die residentielle Segregation ist wiederum die *Courly* für die Wohnungs- und Verkehrspolitik verantwortlich. Die *politische Vergemeinschaftung* betrifft schließlich die Kommune. Kam es nun zwischen diesen Akteuren *vor Ort* zu einer Zusammenarbeit? Wie verhielten sich die Vereine?

Um dies beurteilen zu können, musste ich die Behördenvertreter der einzelnen Politikfelder aufsuchen. Eine gute Möglichkeit, die ersten bestehenden Kontakte mit diesen Akteuren zu intensivieren, boten die *Runden Tische*. Hier trafen sich regelmäßig Vertreter der Schule, der sozialen Einrichtungen, der *Mission Locale*, der Polizei, der Jugendgerichtshilfe, der Wohnungsbehörden und des Amtes für Angelegenheiten der Jugend. Anwesend waren auch die kommunale Projektleiterin sowie der Kommunikationsbeauftragte, der die Versammlungen leitete. Mitglieder von *AJAG* oder *Agora* hatte ich allerdings nicht angetroffen. Im Laufe der Zeit interviewte ich einen Teil dieser genannten Behördenvertreter.

Wertvolle Informationen über die wirkliche Zusammenarbeit zwischen diesen Akteuren flossen zwar erst am Ende meines Aufenthalts. Sie ergaben sich zudem weniger aus der Beobachtung der *Runden Tische* als aus den Gesprächen mit den einzelnen Akteuren und dem Kommunikationsbeauftragten. Die erste Beobachtung eines *Runden Tisches* im *Mas du Taureau* machte mir aber deutlich, in welchen Bereichen 1992 die wichtigsten Probleme des Stadtviertels lagen: Es ging vor allem um das sich in einer Krise befindende *Centre social*. Wie wirkte sich diese Krise auf die Freizeitgestaltung im Stadtviertel aus?

Wichtig waren auch die Entscheidung über den Standort der *Régie de Quartier* – des Wohnviertelunternehmens, das eventuell im *Mas du Taureau* errichtet werden sollte – sowie die Reflexionen über die Tätigkeit der *Mission Locale*. Schließlich gab es auch mehrere Diskussionen über die Teilhabe der Bevölkerung in den neu errichteten *conseils de quartier* (Stadtteilforen). Diese Empirie im Feld kam meiner theoretischen Vorauswahl der Politikfelder entgegen. In den Gesprächen wurde mir zusätzlich bewusst, welche Bedeutung der Situation in den Familien zukam, so dass ich mich entschloss, auch einen kleinen Abstecher ins sogenannte *Centre Médico-Social* (Sozialmedizinisches Zentrum) des *Mas du Taureau* zu machen.

Für den Feldzugang wurde mir aus diesen Beobachtungen auch klar, dass mich die Politik der beruflichen Eingliederung vom *Mas du Taureau* entfernte. Denn die *Mission Locale* als Sonderinstitution der Stadtpolitik ist für die gesamte Kommune zuständig. Es gab zwar einen Quartiersbezug, nicht aber zum *Mas du Taureau*. Die *ML* arbeitete vielmehr mit dem funktionierenden Gemeindezentrum in der *Grappinière* zusammen sowie mit dem Stadtviertel *La Thibaude*, in welchem dann schließlich die *Régie de Quartier* errichtet wurde. Diese Ortsgebundenheit war insofern wichtig, als sie die territoriale Identität der Jugendlichen widerspiegelte, welche sie bisweilen daran hinderte, sich im städtischen Raum für berufliche Zwecke fortzubewegen.

6.2.1 Politikfelder und Korporatismen

6.2.1.1 Sozial- und Familienpolitik im Mas du Taureau

Die Lebenssituation der Jugendlichen im *Mas du Taureau* wurde maßgeblich durch den familiären Kontext bestimmt. Die Folgen der Arbeitslosigkeit im Elternhaus, die Destabilisierung vieler Familien, z.B. durch vorübergehende oder völlige Abwesenheit eines Elternteils, wirkten sich negativ auf ihre Zukunftschancen aus. In den Einwandererfamilien, die andere Organisationsstrukturen und Werte haben, wurde dies durch migrationsspezifische Konflikte zwischen den Generationen verstärkt (vgl. 5.2.1). Welche sozialpolitischen Maßnahmen zugunsten der Familien gab es?

Zur Zeit der Vollbeschäftigung während der *Trente glorieuses* sicherte die französische Sozialpolitik die Beschäftigten vor den Folgen *vorübergehender* Arbeitslosigkeit. Sie schützte damit auch die Familien. So gab es im *Mas du Taureau* bis Anfang der 80er Jahre entsprechend wenig soziale Probleme. Mit der sich anschließend abzeichnenden *Langzeitarbeitslosigkeit*, der „neuen Armut" und der Destabilisierung vieler Familien in Vaulx-en-Velin hat sich wie in ganz Frankreich die Sozial- und Familienpolitik verändert (Ion 1990). Für die Implementation von Sozialpolitik sind u.a. die *Centres sociaux* (Gemeindezentren) und vor allem die *Centres Médico-Sociaux* (Sozialmedizinische Zentren) in den jeweiligen Stadtvierteln zuständig. Während die Zielgruppe der ersten Institution Kinder und Jugendliche sind (vgl. 6.2.1.2), richtet sich die zweite Institution an die erwachsene Bevölkerung. Beide unterstehen dem Departement.

Im Gegensatz zum Gemeindezentrum funktionierte das Sozialmedizinische Zentrum im *Mas du Taureau*. In ihm waren fünf Sozialarbeiterinnen beschäftigt, die 750 Familien betreuten. Darunter zählte ungefähr ein Drittel Einwandererfamilien, von denen wiederum ein hoher Anteil Einelternfamilien allein erziehender Mütter waren. Die Verteilung der insgesamt 1361 sozialpädagogischen Interventionen im Jahr 1992 war folgendermaßen:[118]

---

118 Die folgenden Informationen entstammen einem Gespräch mit den Sozialarbeiterinnen des *Centre Médico-Social* im *Mas du Taureau* (Juli 1992). In manchen Familien wurde gleichzeitig zu mehreren Problemen interveniert. Die deutlich werdenden finanziellen, beruflichen und Wohnungsprobleme bestehen in diesem Quartier weiterhin: nach der Volkszählung von 1999 leben im *Mas du Taureau* 97% der Bevölkerung in Sozialwohnungen und 37% sind arbeitslos. Die

Finanzielle Probleme	384	Berufliche Schwierigkeiten	189
Probleme beruflicher Eingliederung	338	Gesundheitliche und psychische Probleme	151
Wohnungsprobleme	223	Schul- und Ausbildungsprobleme	76

Die finanziellen Probleme und die berufliche Integration standen an vorderster Stelle. Für die berufliche Wiedereingliederung gibt es in Frankreich das mit Maßnahmen verknüpfte *Revenu minimum d'insertion/RMI* (staatliches Mindesteinkommen zur Wiedereingliederung), das vor allem Langzeitarbeitslose wieder zu beruflichen Tätigkeiten hinführen soll. Die Sozialarbeiterinnen wiesen darauf hin, dass die Betreuungsarbeit im Rahmen des *RMI* sehr zeitaufwendig sei, denn der Zugang zu den entsprechenden Familien erweise sich als sehr schwierig. Gesellschaftliche Isolation und Anonymität würden das Stadtviertel prägen. Sie beträfen am meisten die verarmten französischen Familien, die sich kaum zusammenschließen, sondern ihre Probleme lieber individuell regeln würden. Dagegen gäbe es zwischen den Einwandererfamilien rege Kontakte. Allerdings herrsche innerhalb dieser Familien ein Kommunikationsdefizit zwischen den Generationen, was die Intervention besonders erschwere. Prägend für die familiäre Sozialisation der Jugendlichen aus diesen Familien sei der Autoritätsverlust ihrer Eltern. Dies wirke sich vor allem auf die männlichen Jugendlichen negativ aus (vgl. auch Jazouli 1995, 345-351).

Zu den Jugendlichen selbst hatten die Sozialarbeiterinnen des *Centre Médico-Social* nur wenig Kontakt. Unter der Bevölkerung, die jünger als 25 Jahre war, betreuten sie nur die alleinerziehenden Mütter. Da der *RMI* eine Maßnahme für über 25-Jährige ist, wurden die Jugendlichen für eine eigenständige Tätigkeit wenig gefördert bzw. zur *Mission Locale* weitergeleitet. Für diese Jugendlichen spielten die Sozialarbeiterinnen des Sozialmedizinischen Zentrums am ehesten im Kontakt zwischen Familie und Schule eine Rolle.

Erleichterten die *Runden Tische* nun diese Betreuungsarbeit? Zwar sahen die Sozialarbeiterinnen es als positiv an, dass alle Akteure, die im Stadtviertel intervenierten, gleichzeitig anwesend waren. Doch kannten sich die diversen Akteure bereits zuvor. Die *Runden Tische* seien nur Orte des Informationsaustauschs. Sie hätten ihre Tätigkeit nicht wesentlich verändert. So wurde deutlich, dass die Sozialarbeiterinnen vor allem über die eigenen Kooperationsstrukturen ihrer Zentren in Vaulx-en-Velin vernetzt waren, was der Interventionsstruktur des Departements entsprach. Sobald sich Kompetenzen mit anderen Akteuren oder Institutionen über-

---

Schwerpunkte der sozialpolitischen Intervention zugunsten der inzwischen kleiner gewordenen Familien liegen in den Bereichen des *RMI*, der Situation der Alleinerziehenden und der Alterung der Bevölkerung. Die niedrige Zahl der Schul- und Ausbildungsprobleme erklärt sich daraus, dass die Jugendlichen unter 25 Jahren nur in wenigen Fällen zur Klientel der *Centres Médico-Sociaux* gehören. Für sie ist vor allem die *Mission Locale* zuständig.

schnitten, war ein *korporatistischer Reflex* zu beobachten. So war die existierende Zusammenarbeit eher politikfeldspezifisch. Es entstanden z.b. bei der Umsetzung der *RMI*-Maßnahmen Synergieeffekte, die sich aus gemeinsamen Aktionen zwischen den Sozialarbeiterinnen und den Mitarbeitern des Arbeitsamtes ergaben. Während die politikfeldübergreifende Kooperation nun relativ schwach war, stieß ich auf eine gewisse Zusammenarbeit mit Mitgliedern von *Agora*. Die Sozialarbeiterinnen berichteten über ihren angeblich guten Kontakt zu einer Mitarbeiterin des Vereins, die auf dessen Initiative eine Frauengruppe im Stadtviertel leitete. Die Voraussetzungen für Erfolg waren dabei gegeben. Denn die Sozialarbeiterinnen betonten, dass der Verein einen sehr guten, wenn nicht sogar besseren Kontakt zu den alteingesessenen Familien im Quartier hätte, da seine Mitglieder zum Großteil zu diesen Familien zählten. *Agora* verstand sich somit nicht nur als Jugendverein, sondern als Bürgerverein für *alle* Altersgruppen. Diese Aktivität des Vereins, die sich in Alphabetisierungskursen und Freizeitangeboten für Frauen konkretisierte, schien mit den Sozialarbeiterinnen abgestimmt zu sein. Doch trat auch bei solchen Kooperationen Konkurrenz auf, wie das Beispiel der Freizeitpolitik zeigt.

6.2.1.2 Freizeitpolitik: der Anerkennungskonflikt formiert sich

Die französische Jugendpolitik bestand in der Industriegesellschaft aus einer Jugendsozialpolitik, die in Einrichtungen wie den *Maison des Jeunes et de la Culture/MJC* Freizeitaktivitäten anbot und abweichendes Verhalten von Jugendlichen mit Hilfe von Sozialarbeitern als vorübergehendes Problem therapierte. Diese Politik hat sich mit der Vorstadtproblematik verändert. Seitdem ist eine Jugendpolitik entwickelt worden, die sich auf Prävention und berufliche Eingliederung konzentriert (Dubet/Jazouli/Lapeyronnie 1985, Neumann 2000). So sind im Rahmen der Stadtpolitik Anfang der 80er Jahre in vielen Kommunen die jugendspezifischen Sommerfreizeitprogramme *(OPE)*, die Kriminalpräventionsräte *(CCPD)* und die *Missions Locales* errichtet worden (vgl. 2.2.3.3). Dabei sind die Kommunen bestrebt, diese staatlichen, im *DSQ*-Vertrag stehenden Sondermaßnahmen mit ihrer eigenen Jugendpolitik zu koordinieren. An dieser Jugendpolitik wird die Spannung zwischen der *von außen* kommenden Intervention nichtkommunaler Institutionen und dem Streben nach kommunaler Selbstständigkeit deutlich. Als Bestandteil dieser Jugendpolitik sollen im Folgenden exemplarisch zunächst der Freizeitbereich und anschließend die *Mission Locale* betrachtet werden.

Vaulx-en-Velin hat mehrere kommunale Ämter, die sich mit Kinder-, Schul-, Sport-, Kultur- und Jugendfragen beschäftigen. Für die Koordination der Freizeitpolitik ist der *Service jeunesse* (Amt für Angelegenheiten der Jugend) zuständig. Die Stadt rühmt sich damit, ein reiches Angebot an Freizeitaktivitäten zu haben, das delinquentem Verhalten vorbeugt. Dazu zählt das kommunale Jugendhaus (*MJC*), welches zahlreiche Aktivitäten wie vor allem Boxkurse anbietet. Der *Service jeunesse* ist dagegen u.a. für die Beratung der Jugendlichen zuständig, wenn diese Vereine gründen oder eigene Projekte auf die Füße stellen wollen. Sein offizielles Ziel war, gegen die Betreuungserwartung vorzugehen, welche die Jugendlichen gegenüber den Institutionen hegten. Die Eigeninitiative sollte gefördert werden. Waren diese Institutionen des Freizeitbereichs nun als Vermittlungsstellen für die Jugendlichen geeignet? Kam es zu einer Kommunikation?

Eine erste Begegnung hatte ich mit dem für die kommunale Jugendpolitik zuständigen Dezernenten. Er stellte die jugendpolitischen Aktivitäten von Vaulx-en-Velin in eine Genealogie der Freizeitpolitik, welche die kommunistischen Stadtverwaltungen der Agglomeration lange betrieben hatten. In der Vorstellungswelt des Dezernenten schimmerten noch Konzepte der laizistischen *éducation populaire* (außerschulische Bildung) durch, als die Jugendlichen der „roten Vorstädte" zur Erholung und Bildung aufs Land geschickt wurden. Das Gespräch machte deutlich, dass dieser aus dem Arbeitermilieu stammende Dezernent nicht mehr über die notwendigen Kenntnisse über den sozialen Wandel in der *banlieue* verfügte. Seine Inkompetenz war symptomatisch für ein verkrustetes Honoratiorensystem, das in Vorstadtkommunen wie Vaulx-en-Velin nicht reformiert worden ist.

Im Gespräch mit diesem Dezernenten zeigte sich das in kommunistischen Stadtverwaltungen besonders ausgeprägte Streben nach Kontrolle. Daher wurden viele Initiativen von Vereinen, die Freizeit- und andere Projekte finanziert haben wollten, ebenso wie Interventionen *von außen* oft abgelehnt. Dies war z.B. bei den im Kontext der Stadtpolitik staatlich initiierten Freizeit- und Präventionsprogrammen während der Sommermonate (*OPE*) und den sogenannten *projets J* (Jugendprojekte) der Fall. Bei diesen staatlich finanzierten Projekten sollten die Jugendlichen entgegen der bisherigen Politik der *OPE*, die nur den Konsum von Freizeitangeboten unterstützte, selbstständig Projekte vorbringen und Eigenverantwortung übernehmen. Erst dann wurde finanziert. Die Subventionierung wurde vor allem vom Departement koordiniert. Dabei sollten die Projekte mit der kommunalen Jugendpolitik abgestimmt werden. Wenn es jedoch bei Verhandlungen mit Vaulx-en-Velin um die Teilhabe von Jugendvereinen ging, gab es erhebliche Widerstände dieser Kommune. So berichtet der für die Sommerprogramme Verantwortliche vom Jugend- und Sportamt des Departements (*DDJS*):

"Die Jugendvereine sind wenig vertreten, leider, und werden oft durch die Kommunen von den Überlegungen ausgeschlossen, das heißt, sie sind bei den Verhandlungen nicht anwesend. In der Stadt Vaulx-en-Velin versammeln sich die lokalen Vertretungen nämlich regelmäßig im Rahmen der *OPE* oder sogar der Jugendprojekte. Dagegen wird das Fachpersonal aus der Praxisarbeit anwesend sein, die drei oder vier Gemeindezentren, Vertreter der Verwaltung aus Lyon, die Sportdezernate, die Dezernate, die für die Angelegenheiten der Kinder zuständig sind. Wer nicht eingeladen ist, das sind die großen Vereine. Gut, bei den Sportvereinen kann man das verstehen, weil, na ja, das wäre zu aufwendig. Aber auch die Jugendvereine, wie *Agora*, Vereine, die immer mehr in eine soziale Rolle hineinwachsen. Sie sind vorläufig nicht vertreten. Sie werden nicht zu dieser Reflexion hinzugezogen. Es bleibt in den Händen der Stadtverwaltung, die den Gedankenaustausch unter Kontrolle hat, sei es, dass es sich um Vereine handelt, die parallel zur Stadtverwaltung arbeiten, und sie haben ihre Daseinsberechtigung, sei es, dass sie überhaupt nichts mit der Gemeinde zu tun haben und eine Opposition zur herrschenden Macht bilden. Und dann spielen sie die Rolle der Opposition, aber sie sind bei den Verhandlungen nicht anwesend. Sie haben nicht die gleichen Informationen. Sie haben die Information nicht auf die gleiche Art erhalten. Sie kennen nicht die Kriterien, die bei der Konstitution der Akte maßgebend waren und haben somit Schwierigkeiten mitzureden."

Die Vereine wurden dennoch von der *DDJS* finanziell unterstützt:

"Wir arbeiten trotzdem mit diesen Vereinen zusammen. Und wir fördern diese Vereine, selbst wenn dies nicht im Einverständnis mit der Stadtverwaltung geschieht. Wir spielen also auch diese Rolle eines Gegengewichts. (...) Diejenigen Initiativen, die nicht von der Stadtverwaltung kommen, das sind die interessantesten. Warum sollte man sie nicht unterstützen? Selbst wenn die Stadtverwaltung und die Stadträte manchmal sagen: ‚Achtung, dies ist ein Verein, der Probleme macht, der uns nicht interessiert, usw.' Da haben wir eine echte politische Rolle."

So war das Freizeitangebot in Vaulx-en-Velin zwar reichhaltig, stand aber unter fester kommunaler Kontrolle. Allerdings gab es Mitarbeiter im *Service jeunesse*, die dies ändern wollten. Dazu zählten vor allem die in diesem Amt arbeitenden jungen Erwachsenen maghrebinischer Herkunft. Sie brachten neuen Schwung in die Stadtverwaltung, da sie die Lage der Jugendlichen besser einschätzen konnten. Der Kontakt zu ihnen war dennoch eingeschränkt. Er reduzierte sich auf diejenigen Jugendlichen, die Initiativen einbrachten und mit den kommunalen Institutionen kooperierten. Die Distanz zu den anderen Jugendlichen hatte mehrere Gründe. Die *college boys* und die entsprechenden Mädchen verfolgten ihre schulischen Aktivitäten, sie interessierten sich nicht dafür. Für die *corner boys* und *girls* zählte bei den Aktivitäten der Kostenfaktor. Viele lehnten prinzipiell den Kontakt zum *Service jeunesse* wie auch zum Kletterturm aus symbolischen Gründen ab, da sie sich von den Institutionen nicht anerkannt fühlten. Damit war auch die Ablehnung von H., der dort arbeitenden Französin algerischer Herkunft verbunden, die von vielen abwertend als *„Arabe de service"* bezeichnet wurde. Für die marginalisiertesten Jugendlichen blieb schließlich nur noch der Kontakt mit den Kontrollbehörden.

Die Nutzung des kommunalen Freizeitangebots scheiterte aber auch nach Ansicht von H. an der fehlenden Initiative der Jugendlichen. Sie beklagte, dass für viele die Kritik an den Institutionen nur eine Rechtfertigung für das eigene Nichtstun sei. Die Jugendlichen müssten selbst Initiativen ergreifen und sich damit an den *Service jeunesse* wenden. Ein zu intensives Zugehen auf sie würde deren Abhängigkeit von den Institutionen nur verstärken. So vergrößerte sich mit zunehmender Marginalisierung die Lücke zwischen dem kommunalen Freizeitangebot und den Jugendlichen. Wurde sie über die stadtviertelnahen Einrichtungen geschlossen?

Es gab nur wenige Angebote in den Stadtvierteln. Sie reduzierten sich auf die *Centres sociaux*. Während der *Service jeunesse* zur Stadtverwaltung gehört, ist der Einfluss der Kommune auf die Gemeindezentren geringer. Denn sie unterstehen wie die Sozialmedizinischen Zentren dem Departement. Dabei unterschieden sie sich je nach Stadtviertel. Ein gut funktionierendes Gemeindezentrum gab es in *La Grappinière*. Der Einfluss der Kommune war hier allerdings stark zu spüren. Der Leiter sah eine wesentliche Aufgabe des Zentrums darin, die Jugendlichen zur Selbstverantwortung zu führen. Dabei grenzte er allerdings die Funktion des *Centre social* von derjenigen der kommunalen Freizeiteinrichtungen ab. Er betonte die Vermittlungsrolle seiner Institution:

> „Die *MJC* und der *Service jeunesse* haben Adressaten, die ein wenig höher stehen, als diejenigen, die wir ansprechen können, die Jugendlichen des Quartiers, mit einem sehr geringen Einkommen. (...) Ein Gemeindezentrum, das ist ein Dampftopf. Die Jugendlichen gehen hinein, sprechen sich aus, und von Zeit zu Zeit explodiert der Topf. Das Gemeindezentrum ist ein wenig der Mittler zwischen der Außenwelt und ihrer eigenen Welt."

Diese Vermittlungsrolle *von oben* wurde durch die Vermittlungsrolle *von unten* ergänzt. Sie wurde von K. eingenommen. Er war in der *„Grapp"* aufgewachsen und als Animateur im Gemeindezentrum eingestellt. Dies schuf ihm aber Probleme, da er gleichzeitig den Verein *AJAG* leitete. So verschmolzen in seiner Person Lebenswelt und System. K. war Meinungsführer *und* Behördenvertreter:

> „Die Verbindung zwischen dem Verein und dem *Centre social* ist ziemlich komplex. An dem Tag, an dem wir die Gründung des Vereins bekannt gegeben haben, war man etwas verwundert. Sie haben sich gesagt, dass wir einen Verein eingerichtet haben, um einen Raum zur Verfügung gestellt zu bekommen, um uns versammeln und eine Menge Sachen tun zu können. Aber das hat sie beunruhigt. Sie haben zu uns gesagt: ‚Habt Ihr die Absicht, Freizeitgestaltung zu machen? Es gibt nämlich ein *Centre social* und wir wollen uns nicht gegenseitig auf die Füße treten.' Es gab zwischen dem *Centre social* und uns eine gewisse Distanz. Ich selbst hatte immer Mühe, die Distanz zu wahren, zwischen der Arbeit des Vereins und meiner Arbeit im *Centre social* zu trennen. Wir sollten jedoch in die gleiche Richtung arbeiten. Es sollte kein Konkurrenzdenken geben. Ich wollte stets, dass wir in die gleiche Richtung gehen."

So hing an K. ein wichtiger Teil der gut funktionierenden Konfliktregulierung in seinem Quartier. Während das Viertel *La Grappinière* ein solides institutionelles Scharnier besaß, sah es im *Mas du Taureau* ganz anders aus.

Die mangelnde Infrastruktur und der Rückzug der Institutionen stellten ein zentrales Problem in mehreren Stadtvierteln von Vaulx-en-Velin dar. Im *Mas du Taureau* war das *Centre social* neben dem Sozialmedizinischen Zentrum die einzige öffentliche Einrichtung. Doch befand es sich in einer Krise. Diese hing zum einen mit dem strukturellen Wandel der Sozialarbeit in den Vorstädten zusammen, der sich aus der veränderten Bevölkerung ergibt. Die bisherigen Freizeitangebote, welche die Mittelschichten zur Zielgruppe hatten, entsprechen nicht mehr den Bedürfnissen der neuen städtischen Unterschichten (Ion 1990). Zum anderen hatte das Gemeindezentrum des *Mas du Taureau* besondere Schwierigkeiten, die bis zu seiner antikommunalen, durch den Verein *APACS* geprägten Geschichte zurückreichten (vgl. 4.2.2.2). So schwelte 1992 in diesem Gemeindezentrum ein neuer, für die Stadtpolitik symptomatischer Anerkennungskonflikt, an dem sich die Interessen und Handlungsweisen dieser Institution, der Stadtverwaltung und der selbstorganisierten Jugendlichen beobachten lassen. Die Brisanz dieses Konfliktes lag auch darin, dass mit dem Funktionsverlust dieses Zentrums die – bis auf das Sozialmedizinische Zentrum und die umliegenden Schulen – letzte Institution im Wohnviertel wegzufallen drohte.

Der Konflikt brach zwischen den Mitarbeitern und dem Leiter des *Centre social* aus (vgl. auch Jazouli 1995, 68-80; Chabanet 1997, 390-392). Nachdem dieser sein Amt niedergelegt hatte, wurde das Gemeindezentrum vorübergehend von den verbliebenen Mitarbeitern, von einigen aus der Bevölkerung in den Verwaltungsrat gewählten Benutzern des Zentrums – allen voran der Meinungsführer von *Agora* – und von freiwilligen Jugendlichen aus dem Stadtviertel geleitet. Für *Agora* war dies die erste Möglichkeit, die eigenen Vorstellungen außerhalb des Vereins umzusetzen und das Wohnumfeld mitzugestalten. Dabei argumentierte der Verein, dass die Bewohner des Viertels dazu ohnehin besser als die *von außen* kommenden Sozialarbeiter in der Lage seien. *Agora* wollte dabei nicht den Kontakt zu den Institutionen abbrechen, sondern sich als sozialer Akteur an den Entscheidungen des Verwaltungsrates beteiligen. P. sah das Verhältnis zum Gemeindezentrum folgendermaßen:

„Wenn es einen Graben zwischen den Institutionen und den Jugendlichen gibt, liegt dies daran, dass die Institutionen ihre Arbeit nicht gut genug gemacht haben. Denn ihre Rolle und ihre Aufgabe ist es, die Maßnahmen der Stadtpolitik so umzusetzen, dass sie die Bevölkerung erreichen. Das heißt nicht, dass der Fehler nur bei den anderen zu suchen ist. Dennoch liegt die Hauptlast der Verantwortung bei den Institutionen und der Politik. Hier stößt man auf Heuchelei. Man wundert sich über die Gewalt und die prekäre Situation der Leute, obwohl man sehr gut wusste, was daraus wird, da man sich nicht genügend darum gekümmert hat. Die Institutionen sind im Prinzip zum Wohl der Bevölkerung da, wie die Politik zum Wohl des Bürgers. Genau das Gegenteil ist aber der Fall. Die Bürger müssen sich an die Strukturen anpassen, die im Prinzip für sie geschaffen sind."

Diesen Vorwürfen hielten die Vertreter des Gemeindezentrums entgegen, dass die Institution bereits vor dem Verein bestanden hätte, für die gesamte Bevölkerung zuständig und durchaus anpassungsfähig sei und daher nicht ersetzt werden müsse. Der Hauptvorwurf lag aber darin, dass es *Agora* nicht nur um eine Mitbestimmung im Stadtviertel gehe, sondern der Verein das Gemeindezentrum kontrollieren wolle. So zeichnete sich eine Konkurrenz zwischen den professionellen Sozialarbeitern und der Eigeninitiative der Jugendlichen ab. Dies kommentierte der erwähnte, für die Gemeindezentren zuständige Vertreter des departementalen Jugend- und Sportamtes folgendermaßen:

„Oft gründen sich diese Vereine, um zu zeigen, dass sie in der Lage sind, die Dinge auch selbst anzugehen. Dabei nehmen sie aber oft die Funktion der bereits bestehenden Strukturen ein. So wollen sie z.B. die Arbeit der Gemeindezentren leisten, d.h. die Freizeit gestalten. Dafür hat aber schon die Kommune mit zahlreichen Einrichtungen gesorgt. Es entstehen Konkurrenzen. In den Vereinen zeigt sich also die existentielle Schwierigkeit der Jugendlichen. Warum sind wir da? Was sollen wir tun? Wir wollen leben, wir wollen euch zeigen, dass wir da sind, aber wir haben kein reelles Objekt unseres Daseins. Also greifen sie auf die Aktivitäten zurück, die bereits von den Gemeindezentren ausgehen. Und manchmal sperren sie sich einfach gegen das, was bereits existiert. Wir gehen doch nicht ins *Centre social*."

So entstand ein Spannungsverhältnis zwischen einerseits dem institutionellen Anspruch auf Universalität sowie professioneller Kompetenz und andererseits der Betonung von Partikularität sowie des Anspruchs von *Agora*, als Milieukenner und Interessenvertreter der Bevölkerung im Quartier die sozialen Probleme besser lösen zu können. Bis zum Sommer 1992 war das Gemeindezentrum zwar noch einigermaßen funktionstüchtig. Anschließend spaltete sich aber der Verwaltungsrat in die aus den Mitarbeitern des *Centre social* und der Stadtverwaltung bestehende Mehrheit einerseits und die aus Benutzern des Zentrums bestehende Minderheit andererseits. Der Konflikt spitzte sich schließlich in der von *Agora* gestellten Forderung zu, dass die Benutzer ein Mitspracherecht bei der Ernennung des neuen Leiters erhalten sollten. Als die nationale Vereinigung, welche die Leiter der *Centres sociaux* ernennt, die Kontrolle über das Zentrum verloren hatte, verweigerte sie ebenso wie das Departement die weitere Finanzierung. Das *Centre social* wurde geschlossen.

Vor dieser Schließung wurde der Anerkennungskonflikt jedoch von Vermittlungsversuchen begleitet, in die sich mit dem *FAS* die staatliche Institution für

Minderheitenfragen einschaltete. Die Delegierte des *FAS* dachte in diesem Kontext über die Vereine nach. Diese hätten zwar eine wichtige Aufgabe bei der Konfliktregulierung, müssten aber bereits im Vorfeld tätig sein, wenn es darum ginge, die Kluft zwischen den Wahrnehmungen der Jugendlichen und denjenigen der Institutionen zu überwinden:

> „Die Jugendlichen hätten eine bedeutende Vermittlungsarbeit zu leisten, weil sie viele Dinge verstehen, welche die Vertreter der Institutionen nicht verstehen. Doch sind sie nicht unbedingt am besten dafür gerüstet, die Antworten zu geben. Ihnen dies klarzumachen, ist allerdings etwas schwierig. Man muss sie wohl eine neue Erfahrung machen lassen, damit sie die Grenzen erkennen und damit sie die Fähigkeit für andere Dinge erwerben."

Aufgabe und Kompetenz des Vereins, den die Delegierte in kritischer Begleitung finanziell unterstützte, sah sie somit in dieser Vermittlungstätigkeit und nicht darin, dass *Agora* eigene Strukturen und Projekte aufbaue, da dies nur zu einer Kopie der institutionellen Arbeit führen würde:

> „Es besteht ein enormer Bruch zwischen dem, was die Vereine gerne möchten und dem, was sie tatsächlich mitbringen, was sie an Aktivitäten anbieten. Sie finden, dass die Sozialarbeit nicht gut läuft. Viele dieser Jugendlichen sind mit der Sozialarbeit konfrontiert worden und wenn man mit ihnen über Projekte spricht, sind diese Projekte nichts anderes als das, was sie bereits kennen."

Die Ausbildung paralleler Strukturen hielt die Delegierte nicht nur für gefährlich, sondern – weniger ideologisch betrachtet – schlichtweg für vergeudete Energie des Vereins. Sie wollte vielmehr die Zusammenarbeit zwischen Institution und Selbstorganisation anregen. Dabei ging es ihr aber nicht um ein harmonisierendes, konfliktfreies *partenariat* (partnerschaftliche Zusammenarbeit). Denn die Kooperation sollte auch die Reform der Institution beinhalteten. Insofern griff der *FAS* in seiner Argumentation die von *Agora* angesprochene Notwendigkeit auf, das Gemeindezentrum an die Bedürfnisse der „neuen" Bevölkerung anzupassen:

> „Es ist außerordentlich wichtig, im *Mas du Taureau* eine Antwort darauf zu finden, wie eine Institution und ein Verein nebeneinander bestehen können. Wie können die beiden Akteure die Situation gemeinsam analysieren? Wie kann jeder seinen spezifischen Platz im Gesamtgefüge finden? Ich denke, dass es möglich ist. Allerdings müssen in der Tat einige Dinge aufgebrochen und das Team dieser Einrichtung anders zusammengesetzt werden. Ich glaube, dass die Struktur der Gemeindezentren, so wie sie vor vielen Jahren mit Blick auf die Mittelschichten entstanden ist, zugunsten der sozial benachteiligten Bevölkerung verändert werden muss, die heute in diesen Stadtvierteln lebt. Daher spreche ich mich immer wieder dafür aus, dass man in Konfliktsituationen wie im *Mas du Taureau* einen von außen kommenden Dritten finanziert, der die Analyse vorantreibt und die einen wie die anderen dazu anleitet, ihre jeweilige Position zu finden."

Als *von außen* kommenden Dritten[119] sah sich der *FAS* selbst. Er wollte sowohl die Jugendlichen in ihrer Vermittlerrolle zwischen Milieu und Institution anleiten als auch auf einen allmählichen Funktionswandel des Gemeindezentrums hinwirken. Als bester institutioneller Kenner des Einwanderermilieus war er dafür geschaffen, beide Seiten in ihren Stärken und Schwächen zu sehen und zusammenzuführen.

Mit dem *FAS* drang dabei eine staatliche Institution über den Vermittlungsversuch in kommunales Hoheitsgebiet ein.[120] So besteht das französische Paradox darin, dass der Staat – trotz aller Versuche, das lokale politische System zu öffnen und Minderheitenpolitik zu dezentralisieren – weiterhin die Initiativen in der Stadt- und in der Minderheitenpolitik ergreift (Lapeyronnie 1993a, 307-341). Denn für die alteingesessenen Gemeinderäte sind beide Felder noch relativ neu. Der Umgang mit ethnischen Minderheiten bleibt eine Herausforderung für die streng republikanische Stadtverwaltung von Vaulx-en-Velin.

Somit war eine Konfliktkonstellation entstanden, in der *Agora*, die stark unter kommunalem Einfluss stehenden Institutionen „vor Ort" und der *FAS* die zentralen Akteure bildeten. Dabei gab es sehr unterschiedliche Einschätzungen. In diesem Konfliktszenario hatte *Agora* nach Auskunft von P. gute Beziehungen zum *FAS*:

> „Selbstverständlich haben wir Kontakte zur Präfektur, zum *FAS* und zur Stadtverwaltung. Beim *FAS* finden wir ein positives Echo, weil es seitens des *FAS* einen starken Willen gibt, die Stadtviertel und die Vereine, die aus diesen Vierteln kommen, zu unterstützen und mit ihnen auf authentische Art und Weise zusammenzuarbeiten. Das ist sehr motivierend, weil es ganz allgemein gesehen ziemlich selten ist, in den Institutionen eine derartige Haltung zu finden. Wir sind auch in regelmäßigem Kontakt mit dem zuständigen Präfekten für die Stadtpolitik."

Die Ziele des *FAS* und seine Vermittlerrolle wurden auch klar von der Stadtverwaltung erkannt. So meinte die Projektleiterin von Vaulx-en-Velin:

> „Die Politik des *FAS* ist es, die Vertreter der jungen Generationen zu benutzen, um die Spannungen und die Konflikte mit dieser Bevölkerungskategorie zu verwalten. Man bringt Führungsfiguren hervor, um diesen Bevölkerungsschichten, an die viele normale Institutionen nicht herankommen, durch Verhandlung und Vermittlung zu ihren Bürgerrechten zu verhelfen. Die Vorstellung ist, dass die Führungsfiguren dieser Bevölkerungsschichten dann

---

119 Die Vermittlung zwischen Innen- und Außenperspektive hat hier in der Feldforschung mehrere Dimensionen: So interpretieren die Meinungsführer von *Agora* ihre Lebenswelt, der *FAS* die bisweilen pragmatische Funktionsweise des republikanischen Modells und der Autor die ideologische Begründung des damit einhergehenden kulturellen Codes *à la française*.
120 Inhalt und Verlauf der informellen Gespräche, die von der Delegierten des *FAS* mit dem Verein, dem Gemeindezentrum und dem Bürgermeister in der administrativen *black box* geführt worden sind, hätte ich nur über eine noch intensivere Befragung dieser Akteure ermitteln können. In den Interviews konnte ich zudem nie direkt erfahren, wer mit wem zusammenarbeitete. Meine Beobachtung von *Agora* zeigte mir aber zum Beispiel, dass sich die Delegierte des *FAS* auch direkt ins Quartier zu diesem Verein begab.

den Kontakt mit der großen Masse ermöglichen werden. Das ist also die Wette. Das Risiko, das damit einhergeht, liegt in der Gefahr, dass diese Vereine, die ihre eigenen Strukturen ausbilden, zu Vereinen werden, zu denen wir in Konkurrenz treten müssen oder die gar überhand nehmen."

Daher gab es auch große Widerstände des Bürgermeisters. Er hatte ein ambivalentes Verhältnis zur Rolle des Staates in seiner Kommune. Dies verdeutlicht wiederum die Widersprüchlichkeit des *Etat animateur*. Denn zum einen befürwortete Maurice Charrier neben der Stärkung der Kommune eine starke Rolle des Staates, der am ehesten in der Lage sei, für Gleichheit einzutreten:

> „Meiner Ansicht nach müssten zwei Institutionen eine fundamentale Rolle spielen: Erstens die Kommune. Sie ist mit ihren Stadträten näher an der Realität. Man muss also den Kommunen, den Bürgermeistern mehr Macht zum Eingreifen geben. Zweitens bin ich auch dafür, dass man dem Staat ein großes Mitspracherecht einräumt, denn nur auf staatlicher Ebene kann effizient etwas gegen die ungleiche Entwicklung zwischen den Kommunen unternommen werden."

Zum anderen war er aber dem *FAS* gegenüber sehr kritisch eingestellt, obwohl es sich um eine staatliche Institution handelt:

> „Was den *FAS* angeht, so bin ich mir nicht sicher, ob wir auf der gleichen Wellenlänge sind. Ich weiß nicht, vielleicht weil es zu seiner Natur gehört. Der *FAS* wendet sich – glücklicherweise – an die Einwanderer. Gleichzeitig befürchte ich aber, dass er den kulturellen Rückzug verfestigt. Er behauptet allerdings das Gegenteil. Vielleicht hat er auch manchmal eine etwas klientelistische Haltung. Man muss es immer wieder sagen, weil diejenigen, die am lautesten schreien [Anspielung auf *Agora*, DL], nicht immer die zahlreichsten sind. Deswegen habe ich nicht den Eindruck, immer auf der gleichen Wellenlänge wie der *FAS* zu sein. Oft ist es die Verantwortliche des *FAS*, die es erforderlich macht, dass wir uns treffen, sie und ich, um die Dinge wieder ein wenig zurechtzurücken. Es kommt vor, dass kleine Reibereien entstehen, Gegensätze."

So schienen die Intervention und die Vermittlung des *FAS* in Vaulx-en-Velin sehr schwierig zu sein. Dies betonte aus ihrer Sicht die Delegierte des *FAS*:

> „Wenn man den Einwanderern nicht gestattet, die Umwelt, in der sie leben, zu verstehen, selbst ihre Antworten zu finden, wenn man den Jugendlichen nicht hilft, aus den zu großen kulturellen Widersprüchen herauszufinden, in denen sie sich verlieren, wenn man denen, die es wollen, nicht gestattet, voranzuschreiten, dann macht man keine Fortschritte. Ich glaube, dass es Gruppenphänomene gibt. Ich glaube nicht, dass man Fortschritte macht, wenn man sie leugnet. Die weitgehend republikanische Vorstellung, dass man alle gleichbehandelt, ist doch etwas unhaltbar, wenn man sieht, wie verschieden die Leute sind. Und es stimmt, dass wir uns nicht mit dieser Logik identifizieren. Im Gegenteil, wir identifizieren uns damit, die Eigentümlichkeiten zu berücksichtigen, nicht um sie hochzuspielen und zu unterstützen, sondern vielmehr um den Leuten zu gestatten, durch eine bessere Sachkenntnis ihre eigenen Antworten zu finden und an ihrer eigenen Eingliederung teilzuhaben. Man kann die Leute nicht gegen ihren Willen integrieren. Sie sind es, die sich aus der Patsche helfen werden, die sich selbst integrieren werden. Die Berücksichtigung der Besonderheiten muss mithilfe des Rechts auf die individuelle Gleichstellung gefördert werden."

Die Differenzen zwischen der republikanisch-ideologischen Stadtregierung und dem republikanisch-pragmatischen *FAS* traten hervor. Allerdings sollte die Anerkennung kultureller Spezifika auch nach Ansicht der Delegierten des *FAS* nur über eine Politik der *individuellen* Gleichstellung vollzogen werden.

Trotz allen Bemühens konnte der *FAS* im Konflikt um das Gemeindezentrum schließlich nicht viel erreichen. Die Vermittlungsversuche waren in diesem Fall gescheitert. Der *FAS* zog sich zurück, Vereine wie *Agora* wurden nicht mehr unterstützt. Dieser Wandel hing auch mit der Einsetzung einer neuen Delegierten zusammen, die sich für eine streng republikanisch-ideologische Politik einsetzte und sich diesbezüglich nicht von der Stadtregierung unterschied.

Damit war die Schließung des *Centre social* definitiv. Durch die verweigerte Finanzierung seitens des Departements eingeleitet, war auch die Stadtverwaltung nicht in der Lage, eine andere Entscheidung herbeizuführen. Sie war ohnehin gespalten. Denn einerseits lag es natürlich in ihrem Interesse, das Gemeindezentrum am Leben zu erhalten. Andererseits konnte und wollte sie aber *Agora* gegenüber nicht nachgeben. So brach die bis zum Herbst 1992 anhaltende kommunikative Konfliktaustragung ab, die es in Form informeller Gespräche zwischen dem Verein und dem Bürgermeister gab. Sie vermittelte den Jugendlichen das Gefühl, zur lokalen Gemeinschaft zu gehören. Der sich abzeichnende Bruch führte dann allerdings soweit, dass einige Jugendliche das *Centre social* im November 1994 mehrere Male beschädigten. Die Stadtverwaltung ließ es schließlich abreißen. Für den Verein war dies ein Beleg dafür, dass die Kommune ihr Stadtviertel aufgab.

In diesem Stadium des Anerkennungskonflikts, den *Agora* mit dem *Centre social* als Institution der kommunalen Gesellschaft austrug, hatten alle Beteiligten etwas verloren: die Bevölkerung eine Institution, die städtischen Behörden ihren Einfluss auf das Quartier und der Verein die Möglichkeit der Mitgestaltung. Dieser Verlust wog umso schwerer, als damit auch ein symbolischer Ort der Konfliktaustragung verschwand. Doch trotz dieser Schließung war es *Agora* gelungen, sich aus dem Milieu heraus selbst zu organisieren und bei der Gestaltung von Freizeit und Wohnviertel mit einer Institution in Konflikt zu treten. Gab es diese Form der Selbstorganisation und der Konfliktaustragung auch im Bereich des Arbeitsmarktes? Welche Akteure waren bei der beruflichen Eingliederung maßgebend?

6.2.1.3 Berufliche Eingliederung: die *Mission Locale* als begrenzte Intervention in Zeit und Raum

In Vaulx-en-Velin herrschte und herrscht eine mangelnde Angleichung zwischen den niedrigen Qualifikationen der arbeitslosen Jugendlichen und den Anforderungen der sich dort niederlassenden modernen Betriebe. So sind die städtischen Unterschichten nicht nur in dieser Kommune, sondern überall in den urbanen Zentren Europas zu billigen Lohnempfängern auf dem zweiten, im städtischen Raum verstreut liegenden Arbeitsmarkt geworden, der mit der räumlichen Distanz zum Quartier die beschriebenen Effekte der Segregation verstärkt (vgl. 2.2.1.2).

Die mangelnde Angleichung zwischen Qualifikationsnachfrage und -angebot in Vaulx-en-Velin hängt aber auch mit dem französischen Berufsbildungssystem zusammen. Im Gegensatz zum dualen System in Deutschland wird in Frankreich die Verleihung der berufsbildenden Abschlüsse noch immer stark durch den Staat bestimmt (Dubar 2002, 173), welcher ursprünglich seine Wertneutralität gegenüber dem privatwirtschaftlichen Verwertungsinteresse der Unternehmen sichern sollte (Zettelmeier 1999, 156). So wurde bis in jüngste Zeit die Ausbildung vorwiegend an den Berufsfachschulen (*lycées professionnels*) absolviert; erst seit kurzem gibt es auch alternierende Ausbildungswege. Infolgedessen entsprechen die an den Schulen erworbenen Abschlüsse oft nicht dem Bedarf der Unternehmen und führen auch deshalb nicht zu einer festen Anstellung. Dies ist einer der Gründe für die anhaltend hohe Jugendarbeitslosigkeit in Frankreich.

So zählen im Politikbereich der beruflichen Eingliederung drei Gruppen zu den maßgebenden Akteuren: erstens die *staatlichen Institutionen* (Berufsfachschulen, öffentliche Ausbildungsorganisationen), zweitens die *wirtschaftlichen Akteure* am (zweiten) Arbeitsmarkt (Unternehmen, betriebliche Ausbildungsgänge) und drittens die *Jugendlichen*. Ihr Übergang von der Schule zur Arbeitswelt erweist sich als schwierig, ihre Beschäftigungssituation ist prekär (Werquin 1996).

Aufgrund dieser Probleme hat sich auch in Vaulx-en-Velin ein *Dritter Sektor* zwischen Staat und Markt gebildet. Zu ihm zählen die am Rand des *Sozialstaats* stehenden öffentlichen Einrichtungen wie die *Mission Locale* oder auch das Arbeitsamt und z.T. die Gemeindezentren. Zum Dritten Sektor können ebenso als *halböffentlich-private* Organisationen die *Régies de quartier* (Wohnviertelunternehmen), sogenannte *Entreprises d'insertion* (Beschäftigungsgesellschaften) sowie *Associations intermédiaires* (Beschäftigungsvereine) gezählt werden. Bei diesen Einrichtungen wird in öffentlich-privater Kooperation angestrebt, die schwer vermittelbaren Arbeitslosen an Renovierungsarbeiten in ihrem Stadtviertel zu beteiligen, sie über Zeitarbeitsverträge zu vermitteln oder durch die Produktion marktabsatzfähiger Güter und Dienstleistungen dauerhafte Arbeitsplätze zu schaffen (Claussen 1997). Dabei gab es, wie erwähnt, in Vaulx-en-Velin Anfang der 90er Jahre neben der *Mission Locale* nur eine *Régie de quartier*. Von Seiten der Jugendlichen zählen schließlich auch die *Vereine* zu diesen intermediären Akteuren. Sie versuchen, über eigene Netze die Jugendlichen bei ihrer beruflichen Sozialisation zu unterstützen.

Im Mittelpunkt steht im Folgenden die *Mission Locale* als zentrale Institution der Stadtpolitik, über die der Staat die Maßnahmen zur beruflichen Eingliederung implementiert. Am Beispiel der *Mission Locale* kann das Verhältnis zwischen Staat, Markt und Jugendlichen aufgezeigt werden, wobei die Jugendlichen als Individuen Klientel dieser Institution sind, sich gleichzeitig aber auch an den kollektiven Aktivitäten der Vereine beteiligen.

Die *Mission Locale* von Vaulx-en-Velin wurde mit der Entstehung der Stadtpolitik bereits Mitte der 80er Jahre gegründet. Sie ist wie alle *Missions Locales* in Frankreich eine Vermittlungsstelle für berufliche Weiterbildung, Praktika und Arbeitsplätze der 15- bis 25-jährigen niedrig qualifizierten Jugendlichen (Schwarz 1981; Delarue 1991). Als Sonderinstitution der Stadtpolitik wird sie je zur Hälfte vom Staat und von der Kommune finanziert. Ihre Aufgabe besteht darin, auf kommunaler bzw. großstädtischer Ebene Kontakte zwischen den Akteuren im Bereich des Arbeitsmarktes, d.h. vor allem den Ausbildungsorganisationen und den öffentlichen wie privaten Unternehmen aufzubauen, um eine Koordination zwischen diesen Akteuren und den verschiedenen Qualifikationsniveaus der Jugendlichen herzustellen. Damit soll der sozialen bzw. sozialräumlichen Ausgrenzung entgegengewirkt werden. In diesem Kontext hat der französische Staat ein unüberschaubares Bündel von Maßnahmen zur beruflichen Eingliederung erlassen (Werquin 1996). Das Problem besteht aber eben darin, dass die Jugendlichen, wenn sie über die *Mission Locale* an Ausbildungsorganisationen vermittelt und mit Betrieben in Kontakt gebracht werden, noch lange keinen Arbeitsplatz haben. Daher ist die *ML* eine Art zweites Arbeitsamt, das Gelegenheitsjobs für Jugendliche unter 25 Jahren vermittelt und über hohe Aufnahmezahlen die Arbeitslosigkeit kaschieren kann. Neben der Funktion der beruflichen Eingliederung hat sie zudem die Aufgabe, die Jugendlichen auch bei Gesundheits- und Wohnungsproblemen zu betreuen.

Im Folgenden sollen mit Blick auf die Kooperation zwischen Staat, Markt und Bevölkerung zunächst (a) die *Interaktionen* zwischen den Jugendlichen und der *Mission Locale* beobachtet werden. Dabei treten auch die Probleme von Diskriminierung und Antidiskriminierung auf. Anschließend wird (b) der Frage nachgegangen, ob angesichts der relativen Erfolglosigkeit bei der beruflichen Eingliederung über eine Zusammenarbeit zwischen der *Mission Locale* und den anderen öffentlichen bzw. privaten Akteuren *Synergieeffekte* erzielt werden konnten. Schließlich ist (c) zu fragen, welche Rolle die *Jugendvereine* als kooperierende sowie sich selbst organisierende, kollektive Akteure bei der beruflichen Eingliederung einnahmen.

Berufliche Eingliederung: die *Mission Locale* als begrenzte Intervention in Zeit und Raum   255

a)   Die Interaktion mit den Jugendlichen: zur Klientel einer Institution

Die *Mission Locale* wurde – wie *aus der Sicht der Jugendlichen* gezeigt (Vgl. 5.2.4.2) – nur von einem Teil der 15-25-Jährigen aufgesucht, die sich mit frühzeitigem oder niedrigem Schulabschluss in der Arbeitslosigkeit befanden bzw. nur eine Gelegenheitsarbeit hatten. Bei den sich selbst Jobs verschaffenden Jugendlichen spielte die *ML* keine Rolle mehr. Wie weit konnte sie bei der beruflichen Eingliederung intervenieren? Wo lagen nun *aus der Sicht dieser Institution* die Probleme der Jugendlichen?

Die Gespräche der *ML*-Mitarbeiter mit den Jugendlichen waren zumeist nur kurze, flüchtige Begegnungen, in denen beide Sichtweisen aufeinander trafen. Im Folgenden wird das Gespräch zwischen Mohamed und einer Mitarbeiterin wiedergegeben:[121]

> Mohamed war schon lange nicht mehr bei der *Mission Locale*. Er berichtet seiner Betreuerin, dass er zwar nicht im Strafvollzug gewesen sei, aber Probleme mit der Justiz gehabt hätte. Sie seien nun aber geregelt. Die Justizbehörden hätten ihm einen Förderkurs zugewiesen. Mohamed ist stolz darauf, dass er im Vergleich zu den anderen, die auch an diesem Förderkurs teilnehmen, wenigstens richtig schreiben könne. Doch lehnt er den Förderkurs ab, da viele Bekannte aus Vaulx-en-Velin dort seien, die ihn in neue „Affären" hineinziehen könnten. Wenn er schon einen Kurs besuche, dann bitte ohne Kontakt zu diesen Leuten.

> Seine Betreuerin fragt, wie sie ihm einen anderen Kurs vermitteln solle, da sie nicht wisse, ob an den Kursen Bekannte aus Vaulx-en-Velin teilnähmen. Er müsse eben bereit sein, sich außerhalb von Vaulx-en-Velin einen Aufbaukurs bzw. anschließend eine Ausbildungsstelle zu suchen.

> Dies lohne sich nicht, meint Mohamed, da man außerhalb von Vaulx-en-Velin sowieso nicht genommen werde: „Alles Theater." Außerdem habe er keine Lust, seine Zeit zu verlieren.

> Die Mitarbeiterin entgegnet, dass er nichts bekommen könne, solange er es nicht probieren würde.

> Mohamed kontert frustriert, dass er auch deswegen nicht genommen werde, da andere Bewerber bessere Ausgangsbedingungen hätten als er. Im Übrigen sei er seit zwei Jahren arbeitslos. Eine Ausbildung hätte eh keinen Sinn. Auf den Vorwurf seiner Betreuerin, dass sie ihn bereits vor zwei Monaten angerufen und aufgefordert habe, zur *Mission Locale* zu kommen, erwidert er, dass er zu viele Probleme gehabt hätte. Zudem habe er nun alles

---

121 Die folgende sinngemäße Wiedergabe des Gesprächs, an dem ich mit Einverständnis der *ML*-Mitarbeiterin und des Jugendlichen als Beobachter teilnehmen durfte, basiert auf Notizen. Eine Bandaufnahme hätte es zu sehr gestört. Zu Mohamed vgl. auch die Kurzbiographie in Anhang 2.

versucht und nie sei etwas daraus geworden. Nach seinem *CAP*-Facharbeiterabschluss als Karosserieschlosser habe er nichts Richtiges mehr getan. Jetzt suche er etwas Konkretes. Er wolle einen Job als Fahrer haben.

Wenn er einen Beruf ausüben wolle, käme er aber an einer Ausbildung nicht vorbei.

Das würde ihm zu lange dauern, erwidert Mohamed. Seine Mutter dränge ihn dazu, endlich etwas zu tun. Er habe zwei Jahre lang an den Wochenenden auf Märkten gejobbt. Selbst das habe er inzwischen abgebrochen. Er habe die Nase voll und wisse nicht einmal warum. Das käme halt so. Früher hätte er abends wenigstens Sport getrieben. Jetzt mache er überhaupt nichts mehr. Er spüre eine „totale Leere". Zuvor hätte er wenigstens noch arbeiten wollen. Er sei nicht im Geringsten faul, aber jetzt ginge überhaupt nichts mehr.

Die Mitarbeiterin der *Mission Locale* entgegnet, dass er sich „wieder in Schwung bringen" müsse. Es gebe Kurse, bei denen man seine Kenntnisse auffrischen und mit Blick auf eine spätere Qualifikation sein Niveau anheben könne.

Das habe er doch bereits getan. Das bringe nichts. Den von den Justizbehörden vermittelten Kurs habe er hingeschmissen. Er bleibe lieber doch bei seinen Kumpels. Da fände er Schutz und spüre Solidarität. Mohamed ist äußerst unruhig und nervös.

Es helfe alles nichts, entgegnet seine Betreuerin. Er müsse wieder ganz vorne anfangen, sich an eine Arbeit gewöhnen und eine berufliche Orientierung finden. Sie schlägt einen *Contrat Emploi Solidarité/CES* (Solidaritätsvertrag für gemeinnützige Arbeit) vor.

Mohamed willigt ein, aber nur für einen Halbtagsjob. Acht Stunden am Stück könne er nicht arbeiten. Er fühle sich eingesperrt und verbinde dies mit sehr schlechten Erinnerungen.

Seine Betreuerin wird Mohameds Lebenslauf an das staatliche Stromversorgungsunternehmen *EDF* in Lyon schicken. *EDF* biete zur Zeit Solidaritätsverträge an. Die Arbeit bestehe darin, am *Canal de Jonage*, der Vaulx-en-Velin von Villeurbanne trennt, die Grünanlagen und Bepflanzungen von Wildwuchs zu befreien. Vielleicht habe er Glück und würde diesen Vertrag bekommen. Ansonsten müsse er unbedingt wieder zur *Mission Locale* kommen.

Es handelte sich um einen sehr marginalisierten Jugendlichen. Ich nahm auch an Begegnungen teil, in denen die Jugendlichen motivierter waren und bessere Zukunftsaussichten hatten. Zudem bemühten sich die Mitarbeiter der *Mission Locale*, ihre Klienten mehr reden zu lassen, um den biographischen Werdegang zu rekonstruieren. In allen Fällen blieb aber die Flüchtigkeit des Kontaktes erhalten. Sie war ein Merkmal dieser Interaktion.

Das Gespräch zeigt die unterschiedlichen Wahrnehmungen des Problems der beruflichen Eingliederung. So kamen auf der einen Seite in den Interviews, die ich alleine mit den Jugendlichen führte (vgl. 5.2.4.2), die Selbstdeutungen aus der Lebenswelt zum Vorschein: Die *ML* wurde als *Institution* abgelehnt. Dagegen gab Mohamed im Gespräch mit seiner Betreuerin indirekt auch die *eigenen* Probleme und Handlungsdefizite in seiner beruflichen Sozialisation zu. Darunter fielen seine Lethargie, die dominierende Motivation, bei der Arbeitssuche schnell an Geld ranzukommen – was die längere Planung einer Ausbildung verhinderte – und schließlich die mangelnde Bereitschaft, das Stadtviertel für die Suche nach einem Job bzw. einem Ausbildungsplatz zu verlassen.

Auf der anderen Seite wirft das Gespräch ein Licht auf den Umgang der Institution mit den Jugendlichen. So betont die Mitarbeiterin z.B. die Notwendigkeit, dass Mohamed „sich wieder in Schwung bringen müsse", was durch den Besuch eines Aufbaukurses erreicht werden könne. Zusammenfassend beurteilt der Leiter der *ML* die Probleme des Umgangs mit den Jugendlichen folgendermaßen:

> „Die Probleme und das Verhalten der Jugendlichen sind sehr unterschiedlich. Ein Teil von ihnen stellt uns wirklich vor Probleme. Verhaltensprobleme, Aggressivität und darüber hinaus hängt das auch vom jeweiligen Augenblick ab. Aber du findest mindestens 80%, die es wirklich schaffen wollen, 20%, mit denen es viel schwieriger ist, die alles verweigern, die aufgeben. Letztere kommen, weil sie ein Alibi brauchen. Sie müssen bei der *Mission Locale* eingeschrieben sein, weil es gegenüber den Richtern, der Polizei einen wichtigen Schritt darstellt. Dagegen kommen die 80% Jugendlichen, die weniger Probleme haben, die weniger in Kriminalität verwickelt sind, wirklich hierher, um eine Lösung zu finden. Ich würde dennoch sagen, dass ungefähr die Hälfte von diesen 80% wiederum schwierige Fälle sind. Das soll nicht heißen, dass es sich um Jugendliche handelt, die Mist bauen, aber es besteht trotzdem ein Risiko."

Diese Beschreibung entspricht ungefähr den zitierten Äußerungen der Jugendlichen, die auf meine Frage nach dem Stellenwert der *ML* entweder positiv oder negativ reagierten. Die jeweilige Antwort schien vom Grad ihrer Marginalisierung abzuhängen. In den diversen Interviews mit ihnen kamen die *individuellen* und *sozialen* Aspekte dieser Marginalisierung immer wieder zum Vorschein. Während dabei alle Klienten annähernd dasselbe soziale Milieu teilten, gab es im Verhalten der Jugendlichen maghrebinischer Herkunft, welche die Mehrheit der Klientel stellten, Besonderheiten. Das permanente Spannungsverhältnis, in dem sich diese Jugendlichen zwischen Familie und der sie ausgrenzenden, diskriminierenden Gesellschaft befinden, äußerte sich nach Meinung des *ML*-Leiters auch in ihrem Verhalten:

> „Es gibt einen Unterschied im Verhalten zwischen den Jugendlichen maghrebinischer Herkunft und den anderen. Der liegt in der Aggressivität, sie handeln anders."

Wenn sie dann zu delinquentem Verhalten neigen, erklärt sich dies nach Dubet/ Lapeyronnie (1992, 146) aus der Diskrepanz, einerseits zwar assimiliert zu sein, andererseits aber mit ihrer mangelnden Eingliederung in den Arbeitsmarkt eine Niederlage zu erleiden. Daher seien die Delinquenten oft unter den am meisten akkulturierten Jugendlichen zu finden.

Trotz der gemeinsamen sozialen und migrationsbedingten Ursachen musste der Kontakt zu den Jugendlichen auf den individuellen Fall abgestimmt werden. Dies war eine sehr mühsame und in den Erfolgen zumeist frustrierende Arbeit, betonte der Leiter:

> „Wenn du ein Gespräch mit einem Jugendlichen hast und mehr als drei Wochen brauchst, um eine Lösung zu finden; man redet, man geht auf ihn ein, aber manchmal hat man eben keine Lösung, man muss sie erst suchen, man unternimmt etwas, du brauchst sechs Monate, um etwas zu arrangieren. Da ist der Kerl fertig, er stürzt ab, und du musst alles von vorne beginnen. Es muss neu gestartet werden, sie müssen in die Lage gebracht werden, das Ding anzunehmen, das geschieht vielleicht nach einem oder zwei Gesprächen, das geht nicht so schnell."

Das Verhalten der Jugendlichen gegenüber der *Mission Locale* hing aber nicht nur mit dem sozial und individuell erklärbaren Grad der Marginalisierung zusammen. Die Abwendung vom *Angebot* dieser Institution resultierte auch daraus, dass die Jugendlichen die Erfolgsaussichten der *ML* hinsichtlich der Vermittlung von Arbeitsplätzen realistisch einschätzten. Denn trotz der Anstrengungen ihrer Mitarbeiter hatte die *ML* nur wenig Erfolg vorzuweisen. Die Praktika und Ausbildungsplätze führten nur selten zu festen Jobs. Die schlechter gewordene Situation am Arbeitsmarkt zu Beginn der 90er Jahre sowie die mangelnde Angleichung zwischen Qualifikation und Arbeitsplatzangebot konnte auch nicht von einer Institution der Stadtpolitik kompensiert werden. Diese Erfolglosigkeit wurde sogar vom Leiter der *ML* bestätigt:

> „Die Lage auf dem Arbeitsmarkt ist zurzeit total festgefahren. Die einzigen Lösungen, die man den Leuten vorschlagen kann, sind prekäre Lösungen: die *CES* [Solidaritätsverträge für gemeinnützige Arbeit, DL] oder Lehrgänge. Die *Mission Locale* ist eine Struktur, ohne die die Kommunen nicht mehr auskommen können. Sie werden es vielleicht nicht sagen, aber, man stelle sich vor, wenn die Jugendlichen nicht von den *Missions Locales* betreut werden würden, wer würde sie dann betreuen?"

Die *ML* verdeckte somit die tatsächliche Arbeitslosigkeit. Der ursprüngliche Elan der Mitarbeiter aus den 80er Jahren war verbraucht. Frustrationen waren sowohl bei ihnen als auch bei den der *ML* den Rücken zukehrenden Jugendlichen aufgekommen. Seitens der Jugendlichen wurden sie durch die Erfahrung *ethnisch-kultureller Diskriminierung* beim Zugang zur Arbeit weiter verstärkt.

So sind es vor allem die Nordafrikaner und die Jugendlichen maghrebinischer Herkunft, die ihren eigenen Angaben zufolge am stärksten Diskriminierung erfahren (Tribalat 1995, 179-182), die es beim Zugang zur Arbeit und am Arbeitsplatz auch gibt (Bataille 1997). Dabei reagieren die Unternehmen auf Bewerbungen dieser Jugendlichen unterschiedlich: überhaupt nicht, mit einer Ablehnung ohne Begründung oder ablehnend mit Begründung. Diese liegt dann entweder darin, bereits einen hohen Anteil an Beschäftigten nichtfranzösischer Herkunft eingestellt zu haben oder solche Bewerber nicht nehmen zu können, da man aus betrieblichen Gründen Reaktionen seitens der Beschäftigten bzw. der Kundschaft vorbeugen müsse. Das wirkliche Motiv ist aber zumeist die prinzipielle Ablehnung des Bewerbers aufgrund seiner ethnischen und auch sozialräumlichen Herkunft.

Nun haben die *Missions Locales* keinen Einfluss auf Entscheidungen von Personalchefs in Unternehmen. Gab es dennoch Überlegungen zu einer *Antidiskriminierungspolitik*? Gingen die Institutionen zur beruflichen Eingliederung ähnlich tabuisierend vor wie das Gemeindezentrum in der *Grappinière*? Denn wenn das *Centre social* K. als jungen Erwachsenen maghrebinischer Herkunft zum Animateur ausbildete, wurden *implizit* ethnische Kriterien berücksichtigt, auch wenn dabei nicht immer der Gedanke der Gleichstellung, sondern auch der Kontrolle, der Prävention und der Konfliktregelung überwog. Da die Vertreter der Institutionen zur beruflichen Eingliederung die Jugendlichen nun aber zum Handeln anregen wollten, warfen sie ihnen zunächst vor, die Diskriminierungen als Legitimation für ihre eigene Untätigkeit zu nutzen. So berichtet der Leiter eines Ausbildungszentrums von einem Jugendlichen maghrebinischer Herkunft:

> „Ein Jugendlicher sucht eine Stelle als Praktikant. Er geht in die Betriebe, gut. Er kommt in einen Betrieb und sagt: ‚Guten Tag, ich suche eine Stelle als Praktikant.' Die Antwort des Betriebsleiters lautet vielleicht: ‚Ja, aber ich habe schon einen Praktikanten, ich kann dich vorläufig nicht nehmen.' Der Jugendliche berichtet mir anschließend bei seiner Rückkehr: ‚Ich war dort, der nimmt keine Araber'."

Andererseits wurde die Existenz von Fremdenfeindlichkeit und Rassismus klar gesehen. Der Leiter eines anderen Ausbildungszentrums, welches selbst eine Anlaufstelle für niedrig qualifizierte Jugendliche in Vaulx-en-Velin war und einen Teil der *ML*-Klientel aufnahm, bestätigte dies:

> „Es stimmt, dass es eine rassistische Diskriminierung der Jugendlichen bei der Einstellung gibt. Selbst bei den kostenlosen Ausbildungsplätzen, das heißt die vom Staat finanzierten, gibt es in den Unternehmen eine Schranke. Die Diskriminierung ist eindeutig, sie existiert auch gegenüber Jugendlichen aus Vaulx-en-Velin. In dieser Kommune haben wir zudem von allen Ausbildungszentren die höchste Quote an jungen Maghrebinern aus den verschiedenen Gegenden des *Est Lyonnais*. Dies, einerseits, weil wir sie gerne aufnehmen, andererseits aber auch, weil es eben eine Segregation gibt, bei der es heißt: ‚Ja, nach Vaulx-en-Velin kann man mehr Maghrebiner schicken als anderswohin.' "

In Kenntnis dieser rassistischen und sozialräumlichen Diskriminierung wurde auch in der *Mission Locale* versucht, die spezifischen Problemlagen der Jugendlichen von Vaulx-en-Velin *implizit* zu berücksichtigen. So ist die *ML* an sich schon eine spezifische Institution der Stadtpolitik für niedrig qualifizierte und sozialräumlich diskriminierte Jugendliche. Dabei wurde sie von Jugendlichen maghrebinischer Herkunft häufiger als von Jugendlichen anderer Herkunft aufgesucht. Dies ging so weit, dass die starke Präsenz dieser Mehrheitsklientel auf die Jugendlichen nichtmaghrebinischer Herkunft ausgrenzend wirkte. Andere Jugendliche zögerten, diese Institution aufzusuchen. Zur Besonderheit der *ML* meinte eine Mitarbeiterin:

> „Die Gesamtstruktur der *Mission Locale* ist einfach für die Jugendlichen gedacht, die hier in Vaulx-en-Velin leben. Einerseits handelt es sich natürlich um individuelle Gespräche, um individuelles Anhören, um individuelle Motivierung, andererseits ist dabei alles faktisch auf die zweite Generation der Maghrebiner abgestimmt. Somit ist die *Mission Locale* schon von der Struktur her eine spezifische Antwort an diesen Adressatenkreis."

So bemühten sich die Mitarbeiter der *ML* in ihrer Vermittlungsfunktion bei der Suche nach Ausbildungs- und Arbeitsplätzen im Zentrum des städtischen Großraums tabuisierend gegen die Diskriminierungen vorzugehen. Mit dem Ziel der Gleichstellung existierte ein von außen unsichtbares Handeln in dieser Institution, wenn ihre Vertreter gezielt mit denjenigen Betrieben Kontakte aufbauten, die auch Jugendliche nichtfranzösischer Herkunft einstellten. Dieser Einfluss beschränkte sich damit allerdings auf den persönlichen Wirkungskreis der *ML*-Mitarbeiter.

Explizite Maßnahmen positiver Diskriminierung von Jugendlichen mit Migrationshintergrund lehnten sie kategorisch ab. Dies zeigte sich vor allem in der reservierten Haltung gegenüber dem *FAS*, bei dem es am ehesten Reflexionen darüber gab. So waren das republikanische Credo und die Angst vor nicht intendierten Folgen solcher Maßnahmen beim Leiter der *ML* sehr deutlich. Daher ging er sogar so weit, das individuelle Bemühen der Jugendlichen, korrekt zu arbeiten, der Diskriminierung entgegenzuhalten:

> „Ich bekomme keine finanzielle Unterstützung vom *FAS*, weil ich sie nicht will. Wir haben eine Struktur, die jedermann aufnimmt und nicht nur Maghrebiner. Es gibt also keine speziellen Maßnahmen. Wir versuchen jedoch, alles dafür zu tun, dass diese Jugendlichen nicht abgewiesen werden. (…) Natürlich stimmt es, dass die Unternehmen anfangen, mehr und mehr Unterschiede zu machen. Aber es wäre gefährlich, deshalb etwas Spezielles für die Maghrebiner einzurichten. Ich kann mir nicht vorstellen, dass dies die richtige Lösung ist. Ich glaube vielmehr, diese Jugendlichen müssen selbst um Akzeptanz werben, das heißt: Sie sind es, die ihre Haltung ändern müssen. Und zwar indem sie in den Betrieben arbeiten, ihre Ernsthaftigkeit unter Beweis stellen, Betriebe, auf die man ursprünglich etwas Druck ausüben musste, damit sie diese Jugendlichen einstellen. Betriebe, die Vorurteile hatten, die sie nicht nehmen wollten, die aber am Ende sagen: ‚Verdammt nochmal, es war doch richtig!' ".

Diese Personalisierung des Problems änderte nichts an der strukturellen Diskriminierung. So gingen die Akteure in diesem Politikfeld zwar mit wohl begründeter

Tabuisierung gegen die Diskriminierung vor, doch reichte diese republikanisch legitimierte *radikale* Ablehnung positiver Diskriminierung in der Bekämpfung des Problems aus? Selbst in den Reflexionen des *FAS* wurde die Politik der individuellen Gleichstellung nicht *prinzipiell* infrage gestellt.[122]

b) Kooperation mit anderen Akteuren?

Die Aufgaben der *Mission Locale* sind vielfältig. Sie reichen von der beruflichen Eingliederung bis zur Betreuung der Jugendlichen bei Gesundheits- und Wohnungsproblemen. Dabei war die *ML* auf die Kooperation mit anderen Akteuren angewiesen. Trug die politikfeldübergreifende Zusammenarbeit dazu bei, die ernüchternden Resultate der *ML* bei der beruflichen Eingliederung etwas zu verbessern? Zu ihren wichtigsten „Partnern" zählten die schulischen Institutionen, die Ausbildungszentren, die Unternehmen, aber z.B. auch die Jugendgerichtshilfe und die Sozialarbeiter. Räumlich betrachtet konzentrierte sich die *ML* (1) auf die *Kommune mit ihren Stadtvierteln* und (2) den *Ausbildungs- und Arbeitsmarkt* des städtischen Großraums.

1) Da die *Mission Locale* für die gesamte Kommune zuständig ist, orientiert sie sich nicht so sehr am Quartier wie z.B. die Schulen oder die Gemeindezentren. Ihre Mitarbeiter gehen nicht in die Stadtviertel, sondern ermutigen die Jugendlichen, sich von ihrem Territorium aus zu bewegen, um in der Agglomeration eine Arbeit zu suchen. Diese Nichtpräsenz der *ML* im Quartier betraf vor allem den *Mas du Taureau*. Hier hatte sie keine Nebenstelle wie z.B. in der *Grappinière*, hier nahm sie auch weniger als andere Akteure an den Runden Tischen teil.

Die Probleme der Kooperation mit anderen Akteuren lassen sich hinsichtlich des Übergangs von der Schule zur Arbeit im Verhältnis zwischen der *Mission Locale* und dem *CIO* (Informations- und Orientierungszentrum) zeigen. Diese für ganz Vaulx-en-Velin zuständige Beratungsstelle gehört zur staatlichen Schulverwaltung. Ihre Aufgabe besteht u.a. darin, Schulabbrechern eine weitere Orientierung zu geben. Das Beispiel zeigt, wie aus sich überlappenden Kompetenzen zweier Institutionen Konkurrenz entstehen kann, die Zusammenarbeit behindert. Der Auslöser dafür ist die Vergabe von Subventionen. Wo sollten sie fließen: bereits in der

---

122 Inzwischen gibt es in Frankreich eine verstärkte öffentliche Debatte über positive Diskriminierung, die u.a. 2003 von Innenminister Nikolas Sarkozy angeregt worden ist. Das renommierte Institut für Politikwissenschaft *Sciences Po* in Paris praktiziert seit 2001 Zugangsquoten für Schüler aus ZEP-Zonen. Darunter fielen 2004 auch drei Schüler aus Vaulx-en-Velin. Wenn es sich faktisch zumeist um Schüler nichtfranzösischer Herkunft handelt, hängt die Quotierung aber auch hier weiterhin vom sozialräumlichen Kriterium ab.

Schule oder erst bei der Vermittlung von Ausbildungsplätzen? So berichtet der Leiter des *CIO* enttäuscht:

> „Nach zehn Jahren ziehe ich den Schluss, dass man die *Missions Locales* gegründet hat, um einerseits dem Arbeitsamt zu sagen, ,Ihr habt Euren Job nicht gut gemacht', und andererseits auch dem *CIO* mitzuteilen, dass wir nicht zufriedenstellend gearbeitet hätten."

Und er spitzte mit Blick auf die vergebenen Subventionen zu:

> „Man kann in manchen *Missions Locales* die Tendenz erkennen, sich an Jugendliche zu wenden, die aus dem Schulsystem herausgefallen oder noch nicht einmal ganz draußen sind. Jemand, der in der 12. Klasse die Lust verspürt, das Gymnasium zu verlassen, ist ein ausgezeichneter Klient. Denn wenn man ihm ein Praktikum vermittelt, wird er es gut absolvieren und danach Chancen auf einen Arbeitsplatz haben. Vor kurzem sagte mir sogar ein Mitarbeiter einer anderen *Mission Locale*: ,Das Problem, vor dem wir stehen, das sind die Jugendlichen, die wirklich ausgegrenzt sind, das niedrigste Niveau. Wer wird sich um sie kümmern?' Das ist ja schon paradox, da die *Missions Locales* doch für diesen Zweck gegründet wurden. Das sind die Widersprüche und die Dynamiken des Systems."

Dieses Beispiel verdeutlicht die Konkurrenz im Wettlauf um Subventionen, vor allem dann, wenn sich verschiedene Politikbereiche berührten. Es zeigt auch den Kampf der Akteure um die Bewahrung ihrer beruflichen Identität und ihrer Legitimation. Während sich daher das Verhältnis zwischen dem *CIO* und der *ML* schwierig gestaltete, gelang es der *ML* in ihrem eigenen Bereich der beruflichen Eingliederung mit „Partnern" zusammenzuarbeiten. Dazu zählten die Ausbildungszentren und die anderen Organisationen des *Dritten Sektors* wie die *Régie de quartier* im Stadtviertel *La Thibaude*.

Das Ziel dieses Wohnviertelunternehmens lag darin, die dort lebenden Jugendlichen und Langzeitarbeitslosen zu einer Arbeit und neuem Selbstbewusstsein zu führen. Über Baurenovierung sollten sie selbst die Wohnqualität ihres Quartiers verbessern. Davon profitierten auch die Wohnungsgesellschaften. Denn diese Maßnahme wirkte der weiteren Entwertung des Viertels entgegen, sicherte die Mieten und ermöglichte, im Vergleich zu teureren Arbeitern von Renovierungs- und Reinigungsfirmen über billige Arbeitskräfte zu verfügen. Für dieses Projekt wurden in Kooperation mit der *ML* die marginalisiertesten Jugendlichen ausgesucht.

In diesem problembelasteten Stadtviertel kam die *ML* in Zusammenarbeit mit Sozialarbeitern und Angestellten der Jugendgerichtshilfe ihrem Auftrag nach. Die Jugendlichen wurden in ihrer gesamten Persönlichkeit betreut. Dazu zählte Arbeitsbeschaffung, Bekämpfung von Delinquenz und Drogenkonsum, Gesundheitsfürsorge und Wohnungssuche. Während somit in den Stadtvierteln *La Grappinière* und *La Thibaude* die *ML* „vor Ort" anwesend war und ein gewisses politikfeldübergreifendes *partenariat* entstand, konnte im *Mas du Taureau* davon nicht die Rede sein. Doch selbst in solch positiven Fällen stießen die angestrebten Synergieeffekte angesichts korporatistischer Reflexe und knapper Verteilungsspielräume, die den Wettlauf um Projektideen und damit Subventionen verschärften, an ihre *politisch-institutionellen* Grenzen.

2) Sie stießen aber noch mehr an *ökonomische Grenzen*. Symbolisch wurde dies dadurch deutlich, dass die zum Verwaltungsrat der *ML* gehörenden Unternehmen und Gewerkschaften bei dessen Sitzungen durch Abwesenheit glänzten. Der Arbeitsmarkt ist der neuralgische Punkt der Stadtpolitik. Daher hatte die *ML* im Laufe der Zeit ein Netz von Kontakten mit Ausbildungszentren sowie Unternehmen in Vaulx-en-Velin und im städtischen Großraum geknüpft, über die es gelegentlich Möglichkeiten der Arbeitsbeschaffung für Jugendliche gab. Zu den Erfolgsprojekten zählte ein Vertrag mit dem staatlichen Stromunternehmen *EDF*. Jugendliche aus Vaulx-en-Velin lasen den Zählerstand in den Haushalten der Vorstädte ab und wurden nach einer Ausbildungsphase sowie einer Probezeit übernommen. Doch gab es nur wenige solcher gelungener Projekte, die bis zur Anstellung führten.

Denn insgesamt fehlte trotz der komplexen Handlungssysteme der Stadtpolitik und trotz der informellen Beziehungen das entsprechende Arbeitsplatzangebot der Unternehmen. Auch die *zones franches* (Freihandelszonen), in denen die Unternehmen von den Steuer- und Sozialabgaben befreit sind, konnten im Laufe der 90er Jahre nur wenig daran ändern.[123] So stellen die Einwohner der *banlieue* mit billiger Lohnarbeit und Dienstleistungen weiterhin die Reservearmee für den zweiten Arbeitsmarkt. Ein zentrales Problem für eine abgestimmte Beschäftigungspolitik im Großraum Lyon ist dabei der fragmentierte Arbeitsmarkt, der vor allem im Niedriglohnsektor über mehrere Kommunen verstreut liegt. Um zu einer Abstimmung zwischen einerseits diesen verstreut liegenden Qualifikationen in den einzelnen Kommunen und andererseits dem Bedarf der Unternehmen zu kommen, wurde im *Est Lyonnais* eine „Koordinationszone" errichtet. An ihr beteiligten sich die in dieser Zone liegenden *Missions Locales*. Sie versuchten, untereinander Jugendliche an entsprechende Unternehmen zu vermitteln, die gerade ein bestimmtes Ausbildungsprofil suchten. Nun hatte die *ML* von Vaulx-en-Velin bisher ein eigenes Netz von Kontakten geknüpft, die aus den persönlichen Initiativen des Leiters resultierten. Es fiel ihr schwer, sich auf die neuen Kooperationsstrukturen einzulassen. Die Koordinatorin der Zone meinte:

---

123 Vgl. dazu: Lahsen Abdelmalki/Philippe Fournand/Dominique Gaudron (1997): Chaillon manquant, maillon faible. Diversification économique comme vecteur de régénération des quartiers d'habitat social, Rapport dans le cadre du contrat de plan Etat-Région Rhône-Alpes. Lyon.

„Vaulx-en-Velin ist eine etwas geschlossene Welt."

Angesichts der skizzierten relativen Erfolglosigkeit der *Mission Locale* waren die Jugendlichen auf sich selbst angewiesen. Sie lösten sich zum Teil von der sie betreuenden Institution und versuchten, ihre „verlorene Zeit" durch eigene Initiativen wiedereinzuholen. Welche Rolle spielten dabei die Vereine? Gab es nun zwischen ihnen und den Institutionen der beruflichen Eingliederung eine Kooperation?

c)   Die Vereine: zwischen Kooperation und ökonomischer Selbstorganisation

Für die Zusammenarbeit mit den Vereinen können die Aktivitäten von *AJAG* und *Agora* betrachtet werden. *AJAG* war über K. mit dem Gemeindezentrum im Stadtviertel *La Grappinière* verbunden, wo es die Nebenstelle der *Mission Locale* gab. Im Sommer 1992 startete der Verein ein Projekt. Die arbeitslosen Jugendlichen des Stadtviertels sollten sich bei Renovierungsarbeiten in der *Grappinière* mit dem Ziel ihrer beruflichen Eingliederung beteiligen. *AJAG* wollte die Jugendlichen durch regelmäßigen Arbeitsrhythmus auf der Baustelle zur Selbstverantwortung führen. Dabei knüpfte der Verein Kontakte mit einem Ausbildungszentrum, der Wohnungsgesellschaft, der Stadtverwaltung sowie der mit dem Gemeindezentrum zusammenarbeitenden *Mission Locale*. Doch gab es zu Beginn große Schwierigkeiten. Die institutionellen Akteure nahmen das Projekt nicht ernst. Zudem entstand Konkurrenz zwischen *AJAG* und dem Gemeindezentrum bzw. der *ML*. Wer sollte das Projekt leiten? Wer sollte die Vermittlungsarbeit zwischen den Jugendlichen und der von der Wohnungsgesellschaft beauftragten Baufirma leisten? Zwar gelang es *AJAG* schließlich, den Vertrag mit der Wohnungsgesellschaft abzuschließen. Die Renovierung des Stadtviertels wurde sogar als Paradeprojekt gelungener Initiative der Jugendlichen in einer Hochglanzbroschüre von Vaulx-en-Velin präsentiert. Doch führte der Ablauf des Projekts zu großen Widerständen für den Verein, wie K. schildert:

> „Es hat Projekte gegeben. Ich rede zum Beispiel von meinem, mit dem im Stadtteil eine wirtschaftliche Eingliederungsstruktur ins Leben gerufen werden sollte. Wir haben versucht, zu erneuern, einwohnernahe Dienstleistungsbetriebe zu schaffen. Doch wir sind auf Mauern gestoßen. Wenn du das Wirtschaftliche berührst, dann kriegst du Probleme. Und alles, was da ist, was von einer Gruppe von Einwohnern geschaffen wurde, kein Problem, solange du es nicht selbst kontrollierst. Denn es gibt in dieser Stadt einen ganz speziellen Stil. Anstatt die Kreativität der Jugendlichen zu fördern – es ist wirklich so, man hält große Reden, um die Kreativität in den Stadtteilen zu fördern – aber gleichzeitig muss man ein Minimum an Kontrolle darüber haben. Man zwingt uns also zum obligatorischen Gang durch Strukturen, die von der Stadtverwaltung geschaffen wurden, oder durch Institutio-

nen, aber nicht als Partner. Man muss immer unter der Oberaufsicht einer Organisation stehen. Und das ist ein wenig das Problem. Dir sind die Hände gebunden. Aber die Leute beginnen mehr und mehr, sich von dieser Abhängigkeitsspirale zu lösen, von dem Sozialen und all das. Ich habe einen Kumpel, der zu mir sagte: ‚An dem Tag, an dem mein Sohn eine Unterstützung beantragt, um in die Ferien fahren zu können, drehe ich ihm den Hals um. Denn als ich ein Junge war, da hab' ich meinen Rucksack genommen und bin abgehauen.'"

Wenn das Projekt von *AJAG* noch in enger Zusammenarbeit mit den Institutionen lief, waren die ökonomischen Aktivitäten bei *Agora* eigenständiger und informeller. So gab es im Verein eine kleine Beratungsstelle für arbeitssuchende Jugendliche. Im Jahr 1995 erwog *Agora* sogar, im *Mas du Taureau* selbst eine *Régie de quartier* zu gründen (Chabanet 1997, 369/370). Auch wenn diese Initiativen die ökonomische Situation der Jugendlichen nicht wesentlich veränderten, hatten sie doch hohen symbolischen Wert. Dies zeigte sich darin, dass es zu einem latenten Konflikt mit der *Mission Locale* kam. Denn durch die Eigeninitiativen des Vereins wurden die alleinige Vermittlungsfunktion dieser Institution sowie deren kategorische Ablehnung positiver Diskriminierung infragegestellt. Wenn *Agora* wie im Konflikt mit dem Gemeindezentrum beanspruchte, es besser zu machen als die Institution, hielt die *ML* dem Verein entgegen, dass er keine professionelle Kompetenz besäße und nach beliebigen Kriterien Jobs und Praktika vermitteln würde. Der Gleichheitsanspruch in der Vermittlung sei nicht mehr gewährt. Zudem könne es ohne Kontrolle durch die Institution in der unmittelbaren Verbindung mit Arbeitgebern zu Schwarzarbeit kommen. Dabei würde auch die ethnische Herkunft bei der Vermittlung eine Rolle spielen. Zu dieser Tendenz ökonomischer Selbstorganisation in den Stadtvierteln meinte ein Mitarbeiter der *ML*:

„Zur Zeit entwickelt sich die Tendenz, seinen Verein jeweils im eigenen Viertel zu gründen, in seinem Viertel zu arbeiten und sich nicht mehr zu rühren. Das ist gefährlich. Wenn wir auf Autonomie pochen, so heißt das auch abhauen, auch in St. Priest oder in Vénissieux arbeiten. Wenn wir nur auf Stadtviertelbasis arbeiten, werden wir es nie schaffen. Die Leute werden sich in ihrem Viertel abschließen. Ich finde das sehr schlecht. Man muss auf Stadtbasis arbeiten und über die Stadtgrenzen hinaus. Deshalb argumentiere ich auf der Grundlage des gesamten östlichen Teils der Agglomeration."

Diese Tendenz stieß nicht nur in der *ML* sondern bei vielen institutionellen Akteuren in Vaulx-en-Velin auf Kritik. Sie betraf vor allem zwei Punkte: Erstens wurde wie von der *ML* der Vorwurf erhoben, dass bei Aktionen von *AJAG* oder *Agora* nicht die Gesamtheit der Jugendlichen repräsentiert würde, was dem universalistischen Gleichheitsanspruch der Institutionen widerspräche und zur Teilkontrolle der Jugendlichen über einzelne Stadtviertel führen könne. Zweitens seien solche Aktivitäten – der Struktur der Vereine entsprechend – oft nur von kurzer Lebensdauer. Es fehle die Stabilität. Auf diese Weise könnten keine längerfristigen Projekte aufgebaut werden.

Das Dilemma der Gemeinschaftsbildung trat klar hervor: Einerseits förderte diese Selbstorganisation die erwünschte Kreativität der Jugendlichen, die sich um ihre Probleme kümmerten. Andererseits bestand die Gefahr eines Souveränitätsverlustes der Institutionen, allerdings gab es hier unterschiedliche Einschätzungen. Während einige Vertreter der „Straßenbürokratie" die kooperative Seite der Vereinsinitiativen sahen, grassierte bei anderen wie z.B. dem Leiter der *ML* die Angst, dass sich die „Parallellogik" im Stadtviertel verstetigen könne. So liegt ein Widerspruch der französischen Stadtpolitik darin, dass einerseits in den Programmen die Eigeninitiative gepriesen wird. Wenn sie dann aber tatsächlich entsteht, kommt es in den Institutionen zu Blockaden, was wiederum die Kooperation erschwert.

6.2.2 Soziale Integration durch Synergieeffekte?

Die Stadtpolitik erhebt den Anspruch, entgegen der bisherigen „vertikalen" und politikfeldbezogenen Intervention des Staates „horizontale", politikfeldübergreifende Strukturen auszubilden, damit die erhofften Synergieeffekte in der Implementation der Programme entstehen (vgl. Abb. 10 und 11). Die Mitarbeit der Vereine wird dabei als konstitutiver Teil des Systems gesehen. Wurde in Vaulx-en-Velin eine solche Kooperation (1) auf der untersten administrativen Ebene erreicht? Wie verhielt es sich (2) auf der höheren Ebene der Institutionen? Hier ging es weniger um die berufliche, korporative Identität der jeweiligen politikfeldbezogenen Akteure. Vielmehr standen die Interessen der einzelnen Gebietskörperschaften im Mittelpunkt. Dabei waren die „Projektleiter" das zentrale Verbindungsglied zwischen legitimierender Regierung und implementierender Verwaltung.

1) Für die *„Straßenbürokratie"* ist am Beispiel der *Mission Locale* innerhalb eines *einzigen* Politikfeldes deutlich geworden, wie vernetztes Handeln entstehen kann bzw. verhindert wird. Für die Ausbildung von Synergieeffekten *zwischen* den Politikfeldern waren die Runden Tische gegründet worden. In jedem Quartier funktionierten sie anders.

So war die Kooperation der Akteure im kleinen, überschaubaren Stadtviertel *La Grappinière* relativ gut. Sie resultierte aus vielen Erfahrungen und gereiften Strukturen der Zusammenarbeit, in denen das *Centre social* den Mittelpunkt der Kommunikation darstellte. Allerdings hatten, wie es die Sozialarbeiterinnen des Sozialmedizinischen Zentrums betonten, die Runden Tische nicht viel Neues gebracht. Die Akteure kannten sich schon, sie tauschten nur etwas häufiger Informationen aus. Dagegen schienen die Runden Tische im Stadtviertel *La Thibaude* für einen gewissen Elan zu sorgen. Dieses in der *ZUP II* gelegene Quartier galt als das sozial am meisten belastete. Im *Mas du Taureau* gestaltete sich der *partenariat* schließlich am schwierigsten. Dies ergab sich u.a. aus der spezifischen Geschichte dieses Quartiers, die in die Krise des *Centre social* führte. So spitzten sich im *Mas du Taureau* die folgenden Gründe für den relativen Misserfolg der politikfeldübergreifenden Kooperation zu. In ihrer Grundproblematik betrafen sie aber alle Quartiere von Vaulx-en-Velin.

Der wichtigste Grund für entstehende Blockaden dürfte im Kern der Stadtpolitik liegen, d.h. in der *Legitimation* der Akteure für erhaltene Subventionen. Diese Legitimation erfordert Resultate, welche die Akteure mit dem Ziel des Erfolges und der Anerkennung jeweils einzeln zu erreichen versuchen. So meinte der Kommunikationsbeauftragte und Leiter der Runden Tische:

> „Die Leute sind da, aber sie arbeiten nicht wirklich zusammen. Das heißt, was mich betrifft, ich mach' dies. Gut, es gibt auch andere Erfahrungen, aber im Allgemeinen ist es so. Außerdem wird diese Geschichte des *partenariat* total unmoralisch, weil es zu einem der Kriterien für die Kreditzuweisungen der *DSQ*-Politik geworden ist. Es ist jetzt klar festgelegt, dass man Folgendes haben muss, um einen *DSQ*-Kredit zu bekommen: nämlich eine Partnerschaft. Der übliche Trick. Gut, dann steht da geschrieben: ‚Ich arbeite mit diesem oder jenem zusammen.' Aber wenn man sich so ein Projekt genau anschaut, sieht man häufig, dass ein Partner die Führung in die Hand nimmt und sie behalten will. Er legt alles darauf an, er besucht ab und zu seine Nachbarn, insbesondere wenn er Geld braucht, er ist der Hauptträger des Projektes, wie ein Sonnenkönig, der seinen Nachbarn ein paar Krümel lässt."

Die Jagd nach Subventionen und Projekten förderte die Konkurrenz. Angesichts der Mittelknappheit, des negativen Bildes von Vaulx-en-Velin sowie insbesondere des *Mas du Taureau* nach den Jugendunruhen prägt sie auch die *Arbeitsweise*. Da diese Stadt seit Jahren als Paradebeispiel der Stadtpolitik gilt, musste nach Ansicht des Kommunikationsbeauftragten die Zuweisung öffentlicher Mittel umso mehr legitimiert werden:

> „Es ist schwierig, mit den anderen zusammenzuarbeiten. Wir haben ein Problem in diesem Typ von Stadtviertel: Jeder arbeitet unter Zeitdruck. Und er bringt sich auch noch selbst in diese Lage. Selbst wenn es nicht unbedingt erforderlich ist, arbeitet man, als ob man unter Zeitdruck stünde. Man muss also möglichst schnell und gut handeln, und mit diesem Hintergrund ist es besser, allein zu handeln. Es ist besser, alles ganz allein zu machen, weil man den Eindruck hat, weniger Zeit zu verlieren, als wenn man mit den anderen Kontakt aufnimmt. Und es stimmt, dass der Kontakt mit den anderen Zeit frisst. Das ist verlorene Energie. Man muss die anderen überzeugen, man muss verhandeln, Zugeständnisse machen. Und je mehr Partner es sind, desto schwieriger wird die Zusammenarbeit. Im *Mas du Taureau* hat es überhaupt noch nie eine Zusammenarbeit gegeben. Die Straßenzüge von *Les Noirettes* zum Beispiel bezeugen es. Zusammenarbeit gibt es hier nicht. Meiner Meinung nach existiert das überhaupt nicht, weil jeder auf seiner Parzelle sitzt, mit seinem kleinen Stück Kompetenz, und die gleiche Arbeit wie der Nachbar machen wird. Es stört auch niemanden, na ja."

Die Kooperation zwischen den Akteuren erforderte nicht nur, den Erfolg zu teilen und Zeit für gemeinsame Projekte zu investieren, sondern auch – wie das Verhältnis zwischen dem *CIO* und der *Mission Locale* zeigte – die Bereitschaft, das eigene *berufliche Selbstverständnis* bei gemeinsamen Projekten in Frage zu stellen. So verhinderten nach Einschätzung des Kommunikationsbeauftragten auch korporatistische Reflexe die politikfeldübergreifende Zusammenarbeit:

> „Da gibt es also welche, die sagen: ‚Gut ich nehme den ökonomischen Bereich, ich das Unterrichtswesen, ich dies, ich jenes.' Jeder versucht, seinen Anteil am Kuchen, das heißt seine Verewigung zu sichern. Auch deshalb ist die Öffnung zu den anderen und zur Zusammenarbeit schwierig. Denn es bedeutet, sich ständig in Frage zu stellen, mit seinem Nachbarn zusammenzuarbeiten. Und vielleicht seine mangelnde Kohärenz im Handeln offen zu legen, seine mangelnden Fähigkeiten oder manchmal sogar seine Inkompetenz. Es heißt also, sich völlig bloßzustellen. Mit den anderen zusammenzuarbeiten, das ist schwierig. Es stimmt schon, dass es für eine Institution stets einfacher ist, allein zu arbeiten und dann zu sagen: ‚Das habe ich gemacht und es ist gut.' "

Welcher Stellenwert kam nun schließlich den *Vereinen* zu? Ihre Enttäuschung war groß, selbst dort, wo wie im Stadtviertel *La Grappinière* die Runden Tische gut funktionierten. Die Vereine hatten, wie im Fall von *AJAG* gezeigt, bereits aus ihrer politikfeldspezifischen Erfahrung heraus das Gefühl, sozial kontrolliert anstatt gleichwertig bei der projektbezogenen Zusammenarbeit behandelt zu werden. So meinte K.:

> „Ich stelle mir einige Fragen. Wenn man die Kriminalität und das Drogenproblem aus dieser Stadt vertreiben wollte, wäre es möglich. Problemlos. Auf einem Territorium ein gewisses Sicherheitsklima aufrechtzuerhalten, warum nicht? Doch alles sagt mir, wer die Macht besitzt, hat es immerhin leichter. (...) Es wäre schlichtweg einfacher für sie, herzukommen und zu sagen: ‚So, wir sind hier. Wir wollen eine Partnerschaft.' Aber nicht eine Partnerschaft, wie sie es vor kurzem gemacht haben und wie sie es immer tun, um ein Fußballturnier oder das Musikfest im Viertel zu organisieren. Nein, eine echte Partnerschaft."

Im *Mas du Taureau* herrschte noch größeres Misstrauen. Da *Agora* nach seiner Selbstwahrnehmung in keiner einzigen Institution als wirklicher Partner anerkannt wurde, war es bei den Runden Tischen noch schwieriger. Für P. gab es entgegen aller Bekundungen kein *partenariat*. Enttäuscht kommentiert er:

> „Seit zehn Jahren hat keiner etwas dazugelernt, obwohl die Dinge sich ja, wenn auch langsam, weiterentwickeln. Keiner hat gelernt, seine Rolle wahrzunehmen, seinen Einflussbereich abzustecken, geschweige denn mit dem anderen zusammenzuarbeiten. Das gibt es nicht. Es gibt keine Partnerschaft. Jeder handelt so wie er es für richtig hält. Mit der Macht, die ihm gehört. Er entscheidet selbst, je nach seiner Macht, was für ihn gut ist und was nicht. Ich kann zwanzig Institutionen nennen, die auf ein und derselben Stelle arbeiten. Es gibt keine einzige, die mit einer anderen kooperiert. Sie arbeiten alle für sich, jede nach ihrer eigenen Auffassung. Der *FAS* hat die eine Priorität, die Stadtverwaltung setzt eine

andere fest, der Staat noch eine andere, auf der Ebene des Departements wird jenes überlegt, usw."

So nahm *Agora* nur am Anfang an Runden Tischen teil, vor allem an denjenigen, die das Gemeindezentrum, die Entscheidung um den Ort der *Régie de quartier* und die Stadtteilforen zum Thema hatten. Der Verein zog es vor, mit den Akteuren der *einzelnen* Politikfelder in Kontakt zu treten und griff diese drei Themen auf. So übernahm *Agora* paradoxerweise das korporatistische Verhalten der Institutionen. Denn auch die Vereine betonten, es besser als „die anderen" zu machen. Wie die Institutionen konkurrierten sie zudem untereinander in der Jagd um Projekte, die Subventionen einbrachten. Dieses imitierte Verhalten ging so weit, dass selbst die Idee der Stadtpolitik übernommen wurde, in allen Politikfeldern gleichzeitig zu arbeiten, um eine ortsbezogene Integration zu erreichen. Allerdings – und das war neu – zog der Verein gleichzeitig informell seine Fäden in einem *eigenen* Netz der Zusammenarbeit. So kann diese Gemeinschaftsbildung hier als eine spezifische Form des Korporatismus betrachtet werden. Waren solche korporatistischen Reflexe, die mit entsprechender sozialer Kontrolle nach innen einhergingen, auch auf der höheren Ebene der die Stadtpolitik legitimierenden und implementierenden Institutionen zu finden?

2) Jede Gebietskörperschaft kann als Korporation mit spezifischen Aufgaben und Interessen verstanden werden. Die Zusammenarbeit zwischen den Institutionen war auch auf oberer Ebene keine Selbstverständlichkeit. In der *Implementationsgruppe* (vgl. Abb. 10) vertraten die vier zwischen Regierung und Verwaltung stehenden *chefs de projet* jeweils die Interessen der Kommune, des Stadtverbundes, des Departements und des Staates. Konflikte gab es dabei in verschiedenen Hoheitsbereichen. Sie traten, wie gezeigt, zwischen der Kommune und dem Departement in der Sozial- und Jugendpolitik auf, aber auch zwischen der Kommune und der *Courly* in der in Kap. 4.2.1 skizzierten Wohnungs- und Verkehrspolitik. Probleme gab es schließlich zwischen der Kommune und dem Staat bei der Initiativfunktion der Stadtpolitik. Die Kommune stand hier vor einer Herausforderung, da sie sich *nach außen* öffnen musste, wie z.B. die Intervention des *FAS* zeigte. Dieses Problem französischer Kommunalpolitik war in der kommunistischen Stadtverwaltung von Vaulx-en-Velin besonders groß. Es ist z.B. in der mangelnden Bereitschaft der *Mission Locale* zur Kooperation innerhalb des städtischen Großraums deutlich geworden. Das hinsichtlich der Stadtpolitik herrschende Verhältnis zwischen Vaulx-en-Velin einerseits und dem Staat bzw. den anderen Gebietskörperschaften andererseits analysierte ein Verantwortlicher aus der Präfektur folgendermaßen. Er betonte zunächst die Besonderheit von Vaulx-en-Velin und die Rolle des Bürgermeisters:

> „Die Besonderheit von Vaulx-en-Velin im Vergleich zu den anderen Kommunen des *Est Lyonnais* besteht darin, dass es bei der Stadtpolitik ein vom Bürgermeister getragenes Projekt gibt, das, sagen wir, ein politisches Projekt für die gesamte Kommune ist. In den anderen Kommunen ist die Stadtpolitik für die Bürgermeister zwar auch wichtig, stellt aber nicht eine Priorität dar. In Vaulx-en-Velin betrifft sie fast die gesamte Kommune, vielleicht 80% von ihr! Dagegen macht die ZUP von Vénissieux nur 30% der Kommune aus, nicht mehr, und in St. Priest sind es nur noch 20%. (...) Und was in Vaulx-en-Velin angenehm ist, die Anwesenheit des Bürgermeisters. Er geht in die Stadtviertel, trifft die Leute. Schließlich stellt er nicht alles in eine unverrückbare parteipolitische Position. Es gibt auch das übergeordnete Interesse der Kommune. Und deswegen sind wir, der Staat, etwa auf gleicher Wellenlänge. (...) Und da uns die Probleme von Vaulx-en-Velin schon lange beschäftigen, haben sich die Leute daran gewöhnt, zu kooperieren. Wir arbeiten viel mit den Wohnungsgesellschaften, es gibt stadtteilbezogene Sitzungen, zu denen die staatlichen Beamten hingehen. Und da sich der Bürgermeister das alles zu Herzen nimmt, da er sehr anwesend ist, sind die Dezernate der Stadt zur Frage der Ausgrenzung gut mobilisiert."

Obwohl der Bürgermeister von Vaulx-en-Velin gegenüber der staatlich initiierten Stadtpolitik bis Mitte der 90er Jahre skeptisch war, schien es auf oberer Ebene eine effektive Zusammenarbeit zu geben, die letztendlich aus dem Problemdruck der Segregation entstand. Doch blieb die Kontrollfunktion der Kommune erhalten, wie der Verantwortliche aus der Präfektur kritisch hinzufügte:

> „Die Dezernate der Stadt bleiben trotzdem etwas verschlossen, selbst wenn der Bürgermeister versucht, sie zu öffnen. Dies ist übrigens ein Problem, das man ein wenig in allen Städten findet. In Vaulx-en-Velin ist es dennoch der Bürgermeister, dem durch seine starke Persönlichkeit die Synthese gelingt. Aber es gibt unter ihm Dezernate, die auch für sich in ihrer eigenen Ecke arbeiten."

Diese Funktionsweise resultierte u.a. daraus, dass im lokalen politischen System von Vaulx-en-Velin wie erwähnt noch einige Honoratioren einen starken Einfluss ausübten. Der Bürgermeister hat im Laufe der 90er Jahre versucht, diese alten Strukturen zu reformieren. Allerdings strebt auch er im Konzert der Stadtpolitik weiterhin nach uneingeschränkter Kontrolle des kommunalen Hoheitsgebietes. Sie sollte durch eine enge Anbindung der für die Stadtpolitik zuständigen kommunalen *Projektleiterin* an die Verwaltung von Vaulx-en-Velin gewährleistet bleiben. Darauf wies auch der Verantwortliche aus der Präfektur hin:

> „Gut, es gibt natürlich auch einige negative Punkte. Vor allem die Rolle der kommunalen Projektleiterin, die nicht unabhängig genug von der Struktur der Stadtdezernate ist. Das ist der Punkt, den ich am stärksten hervorheben würde."

Die Distanz zwischen Stadtpolitik und Kommune zeigte sich auch in anderer Weise. Angesichts der kommunalen Kontrolle versuchten Vereine wie *Agora*, einen direkten Zugang zu den oberen Entscheidungsgremien und den Krediten der Stadtpolitik zu erhalten. So wurden sie sogar vom staatlich ernannten Vertreter der Stadtpolitik in der Region hofiert, wenn es um Reflexionen zum Stadtviertel und die

Finanzierung von Projekten ging. Dies war besonders nach den Jugendunruhen der Fall. Auch zu den Gremien des *FAS* erhielten die Vereine einen Zugang. Zu den bevorzugten Ansprechpartnern des *FAS* zählte zu diesem Zeitpunkt *Agora*. So berichtet der Kommunikationsbeauftragte von Vaulx-en-Velin, dessen Stelle nicht von der Kommune sondern aus Mitteln der Stadtpolitik finanziert wurde:

> „Der *FAS* funktioniert autonom. Er hat seine Brückenköpfe, Vereine, mit denen er sehr privilegierte Beziehungen pflegt. Er finanziert sie. *Agora* ist ein Baby des *FAS*, der typische Vorstadtverein, der Erfolg vorzuweisen hat."

So schien der Verein mit den nichtkommunalen Institutionen besser kooperieren zu können. Dies änderte sich aber 1994, als die neue Delegierte des *FAS* eingesetzt wurde. *Agora* war nun in seinem Kampf um Anerkennung isoliert. Während der Verein es im Bereich der sozialen Integration mit dem *FAS* und anderen nichtkommunalen Gebietskörperschaften zu tun hatte, war die politische Integration eine kommunale Angelegenheit.

6.3 Das Angebot politischer Integration: Teilhabe als Individuum oder als Gruppe?

Die politische Integration bezieht sich zum einen auf den großstädtischen Kontext, zum anderen auf das lokale politische System von Vaulx-en-Velin. Während es bei der *Stadtgesellschaft* der Agglomeration um ein „horizontales" Zentrum-Peripherie-Verhältnis großstädtischer Demokratie im Verhältnis von *Kernstadt* und *Vorstadtkommune* geht, in dem sich die Bürgermeister und Stadträte der armen Kommunen *nach außen* zum Anwalt ihrer sozial benachteiligten Bevölkerung machen können (vgl. 4.2.1.3), steht in Bezug auf die *kommunale Demokratie* noch immer das „vertikale" Verhältnis zwischen *Bürger* und *lokalem Staat* im Mittelpunkt. Gibt es dabei in Vaulx-en-Velin *nach innen* eine lokale Demokratie?

Die Stadtregierung zählt wie ihre Verwaltung zu den Akteuren der Stadtpolitik. Sie unterliegt aber einer anderen Handlungslogik. Denn während die Verwaltung funktional und längerfristig die politischen Programme implementiert, wollen Bürgermeister und Stadträte nach jeder Legislaturperiode wiedergewählt werden. So stehen hier die politische Herrschaft und Repräsentation sowie die in der kommunalpolitischen Öffentlichkeit debattierten politischen Werte und Überzeugungen im Mittelpunkt.

Um die dafür notwendige lokale Demokratie zu fördern, soll im Zuge der Stadtpolitik das lokale politische System geöffnet werden. Dies läuft aber den alten klientelistischen Gewohnheiten des Bürgermeisters bzw. vor allem der Gemeinderäte entgegen. Wurde diese Öffnung nur durch die *von außen* kommenden staatlichen Maßnahmen initiiert oder war sie auch von der Stadtregierung gewollt? Im Folgenden sollen mit Blick auf die Jugendlichen maghrebinischer Herkunft drei Formen politischer Partizipation vorgestellt werden. *Erstens* geht es um Teilhabe durch Integration ins politisch-administrative System, denn auch in Vaulx-en-Velin ist wie bereits angedeutet eine lokale *beurgeoisie* entstanden. Sie hat in der kommunalen Politik und Verwaltung sowie in den von der Stadt aufgebauten Vereinen ihren Platz gefunden (6.3.1).

Die *émeutes* von 1990 zeigten jedoch, dass sich die Jugendlichen von Vaulx-en-Velin durch diese *beurgeoisie* und durch Wahlen nicht repräsentiert fühlen. Die in den Institutionen mitarbeitenden *beurs* wurden als Handlanger des lokalen Staates gesehen. Die Jugendlichen äußerten ihren Unmut dagegen in Rückzug bzw. in spontaner Gewalt. Daher sollte nach den *émeutes* alles dafür getan werden, die Kommunikation zwischen ihnen und den Institutionen wieder herzustellen. So wird *zweitens* am Beispiel der *conseils de quartier* (Stadtteilforen) auf die stadtviertelnahen Beteiligungsformen eingegangen (6.3.2).

Wie das Beispiel *Agora* zeigt, assoziierten sich die Jugendlichen aber auch zu Vereinen. So soll *drittens* die politische Dimension dieser Gemeinschaftsbildung aufgezeigt werden. Die Vereine konnten zur kommunalen Gegenmacht werden, wenn sie wie *Agora* in Vaulx-en-Velin öffentliche Forderungen stellten, die zur Politisierung des Anerkennungskonfliktes führten (6.3.3).

Um Vereinsbildung und Konfliktproblematik vergleichend betrachten zu können, wird schließlich ein Ausflug in die Nachbarkommunen des städtischen Großraums beschrieben. In den Vorstädten Rilleux-la-Pape und Vénissieux lassen sich Gemeinschaftsbildung und Anerkennungskonflikte im Verhältnis zwischen islamischen Vereinen und lokalem Staat analysieren (6.3.4).

6.3.1   Integration ins politisch-administrative System: die lokale beurgeoisie

Die Aktivisten der *beurs*-Bewegung wurden in kommunalen Institutionen wie dem *Service jeunesse* oder wie K. im Gemeindezentrum eingestellt. Vaulx-en-Velin war zudem eine der wenigen Kommunen im Stadtverbund, in deren Gemeinderat bereits 1989 mit H. eine Französin maghrebinischer Herkunft gewählt worden war. Das Interesse der Stadtverwaltung lag darin, die Kompetenz und die Milieukenntnisse dieser *beurs* dazu zu nutzen, sie zu Vermittlern zwischen der Bevölkerung und den Institutionen zu machen. Diese jungen Vermittler sahen dagegen die Chance, sich finanziell abzusichern, einen sozialen Status zu erreichen und eine berufliche sowie auch politische Karriere einzuschlagen. Damit arbeiteten sie aber in denjenigen Institutionen, die sie zuvor kritisierten. Daher hatten viele von ihnen ein „schlechtes Gewissen". So äußerte sich S., der Leiter des *Centre régional multiculturel*, folgendermaßen:

> „Es stimmt, dass die Jugendlichen aus den Stadtvierteln, die sich regten und Forderungen stellten, mich am Anfang, als ich als Animateur im *Service jeunesse* zu arbeiten begann, als einen sahen, der sich von der Stadtverwaltung kaufen ließ. Sie hörten nicht damit auf, mich daran zu erinnern, dass ich wie sie war und dass ich diesen Posten nur dank ihrer Aktionen bekommen hätte. Es war fürchterlich, sie freuten sich für mich, weil ich doch einen Job gefunden hatte, gleichzeitig aber waren sie mir gegenüber ständig misstrauisch eingestellt, als ob ich da wäre, um sie zugunsten der Stadtverwaltung zu manipulieren. Wo ich doch sicher bin, dass keiner unter ihnen eine ähnliche Gelegenheit abgelehnt hätte. Doch allmählich haben sie sich beruhigt, denn sie stellten fest, dass ich nützlich sein könnte, um gewisse Projekte voranzubringen, und dass ich ihnen dabei helfen könnte, Stadträte zu erreichen und eine Art Gegenmacht aufzubauen. Seit einiger Zeit existiert zwischen uns eine stillschweigende Übereinkunft: Ich bin ihnen dabei behilflich, Projekte auszuarbeiten und durchzubringen und sie legitimieren mich ihrerseits durch meine privilegierten Beziehungen, die ich zu ihren Gunsten gegenüber der Stadtverwaltung und den Stadträten geltend mache." (zit. nach Jazouli 1992, 96/97)

Das „schlechte Gewissen" wurde somit von manchen Jugendlichen aus den Stadtvierteln dazu benutzt, sich im Kontakt mit den neuen Eliten aus den eigenen Reihen Vorteile zu erwerben. Dadurch konnten andererseits die aufgestiegenen *beurs* ihre Tätigkeit legitimieren. Wie manifestierten sich dieser Deal und die Vermittlungsfunktionen in Vaulx-en-Velin?

6.3.1.1 Gemeinderat sein: als Bürger für Fremde

Die Jugendlichen maghrebinischer Herkunft in Vaulx-en-Velin besitzen mehrheitlich die französische Staatsangehörigkeit und damit das uneingeschränkte aktive wie passive Wahlrecht.[124] Ein Teil von ihnen macht jedoch ebenso wenig davon Gebrauch wie die marginalisierten Jugendlichen französischer Herkunft. Die eta-

---

124 Die „erste Generation" der in den *Trente glorieuses* eingewanderten Nordafrikaner ist davon ausgeschlossen, da sie zumeist nicht diese Staatsangehörigkeit hat. Im Gegensatz zu anderen EU-Staaten gibt es in Frankreich auch kein kommunales Ausländerwahlrecht. Wenn der Bürgermeister von Vaulx-en-Velin aus Gleichheitsgründen dessen Einführung fordert, lehnt er mit derselben Begründung die Schaffung spezifischer Institutionen für die Vertretung von Einwandererinteressen ab. Dies entspricht nicht der französischen Logik politischer Integration. So hat es auch nur in wenigen französischen Städten Versuche mit konsultativen, nur von Einwanderern gewählten Ausländerbeiräten gegeben. Sie haben zumeist die geringe Repräsentativität der gewählten Vertreter, eine politisch-kulturelle Zersplitterung in den Beiräten und die geringe Partizipation der Einwanderer vor Augen geführt (vgl. Frybès 1992; Lapeyronnie 1993a).

blierte Politik wird abgelehnt, wie die Diskurse der Jugendlichen zeigten. Die Mitglieder von *Agora* besuchten nur wenige Male die Gemeinderatssitzungen. Die Inhalte und Verfahren dieser Sitzungen waren zu weit von den unmittelbaren Interessen ihrer Lebenswelt entfernt. So wurde auch H. von den Jugendlichen im Stadtviertel nicht als Repräsentantin anerkannt. Dies wurde dadurch verstärkt, dass sie nicht unmittelbar aus den Stadtvierteln der *ZUP* von Vaulx-en-Velin kam, sondern über die politische Nähe zum *PCF* und zur Vereinigung der *Amicale des Algériens* in den Gemeinderat gelangte. Sie hatte allerdings mit denjenigen Jugendlichen Kontakt, die in eigener Initiative kommunale Institutionen wie den *Service jeunesse* aufsuchten. Vertrat sie dabei die Interessen von Einwanderern?

> „Ich bin nicht gewählt worden, um die Einwanderer zu vertreten, damit darüber kein Missverständnis entsteht. Ich bin nicht gewählt worden, um nur über Probleme der Einwanderung zu reden. Ich empfange jeden, ich behandle die Fragen von allen, die zu mir kommen. Und dies umso mehr, als ich selbst aus der Einwanderung stamme. Daher kenne ich die Probleme sehr gut. Ich würde sagen, dass ich sie viel besser als meine Kollegen kenne, da ich sie tagtäglich erlebe. Auch ich komme aus diesen Stadtvierteln hier. Daher habe ich eine andere Sichtweise und kann sagen: Vorsicht, lasst die Finger davon, sonst gibt es Rückschläge, und die sind anders als ihr Euch das vorstellt, denn ich habe diese Situationen erlebt. Doch in Vaulx-en-Velin gibt es eine Reflexion über diese Fragen, eine Synergie in der Reflexion, um diese Fragen voranzutreiben. Wir reden sehr viel darüber, der Bürgermeister setzt sich dafür ein. Auch wenn wir nicht immer gleicher Meinung sind, ist er doch sehr offen für diese Fragen und plädiert dabei weiterhin für eine Politik der individuellen Gleichstellung. Auch ich sage: ‚Wir müssen die Leute anerkennen wie sie sind, wir brauchen keine Politik mit spezifischen Maßnahmen.'"

Am Beispiel von H. lässt sich wieder die Frage nach der Minderheiten- bzw. Antidiskriminierungspolitik in Vaulx-en-Velin aufgreifen.

6.3.1.2 Antidiskriminierungspolitik in Vaulx-en-Velin?

Das Beispiel der *Mission Locale* hat gezeigt, dass es in den französischen Institutionen keine explizite Antidiskriminierungspolitik gibt. Bevor eine solche administrierte Politik entstehen kann, müssen entweder entsprechende Forderungen seitens der Einwanderer auftauchen oder aber muss die Stadtregierung selbst die Initiative zu einer solchen Politik ergreifen. So gab es bis Ende der 80er Jahre überhaupt keine Minderheitenpolitik in Vaulx-en-Velin. Die Einwanderer erhielten wie die Franzosen Zugang zu Arbeit und Wohnraum. Auf die zunehmende Ausgrenzung und Diskriminierung in den 80er Jahren hat der Staat mit der Stadtpolitik reagiert, die als sozialräumlich intervenierende Sozialpolitik eine Politik der *individuellen* Gleichstellung von Bürgern nichtfranzösischer Herkunft impliziert. Diese Politik ist in der kommunistisch regierten Kommune Vaulx-en-Velin besonders ausgeprägt. Gegenüber den Jugendlichen stellt sich nach republikanischem Selbstverständnis die Frage nach einer Minderheitenpolitik ohnehin nicht, da Franzosen nicht als Minderheit behandelt werden können. Doch schützt der volle Bürgerstatus die Einwandererjugend nicht vor fremdenfeindlicher und rassistischer Diskriminierung. Insofern drängt sich die Frage nach einer Gleichstellungs- bzw. Antidiskriminierungspolitik immer mehr auf. Minderheitenpolitische Ansätze entstehen in Frankreich am ehesten infolge von spektakulären Ereignissen wie z.B. Jugendunruhen. Solche Reaktionen auf die Erfahrung von Diskriminierung haben die Kommunen zum Handeln gezwungen. So heißt es bereits in der *Charte d'objectifs pour le DSU* von 1990:

> „Es geht darum, alle Bewohner durch wirkliche kulturelle Initiativen und gemeinsame Aktionen für andere Kulturen zu sensibilisieren und die Projekte von kommunalen oder auswärtigen Vereinen zu unterstützen, die über die Förderung von Interkulturalität Rassismus und Ausgrenzung bekämpfen wollen."

Wenn hier „nur" durch Interkulturalität präventiv gegen Diskriminierung vorgegangen werden sollte, schließt die französische Politik der individuellen Gleichstellung Antidiskriminierungskampagnen nicht aus. In manchen französischen Kommunen hat es solche Kampagnen gegeben (Lapeyronnie 1993a, 322ff). In Vaulx-en-Velin war dies auch nach den Jugendunruhen nicht der Fall. Maßnahmen positiver Diskriminierung wurden von der Stadtregierung wie auch von H. abgelehnt. Doch ist die Situation der Einwandererjugend insofern entgegen dem republikanischen Modell bereits vor 1990 implizit berücksichtigt worden, als Jugendliche „aus dem Milieu" in kommunalen Institutionen eingestellt wurden.

Da die Kommune daran interessiert war, junge Erwachsene aus der *beurs*-Bewegung als kulturelle Vermittler für das lokale politische und administrative System zu gewinnen, wurde H. auch mit Verwaltungsaufgaben betraut. So arbeitete sie im *Service jeunesse* und in der Abteilung für Passangelegenheiten, wo sie faktisch zur Anlaufstelle für diejenigen Einwanderer und Jugendlichen wurde, die sich bei ihrem Gang zu den Behörden als auch bei der Wohnungssuche diskriminiert fühlten:

> „Um ehrlich zu sein, die meisten Leute, die zu mir kommen oder mich auf der Straße ansprechen, sind Einwanderer. Vielleicht weil sie in mir jemanden sehen, der befugt ist, eine Botschaft zu übermitteln, weil ich das Milieu kenne. Ich glaube nicht, dass die anderen Stadträte diese Möglichkeit haben. Meine Aufgabe besteht darin, andere Stadträte mit einzubeziehen, damit sie die Frage besser kennen lernen. Wer ist besser platziert als jemand, der diese Fragen erlebt und der diese Schwierigkeiten erlebt hat? Niemand. Man kommt zu mir, um mir mitzuteilen: ,Du bist in der Lage, zu verstehen.' Ich bin in der Lage, zu verstehen, aber gleichzeitig sage ich ihnen: ,Gehen sie auch zum Kollegen!' Ich bin

diejenige, die die Fackel hochwirft und sie dann weiterreicht. Und es stimmt, was sie sagen: ‚Warum?' Weil es noch eine unerlässliche Bedingung ist, solange uns in Frankreich diese Eingliederung nicht gelungen ist. Und ich sage es, vielleicht gehe ich auch ein bisschen zu weit. Diese Jugendlichen müssen sich anstrengen, es schaffen, man muss zeigen, dass diese Jugendlichen es schaffen, wir müssen politisch anerkannt werden. Das heißt: Man darf nicht den Araber vom Dienst spielen, und da werde ich ganz böse. Wenn es darum geht, zu sagen: ‚Wir setzen einen Araber oder eine Araberin auf unsere Liste, weil sich das gut macht,' dann ist es wirklich nicht der Mühe wert. Wenn dieser Araber aber kompetent ist, muss man ihn nehmen wie einen Juden, wie einen Spanier, wie einen Portugiesen. So sehe ich die Dinge. Ohne uns wird es nicht gehen, an uns geht kein Weg vorbei."

Die Aussagen von H. zeigen, dass sie bei der Berücksichtigung des Einwanderermilieus streng republikanisch bleibt. Sie plädiert aber für eine wirkliche Politik der individuellen Gleichstellung, die über Formen der Anerkennung wie z.B. der Einführung von Arabischunterricht in den Schulen als Fremdsprache deutlich werden solle. Das Beispiel von H. zeigt zudem, wie eine nach außen nicht proklamierte Institutionalisierung von Minderheitenpolitik entsteht, bei der sich das angelsächsische Modell durch die Hintertür ins republikanische Frankreich schleicht. Schließlich weist der Fall darauf hin, dass die Entstehung einer administrierten Minderheitenpolitik (*policy*) eine Politisierung ethnisch-kultureller Themen (*politics*) wie z.B. der Jugendunruhen voraussetzt. Doch handelte es sich bei dieser Minderheitenpolitik um keine explizite Antidiskriminierungspolitik. Die Berücksichtigung der Diskriminierung reduzierte sich auf die Vermittlungsfunktion einer Person. Sie drang nicht als einklagbare Maßnahme in die Institution. So gab es bei diesem sensiblen Thema erhebliche republikanische Widerstände. Selbst H. lehnte eine spezifische Behandlung ethnischer Minderheiten ab. Doch fragte sie z.B. danach, wie der Bürgermeister gegen die Erfolge des *Front national* vorzugehen gedenke? Sie kritisierte auch die Stadtpolitik und die Stadtverwaltung, allerdings vorsichtig und in abstrakter Form:

> „Es gibt einen Ansatz an Reflexion. Leider ist es aber sehr schwierig, diese Reflexion voranzubringen, weil die Politiker diese Frage noch nicht sehr klar sehen. Die Leute, die hier wohnen, wissen es. Es mangelt an Reflexion. Ich glaube, dass wir mit politischen Maßnahmen leben, die es leider ermöglichen, zu handeln, ohne zuvor nachgedacht zu haben. Es gibt diesen Ansatz an Reflexion; wir sind aber da frustriert, wo wir den Eindruck haben, dass man sich nicht die Zeit nimmt, nachzudenken, um viel wirksamere Politiken hervorzubringen. Dass man sich damit begnügt, immer nur um den Topf zu laufen. Zurzeit wird hinsichtlich der vom Staat ins Leben gerufenen Programme halt alles so irgendwie gemacht."

Anstöße zu einer Minderheitenpolitik kamen wiederum am ehesten *von außen*. Der Staat war auch hier der Animateur, wie die Initiativen des *FAS* bei der Förderung der Vereine zeigten.[125] Doch was hielt die bis 1994 amtierende Delegierte des *FAS* von positiver Diskriminierung? Grundsätzlich stellte sie die Probleme der Einwanderer in den Kontext von ethnischen *und* städtischen Minderheiten. Daher sah sie für den *FAS* eine doppelte Entwicklung:

> „Wir sind für die Einwanderer zuständig. Aber mehr und mehr haben wir das Gefühl, dass wir uns, wenn es um die Einwanderer geht, daran beteiligen müssen, gegen die Ausgrenzung in weiterem Sinne vorzugehen. Der *FAS* hat sich sehr verändert. Früher war er mit den Einwanderern gleichzusetzen. Wir waren die einzigen, die für sie zuständig waren, und wir trugen auch dazu bei, sie zu marginalisieren. Seitdem gibt es eine doppelte Entwicklung. Der *droit commun* [das allgemeine Recht, DL] hat stärker die Fragen der Einwanderer über die Behandlung der Ausgrenzung berücksichtigt, zum Beispiel über den *RMI* [staatliches Mindesteinkommen zur Wiedereingliederung, DL]. Und auf einmal mussten wir stärker mit dem *droit commun* arbeiten. Heute arbeiten wir immer mehr mit dem *droit commun*, damit es nicht wir sind, die sich als einzige mit den Problemen der Einwanderer beschäftigen, sondern damit wir zusammenarbeiten. Die Tagung, die wir vor kurzem zusammen mit dem Präfekten veranstaltet hatten, ich glaube, dass sie vor acht Jahren undenkbar gewesen wäre. Wir hätten sie alleine veranstalten müssen. So arbeiten wir also einerseits mehr über den *droit commun*, mit dem Ziel, die Einwanderer zu berücksichtigen. Wir arbeiten zunehmend mit den anderen, damit die Einwanderung nicht besondere Antworten hervorruft. Der Präfekt bittet mich mit Nachdruck darum, Antworten auf die Fragen zu geben, die die Einwanderer betreffen, Antworten, die er in seinen Verwaltungen umsetzen will. Und gleichzeitig gibt es eine andere Entwicklung. Sie liegt darin, zu sagen, es gibt Fälle der Ausgrenzung, die es erfordern, dass man sie etwas anders behandelt, auch wenn sich diese Fälle gar nicht so sehr von den anderen unterscheiden. Doch selbst da liegt das interkulturelle Problem nicht nur zwischen den Einwanderern und den Franzosen. Zwischen den französischen Unterschichten und dem Rest verhält es sich genauso, und da ist es manchmal noch schwieriger."

Dies verdeutlicht, wie problematisch es ist, die *Fremden* der Vorstadt in „Franzosen" und „ethnische Minderheiten" einzuteilen. So hat sich diese veränderte soziokulturelle Situation auf die Aufgaben des *FAS* ausgewirkt, der faktisch nicht mehr nur für die Migranten, sondern die sozial und kulturell benachteiligte Bevölkerung in der *banlieue* zuständig ist. In diesem Zusammenhang befürwortete die Delegierte des *FAS* eine Politik positiver Diskriminierung:

---

125 Auch die *contrats de ville* (Stadtverträge) geben solche Anstöße. So heißt es bereits in einer *DSU*-Broschüre der *Courly* vom März 1992, also bereits *vor* Abschluss des ersten Stadtvertrages: „In diesen marginalisierten Quartieren konzentriert sich eine sozial ausgegrenzte Bevölkerung. Sie unterscheidet sich von anderen Quartieren durch (…) Integrationsprobleme ausländischer Bevölkerungsgruppen, obwohl ein bedeutender Teil dieser Bevölkerung seit langem in diesen Quartieren wohnt. Das Auftreten eines Gefühls von Misstrauen in gewissen Bereichen ist relativ besorgniserregend und erfordert eine größere Wachsamkeit seitens der kommunalen Gebietskörperschaften, des Staates und der lokalen Partner hinsichtlich des Respekts kultureller Verschiedenheiten, der Chancengleichheit und des gleichen Zugangs zur Schule, zur Ausbildung, zur Arbeit und zum Wohnen."

> „Bei der Frage der positiven Diskriminierung handelt es sich weniger um eine Frage gegenüber Nationalitäten als vielmehr gegenüber Gruppen, deren Kultur sie nicht auf die Höhe der sie umgebenden kulturellen Anforderungen stellt. Es kann sich sowohl um Franzosen als auch um Einwanderer handeln. Also eine Politik positiver Diskriminierung, die stärker sozial intendiert ist und gegenüber all denjenigen, die nicht die Mittel besitzen, den Anforderungen zu folgen."

Gleichwohl war ihr die Existenz fremdenfeindlicher und rassistischer Diskriminierung von Bürgern nichtfranzösischer Herkunft bewusst. Doch wies auch sie darauf hin, wie problematisch es sei, eine Politik positiver Diskriminierung umzusetzen und welche Sensibilität dabei erforderlich sei:

> „Eine Politik positiver Diskriminierung, die ist sehr schwierig zu finden, mit dem Gefühl, dass man das Gegenteil bewirkt, wenn man sie zu stark dosiert. Im Bereich der Arbeit ist es sehr schwierig. Wir unterstützen Maßnahmen zusammen mit einigen Unternehmen. Es handelt sich um eine intensive Arbeit des Begleitens, aber es sind eher Begleitmaßnahmen über einen längeren Zeitraum hinweg als Maßnahmen, die man öffentlich und lauthals verkündet, weil diese nichts bringen. Im Gegenteil, sie verstärken das Problem eher in rassistischer Hinsicht. Die Leute schauen zu, und wir beschützen andere. Das ist nicht so leicht. Ich glaube eher an ein verstärktes, alltägliches Begleiten von Personen, so intensiv wie möglich, als an etwas brutale Dinge, bei denen man spürt, dass sie nicht gut gehen werden."

Während der *FAS* trotz des Dilemmas zu handeln versuchte, hatten nach Ansicht von H. die Gemeinderäte und vor allem die kommunistischen Stadtverwaltungen große Schwierigkeiten damit:

> „Die Entwicklung in Frankreich ist so, dass die Einwanderer über die Politik gegen die Ausgrenzung sehr weitgehend berücksichtigt worden sind, durch den *RMI*, im Bereich des Wohnens, durch die *ZEP*, usw. Aber es handelt sich eher um ein gesamtes Maßnahmenpaket. Und wir, wir stehen daneben, um den Daumen draufzuhalten und um mit den anderen zusammen zu sehen, wie sie die Einwanderer im Rahmen ihrer verschiedenen Maßnahmen berücksichtigen können. Es ist nicht so, dass es keine positive Diskriminierung gäbe. Hier und da kommt das schon vor. Aber den Gemeinderäten fällt es schwer, dies zu unterstützen. Vor allem den kommunistischen Stadtverwaltungen."

Im Rathaus von Vaulx-en-Velin ergab sich die Ablehnung spezifischer Maßnahmen gegenüber Bürgern nichtfranzösischer Herkunft aus der republikanischen Überzeugung einer strengen Politik der individuellen Gleichstellung. Sie resultierte aber auch aus der Unsicherheit und der Angst der Gemeinderäte vor ihrer neuen Aufgabe einer Minderheitenpolitik, für die früher ausschließlich der Staat verantwortlich war. Ein Indikator für eventuelle Veränderungen waren die Positionen des Bürgermeisters. Er ist bei politischen Entscheidungen maßgebend und gleichzeitig Chef der kommunalen Verwaltung. Doch hielt er z.B. eine Personalpolitik zugunsten ethnischer Minderheiten in den kommunalen Institutionen für völlig absurd.

Sie widersprach seiner republikanischen Grundüberzeugung, dass jeder Bürger dasselbe Recht hätte, in dieser Institution einen Arbeitsplatz zu bekommen. Für die faktische Diskriminierung war er in diesem Fall blind. Daraus ergab sich eine Blockade für Ansätze positiver Diskriminierung. Allerdings besaß der Bürgermeister eine praxisbezogene Sensibilität. Daher betonte auch er die Notwendigkeit, implizit gegen rassistische Diskriminierung vorgehen zu müssen, doch sei eine Enttabuisierung des Rassismus in einer Kommune wie Vaulx-en-Velin zu riskant:

> „Es muss eine allgemeine Maßnahme sein. Aber bei dieser allgemeinen Maßnahme – ich sehe sie eher an der Seite einer Institution wie dem Rathaus – muss gelten, sagen wir: Die Jugendlichen haben ein Recht auf Arbeit und nicht nur die Einwandererjugend. (...) Und dass wir in unserem Kopf die Idee haben, Druck zugunsten der Einwandererjugend auszuüben, aber eben im Kopf, anstatt es zu sagen. Dennoch ist das für mich immer ein Teil meines Willens, alle gleich zu behandeln und die Trennlinien zu vermeiden. Wenn man das im Kopf hat und entsprechend handelt, bin ich für eine Politik positiver Diskriminierung. Aber dieses Vorgehen in einer Stadt wie Vaulx-en-Velin zu verallgemeinern, das ist gefährlich, weil man damit Trennlinien zieht."

Doch welche Folgen hatte diese wohlbegründete Tabuisierung, die das Problem der Diskriminierung nicht *öffentlich* diskutierte? Als Reaktion auf die zunehmende Diskriminierung zogen sich die Einwanderer und die Jugendlichen noch mehr zurück. Zudem wurde gegen die Folgen der diskriminierenden Diskurse des *Front national* nichts unternommen.

Die Gespräche mit den Vertretern der Institutionen zeigten erneut, dass es ein Dilemma zwischen der Politik positiver Diskriminierung einerseits und der Politik der individuellen Gleichstellung andererseits gibt. Die erste Politik enttabuisiert die Diskriminierung, kann aber zu nichtintendierten Folgen einer zunehmenden Ethnisierung führen. Die zweite tabuisiert die Diskriminierung, wird ihr gegenüber aber blind. Die Frage liegt darin, ob die französischen Institutionen in diesem Dilemma angesichts der *radikalen* Tabuisierung bei zunehmender Diskriminierung diese nicht doch benennen müssten, um gegen sie vorzugehen? Wenn die Institutionen aber dazu nicht in der Lage sind, da sie angesichts ihres ethnisch indifferenten Diskurses bei gleichzeitigem „assimilatorischem Rassismus" (Taguieff 1988) gegen sich selbst vorgehen müssten (Loch 1994b), forderten dann die von den Jugendlichen gegründeten Vereine eine Politik des Antirassismus?

6.3.1.3 Das *Centre régional multiculturel*

Einer der Vereine in Vaulx-en-Velin war das *Centre régional multiculturel*. Seine leitenden Mitglieder kamen aus der *beurs*-Bewegung, die als Antirassismusbewegung entstanden war. Die Gründung dieses Vereins ist aber nicht nur auf deren Initiative zurückzuführen. Vielmehr steht sie im Kontext der kommunalen Jugend- und „Minderheiten"-Politik. Denn wie im *Service jeunesse* wurden auch in diesem Zentrum junge Erwachsene maghrebinischer Herkunft eingestellt. Das Zentrum wurde offiziell im Dezember 1990 als Verein gegründet. Es nennt sich inzwischen *Espace Projets Interassociatifs/EPI* (Zentrum für vereinsverbindende Projekte) und besitzt mit S. bis heute denselben Leiter.

Die Überlegungen zu seiner Gründung gehen aber noch weiter zurück. Sie knüpfen an die beschriebene Krise des Gemeindezentrums im *Mas du Taureau* in den 80er Jahren an (vgl. 4.2.2.2). Die Stadtregierung beauftragte damals den *Service jeunesse*, eine neue Struktur zu bilden, die das Gemeindezentrum ersetzen sollte. Zu diesem Zeitpunkt existierten allerdings noch keine klaren Vorstellungen. Auf jeden Fall sollte sich die neue Einrichtung um zwei zentrale Themen gruppieren: „die Jugend" und „den Kampf gegen die Ausgrenzung und den Rassismus". Doch das Gemeindezentrum konnte nicht einfach durch die Kommune zweckentfremdet werden, da es als Einrichtung des Departements spezifische Aufgaben im sozialen Bereich zu erfüllen hatte. Daher legten die nichtkommunalen Akteure des Gemeindezentrums ein Veto ein. Dies brachte das Vorhaben zunächst zum Scheitern. Die Reflexionen über die Gründung eines solchen Zentrums gingen daher nur langsam weiter. Erst unmittelbar nach den Jugendunruhen von 1990 hatte die Stadtregierung das Projekt wieder aus der Schublade gezogen. Das *Centre régional multiculturel* wurde gegründet und unter der Rubrik „Den Austausch zwischen den Gemeinschaften fördern" in die *Charte d'objectifs* des Stadtviertelvertrages von 1990 aufgenommen.

Die Ziele des Zentrums waren:

- Den Austausch, die Treffen, die Kenntnis und die Mischung zwischen all den Kulturen entwickeln, die Bestandteil der französischen Gesellschaft sind.

- Die Reflexion und das Handeln um den Begriff der *citoyenneté* (Bürgerschaft) und der *interculturalité* (Interkulturalität) vorantreiben.

- Gegen alle Formen der Ausgrenzung kämpfen.

Der Begriff des Rassismus tauchte nicht mehr auf.[126] Diese Aussparung sowie der allgemeine Charakter der Formulierungen deuten darauf hin, dass es zwischen dem

---

126 In der Satzung des *EPI* findet sich allerdings wieder die Formulierung, dass sich der Verein verpflichtet, „gegen den Rassismus und alle Formen der Ausgrenzung zu kämpfen".

Rathaus und den maßgebenden *beurs* Differenzen im Kulturverständnis gab und bis heute noch gibt. Dies zeigte sich im symptomatischen Streit um die Namensgebung. Während der Bürgermeister das Zentrum *interkulturell* nennen wollte, um die Verbindung zwischen den Kulturen zu betonen und gruppenbezogener Identitätsbildung rhetorisch vorzubeugen, plädierten die aus der *beurs*-Bewegung kommenden Jugendlichen für die *Multikulturalität* in Sinne der Anerkennung kultureller Differenz. Hier schimmerten noch das „Recht auf [kulturelle, DL] Verschiedenheit" und der bürgerrechtliche Antirassismus aus den Anfangsjahren der *beurs*-Bewegung durch. So wurde der Stadtregierung auch eine Politik der Assimilation vorgeworfen,[127] die sich hinter dem Begriff der Interkulturalität verbergen würde. Doch trotz all dieser Kritik forderten auch die lokalen *beurs* keine Antirassismusmaßnahmen im Sinne positiver Diskriminierung.[128]

Wie sollten die Ziele des Zentrums nun umgesetzt werden? Um den kulturellen Austausch zwischen Einwanderervereinen und der Bevölkerung zu fördern, bestand seine Aufgabe darin, die aus Vaulx-en-Velin und der Agglomeration kommenden Mitgliedsvereine beim Aufbau von Projekten zu unterstützen. Mit dem Anspruch, sich im Laufe der Zeit zu einem regionalen Zentrum zu entwickeln, sollten gemeinsame Projekte bevorzugt werden. Doch tauchten auch hier wieder Konflikte zwischen der Stadtverwaltung und dem Zentrum mit seinen Mitgliedsvereinen auf. So wollte die Stadtverwaltung über das *Centre régional multiculturel* die diversen Vereine kontrollieren, um auf den Inhalt der Aktionen einzuwirken. Sie sollten derart sein, dass sie mit Großveranstaltungen wie dem erwähnten Kinofestival *Cinéma et Banlieue* dem Ansehen von Vaulx-en-Velin zugute kamen. Dagegen versuchte das Zentrum, mit seinen Aktionen ein regionales Netz von Vereinen zu spannen, die mit ihren Projekten intensivere Kontakte zur Bevölkerung aufnahmen.

So schlug sich der dominierende Einfluss der Stadtverwaltung in der Konzeption und in diesen Orientierungen nieder. Er erklärte sich auch aus der Finanzierung, da die Kommune neben dem *FAS* der wichtigste Geldgeber war. Diese Dominanz spiegelte sich schließlich in der Zusammensetzung des Verwaltungsrates wider. Zu ihm zählten Vertreter öffentlicher Institutionen, z.B. des *FAS*, Stadträte von Vaulx-en-Velin, Vereinsvertreter sowie assoziierte Einzelmitglieder. Die Schlüsselpositionen lagen jedoch beim Leiter des *Service jeunesse*, der im Auftrag des Bürgermeisters die Interessen der Kommune vertrat, aber auch bei H. Sie hatte

---

127 Andere Vorwürfe richteten sich gegen die kommunale Jugendpolitik. So sei z.B. ein von der Stadtregierung versprochener Jugendgemeinderat in Vaulx-en-Velin nie zustande gekommen.
128 Maßnahmen positiver Diskriminierung, die sich auf die ethnische Herkunft stützen, werden bis heute von der Mehrheit der „zweiten" und „dritten Generation", die inzwischen durch republikanische Elitehochschulen wie *Sciences Po* gegangen ist, abgelehnt; vgl. Le Monde, 20./21.02.2005, 6.

zwar nur die Funktion des Kassenwarts, übte ihren Einfluss aber über mehrere Ämter und Mitgliedschaften aus: als Gemeinderätin, Vorsitzende eines Vereins und Mitglied zweier anderer *associations*. Denn diese Vereine gehörten gleichzeitig dem Zentrum an. Einer davon stellte in ihrer Person ein Mitglied des Leitungsbüros. S. wurde zum Leiter des Zentrums ernannt. So band das *Centre régional multiculturel* ebenso wie der *Service jeunesse* die Aktivitäten dieser ehemaligen *beurs* an die Kommune.

Da nach Ansicht vieler Vereine in Vaulx-en-Velin das Zentrum zu sehr von der Stadtverwaltung abhing, traten sie ihm nicht bei oder nahmen nur als Beobachter teil. Kontakte gab es nur zu den am meisten engagierten Jugendlichen, die für ihre Vereinsprojekte Rat und Finanzierung suchten. Es waren diejenigen, die ihrerseits bereits eine wichtige Vermittlerposition einnahmen. Das beste Beispiel war K., den ich im *Centre régional multiculturel* kennen gelernt hatte. Er frequentierte das Zentrum, weil *AJAG* Mitglied war. Die Mehrheit der von mir interviewten Jugendlichen im Stadtviertel kannte das Zentrum jedoch nicht. Wenn sie es kannten, hieß es:

> „Die arbeiten für die Stadtverwaltung."

Gab es noch andere, von den Institutionen eingerichtete Vermittlungs- und Beteiligungsinstanzen?

6.3.2 Die Stadtteilforen: politische Teilhabe im Quartier?

Zu einer Vermittlung zwischen der Bevölkerung und dem lokalen Staat sollte es über die neue Kommunikationspolitik kommen, die unmittelbar nach den Jugendunruhen entstand. Darunter zählten die *Stadtviertelbesuche* des Bürgermeisters, die er alle zwei Wochen in der *ZUP* abhielt und bei denen der „direkte Kontakt mit den Bürgern" gepflegt wurde. Dazu gehörten auch die *conseils de quartier* (Stadtteilforen).[129] Sie waren ebenso in der *Charte d'objectif* des Stadtviertelvertrages von 1990 aufgeführt und wurden wie die Runden Tische vom Kommunikationsbeauftragten der Stadtpolitik geleitet. Diese *conseils de quartier* gab es in drei Stadtvierteln, darunter im *Mas du Taureau*. In Versammlungen sollte der Austausch zwischen den Behördenvertretern, den politisch Verantwortlichen der Kommune und der Bevölkerung gefördert werden. Es ging darum, eine Öffentlichkeit im Stadt-

---

129 Ursprünglich waren die *conseils de quartier* entsprechend ihrer französischen Bezeichnung als Stadtteil*räte* konzipiert, die von allen Bewohnern gewählt werden sollten, um anschließend bei wichtigen Entscheidungen konsultiert zu werden. Dazu kam es in Vaulx-en-Velin aber nicht, so dass sie lediglich die Funktion von offenen Foren des Gesprächs mit dem Bürger einnahmen.

viertel herzustellen und die Bürger bei Entscheidungen, die ihr Stadtviertel betrafen, zu konsultieren. Sie wurden dazu angeregt, eigene Themen vorzuschlagen, die Geschicke ihres Quartiers selbst in die Hand zu nehmen.
Doch beteiligte sich die Bevölkerung kaum. Es kamen nur wenige und zumeist ältere Bürger französischer Herkunft. Die Einwanderer gingen nicht hin. Wenn sie es taten, stellten sie keine Forderungen, wie die kommunale Projektleiterin selbstkritisch einräumte:

> „In die *conseils de quartiers* kommen sie nicht, die Einwanderer. Es kommen keine Forderungen von ihnen. Sie sehen überhaupt nicht, wozu das nützt, was sie dort machen könnten, vor allem was sie dort zu sagen hätten. Und außerdem gibt es eine sehr sehr große Demut."

Diese Ergebenheit der Eltern war bei den Jugendlichen nicht zu finden. Denn sie distanzierten sich von Anfang an von diesen Versammlungen. Die Gründe dafür verdeutlicht Akim:

> „Das Stadtteilforum? Dort sind der Polizeiinspektor, der Bürgermeister, sein Berater, der Präsident des Vereins, irgendein Merkwürdiger und die Mieter. Das läuft also folgendermaßen ab: Die Leute, sie gehen gerade rein, und gleich, die Polizisten, sie blicken überall hin. Sie überwachen. Und schon ist der Kontakt unterkühlt. Der Bürgermeister lächelt heuchlerisch. Er hängt den coolen Typ raus. Er schüttelt allen die Hände. Er tut so, als ob er aufmerksam wäre. Du glaubst, mit jemandem zu sprechen, der dir zuhört. Als ob es dein Bruder wäre. Einmal bin ich dort hingegangen. Ich habe mit dem Bürgermeister gesprochen. Er schaut dir nicht in die Augen. Hinter dir sind die Schafe. Mit ihren kleinen Täschchen bleiben sie stocksteif stehen. Sie sprechen nicht. Wenn sie sprechen, dann mit dem Bürgermeister. Nicht mit dir. Und dann die Familienmütter, vor allem die Französinnen! Laber, laber! Und dabei bleibt es. Nur Wiederholung. Zum Schluss lächeln sich alle freundlich zu. Man hat den Bürgermeister gesehen. Man ist beruhigt. Und dann geht jeder nach Hause. Die Jugendlichen, das interessiert die nicht. Sie haben nicht zugehört. Und wenn die Polizei kommt, bekommen sie alle Angst. Die Stadträte, sie schauen uns an, als ob wir...'Wollt Ihr nicht einen Keks?' Nein. Wir wollen doch seriös bleiben."

So zogen sich auch die Mitglieder von *Agora*, die unmittelbar nach den Jugendunruhen an den Versammlungen teilnahmen, wie von den Runden Tischen bald wieder zurück. Dieses Beteiligungsangebot konnte die Kluft zwischen den Institutionen und der Bevölkerung nicht überwinden.[130] So wurden die *conseils de quartier* 1994 aufgelöst. Als einzige Organisationen, über die ein Kontakt zu den marginalisierten Jugendlichen möglich war, blieben der Stadtregierung die Vereine in den Quartieren. Entstand über sie eine Öffentlichkeit? Bekamen sie eine *politische* Legitimität zugesprochen?

---

130 Ähnliche Erfahrungen mit Stadtteilforen gibt es z.B. in der Pariser Vorstadt Mantes-la-Jolie, vgl. Bertoncello/Lataulade 1994. Siehe dazu auch Institut für Landes- und Stadtentwicklung des Landes Nordrhein-Westfalen 1994, 141-146.

6.3.3 Die Vereine: Kampf um politische Legitimität

Am Beispiel von *AJAG* und vor allem *Agora* sind Kooperation, Konflikt und Vermittlung zwischen diesen Vereinen und den Institutionen im Stadtviertel deutlich geworden. Die Machtfrage und die französisch-republikanische Angst vor Gemeinschaftsbildung wurden noch offensichtlicher, wenn es nicht nur um die *soziale* Anerkennung der Vereine, sondern um deren *politische* Anerkennung bzw. Legitimität ging. So kritisierte der Vorsitzende eines islamischen Vereins aus der Nachbarkommune Rillieux-la-Pape vor allem Vaulx-en-Velin:

> „In Vaulx-en-Velin zum Beispiel habe ich zahlreiche Jugendvereine getroffen, die solide und zusammenhängende Projekte vorweisen können, aber keiner besitzt die Mittel, sie umzusetzen. Sie haben keine Räume, kein Geld. Man hat den Eindruck, dass die Stadtverwaltung sie als politische Gegner betrachtet." (Le Figaro, 10.10.1995)

Der Kampf um politische Legitimität und verschiedene Formen von Bürgerschaft (vgl. 2.2.2.3) lässt sich auch im Großraum von Lyon entlang der Entwicklung der Vereinsbewegung der Einwandererjugend beobachten.

6.3.3.1 Von der *beurs*-Bewegung zur islamischen Identität im Großraum Lyon

Als 1982 der „Marsch für die Gleichheit und gegen den Rassismus" von Lyon ausging, spielten in der Rhônestadt die *Jeunes Arabes de Lyon et Banlieue/JALB* eine wichtige Rolle. Sie hatten sich bereits Ende der 70er Jahre als Gruppe junger Frauen unter dem Namen *Za'ama de Banlieue* konstituiert und distanzierten sich von Anfang an von der mediatisierten, nach Paris orientierten *beurs*-Bewegung. Dies kann als Zeichen der Akkulturation dieser jungen Erwachsenen an die städtische Identität und die besondere Rolle der selbstbewussten Provinzmetropole Lyon gegenüber dem französischen Zentralismus interpretiert werden. Die leitende Figur der *JALB* war Djida Tazdaït. Sie wurde 1989 über die Liste der französischen Grünen ins Europäische Parlament gewählt. Die Rechtsgleichheit war den *JALB* in ihrem Vorgehen gegen rassistische Diskriminierung von Anfang an besonders wichtig. So meinte Djida Tazdaït 1992:

> „Es gibt die Gleichheit vor dem Recht. Sie ist fundamental. Das heißt, dass die Leute vor allem ihre Würde brauchen, bevor sie von dem Beton sprechen, der sie umgibt, von all den sozialen Schikanen und von ihrer prekären Lebenslage. Sie brauchen diese Würde, um als Akteur der Gesellschaft handeln zu können. Ihre Würde kommt aus der Rechtsgleichheit. Hier in der Region zum Beispiel, sind über dreißig Jugendliche getötet worden. Durch Mobilisierung ist es uns gelungen, dass wenigstens einer der Mörder zu zwei Jahren Haft

verurteilt worden ist. Die anderen haben Strafaufschub mit Bewährungsfrist bekommen: Das ist die Verachtung des Lebens, die Verachtung deines Todes. Das steckt fürchterlich tief drin. Und es stimmt, dass es schon ein Schritt hin zur Anwendung dieses gleichen Rechts ist, wenn man zeigt, dass wenigstens bei der Anerkennung des Lebens einer Person Gleichheit herrscht."

Die *JALB* hatten während der 80er Jahre die Vereinsszene in Lyon dominiert. Infolge der alten Konkurrenz zwischen Paris und Lyon wurden sie auch in der nationalen Öffentlichkeit wahrgenommen. Sie mobilisierten ihre Anhänger zumeist zu Aktionen, die gegen die diversen Reformen des Ausländerrechts in Frankreich gerichtet waren. Dabei verstanden sie es, mit den Medien so umzugehen, dass ihnen eine gewisse Anerkennung zuteil wurde. So erreichte diese bürgerrechtliche Lyoneser Bewegung einen Zugang zur Politik, der bei Djida Tazdaït in ihrem Mandat für das Europäische Parlament gipfelte. Doch mit dem Ende der *beurs*-Bewegung ging auch der Elan der Mobilisierung im Großraum Lyon zurück, obwohl sich die *JALB* als lokal verankerte und radikale Gruppe immer von dieser Bewegung distanziert hatten. Die Enttäuschung über die erreichten Erfolge wurde in Vaulx-en-Velin in den Jugendunruhen deutlich. Wie sieht die Vereinsszene seit den 90er Jahren aus?

Auch im Großraum Lyon konzentrierten sich die Vereine nach diesen Enttäuschungen auf die lokale Ebene. Sie begannen, sich verstärkt um die sozialen Belange in den Quartieren zu kümmern und fordern seitdem die Anerkennung ihrer Situation des *exclu*. Gleichzeitig haben die islamisch(-laizistischen) Vereine gegenüber den laizistisch-bürgerrechtlichen Vereinen an Einfluss gewonnen (Jazouli 1995, 363-368). Dies lässt sich in der Agglomeration anschaulich in den Vorstädten Rillieux-la-Pape und Vénissieux zeigen. Christian Delorme, der katholische Priester aus Lyon, der die Vereinsbewegung in der Rhône-Metropole von Anfang an begleitete, analysiert 1992 diese Veränderung folgendermaßen:

„Es scheint mir, dass diese laizistische Vereinsbewegung, die eher radikale Wurzeln hatte, heute nicht mehr besonders viel Gehör findet. Die Bewegung ist vorbei. Die Vereine der jungen Muslime tauchen auf. Dieses Phänomen lässt sich in den großen französischen Städten und in Lyon beobachten. Diese Vereine unterscheiden sich nun von den laizistischen darin, dass sie sich nicht gleich in den Medien Gehör verschaffen müssen, während die anderen Vereine, vor allem die laizistischen, und darunter die radikalsten, viel auf die Medien setzen. Die Vereine der jungen Muslime brauchen auch kein Geld vom Staat. Das heißt: ‚Wir müssen uns irgendwie selbst helfen, wir sind doch zahlreich. Wenn wir an das glauben, was wir tun, sind wir auch in der Lage, es zu finanzieren.' (...) Gelegentlich fordern auch sie finanzielle Unterstützung vom Staat, aber nicht, um Geld zu bekommen, sondern um anerkannt zu werden. So erteilt die *Union des jeunes musulmans* in Vénissieux schulischen Stützunterricht und hat dafür vom *FAS* Geld gefordert und auch bekommen. Das wichtigste für sie ist aber nicht, mithilfe des *FAS* zu funktionieren, denn dieses Geld, umso besser wenn sie es haben, aber sie hätten diese Aktion auch anders zum Laufen gebracht. Was sie wollen, ist, dadurch eine Anerkennung beim *FAS* zu bekommen. Dann sagt man nämlich: „Ja, ihr gehört zu dieser Gesellschaft, wir erkennen euch als wichtige Gesprächspartner an.' "

Die Differenz zwischen den bürgerrechtlich-laizistischen und diesen muslimischen Vereinen, die sich auch zur Laizität bekennen, zeigt sich in ihrem Verhältnis zur Religion. Während Vereine wie *Agora*, welche in der bürgerrechtlichen Tradition der bedeutungslos gewordenen *JALB* stehen, die Religion der privaten Sphäre zuordnen, fordert die *UJM* deren *öffentliche* Anerkennung. Insofern haben *Agora* in Vaulx-en-Velin (6.3.3.2) und die „Union der jungen Muslime" in Vénissieux (6.3.4.2) eine gewisse Repräsentativität für die laizistische und die islamische Vereinsbewegung. Beide waren bzw. sind im städtischen Großraum für die Entstehung einer lokalen politischen Öffentlichkeit bedeutend, die eine politisierte Austragung von Anerkennungskonflikten ermöglicht. Welche Rolle spielte und spielt dabei *Agora* in Vaulx-en-Velin?

6.3.3.2 *Agora* und die Stadtregierung: die Politisierung des Anerkennungskonflikts

a)   Kritik an der lokalen politischen Kultur

Die (lokale) politische Kultur in Frankreich ermöglicht es ihrem republikanischen Anspruch nach nicht, kulturelle Differenz in der Öffentlichkeit anzuerkennen. Dies zeigte sich im Gespräch mit den Vertretern der Institutionen. Gleichzeitig gab es jedoch in der Öffentlichkeit Debatten, die sowohl die besondere Lebenssituation der Einwandererjugend aus der privaten in die öffentliche Sphäre brachten als auch dem *Front national* die Möglichkeit zur Propagierung fremdenfeindlicher und rassistischer Positionen gaben. Bis zu den Jugendunruhen waren solche Debatten allerdings rar. Die *émeutes* waren dann ein Ausdruck der mangelnden Thematisierung von Ausgrenzung und ethnisch-kultureller Diskriminierung.

Entlang der in Kapitel 2.2.1.2 erwähnten *cleavage*-Polarisierung zwischen autoritär-ethnozentrischen und libertär-multikulturellen Positionen lassen sich die politischen Diskurse in Vaulx-en-Velin nachzeichnen. So dominierte bei der politischen Klasse, d.h. vor allem der linken Mehrheit im Rathaus, ein *republikanisch-„neutraler"* Diskurs. Er versuchte, diese Polarisierung zu tabuisieren. Die Jugendunruhen wurden in erster Linie als Ausdruck *sozialer* Probleme gedeutet (vgl. Charrier 1991/1992, Anm. 80).

Bei der neogaullistischen Rechten (*RPR*) gab es eine Mischung aus *republikanischen* und *ethnozentrischen* Stimmen. Dagegen griff der rechtsextreme *Front national* diese Themen radikal *ethnozentrisch* auf. Die Jugendunruhen wurden als bloßer Ausdruck von Kriminalität auf die „*beurs*" fokussiert. Der *FN* verstand sich dabei in Abgrenzung zur Einwandererjugend als Interessenvertreter der „französischen Gemeinschaft".[131] Er enttabuisierte den republikanischen Diskurs des Bürgermeisters und ethnisierte ihn in rassistischer Weise. Dies hat seitdem den Rückzug der Einwandererjugend und auch deren Islamisierung verstärkt.

Schließlich strebten die Meinungsführer der interethnisch zusammengesetzten Vereine danach, sich in der Öffentlichkeit Gehör zu verschaffen, um eine Anerkennung ihrer Lebenswelt zu erreichen. So argumentierte *Agora* zwar auch republikanisch, betonte dabei aber die *Multikulturalität*. Der Verein enttabuisierte die rassistische Diskriminierung anlässlich des tödlichen Unfalls von Thomas Claudio. In welche politische Tradition reihen sich diese Vorstellungen ein?

Die leitenden Mitglieder des Vereins vertraten Positionen der *JALB*. Sie fühlten sich der libertären Linken zugehörig. So unterstützte *Agora* bei den Regionalwahlen von 1992 eine Französin maghrebinischer Herkunft, die auf der Liste der *Verts* (Die Grünen) kandidierte. Dabei hatte der Verein „konkrete" Vorstellungen, die P. weder als politisch rechts noch links bezeichnete:

> „Es ist schon wahr, der einzige, den unsere Generation von 1981 bis 1995 kannte, war François Mitterrand. Und die einzige Partei, die wir als sogenannten „Partner" kennen gelernt haben bzw. die begann, mit uns zusammenzuarbeiten, war die Linke. Was aber für uns wesentlich ist, sind nicht so sehr diese Dinge von rechts und links. Was erwartet der Bürger denn? Dass man seine Würde respektiert! Und die Würde ist weder rechts noch links. Wenn du Arbeit willst, willst du Arbeit. Wenn du eine Wohnung suchst, suchst du eine Wohnung. Wenn du eine gute Schule suchst, suchst du eine gute Schule. Du schaust nicht, ob sie rechts oder links oder sonst was ist. Das scheint uns nicht wesentlich zu sein. Unser Vorgehen orientiert sich dagegen am Wesentlichen. Genau, am Wesentlichen. An dem was wesentlich ist, was elementar ist. Die Würde der Leute, das Recht der Leute. Das ist elementar. Darüber diskutieren wir nicht. Es sind Fragen, über die wir nicht diskutieren, über die wir nicht diskutieren wollen. Es ist einfach kein Diskussionsthema. Für uns werden Probleme der Ethik, der Verantwortlichkeit, wie soll man sagen, für uns wird das zur Leiblichkeit, es wird zu körperlichem Verhalten. Es sind keine Theorien, keine ethischen Konzepte mehr. Entweder existiert man oder man existiert nicht. Das ist vielleicht sehr einfach, wir fordern sie sogar, diese elementare Einfachheit. Die Dinge hier sind eben so. Wir glauben an die Dinge, die wir sehen, an konkrete, an berührbare Dinge, genau."

Dies entspricht dem Wandel der politischen Vorstellungen und Aktionsformen der aus der maghrebinischen Einwanderung kommenden Bevölkerung. Während die „erste Generation" sich in den Gewerkschaften engagierte und die „zweite Genera-

---

131 Interview mit Thierry Dérocle, dem Vorsitzenden des *Front national* in Vaulx-en-Velin 1992.

tion" sich mit der *beurs*-Bewegung identifizierte, waren sich die Jugendlichen und jungen Erwachsenen von *Agora*, welche die „dritte Generation" heranwachsen sahen, der konkreten Probleme im Wohnviertel bewusst, die bisher weder die etablierten Parteien der Linken noch der Rechten hatten lösen können (Wihtol de Wenden 1992a).

Dabei lag die politische Legitimation der akkulturierten Meinungsführer von *Agora* in der laizistischen Vereinsbewegung. Sie verkörperten bei ihrem Engagement und ihren Aktionen im Wohnviertel ein republikanisches Selbstverständnis und forderten von den Institutionen, dass die proklamierten universellen Werte der französischen Republik in die Tat umgesetzt werden sollten. Die Menschen- und Bürgerrechte von 1789 standen bei ihren Forderungen nach Respekt und Würde im Mittelpunkt. Anstatt linker Fundamentalkritik am politischen System forderten sie das Einlösen moralischer Werte. Dem „heuchlerischen" Diskurs der französischen Politiker wurde die Glaubwürdigkeit des Lyoneser Priesters Christian Delorme in Rede und Tat entgegengehalten. Insofern entsprach das politische Profil von *Agora* der schwarzen Bürgerrechtsbewegung der 60er Jahre in den USA. Im republikanischen Frankreich war dem interethnisch geprägten Verein *Agora* ein ethnisches Selbstverständnis allerdings fremd. Doch schloss P. zufolge der Bezug auf die republikanischen Werte eine Gemeinschaftsbildung nicht aus:

> „Das Ziel von *Agora*, sein eigentliches Wesen, ist das Nachdenken über die *Verschiedenheit des Quartiers*. In diesem Wohnviertel leben Spanier, Portugiesen, Leute nordafrikanischer und schwarzafrikanischer Herkunft sowie ‚echte' Franzosen. Hier gibt es alles. Und genau das ist es, was wir wollen. Keine ethnischen Gemeinschaften, die sind sinnlos. Wir wollen soziale Gemeinschaften. Werte verbinden uns, Lebensbedingungen, die alle teilen. Und das ist eine soziale und keine ethnische Dimension. Ethnische Gemeinschaft, was soll das bedeuten? Wir fordern nicht die Unabhängigkeit des *Mas du Taureau*."

So kehrte auch hier das „Recht auf Verschiedenheit" in einer territorialen, kulturell-lebensweltlichen Form wieder in die Vorstadt zurück. Doch welche Möglichkeiten existierten in der lokalen Demokratie, dieses „Recht" in der Öffentlichkeit vorzubringen, Gruppenlagen politisch zu repräsentieren? Wie stand der Bürgermeister dazu? Ein Staatssekretär der Stadtpolitik meinte Mitte der 90er Jahre:[132]

> „Die Natur der französischen Bürgermeister besteht darin, uneingeschränkt zu regieren."

So zeichnet sich die französische Kommunalverfassung durch eine hervorgehobene Rolle des Bürgermeisters aus. In diesem Kontext warfen *Agora* und *AJAG* mit republikanischem Selbstverständnis dem *système Charrier* gleichzeitig kommunalpolitischen Klientelismus vor. So meinte K.:

---

132 Jean-Marie Delarue: Ne pas imposer une solution uniforme à des quartiers différents. In: Le Monde, 1996.

Agora und die Stadtregierung: die Politisierung des Anerkennungskonflikts

> „Das Unternehmen Vaulx-en-Velin, das Rathaus von Vaulx-en-Velin ist das größte Unternehmen der Stadt. Es beschäftigt 860 Personen. Man kann nur sagen, dass es sich um einen Familienbetrieb handelt. Es wird wie ein Familienbetrieb geführt, vor allem die Stadtverwaltung. Da gibt es Vetternwirtschaft. Mit gewissen Vereinen. Gut, ich sage Familienbetrieb, denn es gibt dort Vettern und Kusinen. Man findet im Rathaus, ich weiß nicht, fünfzehn oder zwanzig gleiche Namen auf den Posten. Ich halte den Betrieb eher für einen Klan. Zudem gibt es Personen, die Vaulx-en-Velin für ihre Karriere nutzen, die das mit Hilfe der Misere dieser Stadt tun, für ihre politische Karriere und um sich zur politischen Persönlichkeit aufzubauen."

Diese Anklage des Klientelismus wurde von P. noch differenziert. Er attestierte vor allem den alteingesessenen Gemeinderäten dieser linken Stadtverwaltung ein Blockadeverhalten zulasten der lokalen Demokratie:

> „Wir haben auch Beziehungen zum Rathaus, hinsichtlich bestimmter Dinge. Doch gibt es eine Regierungsriege im Rathaus, eine Verwaltung und eine Partei, die seit mehr als 60 Jahren da ist und die seit sehr langer Zeit nach einem gewissen Muster funktioniert. So kann seitens der Leitenden der Wille existieren, in eine gewisse Richtung zu gehen, was allerdings von deren Umgebung in Regierung und Verwaltung anders gesehen wird. Diese Leute tendieren ihrerseits dazu, die Dinge zu blockieren, zu verlangsamen oder sehr zurückhaltend, ja feindlich demgegenüber zu sein."

Der Bürgermeister sah dies dagegen völlig anders. Ähnlich wie die Vertreter der Institutionen im Stadtviertel hielt er *Agora* vor, die Gruppeninteressen einiger Bewohner des Stadtviertels *Mas du Taureau* über das allgemeine Interesse der Kommune stellen zu wollen:

> „Nicht diejenigen, die am lautesten reden, sind die zahlreichsten. Dass der Verein ein Projekt hat, politischen Ehrgeiz, warum nicht. Es ist besser, politisch motiviert als gleichgültig zu sein. Das stört mich nicht. Es stört mich auch nicht, dass sie *gegen* die Stadtregierung eingestellt sind. Das ist ihr gutes Recht. Ich habe das Recht, mich zu verteidigen. Was mich allerdings stört ist, dass ich genug habe von diesen Leuten, welche die Vorstadtprobleme wie Ware handeln. Das heißt, dass sie die Malaise der Vorstädte zugunsten ihrer eigenen Anerkennung nutzen. Außerdem sind in einer solchen Situation die Institutionen für diese Angelegenheit zuständig. Es gibt sogar einen Klientelismus. Denn man darf nicht die Idee zulassen, dass man drei Autos verbrennen muss, um sich ein Recht zu erwerben, z.B. auf einen finanziellen Zuschuss. Denn, ob man will oder nicht, es gibt ein Faktum, nämlich, dass nur eine Institution das allgemeine Interesse garantieren kann, das Rathaus. *Agora*, ein Mieterverein, die vertreten die Interessen ihrer Mitglieder, ihres Wohnviertels, oder irgendetwas. Doch das Allgemeininteresse, das wird immer noch vom Rathaus vertreten. Der Bürgermeister ist schließlich der einzige, der durch das allgemeine Wahlrecht gewählt worden ist. Er ist also der Garant des Allgemeininteresses und hat ein Recht auf demokratische Kontrolle."

In den Diskursen der beiden Seiten tauchen ähnliche Themen und Vorwürfe auf. Gering wiegt der Vorwurf, die soziale Misere zum eigenen Karrierevorteil instrumentalisieren zu wollen. Denn dies trifft in gewisser Weise sowohl auf den Bürgermeister als auch auf den Meinungsführer von *Agora* zu. Relevanter ist der gegenseitige Vorwurf des Klientelismus. So zeichnet sich das lokale politische System Frankreichs schon immer durch einen gewissen Klientelismus aus (Neef 1991, Mabileau 1994). Doch gab es auch „Clanstrukturen" bei dem Verein *Agora*. Denn die meisten Jugendlichen, die außerhalb der ihn umgebenden drei Straßenzüge lebten, kannten ihn nicht.

Im Mittelpunkt der Auseinandersetzung stand schließlich die Interpretation der republikanischen Werte. Der Bürgermeister vertrat die „universalistische" Überzeugung, dass nur er bzw. die kommunale Regierung infolge des universellen, auf das *Individuum* sich stützenden Wahlrechts die entsprechende politische Legitimität der Vertretung besäßen. Das Rathaus dürfe nicht nur die Interessen eines Wohnviertels, sondern müsse die Interessen der *gesamten* Kommune vertreten.

Dagegen gab es bei *Agora* das Bestreben, von den *gruppenbezogenen*, lebensweltlichen Erfahrungen des Wohnviertels aus lokale Demokratie für Vaulx-en-Velin zu konzipieren und dadurch eine politische Legitimität zu erzielen. Diese Vorstellung einer *nouvelle citoyenneté* (neue Bürgerschaft) ist eine Herausforderung für die lokale politische Kultur, die sich gegen die Repräsentation „partikularer" Interessen sträubt und daher Probleme hat, mit Anerkennungskonflikten umzugehen. Der Bürger stand bisher als Individuum direkt mit dem lokalen Staat in Verbindung. Die Vermittlung leisteten die Gemeinderäte und die Parteien. Für die Repräsentation von kulturell definierten Gruppenlagen existiert keine entsprechende politische Tradition. Nicht nur in Vaulx-en-Velin herrscht daher eine Angst vor ethnisch-kultureller Gemeinschaftsbildung. Diese Angst wurde im Konflikt um das Gemeindezentrum auch von der Delegierten des *FAS* betont. Ihrer Meinung nach haben vor allem die kommunistischen Stadtverwaltungen das Problem, nicht „partikularisieren" zu können.

Trotz dieser unterschiedlichen Vorstellungen von lokaler Demokratie kam es infolge des Charismas des Bürgermeisters, seiner Politik der Vereinsförderung und der Notwendigkeit, nach den Jugendunruhen kommunizieren zu müssen, bis 1992 zu regelmäßigen Gesprächen zwischen ihm und *Agora* (vgl. 6.1.4). Dabei standen die Meinungsführer als kulturelle Vermittler zwischen dem lokalen Staat und den Jugendlichen. Dies betraf die Forderung nach einem eigenen Raum, das Vorhaben des schulischen Stützunterrichts, die Gründung eines gemeinsamen Komitees für die Organisation eines Sommerfests im *Mas du Taureau* sowie die anfängliche Beteiligung des Vereins im Gemeindezentrum. Ein Mitglied von *Agora* wies auf die informellen Gespräche hin:

> „Es gibt einen Beauftragten für Kommunikation. Er ist ein bisschen das Auge und das Ohr des Bürgermeisters. Wir haben gute Beziehungen zu ihm. Die Kommunikation funktioniert also. Er gibt unsere Anliegen an den Bürgermeister weiter, durch alle Dezernate hin-

durch. Wir klopfen somit nicht an jede Tür. Wir sagen es ihm und er übermittelt es dem Bürgermeister. Ansonsten treffen wir den Bürgermeister nur dann, wenn wir glauben, dass es wirklich wichtig ist und nur der Bürgermeister der entsprechende Gesprächspartner sein kann."

Bis zu diesem Zeitpunkt verlieh die kommunikative Konfliktaustragung den Jugendlichen von *Agora* das Gefühl, anerkannt zu werden und damit zur lokalen Gesellschaft zu gehören. Seit dem Jahreswechsel 1992/1993 nahmen die Konflikte aber so zu, dass es – wie bereits im Konflikt mit dem Gemeindezentrum angelegt (vgl. 6.2.1.2.) – zu einer völligen Veränderung der Situation kommen sollte.

b)   Konfrontative Konfliktaustragung

Die Konfliktdynamik zwischen *Agora* und der Stadtregierung lässt sich in zwei Etappen zeigen: *erstens* im Konflikt um die *maisons de quartier* (Stadtviertelhäuser) und *zweitens* in der Aufstellung der erwähnten Wahlliste *Le Choix Vaudais* (vgl. 4.2.2.3) anlässlich der Kommunalwahlen von 1995.

Die Stadtviertelhäuser

Beim Konflikt um das Gemeindezentrum ging es bereits darum, das Wohnviertel mitzugestalten. Dies spitzte sich im Konflikt um die *maisons de quartier* weiter zu und es kam zu einem offenen Bruch mit der Stadtverwaltung (Chabanet 1997, 390). An diesem Konflikt lassen sich gut die unterschiedlichen Vorstellungen lokaler Demokratie zeigen. Ursprünglich sollten drei Stadtviertelhäuser an verschiedenen Orten der *ZUP* errichtet werden. Darunter fiel vor allem der *Mas du Taureau*. Für die Realisierung dieses Projekts waren über das Budget der Stadtpolitik bereits finanzielle Mittel ausgewiesen worden. Mithilfe dieses *maison de quartier* sollte eine dem Stadtviertel angepasste Infrastrukur errichtet werden, um der Bevölkerung die Mitgestaltung ihres Lebensumfeldes zu ermöglichen. *Agora* hatte dazu eigene Vorstellungen eines *maison des habitants* (Bürgerhaus) entwickelt. In einem symbolischen Kampf ging es um die Gestaltung der Institutionen und Räume. *Agora* begründete die Errichtung eines Bürgerhauses folgendermaßen:

„Die Aneignung von Räumen, die ohne bestimmte Funktion geschaffen wurden und zudem auf keinerlei Realität des Stadtviertels antworten, wird anarchisch, veraltet und steril. (...) Diese Tendenz zur Ghettoisierung schafft in manchen Stadtvierteln eine vergiftete und gefährliche Stimmung. (...). Es fehlt gänzlich an einem Raum, mit dem sich die Bewohner des Viertels identifizieren können, in dem sie sich zuhause fühlen. (...) Noch nie sind in diesem Viertel die spärlichen Einrichtungen in der Lage gewesen, den Bedürfnissen der Einwohner und vor allem der Jugendlichen nachzukommen. Die wachsende Individualisierung, der Zerfall der vermittelnden Sozialkörper, das Unvermögen der gegenwärtigen Institutionen und die wachsende Kluft, die sie von den Bewohnern trennt, machen das Schicksal der Kämpfe aus, die man beklagen mag. (...) Man muss zumindest die veraltete traditionelle Funktion überdenken, die wir hinsichtlich der Infrastruktur des Viertels seit langem beklagen. Ein neuer Versammlungsort muss geschaffen werden. Und dies umso mehr, als es kein Bürgerhaus in der Gemeinde gibt."[133]

Doch kam es nicht zur Errichtung der Stadtviertelhäuser. Die dafür vorgesehenen finanziellen Mittel wurden für den Bau des Planetariums benutzt, das heute unmittelbar neben dem Rathaus steht. Dies fügte sich in den geplanten Bau des neuen Stadtzentrums sowie eines Gymnasiums in Vaulx-en-Velin ein, über das die stigmatisierte Vorstadt wieder ein positives Bild erhalten sollte. Es ging darum, das Image von Vaulx-en-Velin aufzuwerten und Bürger von außerhalb in die Vorstadt zu locken. Zudem argumentierte der Bürgermeister, dass Einrichtungen wie das Planetarium für *alle* Bürger offen seien und nicht nur zugunsten *einzelner* Stadtviertel errichtet würden.

Agora war damit nicht einverstanden. Für die Mitglieder des Vereins bestätigte dies erneut, dass ihr Quartier aufgegeben würde. Das Stadtzentrum sei wichtiger als die vernachlässigte *ZUP*. Hier stand wie 1990 vor den Jugendunruhen die Imagepolitik des Bürgermeisters gegen die Wahrnehmung der Bevölkerung, in einem Viertel mit vernachlässigter Infrastruktur zu leben. So knüpfte P. einen Zusammenhang zwischen den nicht errichteten Stadtviertelhäusern und dem Planetarium. Er kritisierte die stadtviertelferne Politik und hielt die eigenen Vorstellungen dagegen:

„Und dann ist uns allmählich bewusst geworden, dass dieses Planetarium Bestandteil eines viel größeren Projektes für die Stadt ist. Als sich vor über zehn Jahren die sozialen Probleme in Vénissieux und Vaulx-en-Velin manifestierten, hatte man den Kletterturm gebaut. Einige Wochen vor den Unruhen sind er und der neu errichtete Platz am *Mas du Taureau* mit Prunk und Pomp eingeweiht worden. Alle Repräsentanten des Staates, der Kommune und der Stadt Lyon waren da. Eine Woche später dann die Unruhen. Diese Politik passt wohl nicht zu den Bedürfnissen der Leute, die man eben nicht über extravagante Projekte befriedigen kann. Und genauso ist es mit dem Planetarium. Dahinter steht das Ziel, die Bevölkerung auszuwechseln. Die Mittelschichten sollen nach Vaulx-en-Velin kommen. Das Argument der Stadt ist folgendes: Da wir alle sozialen Probleme anhäufen, muss man in dieser Stadt eine Dynamik herbeiführen, die einen anderen Bevölkerungstyp anzieht. Wenn einem das einmal klar ist, versteht man auch den Rest. Das Gymnasium, das Planetarium, das neue Stadtzentrum, Wohnungen, die ebenso für einen anderen Bevölkerungstyp geschaffen werden. Deshalb widersetzen wir uns entschieden dieser Logik. Wenn sich die Stadt verändern soll, dann durch die Leute, die in ihr leben. Die Stadt wird durch ihre Bürger gebildet. Das bedeutet nicht, dass wir unbedingt gegen das Gymnasium oder das Planetarium oder das neue Stadtzentrum sind. Aber die Leute im Rathaus geben uns keine

---

133 Entwurf von *Agora* zur Errichtung eines Bürgerhauses im *Mas du Taureau*, Sommer 1992.

> Antwort auf unsere Probleme. Sie verteufeln uns nur. Wir seien islamistisch, abgeschottet, gegen alles. Wir seien niemals einverstanden." (1996)

Diese Situation führte zum Bruch zwischen *Agora* und der Stadtverwaltung. Aus der Sicht von *Agora* bestand die Politik der Stadtverwaltung nun darin, den Verein zu isolieren. Alle bisherigen Projekte und Subventionen wurden gestrichen. Darunter fielen auch die finanziellen Zuschüsse des *FAS*. Dies hing mit der 1994 erfolgten Einsetzung der neuen Regionaldelegierten des *FAS Rhône-Alpes* zusammen. Sie förderte nicht mehr wie ihre Vorgängerin die politischen Vereine als Hoffnungsträger lokaler Bürgerschaft. Vielmehr hielt sie *Agora* für eine linksradikale Vereinigung. Während die abgelöste Delegierte über eine problemorientierte Sensibilität verfügte, vertrat die neue Delegierte einen rigiden Republikanismus. In einem im Sommer 1996 mit ihr geführten Gespräch konstatierte sie das Scheitern der *beurs*-Bewegung und stellte die Meinungsführer von *Agora* in den Kontext der verbliebenen Aktivisten, die sich mit der kommunalpolitischen Macht anlegen würden:

> „Ich dachte, dass die Bewegungen der 80er Jahre, die mit dem Marsch der *beurs* verbunden waren – die *JALB*, Vereine wie *Agora* in Vaulx-en-Velin – in offener politischer Weise eine soziale Dynamik aufgreifen und zu Laboratorien werden würden, die Gleichheit und Recht fordern, die das Gefühl der Malaise deutlich machen. Das hat aber nicht funktioniert. Denn diese Vereine sind weitgehend auf die Nase gefallen. Entweder sind sie von anderen aufgesogen worden oder ihre Anführer haben sie zu ihrem persönlichen Vorteil benutzt oder aber haben sie eine linksradikale Haltung gegenüber der Macht eingenommen." (1996)

Dieser Wechsel beim *FAS* verhinderte eine weitere Mediation der Konflikte zwischen dem Verein und der Stadtverwaltung durch einen von außen kommenden dritten Akteur. Die neue Delegierte stand auf der Seite des Bürgermeisters. Sie hatte wie er ursprünglich in der Schule, dem Herzen des republikanischen Frankreich, gearbeitet. So brach die Kommunikation zwischen *Agora* und dem Rathaus sowie dem *FAS* ab.

Dieser Abbruch bedeutete aber keinen Verzicht auf eine weitere Konfliktaustragung. Es änderte sich nur die Form. Entscheidend war auf der Seite des Vereins das Konfliktverständnis. Darüber gab es vereinsinterne Differenzen. Die Strömung des zweiten Meinungsführers von *Agora*, der mit P. rivalisierte, hatte auf einen völligen Abbruch der Kommunikation hingewirkt. Er bekannte sich zum radikalen Bruch mit der Außenwelt:

> „Was mich betrifft, ich bin ein Sektierer. Jeder für sich. Die Leute in den Institutionen, das sind nicht meine Freunde. Die sind die, und wir sind wir, und wir haben uns gegenseitig nichts zu sagen. Wir essen nicht zusammen, wir leben nicht zusammen, wir leben nicht in derselben Welt (...). Ich bin für ein völlig autarkes Funktionieren, losgelöst, ohne jegliche juristische Existenz." (zit. nach Chabanet 1997, 393)

Dagegen hatte P., der dominierende Meinungsführer, andere Vorstellungen vom Kontakt mit den Institutionen. Der Konfliktbegriff stand bei ihm im Mittelpunkt. Er knüpfte sowohl an die Erfahrungen der Arbeiterbewegung als auch der Jugendunruhen von 1990 an:

> „Wenn ich von Revolte spreche, die der republikanischen Kultur ja so eigen ist, d.h. gegen Ungerechtigkeiten aufzubegehren, befinde ich mich in der Tradition der Arbeiterbewegung. Deren Konflikte haben aber nichts mit den unsrigen zu tun. Denn unsere sind meiner Meinung nach bisher selbstmörderisch. Die Jugendunruhen und all das, es ist selbstmörderisch. Das interessiert uns aber nicht mehr. Denn diese Konflikte sind unorganisiert, chaotisch, anarchisch, ohne Ziel. Das ist uninteressant. Ich denke, dass der Konflikt ähnlich wie bei der Arbeiterbewegung organisiert werden muss. So muss viel verändert werden, es geht um ein Kräftemessen, aber organisiert und in einem festen Rahmen, nämlich demjenigen der Republik. Einen anderen Rahmen kann ich mir gar nicht vorstellen." (1996)

Der Meinungsführer der Mehrheit setzte sich durch und plädierte für eine Öffnung des Vereins und die weitere Mitarbeit in der Stadtpolitik. Dies mündete schließlich in die aktive Rolle von *Agora* bei der Aufstellung der Wahlliste anlässlich der Kommunalwahlen von 1995. Während der Konflikt um das Gemeindezentrum und um das Bürgerhaus in der Teilöffentlichkeit des Stadtviertels ausgetragen worden war, kam es nun zu einem Kampf um politische Legitimität in der gesamtstädtischen Öffentlichkeit von Vaulx-en-Velin. Es entstand eine politische Opposition.

Die Wahlliste „Für Vaulx-en-Velin"

Die Initiative zur Aufstellung der Wahlliste *Le Choix Vaudais* (Für Vaulx-en-Velin) ging von *Agora* aus (vgl. Chabanet 1997, 394-397). So kandidierten auch einige Mitglieder des Vereins. Bald setzte aber eine Dynamik ein, die sich auf die anderen Stadtviertel ausdehnte. Es schlossen sich Kandidaten aus weiteren Jugendvereinen mit Namen wie *Antidote* oder auch ein im Südteil von Vaulx-en-Velin gelegener Verein namens *Itinéraire-bis* an. Sie zeichneten sich wie *Agora* durch die Verwurzelung in ihrem Quartier aus und traten ebenso für die Emanzipation der in ihrem Wohnumkreis lebenden Bevölkerung ein. Die Mitglieder des inzwischen aufgelösten Vereins *AJAG* nahmen ebenso an dieser Bewegung teil. K. kommentierte den Zusammenschluss der Vereine zur Wahlliste rückblickend 1996 folgendermaßen:

> „Bei all unseren bisherigen Projekten machten die anderen Partner nicht richtig mit. Doch schließlich haben wir uns mit mehreren anderen Vereinen, die mit denselben Problemen wie wir konfrontiert sind, zusammengeschlossen. Wir haben eine Debatte über die Stadt, über Vaulx-en-Velin, über die Anerkennung der Stadtviertelvereine angestoßen. Dies war

> eine kollektive Angelegenheit, denn bisher hat jeder nur für sich gearbeitet. Es handelt sich um eine neue Entwicklung. Vor zwei oder drei Jahren war so etwas nicht möglich gewesen. Jeder blieb in seinem Quartier (...) Und bei allen Vereinen, ob sie nun politische, ökonomische oder kulturelle Interessen verfolgen, herrscht jetzt eine verbindende Idee: die lokale Demokratie." (1996)

Es schlossen sich aber nicht nur Vereinsmitglieder, sondern auch parteinahe Bürger – vor allem Grüne, Sozialisten und Kommunisten – sowie parteilose Einwohner von Vaulx-en-Velin als Kandidaten an. Der kleinste gemeinsame Nenner der neuen Oppositionsliste lag in der Ablehnung der bisherigen Kommunalpolitik. Mit dem Bezug auf die gesamte Stadt musste *Le Choix Vaudais* ein umfassendes Programm entwickeln. Dies führte z.T. zu einem eingeschränkten Interesse seitens der Jugendlichen, da es nicht mehr allein um ihre unmittelbaren Probleme im Quartier, sondern auch um Themen wie die Finanzpolitik ging. Hier zeigte sich die territoriale Begrenzung der von den Jugendlichen wahrgenommenen Probleme.

Umso wichtiger war es für die Kandidaten, den direkten Kontakt zur Bevölkerung zu pflegen. Auch wenn die Liste in der gesamten Stadt plakatierte, erfolgte die Mobilisierung vor allem in den entsprechenden Stadtvierteln und zwar über informelle Netze. Daraus ergab sich die Möglichkeit, mit den Jugendlichen über die Wahlen zu reden. Schließlich führte der Wahlkampf selbst zum Kontakt mit den neuen Interessenvertretern. Den Kandidaten gelang es, einen Teil der Jugendlichen zu mobilisieren und sie von ihrem engen Quartiersbezug zu lösen. Darauf wies P. hin:

> „Wir hatten unseren Wahlkampf nur durch Weitersagen geführt. Wir konnten uns keinen Wahlkampf mit solchen Mitteln leisten, die die etablierten politischen Parteien haben. Außerdem bestand ein weiteres Hemmnis darin, dass nur wenige unter uns eine politische Erfahrung im engeren Sinne hatten. So gab der Wahlkampf vielen von uns die Möglichkeit, Erfahrungen zu sammeln und sich mit neuen Dingen auseinanderzusetzen, z.B. damit, wie man in einem Wahllokal hilft. Viele sind sich erst dadurch darüber bewusst geworden, wie eine Wahl überhaupt abläuft und wie die Dinge, die unser Leben und unsere Zukunft betreffen, beschaffen sind. Das war das Wesentliche für uns. Das Wesentliche für uns war, dass sich so viele wie möglich von uns mit den öffentlichen Angelegenheiten, mit dem Politischen vertraut gemacht haben." (1996)

Von seinen Erfahrungen berichtet ein Jugendlicher aus dem Umkreis von K. Dabei bezeichnet er die Kommunalwahl als „kommunale Präsidentschaftswahl". Dies wirft ein bezeichnendes Licht darauf, dass der lokale politische Raum für diese Jugendlichen dem nationalen an Bedeutung nichts nachsteht:

> „Und es gibt viele Leute, die haben zum ersten Mal gewählt. Einige wussten nicht einmal, was es bedeutet, wählen zu gehen und warum man überhaupt wählt. Was mich betrifft, meine Taufe, die fand eben bei dieser letzten kommunalen Präsidentschaftswahl statt. Gut, ich wusste zwar, warum man wählen geht. Ich ging aber nicht wählen, denn all diejenigen, die sich aufstellten, vertraten mich nicht." (1996)

Unter den neuen Repräsentanten gab es bei allen Gemeinsamkeiten auch Spaltungslinien. Die erste trennte die aus den Parteien kommenden Linken von denjenigen Kandidaten, die dem Rechts-Links-Gegensatz weniger Bedeutung zumaßen. Die zweite betraf die Konkurrenz und die mangelnde Abgrenzung der Vereine untereinander. Doch beides hielt die Mitglieder der Wahlliste nicht von ihrer Motivation ab, ein gemeinsames Programm zu entwickeln.

Mit einem Diktum von Aristoteles zur *Polis*, der städtischen Gesellschaft, als Grundlage der Demokratie zog *Le Choix Vaudais* in den Wahlkampf. Die Forderungen der Liste waren folgende:

– Die Schulausbildung und die Beschäftigung genießen absoluten Vorrang.

– Die finanziellen Mittel der Stadtpolitik müssen sich daher auf diese beiden Kernbereiche konzentrieren.

– Es muss eine wirkliche Demokratie geschaffen werden, die es ermöglicht, die Bürger von Vaulx-en-Velin bei jedem größeren Stadtprojekt zu konsultieren.

– Die Lebensqualität in den Quartieren muss durch eine bürgernähere Politik verbessert werden.

– Die Sicherheit in der Stadt ist unter Wiederherstellung des Vertrauens zu verstärken.

– Die Vereinsbewegung muss unterstützt und gefördert werden.

– Die Steuerlast muss reduziert und mit dem öffentlichen Vermögen muss besser umgegangen werden.

– Die parteipolitischen Konflikte müssen im Interesse von Vaulx-en-Velin gelöst werden.

So wurde aus der Erfahrung der Lebenswelt ein kommunalpolitisches Programm, dessen Profil sich nicht auf den Rechts-Links-Gegensatz reduzieren lässt. Dabei legten die Kandidaten Wert darauf, mit ihren Forderungen alle wesentlichen Politikfelder abzudecken, damit die „Ganzheitlichkeit" der Ausgrenzung betont werde.

Um den kommunalpolitischen Klientelismus nicht zu reproduzieren, mussten sich alle Kandidaten von *Le Choix Vaudais* zu bestimmten Grundsätzen bekennen. An erster Stelle stand das Bekenntnis zum „Geist unserer Republik". Dazu gehörte auch die Selbstverpflichtung, das Amt des Gemeinderates nicht dazu zu missbrauchen, Familienangehörige beim Zugang zu den kommunalen und halbkommunalen Arbeitsplätzen zu bevorzugen. Im Sinne einer politischen Erneuerung wurde zudem die herkömmliche Parteipolitik abgelehnt. Die Liste legte großen Wert auf moralische Integrität, was sich in folgender Selbstverpflichtung der Kandidaten niederschlug:

> „Der Kandidat verpflichtet sich zu moralischer Integrität, Rechtschaffenheit und Verantwortungsbewusstsein in der Ausübung des Mandats, das ihm die Bürger anvertrauen."

In einigen Formulierungen waren zudem Affinitäten zu Elementen direkter Demokratie zu erkennen. Diese sollte die Verbindung zur Bevölkerung sichern und die Kluft zwischen Stadtpolitik und Lebenswelt verringern.

Mit republikanischer Überzeugung wurde jedoch eine Bevorzugung ethnischer oder religiöser Kriterien bei der Kandidatenaufstellung abgelehnt. Die Liste war entsprechend der Bevölkerung des Stadtviertels zu einem hohen Anteil aus Franzosen maghrebinischer Herkunft, insgesamt aber interethnisch zusammengesetzt. So wurde eine „Franko-Französin" aufgrund ihrer Sachkompetenz und ihrer persönlichen Integrität auf den ersten Platz der Liste gestellt. Wenn damit ethnische Kriterien abgelehnt wurden, war das „Recht auf Verschiedenheit" in der (kulturellen) *Gruppendifferenz* wiederzufinden. Das bedeutet, dass die Wahlliste im Namen der republikanischen Gleichheit die Anerkennung spezifischer Interessen bzw. der Lebenswelt des *exclu* forderte. P. drückte dies folgendermaßen aus:

> „Unser Kontext ist ein sozialer, in dem es natürlich Besonderheiten gibt. Diese Besonderheiten sind aber weder ethnischer noch kommunitärer Art. Sie sind kultureller Art. Und diese Kultur, diese kulturelle Besonderheit ergibt sich aus unserer Geschichte, bezieht sich auf die Orte, wo wir sind und wo wir gelebt haben." (1996)

Obwohl es angesichts der kulturellen Hybridität, der Fluidität und somit des *patchwork*-Charakters von Kultur in den Vorstädten künstlich ist, zwischen „fremder" ortsspezifischer Vorstadtkultur und „fremder" Kultur des Einwanderers zu trennen, existierten ethnische Besonderheiten. Doch auch sie sollten P. zufolge im republikanischen Rahmen behandelt werden:

> „Dann gibt es innerhalb dieser kulturellen Besonderheit Leute nichteuropäischer Herkunft. Diese Leute haben also wiederum eine kulturelle Besonderheit, eben keine europäische Kultur. Das dazugehörende politische Projekt möchte diese kulturelle Besonderheit aufwerten. In den Bereichen von Kunst, Musik und Theater wird sie geschätzt. In politischer Hinsicht gibt es sie aber nicht. Dann der Rahmen, innerhalb dessen wir uns verorten, er ist republikanisch. Innerhalb dieses republikanischen Rahmens muss man diese kulturelle Besonderheit berücksichtigen. Diese kulturelle Besonderheit muss im öffentlichen Raum sichtbar sein." (1996)

Entsprechend republikanisch wurden auch die Vorstellungen über die Tabuisierung der rassistischen Diskriminierung von den akkulturierten, auf der Liste stehenden Franzosen nichtfranzösischer Herkunft geteilt. Nirgendwo auf der Wahlliste wurde eine Politik der Antidiskriminierung gefordert. Daher kann wiederum nur der Diskurs der mit der Liste verbundenen Meinungsführer der Vereine betrachtet werden. Sie argumentierten republikanisch und rechtfertigten trotz zunehmender Diskriminierung die Politik der individuellen Gleichstellung bzw. waren sich der Komplexität und der Sensibilität dieses Themas bewusst. So meinte K. in Bezug auf das Gefühl der Diskriminierung:

> „Meiner Meinung nach muss man versuchen, diesen Zustand zu überwinden. Man muss versuchen, darüber hinwegzukommen, indem man sich sagt: ‚Ich bin Araber, ich habe keine Arbeit'. Es ist schon wahr, dass wir dieses Thema in den letzten Jahren einschlafen ließen, dass wir passiv geblieben sind. Somit ändert sich auch nichts. Trotz alledem gibt es eine Anerkennung. Wenn einer alles dafür tut, sein eigenes Leben erfolgreich zu meistern, wird man den Hut vor ihm ziehen, selbst wenn er Araber ist. Doch ist der Anfang so schwierig. Diese Form der Ausgrenzung, des Unterschieds, es gibt sie." (1996)

Im Vereinsraum von *Agora* hing eine Deklaration zur Beseitigung jeder Form von Rassendiskriminierung. Ein Verein wie *Agora* mit bürgerrechtlich-antirassistischer Tradition kennt diese Probleme zu gut. Wie bereits die Gerichtsverhandlung zum Tod von Thomas Claudio zeigte, lag *Agora* alles daran, diese Formen der Diskriminierung öffentlich anzugehen und auch stärker zu enttabuisieren. So meinte P.:

> „Vor kurzem hatten wir eine Diskussion auf *TTL* [Radiosender in Lyon, DL]. Drei Personen. Der Leiter des Arbeitsamtes von Vaulx-en-Velin, der stellvertretende Bürgermeister und ich. Wir gingen so weit im Gespräch, dass der Leiter des Arbeitsamtes einige Dinge sagen konnte. Unter anderem gab er zu, dass er Annoncen, Stellenangebote erhielte, in denen der Arbeitgeber klar vorgebe, dass er weder einen Schwarzen noch einen Araber wolle. Das hat uns natürlich gut getan, denn wir wissen dies zwar zu gut, es wird aber normalerweise nicht ausgesprochen. Die Tatsache, dass es der Leiter des Arbeitsamtes war, hat allen zu Denken gegeben. Denn wenn ich das zum Beispiel von mir gegeben hätte, hätten die Leute gesagt: ‚Nicht schon wieder. Die sagen immer das gleiche.'" (1996)

Die gewünschte Enttabuisierung ging dennoch nicht so weit, dass von P. Maßnahmen positiver Diskriminierung gefordert wurden:

> „Es gibt eine immer sichtbarer werdende Diskriminierung. Dennoch bin ich persönlich gegen positive Diskriminierung. Denn so wie sie in den Vereinigten Staaten entworfen wurde, hat sie meines Erachtens nicht dazu geführt, die Minderheiten auf verantwortungsvolle Stellen zu bringen, sie zu integrieren. Das bedeutet allerdings nicht, dass wir schweigen sollen. Trotzdem wehre ich mich dagegen, quotiert zu werden. Ich finde das undemokratisch. Wenn Demokratie Sinn macht, erkennt sie Rechte von Individuen an. Ich will nicht aufgrund meiner ethnischen Herkunft quotiert werden. Meine ethnische Herkunft macht nicht meine Kompetenz aus, meine Fähigkeit, diese oder jene Verantwortung zu

übernehmen. Also drehe ich die Frage um. Woran liegt es, dass wir positive Diskriminierung anwenden sollen? Wenn die Gesellschaft diskriminiert, muss es von irgendjemandem oder von den Institutionen ausgehen. Warum verändern wir nicht die Institutionen?" (1996)

Dass die ethnische Herkunft auf die republikanisch-assimilatorischen Institutionen auch provozierend wirkt, wurde bezeichnenderweise in der Reaktion der Stadtverwaltung auf die Zusammensetzung der Wahlliste deutlich. Nach Ansicht von P. hatte *Le Choix Vaudais* Angst erregt, da mehrere junge Erwachsene mit Migrationshintergrund kandidierten:

„Uns wurden viele Steine in den Weg geworfen, bis wir diese Liste aufgestellt hatten. Denn diese Liste hat Angst gemacht, da viele Jugendliche und viele Personen aus der Einwanderung kandidierten. Nicht dass wir uns einfach aufstellen ließen, hat Angst gemacht, sondern die Tatsache, dass wir öffentlich in Erscheinung traten. Und dann noch mit dem Anspruch, die öffentlichen Angelegenheiten in die Hand zu nehmen, und mit dem klaren Ziel, dass diese öffentlichen Angelegenheiten auch ein Teil unserer eigenen Geschichte sind. Wir haben dazu beigetragen, unsere Eltern haben dazu beigetragen, und wir werden auch in Zukunft dazu beitragen. Aber bisher sind wir von den öffentlichen Angelegenheiten ausgeschlossen worden." (1996)

Die Angst vor Macht- und Kontrollverlust seitens der Stadtverwaltung ergab sich aber auch daraus, dass die Einwandererjugend nicht mehr wie in den 80er Jahren ganz „selbstverständlich" der Linken zuströmte. Mit ihren neuen „libertären" Formen politischer Partizipation, d.h. der Assoziation zu einem Verein und der anschließenden Konstituierung zu einer Wahlliste, ging auch eine gewisse Infragestellung des herkömmlichen Rechts-Links-Gegensatzes einher.

„Und unser Auftritt in der Öffentlichkeit war von dem Moment an noch störender, als wir sagten, dass wir, unser Engagement, sich politisch weder rechts noch links einordnen ließe. Das hat sie also noch mehr drausgebracht. Denn die linken Parteien hier hofften, dass wir irgendwann mit ihnen reden würden, dass sich das ganz automatisch ergeben würde, dass dies eben normal sei." (1996)

Trotz all dieser Hindernisse hatte *Le Choix Vaudais* 7,4% der Stimmen auf kommunalem Niveau erreicht. Dabei gab es erhebliche ortsspezifische Unterschiede. Während die Liste im *Mas du Taureau* auf 18% der Stimmen kam, konnte sie im Dorf nur 2,3% erzielen. So lagen die Hochburgen in der *ZUP* und im Wahlbüro der Straßenzüge von *Agora*. „Für Vaulx-en-Velin" war es gelungen, eine gesamtstädtische Öffentlichkeit herzustellen. Dabei blieb aber die spezifische Stadtviertelproblematik der Vereine erhalten. Dies zeigte sich auch in der Gleichzeitigkeit von individueller Listenkandidatur und Vereinsmitgliedschaft. Dabei trennten die Jugendlichen von *Agora* aber zwischen beiden. Darauf wies P. entschieden hin:

„Eins muss ganz klar gesagt werden, nämlich dass die Einschreibung in die Liste eine individuelle Angelegenheit ist. Das heißt, dass nicht *Agora* diese Liste erstellt hat, sondern es war *Le choix vaudais*. Es sind Individuen, die sich eingeschrieben haben, auch, um die anderen darauf hinzuweisen: Zeigt es uns, wenn ihr auf unseren Wahlplakaten oder in unseren Forderungen oder in der Presse oder irgendwo sonst den Namen *Agora* gesehen habt. Man muss also trennen. Es gibt die Welt der Vereine, das Vereinsleben und es gibt das Politische. Und selbst wenn man keine klare Definition geben kann von der Grenze zwischen dem was politisch und nicht politisch ist, wir haben diese Unterscheidung auf jeden Fall während des Wahlkampfes getroffen." (1996)

Trotz dieser Unterscheidung blieb in der Lebenswelt der Jugendlichen eine gewisse Unklarheit in der Trennung zwischen Privatem und Öffentlichem, zwischen Vereinsmitgliedschaft und Politischem erhalten. Da die *associations* ihre Besonderheit haben, ist nun zu fragen, wie sich das Verhältnis zwischen der Stadtverwaltung und den ihr kritisch gegenüberstehenden Vereinen wie *Agora* weiter gestaltete.

c) Integration durch Anerkennungskonflikte?

Vier Jahre nach dem abgebrochenen Konflikt um die Stadtviertelhäuser kam es Anfang 1996 wieder zu einem Treffen zwischen *Agora* und dem Bürgermeister. Nach Auskunft der Vereinsmitglieder herrschte eine gespannte Atmosphäre bei diesem dreistündigen Gespräch. Doch hatte die Stadtregierung ein Interesse daran, den Kontakt wieder aufzunehmen und ihn zu halten. So bot sie *Agora* am Ende des Gesprächs einen einjährigen Vertrag an, der mit einem präzisen Projekt verbunden werden sollte. Worum ging es? Welches Interesse hatte der Bürgermeister? Wie reagierte *Agora*?

Die Unterstützung des Bürgermeisters innerhalb des Gemeinderats war schwächer geworden. Denn seit der Reformkommunist Maurice Charrier Anfang der 90er Jahre zu den „Erneuerern" des *PCF* zählte, schwelte im Rathaus ein Konflikt zwischen ihm und der ihn dennoch unterstützenden Kommunistischen Partei. Zudem hatte der Bürgermeister bei den Kommunalwahlen 1995 nicht mehr so viele Stimmen erhalten wie noch 1989. Daher versuchte er von diesem Zeitpunkt an, den größten Bevölkerungsteil der Stadt, nämlich die Jugendlichen, für sich zu gewinnen, was sich z.B. in der Absetzung des inkompetenten Dezernenten für Jugendfragen zeigte.

Damit verband Maurice Charrier eine neue Politik gegenüber den Jugendvereinen. Sie sollten wieder für die soziale Kohäsion in der Kommune gefördert werden. So schlug er zu Beginn des Jahres 1996 allen Vereinen in der Kommune ein Diskussionsforum vor. Es wurde die Zusammenarbeit zwischen den Institutionen und diesen *associations* betont. Sie sollte vertraglich geregelt werden. Die Vereine konnten über zwei Vertragstypen eine Finanzierung erhalten: Der erste Typ sollte über drei Jahre laufen. Es war nicht nur eine Finanzierung durch die Kommune, sondern auch durch das Departement, den Staat und den *FAS* vorgesehen. Der zweite Vertragstyp mit kürzerer Laufzeit bezog sich ausschließlich auf die Kommune. In beiden Fällen war die Subventionierung projektgebunden und der Verein musste sich an den Grundprinzipien der Republik orientieren. Er durfte keine politischen oder religiösen „Einzelinteressen" verfolgen:

> „Nur gemeinsam beschlossene Aktionen und Projekte, die von allgemeinem Interesse sind, werden öffentlich finanziert, nicht aber Projekte privater, konfessioneller oder politischer Art. Folglich verpflichtet sich der Verein, die Nutzung der öffentlichen Gelder auf die Bereiche und Projekte zu begrenzen, für die er den Zuschuss erhalten hat. So wäre es in der Tat paradox und verstieße gegen die Menschen- und Bürgerrechte, wenn die Institutionen Vereine subventionieren würden, die nicht die Prinzipien der Rechtsgleichheit, der Laizität und des Pluralismus respektieren. Dies bedeutet, dass die Vereine in ihren Statuten, ihren Gremien sowie ihren Aktivitäten jeglichen Ausschluss zurückweisen müssen, der mit einer Diskriminierung von Geschlecht oder Herkunft, Zugehörigkeit oder Nichtzugehörigkeit zu einer Religion, einer Ideologie verbunden ist."[134]

Da eine „befriedende Integration" der die Kommunalpolitik kritisierenden Vereine wie *Agora* nicht gelungen war, lag das Interesse des Bürgermeisters nun darin, diese Vereine durch Vertragsbindung und stückweise Finanzierung zu kontrollieren. Er erhoffte sich dabei auch, die Jugendlichen aus wahlpolitischen Gründen für sich zu gewinnen. Wie wurde diese Politik von *Agora* aufgenommen? P. kommentierte:

> „Wie kann das nur sein, dass man uns jahrelang beleidigt, die finanzielle Unterstützung verweigert, das ist Krieg, und dann, von heute auf morgen, einfach so, wird entschieden, dass wir zusammenarbeiten können. Die Formulierung [des Bürgermeisters, DL] fällt mir immer wieder ein. Seine Formulierung war: ‚Schwamm drüber.' Aber man kann das nicht einfach vergessen. Um etwas vergessen zu können, müssen Konflikte ausgetragen worden sein. Sonst ist es Heuchelei, man täuscht nur etwas vor." (1996)

Der Verein *Agora* wollte sich weiterhin nicht vereinnahmen lassen, wenn er Projekte entwarf. Er sah seine Unabhängigkeit gefährdet. Denn es war die Kommune, die je nach Projekt auch über die Ausdehnung auf den dreijährigen Vertragstyp entschied, da der *FAS* seine Kofinanzierung dafür von der Zustimmung der Kommune abhängig machte. So ging *Agora* auch nicht auf diese Vertragspolitik ein. Dies hatte wiederum zu einer entsprechenden Reaktion der Stadtregierung und einer neuen Distanz zwischen beiden Konfliktpartnern geführt. Insgesamt wurde auf diese Weise eine weitere Konfliktaustragung verhindert.

Der Verein *Agora* existiert weiterhin und nennt sich inzwischen *Divercité Agora*. Doch ist die Dynamik der kollektiven Aktionen der 90er Jahre vorbei, die durch

---

134 Brief des Bürgermeistes von Vaulx-en-Velin an die Vereine der Stadt, Spécial Vie Associative, März 1996.

die Jugendunruhen ausgelöst wurde. Es kommen auch keine entsprechenden Forderungen mehr. Im Gegensatz zu 1995 hat der Verein bei den letzten Kommunalwahlen von 2001 keinen Wahlspruch mehr an die Jugendlichen gerichtet (vgl. 4.2.2.3). Schließlich spielt dafür der persönliche Werdegang des charismatischen Meinungsführers eine entscheidende Rolle. Da P. den Weg des Studiums der Rechts- und Politikwissenschaft in Grenoble einschlug, hält er sich seit Mitte der 90er Jahre nicht mehr so oft in „seinem" Stadtviertel auf. Bereits 1996 versucht er eine zusammenfassende Selbstreflexion anzustellen:

> „Ich glaube, dass der Verein *Agora*, ich glaube, dass die Geschichte der aus der Einwanderung stammenden Jugendlichen, ich glaube, dass das auch alles von einem besonderem Kontext abhängt, von besonderen Leuten, von einer besonderen Geschichte. Ich glaube, dass der Verein aufgrund dieses Kontextes sehr weit gegangen ist in seinen Forderungen, seinem Aufbau, seiner Mobilisierung, in der Bewusstwerdung seiner Mitglieder von ihrer politischen, kulturellen und sozialen Umgebung. Und dafür hat er sich aufgeopfert. Wir glauben irgendwie, eine geopferte Generation zu sein. Ich glaube zumindest nicht, dass wir es sind, die die Früchte der Arbeit genießen können. Es werden eher die zukünftigen Generationen sein. Und all diese Arbeit bewirkt zudem, dass die von außen kommenden Angriffe, die verschiedenen Versuche der Sabotage, der Destabilisierung und viele andere Dinge irgendwann Müdigkeit eintreten lassen. Denn ich schaue etwas zurück. Viele haben Probleme mit ihrer Arbeit gehabt, mit ihrem Studium, mit ihren Familien, mit ihrer Intimsphäre. Es gab nicht mal mehr einen Unterschied zwischen der Intimsphäre und dem Leben für den Verein. All das war vermischt. Und dann noch ein wichtiges Problem, das sich stellt: das Geld. Denn es gibt Leute in meinem Alter, ich bin 29 Jahre alt – und ich habe kein Einkommen. Anderen, die noch jünger als ich sind, geht es genauso. Also irgendwann muss ich einfach eine Arbeit finden, man muss seine Familie ernähren, seiner Familie helfen." (1996)

P. hat inzwischen sein Studium der Rechts- und Politikwissenschaft abgeschlossen und ist in den Institutionen der Stadtpolitik von Grenoble fest angestellt. Meistens nehmen die ehemaligen Meinungsführer Distanz zur *banlieue*. Doch pendelt P., der inzwischen 38 Jahre alt ist, immer noch zwischen Grenoble und Vaulx-en-Velin hin und her. Er engagiert sich auch weiterhin in der „Bewegung". Denn *Agora* ist konstituierendes Mitglied von *DiverCité*, einem Verbund von laizistischen *und* islamischen Vereinen in der Agglomeration von Lyon, dem sich auch die *Union des jeunes musulmans* angeschlossen hat.[135] Zu den gemeinsamen Aktivitäten zählte z.B. die Beteiligung am Europäischen Sozialforum 2003 in Paris. So zeigt das Engagement in der altermondialistischen Globalisierungskritik, wie die lokale Demokratie mit transnationalen Aspekten verbunden ist. Dies führt auch zu den islamischen Vereinen, die mit der von Christian Delorme bereits 1992 konstatierten Krise der laizistischen *associations* an Bedeutung gewonnen haben. Wie sah es mit der „Islamisierung" von Vaulx-en-Velin aus?

135 Véronique Berkani: DiverCité, agglomération lyonnaise. Un mélange explosif. In: *Territoires* no. 436, mars 2003, www.adels.org.

6.3.3.3 Islamisierung von Vaulx-en-Velin?

Nur wenige Jugendliche des *Mas du Taurau* praktizierten während meines Aufenthalts den Islam. Hacène, der beschriebene junge Muslim (vgl. 5.4), hatte Kontakte zur *Union des jeunes musulmans* in Vénissieux bzw. zu deren Buchhandlung *Al Tawhid*, die an der Grenze zwischen Villeurbanne und Lyon liegt. Der *Mas du Taureau*, in dem es während meines Aufenthalts keinen entsprechenden islamischen Verein gab, war für ihn daher nicht mehr so wichtig. Der dominierende kollektive Akteur in diesem Quartier war der Verein *Agora*, in dem das religiöse Bekenntnis im laizistischen Sinne eine Privatangelegenheit war. Diese Trennung zwischen privater Religiosität und öffentlichen Angelegenheiten personalisierte sich in Nasser, dem zweiten beschriebenen Muslim, der *Agora* öfters aufsuchte. Die laizistische Position des Vereins bedeutete aber nicht, dass *Agora* die muslimischen Vereine abgelehnt hätte. Im Gegenteil. Die Mitglieder von *Agora* teilten mit den islamischen Vereinen dieselbe Lebenswelt. Die Skandalisierung dieser Vereinigungen durch die Medien verstanden sie eher als Angriff auf ihresgleichen. Zudem war auch für *Agora* die Situation der Muslime Anfang der 90er Jahre in Vaulx-en-Velin unhaltbar, ob es konkret um den Zustand des Kellergebetsraums der *Bilel*-Moschee im Quartier oder generell um die Anerkennung des französisch geprägten Islam ging. Doch hat sich die in den 90er Jahren einsetzende Islamisierung im Großraum Lyon (Kepel 1994, 312ff) nicht auch auf *Agora* ausgewirkt? Sind nicht auch muslimische Vereine in Vaulx-en-Velin entstanden?

Nach meinem Aufenthalt in Vaulx-en-Velin kam es zu einem Wandel. Die Islamisierung, die in den Kommunen Vénissieux und Rillieux-la-Pape bereits Ende der 80er Jahre begonnen hatte und sich in den 90er Jahren ausdehnte (Libération, 07.09.1994), machte sich auch in Vaulx-en-Velin bemerkbar. So gab es bei *Agora* interne Debatten über die Laizität und die Stellung zum Islam. P. sprach von einem wirklichen Wendepunkt. Die Vermutung anderer, dass er selbst zum Islam konvertiert sei, hielt er allerdings für grotesk und meinte:

> „Unser Verein ist nicht aus religiösen Motiven gegründet worden. Die Religion gehört jedem einzelnen. Du regelst selbst dein Problem mit Gott. Ich werde es nicht an deiner Stelle regeln. Was immer du auch tust, ob du betest oder nicht, das ist dein Problem. Ob du betest oder nicht, ich respektiere dich in beiden Fällen. Aber es stimmt schon, dass diese Botschaft nicht so klar und eindeutig ist. Denn einige glauben, dass sie nichts mehr bei *Agora* zu suchen haben, wenn sie Muslim geworden sind; sie folgen dann anderen Logiken, kultureller Art, Solidaritätsbewegungen. Ich respektiere das, aber ich sage, wenn es eine Diskussion über das Verhältnis zum Staat, über den Islam, über die Vertretung der Muslime gibt, dann ist das eine andere Sache." (1996)

Die Situation innerhalb von *Agora* kann hier nicht eingeschätzt werden. Doch hat sich seit ungefähr Mitte der 90er Jahre der Islam auch in Vaulx-en-Velin in diversen Formen organisiert. Die Gebetsräume, informelle Gruppen in den Stadtvierteln und kleine muslimische Vereine sind zu Mittelpunkten der Islamisierung geworden (Hadjab 1996). So hat z.B. ein radikaler malischer Imam lange in der *Bilel-Moschee* gepredigt, die auch Khaled Kelkal immer wieder aufgesucht haben soll (Khosrokhavar 1997, 307). Dennoch herrschte und herrscht infolge der Berichterstattung durch die Medien eine große Kluft zwischen dem Bild über den Islam in dieser Kommune und der Realität des Terrains. Diese Kluft war in den 90er Jahren seit der Kelkal-Affäre noch größer geworden.

So hatte im Stadtviertel *La Grappinière* ein ähnlicher Prozess wie in Vénissieux eingesetzt, wo Leitfiguren der *beurs*-Bewegung bereits in den 80er Jahren zum Islam konvertierten. Der Verein *AJAG* löste sich auf. Dafür hatte K. 1993 zusammen mit vier anderen jungen Erwachsenen (Arbeiter, Studenten, Animateure), die sich auch außerhalb der Moschee treffen wollten, einen neuen Verein mit dem Namen *Organisation pour le Développement des Cultures*/*ODC* (Organisation für die Entwicklung der Kulturen) gegründet. Während bei *AJAG* die Eingliederung in den Arbeitsmarkt im Mittelpunkt stand, konzentrieren sich die Jugendlichen von *ODC* seitdem auf den interkulturellen bzw. interreligiösen Dialog in Vaulx-en-Velin. Dieser Verein, von dem auch zwei Mitglieder auf der Wahlliste *Le Choix Vaudais* standen, war 1995 der einzige in Vaulx-en-Velin, der sich offen zum Islam bekannte. *ODC* steht in Kontakt mit der *UJM*.

Diese Hinwendung zum Islam veränderte das Verhältnis zwischen K., dem Meinungsführer des alten und neuen Vereins, und dem Gemeindezentrum, in dem er bis heute beschäftigt ist, sowie dem Bürgermeister. Der neue Verein löste bei den Institutionen Ängste aus. Es kam zu Spannungen, wie K. im Sommer 1996 berichtet:

> „Ich erzähle dir meinen eigenen Fall. Als ich den Bürgermeister im Namen der *JALB* getroffen habe, ging alles sehr gut. Wenn ich ihn als Vertreter des Gemeindezentrums treffe, läuft auch alles sehr gut. Wenn ich ihm aber sage, dass ich der Vorsitzende von *ODC* bin, blockiert er. Was ist los? Ich verstehe überhaupt nichts mehr. Ich weiß auch nicht. Schon seit längerer Zeit nimmt er Abstand, vermeidet jegliches Treffen. Er hat mir bzw. dem Verein lediglich ein Formular geschickt, darin heißt es: ‚Ordnen Sie ihren Verein ein. Nur eine Nennung ist möglich.' Es gibt ‚Sport', ‚Kultur', alles Mögliche, auch ‚konfessionell'. Was soll ich denn antworten? Wir machen Sport, schulischen Stützunterricht, alles. Weißt du worin das Problem liegt? Die nennen das ‚die neuen Muslime'. Im Islam liegt für die das Problem. Der Bürgermeister soll dir seine eigene Variante geben." (1996)

Während in der Stadtverwaltung die Angst vor kommunitärem Rückzug und islamistischen Bekehrungsversuchen umging, betrachtete Karim den Islam als wichtigen Integrationsfaktor in die französische Gesellschaft. Für die Rückzugstendenzen mancher Gruppen machte er vielmehr die Stadtverwaltung verantwortlich und warf ihr Ungleichbehandlung vor:

> „Dieses Verhalten wird doch durch die Behörden indirekt immer mehr gefördert. (...) Wenn es um die Rückzugs- und Abschließungstendenzen geht, wenn es heißt: in den Kellerräumen entwickelt sich der Islam. Wir sind entsprechend behandelt worden. Unser Verein hat Herrn Maurice Charrier einen Brief geschrieben, in dem stand, dass wir in unserem Viertel das Fest *Aïd el-Kebir* feiern wollen. Seine Antwort war: Er würde zahlreichen Vereinen in Vaulx-en-Velin seine materielle und finanzielle Unterstützung zukommen lassen, gleichzeitig aber sei er stark mit den laizistischen Werten verbunden. Daher könne er uns keine Genehmigung erteilen. Wir aber stellen fest, dass die Christen von Vaulx-en-Velin jedes Jahr zu Weihnachten und Ostern den größten kulturellen Raum bekommen. Wir haben sehr gute Kontakte mit der christlichen Jugend der Stadt. Seit einigen Monaten organisieren wir einen Austausch. Doch es gibt keine Gleichbehandlung. Man stellt sich also Fragen. Werden wir anders behandelt? Da stimmt doch was nicht! Deshalb haben wir dieses Jahr nach keiner Genehmigung gefragt. Wir haben das Fest einfach gefeiert. Über 300 Leute waren da, Familien, Kinder. Ausgezeichnet! Und sie sagten: ‚Die Fundamentalisten kümmern sich jetzt um die sozialen Probleme.' Dies schlug bis ins Rathaus zurück. Die Polizei ist gekommen." (1996)

Die Islamisierung wurde von beiden Seiten verschieden wahrgenommen. Die Relevanz einzelner Themen und eventuelle Konfliktverläufe sind hier aber schwer zu bestimmen, da die vereinsmäßige Organisation des Islams der jungen Muslime in Vaulx-en-Velin erst Mitte der 90er Jahre einsetzte. Dennoch lässt sich festhalten, dass die islamischen Vereine zunächst nicht von der Stadtverwaltung unterstützt worden sind. Dann wurden sie aber im Gegensatz zu den sich in der Defensive befindenden laizistischen Vereinen von ihr bevorzugt. Dies geschah aus der Überzeugung heraus, dass sie den sozialen Frieden bewahren können und damit Konflikten vorgebeugt wird (Khosrokhavar 1997; 251,287).

Zwischen den muslimischen Jugendlichen und den Vereinen sind inzwischen im großstädtischen Kontext Netze entstanden, welche die kommunalen Grenzen der unterschiedlichen *banlieue*-Lebenswelten überschreiten. Die Bedeutung dieser informellen Netze wird gerade am Beispiel von Vaulx-en-Velin deutlich. Denn man kann von einem von Vénissieux ausgehenden Diffusionseffekt der Islamisierung sprechen. In Kommunen wie Vénissieux oder Rillieux-la-Pape ist bzw. war der Islam organisatorisch verwurzelter. Welche Verbindungen gab und gibt es in diesen lokalen politischen Systemen zwischen der Welt der muslimischen Jugendlichen und der Stadtregierung? Wie verliefen dort die Anerkennungskonflikte? Der Vergleich war während der gesamten Feldforschungsphase aufschlussreich. Er verhinderte die Gefahr der „Enklavenethnologie" und ermöglichte, den Fall Vaulx-en-Velin in den allgemeinen Kontext zu stellen.

6.3.4 Ausflug in die Nachbarkommunen: Islam, Öffentlichkeit und (verhinderte) Anerkennungskonflikte

Im Verhältnis zwischen Vereinen, Stadtregierungen und *FAS* gibt es in den französischen Kommunen verschiedene Konstellationen, so auch in den Kommunen des *Est Lyonnais*: In Vaulx-en-Velin, dem Vorzeigebeispiel der Stadtpolitik, haben die zahlreichen Aktivitäten und die Kontrolle der Stadtregierung zu einem gewissen Rückzug der ohnehin kurzlebigen Vereine geführt. In den Kommunen, wo es nur wenige kommunale Aktivitäten gab, so z.B. in Rillieux-la-Pape, wirkte dies mobilisierend auf sie. Die *associations* versuchten, ihre Probleme selbst in die Hand zu nehmen. In Vénissieux, wo sich bereits Anfang der 80er Jahre eine starke Vereinsbewegung gebildet hatte, ist ein Kräftemessen zwischen der Kommune und den Vereinen entstanden, das sich auf das Aushandeln von Interessen auswirkt. In den beiden zuletzt genannten Kommunen befanden sich die muslimischen Vereine, die regen Zulauf von Jugendlichen hatten und in Vénissieux bis heute haben.

6.3.4.1 Rillieux-la-Pape: Klientelismus anstatt Konflikte

In der Kommune Rillieux-la-Pape gab es in den 90er Jahren eine Vereinigung mit dem neutralen Namen *Groupement pour la jeunesse et l'entraide/GPJE* (Vereinigung für die Jugend und die gegenseitige Hilfe). Sie wurde 1990 von Khodja Kamel Mansour und Amar Dib gegründet, zwei jungen, in den Vorstädten von Lyon aufgewachsenen Männern maghrebinischer Herkunft (Césari 1998, 104ff).[136] Dieser Verein widmete sich der Sozialarbeit. Er kämpfte erfolgreich gegen Delinquenz und Drogenkonsum und organisierte schulischen Stützunterricht sowie außerschulische Betreuung. Sein Erfolg lag vor allen darin, dass er diese sozioedukativen Aktivitäten geschickt mit religiösem Proselytismus verband (Barou 1995). Kamel Mansour, Mitglied einer muslimischen Sufi-Bruderschaft, gelang es, einen charismatischen, geradezu magischen Personenkult um sich zu verbreiten. Seine in den Gebetsräumen der *ZUP* gehaltenen Predigten strahlten auf einen Teil der Jugendlichen in Rillieux-la-Pape aus. Dabei war die muslimische Betreuungsarbeit über Tutoren so intensiv, dass sie bei manchen Jugendlichen Internatsform annahm. Indem sich diese Vereinigung zwischen die Bevölkerung im Wohnviertel und die konservative Stadtverwaltung schob, war es ihr zudem gelungen, das Wohnviertel in autoritärer Weise zu kontrollieren. Denn die Einwohner waren zum Kontakt mit

---

136 Da diese beiden Meinungsführer öffentliche Ämter ausübten und ausüben, wird hier ihr Name genannt.

dem *GPJE* gezwungen, wenn sie bestimmte Dienstleistungen und Vorteile in Anspruch nehmen wollten.

In gewisser Weise hatte der Vorsitzende dieses Vereins das auch in Rillieux-la-Pape klientelistisch geprägte lokale politische System imitiert, indem er selbst Klientelbeziehungen zu den Bewohnern der Stadtviertel ausbildete. So entstand eine Zusammenarbeit zwischen dieser islamisch-pietistischen Vereinigung und dem konservativen Bürgermeister. Dieser pflegte in der ursprünglich agrarisch geprägten Landkommune seit langem einen paternalistischen Regierungsstil. Er verhandelte geschickt mit seinen Bürgern – zuerst Landwirte, dann in Lyon beschäftigte Beamte und schließlich die Bewohner der *ZUP* – und bezog sie somit in das lokale politische System ein. Dieser Stil wurde mit postkolonialer Färbung auch erfolgreich gegenüber den Muslimen praktiziert. Für den *GPJE* zeigte sich das Angebot des kommunalen Klientelismus darin, dass die religiöse Betreuungsarbeit mit Einverständnis der Stadtregierung im kommunalen Bürgerhaus eines *ZUP*-Quartiers stattfinden konnte. Zudem war das Rathaus sogar bereit, einige Mitglieder des Vereins über das Budget des kommunalen *Service jeunesse* zu bezahlen.

Durch diese Zusammenarbeit sah der Bürgermeister den sozialen Frieden gewährleistet. Der Verein konnte seinerseits missionieren und dem religiösen Meinungsführer reichte es aus, von der Stadtverwaltung wie ein Honoratior als Führungsperson anerkannt zu werden. Auf diese Weise beeinflusste Kamel Mansour die Kommunalpolitik, ohne dass es wie in Vaulx-en-Velin Konflikte mit der Stadtregierung gab oder gar eine Wahlliste aufgestellt wurde. Doch währte dieses Verhältnis nicht lange. Denn durch einen politischen Wechsel von 1995 wurde der konservative Bürgermeister, der eine gewisse Nähe zum *Front national* pflegte, von einem Sozialisten abgelöst. Die neue Führungsriege im Rathaus brach diese Form der Zusammenarbeit ab. Zudem hatte sich die Bewegung um Kamel Mansour als populistisches Strohfeuer erwiesen. Der *GPJE* verlor seine Attraktivität unter den Jugendlichen und seinen Einfluss im Wohnviertel, so dass er sich auflöste.

Wenn die Vereine zerfallen, engagieren sich ihre Führungsfiguren oft andernorts. So wirkte Kamel Mansour in den 90er Jahren auch außerhalb von Rillieux-la-Pape, denn er wurde auf Empfehlung von Christian Delorme für mehrere Jahre Gefängnisgeistlicher für junge Muslime in Lyon. Aber auch diese Tätigkeit war nur von geringer Kontinuität, so dass der Meinungsführer inzwischen zurückgezogen und isoliert in einer anderen Vorstadt von Lyon lebt.[137]

---

[137] Interview mit Christian Delorme im Sommer 2002. Césari (1998, 76) beschreibt Kamel Mansour als Beispiel eines „sozialen Aufsteigers" 1998 folgendermaßen: „K. ist 41 Jahre alt, in Algerien geboren, aber im Alter von zwei Jahren nach Lyon gekommen, verheiratet, hat fünf Kinder und ist Techniker in einer Fabrik. Er hat seine Arbeit zugunsten seiner religiösen Aktivitäten aufgegeben, die ihn von da an vollständig ausfüllen. Diese Aktivitäten bestehen aus einer persönlichen

Dagegen ist die Biographie des zweiten Vereinsgründers weiterhin für das öffentliche Leben bedeutend. Amar Dib, von Beruf aus Soziologe und im Jahr 2005 40 Jahre alt, ist inzwischen Mitglied der liberal-konservativen Regierungspartei *Union pour la majorité présidentielle/UMP* und des französischen *Conseil économique et social* (Wirtschafts- und Sozialrat). Dabei steht er im politischen Umkreis von Jean-Louis Borloo, dem „Minister für Beschäftigung, Arbeit und sozialen Zusammenhalt" und wird von der politischen Klasse in Paris gefördert. Dennoch ist er ein Beispiel dafür, wie erneut bei den Regional- und Kantonalwahlen vom April 2004 den Kandidaten mit Migrationshintergrund bei den französischen Parteien die Türe verschlossen wurde, in seinem Fall vom Lyoneser Parteiapparat durch eine schlechte Listenplatzierung (Le Nouvel Observateur, 19.02.2004). Dies hat zu Parteiaustritten solcher Kandidaten geführt.

6.3.4.2 Vénissieux: neokommunitärer Islam, Kommunalismus und „republikanischer Integrismus"

Im Gegensatz zu Rillieux-la-Pape ist Vénissieux eine alte Arbeitervorstadt von Lyon. Mit der im 20. Jahrhundert entstandenen Chemie- und Fahrzeugindustrie hatte sich das Arbeitermilieu einer *banlieue rouge* gebildet. In der Nachkriegszeit wurde in Vénissieux die erste große *ZUP* des städtischen Großraums errichtet. Mit dem späteren Wegzug der Mittelschichten setzten die bekannten Prozesse der Verbannung in die *banlieue* ein, von denen auch in dieser Lyoneser Vorstadt viele Migranten und ihre Kinder betroffen sind. Vénissieux wird bis heute kommunistisch regiert. Im Gegensatz zu Vaulx-en-Velin hat der dortige Bürgermeister André Gerin aber keine Distanz zum *PCF* genommen, sondern besitzt bis heute eine wichtige Funktion im orthodoxen Flügel dieser Partei.

In Vénissieux kann die Einwandererjugend auf eine lange Geschichte der Vereinsbewegung zurückblicken. Nach den *rodéos* zwischen den Jugendlichen und der Polizei ging 1982 von dieser Kommune der „Marsch für die Gleichheit und gegen den Rassismus" aus. Im Wohnviertel *Les Minguettes* hatte Ende der 80er Jahre auch die Islamisierung im Großraum Lyon begonnen. Zur einflussreichsten Vereinigung hat sich die 1987 gegründete *Union des jeunes musulmans* entwickelt. Sie ist seit Beginn der 90er Jahre für viele, von der *beurs*-Bewegung ent-

---

Suche nach Spiritualität, die ihn den mystischen Weg einschlagen ließen, begleitet von einer täglichen Sozialarbeit in seinem Stadtviertel in Rillieux-la-Pape." Das Engagement im Verein habe ihm ermöglicht, den Mangel an symbolischer Anerkennung in der Gesellschaft dadurch auszugleichen, dass er sich andere Legitimitätsräume suchte, in denen materielle Gratifikationen nicht entscheidend waren.

täuschte Jugendliche auf ihrer Suche nach Identität und Spiritualität zur zentralen Anlaufstelle geworden. Dabei beansprucht und propagiert sie die Religiosität eines modernen französischen Islam. So versteht sich die *UJM* nach ihrer Satzung (http://ujm.free.fr) als eine religiöse Vereinigung, die mit ihren

„geistlichen, sozialen, kulturellen und bürgerschaftlichen Aktionen folgende Ziele verfolgt:

1. Die religiöse Identität der muslimischen Gemeinschaft Frankreichs bewahren und verteidigen.

2. Den Islam und seine Spiritualität präsentieren.

3. Zum Aufbau einer gerechteren und humaneren Gesellschaft beitragen."

Dabei bietet die *UJM* wie andere Vereine in den marginalisierten Stadtvierteln schulischen Stützunterricht und Freizeitgestaltung an, die allerdings eng mit muslimischer Erziehung verbunden sind. Sie unterstützt verschuldete Familien und organisiert die Vermittlung von Jobs. Somit nimmt sie sich wie die laizistischen Vereine den Problemen der sozialen Ausgrenzung an, wobei die Ressourcen über die religiöse Gemeinschaftsbildung bedeutend stärker sind. Dies zeigt sich z.B. darin, dass sich die Mitglieder dieser muslimischen im Gegensatz zu den Mitglieder aus der *beurs*-Bewegung hervorgegangenen Vereine weitgehend ehrenamtlich betätigen (Césari 1998, 119). Die Attraktivität der *UJM* besteht aber vor allem darin, dass sie wie andere islamische Vereine in Vénissieux den Jugendlichen im Wohnviertel ein Identitätsangebot liefert, das über den Unterricht der arabischen Sprache, Koranlektüre, muslimische Schulungen und die Ausübung der Religion angenommen wird. So kann der Verein seit Beginn der 90er Jahre diesbezüglich eine Erfolgsbilanz aufweisen.

Die Lyoneser Öffentlichkeit ist 1992 auf die *Union des jeunes musulmans* aufmerksam geworden, als sie ihren ersten Kongress in der Sporthalle von Vénissieux abhielt. Die muslimische Jugend Südostfrankreichs sollte zusammengebracht werden. Im Gegensatz zu den letzten *assises* der *JALB* von 1992 drängten die Teilnehmer zum Kongress der *UJM*. Ein dritter und letzter Kongress dieser Art fand 1994 statt (Kepel 1994, 312ff). Zudem machte die *UJM* in der ersten Hälfte der 90er Jahre dadurch auf sich aufmerksam, dass sie mehrere verbotene Demonstrationen kopftuchtragender Muslima in Schulen der Region *Rhône-Alpes* unterstützte. Seit 1994 liegt der Schwerpunkt des Vereins auf Kleingruppenarbeit. Über den Anstoß zur Gründung neuer Vereine im Wohnviertel soll die spirituell-religiöse Reflexion angeregt und die Kenntnis des Islams vertieft werden. Dazu dient auch der 1990 gegründete Verlag *Al Tawhid* mit seiner Bibliothek und seiner Buchhandlung.

Interessant sind in diesem Zusammenhang auch die Biographien der Meinungsführer. Die *UJM* wurde anfangs mehrheitlich von „transplantierten Intellektuellen" (Césari 1998, 78), d.h. nicht in den Vorstädten aufgewachsenen Studenten aus der arabisch-muslimischen Welt angeführt. Doch zeichnet sich der muslimische Verein inzwischen eher dadurch aus, dass in den Vorstädten von Lyon großgewordene, ehemalige Meinungsführer der *beurs* die führenden Mitglieder sind. Von ihnen waren einige in den 80er Jahren maßgeblich an der antirassistischen Bürgerrechtsbewegung in *Les Minguettes* (*ZUP* von Vénissieux) beteiligt und haben eine trotzkistische Vergangenheit (Le Monde, 17.11.1992, 12). Dies ist eines von mehreren Indizien dafür, dass die *UJM* sehr stark im lokalen Kontext der Lyoneser Vorstädte entstanden ist und bis heute dort verwurzelt bleibt.

Welche religiösen Positionen vertritt nun dieser muslimische Verein? Christian Delorme, der sich in den 90er Jahren für den interreligiösen Dialog zwischen Christen und Muslimen in Lyon einsetzte, weist auf ein Bedürfnis nach Orthodoxie und die Aktivitäten gegen die Ausgrenzung in den Vorstädten hin. Er schätzt die *UJM* 1996 folgendermaßen ein:

> „Sie äußern ein Bedürfnis nach Orthodoxie. Denn sie haben das Gefühl, dass der Islam ihrer Eltern ein zu volkstümlicher Islam, ein Islam mit zu vielen heidnischen, kabylischen Praktiken und daher ein abergläubischer Islam ist. So besitzen sie den festen Willen, zu den Quellen des Islam zurückzukehren. Daher sage ich oft, dass es eine protestantische Seite in diesem Islam gibt, d.h. die Muslime der *UJM* sind gewissermaßen muslimische Calvinisten. Doch die Rückkehr zu den Quellen – das macht mir immer etwas Angst. Das ist das eine Charakteristikum. Das andere Charakteristikum besteht darin, dass einige unter ihnen als Jugendliche von revolutionären Ideen geprägt waren, d.h. ihr Islam ist auch der Träger sozialer Forderungen in Bezug auf den Respekt der Menschenwürde, in Bezug auf das Arbeitsrecht oder das Recht auf Wohnung. Diesbezüglich stehen sie in der Tradition der revolutionären französischen Linken, d.h. der Trotzkisten. Diese Mischung ist immer überraschend, denn einerseits sind die *UJM*, was die ökonomische Gerechtigkeit betrifft, fortschrittlich, was allerdings z.B. das Familienrecht betrifft, sind sie als orthodoxe Muslime ziemlich reaktionär." (1996)

Die intellektuelle Gallionsfigur der *UJM* ist Tariq Ramadan, ein 1962 in Genf geborener Schweizer Staatsbürger und an der Universität Fribourg lehrender Islamologe. Er ist in Frankreich sehr umstritten und eine überall präsente Medienfigur. Seine Bücher füllen die Buchhandlung *Al Tawhid*, in der er regelmäßig seine Vorträge hält. Während die einen die Originalität seiner theologischen Interpretationen in der Begegnung zwischen modernem Euroislam und säkularisierter Gesellschaft betonen, wird er von den anderen als gefährlicher charismatischer Prophet für die Vorstadtjugend abgelehnt. Für den Islamforscher Olivier Roy ist er ein „Kommunitarist", der französische Politologe und Islamkenner Rémy Leveau bezeichnet ihn als „modernen Neofundamentalisten" (zit. nach Le Monde, 29.09.2002, 16). Für das Verhältnis zwischen Religion und Politik und mit Blick auf die Konfliktproblematik soll im Folgenden aber das öffentliche Verhalten der *UJM* auf kommunaler Ebene betrachtet werden.

Nach der Auffassung eines Redners auf dem 1994 veranstalteten Kongress lassen sich Islam und Politik nicht voneinander trennen (Kepel 1994, 312ff). Es gelte, eine *citoyenneté* (Bürgerschaft) auf kommunaler Ebene zu entwickeln, die sich weder am demütigen Rückzug der Eltern noch an der Gewalt der Jugendlichen orientiert, sondern auf politisches Engagement setzt. Dieses Engagement dürfe aber nicht vom Denken der individuellen politischen Karriere solcher aus der *beurs*– Bewegung kommender junger Erwachsener sein, die sich vom System vereinnahmen ließen. Vielmehr müsse es auf einer soliden, gemeinsamen kulturellen Grundlage aufbauen. So besteht die kommunitäre Strategie darin, zunächst die Gemeinschaft zu stärken, um dann bei Verhandlungen mit den Gemeinderäten einen Rückhalt zu haben, der es gestattet, politischen Druck auszuüben. Es gelte, so der Redner, denjenigen Kandidaten zu unterstützen, der den Muslimen am meisten verspreche und auf ihre Interessen bzw. Identitäten eingehe. Auf den politischen Rechts-Links-Gegensatz komme es dabei nicht so sehr an. Doch welche politische Orientierung vertrat die *UJM* in der ersten Hälfte der 90er Jahre? Christian Delorme meinte 1996 dazu:

> „Es lässt sich sehr gut zeigen, dass die Muslime der *UJM* trotz allem die Linke bevorzugen. Sie vertrauen eher den Kommunisten als der Rechten. Denn die Rechte ist für sie mit Maßnahmen und Reglementierungen gegen die Einwanderer verbunden. Den Sozialisten vertrauen sie nicht, da sie sie mit antireligiösem Obskurantismus verbinden. So sind die einzigen, mit denen sie umgehen und verhandeln können, die Kommunisten, selbst wenn sie keine Kommunisten sind, da der Kommunismus mit Atheismus gleichzusetzen ist. Dies trifft in besonderem Maß auf Vénissieux zu." (1996)[138]

Wie hat sich dabei das Verhältnis zwischen der *UJM* und der Stadtregierung von Vénissieux entwickelt? Welche Interessen gab es? Wurden Konflikte ausgetragen? Zunächst ging es der *UJM* um die Anerkennung als sozialer Akteur im Stadtviertel. Der Erhalt von Vereinsräumen ermöglichte ihr, sich zu organisieren. Das Bewusstsein wuchs, die Macht des Wahlvolkes hinter sich zu haben, was der Bürgermeister bis heute berücksichtigen muss. So ist der *UJM* auch eine weitere Ausdehnung, d.h. eine Islamisierung „von unten" durch den Aufbau muslimischer Gemeinschaften in den Quartieren gelungen. Dabei hat sie die Zusammenarbeit mit

---

138 Diese Linksorientierung der „zweiten Generation" kann inzwischen nicht mehr verallgemeinert werden (vgl. 2.2.2.2). Den Linken wird von einem Teil der *beurgeoisie* vorgeworfen, dass sie die Frage der Repräsentation von Minderheiten zu sehr auf diejenige der Diskriminierung reduziere. Die rechte Diskurs nimmt sich dagegen stärker den Fragen kultureller Identität an, was auf diese Eliten eine gewisse Anziehungskraft ausübt (Le Monde, 20/21.02.2005, 6). Als Beispiel kann das politische Engagement von Amar Dib bei der *UMP* genannt werden.

dem Bürgermeister dem direkten Konflikt vorgezogen. Denn umgekehrt kommuniziert auch André Gerin mit der *UJM*. Das Ziel der Stadtregierung liegt darin, wiedergewählt zu werden, die Kontrolle über die Kommune zu behalten und vor allem den sozialen Frieden zu bewahren. Sie war und ist daher gezwungen, mit den islamischen Vereinen zu verhandeln, zumindest solange sie sich nicht für den Bruch und den offenen Konflikt mit ihnen entscheidet. So ist die *UJM* relativ schnell vor anderen muslimischen Vereinen in Vénissieux zum privilegierten Gesprächspartner des Bürgermeisters avanciert.

Im Gegensatz zu Vaulx-en-Velin besitzen in Vénissieux der Bürgermeister und die Jugendvereine aber auch eine lange Erfahrung mit Konfliktaustragung und Mediation. Die dadurch erworbene Verhandlungskultur hat sich auf eine Moderation der Konfliktualität ausgewirkt. So hatte der Bürgermeister von Anfang an mit den verschiedenen muslimischen Vereinen verhandelt. Der *UJM* wurde die Sporthalle für die Abhaltung ihrer Kongresse zur Verfügung gestellt. Im Laufe der Zeit bekamen alle muslimischen Vereine Gebetsräume zugesprochen. Zwar hatten die Gemeinderäte angesichts des wachsenden Einflusses des *Front national* die Subventionen für die *UJM* gestrichen. Denn sie befürchteten, dass die rechtsextreme Partei, welche die Stadtregierung bei den Kommunalwahlen von 2001 fast abgelöst hätte, die Anerkennung der islamischen Vereine für sich nutzen würde. Doch insgesamt betrachtet kam es nicht zu großen Konflikten mit der *UJM*. Dies lag sicherlich auch daran, dass die Muslime dem *PCF* nicht die politische Hegemonie strittig machten, wie das in Vaulx-en-Velin mit dem *Choix Vaudais* der libertären Linken der Fall war. Während somit in Vaulx-en-Velin der Bürgermeister kategorisch das republikanische Modell gegenüber partikularen Interessen verteidigte, kooperierte der Bürgermeister von Vénissieux von Anfang mit den islamischen Vereinen. Dabei ist auch hier bei den jungen Muslimen ein gewisses *Zugehörigkeitsgefühl* zur Kommune entstanden.

Dieses Zugehörigkeitsgefühl resultiert im Fall von Vénissieux aber auch aus gemeinsamen Interessen der *UJM* und des „roten Imam" André Gerin. Denn man kann in dieser Kommune von einem gewissen Kommunalismus[139] der Ausgegrenzten im Kampf gegen die nichtkommunale Außenwelt der „Privilegierten", gegen den „europäischen Kolonialismus" und den „US-Imperialismus"[140] sprechen. Wie verhielten sich demgegenüber die *von außen* kommenden nichtkommunalen Akteure, d.h. vor allem der durch den *FAS* repräsentierte Staat? Für ihn spielte die

---

139 Unter Kommunalismus soll hier die Gemeinschaftsbildung auf der Grundlage gemeinsamer kommunaler Interessen und einer auf die Gemeinde bezogenen Identität verstanden werden.
140 Dies ging so weit, dass die *UJM* und die Stadtregierung gemeinsam zwei Familien in Vénissieux unterstützten, deren Söhne sich im US-amerikanischen Strafgefangenenlager Guantanamo befanden.

Frage der Subventionen in der ersten Hälfte der 90er Jahre bei der Förderung der Vereine eine wichtige Rolle. Welches Verhältnis hatte er dabei zur *Union des jeunes musulmans*? Die ehemalige Delegierte des *FAS* sah dies 1992 noch folgendermaßen:

> „Wir haben Probleme mit der *UJM*. Wir hatten heiße Debatten geführt. Ich, meinerseits, war entschlossen, die Sache herunterzukochen, um ihnen zu helfen und sie zu unterstützen. Die Präfektur war demgegenüber reservierter. Ich weiß nicht, wie das ausgeht. Ich glaube, dass wir nicht eindeutig sind. Es gelingt uns nicht, klar zwischen dem zu trennen, was von einer legitimen Glaubenskultur herrührt und dem, was zu einer extremistischen Ausbeutung der Sache führt. Nein, die *UJM* stellt die Laizität nicht infrage. Sie interpretiert sie aber nach ihrer Weise, zum Beispiel mit dieser Kopftuchgeschichte. Sie sagen, nein, wir sind für die Laizität, wir wollen aber so akzeptiert werden, wie wir sind. Das ist idiotisch, denn es zielt auf Dinge, die relativ unwichtig sind, symbolische Herrschaft für die einen wie für die anderen. Die Macht des Symbols ist stärker als die Realität der Dinge. Es geht um die Angst der einen wie der anderen. Und dann kommt natürlich der gesamte internationale Kontext dazu. Es stimmt, dass die *UJM* sehr viel dafür getan hat, anerkannt zu werden, und wir waren dabei, sie anzuerkennen. Doch als ich erfahren habe, dass sie sich für das Kopftuch stark machen, dachte ich: Die sind verrückt, wir fangen wieder von vorne an."

Diese Reflexion zeigt erneut die Sensibilität der ehemaligen *FAS*-Delegierten, die auch versuchte, zwischen *Agora* und der Stadtregierung von Vaulx-en-Velin zu vermitteln. Doch hatte sich danach ein Wandel vollzogen. Die *UJM* wurde wie *Agora* seit 1994 nicht mehr vom *FAS* unterstützt. Der Kern des Dissenses ist die Laizität. Während die Meinungsführer der *UJM* behaupten, sie zu respektieren und sie nur anders auszulegen, beschwörte die neu eingesetzte Delegierte des *FAS* 1996 die Gefahr für die Laizität und warnte vor einem radikalen Islam:

> „Es war die Union der jungen Muslime, die die Kopftuchaffären anzettelte. Ich glaube, man muss sich klar dafür aussprechen, dass jegliches Zeichen von Proselytismus aus der französischen Schule verbannt werden muss. Ob es jüdisch, christlich oder muslimisch ist. Ich glaube, dass wir uns zu einem Zeitpunkt, zu dem die Laizität neu definiert werden muss und es darum geht, eine neue Religion zu akzeptieren, in einer religiösen Eskalation in Frankreich befinden. Jeder legt noch etwas dazu. Wir befinden uns in einer Eskalation der Fundamentalisten aller Religionen. Was uns bedroht, ist eher ein Religionskrieg als die republikanische Laizität. In Stadtvierteln wie Vénissieux haben wir es mit den radikalsten und intolerantesten Kräften der Religion zu tun. Daher ist es wichtig, zu sagen: Vorsicht, lasst uns die Eskalation zurückdrehen. Hundert Jahre lang hatten wir einen Religionsfrieden, lasst uns nicht in die Zeit davor zurückfallen, gerade dann, wenn es unvermeidbar ist, dass sich jede Religion neu positioniert. Für mich ist die Union der jungen Muslime eine infiltrierte politische Bewegung. Ich glaube, dass es sich hier um eine gefährliche Bewegung handelt. Es geht um einen gefährlichen religiösen Bekehrungseifer, um die Entwicklung eines sehr, sehr radikalen Islam." (1996)

Zwar muss einerseits die Gefahr des neokommunitären Islam für die Demokratie gesehen werden. Andererseits entsteht aber mit Vereinen wie der *UJM* für den französischen Staat eine Provokation, da diese Muslime die angeblich nicht neutral praktizierte Laizität als (katholisch gefärbte) „Staatsreligion" kritisieren. So hat diese Islamisierung in den staatlichen Institutionen zu einem reflexartigen Beharren auf das republikanische Modell geführt, was wiederum den Vorwurf des „republikanischen Integrismus" legitimiert. Bleibt man im städtischen Kontext von Vénissieux, ist die staatliche Kritik an kulturellen Vermittlern wie Christian Delorme dann diejenige politischer Naivität. Umgekehrt richten solche Kenner des Milieus an staatliche Institutionen wie den *FAS* den Vorwurf der Unkenntnis des Terrains.

Inzwischen hat aber auch Christian Delorme seine Position verändert (Le Monde, 04.12.2001, 17). Dazu tragen u.a. die umstrittenen Positionen von Tariq Ramadan bei, auf dessen theologisches Gebäude sich die *UJM* bezieht:

> „Ich habe mich von der *UJM* distanziert und vor allem von Tariq Ramadan, an dem sich die *UJM* orientiert. Denn bei Tariq Ramadan ist der Islam zuerst eine Ideologie bevor er zum Glauben wird. Es ist durchaus legitim, etwas an der französischen Gesellschaft verändern zu wollen, vielleicht auch die Bürger muslimischer Religionszugehörigkeit zu ihrem Glauben führen zu wollen, über – wie er es anstrebt – eine Reislamisierung. Doch soll diese Reislamisierung nach seinen Vorstellungen fest und streng organisiert sein. Es handelt sich nicht um die Suche eines pluralistischen Islam, eines Islam, der gegenüber anderen offen ist, der die französische und die westliche Kultur bereichern kann. Den Muslimen soll vielmehr eine Ideologie aufoktroyiert werden. Für mich ist die Frage des Kopftuchs die Schlüsselfrage. Denn wenn man das Tragen desselben zum Zwang erhebt, suggeriert man den Gläubigen – und das ist den Anhängern der *UJM* auch gelungen –, dass man keine gute Muslima sein kann, wenn man es nicht trägt. Dieses Kopftuch wird dann zur Uniform. Es handelt sich eben nicht um das traditionelle Kopftuch einer kabylischen Bäuerin, sondern um eine Uniform." (Interview mit Christian Delorme, August 2002)

So hat der französisch geprägte neokommunitäre Islam der *UJM* inzwischen in Vénissieux und der Nachbarkommune St. Fons Wurzeln geschlagen. Nach Angaben der Präfektur des Departements Rhône ist die Zahl der Gebetsräume von drei im Jahr 1987 auf mindestens 12 im Jahr 2004 angewachsen. Dabei erneuert sich die Generation der heute über 40-jährigen, in der *banlieue lyonnaise* aufgewachsenen Meinungsführer der *UJM* nicht, die Attraktivität bei den Jugendlichen hält aber an (Le Monde 14.01.2005, 20). Am äußersten Rand dieser Islamisierung kommt es gelegentlich auch wie im Fall von Khaled Kelkal zu Radikalisierungen, von denen islamistische Gruppen profitieren. Doch nach Ansicht von Christian Delorme kann der *UJM* dabei keine direkte Verantwortung zugeschoben werden:

> „Nein, diese Jugendlichen stehen nicht in Verbindung mit der *UJM*. Ich bin mir sicher, dass die *UJM* keine direkte Verantwortung bei deren Abgleiten hat. Wenn ich predige, kann ich auch nicht alle Leute kontrollieren, die in meine Kirche kommen." (2002)

So lassen sich die Folgen des Verhältnisses zwischen der Stadtregierung, der *UJM* und dem Staat – und die daraus entstandenen bzw. nicht entstandenen Konflikte – folgendermaßen resümieren: Der Bürgermeister hat das Ziel erreicht, in seiner Kommune den sozialen Frieden zu gewährleisten. In den von der *UJM* kontrollierten Quartieren haben die öffentlich sichtbare Gewalt und die Delinquenz abgenommen. Darunter zählen z.B. die rituellen Auseinandersetzungen mit der Polizei. Gleichwohl taucht die Gewalt dafür außerhalb dieser Territorien wieder auf (Khosrokhavar 1997, 287). Der Preis dafür war, dass dieses Territorium an einen allein dominierenden Verein ausgeliefert wurde. Denn heute kontrolliert die *UJM* einen Teil von Vénissieux und den entsprechenden Teil der Nachbargemeinde St. Fons (Le Monde, ebd.). Auf den Vorwurf dieser Preisgabe verteidigt sich aber André Gerin. Wie Maurice Charrier erhebt er sich *nach außen* zum Fürsprecher seiner Kommune, allerdings mit anderen Argumenten:

> „Ich habe mich immer für eine Position ohne Umschweif entschieden. Wenn die muslimischen Vereine so gefährlich sind, was unternimmt denn dann der Präfekt? Und die Polizei? Man muss endlich damit aufhören, auf die Bürgermeister zu zielen. Kein Mensch hat mir dabei geholfen, die Zunahme des Islamismus in Vénissieux seit zwanzig Jahren zu stoppen. Vom Geheimdienst erhalte ich keinerlei offizielle Information. Ich habe ehrlich gesagt die Nase voll. Die öffentlichen Institutionen scheinen nicht davon betroffen zu sein, da es sich um Muslime handelt. Ich sehe nur Jugendliche, denen man die Hand reichen muss. Und wenn man es wieder tun müsste, würde ich nicht zögern." (zit. nach Le Monde, ebd.)

Angesichts dieser kommunalistischen Position, welche die Ausgegrenzten verteidigt, ist die politische Verantwortung der Stadtgesellschaft bzw. des Staates gefragt. Dabei kann man hinsichtlich der Konfliktproblematik Folgendes beobachten. Einerseits verhindert der im Diskurs der neuen *FAS*-Delegierten symbolisierte „republikanische Integrismus", der sich gegen legitime Gemeinschaftsbildung wendet, eine notwendige Konfliktaustragung dadurch, dass er die Kommunikation gänzlich ablehnt und dadurch erst Recht den Rückzug und die identitäre Selbstabschließung fördert. Andererseits hat die Zusammenarbeit ohne *substantielle* Konfliktaustragung in Vénissieux zur Aufgabe des republikanischen Territoriums und zur wachsenden religiös-autoritären Kontrolle desselben durch die *UJM* geführt. In diesem Sinne sei – nach Ansicht des Unterpräfekten der Stadtpolitik im Departement *Rhône* – in den 90er Jahren in Vénissieux eine Niederlage der Laizität herbeigeführt worden (Le Monde, ebd.). Christian Delorme, der beste Kenner der muslimischen Vereinsszene in Lyon, entscheidet sich folgendermaßen:

> „Wenn man sich Vénissieux und [die Nachbargemeinde, DL] St. Fons anschaut, hat die *UJM* diese Quartiere fest im Griff. Dies ist in Vaulx-en-Velin nicht der Fall. Daher habe ich den Eindruck, dass man heute als Muslim mehr Freiheit in Vaulx-en-Velin als in Vénissieux genießt." (2002)

7 Konklusion

Die Konklusion beinhaltet die synthetisierende Verallgemeinerung der Fallanalyse als Abschluss des eingangs skizzierten Forschungsprozesses (vgl. 1.2). Entsprechen die vorgefundenen Ergebnisse aus dem städtischen Großraum von Lyon dem präsentierten Forschungsstand (vgl. Kap. 2) und den impliziten Hypothesen (vgl. 2.3)? Bei diesen geht es um die ökonomisch-soziale und die politische Integration der Jugendlichen und jungen Erwachsenen maghrebinischer Herkunft als Teil einer sich bildenden städtischen Minderheit in die Stadtgesellschaft. Welche Rolle spielt die Selbstorganisation der Jugendlichen, welche Rolle der intermediäre Raum zwischen Stadtpolitik und Lebenswelt? Wie kann man die Stadtpolitik am Ende des *Policy*-Zyklus evaluieren?

7.1 Ökonomisch-soziale Integration und Solidarität

Während die Mehrheit der in Vaulx-en-Velin lebenden Jugendlichen maghrebinischer Herkunft in den regulären oder zumindest befristet in den zweiten Arbeitsmarkt integriert worden ist, hat eine Minderheit unter ihnen keine bzw. nur eine zeitlich erheblich verzögerte Eingliederung erfahren. Eine Verbesserung ist in den 90er Jahren dadurch entstanden, dass auch die niedrig qualifizierten Jugendlichen befristete Arbeitsverträge bei großen Firmen bekamen. Doch steigt nach vier Jahren kontinuierlichem Rückgang seit 2001 die Arbeitslosigkeit im städtischen Großraum von Lyon wieder an, wie der neueste Bericht des Observatoriums für die Stadtpolitik in der *Courly* zeigt (Rapport 2004, 8; Anm. 72). Das wesentliche Merkmal, mit dem sich dabei die Jugendlichen mit Migrationshintergrund in ihren Zugangsproblemen zu einer Beschäftigung von den anderen Jugendlichen in der *banlieue* unterscheiden, ist die Erfahrung von Fremdenfeindlichkeit und Rassismus. Allen gemeinsam ist jedoch in der interethnisch geprägten Lebenswelt die Erfahrung sozialräumlicher Diskriminierung: *être Vaudais, c'est mal vu* – als Bürger von Vaulx-en-Velin hat man schlechte Chancen!

Infolge der Arbeitslosigkeit, der prekären Beschäftigungslage, der residentiellen Mobilität sowie der Familiensituation sind die sozialen Bindungen vor allem in den neueren Teilen der *ZUP* von Vaulx-en-Velin schwach ausgeprägt. Diese Faktoren haben sich über anomische Spannungen und Frustrationserfahrungen (relative Deprivation) in der *galère* auf die implodierenden wie explodierenden individuellen Handlungsweisen eines Teils der Jugendlichen ausgewirkt, wie gerade in Vaulx-en-Velin die gewalttätigen Unruhen zeigten. Die *Zerfallshypothese* wird insofern bestätigt, als Formen sozialer Desintegration und Desorganisation sich auf dieses Verhalten der Jugendlichen auswirken *können* aber nicht müssen, da sie milieuspezifisch und in Kombination mit kulturellen und politischen Angeboten im Quartier verarbeitet werden.

Daher sind gerade unter den strukturellen Zwängen des Arbeitsmarktes, wie in der *Ressourcenhypothese* angenommen, komplementär neue Formen von sozialer (Re)Organisation und Gemeinschaftsbildung entstanden. Sie bedienen sich z.T. der Hilfe der Institutionen, z.T. greifen sie auf eigene Ressourcen zurück. Es ist allerdings sehr schwierig, die damit verbundenen Netze in ihrer informellen Verknüpfung zu erkunden. Zudem lassen sich die Illegalität der Parallelökonomie und die Legalität der individuellen Selbstinitiativen nicht klar voneinander trennen – kein Novum in der Migrationssoziologie! Gleichzeitig bilden sich mit diesen Formen der Reorganisation gruppenspezifische Solidaritäten über lockere Bandenbildung, bei der die lebensweltliche Identität des Territoriums verteidigt wird. In biographischen Brüchen driften auch manche Jugendliche über die Islamisierung von der Delinquenz zur individuellen, quartierbezogenen Selbstabschließung. Instrumenteller *business* (ökonomische Selbstorganisation) und affektive Gemeinschaftsbildung überlappen sich zwar, sind aber voneinander getrennt. Dabei wird es angesichts der persistenten sozialen Ausgrenzung immer problematischer, dieses Verhalten normativ nur als „abweichend" zu bezeichnen.

Diese Phänomene betreffen die meisten französischen Vorstädte. Doch existieren großstadtspezifische Unterschiede. So kennen die Vorstädte von Lyon zwar sehr gut die politischen Bewegungen und die Islamisierung der Einwandererjugend. Dagegen ist die ökonomische Selbstorganisation in der Agglomeration von Lyon im Vergleich zu Marseille relativ schwach ausgeprägt (Bordreuil/Lovell/Péraldi 1996). Bei alledem stoßen die Jugendlichen in Vaulx-en-Velin auf *Grenzen der Reorganisation*; ihre sozialstaatliche Abhängigkeit von den Institutionen bleibt erhalten. Was taten daher die Institutionen und die Vereine als kollektive Akteure für die soziale bzw. systemische Integration?

Die *Stadtpolitik* zielt darauf ab, eine weitere Segregation zu verhindern. Dabei wird im Spannungsfeld zwischen einer Politik der individuellen und der gruppenbezogenen Eingliederung das Dilemma deutlich: Sollen spezifische Bezirke städtischer Minderheiten besonders gefördert werden? Dies impliziert eine Politik sozialräumlich positiver Diskriminierung. Damit wird die Ausgrenzung zwar bekämpft, die entsprechenden Stadtviertel werden jedoch noch mehr stigmatisiert. Oder soll aus diesem Grund auf eine Sonderbehandlung verzichtet werden? Dies entspricht allerdings angesichts der Tabuisierung einer nicht ausreichenden Bekämpfung der Diskriminierung.

Das Handeln des Bürgermeisters einer Kommune wie Vaulx-en-Velin bewegt sich innerhalb dieses Dilemmas. Doch trotz sozialräumlich positiver Diskriminierung, die einen Bruch mit der „egalitären Intervention" des französischen Staates darstellt, schlägt sich gleichzeitig der republikanische Ansatz nieder, der um jeden Preis ethnisch-kulturelle Gemeinschaftsbildung verhindern will. Am deutlichsten wird er in der Wohnungspolitik, die offiziell seit dem Stadtorientierungsgesetz (*LOV*) von 1991 auf „soziale Mischung", d.h. eine Dekonzentration von Armut und damit von Einwanderergruppen zielt. Der Stadtverbund und die Kommune von Vaulx-en-Velin verfolgen – zumindest rhetorisch – das Ziel, die Mittelschichten wieder in die *banlieue* zurückzuholen. So wurden in Vaulx-en-Velin z.B. ein neues Stadtzentrum und ein Gymnasium errichtet. Doch kann sich die Bevölkerung in der *ZUP* nicht damit identifizieren. In diesem Kontext handelt *Agora* als kollektiver Akteur zwar auch sozialpolitisch und ethnisch indifferent, der Verein betont aber die lebensweltliche Besonderheit seines Stadtviertels. Ist somit angesichts der zunehmenden Segregation nicht die gehegte Hoffnung aufzugeben, eine gesamtstädtische Integration könne über die räumliche Dekonzentration von Armut und Minderheiten gelingen? Dies verweist auf die ökonomische Entwicklung, die der Stadtpolitik systembedingte, strukturelle Grenzen zieht.

Denn die von der *politique de la ville* erhofften Investitionen in den Vorstädten bleiben aus, obwohl der Bürgermeister versucht, über eine Standort- und Imagepolitik Unternehmen anzulocken. Die *zones franches* der Steuerbefreiung halten diese Entwicklung nicht auf, und die modernen Betriebe, die sich auf billigem Bauland in der *banlieue* ansiedeln, benötigen hochqualifizierte Arbeitskräfte. So bleibt nur noch der *Dritte Sektor* mit seinen kleinen Erfolgen. Dabei entstehen zwischen den Institutionen, dem Dritten Sektor und den Vereinen Räume der Kooperation. Die Vereine beteiligen sich mit eigenen Projekten und legalisieren dadurch z.T. die Parallelökonomie. Ihre ökonomischen Aktivitäten werden jedoch angesichts der „Gefahr" der Gemeinschaftsbildung nicht gern gesehen, was vorhandene Ressourcen ungenutzt lässt und diese Gruppen an den Rand der öffentlichen Politik drängt. Insgesamt betrachtet können die relativen Erfolge des Dritten Sektors die Entwicklung der Arbeitslosigkeit nicht wesentlich verändern. Was helfen unterbezahlte Reparaturkolonnen von Bürgern im Quartier angesichts fortschreitender Segregation? So bleibt der Einfluss der Stadtpolitik auf den Arbeitsmarkt und die maßgeblichen wirtschaftlichen Akteure äußerst gering.

Welche Resultate kann somit die *politique de la ville* im städtischen Großraum von Lyon vorweisen? Ist es ihr im *Policy*-Zyklus gelungen, die politischen Maßnahmen entsprechend umzusetzen? Denn als Zeichen des Scheiterns der Stadtpolitik hatten die Jugendunruhen von Vaulx-en-Velin 1990 zu einem Bündel neuformulierter Maßnahmen geführt, welche die Armut bekämpfen und die soziale Integration fördern sollten.

Der Bericht des Observatoriums von 2004 konstatiert langfristig betrachtet eine zunehmende Ungleichheitsentwicklung zwischen dem West- und dem Ostteil der Agglomeration gemessen an der Spreizung der Einkommensentwicklung (1989-2000) und an der fast stetigen Zunahme von Sozialhilfeempfängern (1993-2003), die sich auf den *Est Lyonnais* konzentriert. Gleichzeitig weist er auf kleine Erfolge in den ausgewiesenen Territorien der Stadtpolitik hin: bei den Schulkarrieren in den Erziehungszonen, in Bezug auf den *vorübergehenden* Rückgang der Arbeitslosigkeit und positive Ergebnisse von Beschäftigungsmaßnahmen sowie hinsichtlich der Strategie einer ausgeglicheneren Verteilung von neu errichteten Sozialwohnungen im städtischen Raum.

Eine ähnliche Bilanz lässt sich für eines der größten Territorien dieser *politique de la ville* ziehen: Vaulx-en-Velin. Schulprobleme und Arbeitslosigkeit bleiben vor allem in dieser Kommune Bestandteil der segregativen Entwicklung in der *Courly*. Die Beschäftigungsmaßnahmen für die Jugendlichen und jungen Erwachsenen können das strukturelle Problem der Arbeitslosigkeit, der Spaltung des Arbeitsmarktes und der Krise des Ausbildungssystems nicht beseitigen. Die von den *Missions Locales* implementierten Maßnahmen verschlimmern sogar die Situation der Jugendlichen, wenn diese in den die Arbeitslosigkeit kaschierenden Warteschleifen ihre „Zeit verlieren". Was das System der Akteure (Abb. 11) mit den Beobachtungen der *Charte d'objecifs* von 1990 betrifft, müssen trotz der Probleme im *Mas du Taureau* im Einzelnen positive Beispiele aus den diversen Politikfeldern genannt werden: Sei es das Funktionieren des Gemeindezentrums in der *Grappinière*, seien es kleine Projekterfolge der *Mission Locale* wie die erwähnte Kooperation mit dem Stromunternehmen *EDF*, die einigen Jugendlichen einen Arbeitsplatz verschaffte.

Prägend bleibt dennoch die Kluft zwischen einerseits einem unüberschaubaren Institutionengefüge aus bürokratischen Normen und andererseits den lebensweltlichen Wahrnehmungen der Jugendlichen. Beim Anspruch vernetzter, politikfeldübergreifender Zusammenarbeit entstehen korporatistische Reflexe, ein Wettlauf um Subventionen in der Stadtviertaldynamik sowie eine Funktionssuche gegenüber den Vereinen. Das Nebeneinander zu vieler Projekte hat nicht zu den erhofften Synergieeffekten, sondern eher zu Energieverlusten geführt. So zieht ein Schulleiter bereits 1992 folgende nüchterne Bilanz:

> „Alles, was wir in den letzten Jahren erreicht haben ist Schadensbegrenzung".

Die engagierten Akteure sind ausgebrannt. Dazu zählen auch die Vereine, die als intermediäre Akteure mit den Institutionen zusammenarbeiten.

Diese *Vereine* bewegen sich innerhalb eines nicht präzise zu bestimmenden Raumes zwischen abhängiger Kooperation mit den Institutionen und kollektiver Selbstorganisation, die in ihren informellen Netzen für Außenstehende nicht erfassbar ist. Auch diese *associations* stehen untereinander in Konkurrenz um Subventionen und Projekte und haben in der Kooperation mit den Institutionen ihre Eigenlogik. Insofern leisten sie ihren Beitrag zur Segmentierung des Systems der Akteure, die sich gegenseitig nur begrenzt wahrnehmen. Andererseits entstehen aber über eigene Ressourcen Räume der kollektiven Selbstorganisation. Sie entgleiten den Normen bürokratischer und sozialtechnischer Rationalität und berühren sich nur leicht mit der Stadtpolitik. Dies sind die nichtintendierten Folgen der *politique de la ville*, die in ihrer Angst vor Gemeinschaftsbildung – wie z.B. der Konflikt um das Gemeindezentrum im *Mas du Taureau* zeigte – der Selbstorganisation und den *vorhandenen Eigenressourcen nicht ausreichend Rechnung trägt* und dadurch die Rückzugs- und Abschottungstendenzen verstärkt. Dabei gibt es zwischen Kooperation und Selbstorganisation verschiedene Stufen von Erfolgen, Konflikten und Mediationen. Erwähnenswert ist auch, dass die Kommune – wie mir eine neuernannte Projektleiterin 2002 im Rathaus mitteilte – seit einigen Jahren mehr Sozialarbeiter und verstärkt geschulte Mediatoren in den Stadtvierteln einsetzt. Allerdings werden Konflikte schon seit langem in den Institutionen der *banlieues* mithilfe von Jugendlichen „aus dem Milieu" moderiert. Während dies mit K. im Gemeindezentrum der *Grappinière* funktioniert, sind die Kontakte der Jugendlichen zum *Service jeunesse* sehr begrenzt, da sich dieses Amt nicht unmittelbar im Quartier befindet. Zwar betonen schließlich alle Behördenvertreter der Stadtpolitik wie wichtig es sei, dass sich Vereine gründen. Sobald sie aber eine gewisse Autonomie aufweisen, entsteht Konkurrenz mit den Behörden.

Gleichzeitig hielt sich jedoch auch bei dem laizistischen Verein *Agora* das Streben nach ökonomischer Selbstorganisation, fester Gemeinschaftsbildung und positiver Diskriminierung in Grenzen. Es ging ihm vielmehr um eine Anerkennung durch die Institutionen. Das französische Paradox liegt somit darin, dass sich der Staat *und* diese Vereine handlungsleitend am Modell orientieren, d.h. mit ethnisch indifferentem Code die sozialräumlichen Probleme des städtischen Fremden angehen. Dieses Paradox ist bisher immer eine Erfolgsgarantie des „Modells" gewesen

(Weil 1991; Frybès 1992). Doch scheint die Stadtregierung von Vaulx-en-Velin zunehmend Schwierigkeiten zu haben, wenn die Vereine Gemeinschaftsaspekte betonen. Wie verhält sich dabei der Staat bzw. der *FAS* als Verwalter dieses Paradoxons?

Im fragmentierten Raum der unitarisch regierten Kommune Vaulx-en-Velin schienen die Stadtregierung und die Implementationsgruppe (vgl. Abb. 10) die Situation nicht fest im Griff zu haben, während die Vereine die Besonderheit ihres Wohnviertels betonten. Anstatt einer Reflexion über die Folgen dieser Fragmentierung herrschte hektischer Projektaktivismus. So meinte die Anfang der 90er Jahre amtierende Regionaldelegierte des *FAS*:

> „In Vaulx-en-Velin ist es sehr schwierig, eine Gesamtübersicht zu bekommen. Es gibt keinen Ort, von dem aus man diese Übersicht bekommen könnte. Und wenn die Leute zusammenkommen, planen sie viele Projekte, die sie nicht ordnen. Es gibt vorab keine Reflexion über die anstehenden zentralen Probleme."

Eine Reflexion scheint vor allem in der Distanz *von außen* zu kommen. Denn die Stadtregierung von Vaulx-en-Velin ist bestrebt, alle auf ihrem Hoheitsgebiet liegenden Institutionen zu kontrollieren. Die Kommune wurde dadurch in den 90er Jahren zum Bremser der Stadtpolitik. Dies entspricht der Situation in vielen anderen französischen Vorstädten. Denn die Dezentralisierung, die zusammen mit der *Stadtpolitik* das lokale politische System öffnen soll, hat eher die Macht der alten Honoratioren gestärkt (Rey 1996, 83). Durch dieses reaktive Verhalten wird auch die Entstehung einer Minderheitenpolitik blockiert, ob es um Maßnahmen zur ethnisch-kulturellen Gemeinschaftsbildung wie der Vereinsförderung oder um Antidiskriminierungspolitik geht (Lapeyronnie 1993a, 307ff). Die Gemeinderäte tun sich mit dieser neuen Aufgabe schwer, da Minderheitenpolitik bisher in den Händen des Staates lag. Daher werden auch die Vereine je nach Verhältnis zur Kommune vom Staat bzw. vom *FAS* subventioniert und in ihrer Funktion als Mediatoren unterstützt. In Vaulx-en-Velin gibt es eine Antidiskriminierungspolitik nur dadurch, dass die ehemaligen Aktivisten der *beurs*-Bewegung in den Institutionen der Stadtverwaltung eingesetzt werden. Trotz zunehmender Diskriminierungen und trotz der Erfolge des *Front national* sind bis heute keine expliziteren Maßnahmen entstanden. Öffentliche Antidiskrimininierungskampagnen sind der republikanischen Tradition fremd. So kommen die Überlegungen zur Antidiskriminierungspolitik am ehesten vom *FAS* und werden, wie auch die neuere Debatte in Frankreich zeigt, vom Staat angeregt. Dieser zählt zusammen mit den *contrats de ville* (Stadtverträge) in den Agglomerationen zu den Impulsgebern einer „Minderheitenpolitik".

Trotz zunehmender sozialräumlicher Polarisierung und der beschriebenen ökonomischen Grenzen der Stadtpolitik ist Vaulx-en-Velin als französische Vorstadt weit davon entfernt, ein „Ghetto" zu sein, wenn man in Anlehnung an Wirth (1966) das Ghetto z.B. über ethnische Homogenität und erzwungene, z.T. auch von den Ghettomitgliedern selbst geforderte Abgeschlossenheit definiert. Prägend ist vielmehr vor allem in Frankreich die ethnische Heterogenität, eine – immer noch – relative Offenheit der sozialen Übergänge zwischen Vorstadt und Stadt und der Wunsch der akkulturierten Jugendlichen, Vaulx-en-Velin – wenn auch nicht völlig – doch so bald wie möglich zu verlassen. Nach Vergleichskriterien wie dem Ausmaß an Arbeitslosigkeit, Armut, Kriminalität und Gewalt unterscheidet sich die *banlieue* beispielsweise essentiell von US-amerikanischen Ghettos (Wacquant 1993). Zudem sind die „Logiken urbaner Polarisierung" trotz struktureller Gemeinsamkeiten zwischen US-amerikanischen und europäischen Großtädten ebenso weit voneinander entfernt (Wacquant 2001). Es existieren vor allem keine eigenen Institutionen der städtischen bzw. ethnischen Minderheiten. Trotz der Rückzugstendenzen der Institutionen im *Mas du Taureau* oder der Kontrolle des Territoriums durch die *UJM* in Venissieux sind der Staat und vor allem die öffentlichen Schulen in den französischen Vorstädten präsent.

Mit einer anderen Sozialstaatstradition als in den USA wird die Fortsetzung der Stadtpolitik im Konsens der französischen Parteien betrieben. Daran beteiligt sich auch der rechtsextreme *Front national*. Er setzt sich bisweilen sogar an die Spitze, wenn er über Versprechen in der Sozialpolitik die autochtonen Fremden der *classes populaires* als Wähler gewinnt. So wird die Stadtpolitik trotz markanter Zäsuren und einer weiterbestehenden Kluft, die in Vaulx-en-Velin 1990 und 1995 deutlich wurde, ständig modifiziert und weitergeführt, wie die jüngsten Initiativen des Ministers für Arbeit, Beschäftigung und sozialen Zusammenhalt Jean-Louis Borloo zeigen. Zwar ist die Bilanz von 25 Jahren dieser sozialstaatlichen Intervention ernüchternd, wenn man das hehre Ziel des Berichts von Hubert Dubedout (1983) „Die Stadt neu gestalten" dem Regierungsrapport von Jean-Pierre Sueur (1998) oder gar dem dominierenden Wahlkampfszenario der französischen Präsidentschaftswahl von 2002 gegenüberstellt: Die *banlieue* ist im öffentlichen Bild schlechthin zur Bedrohung der inneren Sicherheit geworden. Ist die Stadtpolitik somit eine völlige Niederlage? Ist sie nur eine im *Policy*-Zyklus ritualisierte und massenmedial inszenierte Neuformulierung von Programmen, die immer dann einsetzt, wenn es in den *banlieues* zu gewaltförmigen Ausschreitungen kommt? *Wollen* die maßgeblichen ökonomischen und politischen Akteure die Situation überhaupt grundlegend verändern, solange das Problem der Arbeitslosigkeit nicht strukturell angegangen wird und solange die Metroanschlüsse nicht direkt bis zu den *ZUPs*, den Siedlungen der „gefährlichen Klassen" reichen?

Trotz alledem wird durch die Stadtpolitik (*policy*) die Zunahme der Segregation gebremst und den Vorstadtbewohnern das Gefühl vermittelt, ein Teil der Stadtgesellschaft zu sein. Die *politique de la ville* ist weiterhin ein Symbol für (nationale) *Solidarität* gegenüber den *städtischen Unterschichten* und über die Stadtverträge ein Zeichen großstädtischer Solidarität gegenüber den *Kommunen, die die Armut verwalten müssen* und deren Handlungsspielraum begrenzt bleibt. So sind die Bürgermeister dieser Kommunen angesichts ihrer Probleme in gewisser Weise gezwungen, „abweichend" gegen die Norm vorzugehen. Dies zeigen die Kritik des Bürgermeisters von Vaulx-en-Velin an der mittelschichtsorientierten Normativität des Begriffs der „Integration" sowie die Replik des Bürgermeisters von Vénissieux auf den Vorwurf, den „kommunitären Rückzug" religiöser Gruppen zu fördern. In diesem Kontext hat sich innerhalb Frankreichs ein zweites lokales politisches System entwickelt, in dem die kommunalen Eliten Armut und Gemeinschaftsbildung verwalten müssen. Es handelt sich um eine Herausforderung, die Kommunen ohne solche Quartiere überhaupt nicht kennen (Interview mit Maurice Charrier 1996, Touraine 1996).

So werden in der Agglomeration von Lyon Konflikte zur Integration in die Stadtgesellschaft auf zwei Ebenen ausgetragen (*politics*). Die *Kommune* ficht ihre Interessen in der Wohnungs- und Verkehrspolitik innerhalb des Stadtverbundes aus, bevor sie in den Stadtvertrag einfließen. Die *städtischen Unterschichten* sind dagegen bei ihrer politischen Teilhabe im Wesentlichen an die Kommune gebunden. Denn ein direkt gewähltes gesamtstädtisches Parlament gibt es in französischen Großstädten wie Lyon nicht. Im unitarisch-zentralistischen Frankreich mit seiner zum Staat hin orientierten Kommunalverfassung fehlt noch immer die großstädtische Bürgerschaft des quartiergebundenen Vorstadtbewohners. Damit ist nun eine resümierende Antwort auf die Frage zu geben, ob die politische Vergemeinschaftung bzw. Integration eine Zugehörigkeit zur Kommune bzw. Nation gewährleisten kann, wenn für Teile der Unterschichten keine systemische Integration mehr über den Arbeitsmarkt existiert.

7.2 Politische Integration und Anerkennungskonflikte

Solange die *classes populaires* die Möglichkeit haben, sich im (lokalen) politischen System zu beteiligen und dies auch wollen, kann von politischer Segregation keine Rede sein. Untersuchungen zur US-amerikanischen Situation zeigen, dass eine völlige Segregation erst dann eintritt, wenn es auch keinen Bezug mehr zum *politischen* Gemeinwesen gibt (Kronauer 1995). Selbst wenn angesichts der *frac-*

ture civique (Bruch in der staatsbürgerlichen Teilhabe) in der französischen Gesellschaft die Wahlenthaltung in den Vorstädten seit Jahren am höchsten ist, lässt sich an der Perspektive der politischen Kohäsion bzw. Integration festhalten. Sie führt zur zweiten Hypothese dieser Arbeit, die aus zwei Teilen besteht (vgl. 2.3). Eine Integration der städtischen – und nicht mehr eindeutig davon zu trennenden ethnischen – Minderheiten in die Stadtgesellschaft vollzieht sich im Wesentlichen (1) durch die *(nationale) Identifikation des Bürgers mit den republikanisch-laizistischen Werten* und (2) durch die *Austragung von ethnisch-kulturell geprägten Anerkennungskonflikten in der Öffentlichkeit*.

1) Wie verhält es sich es mit der *politischen Integration* der Jugend von Vaulx-en-Velin? Während die sozial integrierten Jugendlichen das Engagement des Bürgermeisters betonen und sich trotz Wahlenthaltung bzw. über andere, assoziative Formen politischer Teilhabe mit den Werten der Republik identifizieren, wenden sich vor allem die marginalisierten unter ihnen von der politischen Klasse ab. Sie bewegen sich zwischen den Jugendunruhen und dem Rückzug in ihre Lebenswelt. Bei den sich zum Islam hinwendenden Jugendlichen kann dies bis zur Selbstabschließung im Stadtviertel gehen, was einen Bruch mit der Außenwelt darstellt. Aus der politischen Sphäre wird dann nur noch die Bedrohung durch den *Front national* wahrgenommen. Gelingt es den Institutionen und den Vereinen, *diese* Jugendlichen zur politischen Teilhabe und zur Identifikation mit dem Gemeinwesen zu bewegen?

Die Angebote politischer Integration im Stil von Stadtteilforen werden nicht angenommen. Von den in die Mittelschicht aufgestiegenen und ins kommunale politisch-administrative System integrierten Mitgliedern der *beurs*-Bewegung fühlen sich die Jugendlichen aus den Quartieren ebenso wenig repräsentiert. So haben sich einige junge Erwachsene nach den gewaltförmigen *émeutes* zu Vereinen assoziiert. Bei *Agora* ist es über ethnisch-kulturelle Ressourcenmobilisierung zu einer kollektiven Aktion gekommen, bei der mit der Gewalt der Jugendunruhen gedroht werden konnte. Dadurch ist in der kommunalen Öffentlichkeit eine politische Gegenmacht entstanden. Mit der Aufstellung einer eigenen Wahlliste kam es sogar zum Versuch politischer Repräsentation. Zwar gab es innerhalb von *Agora* eine Strömung, die den völligen Bruch mit der Außenwelt anstrebte. Doch berief sich die Mehrheit der Mitglieder dieses bürgerrechtlichen, laizistischen Vereins auf die republikanischen Werte der französischen Nation. Dies bedeutet sowohl a) auf die politischen *Werte* (Freiheit, soziale Gerechtigkeit, Solidarität) als auch b) auf das liberale Verfahren *individueller* politischer Repräsentation (repräsentative Demokratie). Das Problem liegt hier nicht in einer fehlenden wertegebundenen Identifikation mit der Republik. Im Gegenteil. Diese politische Identifikation kritisiert gerade die herrschende, von Klientelismus geprägte lokale politische Kultur, die sie in gewisser Weise gelegentlich sogar reproduziert.

Was die Stadtregierung betrifft, betont diese zwar, die Bildung von Vereinen fördern zu wollen. Doch sobald Eigeninitiativen entstehen, die der lokale Staat nicht mehr kontrollieren kann, kommt es zu Blockaden. Diese erklären sich zum einen aus dem lokalen Herrschaftsanspruch des Bürgermeisters mit seiner hervorgehobenen Stellung in der französischen Kommunalverfassung. So lassen sich zwar wie von den lokalen Eliten erwünscht über die Meinungsführer die Forderungen der Jugendlichen bündeln, doch können dadurch nicht alle Vereine befriedet werden.

Zum anderen geht es um die verschiedenen Auslegungen der politischen Kultur. Während der Bürgermeister von Vaulx-en-Velin eine zu starke Vertretung von Sonderinteressen einzelner Stadtviertel für gefährlich hält, werden nach Ansicht von *Agora* Gruppenlagen nicht ausreichend berücksichtigt. Eine *nouvelle citoyenneté* (neue Bürgerschaft) im Sinne einer stärker die Gruppeninteressen betonenden *citizenship* (civil) auf lokaler Ebene stößt auf die das Individuum in den Mittelpunkt stellende staatsbezogene Bürgerschaft (civique), die bisher im direkten Verhältnis zwischen Bürger und (National-)Staat das lokale politische System in Frankreich prägt. Obwohl der Bürgermeister *nach außen* die partikulare Anerkennung seiner Bevölkerung fordert, akzeptiert er diese Konstellation *nach innen* nicht.

Das Verhältnis zwischen kultureller und politischer Identität, zwischen partikularer Gruppenidentität und unitarischem Gemeinwesen wird vor allem über islamische Vereine wie die *union des jeunes Musulmans* im Verhältnis zwischen Religion und Politik deutlich. In Frankreich ist bisher nur über die *Religion* eine öffentliche Anerkennung von kultureller Differenz möglich gewesen. Dabei waren Mobilisierung und Partizipation der maghrebinischen Einwanderer entweder religiös *oder* politisch geprägt. Während die „erste Generation" der *travailleurs immigrés* mit dem Bau von Gebetsräumen und Moscheen *religiöse* Anerkennung forderte bzw. fordert und die laizistische *beur*-Generation für *politische* und soziale Bürgerschaft kämpfte, sind die islamischen Vereine dagegen religiös *und* politisch. Dabei hat die Religion für sie die Funktion, die Jugendlichen in den Quartieren zu mobilisieren: Kopftuchaffären provozieren die französische Öffentlichkeit, sie treffen den Nerv der Laizität. Die Religion wird aber nicht nur funktionalisiert. In ihr manifestiert sich ebenso eine ethisch-moralische und identitätsbezogene Spiritualität. Sie ermöglicht den Jugendlichen zudem, sich mit der bisher verdrängten Kolonialgeschichte und der Migration ihrer Eltern auseinanderzusetzen. Khaled Kelkal ist ein extremes Beispiel dafür.

Wenn nun einerseits die akkulturierten Meinungsführer der *UJM* in der lokalen politischen Kultur verwurzelt sind, sich *zum Prinzip der Laizität bekennen* bzw.

sogar deren wirkliche Praktizierung verlangen, geht es um die Anerkennung eines französisch-westlich geprägten, modernen Islam im säkularen Rechtsstaat. Dies schlägt sich in der Forderung nach einer Neuformulierung der Laizität nieder, mit der die religiöse Toleranzforderung der Dritten Republik auf den Islam ausgedehnt werden soll: Die Gründung des *Conseil Français du Culte Musulman/CFCM* 2003 ist eine diesbezügliche Konkretisierung. Kulturgeschichtlich betrachtet repräsentiert allerdings in Frankreich die Angst vor dem Islam die eigene Kolonialgeschichte, die Krise des differenzblinden Integrationsmodells und die staatsgewordene „religiöse" Laizität. So reagierte im Verhältnis zwischen dem *FAS* und der *UJM* in den 90er Jahren ein „republikanischer Integrismus" auf einen „Kommunitarismus à la française".

Andererseits steht natürlich mit der neokommunitären Strömung des Islam in den Vorstädten das Bekenntnis zu den republikanischen Werten auf dem Prüfstand: a) wiederum hinsichtlich der demokratischen Werte und dabei vor allem der Laizität, und b) hinsichtlich des liberalen Verfahrens *individueller* politischer Repräsentation. Was die Werte betrifft, bekennt sich die *UJM* zum Prinzip der Laizität *und* unterstützt dabei das Tragen islamischer Kopftücher durch Muslima in staatlichen Schulen. Nach der 1992 geäußerten Ansicht der ehemaligen Delegierten des *FAS* stellt die *UJM* die Laizität nicht infrage; nach der 2005 abgegebenen Meinung des Unterpräfekten der Stadtpolitik im Departement Rhône hat dagegen das Prinzip der Laizität im Fall von Vénissieux in den 90er Jahren eine klare Niederlage erlitten. Auf solche Situationen hat das 2004 verabschiedete und umstrittene Gesetz zum Verbot des Tragens religiöser Zeichen in den staatlichen Schulen reagiert, republikanisch gewiss, aber auch von Persönlichkeiten wie dem Soziologen Alain Touraine unterstützt, der in den 90er Jahren zu den ersten Kritikern des differenzblinden französischen Integrationsmodells zählte.

Was die Repräsentation betrifft, hat die *UJM* in den 90er Jahren versucht, über kommunitären Druck und entsprechendes Lobbying mithilfe der Gemeinderäte von Vénissieux ihre Interessen zu vertreten, so dass es bisher zu keiner Aufstellung einer eigenen Wahlliste kam wie z.B. in Vaulx-en-Velin. Trotz des Bekenntnisses zur repräsentativen Demokratie grassiert in Vénissieux eine schleichende kollektive und autoritäre Kontrolle des von der Kommune „freigegebenen" Territoriums, welche die individuelle Freiheit bedroht, wenn sich ein Bürger dieser Gruppenkontrolle entziehen will. Dies führt zur Frage der politischen Macht in der Kommune und des Umgangs mit Gruppenforderungen, die konfliktträchtig sind.

2) Die „gehegte" Austragung von ethnisch-kulturell geprägten Anerkennungskonflikten kann ein Gefühl der Zugehörigkeit zur Gesellschaft entstehen lassen und zur institutionalisierten Regelung der Konflikte führen (vgl. 2.2.1.2). Dabei

entstehen verschiedene Konfliktszenarien und eventuelle Mediationstypen. Was zeigen die drei untersuchten Fälle?

In *Rillieux-la-Pape* reichte es aus, den charismatischen Prediger als Honoratior anzuerkennen und der islamischen Gruppe einen Platz in der Kommune zu geben. Dadurch konnte die Stadtregierung in ihrer ZUP den sozialen Frieden erhalten. Mit dieser verliehenen Gratifikation hatte der kommunale Klientelismus in beiderseitigem Interesse präventiv eine Konfliktaustragung verhindert.

Diese Kenntnis des Klientelismus ist auch in Vénissieux eine Voraussetzung dafür, dass die *UJM* mit ihrem kommunitären Vorgehen einen Einfluss auf die Gemeinderäte ausüben kann. In der langen Vereinsgeschichte dieser *banlieue*, von der die *beurs*-Bewegung ausging, sind sich die Konfliktgegner seit den 80er Jahren nähergekommen. Dies hat zu einer gewissen Erfahrung im Umgang mit Konflikten und im Verhandeln von Interessen geführt. So hat der Bürgermeister von Vénissieux seit dem ersten Auftreten der *UJM* in der Öffentlichkeit auf Dialog gesetzt und von Anfang an einzeln mit den diversen muslimischen Vereinen die Nutzung von Gebetsräumen ausgehandelt. Die Vereine wurden anerkannt, ohne dass öffentliche Konflikte ausgebrochen wären. In der Eintracht von Volkstribunen fühlen sich die *UJM* und der Bürgermeister sogar im Kampf gegen die Ausgrenzung miteinander verbunden. Der Preis für den Rückgang der Delinquenz und den Erhalt des sozialen Friedens ist allerdings die verlorene Kontrolle des Territoriums durch die Kommune.

Nur in Vaulx-en-Velin kam es somit zur Austragung eines *öffentlichen* Anerkennungskonfliktes. Dabei war zu beobachten, wie sich der Konflikt zunächst gewaltsam in den Jugendunruhen manifestierte, die Akteure sich daraufhin in der sozialen Sphäre organisierten, bevor der Konflikt schließlich über die Wahlliste in die politische Sphäre drang. Dies ging so weit, dass mit der Aufstellung der Liste „Für Vaulx-en-Velin" 1995 ein gewisses institutionalisiertes Konfliktverhältnis entstanden war, das in der Folge nach mehreren Phasen von Kommunikation und Bruch zu einer Kontraktualisierung im Sinne einer Regelung des Konfliktes hätte führen können. Eine kommunalpolitische *Integration* des Vereins durch Konfliktaustragung stand im Fall von Vaulx-en-Velin auf der Kippe. Für den weiteren Verlauf kann festgehalten werden, dass es inzwischen keine Bewegung, keine Forderungen und keine Verhandlungsmacht mehr gibt. Die Konfliktaustragung ist gewissermaßen verebbt. Dabei ist dennoch während der Kommunalwahl 1995 ansatzweise ein Zugehörigkeitsgefühl zur Kommune entstanden.

Mit diesen drei Beispielen lässt sich für die Konfliktproblematik Folgendes resümieren: *Erstens* kommt es zu *keiner (offenen) Konfliktaustragung*. Denn die politische Strategie einer antizipierten Regelung soll den Konflikt vermeiden: Sei es wie in Rillieux-la-Pape aufgrund klientelistischer Praktiken zur Integration und Friedenssicherung, sei es wie in Vénissieux durch Verhandlungen, da auch hier Interesse an politischer Kontrolle und sozialem Frieden besteht. Beides entspricht in gewisser Weise der Klientelpraxis der französischen lokalen politischen Kultur. Dennoch kann auch, was in der Mehrheit der Fälle in Frankreich geschieht (Khosrokhavar 1997, 286), eine institutionelle Beziehung zu den islamischen Vereinen mit laizistischer Begründung gänzlich abgelehnt werden. In diesem Fall resultiert die antizipierte Konfliktvermeidung aus Angst oder der Unfähigkeit des republikanischen Staates, mit kommunitären Gruppenlagen umzugehen – ein Gegensatz zur politischen Kultur der kommunalen Ebene in angelsächsischen Staaten. In beiden dargestellten Varianten – Prävention und Vermeidung – wird die Chance der substantiellen Konfliktaustragung vertan. Die nichtintendierte Folge in Vénissieux ist Erpressbarkeit und Verzicht auf demokratische Kontrolle durch die Institutionen; die nichtintendierte Folge der Mehrheitsvariante besteht darin, dass die muslimischen Gruppen, mit denen man vielleicht einen Status hätte aushandeln können, ihren kommunitären Rückzug antreten.

Zweitens kommt es wie in Vaulx-en-Velin zur offenen Austragung eines lebensweltlich geprägten Anerkennungskonfliktes. Auch dies entspricht der politischen Kultur einer konfliktorientierten Konkurrenzdemokratie à la française. Jedoch entstehen dabei erhebliche Brüche: Sei es durch die Blockade der differenzblinden Institutionen, sei es durch die Radikalisierung des laizistischen Vereins – oder auch eines muslimischen Vereins, wenn mit ihm eine substantielle Konfliktaustragung stattfinden würde. Diese Konfliktaustragung kann theoretisch eskalieren oder, wie das Beispiel von Vaulx-en-Velin zeigt, versiegen, da sich infolge des enttäuschten Rückzugs keine Forderungen mehr artikulieren. Aus diesen empirischen Befunden ergeben sich zwei theoretische Überlegungen:

Nimmt man das Beispiel *Agora* oder auch die dominierende Ablehnung der Konfliktaustragung mit islamischen Vereinen, dann scheint *erstens* das republikanische Integrationsmodell in einer tiefen Krise zu stecken. Denn das (lokale) politische System Frankreichs, in dem dieses differenzblinde Modell am sichtbarsten wird, ist für die Repräsentation ethnisch-kultureller Differenz, die Entstehung einer Antidiskriminierungspolitik und die offene Austragung von ethnisch-kulturell geprägten Anerkennungskonflikten nicht geschaffen *(polity)*. Da erst langsam eine politische Öffentlichkeit dafür entsteht bzw. sie vor allem vom *Front national* hergestellt wurde, können entsprechende Konflikte *(politics)* nur schwer artikuliert werden. Daher kann es zu keiner bzw. „nur" einer extrem tabuisierten minderheitenspezifischen Regulierung und Implementation von Programmen kommen *(policy)*, bei der nichtintendierte Folgen von Gemeinschaftsbildung und Diskriminirung entstehen. Das blockierte lokale politische System muss sich aus sich selbst heraus ethnisieren bzw. „kulturalisieren". Da es nur eine schwache Autonomie besitzt, kommen Anstöße dazu zumeist durch den Staat und die Stadtverträge *von außen*, gelegentlich auch *von innen*: nach Anlässen wie den Jugendunruhen, nach Wahlerfolgen des *Front national* oder durch den wachsenden Einfluss muslimischer Vereine.

Zweitens haben sich aber mit dem Ende der nationalen Industriegesellschaft die Bedingungen des Modells grundlegend verändert: persistente Segregation und nicht mehr vorübergehende Gruppenbildung bilden die soziale und politische Realität in den französischen Vorstädten. So stehen sowohl der lokale Staat als auch die Gruppen vor neuen Herausforderungen. Was den lokalen Staat betrifft, ist es – wie das Beispiel von Vénissieux zeigt – leichter gesagt als getan, Segregation und Differenz in der kommunalpolitischen Praxis über Konflikte zu regeln, selbst wenn wie in dieser Kommune ein langer Erfahrungsvorlauf existiert und das Hindernis der Konfliktaustragung weniger in der Angst vor dem Islam als im politischen Handlungsdruck liegt. Was die Gruppen betrifft, sind sie zu einer kommunitären Herausforderung für die Stadtgesellschaft geworden: wenn es um bürgerschaftliche Provokationen über „Kopftuchaffären" gegen den „republikanischen Integrismus" geht, wenn autoritäre Werte den demokratischen Gegenpol in der *banlieue* benötigen, oder wenn gar das Versickern von kollektiven Aktionen überhaupt kein *bargaining* mehr mit dem lokalen Staat ermöglicht. Wo bietet eine Reform des Modells hier (noch) kommunikative und demokratische Perspektiven?

So bleibt für die Hypothese der Integration durch Konfliktaustragung festzuhalten: Wenn es zu einer Konfliktaustragung kommt, kann im Pragmatismus der *black box* oder in der Öffentlichkeit ein gewisses Zugehörigkeitsgefühl zur lokalen Gesellschaft entstehen, auch wenn sich dabei keine feste Institutionalisierung wie in der Industriegesellschaft abzeichnet. Die Abschlüsse über die Nutzung von Gebetsräumen in Vénissieux oder der offene Bezug auf die Kommunalpolitik in Vaulx-en-Velin durch die Bürgerliste *Le Choix Vaudais* sind Beispiele dafür. Wenn der Staat aber die Kommunikation blockiert, wenn die Konflikte nicht substantiell ausgetragen werden, wenn sie die demokratische Gesellschaft bedrohen indem sie eskalieren (was nicht beobachtet wurde) oder im Rückzug des Territoriums stagnieren (was verbreiteter ist), wäre diese Perspektive der Integration durch Konfliktaustragung aufzugeben.

Beide Überlegungen – die Reformbedürftigkeit des Modells und die veränderten Bedingungen in der postindustriellen Gesellschaft – führen schließlich zur letzten Frage: Ist das französische Integrationsmodell gescheitert?

7.3 Ist das französische Integrationsmodell gescheitert?

Erstens dürfte sich das „Modell" zwar entgegen national-republikanischer Vorstellungen, wie sie von Schnapper (1994) verteidigt werden, so nicht mehr halten lassen. Doch ist es nicht überzogen, wie Wieviorka (1996) von einem Scheitern zu sprechen? Denn trotz aller Blockaden ist es a priori nicht auszuschließen, dass sich das „Modell" mit seinen historischen Traditionen an die veränderten Bedingungen von Segregation und Gruppenbildung anpasst. Das neue Paradox besteht ja schon darin, dass der Staat *und* Gruppen in der Gesellschaft ethnisch indifferent, aber mit sozialräumlich positiver Diskriminierung die Probleme des ausgegrenzten „Fremden" angehen, der sich nicht mehr klar definieren lässt. So schleichen sich heimlich Elemente des angelsächsischen „Modells" durch die Hintertür ins republikanische Frankreich. Auch wenn sich das ethnisch-kulturelle Dilemma zwischen einerseits einer tabuisierenden Politik der individuellen Gleichstellung *à la française* und andererseits einer enttabuisierenden Politik der positiven Diskriminierung bzw. von *affirmative action* - Programmen *à l'américaine* nur im pragmatischen Umgang handhaben lässt und sich die „Modelle" aufeinander zubewegen, steht Frankreich vor der Herausforderung einer *Entradikalisierung* seiner ethnischen Indifferenz. Da das Modell so aber nie existierte, sondern sich immer durch einen gewissen Pragmatismus im Umgang mit ethnischer und kultureller Differenz auszeichnete, bleibt die Frage offen, ob sich dieser Pragmatismus von den ethnischen zu den städtischen Minderheiten verschiebt? Gibt es eine Anpassung des Modells an die neuen Gegebenheiten? Kann es sie überhaupt noch geben?

Denn *zweitens* ist der für die Konfliktperspektive aufgegriffene, enger gewordene Handlungsspielraum mit der sich (nicht nur) in Frankreich verfestigenden Segregation und den schleichenden Ethnisierungsprozessen zu betrachten. So ist doch auch festzuhalten, dass in der postindustriellen Gesellschaft und im Kontext globalisierungsbedingter Transformationen alle nationalen Integrationsmodelle in Europa an Kohäsionkraft verloren haben (Martin/Metzger/Pierre 2003, 261-267). Das französische wie das britische, aber auch das deutsche oder das niederländische „Modell" stehen vor neuen Herausforderungen, die von Identitätsbekundungen der Einwanderer bis zu – nicht nur kurzfristigen – nativistischen Reaktionen von Rechtspopulisten reichen. Haben also *alle* nationalen Modelle versagt?

Maurin (2004) beschreibt in seinem Buch mit dem provozierenden Titel „Le ghetto français" den sozialen Separatismus, der die *gesamte* französische Stadtgesellschaft durchzieht: von den Eliten transnationaler Globalisierungsgewinner über die Mittelschichten bis hin zu den *classes populaires*, die „nur" das Schlusslicht in der allgemeinen Tendenz bilden, sich von den jeweils unterschichteten Gruppen sozial und räumlich-residentiell abzugrenzen. Schafft sich die „dreigeteilte Stadt" ihre ausschließlich gruppenspezifischen Integrationsformen und Identitäten, was die Unterschichten dazu zwingt, sich, mit den Worten von Didier Lapeyronnie, in ihre Quartiere als „Ort ohne Sinn" zurückzuziehen (Le Monde, 06.07.2004)? Wenn die Interaktionen zwischen den Gruppen verschwinden, ist dann auch die „gesamtstädtische" Integrationsperspektive aufzugeben, sogar der gemeinsame öffentliche Raum?

> „Was verschwindet, ist genauer gesagt die Möglichkeit, mit den anderen verbunden, aber dennoch von ihnen getrennt zu sein, so wie man es ist, wenn man hier und da an einen runden Tisch gesetzt wird, nach der Metapher, die Hannah Arendt benutzt, um das Prinzip der Öffentlichkeit zu beschreiben." (Donzelot 2004, 22)

Auf dem Hintergrund dieser Überlegungen lassen sich zusammenfassend mit Blick auf die eingangs formulierten und hier wieder aufgenommenen Hypothesen folgende Schlussfolgerungen ziehen, die einen Ausblick geben und die Forschung anregen können:

1. Die Stadtpolitik bleibt trotz ihres „Scheiterns" weiterhin eine Politik sozialstaatlicher Solidarität („Armenpolitik"), die Lebenslagen systemisch unterfüttern kann. Wenn sie dabei allerdings lebensweltorientierte Eigeninitiativen zu sehr an den Rand drängt, anstatt sie zu fördern, führt dies zu nichtintendierten Folgen des Rückzugs und zur mangelnden Kooperation des Systems mit den Ressourcen der Lebenswelt.

2. Nur öffentliche, politische Debatten der (Stadt-)Gesellschaft über sich selbst ermöglichen ein Bewusstsein über gemeinsam geteilte demokratische Werte, über Teilhabechancen und über die Anerkennung von Gruppen bei einer *Trennung* von politischer und kultureller Identität. Auf diese Weise kann der demokratische Pol gegenüber autoritären Stimmen religiöser und rechtspopulistischer Provenienz gestärkt werden. Dieses demokratische Bewusstsein existiert gerade auch in den Vorstädten, wie die Beispiele der diversen Vereine zeigen. Dabei stehen weniger die ideologisch geführten nationalen Debatten über „den Islam", das republikanische „Modell", die Laizität, etc. im Mittelpunkt, sondern der demokratische Umgang mit Armut und Differenz in den städtischen Laboratorien des subnationalen politischen Raums.

3. Konflikte müssen thematisiert werden, nicht nur „negativ" über Gewalt, sondern auch in ihrer „positiven" Funktion. Selbst wenn in der „dreigeteilten Stadt" die sozialisatorische, kohäsionsstiftende Funktion des Konflikts vielleicht aufzugeben ist, gibt es ohne Konflikte keine Interessenartikulation.

Die Zukunft der europäischen Städte wird zeigen, ob sich der Pragmatismus der nationalen „Modelle" an die neuen Bedingungen anpasst. Wenn die Entwicklung so weiter geht wie von Fitoussi/Laurent/Maurice (2004) für Frankreich beschrieben, zerbricht dieses Modell vor allem an den diversen Formen der Segregation. Daher geht es zunächst darum, im Kontext der Globalisierung die Kritik an neoliberaler, nur auf Verwertbarkeitsinteressen des Marktes gerichteter Politik zu formulieren, um weiteren Segregationsprozessen entgegenzuwirken. Denn dies reduziert oder stärkt die Möglichkeit, die von innen heraus geschwächten gesellschaftlichen Institutionen zu reformieren. So gilt es eben auch, die Institutionen als Klammer von Solidarität und gemeinsamen politischen Werten neu zu erfinden (Dubet 2003), ohne dabei auf nationale „republikanische" Modelle des 19. Jahrhunderts zurückzufallen und ohne vor allem demokratische, assoziative Gruppensolidaritäten zu verdrängen – seien sie lebensweltlicher, territorialer, ethnischer oder religiöser Art. So braucht man den (demokratischen) Sinn des Akteurs in der Kommunikation seiner Lebenswelt mit dem System der Stadtpolitik nicht aufzugeben.

Anhang 1: Interviewleitfaden und Kurzfragebogen

Interviewleitfaden

- Familie (Herkunft, Situation, Werte, Religion)
- Schulerfahrung
- Freizeit, Stadt/Vorstadt, Bedeutung von Raum
- Polizei, Justiz
- Ausbildung, Arbeit, Bedeutung von Zeit
- Wohnungssituation
- Politik (im Stadtviertel)
- Zukunftspläne

Kurzfragebogen

- Situation der Eltern
  (Geburtsort, Nationalität, Ausbildung, Beruf, Ankunft in Frankreich)
- Interviewte(r)
  (Vorname, Alter, Nationalität, Geschwister)
- Schulischer Werdegang
  (Schultypen, wiederholte Klassen, Ausbildung, Abschlüsse)
- Berufliche Situation
  (weitere Ausbildungen, Tätigkeiten, Anstellung)
- Familien- und Wohnungssituation
  (bei Eltern, zusammen mit Freund(in), eigene Familie)
- Freizeitaktivitäten
  (Sport, Kultur)
- Mitgliedschaft in einem Verein

Anhang 2: Kurzbiographien der Jugendlichen[141]

1 Männliche Jugendliche und junge Erwachsene
(Alter im Jahr 1992/2004, Situation 1992/2004)

Farid – 15/27 Jahre, Schüler im *collège*

Farid ist tunesischer Herkunft und als viertes von fünf Kindern in Vaulx-en-Velin aufgewachsen. Er befand sich in der letzten Klasse des *collège*, die er wiederholte. An die Grundschulzeit erinnerte sich Farid gern. Im *collège* dagegen sei alles viel strenger. Zudem würden die Schüler hier unter dem schlechten Image der Vorstadt leiden. Das *collège* ist für ihn aber besonders wichtig, denn in ihm „(…) wird uns ein Lebensplan auferlegt, der bis ins Gymnasium reicht, und wenn dieser Plan jetzt schlecht ist, kann man ihn später nicht mehr verändern." Zwar seien seine Eltern nicht ihn der Lage, ihm zu helfen, da sie weder lesen noch schreiben könnten. Dafür stünden aber seine Brüder und Schwestern umso mehr hinter ihm. Sie wollten, dass bei ihm in der Schule nichts schief gehe. Der Problematik des Scheiterns bewusst, meint Farid daher: „Ich kenne welche, die sind 12 Jahre alt. Man muss sich schon jetzt um sie kümmern, damit sie uns folgen, damit sie schnell verstehen, worum es in ihrer Zukunft geht. Das ist besser für sie und für uns." So zählte Farid zu den Zielstrebigen in seiner Altersgruppe. Gelegentlich ging er auch in die Moschee, bezeichnete sich aber nicht als regelmäßig praktizierenden Muslim. Kon-

---

[141] Insgesamt wurden 45 Interviews mit Jugendlichen und jungen Erwachsenen maghrebinischer Herkunft geführt (30 männliche und 15 weibliche Interviewpartner). Davon sind 21 systematisch transkribiert, ausgewertet und zum Großteil explizit im Text verwendet worden. Die entsprechenden Biographien liegen hier in Kurzform vor. Die Namen sind anonymisiert. Bei den Meinungsführern der Vereine und den in den Institutionen beschäftigten jungen Erwachsenen, die in ihren Kommunen und z.T. in ganz Frankreich bekannt sind, wurde die Initiale des Vornamens benutzt. P., S. und H. sind dabei als drei weitere in der folgenden Zusammenstellung zu findende Personen nur hinsichtlich ihrer Funktionen interviewt worden. Die für einige Kurzbiographien vorliegenden neueren Informationen entspringen dem mit P. im Juni 2004 in Grenoble geführten Gespräch.

krete Pläne für später konnte er im Alter von 15 Jahren nicht haben. Doch war er in der Lage, sich in die Zukunft zu projizieren: „Ich bin hier geboren. Vaulx-en-Velin bedeutet alles für mich. Daher muss das alles gut ausgehen, für mich und für mein Quartier."

Nabil – 16/28 Jahre, Schüler im *collège*/Arbeitsloser

Nabil ist tunesischer Herkunft. Seit dem Alter von vier Jahren lebte er mit seinen Eltern in Vaulx-en-Velin. Von den acht Kindern in der Familie ist er unter den Brüdern der älteste. Nabil besuchte die letzte Klasse des *collège*, in dem er bereits zweimal sitzen geblieben war. Seine Freunde seien zwischen 12 und 17 Jahre alt. Früher hätte es mehr Respekt vor den älteren Jugendlichen gegeben: „Sie haben uns für kleine Jungs gehalten." Dagegen grüße man sich heute wie Kumpels. In Nabils Straßenzug sei alles in Ordnung, in den anderen allerdings nicht. Nabil gestand jedoch, selbst auch Konflikte mit Polizei und Justiz gehabt zu haben. Bei den Unruhen von 1990 sei er natürlich dabei gewesen. In einer längeren Anekdote berichtete er außerdem von einem Ladendiebstahl, der ihn bis vor Gericht gebracht hätte, was für seine Familie eine Schande war. Zur Strafe müsse er nun zuhause bleiben, wo er sich ohnehin wohler und sicherer fühle. Nabil mied die Stadt, da er sich den Konsum dort nicht leisten konnte. Er würde jetzt zunehmend beten gehen und sich unter Muslimen aufhalten. „Als ich noch nicht betete, machte ich viel dummes Zeug. Ich hatte viel Ärger mit meinen Eltern und war gelegentlich auch im Polizeirevier. Seitdem ich regelmäßig bete, beleidige ich fast niemanden mehr, und in meinem Kopf sage ich mir, ich muss arbeiten." So war sein Vorsatz für das Gymnasium, sich richtig anzustrengen. Seine Eltern wollten auf jeden Fall Vaulx-en-Velin verlassen, manchmal suchten sie eine neue Wohnung, dann hätten sie aber gesagt, wir bleiben noch ein Jahr. Mit 18 wolle er wählen gehen, er sei mehr für die Linke, denn auf der Rechten stünde der *Front national*, der „uns in unser Land zurückschicken will."

Wie ich von P. erfuhr, hatte Nabil die Schule abgebrochen. Anschließend arbeitete er vier Jahre lang er einer *association intermédiaire* (Beschäftigungsverein). Dort ist er dann entlassen worden. Seit 2002 arbeitslos, lebt er noch immer in Vaulx-en-Velin und ist Mitglied von *Agora*.

Nasser – 18/30 Jahre, Gymnasiast

Nasser ist algerischer Herkunft. Bevor seine Familie in die *ZUP* von Vaulx-en-Velin zog, wohnte sie wie viele andere maghrebinische Familien in der Notunterkunft *Cité Simon* in Villeurbanne. Sein pensionierter Vater pendelte als Arbeiter jeden Tag von Vaulx-en-Velin nach Macon, einer außerhalb von Lyon gelegenen Stadt. Nasser hatte neun zumeist ältere Brüder und eine jüngere Schwester. Seine Familie war arm. Er erinnerte sich gerne an seine bisherige Schulzeit. Zwar war er im *collège* zweimal sitzen geblieben: „Manchmal bist du beim Lernen ganz allein. Kein Mensch hilft dir." Doch hatte er klar die Bedeutung des Schulerfolgs für seine Zukunft erkannt. Nasser versuchte, daraus die Konsequenzen zu ziehen. Er wolle „seriös" sein und hart arbeiten, um das Abitur zu erreichen und anschließend weiterzumachen: „Je länger meine Ausbildung dauert, desto mehr Zukunftschancen habe ich." Er wusste, wohin es führt, wenn man arbeitslos auf der Straße rumhängt. Nasser ging in die vorletzte Klasse eines allgemeinbildenden Gymnasiums in Villeurbanne, das vor allem von Vorstadtjugendlichen besucht wird. Er bereute es etwas, nicht in ein „besseres" Gymnasium nach Lyon gegangen zu sein. Dort sei die „Mentalität" zwar anders, doch würden die Schüler zielstrebig arbeiten und „keine Dummheiten" machen. Nasser galt im Stadtviertel als relativ guter Schüler und war unter den Jugendlichen beliebt. Er zählte zu denjenigen, die sich regelmäßig im Vereinsraum von *Agora* trafen. 1991 wurde Nasser praktizierender Muslim und besuchte seitdem regelmäßig die *Bilel*-Moschee im Stadtviertel. Der Islam war für ihn eine der größten Entdeckungen seines Lebens: „Im Islam, da sind wir alle gleich. Es gibt keinen Rassismus (...)." Seit seiner intensiven Zuwendung zum Islam wurde er von den anderen noch mehr respektiert. Vor der Zukunft hatte Nasser allerdings Angst, da selbst Leute mit Abitur oft keinen Job finden würden. Daher wolle er versuchen, im Studium so weit wie möglich zu gelangen. Doch mache er sich keine Illusionen. Nasser entwarf keine größeren Zukunftsprojekte, um nicht enttäuscht zu werden. Pragmatisch und überlegt ging er Schritt für Schritt voran. Die Vorstadt wolle er nie ganz verlassen, sondern vielleicht einmal in ein „gemischteres" Wohnviertel ziehen.

Etienne – 19/31 Jahre, Student/Kleinunternehmer

Etienne stammt aus französisch-spanischer Ehe. Er wurde in Algerien geboren und ist als kleines Kind nach Frankreich gekommen. Seine Mutter war Hausfrau, sein Vater beschäftigt, aber ohne sichere Anstellung. Etienne hatte einen älteren und drei jüngere Brüder sowie eine jüngere Schwester. Was seine schulische Laufbahn betrifft, musste er in der Grundschule einmal wiederholen. Da seine Leistungen abfielen, steckten ihn seine Eltern für die Zeit des *collège* in eine angesehene Privatschule nach Villeurbanne. Dadurch sei er besser geworden. Seine erfolgreichsten Schuljahre hätte er allerdings anschließend in einem guten staatlichen Gymnasium einer benachbarten Kommune verbracht und dort das Abitur gemacht. Dort habe er auch seine besten Freunde kennen gelernt. Im Laufe der Zeit hätte er zwar den engen Kontakt zu den Freunden im Stadtviertel verloren. Doch würden sich im *Mas du Taureau* nach wie vor alle Jugendlichen kennen. Nach dem Abitur wollte Etienne dann an einer Fachhochschule für Technik studieren. Seine Noten reichten dafür aber nicht aus, was ihn sehr frustrierte. So begann er mit dem Studium der Rechtswissenschaft an der Universität Lyon. Damit zählte er zu den „Intellektuellen" im *Mas du Taureau*, die sich an einer Hand abzählen ließen. Etienne kannte allerdings keinen unter diesen Studenten, der sich in einem fortgeschrittenen Stadium seines Studiums befand. Da sein Studium vier Jahre lang dauerte, wusste auch Etienne nicht, ob er es bis zum Ende durchhalten werde.

Wie ich von P. erfuhr, hat sich Etienne vor ungefähr vier Jahren dem Islam zugewandt, einer Strömung nahe der islamistischen Bewegung der Salafisten. Im Jahr 2003 habe er einen kleinen Telefondienst im *Mas du Taureau* gegründet und lebt immer noch in Vaulx-en-Velin.

Farouk – 19/31 Jahre, Arbeitsloser

Farouk ist algerischer Herkunft. Seine Eltern waren Mitte der 50er Jahre nach Frankreich gekommen. Sein Vater arbeitete bei Rhône-Poulenc im Südteil von Vaulx-en-Velin, von wo aus er frühzeitig nach der Schließung der Fabrik in die Rente entlassen wurde. Farouk besaß sieben Geschwister und wohnte bei seinen Eltern im Südteil von Vaulx-en-Velin. In der Grundschule hatte er zwei Klassen wiederholt, in der sich anschließenden Berufsfachschule den *BEP*-Facharbeiterabschluss in Automechanik nicht geschafft bzw. vor Bekanntgabe des Prüfungsresultats die Schule nicht mehr besucht. Nach einigen Monaten, die er mit Gelegenheitsjobs verbrachte, versuchte er, über die *Mission Locale* eine Praktikumsstelle als Automechaniker zu bekommen. Denn in seiner Freizeit reparierte er gelegentlich Fahrzeuge. Sobald er etwas Geld verdient habe, wolle er mit einem Freund zusammen eine eigene Werkstatt aufmachen. Farouk träumte davon, selbstständig zu werden und viel Geld zu verdienen.

Mehdi – 19/31 Jahre, Berufsfachschüler/Angestellter

Mehdi ist algerischer Herkunft und als jüngstes von sechs Kindern in Vaulx-en-Velin aufgewachsen. Sein Vater war lange Zeit Arbeiter in Lyon, bis er dann eine Invalidenrente bekam. Er war streng, die Familiensituation solide: „Ich hatte Bezugspunkte". Die älteren Geschwister lebten nicht mehr in der Familie. Sie wohnten in und außerhalb von Vaulx-en-Velin. Mehdi konnte von seinen Eltern keine Hilfe für die Schule erwarten. Er musste sich alleine durchschlagen. So wiederholte er zwei Grundschulklassen. Nach dem *collège* wechselte er auf eine außerhalb von Vaulx-en-Velin gelegene Berufsfachschule, weil er Neues sehen wollte. Dort strebte er einen *BEP*-Facharbeiterabschluss im Bereich Haushalts- und Elektrotechnik an. Danach wollte er entweder sofort eine Arbeit suchen oder vielleicht eine neue Ausbildung als Erzieher machen. Er dachte daran, im Stadtviertel zu arbeiten. So hatte er während seiner eigenen Schulzeit bereits einen Verein gegründet, in dem er zusammen mit drei anderen Jugendlichen die Jüngeren von der Straße holte und ihnen Hausaufgabenhilfe anbot. Er kannte zwar auch *Agora*. Dies war für ihn aber kein Jugendverein, da es dort viele junge Erwachsene gab, aber wenige 15- bis 18-Jährige. Wenn Mehdi früher an den Wochenenden früh aufstand, um auf Märkten Geld zu verdienen, um sich „etwas leisten" zu können, da sein Vater ihm nichts geben konnte, arbeitete er inzwischen zusätzlich als Animateur in einem Kinderheim. Er galt als seriös und hatte das Image, die Jugendlichen nach ihren Konflikten mit der Polizei zu beruhigen. So fühlte er sich den Jüngeren gegenüber verpflichtet. Daher wollte er einerseits weiterhin in Vaulx-en-Velin arbeiten, damit die Jüngeren nicht auf die schiefe Bahn gelangten. Andererseits hatte er aber die Nase von der „Mentalität" in seinem Stadtviertel voll. Wie alle anderen Jugendlichen beabsichtigte er, von Vaulx-en-Velin wegzuziehen.

Wie ich von P. erfuhr, hat Mehdi eine feste Beschäftigung als Angestellter gefunden. Er ist verheiratet, hat Kinder und wohnt noch immer in der gleichen Straße im *Mas du Taureau*. Von weitem verfolgt er die Aktivitäten von *Agora*. P. bezeichnet ihn als „sehr ehrgeizig, sehr offen, aber sehr skeptisch".

Akim – 20/32 Jahre, Kleinunternehmer

Akim ist algerischer Herkunft. Seine Eltern waren Anfang der 60er Jahre nach Frankreich gekommen. Sein Vater war jahrelang Vorarbeiter bei Renault in Vénissieux und befand sich nun im Ruhestand. Akim wuchs im Quartier auf und wohnte noch bei seinen Eltern. Er hatte 13 Geschwister und ist in seiner Familie einer der jüngsten. In der Grundschule und im *collège* war er dreimal sitzen geblieben und wurde daher „nur" in die Berufsfachschule von Vaulx-en-Velin geschickt, wo er einen *CAP*- und einen *BEP*-Facharbeiterabschluss in Elektrotechnik machte. Nach Absolvierung einer Vorbereitungsklasse konnte er ins allgemeinbildende Gymnasium wechseln, in dem er nach zwei Jahren seinen Abschluss errang. Wegen Körperverletzung im Konflikt mit einem Skinhead musste er für drei Monate ins Gefängnis, was zum Abbruch seiner weiteren schulischen Ausbildung führte. Nach einem kurzen Kontakt mit der *Mission Locale*, die er als „Hoffnungsverkäufer" bezeichnete, und fünf Monaten *galère* hatte er mit finanzieller Hilfe seines Bruders und eines Freundes einen Pizzadienst gegründet, welcher auf Abruf bis vor die Haustür lieferte. Akim stellte sich vor, in einem Jahr ein richtiges Restaurant gründen zu können und später, wenn er Zeit hätte, Abendkurse in Physik und Mathematik zu belegen.

Khaled Kelkal – 21 Jahre, Freigänger; 1995 im Alter von 24 Jahren erschossen (vgl. auch Gesamtinterview in Anhang 3)

Khaled Kelkal kam als viertes Kind 1971 in Algerien zur Welt. 1973 traf er in Frankreich ein, wo er sechs weitere Brüder und Schwestern bekam. Der Vater, der seit 1969 in Frankreich gearbeitet und eine Zeitlang in einer anderen Kommune der Agglomeration von Lyon gewohnt hatte, brachte seine Familie in einer Siedlung mit kleinen Sozialwohnungen am Rand von Vaulx-en-Velin unter. Anfang der 90er Jahre wurde Khaleds Vater von dem Unternehmen entlassen, bei dem er seit zwanzig Jahren angestellt war. Kurz zuvor ist einer von Khaleds beiden älteren Brüdern wegen bewaffneten Raubüberfalls verhaftet und zu sieben Jahren Gefängnis verurteilt worden. Nach seiner Schulzeit in einem *collège* von Vaulx-en-Velin kam Khaled 1990 in das Gymnasium *La Martinière* in Lyon und arbeitete auf ein technisches Abitur hin. Im Juni 1990 wurde er dann von der Polizei vernommen, denn er stand unter dem Verdacht, an drei Einbrüchen mit Rammbock-Autos beteiligt gewesen zu sein. Er kam für sechs Monate in Haft, bestritt jedoch seine Schuld und wurde im November unter richterlicher Aufsicht entlassen. Ins Gymnasium konnte er nicht wieder eintreten. Im Jahr 1991 wurde er dann vom Landgericht, Abteilung Strafsachen, zu zweieinhalb Jahren Gefängnis verurteilt. Khaled legte gegen das Urteil Berufung ein. Das Gericht verurteilte ihn daraufhin zu vier Jahren Haft. Im Herbst 1992 fiel er der Sozialabteilung des Gefängnisses Saint-Paul als vorbildlicher Häftling auf und durfte aufgrund einer Entscheidung des Strafrichters außerhalb des Gefängnisses arbeiten. Er machte eine Ausbildung als Informatiker und wurde dann auf Bewährung entlassen. Nach einem Algerien-Aufenthalt mit seiner Mutter 1993 teilte Khaled mit vielen seiner Altersgenossen in Vaulx-en-Velin das Leben in der Arbeitslosigkeit. Im August 1995 wurde er verdächtigt, an einem missglückten Attentat auf die Gleise des Hochgeschwindigkeitszuges Lyon-Paris beteiligt gewesen zu sein. Das Foto von Khaled Kelkal, der zum Hauptverdächtigen für die im Sommer 1995 verübten terroristischen Attentate in Frankreich erklärt worden war, wurde im September auf 170 000 Fahndungsplakaten im ganzen Land verteilt. Am 29.09.1995 kam es in der Nähe von Lyon zu einem Schusswechsel zwischen ihm und einem Sonderkommando der Polizei, in deren Verlauf er mit elf Kugeln getötet wurde.

Djamel – 22/34 Jahre, seit 1992 Arbeiter

Djamel ist tunesischer Herkunft und in Vaulx-en-Velin aufgewachsen. Seine Familie zählt zu den alteingesessenen Einwandererfamilien im Wohnviertel. Die Migrationsgeschichte seiner Eltern kannte Djamel als jüngstes von acht Kindern allerdings kaum. Nach dem *collège* ging er auf zwei Berufsfachschulen: zunächst erwarb er in Vaulx-en-Velin nach drei Jahren einen *CAP*-Facharbeiterabschluss als Fräser, dann in Villeurbanne zwei Jahre später einen *BEP*-Abschluss im Bereich automatisierter Mechanik. Ein berufsbildendes Abitur schloss sich nach weiteren zwei Jahren an: „Jetzt war ich plötzlich 22 Jahre alt, berufsbildendes Abitur, ein bisschen spät, ich musste unbedingt Arbeit finden, wegen zuhause." Denn Djamel lebte alleine mit dem pensionierten Vater, der kranken Mutter und einer behinderten Schwester zusammen. Nach dem Auszug der großen Brüder und Schwestern hatte er die Verantwortung: „Ich musste wählen: Entweder einen Job finden, oder ich haue alles kaputt. Die einzige Möglichkeit, an Geld zu kommen." Er hatte Glück. Djamel zählte zu den wenigen Jugendlichen im Viertel, die mit der beschriebenen Ausbildung und seinem Alter eine feste Stelle fanden. Nach vier Monaten Arbeitslosigkeit nahm ihn ein kleines Unternehmen als Facharbeiter. Dies hatte er sich selbst („Man muss einfach suchen.") und seinen Brüdern („Meine Brüder sorgten dafür, dass ich nicht auf die schiefe Bahn kam.") zu verdanken. Doch lag es ihm zufolge letztendlich daran, dass sein Bruder jemanden im Rathaus kannte, der Druck auf das Arbeitsamt ausübte. Djamel war erleichtert. Sein neuer Chef sei zudem „ein seriöser Typ (...), der weiß, was er will." Seitdem wurden Djamels Kontakte zu den anderen Jugendlichen im Viertel spärlicher. Er müsse jetzt täglich zur Arbeit fahren, auch gäbe es einen gewissen Neid. Der Zukunftstraum von Djamel war der eigene Betrieb: „In acht Jahren hab' ich mein Unternehmen." Er wolle „in die eigene Tasche" arbeiten und dabei „nicht irgendwelche Leute einstellen, sondern diejenigen, die in der gleichen Scheiße sind, in der ich war."

Wie ich von P. erfuhr, arbeitet Djamel gewissenhaft und zuverlässig auf der gleichen Stelle weiter. Er ist verheiratet, hat Kinder, wohnt immer noch in derselben Straße des *Mas du Taureau* und sucht eine Wohnung oder ein kleines Haus, das er in Vaulx-en-Velin oder in unmittelbarer Umgebung kaufen will.

Hacène – 22/34 Jahre, Arbeitsloser/ins Ausland

Hacène ist marokkanischer Herkunft und im Alter von drei Jahren nach Frankreich gekommen. Er lebte seitdem mit seinen sieben Geschwistern und seinen Eltern in Vaulx-en-Velin. Sein Vater arbeitete bei der städtischen Straßenreinigung. Hacène war viermal sitzen geblieben und hatte kurz vor dem Abitur ohne Abschluss die Schule verlassen. Nach einer längeren delinquenten Karriere war er plötzlich zum Islam konvertiert. Hacène zählte neben Nasser zu den wenigen Jugendlichen im *Mas du Taureau*, die regelmäßig die Moschee besuchten. Seit seinem biographischen Bruch konzentrierte er sich auf die Religion. Er versuchte, nebenher eine Ausbildung im Bereich des Handels zu absolvieren und verdiente sich etwas Geld mit dem Verkauf von Parfüm. Während der Feldforschungsphase hatte er 1992 für mehrere Monate Vaulx-en-Velin verlassen, um an einer Schulung – wahrscheinlich der pietistisch-fundamentalistischen Missionsbewegung *Jama'at al-Tabligh* (Glaube und Handeln) – teilzunehmen. Nach seiner Rückkehr versuchte er, mit Glaubensbrüdern zusammen im Wohnviertel über Hausbesuche Einwohner zum Islam zu bekehren.

Wie ich von P. erfuhr, sei Hacène wahrscheinlich Ende der 90er Jahre ins Ausland gegangen, wohl in einen islamischen Staat.

Mohamed – 22/34 Jahre, Arbeitsloser

Mohamed ist tunesischer Herkunft. Er wusste nicht genau, wann seine Eltern nach Frankreich kamen, auf jeden Fall vor seiner Geburt. Die Familie mit sieben Kindern wohnte zuerst in Villeurbanne, dann in Vaulx-en-Velin. Mohamed ist das vierte Kind. Seine drei älteren Brüder hatten alle eine Arbeit gefunden. Im *collège* war er einmal sitzen geblieben. Anschließend kam er direkt in die Berufsfachschule, wo er nach dreijähriger Ausbildung 1991 einen *CAP*-Facharbeiterabschluss als Karrosserieschlosser erwarb. Direkt danach hatte er vorübergehend in einer Lackierwerkstatt gejobbt, wo er aber gesundheitliche Probleme bekam. Wegen Körperverletzung erhielt Mohamed dann zwei Monate Gefängnis auf Bewährung. Die *Mission Locale* hatte ihm bereits einmal eine Ausbildung vermittelt, die er jedoch nach kurzer Zeit abbrach. Seit einem Jahr war er arbeitslos, hatte auf Märkten gejobbt und schwarz gearbeitet. Er wollte keine neue Ausbildung machen, sondern arbeiten, um Geld zu verdienen. Er wusste nicht genau, was er wollte, am liebsten vielleicht LKW-Fahrer werden. Mohamed wohnte noch bei seinen Eltern, kam aber nur kurz zum Schlafen nach Hause. Um der „totalen Leere" zu entgehen, musste er ständig auf Achse sein, da er es in dem „schwarzen Loch" von Vaulx-en-Velin nicht aushalten könne. Sein Zukunftswunsch war, eine Wohnung, ein Auto und eine Frau zu haben.

Lyamine – 23/35 Jahre, Arbeitsloser

Lyamine ist algerischer Herkunft, in Vaulx-en-Velin aufgewachsen und das jüngste von insgesamt acht Kindern. In der Grundschule war er zweimal sitzen geblieben. Auf der Berufsfachschule in Vaulx-en-Velin gelandet, scheiterte er sogar am *CAP*-Facharbeiterabschluss. Danach setzte eine lange Phase in der *galère* ein, in der er zwischen der *Mission Locale*, Leihfirmen und Schwarzarbeit pendelte. Industriearbeit konnte er aber nie verrichten: „Ich ertrage keine Fließbandarbeit. Ich ertrage keine Arbeit in der Fabrik. Das hat mein Vater ein Leben lang gemacht. So ist das bei uns." Dann setzte die Delinquenzphase ein: „Ich habe Blödsinn gemacht. Wir hatten keine Arbeit und brauchten Geld. Wir haben hier und da mal geklaut. Normal. Bis zum Alter von 20 Jahren. Ich bin aber nie im Knast gewesen. Nur immer für einen Tag in der Wache." Nun sei er nach all den Jahren wieder in der *Mission Locale* gelandet. Er suche etwas, was ihn interessiere, um endlich doch einen *BEP*-Facharbeiterabschluss zu machen. Außerdem sei er auf Wohnungssuche. Doch erstens habe er ja eh kein Geld, und zweitens würde er als Araber ohnehin nichts bekommen.

A. – 24/36 Jahre, Jungunternehmer/Freizeitgestalter und Dezernent

A. wurde 1992 biographisch interviewt, da er seine Funktionen im Rathaus erst später einnahm. Er ist tunesischer Herkunft. Sein Vater war Anfang der 60er Jahre nach Frankreich gekommen, seine Mutter etwas später nachgezogen. Er ist Zweitältester unter fünf Geschwistern und in Vaulx-en-Velin aufgewachsen. A. betonte, dass in seiner Familie immer eine gute Gesprächsatmosphäre herrschte und seine Eltern stets auf den Erfolg der Kinder bedacht waren. Zwar hatte auch er wie viele andere im Quartier Schulklassen wiederholt, dann aber mit Ehrgeiz und Zielstrebigkeit das Abitur in einem Handelsgymnasium erreicht und gleichzeitig sogar einen *CAP*-Facharbeiterabschluss als Bauzeichner erworben: „In unserer Verwandtschaft sind wir sozusagen die einzigen Auswanderer. Wir müssen erfolgreich sein, das ist eine Pflicht." So wusste A. schon im Alter von zehn Jahren, dass er „seinen Namen tragen wolle", denn in den „Vorstädten wollen die Jugendlichen möglichst groß rauskommen und in der Zeitung stehen." So ist er in der Tat zunächst erfolgreicher Boxer geworden und hatte sich als Trainer und Jugendbetreuer im Quartier einen Namen gemacht. Nach Erfahrungen in der *galère*, die auch er teilte, gelang es ihm dann, zum erfolgreichen Jungunternehmer („*beur entrepreneur*") zu werden. A. wurde „Erfinder des Plastikhemdes" genannt, da er T-Shirts aus Kunststoff für Fußballmannschaften und deren Fans erfand, welche die Farben der jeweiligen Mannschaft trugen. Er konnte diesen Artikel in mehrere europäischer Länder verkaufen: „Ich hatte die Idee, bekam Unterstützung von der Abteilung für Wirtschaftsförderung im Rathaus und heute leite ich mein Unternehmen." Das unmittelbare Zukunftsziel von A. lag somit darin, dieses erfolgreiche Kleinunternehmen weiterhin florieren zu lassen - in seinem eigenen Interesse, aber auch, um Zeichen zu setzen: „Wenn es mir gelingt, alle weiteren Hindernisse zu überwinden, wird manch anderer im Wohnviertel mich nachahmen, um ebenso erfolgreich zu sein." Für A. war sein Unternehmen ein Grund mehr, Vaulx-en-Velin nicht zu verlassen. Denn denen „draußen" wollte er zeigen, dass in den Vorstädten entgegen aller Vorurteile auch „gute Dinge" erreicht werden. Die Dramatisierung der Vorstadtprobleme in den Medien entspreche nicht der Realität. Doch hatte das Unternehmen von A. wenig später Konkurs gemacht.

A. wurde daraufhin 1995 als Sozialarbeiter und Vermittler im *Mas du Taureau* eingestellt. Da er sich für die kommunalen Institutionen verdient gemacht hat, ist er bei den Kommunalwahlen von 2001 über die Liste des Bürgermeisters in den Gemeinderat gelangt und „Dezernent für das Vereinswesen und die lokalen Initiativen" von Vaulx-en-Velin geworden. In beruflicher Hinsicht bleibt er dem Unternehmensgeist treu: Als Freizeitgestalter bietet er Know-how und Ausbildung für die Organisation sportlicher Aktivitäten zugunsten der Jugendlichen in den Vorstädten an.

P. – 25/37 Jahre, Student und Vorsitzender von *AGORA*/Angestellter im Bereich der Stadtpolitik

P. war langjähriger Präsident des Vereins *Agora* im Wohnviertel *Mas du Taureau*. Er wurde nicht biographisch, sondern in seiner Funktion als Meinungsführer interviewt. Für seinen Lebenslauf lässt sich dennoch folgendes festhalten: P. ist im Alter von 6 Jahren aus der Elfenbeinküste nach Vaulx-en-Velin gekommen und im Stadtviertel großgeworden. Seine Schulzeit hat er in Vaulx-en-Velin und in der Agglomeration von Lyon verbracht. Anschließend begann er 1992 ein Studium an der Katholischen Universität in Lyon, das er in den Fächern Politikwissenschaft und Jura in Grenoble fortsetzte und 1996 sowie 1998 erfolgreich absolvierte. Nach mehreren sich anschließenden und zeitlich befristeten Tätigkeiten in der Stadtverwaltung von Grenoble ist er in dieser Stadt seit 2003 im Ressort der *politique de la ville* fest angestellt. Obwohl er seinen Lebensmittelpunkt in Grenoble hat, pendelt er regelmäßig zum *Mas du Taureau*, „seinem" Viertel in Vaulx-en-Velin. Sein politisches Engagement setzt er im Rahmen seiner zeitlichen Möglichkeiten fort. Dazu zählt das bürgerschaftliche Handeln in der Vereinswelt der *banlieue* ebenso wie die altermondialistische Auseinandersetzung mit europäischen und transnationalen Themen.

Samir – 25/37 Jahre, bis heute arbeitsloser Gelegenheitsjobber

Samir ist algerischer Herkunft. Seine Eltern waren 1962 nach Frankreich gekommen. Der Vater lebte getrennt von der Familie und arbeitete in der Automobilindustrie im Süden Lyons. Samir hatte neun Geschwister, von denen zwei verstorben waren. Mit seinem Zwillingsbruder war er in verschiedenen Heimen in der Region Rhône-Alpes aufgewachsen und nur während der Wochenenden in der Familie. Er hatte keinen festen Schulabschluss, sondern nur heimintern an handwerklichen Ausbildungen (Schreiner, Mechaniker) teilgenommen. Seit dem Alter von 18 Jahren war er längere Zeit als Praktikant in einer Möbelspedition tätig. Nach einer Phase der Delinquenz und einem einmonatigen Gefängnisaufenthalt wegen Körperverletzung („einen Monat lang Gefängnis, um mich zu beruhigen") hatte er jahrelang zusammen mit seinem Bruder zahlreiche kurzfristige Praktika und Jobs in den verschiedensten Bereichen (Gartenbau, Gaststättengewerbe, etc.) verrichtet. Erst seit drei Jahren lebte er zusammen mit seiner Mutter und den Geschwistern in Vaulx-en-Velin. Seit zwei Jahren war er arbeitslos. Er zählte zu den wenigen Jugendlichen, die sich für die Kommunalpolitik interessierten, einen Verein gründen wollten und gelegentlich in den Stadtteilforen anwesend waren.

Wie ich von P. erfuhr, lebt Samir noch immer in Vaulx-en-Velin. Seine Situation und diejenige seines Bruders haben sich nicht verändert. Beide halten sich mit Gelegenheitsjobs über Wasser. Dabei engagiert sich Samir auch weiterhin in der Kommunalpolitik.

K. – 26/38 Jahre, seit Ende der 80er Jahre Animateur

K. wurde biographisch und in seiner Funktion als Animateur im Gemeindezentrum des Stadtviertels *La Grappinière* sowie als Präsident des Vereins *AJAG* bzw. *ODC* interviewt. Er ist in Algerien geboren und im Alter von acht Jahren mit seinen Eltern nach Frankreich gekommen. Bevor die Familie im Stadtviertel *La Grappinière* eine Wohnung bekam, wohnte sie zwei Jahre lang in Nordfrankreich, dann in einem Stadtteil von Lyon, wo ihr kleines Haus abgerissen wurde. K. besaß fünf Geschwister. Sein Vater war Hilfsarbeiter in einer Werbungsfirma. In den ersten drei Klassen des *collège* hatte er eine „gute Schulzeit" verbracht, die Schule dann aber Anfang der 80er Jahre im Alter von 15 Jahren plötzlich abgebrochen. In dieser Zeit gab es Unruhen in seinem Stadtviertel. So verbrachte K. zwei bis drei Jahre in der „Galeere": Arbeitslosigkeit, Praktika über die *Mission Locale*, Delinquenz, *rodéos*, Autodiebstähle. Doch sei er nie im Gefängnis gewesen: „Ich war jung im Vergleich zu den Jungs, mit denen ich mich aufhielt; so konnte ich dies noch rechtzeitig abbrechen." Nach einem Unfall sei er zum Nachdenken gekommen. Mit seiner kurzen Erfahrung der Fließbandarbeit beschloss er, anstatt einer manuellen einer intellektuellen Arbeit nachzugehen. So absolvierte er ein erstes Praktikum als Animateur im neugegründeten Gemeindezentrum der *Grappinière*. Dies habe ihm erspart, ständig kleine Jobs annehmen zu müssen. Darauf folgte die Ausbildung zum Animateur: „Die Leute sagten zu mir: ‚Du bist gerade dabei, das zu tun, was du zum Beruf machen kannst.'" So wurde K. schließlich im *Centre social* eingestellt. Aufgrund seiner Erfahrung mit Jugendlichen gründete er zusammen mit einem Freund den Verein *AJAG*, aus dem ein Beschäftigungsprojekt hervorging. Dabei habe er aber immer Probleme gehabt, seine Arbeit im *Centre social* mit derjenigen im Verein inhaltlich und zeitlich zu koordinieren. Als Vermittler stehe er ständig zwischen beiden. 1992 wohnte K. noch bei seinen Eltern, war aber auf der Suche nach einer Wohnung außerhalb von Vaulx-en-Velin. Was seine Zukunft betraf, glaubte er an seine Arbeit und wollte politische Erfahrungen sammeln, was über die Wahlliste „Für Vaulx-en-Velin" dann auch geschah. Gerne hätte er Jura studiert, doch ohne Abitur war dies nicht möglich.

Bis heute ist K. eine wichtige Vermittlungsperson in seinem Stadtviertel. Als inzwischen praktizierender Muslim leitet er den islamischen Verein *ODC*. Er arbeitet noch immer im *Centre social*, ist inzwischen verheiratet und hat Kinder.

S. – 34/46 Jahre, seit 1990 Leiter des *Centre régional multiculturel/EPI*

S. ist algerischer Herkunft und seit 1990 Leiter des im selben Jahr gegründeten *Centre régional multiculturel* (Regionales Multikulturelles Zentrum). Seit Ende der 90er Jahre nennt sich diese Einrichtung *Espace Projets Interassociatifs/EPI* (Zentrum für vereinsverbindende Projekte). S. zählt zur Generation der *beurs*, die durch die Stadtregierung ins politisch-administrative System von Vaulx-en-Velin integriert wurden. Er ist ausschließlich in seiner Funktion als Leiter dieser Organisation interviewt worden.

2 Weibliche Jugendliche und junge Erwachsene
(Alter im Jahr 1992/2004, Situation 1992/2004)

Farida – 18/30 Jahre, Berufsfachschülerin/immer noch im *Mas du Taureau*

Farida ist algerischer Herkunft. Ihr Vater war Arbeiter bei der Stadtreinigung von Lyon. Er starb, als Farida zehn Jahre alt war. Seitdem lebte sie mit ihrer Mutter und den neun noch nicht ausgezogenen der insgesamt 15 Geschwister im *Mas du Taureau*. In ihrer Familie und besonders bei ihren jüngeren Brüdern gab es viele Probleme. Farida blieb dreimal während ihrer Schulzeit sitzen, was sie mit ihrer Isolation und der mangelnden Unterstützung zuhause erklärte. Sie war sehr nachdenklich und mit Blick auf die Frage der Religion verschwiegen. Im Gegensatz zu ihren älteren Schwestern hatte sie es immer abgelehnt, sich in der Familie unterzuordnen. Farida bezeichnete sich als eine nur mittelmäßige Schülerin, dafür aber als gute Vermittlerin. So hatte sie viel Kontakt mit den Vorgesetzten in der Schule und den kommunalen Institutionen. Mehrere Jahre war sie Klassensprecherin und beteiligte sich auch aktiv bei einer Schülerzeitung. Farida wirkte maßgeblich bei einem Filmprojekt über die „Polizei in der Stadt" mit. Das Drehbuch für diesen Film entstand in einer Schule von Vaulx-en-Velin. Es sollte die gegenseitige Wahrnehmung von Polizei und Jugendlichen dokumentieren. Die Realisierung dieses Films wurde jedoch aus politischen Gründen nicht genehmigt. Dabei stellte sich Farida in der Tat bei jeder Gelegenheit als Vermittlerin zwischen Mitschüler und Lehrer bzw. Behördenvertreter: „Ich werde immer zur Vertreterin gewählt. Diese Rolle ist mir zugeschrieben. Ich ertrage es nicht, Leute zu sehen, die ganz alleine sind." Nach dem *collège* besuchte sie eine Berufsfachschule in Villeurbanne. Für 1994 strebte sie einen *BEP*-Abschluss im Gesundheitswesen an. Sie wollte entweder in der Altenpflege oder als Erzieherin mit Kindern und Jugendlichen in einem sozial benachteiligen Stadtviertel arbeiten. Sobald sie eine Arbeit habe, würde sie das Elternhaus ohne Umschweif verlassen. Um unabhängig zu werden, wolle sie zusammen mit ihrer Zwillingsschwester eine Wohnung außerhalb von Vaulx-en-Velin suchen. Die Familie sei aber trotz aller Probleme für sie sehr wichtig.

Wie ich von P. erfuhr, lebt ihre Familie noch immer im *Mas du Taureau*, wo sich auch Farida weiterhin aufhält. Im Gegensatz zu ihren intensiv den Islam praktizierenden Brüdern, ist Farida keine Muslimin. Sie engagiert sich aber intensiv für Palästina.

Raja – 19/31 Jahre, arbeitslose Abiturientin

Raja ist algerischer Herkunft. Ihre Eltern sind bereits als Kinder nach Frankreich gekommen. Ihr Vater arbeitete in einer Spedition in der Nähe von Vaulx-en-Velin. Im Stadtviertel *La Thibaude* aufgewachsen, lebte sie bei ihren Eltern und besaß zwei jüngere noch zur Schule gehende Brüder. Da sie die erste Klasse des Gymnasiums bereits zweimal wiederholt hatte, war ihr zur Zeit des Interviews die weitere schulische Laufbahn versperrt. Solange über die eventuelle Reintegration in die Schule nicht entschieden sei, versuche sie, über die *Mission Locale* einen Ausbildungsplatz zu bekommen. Am liebsten wolle sie jedoch zurück in die Schule, um später Deutschlehrerin zu werden oder zumindest einen Handelsschulabschluss in Tourismus zu erwerben. Gleichzeitig hatte sie sich für eine Stelle als Au-pair-Mädchen in Deutschland beworben. Sie wolle dann aber wieder nach Vaulx-en-Velin zurück.

Bachira – 22/34 Jahre, Arbeitslose

Bachira ist in Algerien geboren und im Alter von 14 Jahren nach Frankreich gekommen, wo ihr Vater bereits seit über 30 Jahren lebte. Ihre Mutter war zunächst in Algerien geblieben. Aufgrund einer Krankheit folgte sie aber 1978 nach und mit ihr auch sukzessive die vier Kinder, von denen Bachira das älteste ist. Bachira wohnte zwar von Anfang an in Vaulx-en-Velin, ging dort aber nie zur Schule, da sie direkt ins *collège* nach Villeurbanne kam. In dieser Nachbarkommune wurde sie in die zweite Klasse eingeschult, die sie bereits in Algerien absolviert hatte. Anfangs kämpfte sie mit Schwierigkeiten der französischen Sprache und hatte nur wenige Kontakte zu Gleichaltrigen. Nach dem *collège* wechselte Bachira auf eine Berufsfachschule nach Lyon, wo sie einen *BEP*-Facharbeiterinnenabschluss als Sekretärin erwarb. Dann wollte sie nicht mehr weitermachen: „Ich hatte die Nase von der Schule voll. Man musste ständig Aufgaben machen. Man merkt aber, dass man älter wird, man braucht Geld, will ausgehen, etwas unternehmen, reisen." Ihre Mutter schickte sie dennoch auf ein privates Gymnasium nach Lyon, da sie das Abitur erreichen sollte. Bachira besuchte es zwar bis zur letzten Klasse, fiel aber beim Abitur durch: „Jetzt bin ich auf der Straße gelandet und habe keinen Job." Daher ging sie zur *Mission Locale*, deren Vermittlungsdienste sie als sehr hilfreich empfand. Ihren Lebensmittelpunkt hatte Bachira inzwischen in Villeurbanne. Anfangs, als sie nach Vaulx-en-Velin gekommen sei, hätte sie auch im Wohnviertel Kontakte gehabt. Ihre Freundinnen, die alle bedeutend älter waren, hätte sie aber durch die Schule in Villeurbanne und in Lyon gewonnen: „Die Mädchen aus dem Viertel, na ja, man sieht sich nie. Ich gehe früh morgens und komme erst abends zurück, wir laufen uns also selten über den Weg. Und die Neuankömmlinge in Vaulx-en-Velin, die kennt man ohnehin nicht, also traut man sich nicht, sie anzusprechen." So wohnte Bachira seit einem Jahr auch nicht mehr ständig bei ihren Eltern, sondern zunehmend mit ihrem Freund in Villeurbanne: „Manchmal will man einfach alleine sein, man braucht auch Platz, und dann hat man eben seine Ruhe." Dennoch halte sie sich weiterhin oft bei ihren Eltern auf. Ihre Zukunft sei im Moment eher „schwarz". Sie müsse auf jeden Fall Arbeit finden.

Leila – 22/34 Jahre, Arbeitslose

Leila, algerischer Herkunft, ist zwar in Vaulx-en-Velin geboren, aber bald danach mit ihren Eltern nach Paris gezogen. Im Alter von sieben Jahren trennten sich diese und Leila kehrte mit ihrer Mutter und ihren fünf Schwestern zurück nach Vaulx-en-Velin. Zuerst wohnten sie im Stadtviertel *La Thibaude*, seit vier Jahren aber im *Mas du Taureau*. Leila besuchte das *collège* bis zur letzten Klasse. In der Grundschule war sie zweimal, im *collège* einmal sitzen geblieben. In der Berufsfachschule wurde sie nicht zum *BEP*-Abschluss zugelassen. Sie wolle ohnehin nichts mehr von der Schule wissen, sondern sofort Geld verdienen, da es auch für die finanzielle Situation in der Familie notwendig sei. So hatte Leila zunächst einen einjährigen Arbeitsvertrag als Büroangestellte und nahm danach sechs Monate lang Gelegenheitsjobs an. In einem Haushalt verrichtete sie auch Schwarzarbeit. Anschließend wollte sie über die *Mission Locale* einen Ausbildungsgang als Büroangestellte machen. Da ihr aber die Qualifikation dazu fehlte, konnte ihr nur ein zweijähriges Praktikum als Verkäuferin mit entsprechendem Abschluss angeboten werden. Am Ende dieses Praktikums bekam sie jedoch Probleme und brach ab. Somit war sie seit drei Monaten arbeitslos und zielstrebig auf der Suche nach einem neuen Job. Die *Mission Locale* müsse ihr nun eine Art Überweisungsformular unterschreiben, da sie selbst über ein Ausbildungszentrum im Gaststättengewerbe eine Stelle als Praktikantin gefunden habe. Ihre Mutter, die in Teilzeitverträgen als Putzfrau arbeitete und mit der sie sich bis vor kurzem noch gut verstand, würde ihr die Arbeitslosigkeit zunehmend als Faulheit auslegen. Seitdem sei sie auch gezwungen, zuhause zu bleiben, um den Haushalt zu führen und nach den vier jüngeren Schwestern zu schauen, vor allem was die Schule betreffe. Leila hielt es zuhause nicht mehr aus. Zweimal war sie schon abgehauen. Sie wünschte sich daher für ihre Zukunft, einen Job und eine eigene Wohnung zu finden, um unabhängig zu werden.

Noura – 22/34 Jahre, Arbeitslose

Noura ist algerischer Herkunft. Sie hat acht Brüder und drei Schwestern. Ihre Eltern kamen Anfang der 60er Jahre nach Frankreich. Sie lebten zuerst in der Notunterkunft *Cité Simon* in Villeurbanne, bevor sie nach Vaulx-en-Velin gelangten, ins Stadtviertel *La Grappinière*. In der Grundschule lief es bei Noura gut. Als sie ins *collège* kam, wirkten sich aber die familiären Probleme zunehmend auf ihre Leistungen aus. Ihr Vater wollte nicht, dass sie die Abschlussprüfung bestand. Infolge seiner langjährigen Tätigkeit in der Schwerindustrie war er sehr krank und schlug sie: „Tag und Nacht war ich im Dunkeln in meinem Zimmer eingesperrt. Er lief mir ständig nach, um mich zu schlagen. Für ihn war es ein Spiel, ich litt darunter und konnte nicht mehr so weiterleben." So brach Noura die Schule ab. Ihr Vater kam vor den Jugendrichter und Noura ins Mädchenheim nach Lyon. Nachdem sich ihre Eltern geschieden hatten, kehrte sie drei Jahre später wieder nach Vaulx-en-Velin zurück. In der Zwischenzeit hatte sie mehrere Praktika absolviert, in Haushalten gejobbt und neun Monate Arbeitslosigkeit hinter sich. Zwar stand sie in gutem Kontakt zur *Mission Locale*, doch weigerte sie sich, eine Ausbildung zu machen, die nicht zu einer festen Beschäftigung führte. „Das ist doch verlorene Zeit." Noura mied das Treiben der Stadt, sie bevorzugte es, allein zu sein. Sie verbrachte die Zeit zuhause mit ihren Geschwistern, obwohl der inzwischen pflegebedürftige Vater auch wieder zurückgekehrt war. Noura hatte Schlafschwierigkeiten und große Probleme, sich an ihre Vergangenheit zu erinnern. Die Konflikte mit ihrem Vater und der Tod eines engen Jugendfreundes, der von der Polizei erschossen wurde, als sie 13 Jahre alt war, belasteten sie sehr. Sie begann, ihre Wunden aufzuarbeiten: „Ich vertraue nur noch mir selbst, meinem Schreibstift und meinem Heft, ein vertrauliches Heft, ein Heft, das mein Leben enthält." Die Zukunft könne sie ohnehin nicht planen, solange sie keine Arbeit habe.

Aïcha – 25/37 Jahre, Studentin

Aïcha ist tunesischer Herkunft. Als Erstgeborene in der Familie hatte sie noch vier Geschwister. Ihr Vater war Facharbeiter in der Automobilindustrie von Vénissieux, gewerkschaftlich engagiert und setzte sich in einem Elternverein für die Einführung von Arabisch als Fremdsprache in der Schule seiner Kinder ein. Die Familie genoss ihren guten Ruf im *Mas du Taureau*, da all ihre Kinder in der Schule erfolgreich waren. Aïcha betonte dabei die Unterstützung des Vaters. Daher erinnerte sie sich gern an ihre Schulzeit zurück, auch wenn der von den Eltern auferlegte Erfolgsdruck für sie als erstes Kind besonders groß gewesen sei. Zwar musste auch sie im Gymnasium eine Klasse wiederholen, studierte aber inzwischen Anglistik an der Universität Lyon. Anfangs hatte sie allerdings ein wenig mit dem Entschluss zum Studium gezögert. Denn eine berufsbezogene Ausbildung hätte ihr wahrscheinlich mehr Freizeit beschert. Doch da sie moderne Fremdsprachen liebte, war sie von ihrem Studium fasziniert. Ihre 1990 abgeschlossene Examensarbeit ging über ein in England erlassenes Gesetz gegen sexuelle Diskriminierung von Frauen, das sie mit den Problemen der Rassendiskriminierung verglich. Den Kontakt zu ihren früher im Stadtviertel wohnenden Freundinnen besaß Aïcha inzwischen nicht mehr. Die meisten von ihnen hätten nach einer kurzen Ausbildung eine Arbeit als Angestellte, Verkäuferin oder Sekretärin gefunden und seien von Vaulx-en-Velin weggezogen. Aïcha interessierte sich nicht für ihr Stadtviertel. Allerdings fand sie, dass es in Vaulx-en-Velin trotz aller Probleme und der deprimierenden Situation im Quartier für die Jugendlichen Möglichkeiten für eigene Initiativen und zur Beteiligung am kommunalen Leben gäbe. Aïcha bereitete sich für das Lehramt vor. Sie wollte finanziell vom Elternhaus unabhängig werden und Vaulx-en-Velin auf jeden Fall irgendwann verlassen.

H. – 29/41 Jahre, Gemeinderätin/Angestellte am *Institut du Monde Arabe*

H., algerischer Herkunft, ist ausschließlich in ihrer Funktion als Gemeinderätin von Vaulx-en-Velin interviewt worden. Dieses politische Mandat übte sie von 1989 bis 1995 aus. Zudem hatte sie Funktionen in der Stadtverwaltung (Amt für Angelegenheiten der Jugend, Abteilung für Passangelegenheiten) und saß im Verwaltungsrat des *Centre régional multiculturel*. So zählte auch H. wie S. zur Generation der *beurs/beurettes,* die von der Stadtregierung ins politisch-administrative System integriert worden waren.

Im Jahr 2004 hatte H. einen zeitlich befristeten Arbeitsvertrag am *Institut du Monde Arabe* in Paris.

Anhang 3: Das Interview mit Khaled Kelkal [142]

Loch: Kannst du mir etwas über dich und deine Schulzeit erzählen?

Kelkal: Ich bin in Algerien geboren. Im Alter von zwei Jahren bin ich nach Frankreich gekommen. Aufgewachsen bin ich in Vaulx-en-Velin, wo ich eine gute Grundschulzeit verbrachte. Ich hatte passable Noten, sie waren sogar gut. Und danach bin ich ins *collège Les Noirettes* gekommen, und da hat es die ersten Dummheiten gegeben. Wir waren gemischt, Leute aus der *ZUP* [*zone à urbaniser en priorité*, DL] und aus dem Dorf, und wir hatten unseren Spaß. Die ersten Dummheiten eben, der erste Handel mit Schulheften im Unterricht, System „Hilf dir selbst" (...). Doch wir haben uns gut verstanden mit den Lehrern, wir waren eine homogene Gruppe, wir hatten alle die gleiche Mentalität, wir redeten wenig, doch wir verstanden uns schnell und das war eben das Gute. Und als ich dann die Schule wechselte, da [auf dem Gymnasium, DL] war plötzlich alles ganz anders. Da hab' ich diese Mentalität nicht wiedergefunden.

Loch: Worin bestand denn genau diese Mentalität?

Kelkal: Wir haben geschuftet, und wir hatten unseren Spaß. Und wir konnten es uns leisten, unseren Spaß zu haben, weil wir gute Noten hatten, immer fleißig waren. Doch als ich ins Gymnasium [nach Lyon, DL] kam, war das nicht mehr dasselbe, und das hat mir nicht gefallen. Ich habe das nicht ausgehalten.
   Ich hatte die Fähigkeiten, es zu etwas zu bringen, aber es gab da keinen Platz für mich, weil, ich hab' mir gesagt: „Die totale Integration, das ist unmöglich; meine Kultur vergessen, Schweinefleisch essen, das kann ich nicht." Die anderen hatten in ihrer Klasse noch nie einen Araber gesehen, wie sie das nennen – ehrlich, du bist der einzige Araber –, und nachdem sie mich kennen gelernt hatten, sagten sie zu mir: „Du bist die Ausnahme." Die waren unter sich und haben es leichter gehabt, sich zu unterhalten.

---

[142] Das am 03.10.1992 mit Khaled Kelkal geführte Interview wurde in seiner Gesamtlänge in der französischen Tageszeitung *Le Monde* am 07.10.1995 sowie, etwas gekürzt, in deutscher Sprache in der Schweizer Wochenzeitung *Die Weltwoche* am 26.10.1995 veröffentlicht. Diese von Thomas Bodmer und vom Autor übersetzte Version liegt hier vor.

Ich, also ich schufte gern und hab' gern meinen Spaß, weil das ein Gleichgewicht gibt. Nicht immer nur fleißig, fleißig sein. Denn ich hab' gern meinen Spaß, aber das hab' ich [auf dem Gymnasium, DL] nicht gefunden, da war's ein bisschen kalt. Auch wenn ich mit ihnen redete, mich mit ihnen verstand – das war nicht natürlich. Mit meinem Stolz ging's abwärts, und meine Persönlichkeit sollte ich links liegen lassen. Das kann ich nicht, und ich hab' meinen Platz da nicht gefunden. Also habe ich die Schule geschwänzt, einmal, zweimal. Das waren so Verkettungen, bis ich da und dort immer neue Leute kennen gelernt habe. Und die haben mir vorgeschlagen: „Es gibt da 'ne Menge schöne Sachen zu holen." Das war wirklich so eine Verkettung, und Klick gemacht hat es dort. Das war ein angesehenes Gymnasium. Um da reinzukommen, musste man gute Noten haben. In der letzten Klasse des *collège* war ich gut. Wir [ein Freund und ich, DL] sind Klassenbeste geworden und hatten trotzdem immer unseren Spaß. Wir fühlten uns wohl, wir waren ausgeglichen, aber dort, nein (...).

Loch: Im *collège* gab es diese Vorurteile nicht?

Kelkal: Nein, nichts. Gut, natürlich hatten die Franzosen nicht dieselben Prinzipien, aber sie haben sich trotzdem angepasst, und wir, wir haben uns auch angepasst, da gab's keine so großen Unterschiede. Einander helfen, im *collège* machte man das mit Vergnügen, aber im Gymnasium, nichts. Wenn Sie da eine Gedächtnislücke hatten, die sagen dir nichts, die decken es ab mit der Hand. Also für mich hat alles da angefangen. Ich habe den Unterricht zu schwänzen begonnen. Nachmittags sind alle zur Schule gegangen, und ich hatte nichts zu tun. Also drehe ich erst mal eine Runde, und man macht so seine Bekanntschaften. Aber das sind gute Leute, auch wenn der Typ ein Dieb ist, du schaust dir den nicht so genau an, wenn du neu dazustößt. Kumpel ist Kumpel. Das ist eine Sache des Gefühls, da beurteilst du keinen nach dem, was er gemacht hat. Hier klauen 70% der Jugendlichen. Denn das können sich die Eltern gar nicht leisten, wenn sie sechs Kinder haben - da will einer auch so schöne Jeans kaufen, wie der andere hat, aber er hat das Geld nicht. Er ist gezwungen, sich allein durchzuschlagen.

So fing ich an, mit ihnen rumzuziehen. Du siehst den Unterschied zwischen der Stimmung im Gymnasium und der Stimmung da draußen, bei den Dieben. Du hast dich wohler gefühlt, das ist die gleiche Mentalität wie im *collège*, aber mit Erwachsenen. Und wenn du stiehlst, fühlst du dich frei, weil es ein Spiel ist. Solange sie dich nicht erwischen, bist du der Gewinner. Es ist ein Spiel: Entweder du verlierst, oder du gewinnst. Aber es stimmt schon, das ist ein Weg, der dich nirgendwohin führt.

Nachdem ich den Knast hinter mir hatte, habe ich eingesehen, dass ich zu 100% verloren hatte. Es wurde mir sehr bewusst, doch ich sage mir, ich bereue nichts. Man kann nicht bereuen, was man gemacht hat. Also ich weiß, dass ich im Gefängnis eine Menge gelernt habe, vor allem was das Leben betrifft, das Leben in der Gruppe. Ich habe sogar meine Sprache gelernt. Ich war mit einem Muslim in der Zelle. Da habe ich Arabisch gelernt, ich habe meine Religion, den Islam, richtig kennen gelernt, ich habe eine große Bereicherung des Geistes erfahren, indem ich den Islam kennen gelernt habe. Alles hat sich geöffnet. Und ich sehe das Leben (...) nicht einfacher, aber zusammenhängender. Wenn ich jetzt im Fernsehen manche Dinge sehe, reagiere ich nicht mehr wie früher. Früher, wenn ich so was sah, da wollte ich zurückschlagen: Aber Gewalt, das kommt jetzt nicht mehr in Frage. Jetzt habe ich Mitleid mit diesen Leuten. Früher, da musste ich – da war ich impulsiv.

Loch: Was war denn früher wichtig?

Kelkal: Die Freiheit, du selbst zu sein, die Freiheit, mit einem guten Freund zusammenzusein, sich gut zu verstehen, eine verschworene Gruppe zu sein. Vor allem das. Wir hatten unseren Spaß. Da war sogar ein Franzose dabei, der total die Mentalität angenommen hatte. Ein anständiger, wirklich ehrenhafter Typ. Der hatte nichts zu tun mit anderen Franzosen. Er hat unsere Kultur übernommen, in moralischer Hinsicht, wenn er sie auch nicht praktiziert hat. Wer sich selbst respektiert, der respektiert zwangsläufig auch die anderen. Bei uns hat er Anerkennung gefunden.

Loch: Wie war das Lehrer-Schüler-Verhältnis im *collège* und im Gymnasium?

Kelkal: Im *collège* war es super. Die wussten, dass wir uns erlauben konnten, es lustig zu haben, weil wir gearbeitet haben. Die haben uns eine gewisse Freiheit gelassen, wir durften uns in einer Stunde auch mal fünf Minuten lang ausdrücken, unseren Spaß haben. Aber wenn geschuftet werden musste, dann haben wir auch geschuftet. Im *collège* wurde unser Wert anerkannt, die wussten, was wir wert waren, und die kannten unsere Grenzen. Doch am Gymnasium kam es mir vor, als fiele ich zurück. Das lag an den Leuten. Da gibt es keinen Kontakt, nicht einmal mit den Lehrern.

Die kommen rein, die fangen mit dem Unterricht an, hören nicht auf bis zum Schluss, und dann auf Wiedersehen. Im *collège* gab es mehr Kontakt mit den Lehrern, aber das war bei denen so, weil die viele solche Schüler wie uns gehabt hatten. Die haben unsere Brüder gesehen, unsere Schwestern. Die haben unseren

Werdegang verfolgt, die kennen uns. Aber am Gymnasium kennen sie uns nicht, die stempeln uns einfach sofort ab. Also ich habe da meinen Platz nicht gefunden, mir ging es mies. Ich habe dann einen Punkt erreicht, wo ich mir sagte: „Was hab' ich da verloren?", statt mir zu sagen: „Das ist gut, das ist was für dich, damit du mal arbeiten kannst." Auf dem Gymnasium, in meiner Klasse, da waren nur die Reichen.

Loch: Und deine Eltern?

Kelkal: Meine Eltern, die haben mir jeden Tag gesagt: „Arbeite, du musst es zu etwas bringen." Meine Mutter war stolz auf mich, aber das war hart. Als ich die Schule abgebrochen habe, da hat meine Mutter, die ganze Familie mir Vorhaltungen gemacht. Oh ja! Ich hab' mich total abgeschnitten gefühlt von meiner Familie. Und da bin ich dann wirklich auf die schiefe Bahn gelangt. Ich bin sogar eine Zeitlang von zu Hause abgehauen, weil meine Mutter mir Vorwürfe gemacht hat: „Wie? Du hast es so weit gebracht und willst nicht mehr zur Schule gehen?" Und weil sie die ganze Zeit auf mir rumgehackt hat, hab' ich gemerkt, dass ich nicht Recht hatte. Und darum bin ich abgehauen, weil ich wusste, dass ich nicht Recht hatte. Aber ich bin nicht lange weggeblieben. Ich habe eine Woche lang bei einem Kumpel gewohnt.

Loch: Und wie lief es so mit deinen Schwestern und Brüdern?

Kelkal: Bei uns geht es vor allem um den Vater und den Bruder. Mein Bruder, der hat mir Ratschläge gegeben, und an dem Tag, wo ich wirklich auf die schiefe Bahn gekommen bin, da hat er mich gepackt: „So geht das nicht weiter!" Das hat mich berührt, das hat mich auch geärgert. Da bin ich dann abgehauen. Da musste ich mir dann selbst weiterhelfen und war gezwungen, klauen zu gehen. Doch das war vor allem so eine Rachegeschichte. Ihr wollt Gewalt? Dann kriegt ihr auch Gewalt. Von uns spricht man nur, wenn es Gewalt gibt, dann werden wir eben gewalttätig. Bei uns lief das auf einer individuellen Ebene. Als Jugendlicher, da hat man keine Orientierung, da weiß man nicht, wo's langgeht. Und dies ist der Zeitpunkt, wo du Entscheidungen treffen musst. Und wenn dann der Übergang vom *collège* zum Gymnasium kommt, dann ist das schon eine Entscheidung, geht es um eine andere Mentalität. Da musst du eine Entscheidung treffen, dabei bist du noch jung. Da kannst du nicht sagen: „Das ist nicht gut." Da hast du noch kaum ethische Wertmaßstäbe. Und deswegen neigst du dazu da langzugehen, wo es dir am besten gefällt.

Ich habe mit individueller Gewalttätigkeit reagiert. Aber da im *Mas du Taureau*, da haben sich [bei den Jugendunruhen von 1990, DL] alle diese Jungen zusammengetan. Das ist da gar nicht wegen des Mordes losgegangen. Der war nur der Funke im Pulverfass. Das sind lauter Arbeitslose, die sagen wollten: „Stopp! Denkt an uns! Ihr habt euer schönes Leben in der Stadt, aber schaut euch mal an, was da in der Vorstadt abgeht, das Elend, die Drogen." Heute haben wir Vierzehnjährige, die große Autos klauen, um der Gesellschaft eins auszuwischen, der Polizei. Die haben alle den Kanal voll. (...) Was die brauchen, diese Jungen, das ist Arbeit. Warum geben die den Jungen keine Arbeit, damit die klarkommen? Erst wenn es Krawalle gibt, dann kapieren sie. Aber das ist nichts Besonderes, das ist nur, um zu sagen: „Wir sind auch noch da." (...)

Loch: Gibt es in eurem Viertel verschiedene Gruppierungen je nach ethnischer Zugehörigkeit?

Kelkal: Es ist schon so, dass die Schwarzen vor allem mit den Schwarzen zusammen sind. Aber wenn der Schwarze etwas braucht, dann kommt er supergut mit dem Araber klar. Aber sonst stecken die Schwarzen zusammen. Die Araber und die Portugiesen, die stecken auch zusammen.

Es gibt Rassismus in Vaulx-en-Velin. Diese Leute wohnen nicht in der *ZUP*. Die wohnen in schicken Vierteln. Das sind Leute, die arbeiten, Angepasste, wie sie sagen. Diesen Leuten geht es gut, ihren Söhnen geht es gut. Der Sohn hat eben sein Diplom gemacht, der Vater kauft ihm ein Auto, einen Führerschein. Der hat alles, was er braucht. Aber der Junge, wenn der das sieht, dann geht er in die Stadt. Da sieht er junge Französinnen mit schönen Autos. Also ich, ich bin 21 und habe noch nicht einmal einen Führerschein. Ich habe gar nichts. Das trifft einen. (...)

So heranwachsende Jugendliche, die sind ein Pulverfass, weil sie mehr Sachen als wir sehen. Die Jüngeren von heute, die sehen und kapieren schnell. Die wissen schon mit zwölf Bescheid. Also ich hatte mit zwölf noch keine Ahnung, was das heißt, das System, das Geld und alles, was dadurch bedingt ist, das Wirtschaftssystem. Die Zwölfjährigen heute, die sehen das, und bei denen setzt eine Blockade ein, die bei uns so mit 17, 18 kam. Diese Leute werden schneller handeln. So werden sie zu Gangstern gemacht.

Loch: Gibt es Kontakte zwischen den Jungen, die studieren, den Arbeitslosen und denen, die stehlen?

Kelkal: Da hilft man sich immer gegenseitig. Da versucht man immer, jemandem Ratschläge zu geben, eine Richtung zu weisen. (...) Unter uns hören wir immer aufeinander. Wenn uns sonst niemand zuhört - wir hören einander immer zu. Wir haben wenigstens noch Respekt. Der Typ, der Drogen nimmt, der hört Ihnen zu. Du sprichst mit ihm, sagst, er müsse sich mal klar werden, was da abgeht. Je mehr Drogen er nimmt, desto mehr kommt er auf die schiefe Bahn und desto weniger Kontakt hat er mit den Leuten. Schon kriegt er sich mit seinem besten Kumpel in die Wolle, macht er Betrügereien. Damit verliert er Punkte, und er wird ausgestoßen. Das ist wie ein Apfel. Wenn Sie einen faulen Apfel in eine Schale legen, wo es gute Äpfel hat (...).

Wenn ich einen Typen aus meinem Viertel Drogen nehmen seh', dann heile ich den mit Gewalt, dann sperre ich den in einen Keller. Ich bringe ihm zu essen, zu trinken. Die Lust auf den Stoff muss ihm ausgetrieben werden, auch wenn er dabei leidet. Also ich selber war im Gefängnis mit einem, der Drogen genommen hat, ein Jahr war ich mit dem zusammen. Ein Jahr lang hab' ich mit ihm gesprochen über Religion, weil mir die islamische Religion gefällt, und ich habe mit ihm über Drogen gesprochen. Ich hab' ihm gesagt: „Lass das Zeug. Wer es gut mit dir meint, der würde dir nie und nimmer Stoff bringen. Du musst diese Leute loswerden, du darfst nicht mehr mit denen rumhängen. Wenn du mit Junkies rumhängst, dann nimmst du zwangsläufig auch Drogen." Wir haben geredet und geredet, bis er rausgekommen ist. Der hat nie mehr was genommen. Eben, wir können einander helfen. Und wenn man einander hilft, dann entstehen Gefühle, Bindungen. Dann kann ich sagen: „Der da, das ist mein Bruder."

Loch: Nach den Enttäuschungen im Gymnasium bist du ins Gefängnis gekommen. Was ist da passiert?

Kelkal: Im Gymnasium habe ich, wie gesagt, meinen Platz nicht gefunden. Da ist es eben losgegangen. Wir haben gestohlen, wir haben uns herumgetrieben. Wir haben gesehen, dass wir mit Stehlen Geld verdienen können. Und es wird von Mal zu Mal krimineller. Wer sich in dieser Phase nicht fangen kann, der wird zum Gangster. Nach einem Jahr legt er sich eine Waffe zu. (...)

Am Tag, an dem ich ins Gefängnis kam – na klar, eine Mutter kann ihren Sohn ja nicht im Stich lassen –, ist meine Mutter mich besuchen gekommen. Sie hat gesagt: „Siehst du? Klar muss man Kumpel im Leben haben, aber denk an dich, denk an deine Zukunft. Du bist jetzt 21." Das glaubst du nicht, die hat zu mir gesagt: „Von zwanzig an geht es irrsinnig schnell. Ich sehe nicht, was du noch für eine Zukunft hast." Und wissen Sie, im Gefängnis, da kommst du zwangsläufig ins Grübeln. Und ich hab' ganz schön viel gegrübelt. Ich weiß, es stimmt alles, was meine Mutter gesagt hat und mein Vater. (...) Aber das wird einem erst später klar, weil im Moment, da bist du ja der große Schauspieler. Aber im Knast, da bist du mit einem Mal der Zuschauer, und du sagst dir: „Ich bin nicht mehr im Leben, was hab' ich denn getan?" Und du stellst dich in Frage: „Was soll ich denn im Leben machen?" Da reiht sich eine Frage an die andere. Du kommst sogar auf eine Antwort, doch die Antwort ist immer das, was unsere Eltern uns gesagt haben, weil die da schon durch sind. Die haben das gesehen, die kennen das.

Loch: Warum bist du ins Gefängnis gekommen?

Kelkal: Wir haben Einbrüche gemacht in Läden, wir haben mit sogenannten Rammbock-Autos gearbeitet. Wir haben mit den Autos die Schaufenster kaputtgemacht, wir haben alles mitgenommen, was da war, rein damit ins Auto und ab, und dann haben wir es verkauft. Doch dann haben sie einen von uns geschnappt, und dieser Typ – von wegen Kumpel! – hat uns alle verpfiffen, das Schwein. Und dabei hatten wir es gut gehabt miteinander, er hatte eine Wohnung. Aber letztendlich ist es gut, dass alles aufflog. Denn wenn es nicht so gekommen wäre, was hätte ich sonst noch alles angestellt. Vielleicht wäre ich für zehn oder zwanzig Jahre im Knast gelandet. So sind es nur zwei gewesen.

Loch: Welche Erfahrungen hast du mit der Justiz gemacht?

Kelkal: Offen gesagt, als Araber – die Justiz kann uns nicht leiden. Es gibt da eine Justiz mit zwei Maßstäben. Ich kann dazu eine Anekdote erzählen. Ich saß da. Ich war da wegen meiner Bewährung. Zwei Typen wurden wegen Einbruchs geschnappt, ein Franzose und ein Araber. Beide waren noch nie verurteilt worden. Der Franzose, der hat eingebrochen, die Frau dort geschlagen, er hat ihr alles weggenommen. Die Nachbarin hatte ihn gesehen, die Bullen sind gekommen und haben ihn geschnappt. Der Araber hatte nur ins Haus eindringen wollen. Der Richter hat gesagt, der Franzose bekommt zwei Monate und der Araber – er hatte nicht einmal die Tür aufgebrochen – der kriegt achtzehn Monate. Also wer so was hört, der sagt sich doch: „Wie bitte?" Ein Junge aus Vaulx-enVelin, der geschnappt wird, kriegt also ganz bestimmt einundhalb Jahre mehr als die anderen, ganz bestimmt. Natürlich muss man die in den Knast stecken, solche Leute, man muss sie ruhigstellen, aber die da [die Richter, die Gesellschaft; DL], die wissen gar nicht, dass sie selbst Schuld daran haben. Wenn die nur ein bisschen die Augen aufmachen würden, um zu schauen, was da in den Vorstädten abgeht, dann gäbe es diese ganze Kriminalität gar nicht. Für mich gibt es keine Gerechtigkeit. Was die Gerechtigkeit nennen, ist Ungerechtigkeit.

Loch: Wie lief es im Gefängnis ab?

Kelkal: Gut ist es abgelaufen. (...) Wenn du ein paar Leute schon kennst, dann fühlst du dich gleich um 50% besser. (...) Also ich persönlich hatte mit allen zu tun, weil ich gern Kontakt habe, gern meinen Spaß. Und wenn der Typ ein Arsch ist, das ist mir doch egal. Guten Tag, man hat seinen Spaß, und das war's dann. Doch vor allem bei den Jugendlichen, wenn die in den Knast kommen als jugendliche Straffällige und dann in den Erwachsenenvollzug hinüberwechseln: Als Jugendliche schließen die sich zu Gruppen zusammen, und wenn die dann im Erwachsenenvollzug sind, dann finden die sich alle wieder.

Wer schlau ist, der sagt sich: „Ich muss sehen, dass ich nicht mit denen verkehre, wenn ich aus dem Schlamassel rauskommen will." (...) Weil, wenn der mit diesen Leuten ist, dann macht der seinen ersten Bruch am Tag, an dem er rauskommt. Wenn der Typ ein bisschen nachdenkt, dann sagt er sich: „Oh, nein! Wenn ich aus dem Schlamassel rauskommen will, dann darf ich mich nicht mit denen da rumtreiben." Das heißt aber nicht, dass er die jetzt nicht grüßt oder so, dass er die total ablehnt. Ich habe mir in meinem Kopf gesagt: „Ich muss aus dem Schlamassel rauskommen." (...)

Weil ich die Schule abgebrochen hatte, haben die mir eine entsprechende Einstufung verpasst. Dann kam die Zeit auf der Straße, so zwei Monate lang. Dann haben sie mich geschnappt. Ich habe im Knast gesessen. Dann bin ich rausgekommen, weil ich eine Arbeit gefunden hab'. Ich habe gearbeitet. Als ich gearbeitet hab', im chemischen Bereich, das war gut, einwandfrei. Der Vertrag ist ausgelaufen, ich hab' einen neuen Job gefunden. Auch da, drei Monate, und das im Bewusstsein, dass ich ins Gefängnis zurück müsste. Ich wusste, wenn die mich dann zur Urteilsverkündung rufen, dann geh' ich da ganz bestimmt hin. Ich habe einen guten Platz gefunden. Ich hab' gut verdient. Auch diesmal als Chemiker. Ich sagte mir: „Dies ist die Chance meines Lebens, ich habe eine Arbeit. Ich brauche niemanden mehr um etwas zu bitten, so viel [vom Verdienten, DL] geb' ich meiner Familie, so viel leg' ich auf die hohe Kante und für soviel kaufe ich Klamotten, geh' ich ein bisschen aus." Ich hatte alles, alles war bestens geregelt im Kopf. Eine Woche lang bin ich da hingegangen.

Dann kam das erste Urteil. Und weil ich da als freier Mann hinging, weil ich ja nicht in Haft war, bin ich, während die beraten haben, da bin ich abgehauen. Ich sagte mir: „Ich hab' jetzt keine Lust, in den Knast zu gehen." Damals hatten die mir eine Strafe von 30 Monaten aufgebrummt. Danach bin ich wieder bei denen vorbei, weil ich Berufung eingelegt hatte. Die hatten danach einen Haftbefehl gegen mich ausgestellt – in den Knast mit ihm –, und da habe ich Berufung eingelegt. (...)

Während der Zeit hab' ich immer was gearbeitet, so kleine Jobs. Ich hatte eine supergute Stelle. Was ich wollte, war: arbeiten, so viel meinen Eltern geben, etwas Geld auf die Seite legen für später, Geld sparen, heiraten, Kinder haben, ein Leben wie alle anderen haben. Das Leben, was ist das denn? Das ist Sprösslinge haben, Kinder aufziehen. Das ist das Leben.

Loch: Hast du eine Berufsausbildung?

Kelkal: Nein, so was mag ich nicht. Im Gymnasium, da hab' ich Chemie belegt. Da war ich in Chemie auf dem Abiturniveau, aber ich bin dann vor dem Abitur gegangen. Ich hab' aber trotzdem einen Job gefunden, weil ich eben gesucht hab'. Überall bin ich gewesen. Ich, also in der Woche, in der ich aus dem Knast kam, da hab' ich mir gesagt: „Ich muss eine Arbeit haben."

Loch: Wie lief es mit der Arbeitssuche?

Kelkal: Ich bin etwas ins Schwitzen geraten, aber ehrlich, ich hab' gesucht und gesucht. Stimmt schon, anfangs war das nur so ein Murksvertrag, doch ich hab' mir gesagt: „Das ist mir egal." Ich war bei der *Mission Locale* [Arbeitsvermittlung für Jugendliche, DL]. Die haben mir gesagt: „Wir haben eine Praktikantenstelle." Ich habe zugehört, gut, da habe ich begriffen: Ich muss mir selbst zu helfen wissen. Was soll ich denn mit einem Praktikum anfangen? Ein Praktikum, was interessiert mich das – im Malergewerbe oder was immer –, da pfeif' ich drauf. Ein Praktikum wozu? Um meine Zeit zu verlieren? Ich habe keine Lust, meine Zeit zu verlieren. Ich habe die links liegengelassen – *Mission Locale* und den ganzen Zauber – und mich allein durchgeschlagen. Bei der *Mission Locale* hatten die gesagt: „Hören Sie, im Chemiebereich haben wir nichts. Wenn Sie wollen, können wir Ihnen was in der Elektrobranche vorschlagen." Ich habe gesagt: „Ich will das weitermachen, was ich will." Ich bin gegangen. Ein Gespräch, und das war's. Weil, die Leute von der *Mission Locale*, denen ist das lästig. Je mehr Leute die wo unterbringen, desto besser für sie. Die versuchen gar nicht zu sehen, was du gerne machen möchtest. Die sagen: „Versuch's mit etwas anderem." Nein. Nicht mit mir! Die sagen, wo's langgeht, und versuchen gar nicht zu sehen, was du im Kopf hast.

Ich habe mich für eine Berufsausbildung angemeldet. Ja, das mache ich gerade, aber das gefällt mir nicht. Das ist nicht über die *Mission Locale* gelaufen, sondern direkt über das Gefängnis. Eine Frau, eine Araberin war das, ich schwöre Ihnen, supergut. Die kümmert sich gut um mich. Die hat mir gesagt: „Ich kann etwas für dich finden." Gut, es war dann im Elektronikbereich, was anderes gab es nicht. Also hab' ich gesagt: „Um rauszukommen, bleibt mir gar nichts anderes übrig." Aber es gefällt mir überhaupt nicht. Ich kann es mir zur Zeit aber nicht leisten, das Praktikum abzubrechen und gleich einen anderen Job zu suchen, denn wenn ich abbreche, bin ich gezwungen, wieder im Gefängnis zu arbeiten. Also muss ich bleiben, und ich verliere meine Zeit. (...) Das ist schlecht organisiert. In Elektronik bin ich in der einen Klasse. In Englisch mit anderen Leuten, in Mathe mit noch anderen Leuten. Das ist schlecht. Da musst du dahin, dorthin. Hallo, wie geht's, das war's.

Die Elektronik interessiert mich einen Dreck. Also ich, ich möchte Biologie oder Chemie. (...) Ich bin jetzt 21, und ich verliere meine Zeit. Ich kann nicht den Rest meines Lebens mit einer Ausbildung verbringen, die mir nicht passt. Ich will gern mein Leben lang malochen, aber dann wenigstens etwas, das mir gefällt.

Ah! Das hatte ich vergessen (...), in der letzten Klasse des *collège*, da war ich in den Naturwissenschaften der Klassenbeste! Ich hab' in der *Martinière* in *La Duchère* [Gymnasium in Lyon, DL] meine Biologiearbeiten gezeigt. Die haben die gesehen. Da war ein Mädchen aus meiner Klasse, die dasselbe Fach gehabt hat. Die war nicht so gut wie ich, die war eine Französin. Die haben sie genommen, mich haben sie nicht genommen. Also schon dies, das hat mich fertiggemacht.

Diese Bewährungsfrist, die reicht bis Juni 1994, aber ich will was in meinem Bereich machen wie Sie. Sie haben schließlich auch Ihren eigenen Bereich gewählt. (...) Die Jungen, die muss man gut umsorgen. Und wenn man sie dann loslässt, dann bringen die es zu Spitzenpositionen. Es darf nicht passieren, dass einer in die Klasse kommt mit dem Gefühl: „Ich bin nichts wert, ich bin für nichts zu gebrauchen." Wenn man einem nicht hilft, dann kapiert der auch nichts im Unterricht. Der sagt sich: „Ich bin zu nichts nütze." Der verliert sein ganzes Selbstvertrauen, und das ist der Punkt, wo einer dann aufgibt. (...)

Loch: Seit wann sind deine Eltern in Frankreich?

Kelkal: Mein Vater, der kommt aus Algerien. Vier von uns sind dort geboren: mein großer Bruder, noch ein Bruder, meine Schwester und ich. Mein Vater ist vorher gekommen, um zu schauen. 1973 hat er uns aus Algerien hergeholt. Ich war zwei Jahre alt, es ist gutgegangen. In der Grundschule bin ich nie sitzen geblieben. Im *collège*, im ersten Jahr, hab' ich Blödsinn gemacht, da bin ich sitzen geblieben. Aber danach hab' ich kapiert. Meine Eltern haben mir den Arsch versohlt. Sogar zu Haus hab' ich im Knast gesessen. Ich musste zu Hause arbeiten. Die Grundschule, einwandfrei, das *collège* auch. Auch wenn es da ein paar kleine Affären gab. (...)

Meine Schwester, die hat es bis in die medizinische Fakultät geschafft. Die Mädchen, das ist nicht dasselbe, die sind zurückhaltend bei uns, verdammt zurückhaltend. Mein großer Bruder, der hat seine Facharbeiterprüfung gemacht, der hat zehn Jahre lang in derselben Bude wie mein Vater gearbeitet. Meine kleine Schwester ist supergut in der Schule. Die Mädchen, wenn die keinen Erfolg haben - dass die heiraten, nun das ist auch ein Erfolg. Die Frau, auch wenn sie nicht arbeitet, die hat dann ihren Mann, und der Mann arbeitet. Also dieses Phänomen ist bei den Frauen nicht so wichtig. Aber bei meinem kleinen Bruder, da pass' ich auf: „Pass auf, dass ich dich nicht mit dem Typen da erwische, einem Dieb!"

Mein Vater, der ist ganz allein nach Saint-Fons [Kommune im städtischen Großraum von Lyon, DL] gekommen, und von da sind wir dann nach Vaulx-en-Velin gezogen. Ich bin hier aufgewachsen. Nein, es gibt keinen Konflikt zwischen den Brüdern und der Schwester. Nein, das geht, so kleine Geschichten halt. (...) Mit den Eltern? Mein Vater, der kann lesen, schreiben, der kann supergut reden; manchmal geht er sogar runter, macht einen Bummel und spricht mit den Jungen. Der hält ihnen Moralpredigten, als wären sie seine Söhne. (...) Ja, in meiner Familie hat es sich eingerenkt, sowie ich aus dem Knast gekommen bin. Ich hatte eine kleine Diskussion mit meinem Vater, mit meiner Mutter. Mein Vater hat zu mir gesagt: „Was hast du denn für eine Zukunft?" Da hab' ich kapiert, nicht wahr? Also für ihn war das in Ordnung. Auch wenn er etwas misstrauisch ist, sagt er sich: „Es gibt nichts Schlimmeres als den Knast." (...)

Loch: Hast du nie Drogenprobleme gehabt?

Kelkal: Im Knast hab' ich manchmal was gepafft, aber nie härtere Drogen, niemals. Weil, ich hab' früh schon gesehen, was die anrichten, und mir geschworen: niemals.

Loch: Welche Bedeutung hat der Islam für dich?

Kelkal: Ehrlich, das ist eine große Sache im Leben. Auch da bin ich zur Zeit schwer am Überlegen. Ich sage: „Ich muss drin sein in der Religion. Ich muss beten." Alle drei, vier Tage leihen wir uns eine Videokassette mit großen Gelehrten des Islam aus, mit Leuten aus dem Westen, worin die Worte des Korans gezeigt werden. Einer der größten Astronomieprofessoren in Japan hat bestätigt, dass der Koran die Stimme Gottes ist. Der größte Gelehrte der NASA hat das auch bestätigt.

Was da gesagt wird, das kann nicht menschlich sein, das kann nur göttlich sein. Danach kannst du es nicht mehr leugnen. Wenn die größten Gelehrten es bestätigen, dann kannst du es nicht mehr leugnen.

Das ist sehr wichtig für mich. Ich habe schon gebetet, als ich im *collège* war, da war ich supergut drauf, ich hatte kein einziges Laster. Einfach gut. Was Gott betrifft, was die Menschen betrifft, einfach gut. Wir wurden sogar Klassenbeste, weil wir gebetet haben und alles. Am Tag, an dem ich mit dem Beten aufgehört habe, an diesem Tag hat mein ganzer Schlamassel angefangen. Ich habe mit dem Ramadan, mit dem Beten aufgehört, und wo hab' ich mich wiedergefunden? In einem Loch, im Knast.

Loch: Warum hast du aufgehört?

Kelkal: Das gleiche, dieselben Verkettungen, es war ein Teufelskreis. Doch selbst im Knast habe ich nicht völlig aufgehört. Früher, da konnte ich kein Arabisch lesen oder schreiben. Ich bin ins Gefängnis gekommen und habe mir gesagt: „Ich darf keine Zeit verlieren" – es gab einen muslimischen Bruder unter uns –, „ich muss Arabisch lernen."

Ich habe Arabisch gelernt. Nach einer Woche konnte ich lesen. Ja, das ging schnell. Weil es mir gefällt. Ich lerne superschnell. Von diesem Moment an habe ich die Religion wiedergefunden. Ich werde jeden Freitag in die Moschee gehen. Wenn ich die Kassetten sehe, wenn die Gelehrten reden, kannst du es nicht mehr leugnen. Es gibt einen Schöpfer. Es gibt keinen Zufall. Jedes Ding hat seinen Platz. Jedes Ding hat eine Bedeutung. Ich kann es nicht leugnen.

Loch: Die Herkunftskultur, ist sie wichtig für dich?

Kelkal: Sehr wichtig. (...) In Algerien gibt es Kulturen. In Saudi-Arabien gibt es Kulturen. Man muss zwischen Kultur und Religion unterscheiden. Kultur und Religion, das hat nichts miteinander zu tun. (...) Ich bin weder Araber noch Franzose, ich bin Muslim. Ich mache da keinerlei Unterschied. Wenn heute der Franzose ein Muslim wird, ist er genau wie ich, wir werfen uns beide vor Gott in den Staub. Es gibt keine Rassen mehr, nichts mehr, alles wird ausgelöscht. Es gibt nur Einheit, wir sind vereint. Wenn du heute in die Moschee gehst, gibt es da viele Franzosen. Es gibt keine Rassenunterschiede mehr. Du gehst in die Moschee, du fühlst dich sofort wohl, man gibt dir die Hand, du wirst als Freund betrachtet, den man schon lange kennt. Es gibt nicht dieses Misstrauen, all diese Vorurteile. Wenn Sie jemanden auf der Straße grüßen: „Warum grüßen Sie mich? Ich kenne Sie nicht." Ich, ich sehe einen Muslim auf der Straße: „Salam aleikum!" Er schaut mich mit einem strahlenden Lächeln an, wir halten an und diskutieren. Das ist die Anerkennung des anderen, wir sind Brüder, auch wenn wir uns nicht kennen.

Loch: Es gibt auch Jugendliche, die sagen: „Ich bin Araber, weder Muslim noch Franzose."

Kelkal: Achtung, Rassismus gibt es auf beiden Seiten. Es gibt auch Araber, die sich den Franzosen gegenüber verdammt rassistisch verhalten. Die können die auf den Tod nicht ausstehen, das gehört sich für die so. Und es stimmt, es gibt welche, die sagen: „Ich bin kein Franzose, ich bin Araber." (...) Ob du nun asiatisch, schwarz oder rot bist – wenn du Muslim bist, dann sind wir alle Brüder. Das ist die Einheit. Wie jetzt, nehmen Sie Europa. (...) Was wollen die? Die wollen sich vereinen. Warum? Um eine Macht zu bilden, und bei den Muslimen ist es das Gleiche. Der erste Pfeiler des Islam ist die Einheit. Ich habe eine Kassette gesehen, auf der der Typ gesagt hat: „Wenn die ganze Welt den ersten Pfeiler des Islam, die Einheit, übernähme, dann gäbe es keinen einzigen Elenden auf der Welt."

Loch: Ist die Zeit wichtig für dich bei dem, was du erlebt hast?

Kelkal: Die Zeit oder das Zeitalter? Es ist schon so, die Leute, sogar die Franzosen, trauen sich nicht mehr, Kinder zu machen, weil sie Angst vor der Zukunft haben. Die sagen sich: „Wenn schon wir als Erwachsene uns nicht durchschlagen können, wie soll das dann mein Kind später mal können? Die muss man doch ernähren, ihnen eine Stelle finden." Schon was sie selbst betrifft, sind sie nicht sicher. Also die Zukunft, die ist für keinen sicher. (...) Das ist wie mit einem Schmetterling: Der lebt einen Tag lang, aber für ihn ist das ein ganzes Leben.

Loch: Was machst du in der Freizeit?

Kelkal: Wir haben keine Freizeit. Also ich persönlich, mir muss keiner mehr was von Firmen und so erzählen. Ich habe noch nicht einmal in einer Schulklasse meinen Platz. Also stell' dir mal vor, wie das in einer Firma wäre! Ich schaue mir Kassetten an. Wir mieten Kassetten, wir spielen Billard, wir gehen in die Stadt, wir machen eine Spritztour, wir machen die Mädchen an. Wir versuchen rauszukriegen, wo es sympathische Leute gibt. Also ich persönlich, ich schaue nicht, wo die Leute in Gruppen auftreten. Wenn der Typ in einer Bar uns gut aufnimmt, dann komm ich in zwei, drei Tagen wieder. Ich geb' mein Geld lieber jemandem, der mich nicht scheel ansieht, das heißt, man versucht eben eine nette kleine Bar zu finden.

Loch: Gibt es einen Unterschied zwischen Vaulx-en-Velin und Lyon?

Kelkal: O ja! Und zwar die Kälte. Ich steige in die Metro, da legt einer seine Tasche auf den Platz neben sich. Das nervt mich, das nervt mich! Wenn du auf Jobsuche bist und sagst, dass du in Vaulx-en-Velin wohnst. (...) Da brauchst du gar nicht zu sagen, wie du heißt. Das ist gleich erledigt, alles klar.

Loch: Ist der Unterschied zwischen der Stadt und der Vorstadt wichtig?

Kelkal: Ja, es gibt zuviel Abstand, eine große Mauer, eine enorme Mauer. Wer aus der Vorstadt in die Stadt fährt, der versucht, sich unauffällig zu bewegen, sich ganz klein zu machen. Wenn wir in der Stadt zu mehreren auftauchen, dann fallen wir ganz bestimmt auf. Wenn wir als Gruppe in eine Bar gehen – die Franzosen können jederzeit als Gruppe in eine Bar gehen –, aber wir, wenn wir zu siebt oder zu acht angerückt kommen, dann flippt er aus, der Typ [Barkeeper, DL]. Was mich betrifft, sobald ich hier rausgehe, fühle ich mich nicht mehr zu Hause.

Loch: Würdest du Vaulx-en-Velin gern verlassen?

Kelkal: Ich, ich möchte am liebsten eines machen: Frankreich überhaupt verlassen. Ja, für immer. Wohin ich gehen würde? Nach Algerien. Nun, zurück nach Hause, nach Algerien. Hier gibt es keinen Platz für mich. Weil, jetzt braucht sich ein Arbeitgeber nur zu erkundigen – der war im Knast –, und wenn im Betrieb mal was gestohlen wird, dann bin ich das gewesen. Manchmal ist bei uns in der Klasse ein Taschenrechner verschwunden. (...) Ich war kein Dieb, ich war nichts; aber weil ich der einzige Araber war, war mir nicht wohl, und ich dachte: „Alle denken bestimmt, ich sei es gewesen." Und dann gibt es diese aufsässigen Blicke. Ich sage mir: „Was hab' ich hier verloren? Hier akzeptiert man mich nicht, ich hab' hier nichts zu tun." (...)

Loch: Gibt es Begegnungsstätten für die Jugendlichen in Vaulx-en-Velin?

Kelkal: Es gibt keine bestimmten Punkte, wo größere Gruppen sich treffen. (...) Wir brauchen uns nur zu mehreren zu treffen, und die Leute sagen: „Schau" – und sie schauen uns scheel an – „ein Auflauf, Araber..." Also, deswegen können wir uns das gar nicht erlauben. Das wäre gut, wie zum Beispiel all die Jungen auf dem Land, die ich sehe, die treffen sich auf dem Rathausplatz, da wird diskutiert, geschrieen, aber die Leute sagen nichts, die finden das lustig. Aber wir, wenn wir so was machen, dann findet man das nicht lustig. (...) Kein einziger Typ, den ich in meiner Altersgruppe kenne, ist bei einem Verein dabei. Kein einziger aus all den

Vierteln, die ich kenne. Die einzige Vereinigung, von der man schon gehört hat, ist die Moschee, der Moscheeverein. Die kommen bis in unser Viertel, die reden mit uns. Die schlagen uns dies und das vor: „Ich zwinge dir nichts auf, ich habe mit dir gesprochen, jetzt musst du dich entscheiden." Das ist diese Vereinigung, sie sind diejenigen, die etwas unternehmen, sie kommen uns abholen. „Statt einfach dazubleiben, kommt in die Moschee, kommt was lernen, es ist nur zu eurem Guten."

Loch: Was meinst du zu der Politik in Vaulx-en-Velin?

Kelkal: Eine Politik der Heuchelei. (...) Die Hälfte der Leute hier, wenn man die fragt, was sind Kantonalwahlen, dann wissen die das nicht. Regionalwahlen? Kennen die nicht. Parlamentswahlen? Kennen die nicht. Gut, wie kann ein Jugendlicher wählen gehen? Er sieht, dass in seiner Stadt der Bürgermeister schon mal ein Arschloch ist. Wie soll da ein Typ, der ihn gar nicht kennt, für ihn stimmen? (...) Es sind vor allem die Geschäftsleute, die in Vaulx-en-Velin das Sagen haben. Die haben die Polizei in der Hand. Man hat auch schon mal von einer Miliz der Geschäftsleute reden hören. (...) Die Bullen, die haben gesagt: „Wenn ihr euch verteidigen wollt, verteidigt euch, schießt auf die, uns ist das egal."

Ich habe mich für Politik interessiert, ich habe die Politik verfolgt, aber das ist Scheißdreck. Ich interessiere mich natürlich für das Leben in Vaulx-en-Velin, aber ich sehe, dass der Bürgermeister – das ist eine reine Image-Sache, dem geht es nur darum, sein Image zu wahren, das ist alles. Vaulx-en-Velin ist immer noch in der Misere. Wenn die sagen: „Wir bringen das Stadtviertel *Mas du Taureau* wieder auf Vordermann, das tut dem Image gut." Worum geht es da? Um materielle Fragen. Diskussionen mit den Jugendlichen? Der Bürgermeister sagt: „Jeden Freitagnachmittag haben die Jugendlichen das Recht, bei mir vorbeizukommen." Die Jugendlichen kommen, aber der Bürgermeister ist nie da. „Machen Sie einen neuen Termin ab..." Wenn die zwei-, dreimal gekommen sind, dann haben die den Kanal voll. Dann sagen die: Der Mann ist ein Lügner. (...) Wenn ich jetzt eine Wohnung in Vaulx-en-Velin möchte, dann ist das unmöglich. Da kommt es drauf an, dass einer einen Lohnnachweis hat und seit drei Jahren eine geregelte Arbeit. Da gibt es ein Dossier, dann warten, ein Jahr oder länger. (...) Die Franzosenehepaare hingegen, die haben Vortritt, das ist sonnenklar. Die haben da lieber so eine Bevölkerung als Araber. (...)

Ich habe keinerlei Rechte. Ich, wenn ich jetzt auf der Straße bin, man greift mich an, und ich wehre mich, dann ist jener im Recht und ich im Unrecht. Das ist sonnenklar. Einfach deshalb, weil ich schon mal im Knast war. Sogar bei einer Bande von Skins, wenn die mich angreifen und ich aus Notwehr was mache - dann bin ich es, der in den Knast kommt. (...)

Loch: Wie würdest du deine Kinder erziehen?

Kelkal: Wenn Sie mich fragen, haben die Westler überhaupt keinen Respekt. Ich hab' nie rauchen dürfen vor meinem großen Bruder, ich schäme mich zu rauchen, das ist der Respekt. Nie könnte ich mit einer Frau ausgehen, sie nach Hause bringen und vor meinen Eltern umarmen, das wäre unmöglich. Der Typ, der seine Frau vor seinen Eltern abknutscht, soll das Freiheit sein? Nein, das ist Mangel an Respekt. Es gibt sogar welche, die schauen sich mit ihren Eltern pornographische Filme an. Das ist eine Schande, ein Mangel an Respekt. Die beleidigen die Religion. Für mich als Muslim ist das Christentum eine falsche Religion, weil ihr jedes Jahr wieder eine neue Version der Bibel habt. (...) Ich kann meine Kinder nicht so erziehen, wie ich die Leute das tun sehe. Das ist unmöglich. Unsere Eltern haben uns eine Erziehung gegeben, aber parallel dazu haben die Franzosen uns eine andere Erziehung gegeben, ihre Erziehung. Das passt nicht zusammen. Ein bisschen dies, ein bisschen das, ein bisschen jenes. Nein, ich persönlich, für mich braucht es Prinzipien und Respekt. Wenn es das nicht gibt, dann kracht alles zusammen.

Loch: Wie siehst du die Zukunft deines Wohnviertels?

Kelkal: Ich denke an die Vereinigten Staaten. Das ist erst der Anfang hier. Das wird hier noch dermaßen heiß werden, und dann wird es zu spät sein. Ein Bekannter von mir hat gerade sein technisches Abitur abgeschlossen, ein guter Arbeiter, total motiviert. Er hat gerade die Schule abgeschlossen und ist arbeitslos. Er sagt: „Ich möchte in meiner Branche arbeiten." Und was schlägt man ihm vor? Handlangerarbeiten, Lastwagen beladen. Ich hab' doch nicht studiert, um Lastwagen zu beladen.

Ein anderer Typ, der machte einen Facharbeiterabschluss in Apparatebau. Der macht sein Diplom und hat keine Arbeit. Der hat zu mir gesagt: „Mein Diplom ist nutzlos." Er ist klauen gegangen und im Knast gelandet, zwei Jahre. Warum? Weil er keine Arbeit hatte. Die Anerkennung. (...)

Loch: Hast du Zukunftsprojekte?

Kelkal: Ich hoffe, inschallah, dass ich in mein Land zurückkehren kann, um dort etwas aufzubauen. Etwas arbeiten und etwas Geld auf die Seite legen. Ich mag nicht leben, wenn ich von diesen Leuten abhänge. Wenn ich dann mal genug Geld hab', um ein kleines Geschäft zu gründen, etwas, das mir gehört. (...) Wenn ich arbeite, habe ich zu essen. Wenn ich nicht arbeite, verrecke ich. Das ist alles. Es wird von mir abhängen und von niemand anderem.

Anhang 4:

Abbildung 12: Die Quartiere des Stadtvertrages im Stadtverbund von Lyon (2000 - 2006)

Quelle: Agence d'urbanisme pour le développement de l'agglomération lyonnaise 2002

Literaturverzeichnis

Affichard, Joëlle/de Foucauld, Jean-Baptiste (Hg.) (1992): Justice sociale et inégalités. Paris.
Affichard, Joëlle/de Foucauld, Jean-Baptiste (Hg.) (1995): Pluralisme et équité. La justice sociale dans les démocraties. Paris.
Ailloud, Didier/Labrosse, Jean-Marc (1986): L'accessibilité au logement de la population étrangère dans l'agglomération lyonnaise. In: Hérodote 43, 140-152.
Allen, Barbara (2003): Les Tarterets: un quartier d'accueil? In: Annales de la recherche urbaine, no. 94.
Amar, Marianne/Milza, Pierre (1990): L'immigration en France au XXe siècle. Paris.
Amara, Fadéla (2003): Ni putes, ni soumises. Paris.
Anderson, Antoine/Vieillard-Baron, Hervé (2000): La politique de la ville. Histoire et organisation. Paris.
Baacke, Dieter/Ferchhoff, Wilfried (1989): Jugend, Kultur und Freizeit. In: Krüger, Heinz-Hermann (Hg.): Handbuch der Jugendforschung. Opladen, 291-325.
Bachmann, Christian/Le Guennec, Nicole (1995): Violences urbaines. Ascension et chute des classes moyennes à travers cinquante ans de politique de la ville. Paris.
Bacot, Paul (2002): Lyon: La gauche a gagné la bataille du clivage. In: Dolez, Bernard/Laurent, Annie (Hg.): Le vote des villes. Les élections municipales des 11 et 18 mars 2001, 49-65.
Balme, Richard/Faure, Alain/Mabileau, Albert (Hg.) (1999): Les nouvelles politiques locales. Dynamiques de l'action publique. Paris.
Barou, Jacques (1995): Un danger islamiste existe-t-il en France? In: Hommes & Migrations, Janvier, 41-46.
Barthélemy, Martine (2000): Associations: un nouvel âge de la participation? Paris.
Bastenier, Albert/Dassetto, Félice (1984): L'islam transplanté. Vie et Organisation des minorités musulmanes en Belgique. Bruxelles/Anvers.
Bataille, Philippe (1997): Le racisme au travail. Paris.
Battegay, Alain (1991/1992): Des Minguettes à Vaulx-en-Velin. Fractures sociales et discours publics. In: Les Temps Modernes, no. 545-546, 51-76.
Bayard, Françoise/Cayez, Pierre (Hg.) (1990): Histoire de Lyon, tome IV, Lyon aux XIXe et XXe siècles. Paris.
Bazin, Hugues (1995): La culture hip-hop. Paris.
Beaud, Stéphane/Pialoux, Michel (1999): Retour sur la condition ouvrière. Paris.
Beaud, Stéphane/Pialoux, Michel (2003): Violences urbaines, violence sociale. Genèse des nouvelles classes dangereuses. Paris.
Begag, Azouz (1984): L'immigré et sa ville. Lyon.
Begag, Azouz (1991): La ville des autres. La famille immigrée et l'espace urbain. Lyon.
Begag, Azouz/Delorme, Christian (1994): Quartiers sensibles. Paris.
Belbahri, Abdelkader (1988): Immigration et situations postcoloniales. Le cas des Maghrébins en France. Paris.
Bell, Daniel (1991): Die kulturellen Widersprüche des Kapitalismus. Frankfurt/Main.
Bendit, René/Mauger, Gérard/von Wolfersdorff, Christian (Hg.) (1993): Jugend und Gesellschaft. Deutsch-französische Forschungsperspektiven. Baden-Baden.

Benko, Georges (1995): Les théories du développement local. In: Sciences Humaines, No. 8, fevrier-mars, 36-48.
Berding, Helmut (Hg.) (1994): Nationales Bewußtsein und kollektive Identität. Frankfurt/Main.
Bertaux, Daniel (1997): Les récits de vie. Paris.
Bertoncello, Brigitte/Lataulade, Bénédicte (1994): Die Bürgerbeteiligung in der Stadtpolitik Frankreichs: Mythos oder Realität? - dargestellt am Beispiel eines Stadterneuerungsgebietes in Mantes-la-Jolie. In: Froessler u.a., 231-239.
Betz, Hans-Georg (2004): La droite populiste en Europe. Extrême et démocrate? Paris.
Biarez, Sylvie (1989): Le pouvoir local. Paris.
Bideau, Alain (Hg.) (1991): Villes européennes et internationalisation. Lyon.
Bion, Jean-Yves (1991): Proposition pour la mise en place d'un dispositif d'évaluation pour Vaulx-en-Velin, ENTPE. Vaulx-en-Velin.
Body-Gendrot, Sophie (2001): Les villes: la fin de la violence? Paris.
Body-Gendrot, Sophie/Leveau, Rémy/Strudel, Sylvie (1993): De là-bas à ici: les mobilisations des populations d'origine étrangère. In: L'Engagement politique: Déclin ou mutaton?, Pré-actes du colloque, FNSP/CEVIPOF. Paris.
Bonnemaison, Gilbert (1982): Face à la délinquance, prévention, répression, solidarité. Paris.
Bonnet, Jacques (1987): Lyon et son agglomération. Notes et Etudes Documentaires. Paris.
Bonneville, Marc (1978): Villeurbanne, naissance et métamorphose d'une banlieue ouvrière: processus et formes d'urbanisation. Lyon.
Bonneville, Marc (1997): Lyon. Métropole régionale ou euro-cité? Paris.
Bordreuil, Samuel/Lovell, Anne/Péraldi, Michel (1996): Cités in the City. Mobility and Sociability of Poor Youth in Marseille, Center for West European Studies. Berkeley.
Boulot, Serge/Boyzon-Fradet, Danièle (1988): Les immigrés et l'école: une course d'obstacles. Paris.
Boumaza, Nadir (1992): Les relations interethniques dans les nouveaux enjeux urbains. In: Revue Européenne des Migrations Internationales, 2, 101-120.
Bourdieu, Pierre u.a. (Hg.) (1993): La misère du monde, Paris (Dt.: Das Elend der Welt. Zeugnisse und Diagnosen alltäglichen Leidens an der Gesellschaft. Konstanz 1997).
Brachet, Olivier (1984): Pourquoi Lyon fait-il parler de ses immigrés? In: Les Temps Modernes, No. 452-453-454/1984, 1680-1690.
Braudel, Fernand (1986): L'identité de la France. Espace et histoire. Paris, 260-266.
Brubaker, Rogers (1994): Staats-Bürger. Frankreich und Deutschland im historischen Vergleich. Hamburg (Orig.: Citizenship and nationhood in France and Germany. Cambridge, Mass. 1992).
Brunet, Roger (1989): Les villes européennes, DATAR. Paris.
Camilleri, Carmel (1992): Evolution des structures familiales chez les Maghrébins et les Portugais de France. In: Revue Européenne des Migrations Internationales, 2, 133-146.
Castel, Robert (1995): Les métamorphoses de la question sociale. Paris.
Castells, Manuel (1972): La Question urbaine. Paris.
Castells, Manuel/Godard, Francis (1974): Monopolville. L'entreprise, l'Etat, les hommes. La Haye.
Césari, Jocelyne (1997): Etre musulman en France aujourd'hui. Paris.
Césari, Jocelyne (1998): Musulmans et républicains: les jeunes, l'islam et la France. Bruxelles.
Césari, Jocelyne (Hg.) (2002): La Méditerranée des réseaux: marchands, entrepreneurs et migrants entre l'Europe et le Maghreb. Paris.
CEVIPOF (2001): Crise urbaine et citoyenneté. Le rapport des jeunes des quartiers dits „sensibles" à la politique. Rapport pour le Ministère de l'Intérieur, 26 mars. Paris.
Chabanet, Didier (1997): Entre intégration culturelle et marginalisation sociale: Emergence et recomposition des logiques de l'action collective, Thèse de doctorat en science politique, IEP, Université Lumière, Lyon II.
Chamboredon, Jean-Claude/Lemaire, Madelaine (1970): Proximité spatiale et distance sociale. Les grands ensembles et leur peuplement. In: Revue française de sociologie, XI, no.1, 3-33.
Champagne, Patrick (1991): La construction médiatique des „malaises sociaux". In: Actes de la Recherche en sciences sociales, décembre, 64-75.

Charmes, Eric (2003): Les tissus périurbains français face à la menace des „gated communities". Eléments pour un état des lieux. Recherche conduite pour le PUCA, juillet. Paris.
Chérasse, Jean-Claude (1982): Milieu de vie quotidien et perception de l'espace. Essai sur les territoires de la vie quotidienne dans des quartiers de l'Est de l'agglomération lyonnaise: quartier Saint-Jean, le Petit-Pont, la Grappinière, Z.U.P. de Vaulx la Grande Ile; Institut de recherches géographiques, Cahier 7, Université Lyon II.
Chevalier, Louis (1978): Classes laborieuses et classes dangereuses. Paris.
Chignier-Riboulon, Frank (1997): Géopolitique de l'Est Lyonnais, Thèse en géographie, Université Paris 8.
Christadler, Marie-Luise/Uterwedde, Henrik (Hg.) (1999): Länderbericht Frankreich. Bonn und Opladen.
Cicille, Patricia/Rozenblat, Céline (2003): Les villes européennes: analyse comparative, DATAR. Paris.
CIMADE (1978): Le Labyrinthe. Etude sur le logement des immigrés dans la région lyonnaise. Lyon.
Claussen, Wiebke (1997): Insertion par l'économique: eine konzertierte Aktion gegen soziale Ausgrenzung, Arbeitslosigkeit und den Verfall der Vorstädte in Frankreich. In: Frankreich-Jahrbuch 1996. Opladen, 95-108.
Cloward, Richard A./Ohlin, Lloyd E. (1961): Delinquency and opportunity: a theory of delinquent gangs. London.
Cohen, Albert (1964): Delinquent boys. The Culture of the Gang, Glencoe [1955].
Coser, Lewis A. (1956): The Functions of Social Conflict. London.
Dahrendorf, Ralf (1957): Soziale Klassen und Klassenkonflikt in der industriellen Gesellschaft. Stuttgart.
Dangschat, Jens (1999): Modernisierte Stadt - Gespaltene Gesellschaft. Ursachen von Armut und sozialer Ausgrenzung. Opladen.
Dangschat, Jens (2000): Segregation. In: Häußermann, 209-221.
Davezies, Laurent/Prud'homme, Rémy (1990): Structural Change in French Cities: The Case of Lyons, Institut d'Urbanisme de Paris. Paris.
Déchaux, Jean-Hugues (1996): L'Etat et les solidarités familiales. In: Paugam, 530-539.
Delarue, Jean-Marie (1991): Banlieue en difficulté: la relégation. Paris.
Delorme, Christian (1998): Les Banlieues de Dieu. Paris.
Dewitte, Philippe (1999): Immigration et intégration. L'état des savoirs. Paris.
Donzelot, Jacques (2004): La ville à trois vitesses: relégation, périurbanisation, gentrification. In: Esprit, mars-avril, 14-39.
Donzelot, Jacques/Estèbe, Philippe (1994): L'Etat animateur. Essai sur la politique de la ville. Paris.
Donzelot, Jacques/Jaillet, Marie-Christine (2000): La nouvelle question urbaine, Ministère de l'Equipement. Paris.
Dubar, Claude (1996): Socialisation et processus. In: Paugam, 111-119.
Dubar, Claude (2002): La socialisation. Construction des identités sociales et professionnelles. Paris (3. Aufl.).
Dubedout, Hubert (1983): Ensemble, refaire la ville. Paris.
Dubet, François (1987): La galère: jeunes en survie. Paris.
Dubet, François (1989): Immigrations: qu'en savons-nous? Un bilan des connaissances. Paris.
Dubet, François (1991): Sur les bandes de jeunes. In: Les cahiers de la sécurité intérieure, IHESI, No.5, 83-94.
Dubet, François (1994): Sociologie de l'expérience sociale. Paris.
Dubet, François (1995): Les figures de la ville et la banlieue. In: Sociologie du travail, 2, 127-150.
Dubet, François (1997): Die Logik der Jugendgewalt. Das Beispiel der französischen Vorstädte. In: von Trotha, Trutz (Hg.): Soziologie der Gewalt; Kölner Zeitschrift für Soziologie und Sozialpsychologie, Sonderheft. Opladen, 220-234.
Dubet, François (1999): Strukturwandel der Gesellschaft: von den Klassen zur Nation. In: Christadler/Uterwedde, 97-117.

Dubet, François (2003): Die Schwäche der Institutionen: eine Folge der Globalisierung oder der Moderne? In: Frankreich-Jahrbuch 2002, 101-123.
Dubet, François/Jazouli, Adil/Lapeyronnie, Didier (1985): L'Etat et les jeunes. Paris.
Dubet, François/Lapeyronnie, Didier (1992): Les quartiers d'exil. Paris. (Dt.: Im Aus der Vorstädte. Der Zerfall der demokratischen Gesellschaft. Stuttgart 1994).
Dubet, François/Martuccelli, Danilo (1998): Dans quelle société vivons-nous? Paris.
Dubiel, Helmut (1994): Ungewißheit und Politik. Frankfurt/Main.
Dubiel, Helmut (1995): Gehegte Konflikte. In: Merkur, 12, 1095-1106.
Duprez, Dominique/Hedli, Mahieddine (1992): Le mal des banlieues? Sentiment d'insécurité et crise identitaire. Paris.
Duprez, Dominique/Kokoreff, Michel (2000): Les mondes de la drogue: usages et trafics dans les quartiers. Paris.
Durkheim, Emile (1977): Über die Teilung der sozialen Arbeit. Frankfurt/Main [1893].
Duru-Bellat, Marie/Dubet, François (2000): L'hypocrisie scolaire. Pour un collège enfin démocratique. Paris.
Elias, Norbert/Scotson, John L. (1993): Etablierte und Außenseiter. Frankfurt/Main.
Essassi, Betsam/Perdoux, Marylise (1990): La ville de Vaulx-en-Velin: Une enquête aux multiples enjeux, DESS de sociologie. Vaulx-en-Velin.
Estèbe, Philippe (2001): La politique de la ville et la jeunesse. In: Agora, Heft 25, 31-38.
Etienne, Bruno (Hg.) (1990): L'islam en France. Islam, Etat et société. Paris.
Falga, Bernhard/Wihtol de Wenden, Catherine/Leggewie, Claus (Hg.) (1994): Au miroir de l'autre. De l'immigration à l'intégration en France et en Allemagne. Paris.
Felouzis, Georges/Cousin, Olivier (2002): Devenir collégien. Paris.
Fischer, Frank (1993): Bürger, Experten und Politik nach dem „Nimby"-Prinzip: Ein Plädoyer für die partizipatorische Policy-Analyse. In: Héritier, 451-470.
Fitoussi, Jean-Paul/Laurent, Eloi/Maurice, Joël (2004): Ségrégation urbaine et intégration sociale. Conseil d'analyse économique. Paris.
Flick, Uwe (Hg.) (1995): Handbuch qualitative Sozialforschung: Grundlagen, Konzepte, Methoden und Anwendungen. Weinheim (2. Aufl.).
Flick, Uwe (2002): Qualitative Sozialforschung. Eine Einführung. Reinbek bei Hamburg.
Flick, Uwe/von Kardoff, Ernst/Steinke, Ines (Hg.) (2004): Qualitative Forschung. Ein Handbuch. Reinbek bei Hamburg.
FONDA Rhône-Alpes (1992): Des jeux d'acteurs pour être auteur de son quartier. Lyon.
FONDA Rhône-Alpes (2002): Etat des lieux - diagnostic des groupes et associations d'habitants impliqués dans l'amélioration de leur environnement social. Lyon.
Froessler, Rolf/Lang, Markus/Selle, Klaus/Staubach, Reiner (Hg.) (1994): Lokale Partnerschaften. Die Erneuerung benachteiligter Quartiere in europäischen Städten. Basel/Boston/Berlin.
Frybès, Marcin (1992): Un équilibre pragmatique fragile. In: Lapeyronnie, 83-110.
Fuchs, Werner (1988): Methoden und Ergebnisse der qualitativ orientierten Jugendforschung. In: Krüger, Heinz-Hermann (Hg.): Handbuch der Jugendforschung. Opladen, 181-204.
Fuchs-Heinritz, Werner (1993): Methoden und Ergebnisse der qualitativ orientierten Jugendforschung. In: Krüger, Heinz-Hermann (Hg.): Handbuch der Jugendforschung. Opladen (2. erw. Aufl.), 249-275.
Gaiser, Wolfgang (1993): Die Bedeutung von Gleichaltrigenbeziehungen im Prozess des Erwachsenwerdens. In: Bendit u.a., 223 - 230.
Galland, Olivier (1999): Les jeunes. Paris.
Galland, Olivier (2001): Sociologie de la jeunesse. Paris (3.Aufl.).
Gaspard, Françoise/Khosrokhavar, Farhad (1995): Le foulard et la République. Paris.
Gaudin, Jean-Pierre (1999): Gouverner par contrat: l'action publique en question. Paris.
Gaxie, Daniel (1978): Le cens caché. Inégalités culturelles et ségrégation politique. Paris.

Geisser, Vincent (1997): Ethnicité républicaine: les élites d'origine maghrébine dans le système politique français. Paris.
Geisser, Vincent (2003): La nouvelle islamophobie. Paris.
George, Pierre (1988): L'immigration en France. Paris.
Gerdes, Klaus (1979): Explorative Sozialforschung. Einführende Beiträge aus „Natural Sociology" und Feldforschung in den USA. Stuttgart.
Giraud, Michel (1990): Précarité de l'emploi et santé morale des enfants de travailleurs immigrés sans qualification, MIRE. Paris.
Glaser, Barney G./Strauss, Anselm L. (1967): The Discovery of Grounded Theory: Strategies for Qualitative Research. Chicago.
Grafmeyer, Yves (1994): Sociologie urbaine. Paris.
Grafmeyer, Yves/Joseph, Isaac (2004): L'école de Chicago: naissance de l'écologie urbaine. Paris.
Grémion, Pierre (1976): Le pouvoir périphérique: bureaucrates et notables dans le système politique français. Paris.
Grillo, Ralph D. (1985): Ideology and Institutions in Urban France. The Repression of Immigrants. Cambridge.
Grunert, Cathleen (2002): Methoden und Ergebnisse der qualitativen Kindheits- und Jugendforschung. In: Krüger/Grunert, 225-248.
Guénif Souilamas, Nacira (2000): Des beurettes aux descendantes d'immigrants nord-africains. Paris.
Gurr, Ted R. (1970): Why men rebel. New Jersey.
Habermas, Jürgen (1988): Theorie des kommunikativen Handelns. 2 Bde. Frankfurt/Main.
Habermas, Jürgen (1994): Individuierung durch Vergesellschaftung. In: Beck, Ulrich/Beck-Gernsheim, Elisabeth (Hg.): Riskante Freiheiten. Frankfurt/Main, 437-446.
Habermas, Jürgen (1998): Die postnationale Konstellation. Politische Essays. Frankfurt/Main.
Hadjab, Farid (1996): Vaulx-en-Velin: Croyances islamistes ou islam des croyants, entre perceptions et représentations. In: Cahier Velin 1995-96, 31-41.
Häußermann, Hartmut (1995): Die Stadt und die Stadtsoziologie. Urbane Lebensweise und die Integration des Fremden. In: Berliner Journal für Soziologie, 5, 89-98.
Häußermann, Hartmut (Hg.) (2000): Großstadt. Soziologische Stichworte. Opladen (2. Aufl.).
Häußermann, Hartmut/Oswald, Ingrid (1997): Zuwanderung und Stadtentwicklung; Leviathan, Sonderband 17, 9-29.
Häußermann, Hartmut/Siebel, Walter (1987): Neue Urbanität. Frankfurt/Main.
Hannerz, Ulf (1983): Explorer la ville. Paris.
Heitmeyer, Wilhelm (Hg.) (1997): Was hält die Gesellschaft zusammen? Bundesrepublik Deutschland: Auf dem Weg von der Konsens- zur Konfliktgesellschaft, Band 2. Frankfurt/Main.
Heitmeyer, Wilhelm/Dollase, Rainer/Backes, Otto (Hg.) (1998): Die Krise der Stadt. Analysen zu den Folgen desintegrativer Stadtentwicklung für das ethnisch-kulturelle Zusammenleben. Frankfurt/Main.
Heitmeyer, Wilhelm/Anhut, Reimund (Hg.) (2000): Bedrohte Stadtgesellschaft. Soziale Desintegrationsprozesse und ethnisch-kulturelle Konfliktkonstellationen. Weinheim und München.
Héritier, Adrienne (Hg.) (1993): Policy-Analyse. Kritik und Neuorientierung; Politische Vierteljahresschrift, Sonderheft 24. Wiesbaden.
Hirschman, Albert O. (1994): Wieviel Gemeinsinn braucht die liberale Gesellschaft? In: Leviathan 22, 2; 293-304.
Hitzler, Ronald/Honer, Anne (1995): Lebenswelt, Milieu und Kultur. In: Flick, 382-411.
Honneth, Axel (1994): Kampf um Anerkennung. Zur moralischen Grammatik sozialer Konflikte. Frankfurt/Main.
Husserl, Edmund (1962): Die Krisis der europäischen Wissenschaften und die transzendentale Phänomenologie. Eine Einleitung in die phänomenologische Philosophie. Den Haag [1936].
Institut für Landes- und Stadtentwicklung des Landes Nordrhein-Westfalen (1994): Stadtviertel in der Krise, Materialienband 2: Frankreich, ILS-Schriften Nr. 87.

Ion, Jacques (1990): Le travail social à l'épreuve du territoire. Toulouse.
Jaillet, Marie-Christine (2000): La politique de la ville, une politique incertaine. In: Regards sur l'actualité, no. spécial, La ville en question, avril, 29-45.
Jaillet, Marie-Christine (2003): La politique de la ville. In: Regards sur l'actualité, 12, no. 296, 2-62.
Jazouli, Adil (1990): Jeunes des banlieues, violences et intégration: le dilemme français, ADRI. Paris.
Jazouli, Adil (1992): Les années banlieue. Paris.
Jazouli, Adil (1995): Une saison en banlieue. Courants et prospectives dans les quartiers populaires. Paris.
Jones, Charles O. (1977): An introduction to the study of public policy. North Scituate, Mass.
Kallscheuer, Otto/Leggewie, Claus (1994): Deutsche Kulturnation versus französische Staatsnation? Eine ideengeschichtliche Stichprobe. In: Berding, 112-162.
Kastoryano, Riva (1996): La France, l'Allemagne et leurs immigrés: négocier l'identité. Paris.
Kepel, Gilles (1987): Les banlieues de l'Islam. Naissance d'une religion en France. Paris.
Kepel, Gilles (1994): A l'Ouest d'Allah. Paris. (Dt.: Die Demokratie und die islamische Herausforderung. München/Zürich 1996).
Khellil, Mohand (1991): L'intégration des maghrébins en France. Paris.
Khellil, Mohand (1997): Sociologie de l'intégration. Paris.
Khosrokhavar, Farhad (1996): L'universel abstrait, le politique et la construction de l'islamisme comme forme d'altérité. In: Wieviorka (Hg.), 113-151.
Khosrokhavar, Farhad (1997): L'islam des jeunes. Paris.
Khosrokhavar, Farhad (2004): L'islam dans les prisons. Paris.
Kitschelt, Herbert (1994): The transformation of European social democracy. Cambridge.
Kronauer, Martin (1995): Die Entbehrlichen der Arbeitsgesellschaft. In: Frankfurter Rundschau, Dokumentation, 28. November, 10.
Kronauer, Martin (2000): Armut, Ausgrenzung, Unterklasse. In: Häußermann, 13-27.
Kronauer, Martin/Neef, Rainer (1997): „Exclusion" und „soziale Ausgrenzung": Neue soziale Spaltungen in Frankreich und Deutschland. In: Frankreich-Jahrbuch 1996. Opladen, 35-58.
Krüger, Heinz-Hermann/Grunert, Cathleen (Hg.) (2002): Handbuch Kindheits- und Jugendforschung. Opladen.
Kukawka, Pierre (1999): Le quadrige européen ou L'Europe par les régions: bilan de la coopération 1988-1998 des quatre moteurs pour l'Europe: Bade-Wurtemberg, Catalogne, Lombardie, Rhône-Alpes. Grenoble.
Kukawka, Pierre (2001): L'Europe par les régions. Grenoble.
Labasse, Jean/Brachet, Olivier/Bacot, Paul (1986): Rhône-Alpes. In: Lacoste, Yves (Hg.): Géopolitiques des régions françaises, Bd. 3, La France du Sud-Est. Paris, 16-198.
Laferrère, Michel (1960): Lyon. Ville industrielle. Paris.
Lagrange, Hugues (2001): De l'affrontement à l'esquive: violences, délinquances et usages de drogue. Paris.
Lahalle, Annina (1981): La Justice et la Déviance des jeunes immigrés, EHESS. Paris.
Lamchichi, Abderrahim (1999): Islam et Musulmans de France. Paris.
Lamchichi, Abderrahim (2003): Islam(s) de France et intégration républicaine: penser le pluralisme. In: Wieviorka, Michel (Hg.): L'avenir de l'islam en France et en Europe. Paris, 39-55.
Lamneck, Siegfried (1988): Qualitative Sozialforschung. München/Weinheim.
Lapeyronnie, Didier (1987): Assimilation, mobilisation et action collective chez les jeunes de la seconde génération de l'immigration maghrébine. In: Revue française de sociologie, XXVIII, 287-318.
Lapeyronnie, Didier (1992): Immigrés en Europe. Politiques locales d'intégration. Paris.
Lapeyronnie, Didier (1993a): L'individu et les minorités. La France et la Grande-Bretagne face à leurs immigrés. Paris.
Lapeyronnie, Didier (1993b): Sozialisation und Individualismus. In: Bendit u.a., 211-222.
Le Cour Grandmaison, Olivier/Wihtol de Wenden, Catherine (Hg.) (1993): Les étrangers dans la cité. Expériences européennes. Paris.

Lefebvre, Henri (1970): La Révolution urbaine. Paris.
Le Galès, Patrick (2002): European Cities, Social Conflicts and Governance. Oxford.
Leggewie, Claus (1994): Ethnizität, Nationalismus und multikulturelle Gesellschaft. In: Berding, 46-65.
Leggewie, Claus (1997): Ethnische Spaltungen in demokratischen Gesellschaften. In: Heitmeyer, 233-254.
de Leon, Peter (1993): Demokratie und Policy-Analyse. Ziele und Arbeitsweise. In: Héritier, 471-485.
Lepoutre, David (1997): Cœur de banlieue. Codes, rites et langages. Paris.
Lequin, Yves (1977): Les ouvriers de la région lyonnaise. 1848-1914. Lyon.
Leveau, Rémy/Mohsen-Finan, Khadija/Wihtol de Wenden, Catherine (Hg.) (2001): L'islam en France et en Allemagne. Identités et citoyennetés. Paris.
Liebert, Ulrike (1994): Netzwerke und neue Unübersichtlichkeit. Plädoyer für die Wahrnehmung politischer Komplexität. In: Leggewie, Claus (Hg.): Wozu Politikwissenschaft? Über das Neue in der Politik. Darmstadt.
Loch, Dietmar (1993): Jugend, gesellschaftliche Ausgrenzung und Ethnizität in der Banlieue. Das Beispiel Vaulx-en-Velin. In: Frankreich-Jahrbuch 1993. Opladen, 99-115.
Loch, Dietmar (1994a): Kommunale Minderheitenpolitik in Frankreich. In: Jansen, Mechthild/Baringhorst, Sigrid (Hg.): Politik der Multikultur. Vergleichende Perspektiven zu Einwanderung und Integration. Baden-Baden, 155-167.
Loch, Dietmar (1994b): Rassismus in Institutionen: Das Beispiel Frankreich. In: Heitmeyer, Wilhelm (Hg.): Das Gewalt-Dilemma. Gesellschaftliche Reaktionen auf fremdenfeindliche Gewalt und Rechtsextremismus. Frankfurt/Main, 91-111.
Loch, Dietmar (1995): L'énergie qui émane de l'exclusion. In: Le Monde, 07.10.1995, 10.
Loch, Dietmar (1996): Politische Partizipation der Maghrebiner in Frankreich. Zur Interaktion zwischen Minderheiten und Staat. In: Heitmeyer, Wilhelm/Dollase, Rainer (Hg.): Die bedrängte Toleranz. Frankfurt/Main, 181-201.
Loch, Dietmar (1997): Bürgerschaft in der Banlieue? Jugendliche maghrebinischer Herkunft in Frankreich. In: Häußermann/Oswald, 446-468.
Loch, Dietmar (1998): Soziale Ausgrenzung und Anerkennungskonflikte in Frankreich und Deutschland. Vergleichende Reflexionen zu sozial benachteiligten Stadtvierteln, In: Heitmeyer u.a., 266-298.
Loch, Dietmar (1999): Vorstädte und Einwanderung. In: Christadler/Uterwedde, 118-138.
Loch, Dietmar (2000): Jugendprotest in französischen Vorstädten. Von der Gewalt zur Integration durch Anerkennungskonflikte? In: Roth, Roland/Rucht, Dieter (Hg.): Jugendkulturen, Politik und Protest. Vom Widerstand zum Kommerz? 263-281.
Loch, Dietmar (2002): L'intégration politique des populations immigrées en Allemagne: vers une rupture avec la conception traditionnelle de la nation? In: Les travaux du Centre d'études et de prévision, Ministère de l'Intérieur, No.5: Nationalité et citoyenneté, nouvelle donne d'un espace européen. Paris, 149-158.
Loch, Dietmar/Heitmeyer, Wilhelm (Hg.) (2001): Schattenseiten der Globalisierung. Rechtsradikalismus, Rechtspopulismus und separatistischer Regionalismus in westlichen Demokratien. Frankfurt/Main.
Lockwood, David (1979): Soziale Integration und Systemintegration. In: Zapf, Wolfgang (Hg.): Theorien des sozialen Wandels. Königstein/Ts., 124-137.
Lojkine, Jean (1973): La politique urbaine dans la région lyonnaise, 1945-1972. Paris/La Haye.
Loncle, Patricia (2003): L'action publique malgré les jeunes: les politiques de jeunesse en France de 1870 à 2000. Paris.
Mabileau, Albert (1993): Die Stadt im lokalen System Frankreichs: eine ambivalente Integration. In: Frankreich-Jahrbuch 1993. Opladen, 63-72.
Mabileau, Albert (1994): Le système local en France. Paris. (Dt.: Kommunalpolitik und -verwaltung in Frankreich. Das „lokale System" Frankreichs. Basel 1996).
Marshall, Thomas H. (1950): Citizenship and Social Class. Cambridge.

Martin, Dominique/Metzger, Jean-Luc/Pierre, Philippe (2003): Les métamorphoses du monde. Sociologie de la mondialisation. Paris.
Maurin, Eric (2004): Le Ghetto français. Enquête sur le séparatisme social. Paris.
Mayring, Philipp (1996): Einführung in die qualitative Sozialforschung. Eine Einleitung zu qualitativem Denken. Weinheim.
Mc Carthy, John D./Zald, Mayer N. (1977): Resource Mobilization and Social Movements. A Partial Theory. In: American Journal of Sociology, Bd. 82, 1212ff.
Mény, Yves/Surel, Yves (2000): Par le peuple, pour le peuple. Le populisme et les démocraties. Paris.
Merlin, Pierre (1999): Les banlieues. Paris.
Merton, Robert K. (1968): Social Structure and Anomie. In: Ders.: Social Theory and Social Structure. New York, 121-137.
Milliot, Virginie (1994): La construction par le vide. Une analyse du lien social et des stratégies identitaires, autour du mouvement hip hop lyonnais. In: Migrations Etudes, septembre.
Mucchielli, Laurent/Robert, Philippe (Hg.) (2002): Crime et sécurité. L'Etat des savoirs. Paris.
Münch, Richard (1998): Globale Dynamik, lokale Lebenswelten. Der schwierige Weg in die Weltgesellschaft. Frankfurt/Main.
Muxel, Anne (1988): Les attitudes socio-politiques des jeunes issus de l'immigration maghrébine en région parisienne. In: Revue française de science politique, vol. 38, no.6.
Muxel, Anne (2001): L'expérience politique des jeunes. Paris.
Neef, Rainer (1991): Der lokale Staat in Frankreich. In: Blanke, Bernhard (Hg.): Staat und Stadt. Systemische, vergleichende und problemorientierte Analysen „dezentraler" Politik, Politische Vierteljahresschrift, Sonderheft 22. Wiesbaden, 355-379.
Neumann, Wolfgang (2000): Jugendarbeitslosigkeit in Frankreich - Übergangs- oder Strukturproblem? In: Frankreich-Jahrbuch 2000. Opladen, 225-236.
Noiriel, Gérard (1988): Le creuset français. Histoire de l'immigration XIXe - XX siècles. Paris.
Noiriel, Gérard (1992): Population, immigration et identité nationale en France. XIXe - XXe siècle. Paris.
Nunner-Winkler, Gertrud (1997): Zurück zu Durkheim? Geteilte Werte als Basis gesellschaftlichen Zusammenhalts. In: Heitmeyer, 360-402.
Ottersbach, Markus (2003): Die Marginalisierung städtischer Quartiere als theoretische und praktische Herausforderung. In: Aus Politik und Zeitgeschichte, B 28, 32-39.
Ottersbach, Markus (2004): Jugendliche in marginalisierten Quartieren. Ein deutsch-französischer Vergleich. Wiesbaden.
Paquot, Thierry/Lussault, Michel/Body-Gendrot, Sophie (Hg.) (2000): La ville et l'urbain. L'état des savoirs. Paris.
Park, Robert (1967): The City: Suggestions for the Investigation of Human Behaviour. In: Park, Robert E./Burgess, Ernest W./Mc Kenzie, Roderick D. (Hg.): The City. Chicago, 1- 45 [1925].
Paugam, Serge (1991): La disqualification sociale. Essai sur la nouvelle pauvreté. Paris.
Paugam, Serge (Hg.) (1996): L'exclusion. L'état des savoirs. Paris.
Paugam, Serge (2000): L'exclusion: usages sociaux et apports de la recherche. In: Berthelot, Jean-Marie (Hg.): La sociologie française contemporaine. Paris, 155-171.
Perrineau, Pascal (Hg.) (1994): L'engagement politique. Déclin ou mutation? Paris.
Perrineau, Pascal (Hg.) (2003): Le désenchantement démocratique. La Tour d'Aigues.
Pinçot, Michel/Pinçon-Charlot, Monique (2000): La ville des sociologues. In: Paquot u.a., 53-61.
Portes (1999): La mondialisation par le bas. L'émergence des communautés transnationales. In: Actes de la recherche en sciences sociales, no. 129, 15-25.
Rea, Andrea/Tripier, Maryse (2003): Sociologie de l'immigration. Paris.
Rebughini, Paola (1998): La violence juvénile dans les quartiers populaires. Etude comparative des périphéries de Lyon et de Milan, Thèse en sociologie, EHESS. Paris.
Rey, Henry (1996): La peur des banlieues, Paris.

Rey, Jacques (1991/1992): Vaulx-en-Velin. Histoire passionnante et chaotique d'une politique urbaine périphérique. In: Les Temps Modernes, No. 545-546, 77-91.
Rifkin, Jeremy (1995): Das Ende der Arbeit und ihre Zukunft. Frankfurt/New York.
Roché, Sébastian (1998): Sociologie politique de l'insécurité. Violences urbaines, inégalités et globalisation. Paris.
Rokkan, Stein (1980): Eine Familie von Modellen für die vergleichende Geschichte Europas. In: Zeitschrift für Soziologie, Bd. 9, H. 2, 118-128.
Roman, Joël (1995): Un multiculturalisme à la française? In: Esprit no. 212/juin, 145-160.
Roncayolo, Marcel (1990): La ville et ses territoires. Paris.
Rosanvallon, Pierre (1995): La nouvelle question sociale. Repenser l'Etat-providence. Paris.
Rouban, Luc (1994): L'Etat et l'échange politique: les mutations de l'espace public. In: Perrineau, 291-312.
Rouge, Michel/Saglio, Jean (1989): Construire la ville et gérer les solidarités? Le logement des immigrés dans l'agglomération lyonnaise, MIRE/Ministère de la Justice. Paris.
Roulleau-Berger, Laurence (1991): La ville intervalle. Jeunes entre centre et banlieue. Paris.
Roy, Olivier (1999): Vers un islam européen. Paris.
Samama, Sophie (1995): Le FN dans la banlieue rouge lyonnaise: Vénissieux et Vaulx-en-Velin 1974-1994. In: Cahier Velin, 1994-95, 95-97.
Sayad, Abdelmalek (1979): Les enfants illégitimes. In: Actes de la recherche en sciences sociales, no. 25 und 26.
Sayad, Abdelmalek (1991): L'immigration ou les paradoxes de l'altérité. Bruxelles.
Sayad, Abdelmalek (1997): „El Ghorba". Le mécanisme de reproduction de l'émigration. In: Actes de la recherche en sciences sociales, 2/mars, 50-66.
Sayad, Abdelmalek (1999): La Double Absence. Paris.
Schild, Joachim (1997): Krise der politischen Interessenvermittlung und die wachsende Bedeutung direkter Protestformen. In: Frankreich-Jahrbuch 1996. Opladen, 147-168.
Schild, Joachim (2000): Politische Konfliktlinien, individualistische Werte und politischer Protest. Ein deutsch-französischer Vergleich. Opladen.
Schnapper, Dominique (1991): La France de l'intégration. Sociologie de la nation en 1990. Paris.
Schnapper, Dominique (1994): La Communauté des citoyens: sur l'idée moderne de nation. Paris.
Schnapper, Dominique (1996): Intégration et exclusion dans les sociétés modernes. In: Paugam, 23-31.
Schütz, Alfred/Luckmann, Thomas (1979, 1984): Strukturen der Lebenswelt, 2 Bde. Frankfurt/Main.
Schwarz, Bertrand (1981): L'insertion professionnelle et sociale des jeunes. Paris.
Selle, Klaus (1994): Lokale Partnerschaften - Organisationsformen und Arbeitsweisen für kooperative Problemverarbeitung vor Ort. In: Froessler u.a., 36-66.
Shaw, Clifford/Mc Kay, Henry (1942): Juvenile Delinquency and Urban Areas. Chicago.
Shaw, J.W. (Hg.) (1987): Strategies for improving race relations. The Anglo-American experience. Manchester.
Simmel, Georg (1920): Grundfragen der Soziologie. Berlin/Leipzig [1917].
Simmel, Georg (1984): Die Großstädte und das Geistesleben, in: Derselbe: Das Individuum und die Freiheit. Berlin, 192- 204.
Simmel, Georg (1992): Soziologie. Untersuchungen über die Formen der Vergesellschaftung. Frankfurt/Main. [1908].
de Singly, François (1996): Le soi, le couple et la famille. Paris.
de Singly, François (2004): Sociologie de la famille contemporaine. Paris (2. Aufl.).
Sueur, Jean-Pierre (1998): Demain la ville. Rapport présenté à Martine Aubry, ministre de l'Emploi et de la Solidarité, 2 Bde. Paris.
Taguieff, Pierre-André (1988): La force du préjugé. Essai sur le racisme et ses doubles. Paris.
Taguieff, Pierre-André (1991): Face aux racismes, 2 Bde. Paris.

Tarrius, Alain (1992): Les fourmis d'Europe. Migrants riches, migrants pauvres et nouvelles villes internationales. Paris.
Tarrius, Alain (1997): Fin de siècle incertaine à Perpignan. Drogues, communautés ethniques, chômage des jeunes et renouveau des civilités dans une ville moyenne française. Perpignan.
Taylor, Charles (1993): Multikulturalismus und die Politik der Anerkennung. Frankfurt/Main (Orig.: Multiculturalism and ‚The Politics of Recognition'. Princeton 1992).
Ternisien, Xavier (2002): La France des mosquées. Paris.
Tiberj, Vincent (2003): Vers une citoyenneté plurielle? Le rôle de l'origine ethnique dans l'intégration politique des 15-24ans. Notes et études du CEVIPOF. Paris.
Tietze, Nikola (2001): Islamische Identitäten. Formen muslimischer Religiosität junger Männer in Deutschland und Frankreich. Hamburg. (Frz.: Jeunes musulmans de France et d'Allemagne. Les constructions subjectives de l'identité, Paris 2002).
Tietze, Nikola (2003): Islamismus: Ein Blick in die sozialwissenschaftliche Literatur Frankreichs. In: Leviathan, Heft 4, 556-570.
Todd, Emmanuel (1994): Le destin des immigrés. Assimilation et ségrégation dans les démocraties occidentales. Paris.
de Toqueville, Alexis (1978): Der alte Staat und die Revolution. München (Orig.: L'ancien régime et la révolution, Paris 1866).
Touraine, Alain (1969): La société post-industrielle. Paris. (Dt.: Die postindustrielle Gesellschaft. Frankfurt/Main 1972).
Touraine, Alain (1984): Le retour de l'acteur: essai de sociologie. Paris.
Touraine, Alain (1996): Das Ende der Städte? In: Die Zeit, 31. Mai, 24.
Trasher, Frederic (1963): The Gang. Chicago/London [1927].
Tribalat, Michèle (1995): Faire France. Une grande enquête sur les immigrés et leurs enfants. Paris.
Tripier, Maryse (1990): L'immigration dans la classe ouvrière en France. Paris.
Université de Lille 1/Institut de Sociologie (1996): Un entretien et ses lectures. L'entretien de Dietmar Loch avec Khaled Kelkal, Séminaire Métis. Lille.
Vallet, L.-A./Caille, J.-P. (1996): Les élèves étrangers ou issus de l'immigration dans l'école et le collège français. Une étude d'ensemble. In: Les Dossiers „d'Education et formation", no. 67.
Van Zanten, Agnès (2001): L'école de la périphérie. Scolarité et ségrégation en banlieue. Paris.
Verbunt, Gilles (1990): Minderheiten und Sozialwissenschaften in Frankreich. In: Dittrich, Eckhard J./Radtke, Frank-Olaf (Hg.): Ethnizität Wissenschaft und Minderheiten. Opladen, 73-83.
Vieillard-Baron, Hervé (1994): Les banlieues françaises et le ghetto impossible. Paris.
Wacquant, Loïc J.D. (1993): Banlieues françaises et ghetto noir américain. Eléments de comparaison sociologique. In: Wieviorka (Hg.), 263-277.
Wacquant, Loïc J.D. (1997): Three Pernicious Premises in the Study of the American Ghetto. In: International Journal of Urban and Regional Research, 2, 341-353.
Wacquant, Loïc J.D. (2001): Logiken urbaner Polarisierung: Der Blick „von unten". In: Berliner Journal für Soziologie, 4, 479-489.
Wax, Rosalie H. (1971): Doing Fieldwork. Chicago.
Weber, Max (1964): Wirtschaft und Gesellschaft: Grundriß der Verstehenden Soziologie. Tübingen [1922].
Weil, Patrick (1991): La France et ses étrangers. L'aventure d'une politique de l'immigration 1938-1991. Paris.
Werquin, Patrick (1996): De l'école à l'emploi: les parcours précaires, in: Paugam, 120-135.
Whyte, William F. (1943): Street Corner Society. Chicago.
Wieviorka, Michel (1992): La France raciste. Paris.
Wieviorka, Michel (1993): Introduction. In: Derselbe (Hg.): Racime et modernité. Paris, 7-20.
Wieviorka, Michel (Hg.) (1994): Racisme et xénophobie en Europe. Une comparaison internationale. Paris.

Wieviorka, Michel (1996): Culture, société et démocratie. In: Derselbe (Hg.): Une société fragmentée? Le multiculturalisme en débat. Paris, 11-60.
Wieviorka, Michel u.a. (1999): Violence en France. Paris.
Wieviorka, Michel (2001): La différence. Paris.
Wieviorka, Michel (2004): La violence. Paris.
Wihtol de Wenden, Catherine (1988): Les immigrés et la politique. Cent cinquante ans d'évolution. Paris.
Wihtol de Wenden, Catherine (1992a): Les associations „beur" et immigrées, leurs leaders, leurs stratégies. In: Regards sur l'actualité, Février, 31-44.
Wihtol de Wenden, Catherine (1992b): Les intermédiaires culturels de l'immigration maghrébine. In: Regards sur l'actualité, Décembre, 45-53.
Wihtol de Wenden, Catherine/Daoud, Zakya (Hg.) (1993): Intégration ou explosion? Banlieues. Paris.
Wihtol de Wenden, Catherine/Leveau, Rémy (2001): La beurgeoisie. Les trois âges de la vie associative issue de l'immigration. Paris.
Wilson, William Julius (1987): The Truly Disadvantaged. The Inner City, the Underclass, and Public Policy. Chicago/London.
Wirth, Louis (1938): Urbanism as a Way of Life. In: The American Journal of Sociology, vol. 44, July.
Wirth, Louis (1966): The Ghetto. Chicago [1928].
Witzel, Andreas (1982): Verfahren der qualitativen Sozialforschung: Überblick und Alternativen. Frankfurt/Main/New York.
Zettelmeier, Werner (1999): Bildungssystem im Wandel. In: Christadler/Uterwedde, 139-163.
Zwengel, Almut (2004): Je fremdländischer desto einheimischer? Fallstudien zu Integrationsdynamiken bei nordafrikanischen Einwanderern in Frankreich. Wiesbaden.

Sozialstruktur

Peter A. Berger /
Volker H. Schmidt (Hrsg.)
**Welche Gleichheit –
welche Ungleichheit?**
Grundlagen der Ungleichheitsforschung
2004. 244 S. mit 4 Abb. Sozialstruktur-
analyse, Bd. 20. Br. EUR 26,90
ISBN 3-8100-4200-5

Matthias Drilling
Young urban poor
Abstiegsprozesse in den Zentren
der Sozialstaaten
2004. 339 S. mit 41 Abb. und 57 Tab.
Br. EUR 29,90
ISBN 3-531-14258-5

Klaus Eder / Valentin Rauer /
Oliver Schmidtke
Die Einhegung des Anderen
Türkische, polnische und russland-
deutsche Einwanderer in Deutschland
2004. 308 S. mit 35 Abb. und 8 Tab.
Br. EUR 32,90
ISBN 3-531-14302-6

Ronald Hitzler / Stefan Hornbostel /
Cornelia Mohr (Hrsg.)
Elitenmacht
2004. 351 S. Soziologie der Politik, Bd. 5.
Br. EUR 32,90
ISBN 3-8100-3195-X

Stefan Hradil
**Die Sozialstruktur Deutschlands
im internationalen Vergleich**
2004. 304 S. Br. EUR 24,90
ISBN 3-8100-4210-2

Monika Jungbauer-Gans /
Peter Kriwy (Hrsg.)
**Soziale Benachteiligung
und Gesundheit bei Kindern
und Jugendlichen**
2004. 205 S. mit 33 Abb. und 33 Tab.
Br. EUR 29,90
ISBN 3-531-14261-5

Gunnar Otte
**Sozialstrukturanalysen
mit Lebensstilen**
Eine Studie zur theoretischen
und methodischen Neuorientierung
der Lebensstilforschung
2004. 400 S. mit 35 Abb. und 50 Tab.
Sozialstrukturanalyse, Bd. 18.
Br. EUR 34,90
ISBN 3-8100-4161-0

Marc Szydlik (Hrsg.)
Generation und Ungleichheit
2004. 276 S. Sozialstrukturanalyse,
Bd. 19. Br. EUR 24,90
ISBN 3-8100-4219-6

Erhältlich im Buchhandel oder beim Verlag.
Änderungen vorbehalten. Stand: Januar 2005.

www.vs-verlag.de

VS VERLAG FÜR SOZIALWISSENSCHAFTEN

Abraham-Lincoln-Straße 46
65189 Wiesbaden
Tel. 0611.7878-722
Fax 0611.7878-400

Neu im Programm Soziologie

Rolf Becker /
Wolfgang Lauterbach (Hrsg.)
Bildung als Privileg?
Erklärungen und Befunde zu den
Ursachen der Bildungsungleichheit
2004. 451 S. Br. EUR 39,90
ISBN 3-531-14259-3

Birgit Blättel-Mink / Ingrid Katz (Hrsg.)
Soziologie als Beruf?
Soziologische Beratung zwischen
Wissenschaft und Praxis
2004. 265 S. mit 4 Abb. und 3 Tab.
Br. EUR 17,90
ISBN 3-531-14131-7

Christoph Butterwegge / Karin Holm /
Barbara Imholz / Michael Klundt /
Caren Michels / Uwe Schulz /
Gisela Wuttke / Margherita Zander /
Matthias Zeng
Armut und Kindheit
Ein regionaler, nationaler und
internationaler Vergleich
2. Aufl. 2004. 319 S. Br. EUR 19,90
ISBN 3-531-33707-6

Klaus Feldmann
Tod und Gesellschaft
Sozialwissenschaftliche Thanatologie
im Überblick
2004. 309 S. Br. EUR 32,90
ISBN 3-531-14297-6

Kai-Uwe Hellmann /
Dominik Schrage (Hrsg.)
Konsum der Werbung
Zur Produktion und Rezeption von
Sinn in der kommerziellen Kultur
2004. 208 S. Konsumsoziologie
und Massenkultur. Br. EUR 27,90
ISBN 3-8100-4203-X

Matthias Junge / Götz Lechner (Hrsg.)
Scheitern.
Aspekte eines sozialen Phänomens
2004. 226 S. Br. EUR 25,90
ISBN 3-8100-4116-5

Elmar Lange
**Jugendkonsum im
21. Jahrhundert**
Eine Untersuchung der Einkommens,-
Konsum- und Verschuldungsmuster der
Jugendlichen in Deutschland
2004. Unter Mitarbeit von Sunjong Choi.
183 S. Br. EUR 22,90
ISBN 3-8100-3941-1

Udo Thiedeke (Hrsg.)
Soziologie des Cyberspace
Medien, Strukturen und Semantiken
2004. 608 S. mit 29 Abb. und 5 Tab.
Br. EUR 49,90
ISBN 3-531-14072-8

Erhältlich im Buchhandel oder beim Verlag.
Änderungen vorbehalten. Stand: Januar 2005.

www.vs-verlag.de

VS VERLAG FÜR SOZIALWISSENSCHAFTEN

Abraham-Lincoln-Straße 46
65189 Wiesbaden
Tel. 0611.7878-722
Fax 0611.7878-400